QUÍMICA 2
na formação do Universo e nas atividades humanas

Caro leitor:

Visite o site **harbradigital.com.br** e tenha acesso aos **gabaritos e resoluções** especialmente desenvolvidos para esta obra, além de informação sobre o livro digital. Para isso, siga os passos abaixo:

- acesse o endereço eletrônico **www.harbradigital.com.br**
- clique em **Cadastre-se** e preencha os **dados** solicitados
- inclua seu **código de acesso**:

85623EE918BDADD9ED6F

Pronto! Seu cadastro já está feito! Agora, você poderá desfrutar dos conteúdos especialmente desenvolvidos para tornar seu estudo ainda mais agradável.

Requisitos do sistema

- O Portal é multiplataforma e foi desenvolvido para ser acessível em *tablets*, celulares, *laptops* e PCs.
- Resolução de vídeo mais adequada: 1024 x 768.
- É necessário ter acesso à internet, bem como saídas de áudio.
- Navegadores: Google Chrome, Mozilla Firefox, Internet Explorer 9+, Safari ou Edge.

Acesso

Seu código de acesso é válido por 1 ano a partir da data de seu cadastro no portal HARBRADIGITAL.

editora HARBRA

QUÍMICA 2
na formação do Universo e nas atividades humanas

José Ricardo L. Almeida
Nelson Bergmann
Franco A. L. Ramunno

editora HARBRA

Direção Geral:
Julio E. Emöd
Supervisão Editorial:
Maria Pia Castiglia
Leitura Técnica:
Elizabeth Loureiro Zink
Programação Visual e Capa:
Mônica Roberta Suguiyama

Editoração Eletrônica:
Neusa Sayuri Shinya
Fotografias da Capa:
Shutterstock
Impressão e Acabamento:
Gráfica Forma Certa

CIP-BRASIL. CATALOGAÇÃO NA PUBLICAÇÃO
SINDICATO NACIONAL DOS EDITORES DE LIVROS, RJ

A448q
v.2

Almeida, José Ricardo L.
Química na formação do universo e nas atividades humanas, volume 2 / José Ricardo L. Almeida, Nelson Bergmann, Franco A. L. Ramunno. - 1. ed. - São Paulo : HARBRA, 2021.
456 p. : il. ; 28 cm.

ISBN 978-85-294-0552-0

1. Química (Ensino médio) - Estudo e ensino. I. Bergmann, Nelson. II. Ramunno, Franco A. L. III. Título.

20-68328 CDD: 540.712
CDU: 373.5.016:54

Camila Donis Hartmann - Bibliotecária CRB-7/6472

QUÍMICA na formação do Universo e nas atividades humanas – volume 2

Rua Mauro, 400
04055-041 – São Paulo – SP
Tel.: (0.xx.11) 5084-2482. Site: www.harbra.com.br

ISBN 978-85-294-0552-0

Impresso no Brasil *Printed in Brazil*

APRESENTAÇÃO

"A ciência é mais do que um corpo de conhecimento.
É uma maneira de pensar; uma maneira de interrogar ceticamente o Universo
com um bom entendimento da falibilidade humana."

Carl Sagan (1934-1996)
astrônomo estadunidense
e um dos autores da série televisiva "Cosmos"

Prezado estudante:

De onde viemos? Para onde vamos?

Desde os primórdios da Humanidade, sempre nos instigamos e nos estimulamos a procurar as respostas para essas e outras perguntas. Desenvolvemos e organizamos os conhecimentos acumulados pela Humanidade em diversas ciências, entre elas a Química.

Se, antigamente, os egípcios afirmavam que o significado de Kēme (chem), a Química, era "terra" e, ao longo de nossa História, o conjunto de conhecimentos que hoje associamos à Química já chegou a ser visto como um tipo de "mágica", atualmente, a ciência Química se relaciona tanto com aspectos do nosso cotidiano quanto com questionamentos acerca do nosso papel no Universo.

Para que não nos amedrontemos ou sejamos paralisados pela amplitude e abrangência dessa ciência Química, precisamos conhecê-la. Não apenas o que foi ou o que ela é, mas também as potencialidades do que ela pode vir a ser.

Assim, sabendo que Química é transformação e conexão, desejamos (de forma nada modesta) que todos que nos acompanharem no estudo da Química transformem a visão que possuem dessa Ciência e a insiram em um mundo que faça jus às particularidades contemporâneas, sem, contudo, esvaziar a sua grandeza. Almejamos, com essa coleção, apresentar de forma descontraída, precisa e integrada não só os preceitos básicos, mas também as discussões mais aprofundadas sobre a Química.

Os livros da coleção "Química na Formação do Universo e nas Atividades Humanas" buscam aproximar e relacionar os conhecimentos da Química com o desenvolvimento do Universo, a partir do Big Bang, a formação do Sistema Solar e do planeta Terra, e da própria Humanidade, desde as primeiras interações do ser humano com o ambiente ao seu redor até os desdobramentos mais modernos e atuais, como a síntese de novos materiais e a procura por processos mais sustentáveis.

Nos três volumes desta coleção, a aproximação dos conceitos químicos discutidos à linha temporal do desenvolvimento do Universo e da Humanidade é apresentada na seção "Ligando os pontos!". Os conteúdos da seção "Fique por dentro!" trazem aprofundamentos ou conexões da temática, por exemplo, com aplicações no nosso cotidiano. Cada capítulo apresenta exercícios agrupados em séries em ordem crescente de dificuldade (Séries Bronze, Prata, Ouro e Platina), de modo a guiar os estudantes nessa escala de conhecimento. A presença de Exercícios Resolvidos também auxilia o estudante no processo de aprendizagem.

Desde já, deixamos nosso agradecimento especial aos estudantes por nos acompanharem no desenvolvimento de uma visão integrada e transformadora da Química, ressaltando sua importância no século XXI, de forma responsável e sustentável. E, esperamos que, nessa jornada, nunca deixemos de procurar as respostas às muitas perguntas que continuam a estimular nossos estudos.

Um abraço,
Os autores.

CONTEÚDO

UNIDADE 1 Transformações de energia nas atividades humanas 9

CAPÍTULO 1 – Fontes de Compostos Orgânicos e Principais Combustíveis 10

1.1 Compostos Orgânicos como Fontes de Combustíveis 11

1.2 Carvão Mineral 12

1.3 Petróleo 15

1.3.1 Fracionamento do petróleo 18

1.3.2 *Cracking* ou craqueamento catalítico do petróleo 19

1.3.3 Combustão da gasolina 20

1.3.4 Isomerização 21

1.3.5 Reforma catalítica 22

1.4 Gás Natural 23

1.5 Biogás 24

1.6 Classificação e Nomenclatura das Cadeias Carbônicas 25

1.6.1 Grupos orgânicos substituintes 27

1.6.2 Nomenclatura de hidrocarbonetos de cadeia aberta ramificada 28

1.6.3 Nomenclatura de hidrocarbonetos de cadeia mista (não aromática) 32

1.6.4 Nomenclatura de substituintes no benzeno 33

1.6.5 Nomenclatura de substituintes no naftaleno 34

Série Bronze 35

Série Prata 42

Série Ouro 47

Série Platina 53

CAPÍTULO 2 – Transferências de Energia Envolvidas nas Reações Químicas 56

2.1 Como Determinamos a Energia Liberada nas Reações de Combustão? 57

2.2 Representação das Transferências de Energia nas Reações Químicas 58

2.2.1 Diagrama de energia de uma reação exotérmica ($\Delta H < 0$) 60

2.2.2 Diagrama de energia de uma reação endotérmica ($\Delta H > 0$) 61

2.3 Fatores que Afetam o ΔH de uma Reação 62

2.3.1 Quantidade de reagentes 63

2.3.2 Estado físico dos reagentes e produtos 63

2.3.3 Forma alotrópica 64

2.3.4 Temperatura 65

2.4 Outras Formas de Determinar o ΔH de uma Reação 65

2.4.1 Simplificação da Lei de Hess com a entalpia de formação 66

2.4.2 Lei de Hess utilizando a energia de ligação 68

Série Bronze 71

Série Prata 75

Série Ouro 79

Série Platina 90

UNIDADE 2

Conservação de alimentos 97

CAPÍTULO 3 – Soluções **98**

3.1 Preparo de uma Solução em Laboratório.... 101

3.2 Dissolução Endotérmica e Exotérmica....... 103

3.2.1 Curva de solubilidade...................... 104

3.3 Unidades de Concentração 105

3.3.1 Concentração em massa do soluto por volume da solução ($C_{g/L}$ ou C) 106

3.3.2 Concentração em quantidade em mol do soluto por volume da solução em litros ($C_{mol/L}$ ou $\mathcal{M}$ ou [ ]) 107

3.3.3 Concentrações em porcentagens....... 108

3.3.4 Concentrações em partes por milhão 109

Série Bronze 110

Série Prata 113

Série Ouro.. 118

Série Platina 126

CAPÍTULO 4 – Operações com Soluções **131**

4.1 Diluição de uma Solução.......................... 132

4.2 Mistura de Soluções de mesmo Soluto....... 134

4.3 Mistura de Soluções de Solutos diferentes sem Reação Química............................ 134

4.4 Mistura de Soluções com Reação Química.................................. 135

4.5 Titulação 136

Série Bronze 140

Série Prata 144

Série Ouro.. 146

Série Platina 155

CAPÍTULO 5 – Propriedades Coligativas das Soluções **160**

5.1 Evaporação de um Líquido em Recipiente Aberto... 161

5.2 Evaporação de um Líquido em Recipiente Fechado e Pressão de Vapor.................. 162

5.2.1 Fatores que afetam a pressão de vapor de um líquido 164

5.3 Pressão de Vapor do Líquido e Ponto de Ebulição............................... 167

5.3.1 Influência da pressão atmosférica (externa) no ponto de ebulição..... 168

5.4 Propriedades Coligativas das Soluções........ 170

5.5 Diminuição da Pressão de Vapor: Tonoscopia 171

5.6 Aumento da Temperatura de Ebulição: Ebulioscopia 172

5.7 Diminuição da Temperatura de Congelamento: Crioscopia.................... 173

5.8 Pressão Osmótica (π) 176

5.8.1 Equação da pressão osmótica (π) 177

5.8.2 Osmose reversa.............................. 179

Série Bronze 181

Série Prata 183

Série Ouro.. 187

Série Platina 194

CAPÍTULO 6 – Cinética Química.............. **198**

6.1 Variação da Concentração dos Participantes de uma Reação Química com o Tempo.. 199

6.2 Velocidade (ou Rapidez) das Reações Químicas 200

6.3 Teoria das Colisões 202

6.3.1 Teoria do complexo ativado: aprimoramento da teoria das colisões 204

6.4 Energia de Ativação (E_a) 204

6.4.1 Gráfico de energia de ativação 205

6.5 Fatores que Afetam a Velocidade de Reação 206

6.5.1 Temperatura 206

6.5.2 Superfície de contato 208

6.5.3 Presença de um catalisador 208

6.5.4 Concentração dos reagentes 210

6.6 Lei de Velocidade 210

6.7 Mecanismos de Reação 212

6.7.1 Mecanismo de catálise homogênea 213

6.7.2 Mecanismo de catálise heterogênea 213

Série Bronze 217

Série Prata 221

Série Ouro 228

Série Platina 239

UNIDADE 3 Química Orgânica e qualidade de vida 247

CAPÍTULO 7 – Funções Orgânicas 248

7.1 Funções Oxigenadas 248

7.1.1 Fenóis 249

7.1.2 Éteres 249

7.1.3 Ésteres 251

7.2 Funções Nitrogenadas 252

7.2.1 Aminas 252

7.2.2 Amidas 253

7.3 Função Halogenada 254

7.4 Funções Sulfuradas 254

Série Bronze 257

Série Prata 258

Série Ouro 261

Série Platina 267

CAPÍTULO 8 – Isomeria Constitucional ou Plana 270

8.1 Fórmula Estrutural dos Compostos Orgânicos 271

8.2 Isômeros 271

8.2.1 Classificação dos isômeros constitucionais 273

Série Bronze 278

Série Prata 279

Série Ouro 281

Série Platina 284

CAPÍTULO 9 – Isomeria Espacial 287

9.1 Isomeria Geométrica ou Isomeria Cis-trans 288

9.2 Isomeria Óptica 293

9.2.1 Carbono quiral 294

9.2.2 Propriedades dos isômeros ópticos 294

9.2.3 Fórmula de van't Hoff 298

Série Bronze 299

Série Prata 300

Série Ouro 303

Série Platina 311

CAPÍTULO 10 – Principais Reações Orgânicas **315**

10.1 Reação de Substituição em Alcanos 315

10.1.1 Halogenação de alcanos 316

10.1.2 Substituição em alcanos com três ou mais átomos de carbono 316

10.2 Reação de Substituição em Aromáticos 318

10.2.1 Dirigência em aromáticos 319

10.3 Reação de Adição em Alcenos e Alcinos 321

10.3.1 Quebra da dupla e da tripla ligação 321

10.3.2 Regra de Markovnikov 322

10.4 Reações Envolvendo Ésteres 323

10.5 Reação de Desidratação de Álcoois 326

Série Bronze 327

Série Prata 329

Série Ouro 333

Série Platina 340

CAPÍTULO 11 – Polímeros **345**

11.1 Reação de Polimerização 346

11.2 Polímeros de Adição 346

11.3 Polímeros de Condensação 352

Série Bronze 359

Série Prata 359

Série Ouro 364

Série Platina 368

CAPÍTULO 12 – Bioquímica **375**

12.1 Carboidratos 375

12.1.1 Classificação dos carboidratos 376

12.2 Proteínas 381

12.2.1 Estrutura das proteínas 383

12.2.2 Hidrólise de proteínas 384

12.3 Lipídios 385

12.3.1 Propriedades físicas dos ácidos graxos 386

12.3.2 Óleos e gorduras 387

12.3.3 Reação de saponificação 390

12.3.4 Reação de transesterificação 392

Série Bronze 394

Série Prata 396

Série Ouro 401

Série Platina 412

APÊNDICE – Estequiometria **419**

A.1 Relação entre Quantidade em Mols e Massa em uma Equação Química 420

A.2 Proporção em Volume 421

A.3 Pureza de uma Amostra 423

A.4 Rendimento de uma Reação 424

A.5 Excesso de Reagente em uma Reação 425

A.5.1 Regra prática para descobrir o reagente em excesso 426

A.6 Reações Consecutivas 427

A.6.1 Produção de ácido sulfúrico 427

A.6.2 Produção de ácido nítrico 430

A.6.3 Estequiometria de reações consecutivas 431

Série Bronze 432

Série Prata 437

Série Ouro 441

Série Platina 447

UNIDADE 1

COMO NÓS OBTEMOS ENERGIA?

Você já parou para pensar na resposta a essa pergunta?

Se olharmos a nossa volta, provavelmente responderemos que é a partir da eletricidade! Afinal, hoje, estamos rodeados por equipamentos elétricos: celulares, computadores, televisões, entre outros. Outra resposta provável seria a partir dos combustíveis: álcool, gasolina e diesel, que utilizamos em carros, ônibus e caminhões.

Mas, e se pensarmos em termos do planeta Terra? De onde vem a energia relacionada aos diversos fenômenos naturais e às atividades humanas no nosso planeta?

A maior parte dessa energia é proveniente da radiação emitida pelo Sol e somente uma pequena parcela é gerada no interior da Terra, decorrente de decaimentos radioativos e do fluxo de energia remanescente da própria formação do nosso planeta.

Entre muitos processos, podemos destacar que a energia solar que chega à Terra é capturada por plantas e seres fotossintetizantes para produção de biomassa e também é responsável pelo ciclo da água no nosso planeta, além de estar associada ao movimento dos gases na atmosfera. Com certeza, a maior parte das fontes de energia utilizadas pelos seres humanos tem alguma dependência da energia produzida no Sol!

O objetivo desta Unidade é justamente estudar como os combustíveis fósseis, que utilizamos para geração de energia, foram formados a partir da decomposição da matéria orgânica (produzida a partir da fotossíntese milhares e milhões de anos trás) e também analisar quantitativamente as transferências de energia relacionadas às reações químicas.

TRIFF/SHUTTERSTOCK

Transformações de energia nas ATIVIDADES HUMANAS

A energia emitida pelo Sol que chega ao planeta Terra é da ordem de $1{,}7 \cdot 10^{17}\ J \cdot s^{-1}$, o que é cerca de 10.000 vezes maior do que a demanda por energia de todos os seres humanos ao redor do planeta.

CAPÍTULO 1

Fontes de Compostos Orgânicos e Principais Combustíveis

GORODENKOFF/SHUTTERSTOCK

Se utilizássemos a duração de um dia (24 horas) para contar toda a história do planeta Terra, formada há 4,6 bilhões de anos, e considerássemos que o nosso planeta iniciou sua história em 00h00min00s, nós, os seres humanos, teríamos surgido apenas às 23h58min43s e somente teríamos descoberto o fogo por volta das 23h59min50s. Perto da história do planeta Terra, somos bastante jovens, mas, mesmo assim, o domínio do fogo e das transformações de energia permitiram que alterássemos a forma como vivemos e como nos relacionamos com nosso planeta.

Estudiosos de diferentes vertentes indicam que a teoria do Big Bang é a mais adequada para explicar como o Universo se formou. Essa teoria sustenta que toda matéria e toda energia existentes no Universo foram geradas em um único evento, ocorrido há cerca de 14 bilhões de anos (dados mais precisos indicam que o Big Bang teria ocorrido há 13,7 bilhões de anos).

Das primeiras partículas geradas no Big Bang, ao aparecimento de elementos químicos mais pesados originados pela morte de estrelas e à formação dos primeiros corpos celestes do nosso Sistema Solar, passaram-se bilhões de anos.

Estima-se que a Terra tenha sido formada quase 9 bilhões de anos depois do Big Bang, há cerca de 4,6 bilhões de anos. Inicialmente, a massa que originou o planeta em que habitamos apresentava uma temperatura extremamente elevada e passaram-se milhões de anos até que o planeta esfriasse e as primeiras formas de vida unicelulares se constituíssem, há cerca de 3,8 bilhões de anos. Mas foi somente há 900 milhões de anos que surgiram os primeiros organismos multicelulares e o *Homo sapiens*, espécie à qual pertencemos, surgiu há "apenas" 195 milhões de anos, muito recentemente quando comparamos com a idade do nosso planeta ou do Universo.

Durante esse longo período da história da Terra, formaram-se compostos orgânicos que, submetidos à alta pressão e ao calor, modificaram-se e hoje são utilizados como combustíveis para o transporte, fontes de calor e de energia, entre tantas outras aplicações.

Neste capítulo, vamos discutir as principais fontes de combustíveis utilizados atualmente e também apresentar as principais regras para nomenclatura de hidrocarbonetos presentes, por exemplo, na gasolina.

1.1 Compostos Orgânicos como Fontes de Combustíveis

Combustíveis são substâncias que participam de **reações de combustão**, um processo no qual ocorre **liberação de energia**, em virtude da reação dessas substâncias com um **comburente**, quase sempre o gás oxigênio proveniente do ar. Observe, por exemplo, a reação de combustão do etanol:

$$\underset{\substack{\text{etanol}\\ \text{combustível}}}{CH_3CH_2OH} + \underset{\substack{\text{gás oxigênio}\\ \text{comburente}}}{3\,O_2} \longrightarrow 2\,CO_2 + 3\,H_2O$$

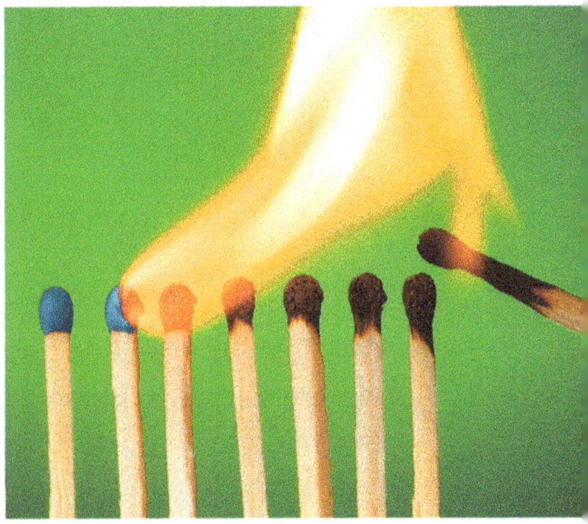

CHONES/SHUTTERSTOCK

O fogo é a manifestação da reação de combustão entre o oxigênio e o material combustível. Seu domínio possibilitou que fosse usado para iluminar, para cozinhar alimentos ou mesmo como arma para afugentar os animais.

Entre os combustíveis mais utilizados podemos citar a lenha, o carvão mineral, o álcool etílico (etanol), o gás natural e as substâncias derivadas do fracionamento do petróleo.

Em geral, os combustíveis devem obedecer às seguintes propriedades:

- disponibilidade;
- baixo custo;
- pouco poluente;
- alto poder calorífico;
- baixa temperatura de fulgor, isto é, baixa temperatura em que o combustível inflama.

Poder calorífico de alguns combustíveis orgânicos.

COMBUSTÍVEL	PODER CALORÍFICO (kJ/kg)
lenha	10.467
gás canalizado	18.003
álcool	27.214
carvão	28.740
óleo diesel	44.799
querosene	45.217
gasolina	46.892
GLP	50.242
gás natural	56.250

ATENÇÃO!

Poder calorífico é a quantidade de energia liberada por quilograma de combustível queimado. No Sistema Internacional de Unidades (SI), é expresso em kJ/kg. Por exemplo, o poder calorífico do hidrogênio é 121.417 kJ/kg. Compare esse valor com os dados da tabela ao lado: o hidrogênio tem poder calorífico maior ou menor do que os combustíveis orgânicos citados na tabela?

SUTO NORBERT ZSOLT/SHUTTERSTOCK

Uma reação de combustão pode ser **completa** ou **incompleta**, de acordo com a proporção entre combustível e comburente:

- **completa**, quando ocorre com excesso de gás oxigênio (comburente), resultando, para combustíveis formados por C, H e O, na formação de CO_2 e H_2O. Por exemplo,

$$CH_4 + 2\,O_2 \longrightarrow CO_2 + 2\,H_2O$$

$$C_2H_6O + 3\,O_2 \longrightarrow 2\,CO_2 + 3\,H_2O$$

- **incompleta**, quando a quantidade de oxigênio (comburente) não é suficientemente alta, produzindo H_2O, CO e/ou C (fuligem ou pó de carbono). Por exemplo,

$$CH_4 + \frac{3}{2}\,O_2 \longrightarrow CO + 2\,H_2O$$

$$CH_4 + O_2 \longrightarrow C + 2\,H_2O$$

FIQUE POR DENTRO!

Fuligem

A fuligem, quando obtida em escala industrial, é denominada negro de fumo (veja foto acima). Esse material, constituído de carbono finamente dividido, tem várias aplicações, como tintas para impressoras, nanquim, pneus, graxas de sapato, lápis para maquiar os olhos, entre outras.

1.2 Carvão Mineral

O **carvão mineral** é uma rocha sedimentar, combustível, formada a partir da decomposição de matéria orgânica (como restos de vegetais) que sofreu soterramento e se compactou.

O processo de formação do carvão mineral, conhecido como **carbonização**, ocorre ao longo de milhões de anos, em decorrência do aumento da temperatura e da pressão em condições com baixa quantidade de oxigênio, o que promove a eliminação de substâncias voláteis (como CH_4, CO_2 e H_2O) e o aumento do teor de carbono no carvão mineral.

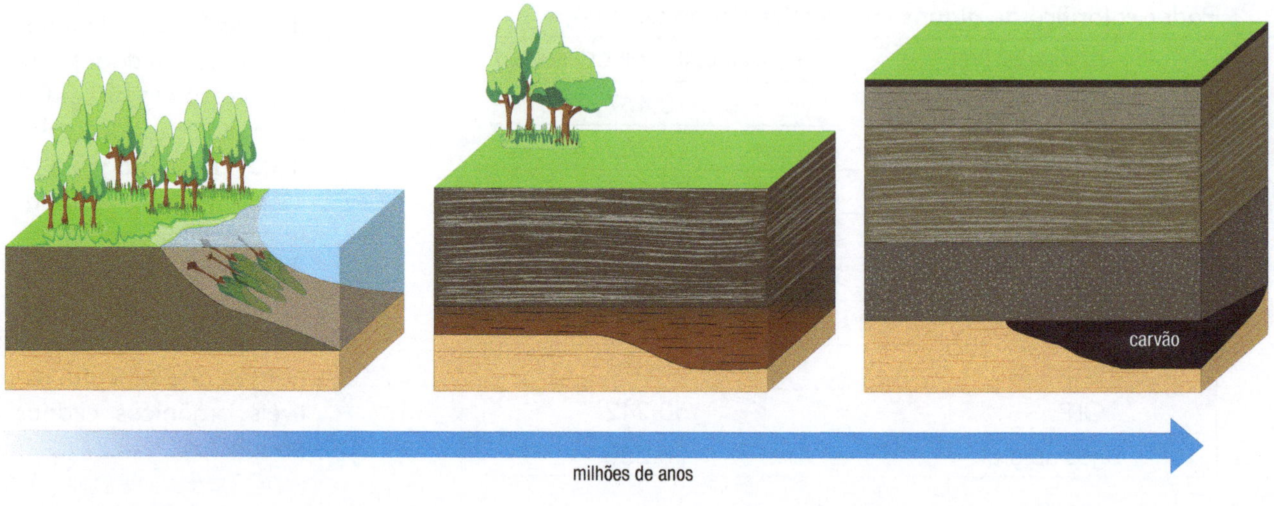
carvão
milhões de anos

DESIGNUA/SHUTTERSTOCK

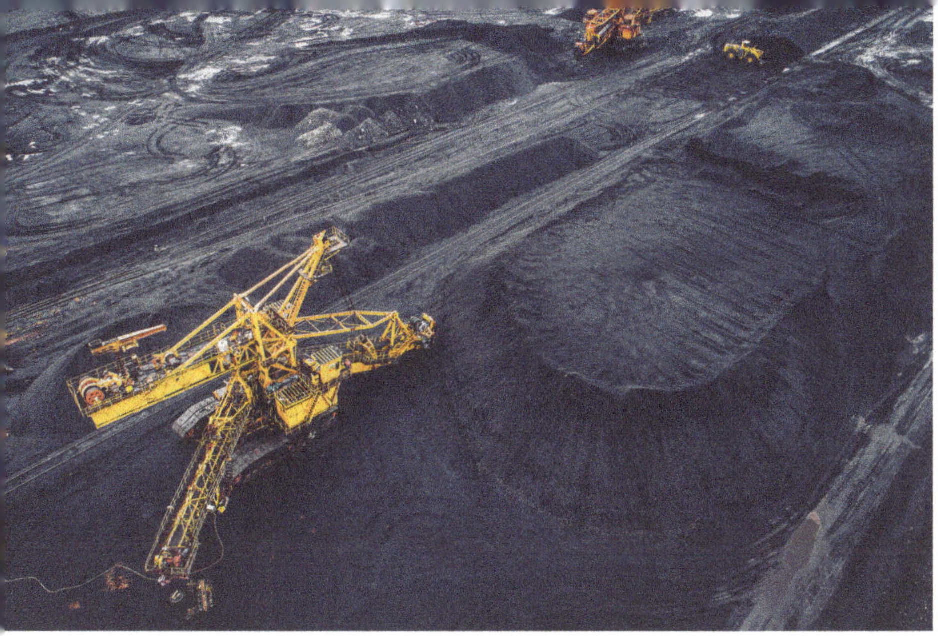

O processo de carbonização leva à formação de carvão mineral a partir da transformação da matéria orgânica ao longo de milhões de anos.

Extração de carvão a céu aberto. Além da exploração na superfície, carvão também pode ser extraído de minas subterrâneas, o que envolve consideráveis riscos aos operários (desabamentos e doenças pulmonares são os principais). Em minas de carvão também é comum ocorrer desprendimento de metano (combustível), que com o O_2 do ar forma uma mistura altamente explosiva, chamada grisu (basta uma faísca para provocar a explosão).

FIQUE POR DENTRO!

Carvão vegetal

O carvão utilizado nas churrasqueiras, fogões à lenha e até mesmo em algumas indústrias é o carvão vegetal, formado a partir da queima de matéria orgânica, como árvores, por exemplo.

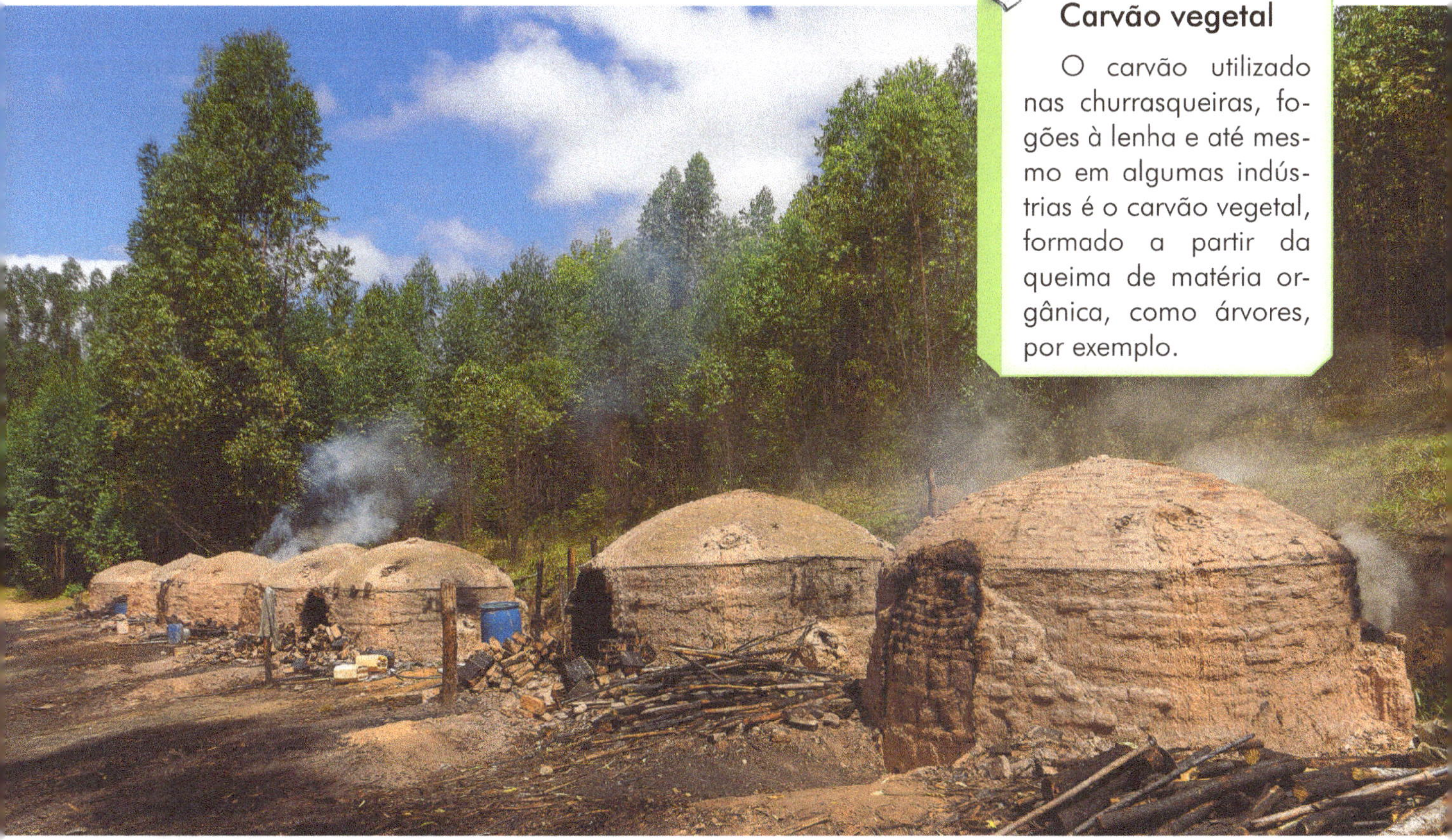

Fornos utilizados para a queima de eucaliptos para a produção de carvão vegetal no Brasil. Apesar de a energia obtida a partir desse tipo de carvão ser considerada renovável, é preciso que sua obtenção seja uma atividade sustentável, ou seja, com o plantio de vegetação destinada a esse fim, sem que matas nativas sejam degradadas.

Dependendo das condições de carbonização, as características do carvão mineral alteram-se, sendo possível a obteção de diferentes tipos (ou *graus*) de carvão mineral. Por exemplo, carvões formados no hemisfério norte apresentam teores de carbono superiores aos teores presentes em carvões formados no hemisfério sul. É por esse motivo que os carvões brasileiros, ricos em matéria mineral, são menos recomendados para geração de energia elétrica que os carvões explorados na China.

FIQUE POR DENTRO!

Carvão mineral como fonte de compostos orgânicos

O carvão mineral, com destaque para a hulha, pode ser utilizado como fonte de diversos compostos orgânicos, que podem ser obtidos a partir da chamada destilação seca. Entre os produtos que podem ser obtidos, destaca-se o carvão coque, um resíduo sólido rico em carbono, utilizado tanto na indústria siderúrgica para produção de aço como para produção de gás de síntese ou gás-d'água, uma mistura de monóxido de carbono e gás hidrogênio utilizada na síntese de outros compostos orgânicos, como o metanol.

$$C(s) + H_2O(g) \longrightarrow CO(g) + H_2(g)$$

gás-d'água

Algumas características* dos diferentes tipos de carvão.

milhões de anos →

CARACTERÍSTICA	TURFA	LINHITO	HULHA (CARVÃO BETUMINOSO)	ANTRACITO
teor de carbono (%)	55-65	65-80	80-92	92-98
poder calorífico (kJ/kg)	< 17.000	17.000-24.000	24.000-34.000	34.000-38.000
principais usos	combustível, filtro, agricultura	geração de energia elétrica	geração de energia elétrica, produção de cimento, uso na metalurgia	aquecimento de casas

* Em valores aproximados.

Apesar de o carvão ser composto por outros elementos além do carbono (como oxigênio, hidrogênio e enxofre), a combustão completa do carvão mineral pode, de forma simplificada, ser equacionada quimicamente como:

$$C + O_2 \longrightarrow CO_2$$

FIQUE POR DENTRO!

Balanço energético global

O uso de carvão mineral como combustível declinou com o advento do petróleo e seus derivados, que passaram a ser largamente empregados no século XX.

Entretanto, atualmente, não é possível ignorar a importância do carvão na matriz energética mundial. Esse combustível ainda é responsável pela geração de cerca de 25% a 30% da energia produzida mundialmente e, em países como China e Índia, os dois maiores consumidores de carvão no mundo, ele responde, respectivamente, por cerca de 60% e 55% da energia consumida.

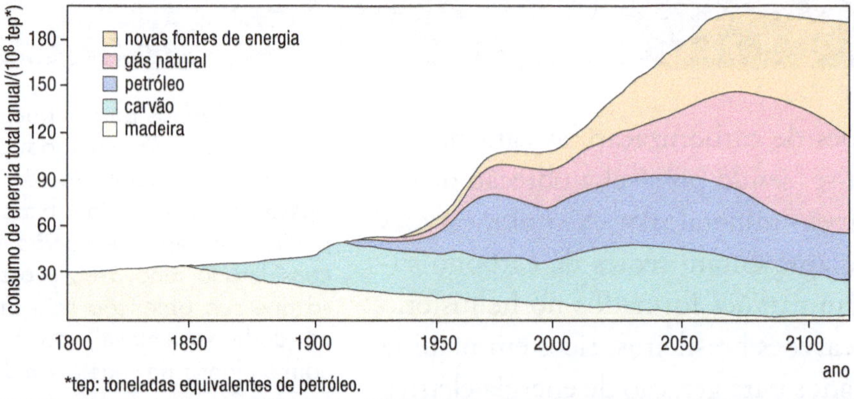
consumo de energia total anual/(10⁸ tep*)
180
150
120
90
60
30
novas fontes de energia
gás natural
petróleo
carvão
madeira
1800
1850
1900
1950
2000
2050
2100
ano

*tep: toneladas equivalentes de petróleo.

Adaptado de: CAINENG, Z.; QUN, Z.; GUOSHENG, Z.; Bo, X. Energy revolution: From a fóssil energy era to a new energy era. *Natural Gas Industry B*, v. 3, n. 1, p. 1-11, 2016. *Disponível em:* <https://www.sciencedirect.com/science/article/pii/S2352854016300109?via%3Dihub>. *Acesso em:* 3 jul. 2020.

1.3 Petróleo

O petróleo é um líquido escuro, oleoso, formado a partir de matéria orgânica, soterrada há milhões de anos, que pela ação de microrganismos, pressão e calor é transformada em petróleo e gás natural, cujo principal componente é o metano.

VECTORPOUCH/SHUTTERSTOCK

Matéria orgânica se deposita no fundo dos oceanos e sofre ação de bactérias anaeróbias.
Com o aumento da pressão e da temperatura, essa matéria orgânica é transformada em material amorfo.
O contínuo aumento da pressão transforma o material amorfo em petróleo bruto e gás natural.
gás
óleo
água

Esquema de formação do petróleo. Dependendo das condições a que é submetido e do tipo de matéria orgânica soterrada, os compostos formados se alteram. É por esse motivo que há reservatórios de petróleo com maior e menor quantidade de gás natural associado.

Encontrado no subsolo da crosta terrestre (em terra firme ou mar), o petróleo, composto predominantemente por **hidrocarbonetos** e pequenas quantidades de substâncias contendo nitrogênio, oxigênio e enxofre, é retirado por meio de perfurações que atingem o reservatório e sua composição química varia de acordo com a região perfurada.

FIQUE POR DENTRO!

Uma impureza do petróleo

O enxofre pode estar presente como substância simples (S), como gás sulfídrico (H_2S) e também na composição de substâncias orgânicas. Esse elemento tende a se acumular nas frações mais pesadas (como o óleo diesel) e deve ser retirado dos combustíveis, pois, além de interferir no processo de queima do combustível, também contribui para o fenômeno da chuva ácida, uma vez que a queima desses compostos com enxofre produz óxidos ácidos, como SO_2 e SO_3.

O processo de exploração de reservatórios de petróleo tem evoluído bastante nas últimas décadas, mas mesmo hoje quando um reservatório tem a sua produção encerrada, estima-se que possa haver ainda cerca de 30% de petróleo não retirado (em relação à quantidade inicial).

Esse é um dos motivos pelos quais há a expectativa de que o petróleo ainda será uma importante fonte de recursos nos próximos anos, pois espera-se que o desenvolvimento tecnológico possibilite, no futuro, a retirada dessas quantidades não exploradas.

LIGANDO OS PONTOS!

O petróleo no pré-sal brasileiro

Na última década, muito se tem falado sobre as potencialidades de exploração do petróleo existente na Bacia de Santos, que fica localizado na camada de pré-sal, e atualmente é responsável por mais de metade da produção de petróleo da Petrobras. Mas, como esses reservatórios foram formados e por que se chamam pré-sal?

Entre 200 e 300 milhões de anos atrás, havia apenas um único continente, a Pangea, sobre a crosta terrestre. Há cerca de 200 milhões de anos, esse supercontinente se subdividiu em dois: Laurásia e Gondwana. E, há aproximadamente 150 milhões de anos, começou o processo de separação do Gondwana, formando inicialmente América do Sul e África. Entre esses dois continentes, formou-se o que hoje chamamos de oceano Atlântico Sul.

Pangea

Eurásia
América do Norte
África
América do Sul
Oceano de Tétis
Índia
Antártica
Austrália

DESIGNUA/SHUTTERSTOCK

Laurásia e Gondwana

América do Norte
Eurásia
África
América do Sul
Oceano de Tétis
Índia
Antártica
Austrália

Configuração atual

Ártico
América do Norte
Oceano Atlântico
Eurásia
Oceano Pacífico
América do Sul
África
Oceano Índico
Antártica

Deriva continental e o processo de separação da Pangea nos continentes atuais.

No início do processo de separação da América do Sul e da África, formaram-se mares e lagos, onde proliferaram microrganismos e houve grande acúmulo de matéria orgânica. Conforme os continentes se distanciavam, a matéria orgânica foi recoberta pelas águas do oceano Atlântico Sul em formação, ocorrendo a deposição de uma camada de sal de até 2 km de espessura sobre a matéria orgânica já acumulada.

Ao longo de milhões de anos, processos termoquímicos promoveram a transformação dessa matéria orgânica em hidrocarbonetos, dando origem a reservatórios de petróleo e gás natural.

Como esses reservatórios foram formados antes da deposição da camada de sal, dá-se o nome de pré-sal.

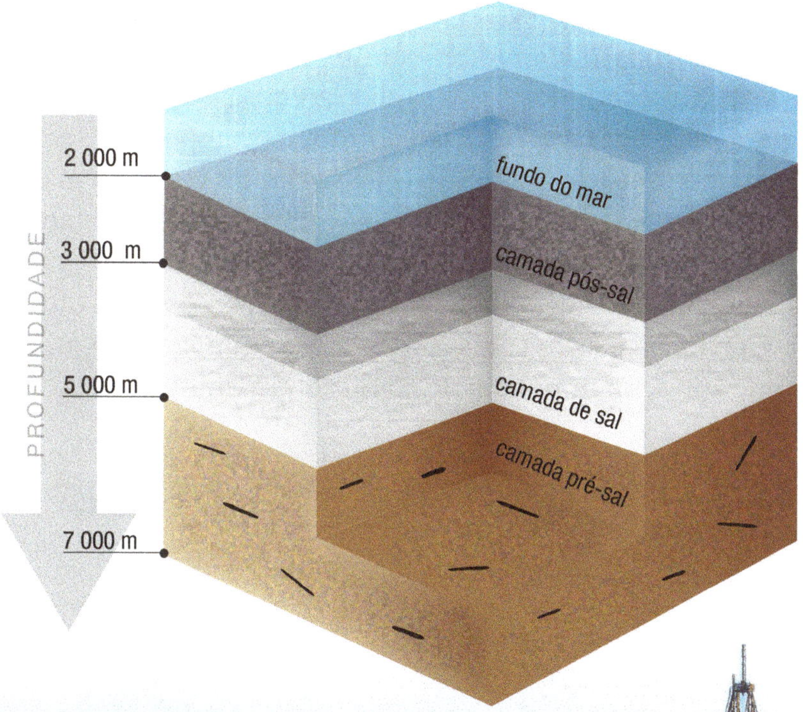
2 000 m
3 000 m
5 000 m
7 000 m
PROFUNDIDADE
fundo do mar
camada pós-sal
camada de sal
camada pré-sal

Disponível em: <http://wikigeo.bworks.com/w/page/36435679/camada%20pr%c3%a9-sal>. *Acesso em:* 3 jul. 2020.

Para exploração do petróleo do pré-sal, é necessário realizar perfurações até profundidades entre 5 km e 7 km abaixo do nível do mar.

Como visto, a profundidade de perfuração para alcançar a camada de pré-sal é superior a 5 km, o que demanda um desenvolvimento tecnológico bastante intenso, sendo o Brasil um dos países com maior experiência no mundo na exploração de petróleo em "águas profundas", com a Petrobras como empresa de referência nesse setor.

RENATOPMEIRELES/SHUTTERSTOCK

1.3.1 Fracionamento do petróleo

O petróleo, na forma em que é extraído, não apresenta praticamente aplicação comercial, sendo necessária a sua separação em diferentes frações.

Para isso, inicialmente, a água salgada é separada por decantação; a seguir, a matéria em suspensão (principalmente, areia e argila) é separada por filtração; e o material orgânico restante é submetido a um processo de **destilação fracionada**.

O petróleo é aquecido a cerca de 400 °C e a parte que vaporiza entra na torre ou coluna de fracionamento (uma coluna cheia de obstáculos/bandejas em seu interior e com saídas laterais). Conforme os vapores sobem pela coluna de fracionamento e colidem com os obstáculos, eles vão condensando aos poucos e são recolhidos pelas saídas laterais.

Na parte superior da coluna são obtidos os compostos menores (hidrocarbonetos com pontos de ebulição mais baixos), pois conseguem contornar essas bandejas e chegar ao topo da torre. Já os compostos maiores apresentam pontos de ebulição mais altos e não conseguem chegar ao topo, pois condensam antes, acumulando-se nos diversos níveis da torre. Assim, com o processo de destilação fracionada, as frações obtidas correspondem a misturas de hidrocarbonetos que apresentam pontos de ebulição próximos.

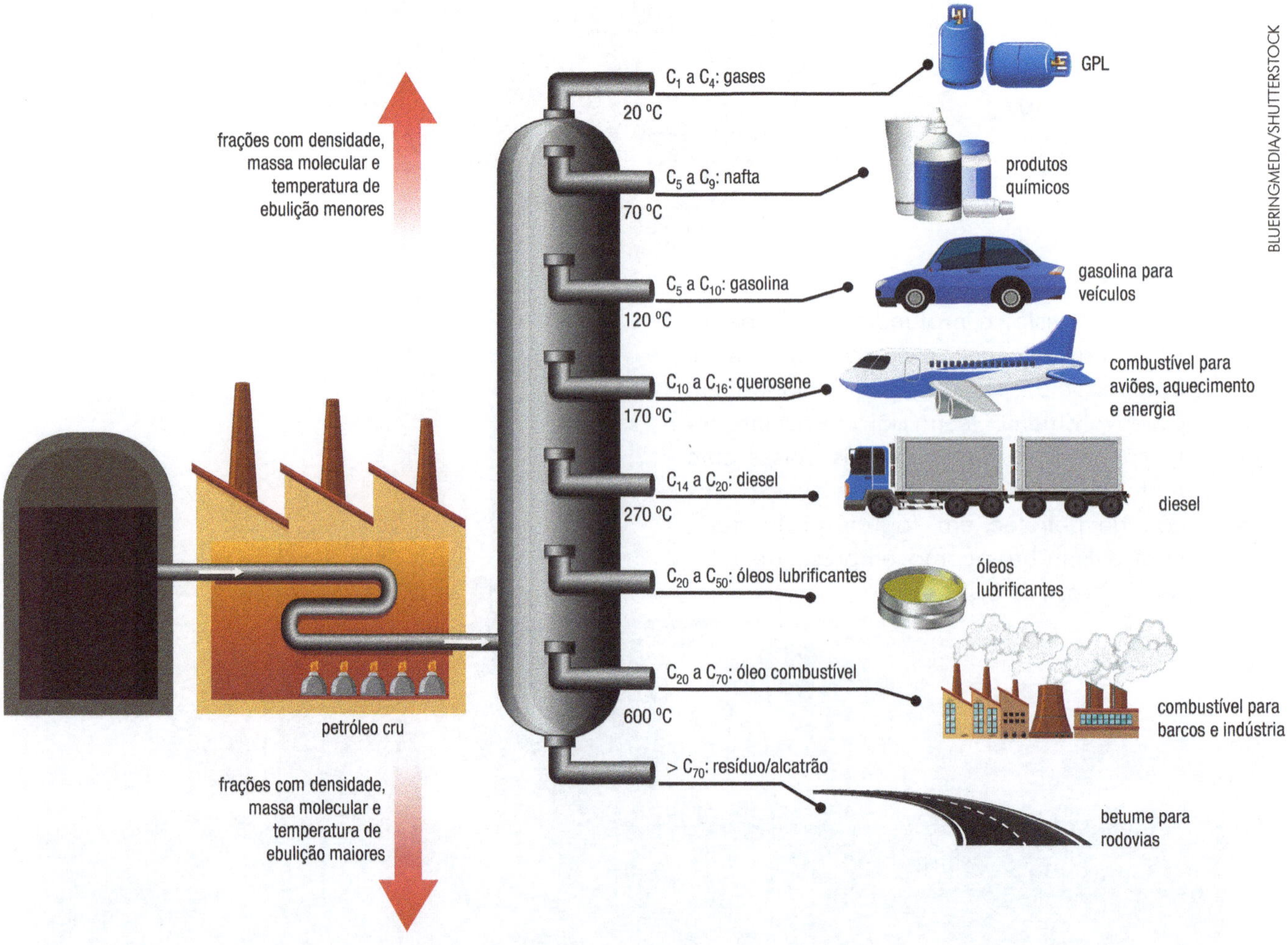

frações com densidade, massa molecular e temperatura de ebulição menores
C_1 a C_4: gases
20 °C
GPL
C_5 a C_9: nafta
70 °C
produtos químicos
C_5 a C_{10}: gasolina
120 °C
gasolina para veículos
C_{10} a C_{16}: querosene
170 °C
combustível para aviões, aquecimento e energia
C_{14} a C_{20}: diesel
270 °C
diesel
C_{20} a C_{50}: óleos lubrificantes
óleos lubrificantes
C_{20} a C_{70}: óleo combustível
600 °C
combustível para barcos e indústria
petróleo cru
> C_{70}: resíduo/alcatrão
betume para rodovias
frações com densidade, massa molecular e temperatura de ebulição maiores

BLUERINGMEDIA/SHUTTERSTOCK

Esquema de torre de fracionamento de petróleo e as frações obtidas.

Observações:

- O número de átomos de carbono aumenta na sequência:

  fração gasosa < gasolina < querosene < óleo

- **Piche** ou **betume** é um material escuro e pegajoso que, em mistura com pedra, é utilizado como asfalto para pavimentação.

ALEXEY REZVYKH/SHUTTERSTOCK

Torre de fracionamento ao lado de tanque de petróleo.

1.3.2 *Cracking* ou craqueamento catalítico do petróleo

A fração de petróleo de maior consumo é a fração gasolina. A porcentagem de gasolina no petróleo varia de acordo com sua procedência, mas em média é de 10%. Assim, cada barril de petróleo origina, em média, 24 L de gasolina por destilação fracionada. O **barril** (159 L) é a unidade de volume habitualmente usada no comércio do petróleo.

Para aumentar a quantidade de gasolina, utiliza-se um processo chamado *cracking*, que consiste em quebrar as moléculas maiores. Isso é feito com o aquecimento das frações mais pesadas do que a gasolina, na presença de catalisadores, para obter hidrocarbonetos de cadeias menores (componentes de gasolina). Por exemplo:

$$\underset{\text{hexadecano}}{C_{16}H_{34}} \xrightarrow[\text{cat.}]{500\ °C} \underset{\text{componente da gasolina}}{C_8H_{18}} + \underset{\text{octeno}}{C_8H_{16}}$$

(uma das reações que ocorrem)

Em valores aproximados, o *cracking* praticamente triplica a quantidade de gasolina obtida do petróleo.

A ruptura da cadeia carbônica pode ocorrer em qualquer ligação C — C, por isso o *cracking* produz uma mistura de vários hidrocarbonetos com cadeias carbônicas menores e também pode produzir carvão coque (carbono com elevado grau de pureza. Por meio desse processo, obtêm-se compostos importantes, tais como **eteno** ou **etileno** (C_2H_4) e **etino** ou **acetileno** (C_2H_2), que são hidrocarbonetos com ligações dupla (no caso do eteno) ou tripla (no caso do etino) utilizados como matéria-prima para produção de outros produtos químicos, como os plásticos.

FIQUE POR DENTRO!

Combustão do etanol

No Brasil, além da gasolina, destaca-se como combustível a utilização do etanol (CH_3CH_2OH ou C_2H_6O). A combustão completa do etanol é representada pela seguinte equação:

$$C_2H_6O + 3\ O_2 \longrightarrow 2\ CO_2 + 3\ H_2O$$

Diferentemente da gasolina, o etanol apresenta a vantagem de ser uma fonte renovável de energia, uma vez que é obtido a partir da cana-de-açúcar.

1.3.3 Combustão da gasolina

Como vimos, a fração gasolina (5 C a 10 C) é composta por diversos hidrocarbonetos, porém é frequente representar a combustão da gasolina pela equação da combustão completa do octano (C_8H_{18}):

$$C_8H_{18} + \frac{25}{2}\ O_2 \longrightarrow 8\ CO_2 + 9\ H_2O$$

Os motores dos automóveis, que podem utilizar gasolina (e também álcool) como combustível, funcionam em quatro etapas, sendo chamados de **motor a quatro tempos**:

- **1ª etapa (aspiração ou admissão):** mistura ar-combustível é inserida na câmara de combustão;
- **2ª etapa (compressão):** o pistão sobe e comprime a mistura ar-combustível;
- **3ª etapa (combustão):** a faísca da vela provoca a ignição da mistura ar-combustível e o pistão desce;
- **4ª etapa (exaustão):** o pistão sobe e expele os gases produzidos na combustão.

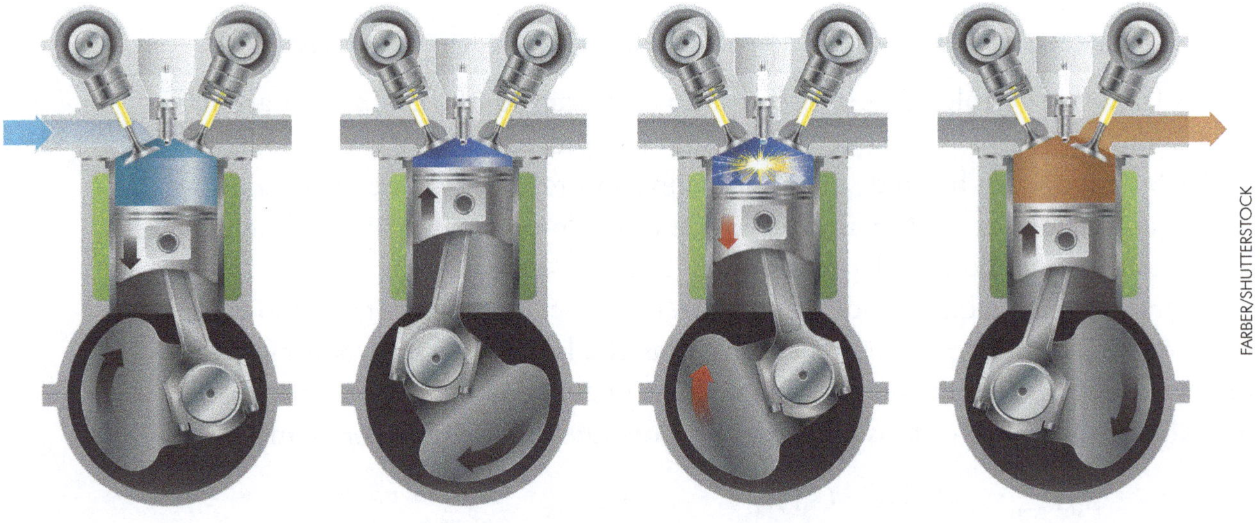
FARBER/SHUTTERSTOCK

1ª etapa 2ª etapa 3ª etapa 4ª etapa

Os motores que utilizam gasolina como combustível são chamados de motores a explosão.

Dependendo da qualidade do combustível (e de eventuais desajustes do motor), durante a fase de compressão podem ocorrer explosões da mistura ar-combustível não iniciadas pela faísca proveniente da vela. Nessas situações, a combustão não se inicia no ponto ótimo do ciclo, levando à perda de eficiência no processo e a um som característico, conhecido como "batida de pino".

É por esse motivo que se procuram combustíveis com características antidetonantes, isto é, que resistam bem à compressão e que não favoreçam combustões não provenientes da vela de ignição ou em momentos distintos do ideal no ciclo.

FIQUE POR DENTRO!

Octanagem ou índice de octano

A fim de avaliar e comparar as características dos combustíveis, foi criado o índice de octano ou octanagem, uma escala utilizada para medir a resistência à detonação de combustíveis. Para criação dessa escala, foram escolhidos dois hidrocarbonetos puros que tiveram a sua octanagem fixada arbitrariamente em 0 e 100, sendo a detonação fácil indicada como "0" (combustível de pior qualidade) e a de detonação mais difícil indicada como "100" (combustível de melhor qualidade).

Número de octanagem e facilidade de detonação.

HIDROCARBONETO	FÓRMULA ESTRUTURAL	OCTANAGEM	DETONAÇÃO
heptano	$H_3C - CH_2 - CH_2 - CH_2 - CH_2 - CH_2 - CH_3$	0	fácil
2,2,4-trimetilpentano (iso-octano)	CH_3 | $H_3C - C - CH_2 - CH - CH_3$ | | CH_3 CH_3	100	difícil

Assim, uma gasolina com octanagem igual a 87 se comporta como uma mistura de 87% de iso-octano e 13% de heptano. É importante destacar que a octanagem não indica a composição da gasolina, mas é apenas um parâmetro de comportamento em relação à combustão no motor.

São possíveis valores superiores a 100 para octanagem, como a do combustível etanol comum que apresenta octanagem igual a 110 – isso significa que o etanol comum apresenta uma resistência à compressão 10% superior à do iso-octano – ou do benzeno, que apresenta octanagem igual a 108.

O problema é que a gasolina obtida diretamente da destilação fracionada do petróleo tem uma octanagem de 50 a 55, ou seja, muito baixa para o uso eficiente nos motores. Por esse motivo, a gasolina deve ainda passar por processos de refino para aumentar a sua qualidade, isto é, aumentar a sua octanagem. Entre esses processos, destaca-se o processo de **isomerização**, apresentado a seguir.

1.3.4 Isomerização

Em linhas gerais, hidrocarbonetos ramificados, isto é, hidrocarbonetos que apresentam mais de duas extremidades (como o iso-octano) apresentam maiores resistências à compressão do que hidrocarbonetos de cadeia não ramificada (também chamada de cadeia normal), isto é, hidrocarbonetos que apresentam apenas duas extremidades (como o heptano), razão pela qual é frequente a utilização do processo de **isomerização** para aumentar o teor de hidrocarbonetos ramificados na gasolina e, portanto, aumentar a sua qualidade (sua octanagem).

CADEIA RAMIFICADA	CADEIA NÃO RAMIFICADA (CADEIA NORMAL)
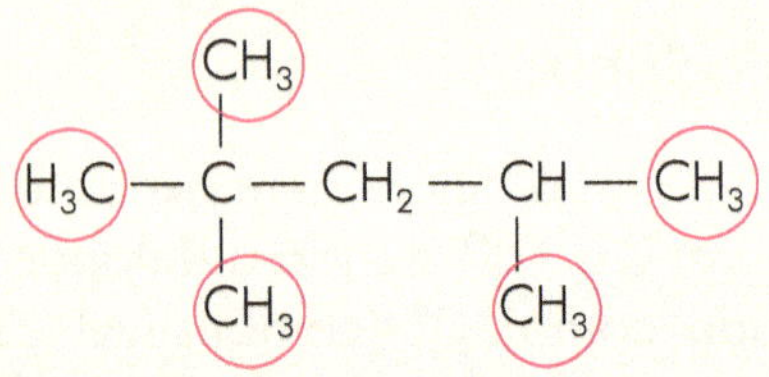	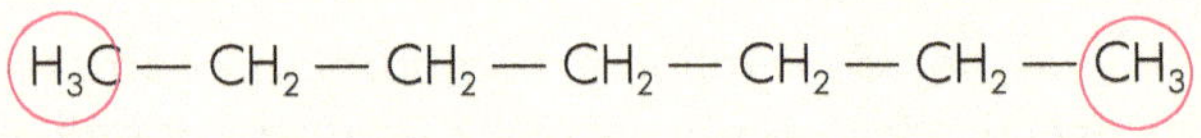
O iso-octano apresenta 5 extremidades, sendo classificado como um hidrocarboneto de cadeia ramificada.	O heptano apresenta 2 extremidades, sendo classificado como um hidrocarboneto de cadeia não ramificada (ou normal).

ATENÇÃO!

Isômeros são compostos de mesma fórmula molecular que apresentam estruturas diferentes, isto é, apresentam fórmulas estruturais diferentes.

Os alcanos de cadeia normal por aquecimento com catalisador transformam-se em alcanos isômeros de cadeia ramificada. Esquematicamente, em uma reação de isomerização, há alteração da estrutura da cadeia, porém não ocorre mudança na fórmula molecular do composto:

$$C_nH_{2n+2} \text{ (normal)} \xrightarrow[\text{cat.}]{\Delta} C_nH_{2n+2} \text{ (ramificado)}$$

Por exemplo, na reação de isomerização do butano que gera o metilpropano, tanto o reagente quanto o produto apresentam fórmula molecular igual a C_4H_{10}. A diferença entre os dois compostos está nas suas estruturas: o butano apresenta cadeia normal, com apenas duas extremidades livres; já o metilpropano apresenta cadeia ramificada, com mais de duas extremidades livres.

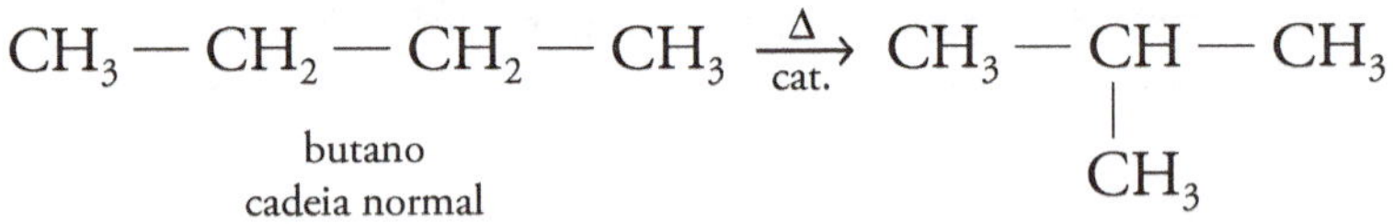

butano
cadeia normal

metilpropano
cadeia ramificada

1.3.5 Reforma catalítica

Além da destilação fracionada e da isomerização, outro processo realizado nas refinarias de petróleo é a **reforma catalítica**, que consiste na conversão de alcanos (hidrocarbonetos de cadeia aberta) em cicloalcanos (hidrocarbonetos de cadeia fechada, isto é, que formam um ciclo) e, a seguir, em hidrocarbonetos aromáticos (compostos que apresentam anéis benzênicos ou anéis aromáticos em sua estrutura) por meio do aquecimento com catalisador. Esse processo é importante por:

- melhorar a qualidade da gasolina, pois hidrocarbonetos cíclicos e aromáticos melhoram o desempenho da gasolina nos motores dos automóveis;
- produzir hidrocarbonetos aromáticos, utilizados como solventes ou matérias-primas em diversos processos químicos, uma vez que as quantidades de aromáticos obtidos a partir do petróleo e do beneficiamento do carvão (destilação seca da hulha) são insuficientes para atender à demanda industrial.

1.3.5.1 Reforma catalítica do hexano com obtenção de benzeno

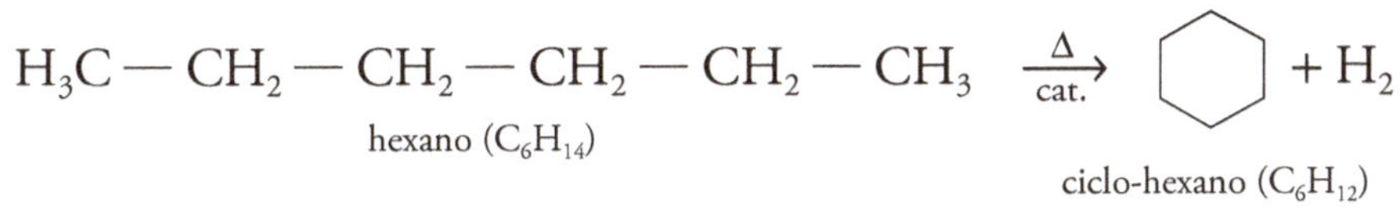

$H_3C-CH_2-CH_2-CH_2-CH_2-CH_3 \xrightarrow[\text{cat.}]{\Delta}$ + H_2
hexano (C_6H_{14})
ciclo-hexano (C_6H_{12})

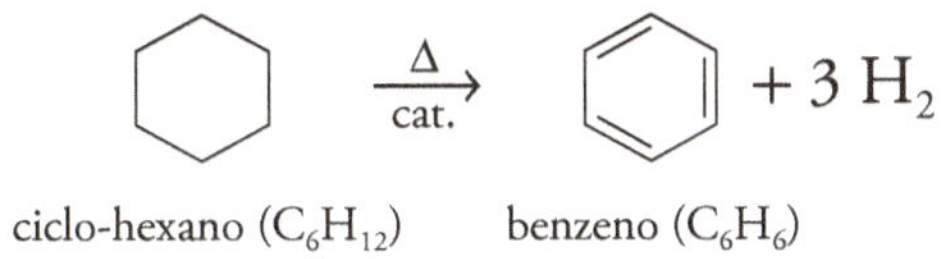

$\xrightarrow[\text{cat.}]{\Delta}$ + 3 H_2
ciclo-hexano (C_6H_{12})
benzeno (C_6H_6)

Somando as duas equações temos:

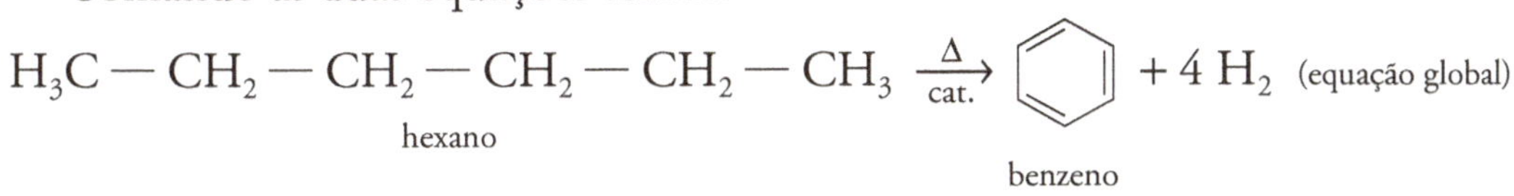

$H_3C-CH_2-CH_2-CH_2-CH_2-CH_3 \xrightarrow[\text{cat.}]{\Delta}$ + 4 H_2 (equação global)
hexano
benzeno

1.3.5.2 Reforma catalítica do heptano com obtenção de metilbenzeno (tolueno)

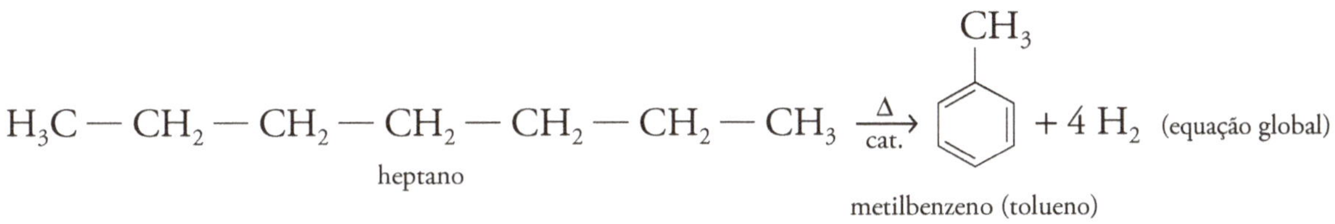

CH_3
$H_3C-CH_2-CH_2-CH_2-CH_2-CH_2-CH_3 \xrightarrow[\text{cat.}]{\Delta}$ + 4 H_2 (equação global)
heptano
metilbenzeno (tolueno)

1.4 Gás Natural

A expressão "gás natural" indica uma mistura de hidrocarbonetos gasosos, de baixa massa molecular, encontrada em rochas porosas no subsolo. Em média, temos de 70% a 99% de metano (CH_4) e pequenas frações de etano, propano, butano, N_2, CO_2, H_2S e He.

Frequentemente acima do petróleo e até, devido à alta pressão, dissolvido nele, o gás natural também pode ser encontrado em reservatórios nos quais a quantidade de petróleo é muito pequena ou até mesmo inexistente.

O gás natural, após a extração, segue para unidades de processamento, nas quais, por compressão, separam-se:

JOA SOUZA/SHUTTERSTOCK

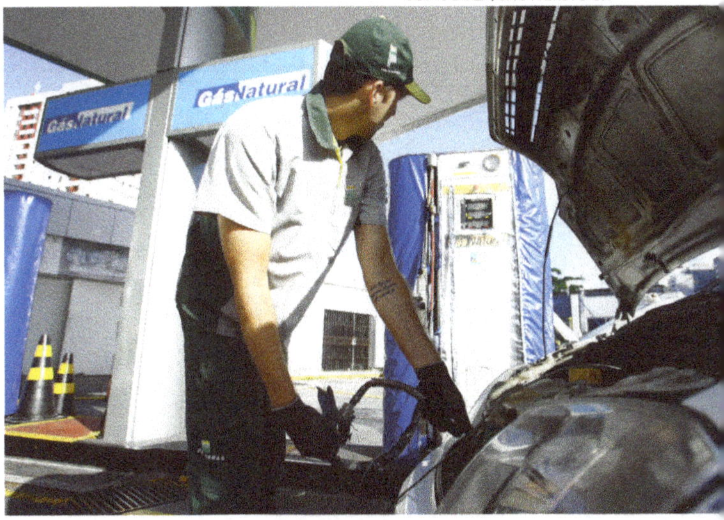

Gás Natural

Veículo sendo abastecido com GNV (gás natural veicular), combustível automotivo já usado em algumas cidades brasileiras, como em Salvador (BA).

- gás processado, que contém metano e etano;
- GLP (gás liquefeito de petróleo), que contém propano e butano (utilizado nos botijões de gás).

A combustão completa do gás natural pode ser equacionada como:

$$CH_4 + 2\,O_2 \longrightarrow CO_2 + 2\,H_2O$$

Além de ser cada vez mais utilizado como combustível, pois tem a vantagem de ser pouco poluente, o gás natural é matéria-prima na indústria química, sendo utilizado, por exemplo, na produção de metanol:

$$CH_4 + \frac{1}{2} O_2 \longrightarrow CH_3OH$$

1.5 Biogás

Biogás é uma mistura gasosa formada principalmente por CH_4, CO_2 e H_2S, proveniente de matéria orgânica (biomassa) metabolizada por bactérias em condições anaeróbicas (isto é, em ausência de oxigênio).

A produção controlada de biogás é realizada por meio de *biodigestores*, recipientes em que a celulose (principal componente da biomassa para produzir biogás) se decompõe anaerobicamente em:

$$(C_6H_{10}O_5)_n + nH_2O \longrightarrow 3nCH_4 + 3nCO_2$$

Os resíduos da produção (a matéria orgânica – biomassa – que não foi gaseificada) podem ser utilizados como fertilizantes.

ATENÇÃO!

Essa reação de decomposição da celulose ocorre espontaneamente nos pântanos, onde há vegetais submersos. Devido a esse fato, o metano é chamado de gás dos pântanos.

AGÊNCIA BRASIL

FIQUE POR DENTRO!

Gasolixo

Nos aterros sanitários, lixo e terra são depositados em camadas sucessivas, propiciando a decomposição anaeróbica do material orgânico. A mistura gasosa assim obtida, rica em CH_4, é denominada gasolixo.

A maior termelétrica do Brasil movida a combustível renovável – gás procedente de aterro sanitário – na cidade de Caieiras, em São Paulo.

1.6 Classificação e Nomenclatura das Cadeias Carbônicas

Vimos que os hidrocarbonetos (compostos formados por C e H), com destaque para aqueles provenientes da extração e refino do petróleo, são utilizados como combustíveis. Entre os processos de refino, destacamos a **isomerização** e a **reforma catalítica**, utilizadas para obtenção de compostos de cadeias ramificadas (com mais do que duas extremidades) e cadeias fechadas (que formam ciclos), empregados tanto para melhorar a qualidade dos combustíveis como em outros processos químicos.

Dessa forma, temos que as cadeias carbônicas podem ser classificadas segundo o modo como os átomos de carbono estão ligados entre si:

- **homogêneas** (só apresentam átomos de carbono e de hidrogênio) ou **heterogêneas** (apresentam outros elementos além de carbono e hidrogênio entre dois átomos de carbono):

CADEIA HOMOGÊNEA	CADEIA HETEROGÊNEA
$H_3C-CH_2-CH_2-CH_2-OH$	$H_3C-CH_2-CH_2-O-CH_3$
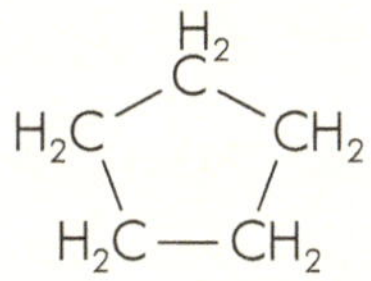	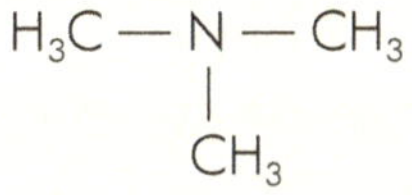 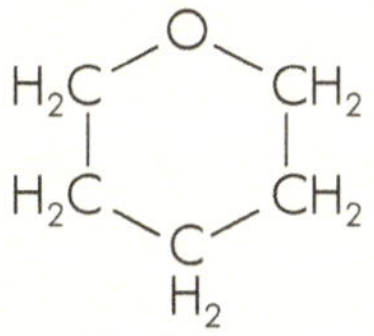

- **saturadas** (somente há ligação simples entre os átomos de carbono) ou **insaturadas** (há uma ou mais ligações duplas ou triplas entre os carbonos):

CADEIA SATURADA	CADEIA INSATURADA
$H_3C-CH_2-CH_2-CH_3$	$H_3C-C\equiv C-CH_3$
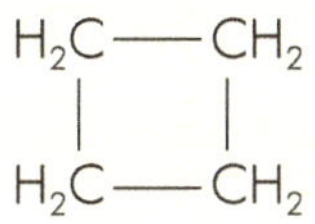	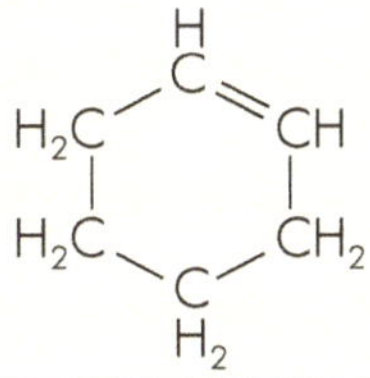

- **abertas** (cadeia carbônica apresenta extremidades livres), **fechadas** (cadeia carbônica não apresenta extremidades livres, formando um ciclo, também chamadas de **cíclicas**) ou **mistas** (cadeias que contêm parte cíclica e parte aberta):

CADEIA ABERTA	CADEIA FECHADA	CADEIA MISTA
$H_3C-CH_2-CH_2-CH_3$	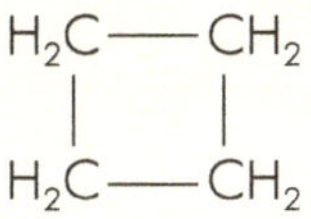 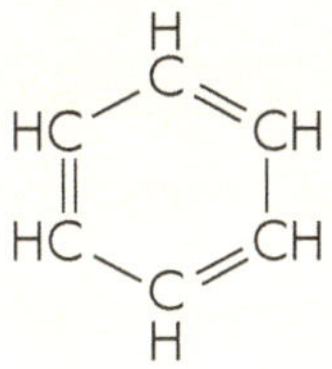	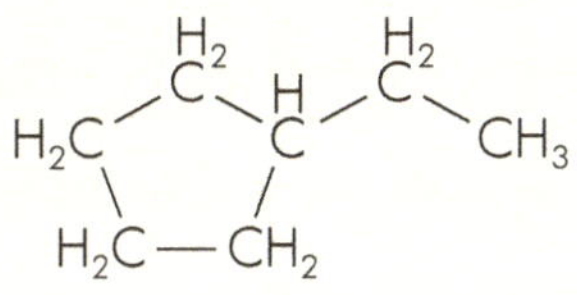

- entre as cadeias abertas, as cadeias podem ser **não ramificadas** (que contêm apenas duas extremidades livres, também chamadas de **normais**) ou **ramificadas** (que contêm mais de duas extremidades livres):

CADEIA NÃO RAMIFICADA (NORMAL)	CADEIA RAMIFICADA
$H_3C - CH_2 - CH_2 - CH_3$ $H_3C - C \equiv C - CH_3$	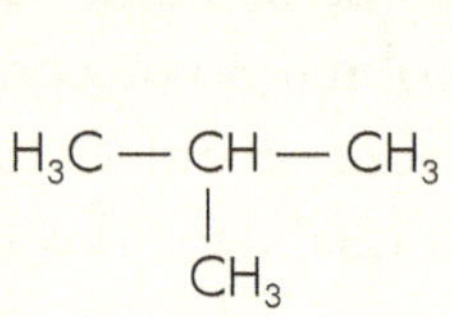 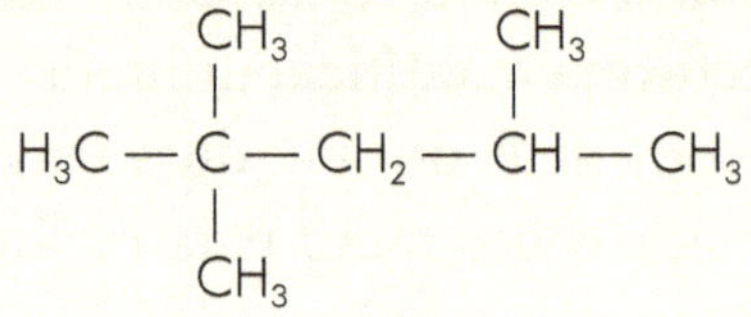 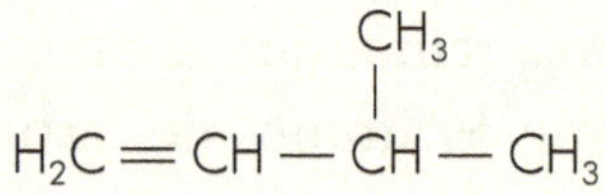

FIQUE POR DENTRO!

Classificação de carbonos em uma cadeia carbônica

Não só as cadeias carbônicas apresentam vários tipos de classificação, mas também os carbonos em uma cadeia podem ser classificados de acordo com a quantidade de carbono a que estão ligados. A classificação dos carbonos nos ajuda a diferenciar hidrocarbonetos de cadeia não ramificada de hidrocarbonetos de cadeia ramificada e também está associada à reatividade desses carbonos, que discutiremos mais adiante (no Capítulo 10):

- **carbono primário (P)** – ligado no máximo a um átomo de carbono;
- **carbono secundário (S)** – ligado a dois outros átomos de carbono;
- **carbono terciário (T)** – ligado a três outros átomos de carbono;
- **carbono quaternário (Q)** – ligado a quatro outros átomos de carbono.

Veja a identificação dos átomos de carbono nas estruturas a seguir:

cadeia normal

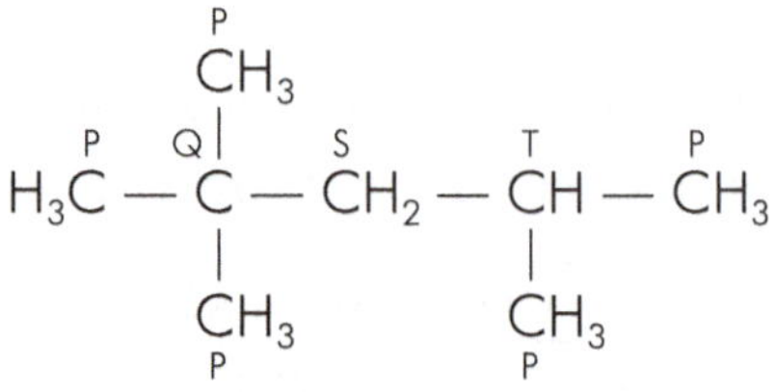

cadeia ramificada

Assim, em um hidrocarboneto de cadeia não ramificada ou normal, temos apenas carbonos primários e secundários. Já em um hidrocarboneto de cadeia ramificada, há pelo menos um carbono terciário ou quaternário.

- entre as cadeias fechadas ou cíclicas, as cadeias podem ser **aromáticas** (apresentam pelo menos um anel benzênico ou anel aromático) ou **alicíclicas** (não apresentam anéis benzênicos):

CADEIA ALICÍCLICA	CADEIA AROMÁTICA
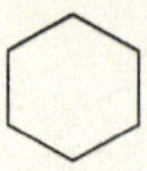 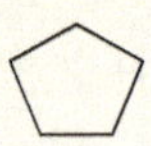	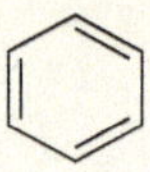 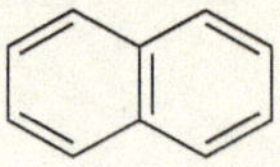

FIQUE POR DENTRO!

Representação das fórmulas estruturais

Já vimos no volume 1 as diferentes representações dos compostos orgânicos, porém como essas representações nos acompanharão no restante do nosso estudo da Química, é sempre importante recordar os diferentes tipos de fórmulas estruturais:

a) **fórmula de traço** – mostra como os átomos estão ligados entre si na molécula:

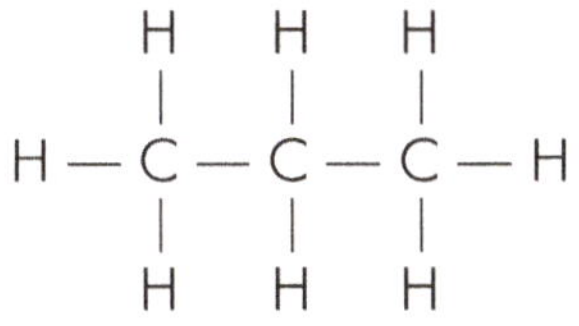

b) **fórmula simplificada** – não mostra as ligações C — H:

$$H_3C — CH_2 — CH_2 — CH_3$$

c) **fórmula condensada** – não mostra as ligações na cadeia:

$$CH_3CH_2CH_3$$

d) **fórmula de linha de ligação (ou de bastão)** –

- a cadeia será representada como um ziguezague;
- as pontas corresponderão ao grupo CH_3;
- a junção de dois traços corresponderá a um grupo CH_2;
- a junção de três traços corresponderá a um grupo CH;
- a junção de quatro traços corresponderá a um carbono quaternário.

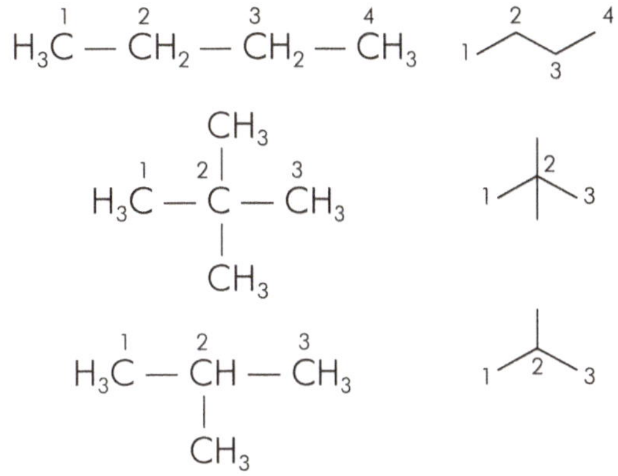

No Capítulo 9 do volume 1, vimos como podemos nomear hidrocarbonetos abertos não ramificados. Agora, no restante deste capítulo, vamos apresentar as principais regras de nomenclatura para nomearmos hidrocarbonetos ramificados e também hidrocarbonetos cíclicos.

1.6.1 Grupos orgânicos substituintes

Para facilitar a nomenclatura dos compostos orgânicos, determinados grupos de átomos presentes em uma molécula orgânica, chamados **grupos orgânicos substituintes**, recebem nomes particulares. Por exemplo:

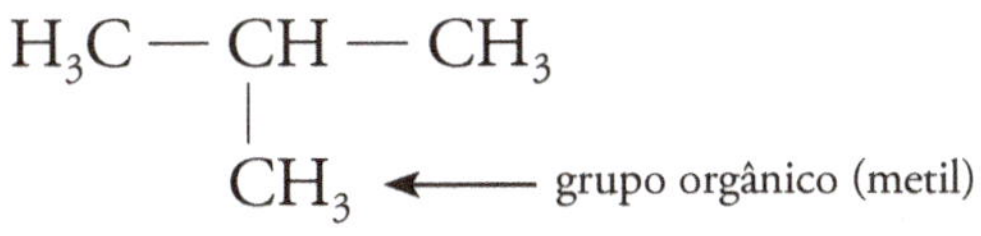
grupo orgânico (metil)

nome: metilpropano

O nome de um grupo orgânico é formado pelo prefixo, que indica a quantidade de átomos de carbono, mais o sufixo "il" ou "ila":

pref + il ou **pref + ila**

1.6.1.1 Principais grupos orgânicos

- **Grupo alquila** – grupo orgânico obtido pela retirada de um átomo de hidrogênio de um alcano:

  $—CH_3$ metil

  $—CH_2—CH_3$ etil

  $—CH_2—CH_2—CH_3$ propil

  $—\underset{\displaystyle CH_3}{\underset{|}{CH}}—CH_3$ isopropil (ou prop-2-il)

  $—CH_2—CH_2—CH_2—CH_3$ butil

  $CH_3—\overset{|}{CH}—CH_2—CH_3$ s-butil ou sec-butil (ou but-2-il)

  $—CH_2—\underset{\displaystyle CH_3}{\underset{|}{CH}}—CH_3$ isobutil

  $H_3C—\underset{\displaystyle CH_3}{\underset{|}{\overset{|}{C}}}—CH_3$ t-butil ou terc-butil (ou metilprop-2-il)

- **vinil ou etenil** – derivado do hidrocarboneto eteno pela retirada de 1 H:

  $H_2C=CH—$

- **fenil** – retirada de 1 H do benzeno (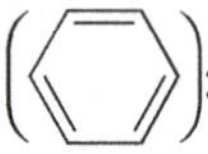):

  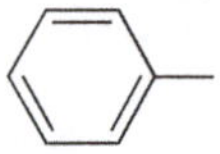 ou $C_6H_5—$

- **benzil** – retirada de 1 H do CH_3 do metilbenzeno (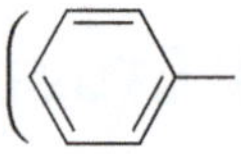$—CH_3$):

  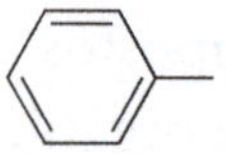$CH_2—$ ou $C_6H_5CH_2—$

> **ATENÇÃO!**
>
> Não existe um composto chamado metil nem um composto chamado etil. Metil e etil são nomes dados a pedaços de moléculas. Veja os exemplos a seguir:
>
> $CH_3—\underset{\displaystyle CH_3}{\underset{|}{CH}}—CH_3$
>
> metilpropano
> (o grupo metil ligado ao propano)
>
> $CH_3—CH_2—C\ell$
>
> cloreto de etila
> (o grupo etila ligado ao cloro)

1.6.2 Nomenclatura de hidrocarbonetos de cadeia aberta ramificada

Vimos que uma cadeia ramificada é uma cadeia aberta com mais de duas extremidades (carbonos nas laterais da cadeia).

Para nomearmos um hidrocarboneto ramificado, primeiro precisamos determinar a **cadeia principal**. Os carbonos que não fazem parte da cadeia principal correspondem às ramificações e a nomenclatura dessas ramificações é dada pela nomenclatura dos grupos orgânicos substituintes apresentada no item anterior.

1.6.2.1 Nomenclatura de hidrocarbonetos saturados ramificados

Em um **alcano** (composto saturado), a cadeia principal é a maior sequência de átomos de carbono, mesmo que não estejam representados em linha reta. Em caso de duas sequências longas, a cadeia principal é a mais ramificada. Para determinar a nomenclatura dos alcanos de cadeia ramificada, basta adotar as regras a seguir.

- **Regra 1:** determinar a cadeia principal e seu nome.

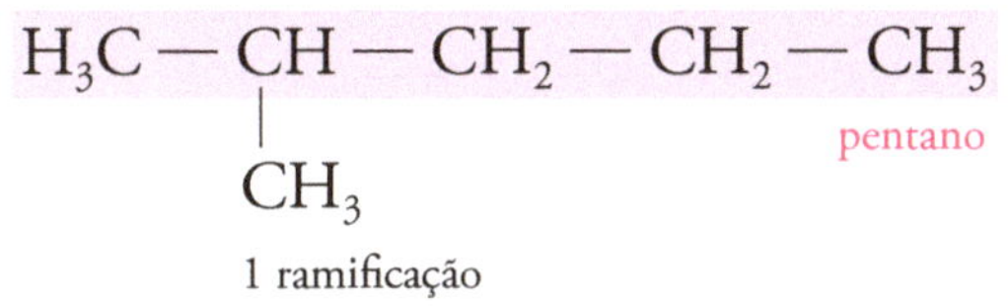

$$H_3C-CH-CH_2-CH_2-CH_3$$
$$|$$
$$CH_3$$

pentano — 1 ramificação

$$H_3C-CH-CH_2-CH_3$$
$$|$$
$$CH_2$$
$$|$$
$$CH_3$$

pentano — 1 ramificação

$$H_3C-CH_2-CH-CH_2-CH_2-CH_3$$
$$|$$
$$CH-CH_3$$
$$|$$
$$CH_3$$

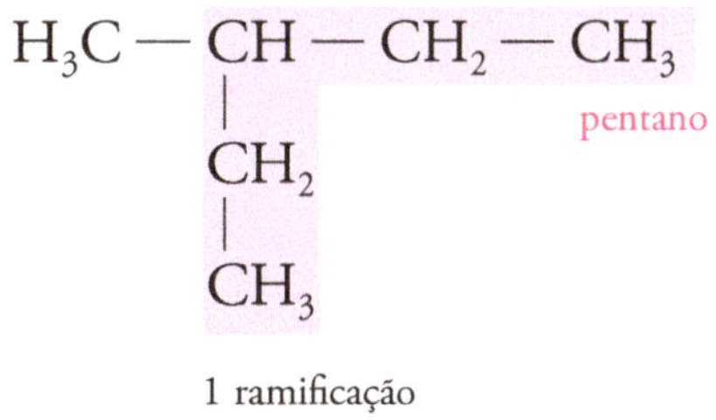

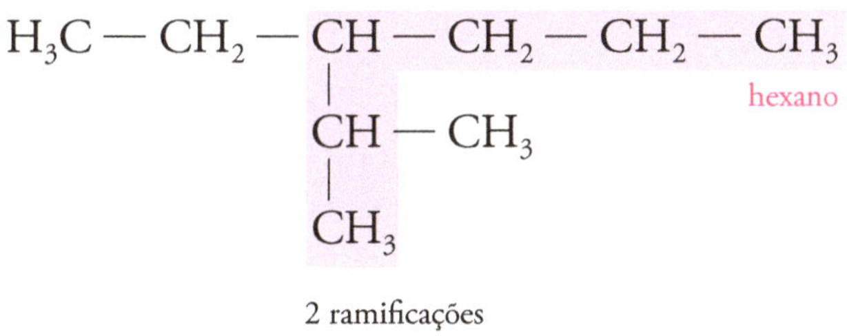

hexano — 2 ramificações

- **Regra 2:** reconhecer a(s) ramificação(ões). Se houver ramificações iguais usar os prefixos **di**, **tri**, **tetra** etc. para indicar a quantidade de grupos orgânicos iguais.

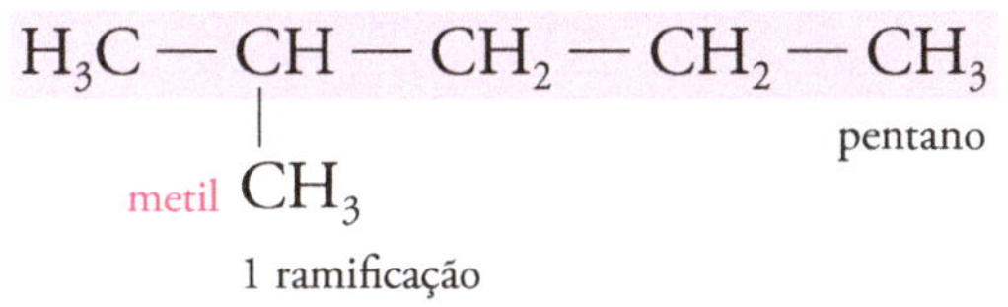

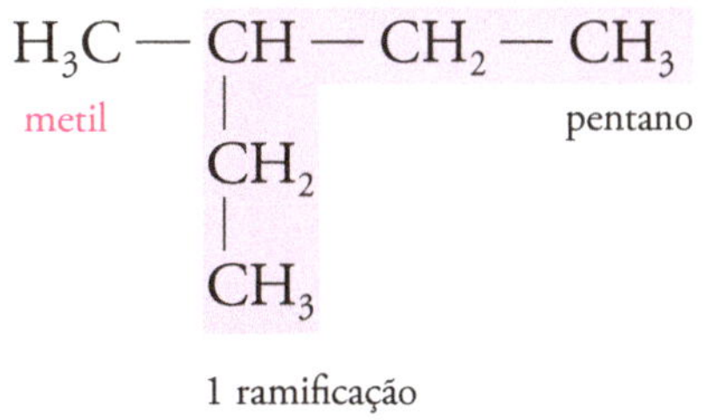

$$H_3C-CH-CH_2-CH_2-CH_3$$
$$|$$
$$CH_3$$

metil — pentano — 1 ramificação

$$H_3C-CH-CH_2-CH_3$$
$$|$$
$$CH_2$$
$$|$$
$$CH_3$$

metil — pentano — 1 ramificação

$$H_3C-CH_2-CH-CH_2-CH_2-CH_3$$
$$|$$
$$CH-CH_3$$
$$|$$
$$CH_3$$

etil — hexano — metil — 2 ramificações

- **Regra 3:** numerar a cadeia principal de modo a obter os menores números possíveis para indicar as posições das ramificações.

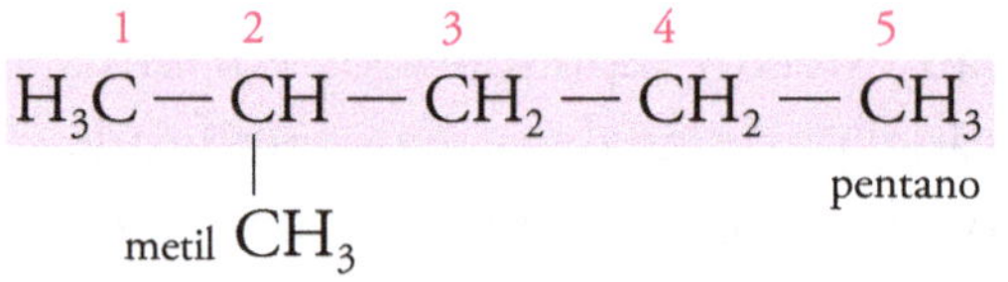
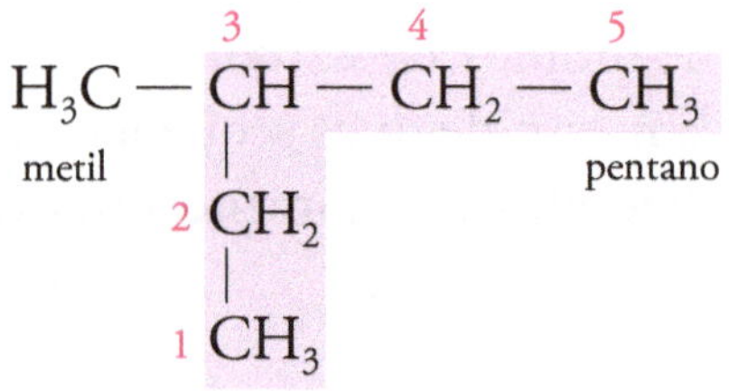
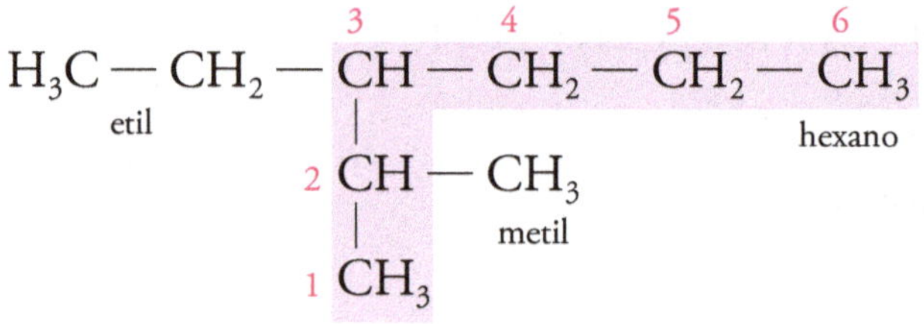

- **Regra 4:** escreva o nome do composto, obedecendo à seguinte ordem geral:

[número do carbono ramificado] - (hífen) [nome da ramificação][nome da cadeia principal]

2-metilpentano

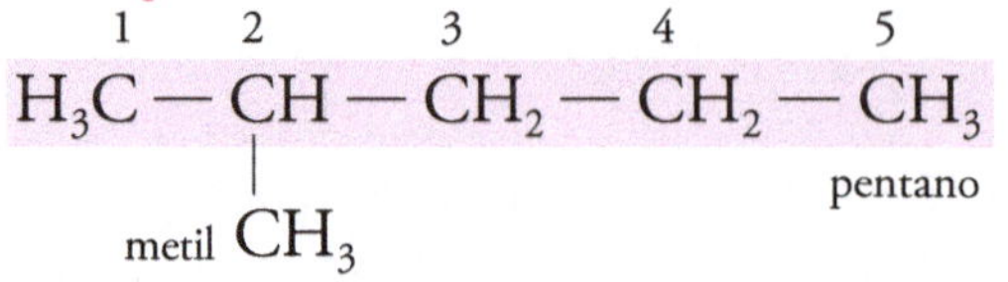

3-metilpentano

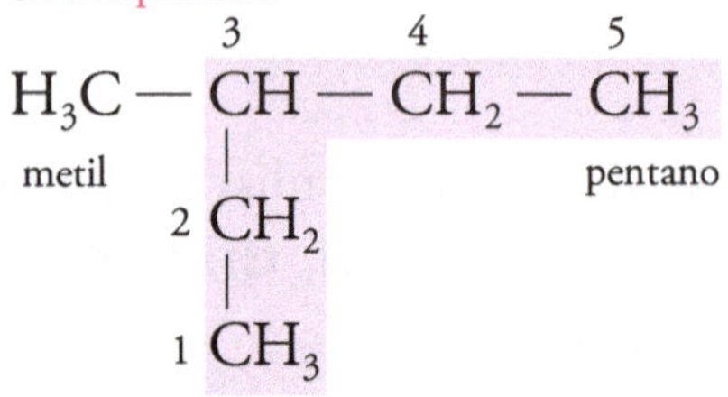

3-etil-2-metil-hexano

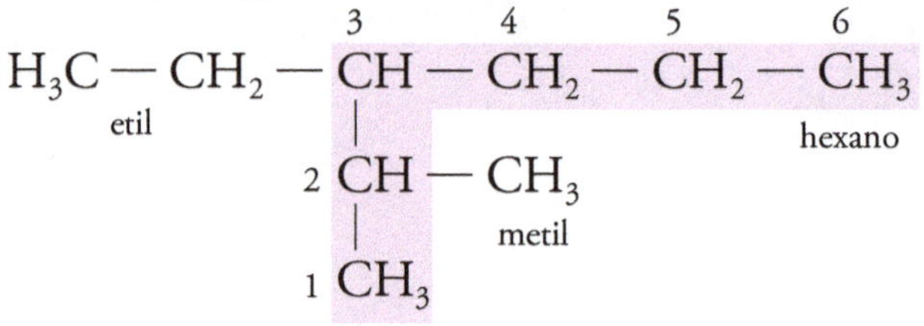

No caso do 3-etil-2-metil-hexano, destacam-se duas observações:

- como temos duas ramificações diferentes, no nome do hidrocarboneto elas devem ser apresentadas em ordem alfabética. Como o “e” vem antes do “m”, primeiro devemos escrever “3-etil” e somente depois o “2-metil”;

- como a cadeia principal começa com "h", deve-se colocar um hífen separando os grupos orgânicos do nome da cadeia principal. Observe que nos outros dois exemplos, não há hífen entre o nome do grupo orgânico e o nome da cadeia principal.

Observe agora outros exemplos de nomenclatura de hidrocarbonetos ramificados:

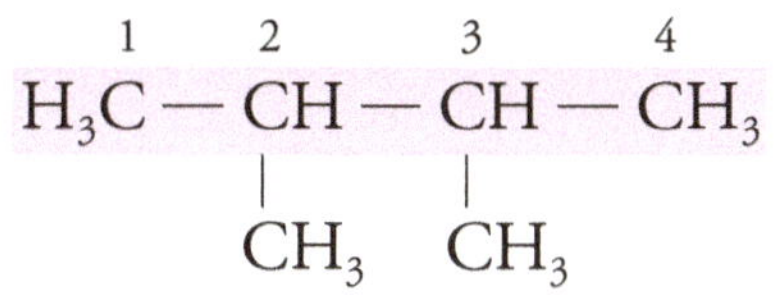

2,3-dimetilbutano

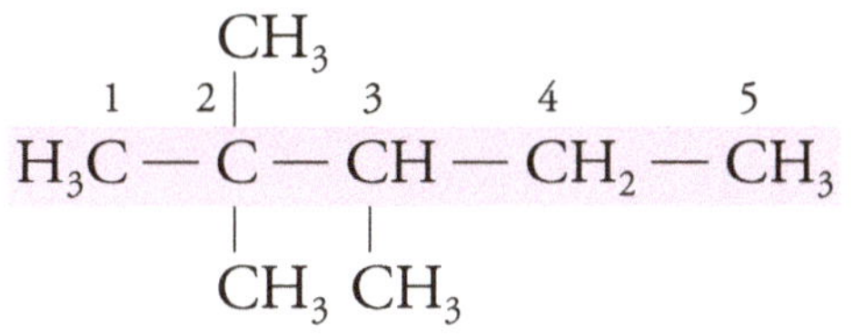

2,2,3-trimetilpentano

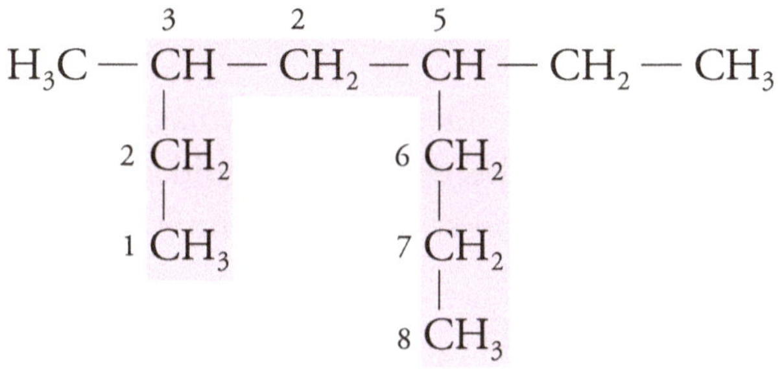

5-etil-3-metiloctano

Nos dois primeiros exemplos, precisamos utilizar os prefixos **di** e **tri** para indicar que temos dois grupos metil no 2,3-**di**metilbutano e três grupos metil no 2,2,3-**tri**metilpentano.

ATENÇÃO!

Se houver ramificações diferentes, elas devem ser escritas em ordem alfabética, sem considerar os prefixos de quantidade (di, tri, tetra etc.). Nessa ordem alfabética:

- devemos levar em consideração o prefixo iso em isopropil e em isobutil;
- devemos ignorar os prefixos sec e terc em sec-butil e terc-butil; portanto, nesses grupos funcionais, devemos considerar a letra "b" de "butil" caso seja necessária respeitar a ordem alfabética.
- grupos mais utilizados:

etil	isopropil	metil	propil
1º lugar	2º lugar	3º lugar	4º lugar

ordem alfabética →

1.6.2.2 Nomenclatura de hidrocarbonetos insaturados ramificados

No caso de hidrocarbonetos insaturados ramificados, a cadeia principal contém geralmente a insaturação (ligação dupla ou tripla).

Nesse caso, a numeração da cadeia principal deve obrigatoriamente começar pela extremidade mais próxima da insaturação, mesmo que isso implique numerações maiores para ramificações.

Por fim, para cadeias principais com quatro ou mais átomos de carbono, devemos indicar a posição da insaturação com o menor dos dois números que recaem sobre os átomos de carbono da ligação dupla ou tripla.

Veja os exemplos a seguir de **alcenos** (hidrocarbonetos com ligação dupla) ramificados:

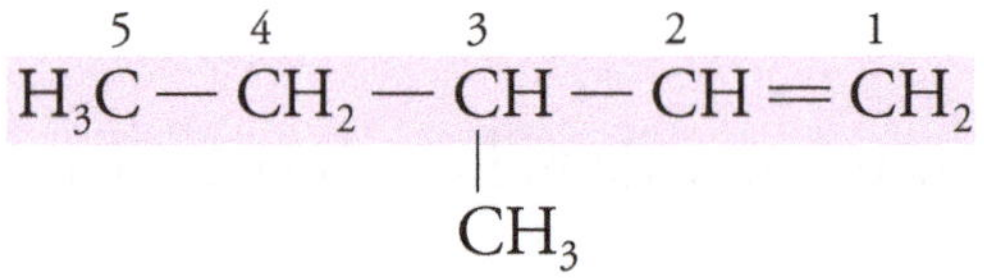

3-metilpent-1-eno

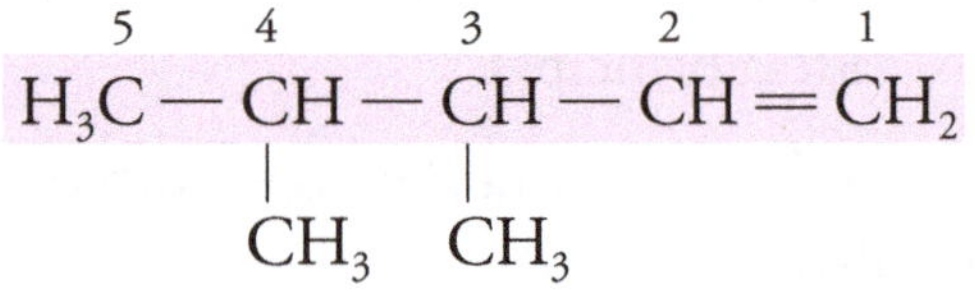

3,4-dimetilpent-1-eno

Agora, veja os exemplos a seguir de **alcinos** (hidrocarbonetos com ligação tripla) ramificados:

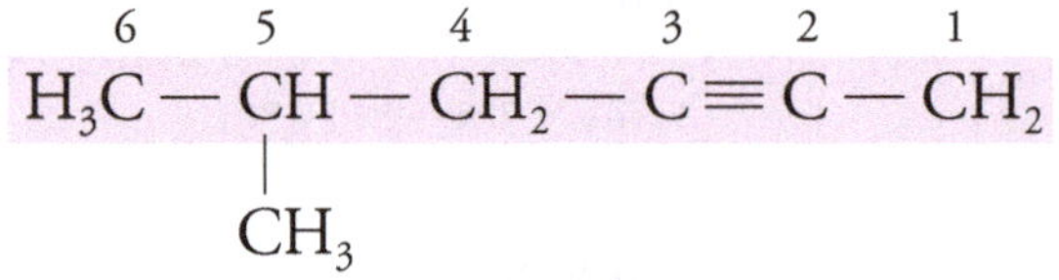

5-metil-hex-2-ino

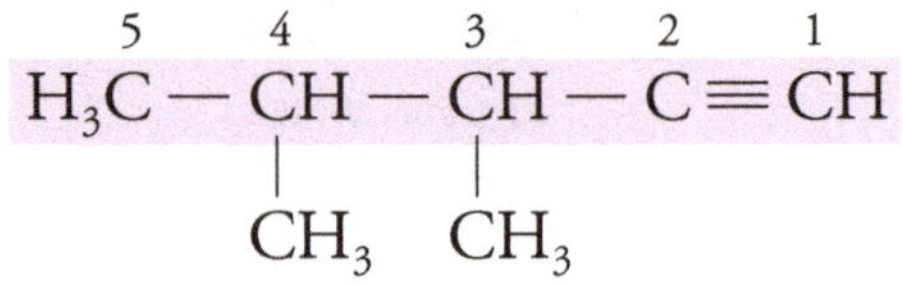

3,4-dimetilpent-1-ino

Por fim, para **alcadienos** (hidrocarbonetos com duas ligações duplas), as mesmas regras já citadas para hidrocarbonetos insaturados devem ser seguidas, com as ligações duplas apresentando os menores números possíveis. Por exemplo:

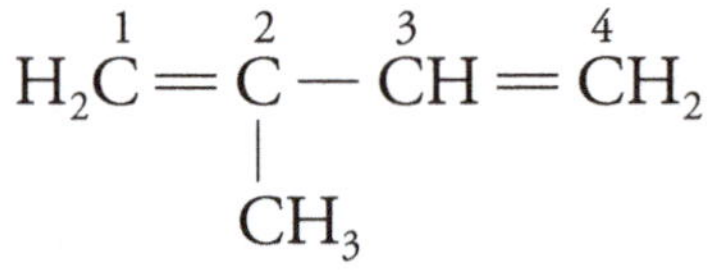

2-metilbuta-1,3-dieno (isopreno)
matéria-prima para a produção
da borracha natural

1.6.3 Nomenclatura de hidrocarbonetos de cadeia mista (não aromática)

No caso de **cicloalcanos** (também chamados de **ciclanos** ou **cicloparafinas**), hidrocarbonetos cíclicos saturados, cujo fórmula é $\mathbf{C_nH_{2n}}$, a nomenclatura segue as mesmas regras utilizadas para os alcanos ramificados, sendo utilizada a palavra **ciclo** antes da parte cíclica do composto.

a) **Ciclo com um único grupo orgânico:** não há necessidade de indicar a posição do grupo orgânico. Por exemplo:

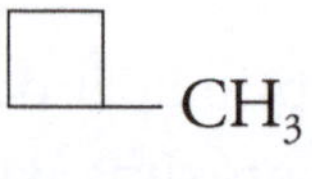

metilciclobutano

b) **Ciclo com dois grupos orgânicos:** a numeração é feita em ordem alfabética. Por exemplo:

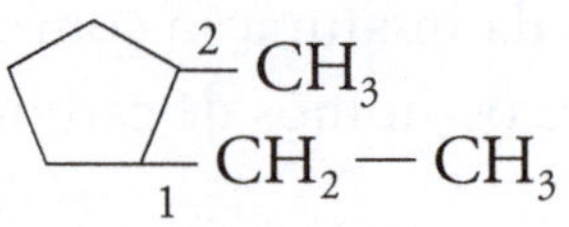

1-etil-2-metilciclopentano

c) **Ciclo com três ou mais grupos orgânicos:** a numeração é feita em ordem alfabética desde que não seja desobedecida a regra dos menores números. Por exemplo:

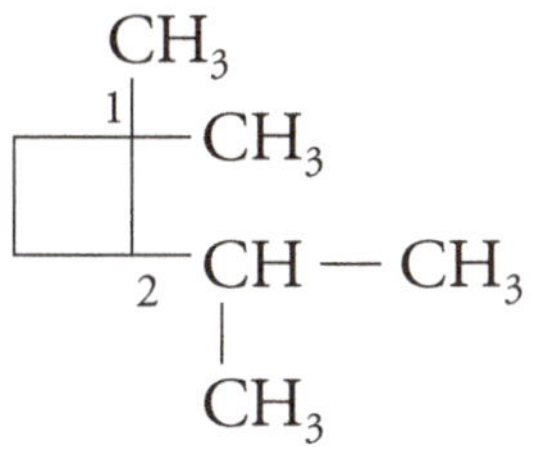

2-isopropil-1,1-dimetilciclobutano

Já no caso de **cicloalcenos** (também chamados de ciclenos ou ciclo-olefinas), hidrocarbonetos cíclicos com uma ligação dupla, cuja fórmula geral é $\mathbf{C_nH_{2n-2}}$, a numeração começa pela ligação dupla, isto é, um carbono da dupla é 1 e outro carbono da dupla é 2, de modo que a ramificação fique com o menor número possível. Por exemplo:

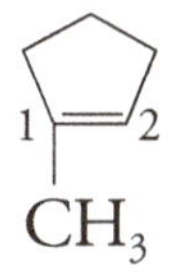

1-metilciclopenteno

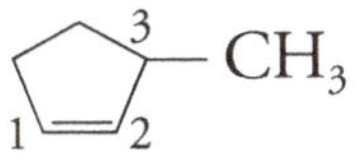

3-metilciclopenteno

1.6.4 Nomenclatura de substituintes no benzeno

a) **Benzeno com um grupo orgânico:** não há necessidade de indicar a posição do grupo orgânico. Por exemplo:

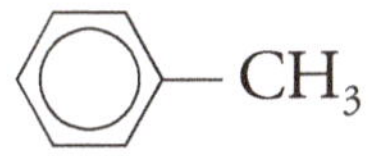

metilbenzeno ou tolueno

solvente e matéria-prima para fabricar TNT (trinitrotolueno)

b) **Benzeno com dois grupos orgânicos:** quando há dois grupos orgânicos diferentes, a numeração é feita em ordem alfabética. Por exemplo:

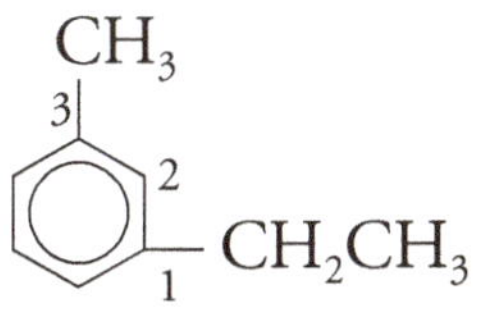

l-etil-3-metilbenzeno

Para indicar a posição de dois grupos orgânicos, também podem ser usados os prefixos *orto* (diretamente), *meta* (depois de) e *para* (mais longe de). Veja a tabela e os exemplos a seguir.

PREFIXO	POSIÇÃO DOS GRUPOS
orto	1 e 2
meta	1 e 3
para	1 e 4

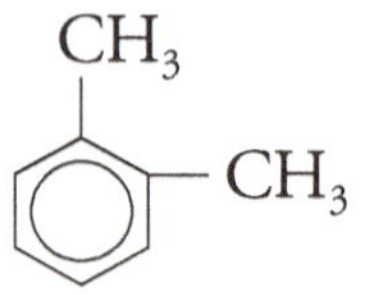

1,2-dimetilbenzeno
orto-dimetilbenzeno
o-xileno

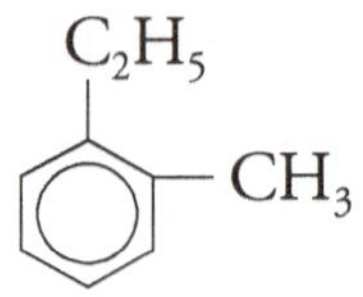

1-etil-2-metilbenzeno
orto-etilmetilbenzeno

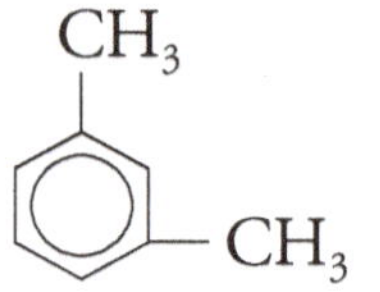

1,3-dimetilbenzeno
meta-dimetilbenzeno
m-xileno

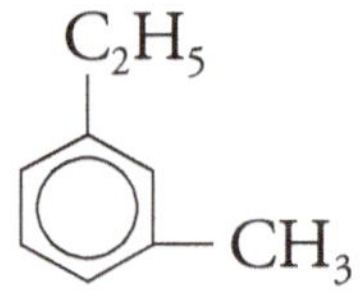

1-etil-3-metilbenzeno
meta-etilmetilbenzeno

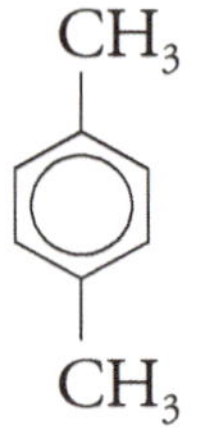

1,4-dimetilbenzeno
para-dimetilbenzeno
p-xileno

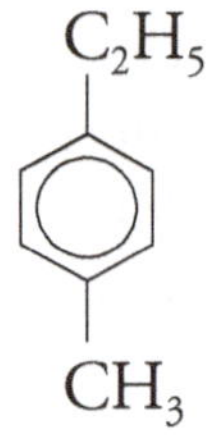

1-etil-4-metilbenzeno
para-etilmetilbenzeno

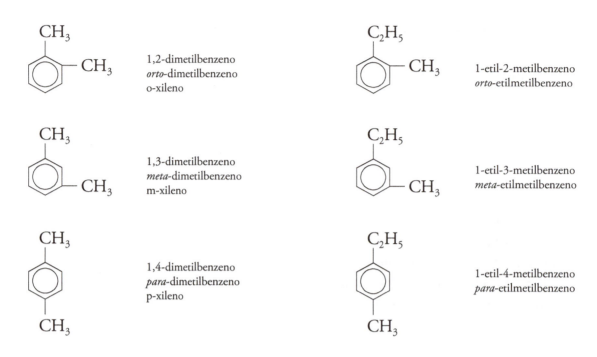

1.6.5 Nomenclatura de substituintes no naftaleno

A IUPAC recomenda a seguinte numeração dos carbonos no naftaleno:

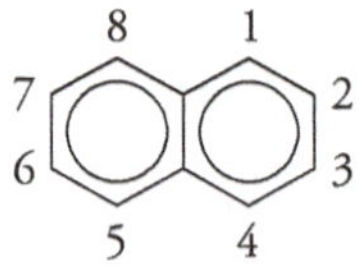

Por exemplo:

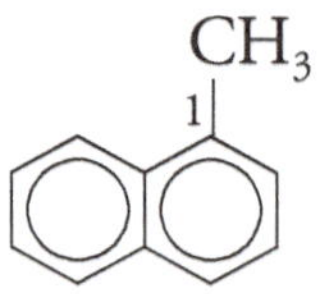

1-metilnaftaleno
α-metilnaftaleno (em desuso)

α: posições 1 ou 4 ou 5 ou 8.

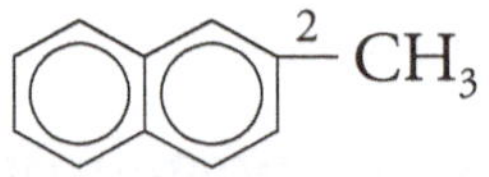

2-metilnaftaleno
β-metilnaftaleno

β: posições 2 ou 3 ou 6 ou 7.

MASHKA/SHUTTERSTOCK

É comum o uso do naftaleno, popularmente conhecido como naftalina, para matar traças que corroem as roupas nos armários ou gavetas. Para isso, as pastilhas de naftalina são colocadas dentro de embalagens que deixam sair seus vapores, mas que não permitem o contato direto com o produto.

SÉRIE BRONZE

1. Sobre as reações de combustão, complete o diagrama abaixo.

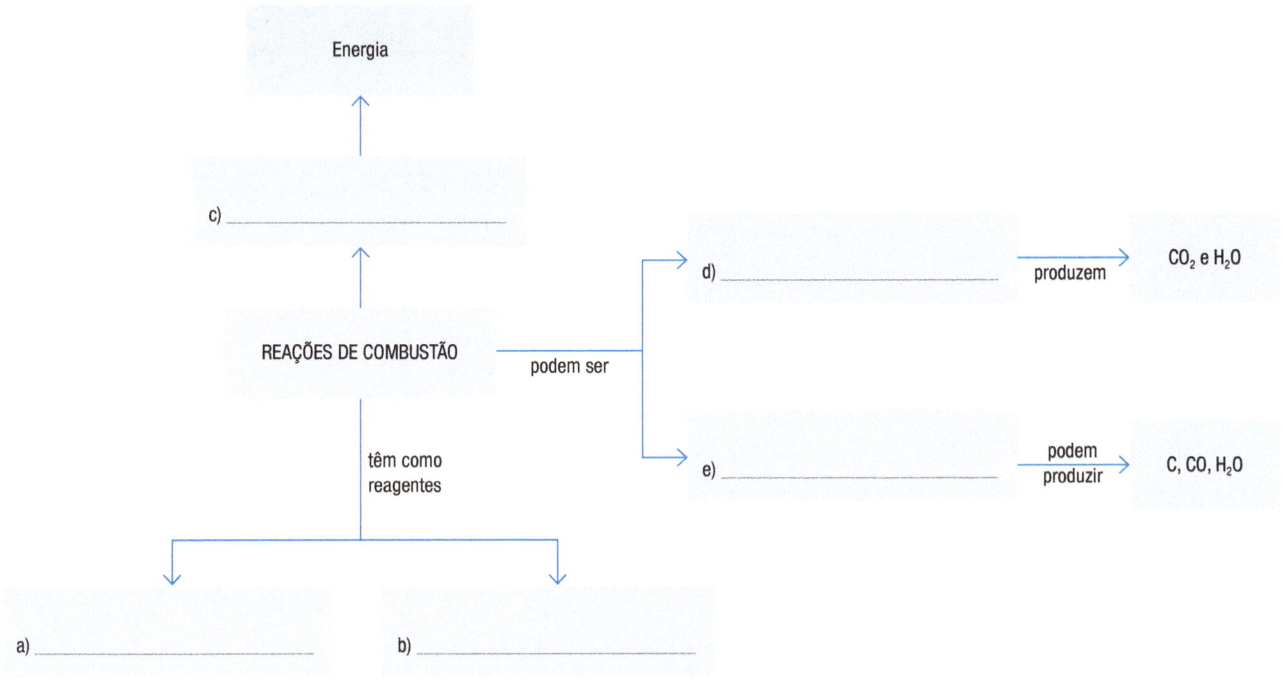
Energia
c) ______
REAÇÕES DE COMBUSTÃO
podem ser
d) ______
produzem
CO_2 e H_2O
e) ______
podem produzir
C, CO, H_2O
têm como reagentes
a) ______
b) ______

2. Escreva as equações químicas balanceadas que representam a combustão completa dos seguintes combustíveis (considere coeficiente igual a 1 para o combustível):

a) carvão (C);
b) gasolina (C_8H_{18});
c) gás natural (CH_4);
d) etanol (C_2H_6O).

3. (MACKENZIE – SP) A equação

$$H_3C - CH_2 - CH_3 + 5\,O_2 \longrightarrow 3\,CO_2 + 4\,H_2O$$

representa uma reação de:

a) substituição.
b) esterificação.
c) combustão.
d) eliminação.
e) adição.

4. (FUVEST – SP) A combustão incompleta da gasolina em motores de automóvel polui o ar atmosférico com

a) He
b) N_2
c) CO_2
d) CO
e) H_2O

5. Sobre o processo de carbonização, associado à formação do carvão mineral, complete o diagrama abaixo.

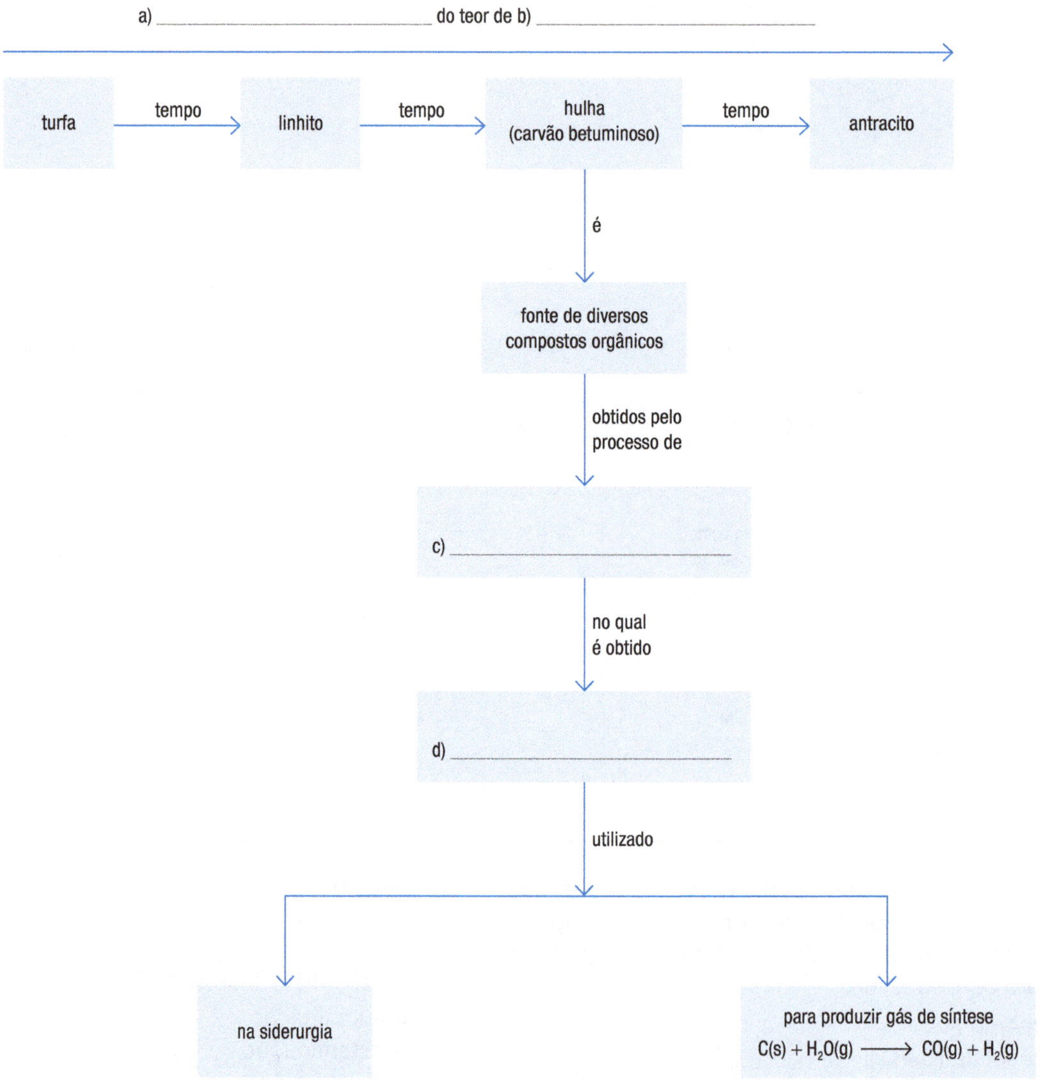
a) ______________ do teor de b) ______________
turfa
tempo
linhito
tempo
hulha (carvão betuminoso)
tempo
antracito
é
fonte de diversos compostos orgânicos
obtidos pelo processo de
c) ______________
no qual é obtido
d) ______________
utilizado
na siderurgia
para produzir gás de síntese
$C(s) + H_2O(g) \longrightarrow CO(g) + H_2(g)$

6. (FESP – PE) "A hulha é uma variedade de carvão, de origem ______________, que, por destilação seca, produz ______________ em maior quantidade, além do ______________, que é de grande importância para a indústria química." Assinalar qual é a melhor complementação dessa frase.

a) animal/ureia/amoníaco
b) vegetal/carvão coque/amoníaco
c) vegetal/alcatrão/carvão coque
d) vegetal/carvão coque/alcatrão
e) animal/carvão coque/alcatrão

DICA: alcatrão é uma mistura de compostos líquidos à temperatura ambiente, extraídos do carvão mineral e utilizados na indústria químca.

7. Sobre o petróleo e o seu processo de refino, complete o diagrama abaixo.

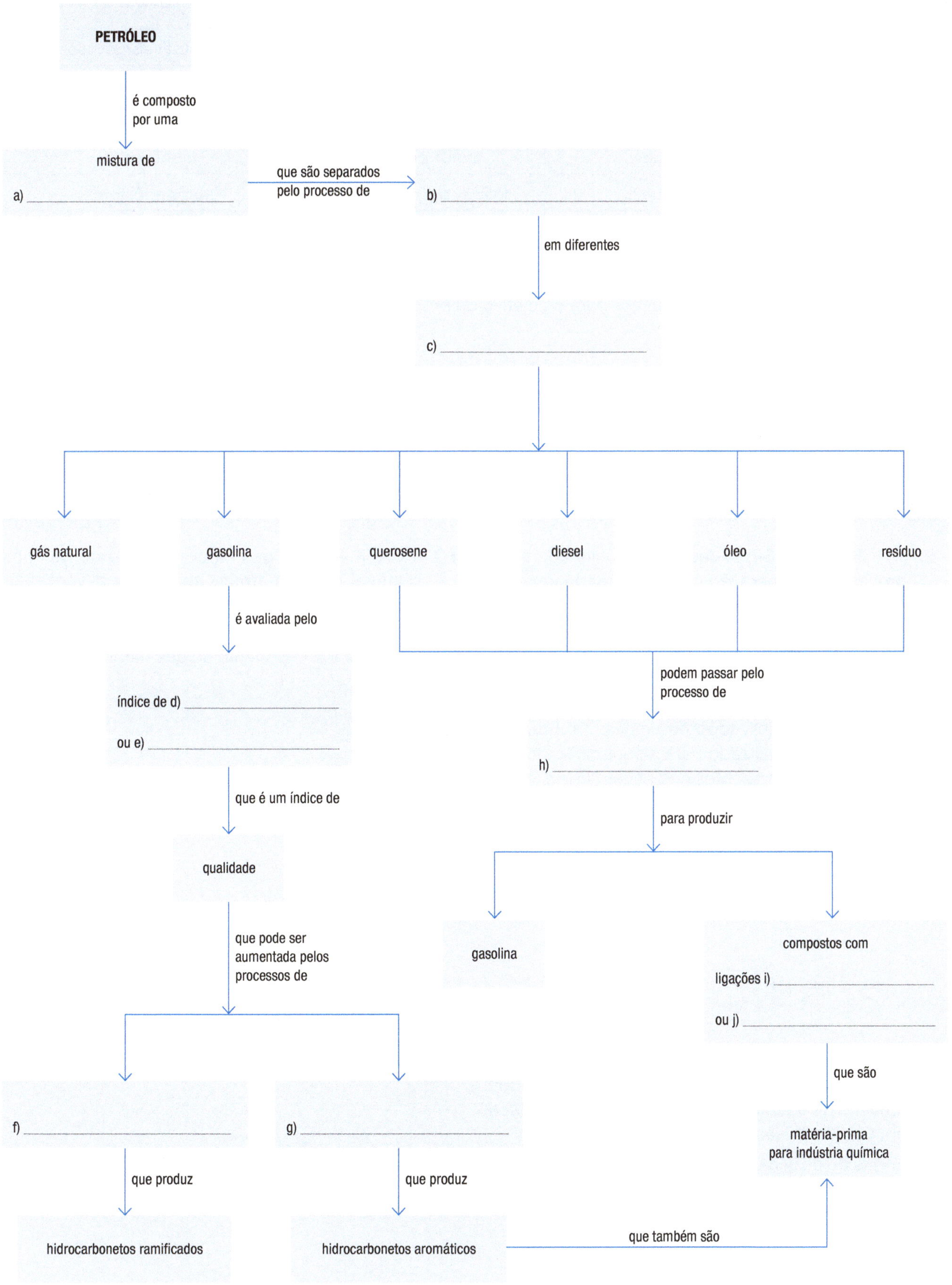
PETRÓLEO
é composto por uma
mistura de
a) ______
que são separados pelo processo de
b) ______
em diferentes
c) ______
gás natural
gasolina
querosene
diesel
óleo
resíduo
é avaliada pelo
índice de d) ______
ou e) ______
que é um índice de
qualidade
que pode ser aumentada pelos processos de
f) ______
g) ______
que produz
que produz
hidrocarbonetos ramificados
hidrocarbonetos aromáticos
que também são
podem passar pelo processo de
h) ______
para produzir
gasolina
compostos com
ligações i) ______
ou j) ______
que são
matéria-prima para indústria química

8. (ENEM) O quadro apresenta a composição do petróleo.

FRAÇÃO	FAIXA DE TAMANHO DAS MOLÉCULAS	FAIXA DE PONTO DE EBULIÇÃO (°C)	USOS
gás	C_1 a C_5	–160 a 30	combustíveis gasosos
gasolina	C_5 a C_{12}	30 a 200	combustível de motor
querosene	C_{12} a C_{18}	180 a 400	diesel e combustível de alto-forno
lubrificantes	maior que C_{16}	maior que 350	lubrificantes
parafinas	maior que C_{20}	sólidos de baixa fusão	velas e fósforos
asfalto	maior que C_{30}	resíduos pastosos	pavimentação

BROWN, T. L. *et al.* **Química:** a ciência central. São Paulo: Pearson Prentice-Hall, 2005.

Para a separação dos constituintes com o objetivo de produzir a gasolina, o método a ser utilizado é a

a) filtração.
b) destilação fracionada.
c) decantação.
d) precipitação.
e) centrifugação.

---

9. (MACKENZIE – SP) A destilação fracionada é um processo de separação no qual se utiliza uma coluna de funcionamento, separando-se diversos componentes de uma mistura homogênea, que apresentam diferentes pontos de ebulição. Nesse processo, a mistura é aquecida e os componentes com menor ponto de ebulição são separados primeiramente pelo topo da coluna. Tal procedimento é muito utilizado para a separação dos hidrocarbonetos presentes no petróleo bruto, como está representado na figura abaixo.

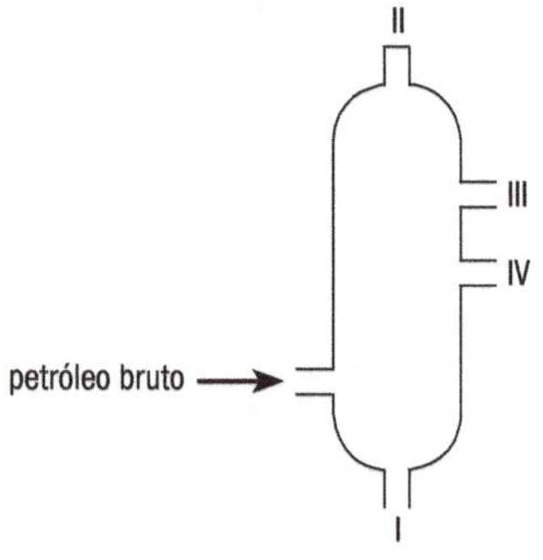
II
III
IV
petróleo bruto
I

Assim, ao se realizar o fracionamento de uma amostra de petróleo bruto, os produtos recolhidos em I, II, III e IV são, respectivamente,

a) gás de cozinha, asfalto, gasolina e óleo diesel.
b) gás de cozinha, gasolina, óleo diesel e asfalto.
c) asfalto, gás de cozinha, gasolina e óleo diesel.
d) asfalto, gasolina, gás de cozinha e óleo diesel.
e) gasolina, gás de cozinha, óleo diesel e asfalto.

10. (ACAFE – SC) O gás natural, usado como combustível em indústrias, apresenta a vantagem de ser menos poluente que a gasolina, o álcool e o óleo diesel.

O principal componente do gás natural é:

a) butano.
b) propano.
c) metano.
d) metanol.
e) acetileno.

11. (UFES) Na fórmula, são carbonos:

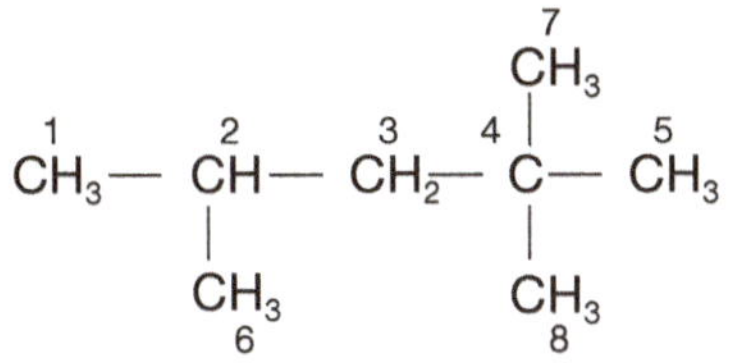

	PRIMÁRIOS	SECUNDÁRIOS	TERCIÁRIOS	QUATERNÁRIOS
a)	1, 5, 6, 7, 8	3	2	4
b)	1, 5, 7, 8	3, 6	2	4
c)	1, 5	2, 3	6, 7, 8	4
d)	1, 5, 6	3, 7, 8	2	4

12. (UECE) Os compostos:

I. 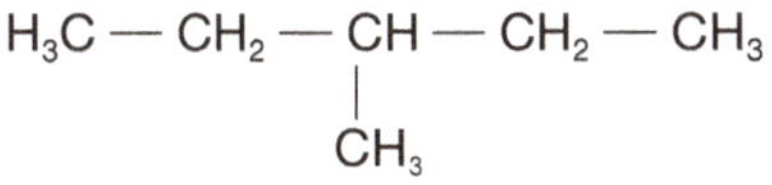

II. 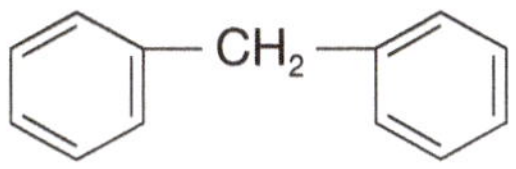

III. 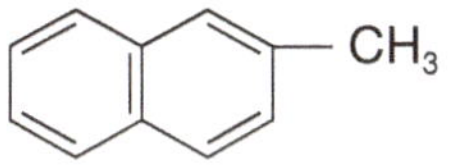

apresentam carbono terciário em número de:

a) 1, 0, 0
b) 1, 0, 2
c) 1, 2, 2
d) 1, 2, 3

13. Dada a cadeia carbônica:

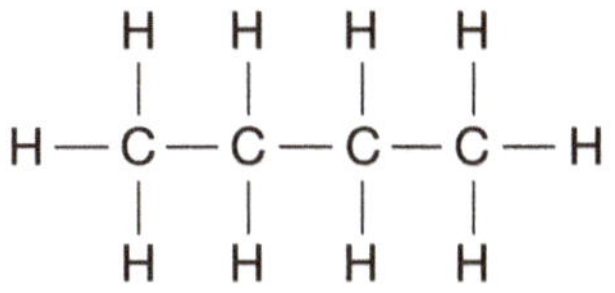

a) Fórmula simplificada:

b) Fórmula condensada:

c) Fórmula de linha de ligação:

14. (FUVEST – SP) A vitamina K pode ser representada pela fórmula abaixo. Quantos átomos de carbono e quantos de hidrogênio existem em uma molécula desse composto?

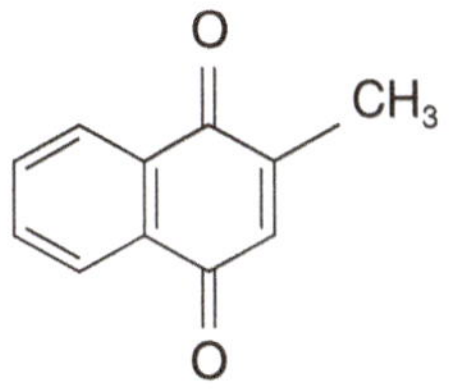

a) 1 e 3
b) 3 e 3
c) 9 e 8
d) 11 e 8
e) 11 e 10

15. Complete com **homogênea** ou **heterogênea**.

a) $H_3C — CH_2 — CH_3$ cadeia ______________

b) $H_3C — CH_2 — OH$ cadeia ______________

c) $H_3C — CH_2 — S — CH_2 — CH_3$ cadeia ______
____

d)  cadeia ______________

16. Complete com **aberta** ou **fechada** e **saturada** ou **insaturada**.

a) 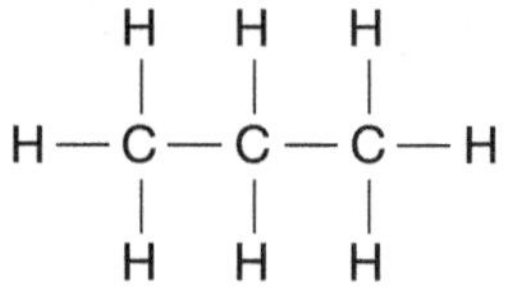

cadeia ______________, ______________.

b) 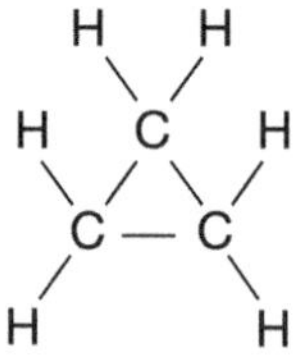 ou 

cadeia ______________, ______________.

c) 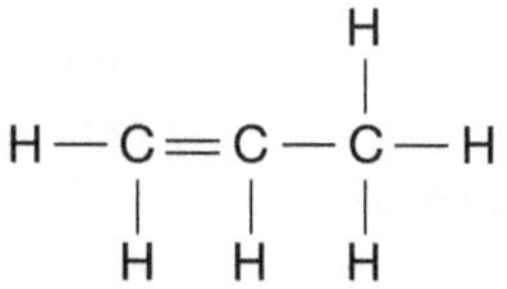

cadeia ______________, ______________.

d) 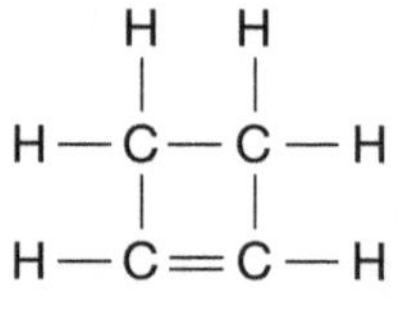 ou 

cadeia ______________, ______________.

e) 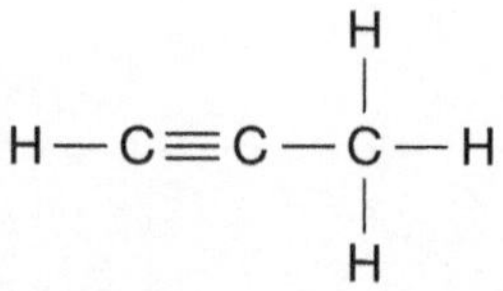

cadeia ______________, ______________.

17. Complete com **normal** ou **ramificada**.

a) $H_3C — CH_2 — CH_2 — CH_3$

cadeia aberta, saturada, homogênea e ______
____

b) 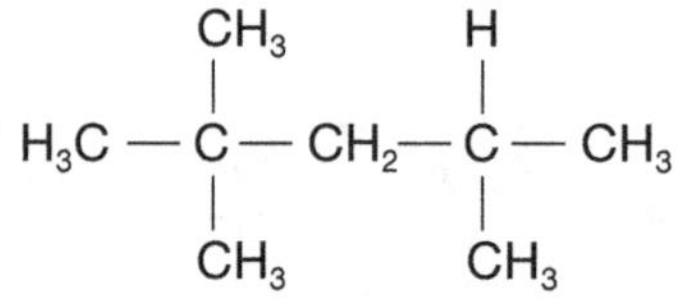

cadeia aberta, saturada, homogênea e ______
____

18. (MACKENZIE – SP) O ácido adípico

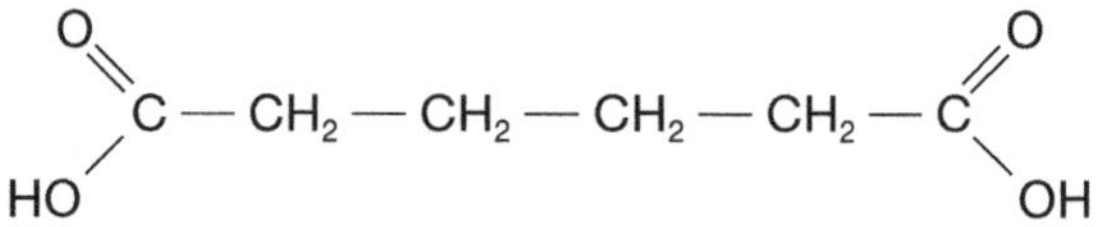

apresenta cadeia carbônica

a) saturada, homogênea e ramificada.
b) saturada, heterogênea e normal.
c) insaturada, homogênea e ramificada.
d) saturada, homogênea e normal.
e) insaturada, homogênea e normal.

19. Dê o nome oficial dos compostos abaixo.

a) 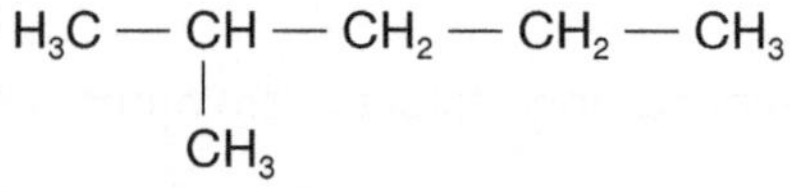

____

b) 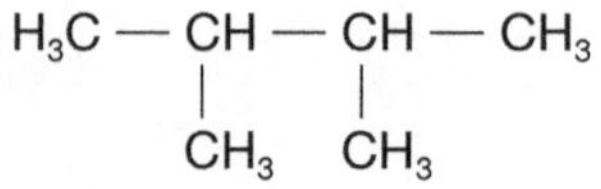

____

c) 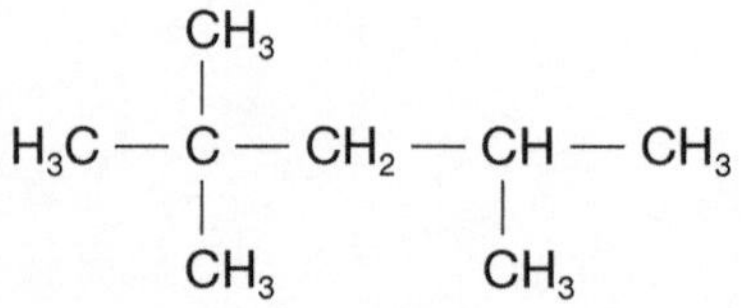

____

d) 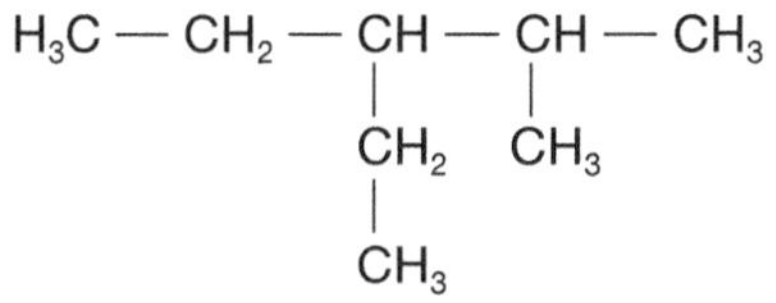

____

e) 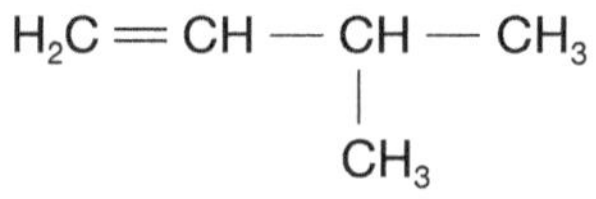

____

f) 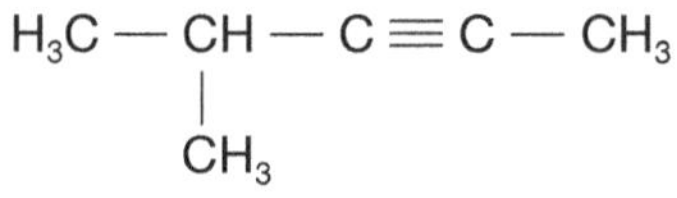

____

20. Escreva as fórmulas estruturais dos seguintes compostos:

a) 2-metil-heptano
b) 2,4-dimetilpentano
c) 3-etil-2,2-dimetiloctano
d) 4-metilpent-1-eno
e) 3-metil-hex-1-ino

21. Escreva a fórmula molecular dos compostos a seguir.

a) 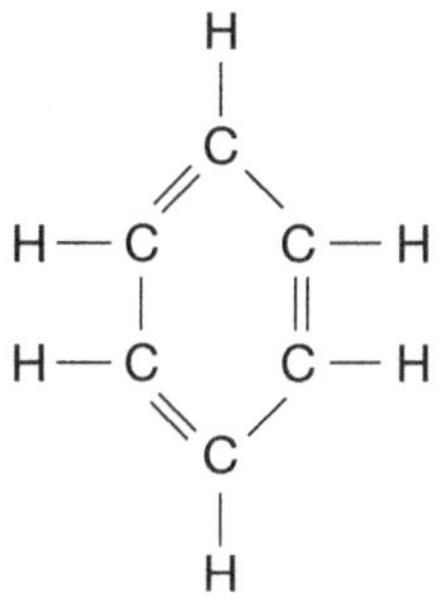 ou

 ou  benzeno

fórmula molecular ______________________________

b) 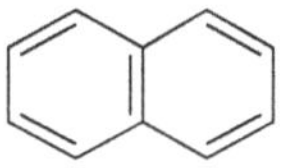 ou

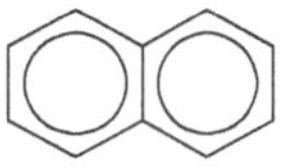 naftaleno

fórmula molecular ______________________________

c) 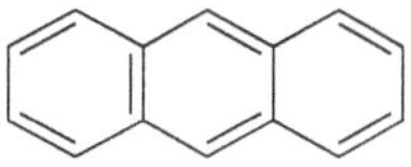 ou

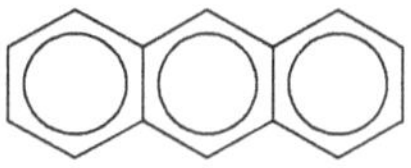 antraceno

fórmula molecular ______________________________

22. Dê o nome dos seguintes compostos.

a) 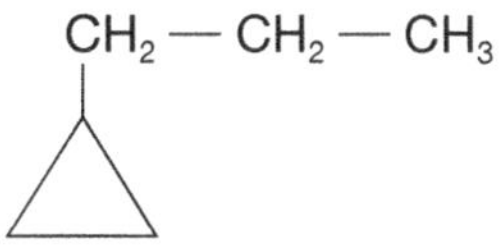

____

b) 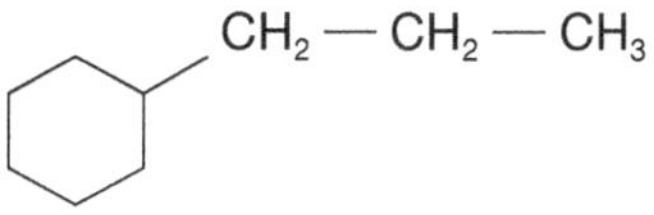

____

c) 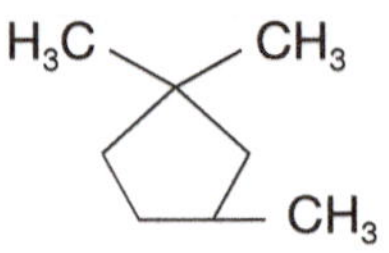

d) 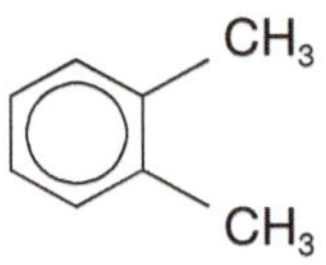

e) 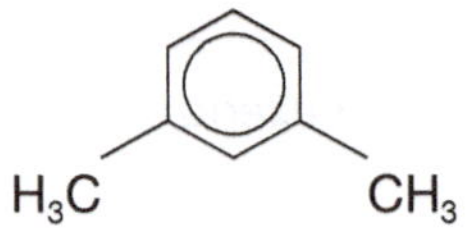

f) 

g) 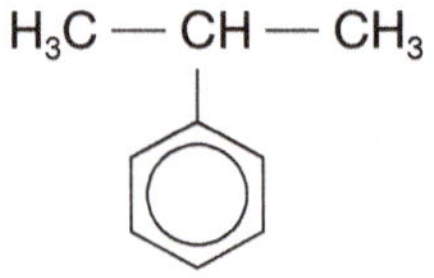

h) 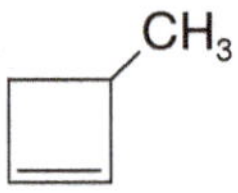

SÉRIE PRATA

1. (FUVEST – SP) Em tempo de seca são comuns as queimadas nas florestas. No ar atmosférico que envolve uma queimada, a concentração de oxigênio e de vapor de água, respectivamente:

a) aumenta – diminui.
b) aumenta – aumenta.
c) diminui – aumenta.
d) diminui – diminui.
e) diminui – não se altera.

2. (PUC – RS) O GNV, gás veicular, usado em Porto Alegre como combustível automotivo, é constituído principalmente de ____________ e, em geral, sua combustão não deixa resíduo, sendo expressa pela equação ____________.

a) metano $CH_4 + O_2 \longrightarrow + 2\,H_2O$
b) metano $CH_4 + 2\,O_2 \longrightarrow CO_2 + 2\,H_2O$
c) butano $C_4H_8 + 2\,O_2 \longrightarrow 4\,C + 4\,H_2O$
d) etanol $C_2H_6O + 3\,O_2 \longrightarrow 2\,CO_2 + 3\,H_2O$
e) etanol $C_2H_6O + O_2 \longrightarrow 2\,C + 3\,H_2O$

3. (MACKENZIE – SP) A fuligem, que pode se formar na combustão incompleta de gás de botijão (mistura propano e butano), é constituída por:

a) monóxido de carbono.
b) carbono finamente dividido.
c) gás nitrogênio.
d) gás oxigênio.
e) gás carbônico.

4. (ESPM - SP) O desenho mostra esquematicamente o equipamento utilizado nas refinarias para efetuar a destilação fracionada do petróleo e a sequência dos produtos A, B e C.

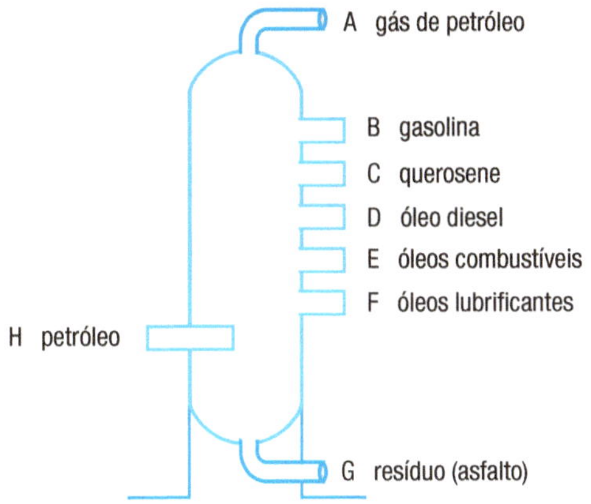
A gás de petróleo
B gasolina
C querosene
D óleo diesel
E óleos combustíveis
F óleos lubrificantes
H petróleo
G resíduo (asfalto)

Os gases obtidos na primeira etapa são:

a) metano, etano, propileno e butano.
b) etanol, propanol, metanol e butanol.
c) benzeno, fenol, etileno e metanol.
d) metano, etano, propano e butano.

5. (ENEM) O petróleo é uma fonte de energia de baixo custo e de larga utilização como matéria-prima para uma grande variedade de produtos. É um óleo formado de várias substâncias de origem orgânica, em sua maioria hidrocarbonetos de diferentes massas molares. São utilizadas técnicas de separação para obtenção dos componentes comercializáveis do petróleo. Além disso, para aumentar a quantidade de frações comercializáveis, otimizando o produto de origem fóssil, utiliza-se o processo de craqueamento.

O que ocorre nesse processo?

a) Transformação das frações do petróleo em outras moléculas menores.
b) Reação de óxido-redução com transferência de elétrons entre as moléculas.
c) Solubilização das frações do petróleo com a utilização de diferentes solventes.
d) Decantação das moléculas com diferentes massas molares pelo uso de centrífugas.
e) Separação dos diferentes componentes do petróleo em função de suas temperaturas de ebulição.

6. (ENEM) "A Idade da Pedra chegou ao fim, não porque faltassem pedras; a era do petróleo chegará igualmente ao fim, mas não por falta de petróleo."

Xeque Yamani, ex-Ministro do Petróleo da Arábia Saudita.
O Estado de S. Paulo, 20 ago. 2001.

Considerando as características que envolvem a utilização das matérias-primas citadas no texto em diferentes contextos histórico-geográficos, é correto afirmar que, de acordo com o autor, a exemplo do que aconteceu na Idade da Pedra, o fim da era do petróleo estaria relacionado

a) à redução e ao esgotamento das reservas de petróleo.
b) ao desenvolvimento tecnológico e à utilização de novas fontes de energia.
c) ao desenvolvimento dos transportes e consequente aumento do consumo de energia.
d) ao excesso de produção e consequente desvalorização do barril de petróleo.
e) à diminuição das ações humanas sobre o meio ambiente.

7. (MACKENZIE – SP) O gás metano, principal constituinte do gás natural, pode ser obtido:

I. Em bolsões naturais, assim como o petróleo.
II. Na fermentação de lixo orgânico doméstico e de excrementos de animais.
III. Na decomposição de vegetais no fundo dos lagos e pântanos.
IV. Na combustão total da madeira.

Estão corretas somente:

a) I e IV.
b) I, II e IV.
c) III e IV.
d) II e III.
e) I, II e III.

8. A tabela abaixo representa a fórmula de três compostos orgânicos: I, II e III.

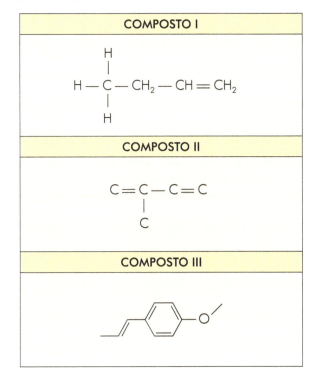

COMPOSTO I
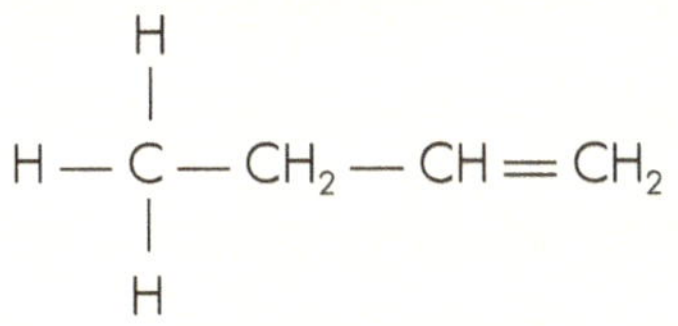
COMPOSTO II
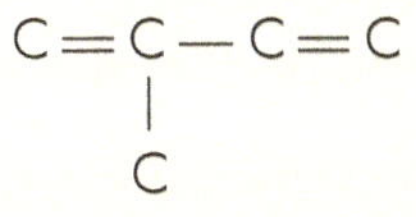
COMPOSTO III
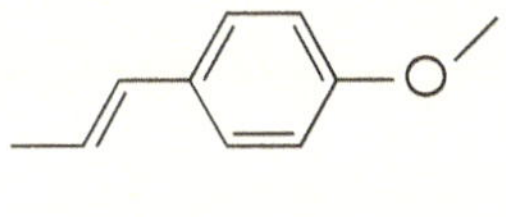

A alternativa que apresenta o nome do composto I, o nº de hidrogênios do composto II e a fórmula molecular do composto III, é:

a) pent-1-ino, 7, C_9H_8O.
b) prop-1-eno, 8, $C_{10}H_{12}O$.
c) but-1-ino, 9, C_8H_7O.
d) but-1-eno, 8, $C_{10}H_{12}O$.
e) prop-1-ino, 7, $C_{10}H_{12}O$.

9. (UERJ – adaptada) Uma mistura de hidrocarbonetos e aditivos compõe o combustível denominado gasolina. Estudos revelaram que quanto maior o número de hidrocarbonetos ramificados, melhor é a "performance" da gasolina e o rendimento do motor.

Observe as estruturas dos hidrocarbonetos a seguir:

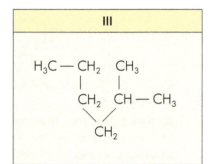

I

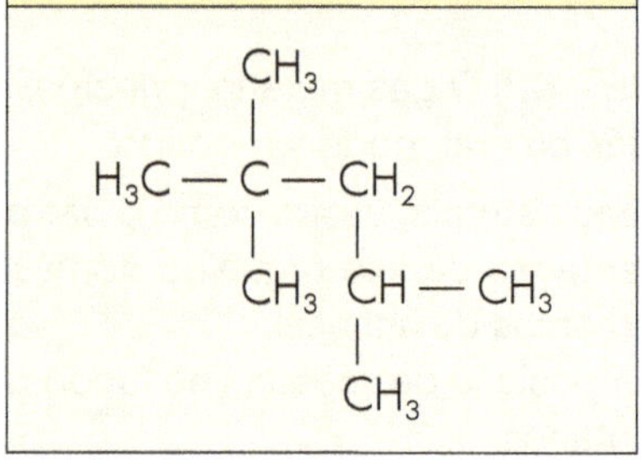

II

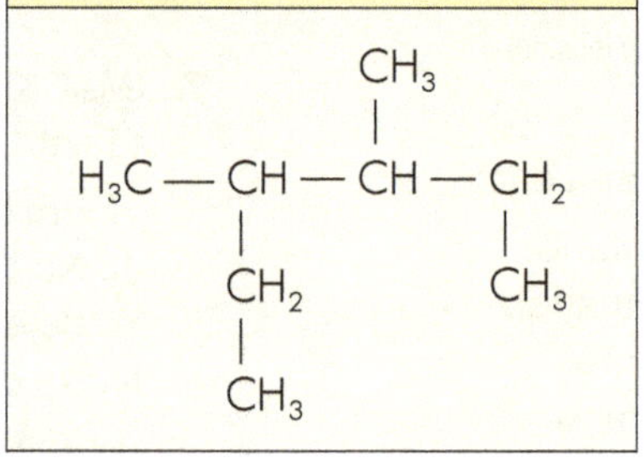

III

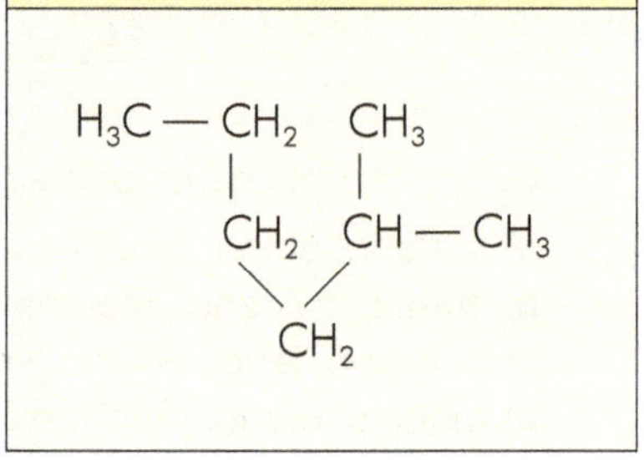

IV

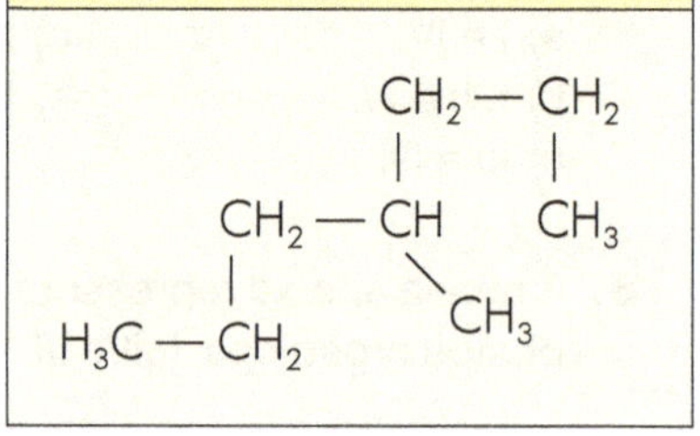

V

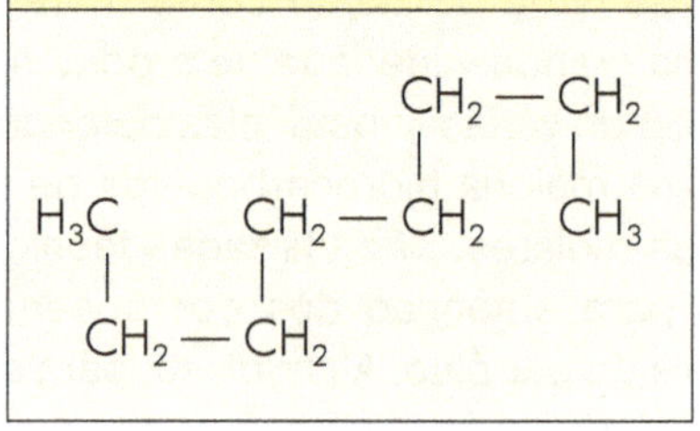

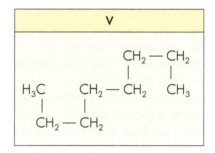

O hidrocarboneto mais ramificado é o de número:

a) I b) II c) III d) IV e) V

10. (UFRGS – RS) Octanagem ou índice de octano serve como uma medida da qualidade da gasolina. O índice faz relação de equivalência à resistência de detonação de uma mistura percentual de iso-octano e n-heptano.

O nome IUPAC do composto iso-octano é 2,2,4-trimetilpentano e o número de carbono(s) secundário(s) que apresenta é

a) 0. b) 1. c) 2. d) 3. e) 5.

11. (ESPCEX – AMAN – RJ) O composto representado pela fórmula estrutural, abaixo, pertence à função orgânica dos ácidos carboxílicos e apresenta alguns substituintes orgânicos, que correspondem a uma ramificação como parte de uma cadeia carbônica principal, mas, ao serem mostrados isoladamente, como estruturas que apresentam valência livre, são denominados radicais.

FONSECA, M. R. M. **Química:** química orgânica. São Paulo, FTD, 2007, p. 33. Adaptado.

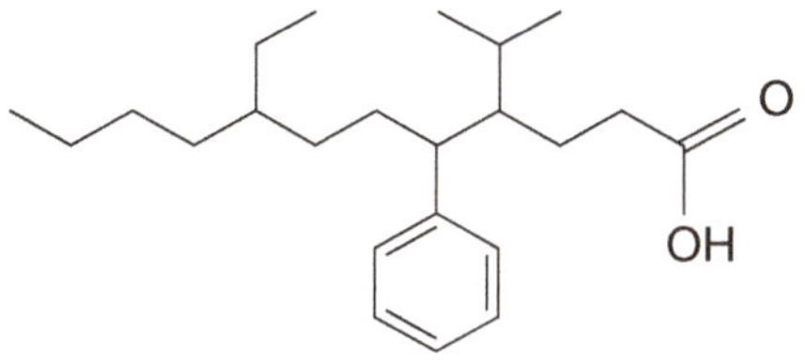
O
OH

O nome dos substituintes orgânicos ligados respectivamente aos carbonos de número 4, 5 e 8 da cadeia principal, são

a) etil, toluil e n-propil.
b) butil, benzil e isobutil.
c) metil, benzil e propil.
d) isopropil, fenil e etil.
e) butil, etil e isopropil.

DICA: nesse caso, a cadeia principal deve obrigatoriamente conter o grupo funcional carboxila (— COOH) e a numeração da cadeia necessariamente se inicia por esse carbono.

12. (MACKENZIE – adaptada) Sobre o composto cuja fórmula estrutural é dada abaixo, fazem-se as afirmações:

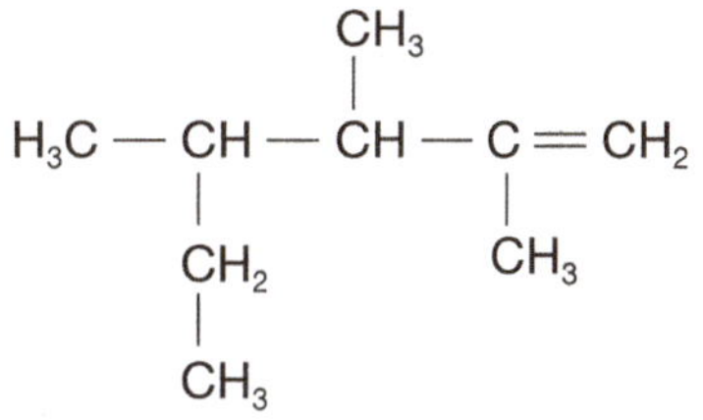
CH3
H3C — CH — CH — C = CH2
CH2
CH3
CH3

I. É um alceno.
II. Possui três ramificações diferentes entre si, ligadas à cadeia principal.
III. Apesar de ter fórmula molecular C_9H_{18}, não é um hidrocarboneto.
IV. Possui, no total, quatro carbonos terciários.

São corretas:

a) I, somente.
b) I e II, somente.
c) I, II, e III, somente.
d) II e IV, somente.
e) III e IV, somente.

13. (UNESP – adaptada) Analise a fórmula que representa a estrutura do iso-octano, um derivado de petróleo componente da gasolina.

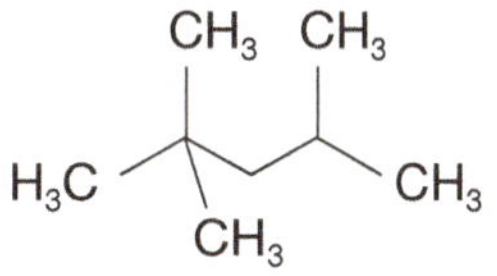
CH3 CH3
H3C
CH3
CH3

De acordo com a fórmula analisada, é correto afirmar que o iso-octano

a) é solúvel em água.
b) é um composto insaturado.
c) sua fórmula molecular é C_8H_{15}.
d) sua nomenclatura é 2,2,4-trimetilpentano.
e) apresenta cinco ramificações.

14. (MACKENZIE – SP)

Cientistas "fotografam" molécula individual

Os átomos que formam uma molécula foram visualizados de forma mais nítida, pela primeira vez, por meio de um microscópio de força atômica. A observação, feita por cientistas em Zurique (Suíça) e divulgada na revista *Science*, representa um marco no que se refere aos campos de eletrônica molecular e nanotecnologia, além de um avanço no desenvolvimento e melhoria da tecnologia de dispositivos eletrônicos. De acordo com o jornal espanhol *El País*, a molécula de pentaceno pode ser usada em novos semicondutores orgânicos.

Folha Online

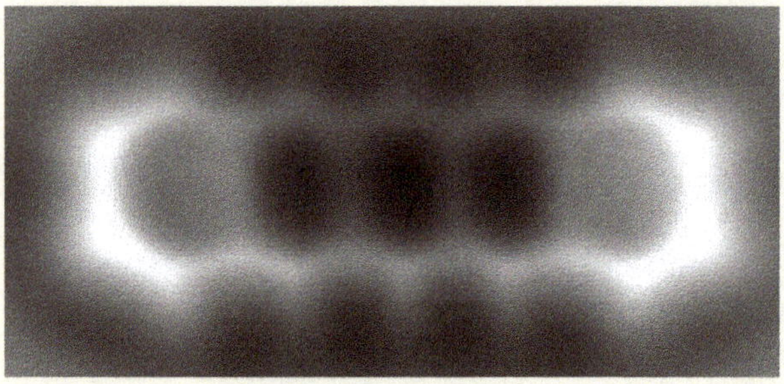

Acima, está a foto da molécula de pentaceno e, a seguir, a representação da sua fórmula estrutural.

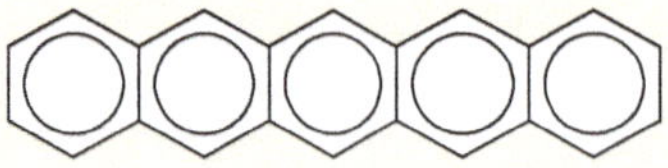

A respeito do pentaceno, são feitas as afirmações I, II, III e IV.

I. É uma molécula que apresenta cadeia carbônica aromática polinuclear.
II. A sua fórmula molecular é $C_{22}H_{14}$.
III. O pentaceno poderá ser utilizado na indústria eletrônica.
IV. Os átomos de carbono na estrutura possuem somente ligações simples.

Estão corretas

a) I, II, III e IV.
b) II, III e IV, apenas.
c) I, II e III, apenas.
d) I, III e IV, apenas.
e) I, II e IV, apenas.

Resolução:

Considere a fórmula:

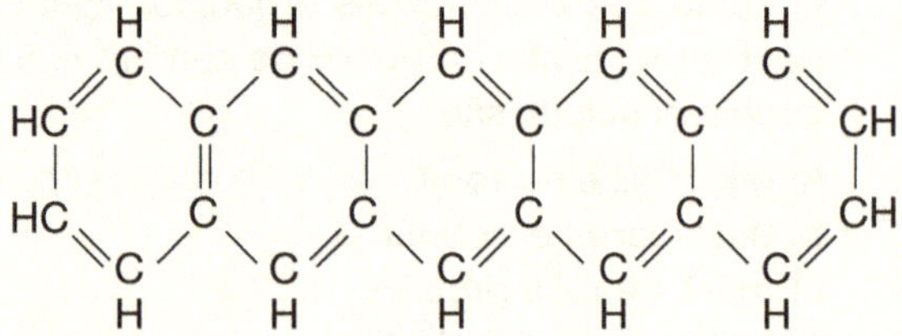

I. Verdadeira.
II. Verdadeira. A fórmula molecular é $C_{22}H_{14}$.
III. Verdadeira.
IV. Falsa.

Os átomos de carbono no pentaceno possuem ligações duplas.

Resposta: alternativa c.

15. (UDESC) Em um estudo recente, pesquisadores brasileiros realizaram a avaliação ambiental de BTEX (benzeno, tolueno, etilbenzeno e xilenos) e biomarcadores de genotoxicidade em trabalhadores de postos de combustíveis. Após análises, concluiu-se que as concentrações de BTEX estavam dentro dos valores preconizados pela legislação vigente. No entanto, o estudo sugeriu, também, que a exposição ao BTEX, mesmo em baixas concentrações, contribui para o risco genotóxico à saúde humana.

A seguir são apresentadas quatro estruturas químicas presentes no BTEX:

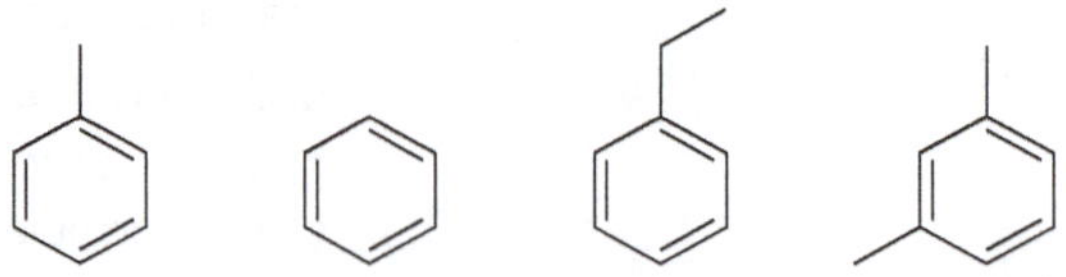

I II III IV

Assinale a alternativa que contém os nomes das estruturas químicas apresentadas acima, respectivamente.

a) tolueno; benzeno; xileno; 1,3-dimetilbenzeno.
b) xileno; benzeno; tolueno; dimetilbenzeno.
c) tolueno; benzeno, etilbenzeno; m-xileno.
d) xileno; benzeno; xileno; m-dimetilbenzeno.
e) xileno; benzeno; etilbenzeno; tolueno.

DICA: tolueno é o nome usual do metilbenzeno e xileno é o nome usual do dimetilbenzeno.

SÉRIE OURO

1. (ENEM) A explosão de uma plataforma de petróleo em frente à costa americana e o vazamento de cerca de mil barris de petróleo por dia no mar provocaram um desastre ambiental. Uma das estratégias utilizadas pela Guarda Costeira para dissipar a mancha negra foi um recurso simples: fogo. A queima da mancha de petróleo para proteger a costa provocará seus próprios problemas ambientais, criando enormes nuvens de fumaça tóxica e deixando resíduos no mar e no ar.

HIRST, M.Depois de vazamento, situação de petroleira britânica se complica. **BBC**. *Disponível em:* <http://www.bbc.co.uk>. *Acesso em:* 1º maio 2010. Adaptado.

Além da poluição das águas provocada pelo derramamento de óleo no mar, a queima do petróleo provoca a poluição atmosférica formando uma nuvem negra denominada fuligem, que é proveniente da combustão

a) completa de hidrocarbonetos.
b) incompleta de hidrocarbonetos.
c) completa de compostos sulfurados.
d) incompleta de compostos sulfurados.
e) completa de compostos nitrogenados.

2. (FUVEST – SP) Um hidrocarboneto gasoso (que pode ser eteno, etino, propano, etano ou metano) está contido em um recipiente de 1 L, a 25 °C e 1 atm. A combustão total desse hidrocarboneto requer exatamente 5 L de O_2, medidos nas mesmas condições de temperatura e pressão, portanto, esse hidrocarboneto deve ser:

a) eteno.
b) etino.
c) propano.
d) etano.
e) metano.

3. (FUVEST – SP)

COMBUSTÍVEIS DE AUTOMÓVEL	
combustível 1	álcool hidratado
combustível 2	78% de gasolina + 22% de álcool (em volume)

Um automóvel com tanque furado foi deixado em uma concessionária para troca do tanque e abastecimento. O proprietário, ao retirar o veículo, ficou em dúvida quanto ao combustível (1 ou 2) colocado no tanque. Ao cheirar o combustível, continuou na mesma.

a) Com uma amostra do combustível do tanque, proponha uma maneira de resolver a dúvida.
b) Indique por meio de fórmulas químicas dois componentes de um combustível de automóvel.

4. (FUVEST – SP) Existem vários tipos de carvão mineral, cujas composições podem variar, conforme exemplifica a tabela a seguir.

TIPO DE CARVÃO	UNIDADE (% em massa)	MATERIAL VOLÁTIL* (% em massa)	CARBONO NÃO VOLÁTIL (% em massa)	OUTROS CONSTITUINTES** (% em massa)
antracito	3,9	4,0	84,0	8,1
betuminoso	2,3	19,6	65,8	12,3
sub--betuminoso	22,2	32,2	40,3	5,3
lignito	36,8	27,8	30,2	5,2

* Considere semelhante a composição do material volátil para os quatro tipos de carvão.

** Dentre os outros constituintes, o principal composto é a pirita, $Fe^{2+}S_2^{2-}$.

a) Qual desses tipos de carvão deve apresentar menor poder calorífico (energia liberada na combustão por unidade de massa de material)? Explique sua resposta.

b) Qual desses tipos de carvão deve liberar maior quantidade de gás poluente (sem considerar CO e CO_2) por unidade de massa queimada? Justifique sua resposta.

c) Escreva a equação química balanceada que representa a formação do gás poluente a que se refere o item b (sem considerar CO e CO_2).

d) Calcule o calor liberado na combustão completa de $1,00 \cdot 10^3$ kg de antracito (considere apenas porcentagem de carbono não volátil).

DADOS: quantidade de energia liberada na combustão completa de 1 mol de carbono = 400 kJ; massa molar do carbono = 12 g/mol.

5. (UNIFESP) A figura mostra o esquema básico da primeira etapa do refino do petróleo, realizada à pressão atmosférica, processo pelo qual ele é separado em misturas com menor número de componentes (fracionamento do petróleo).

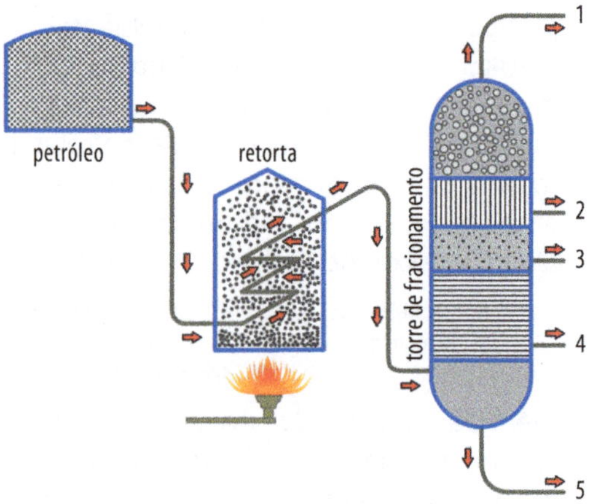

petróleo
retorta
torre de fracionamento
1
2
3
4
5

PETROBRAS. **O Petróleo e a Petrobras em Perguntas e Respostas**, 1986. Adaptado.

a) Dê o nome do processo de separação de misturas pelo qual são obtidas as frações do petróleo e o nome da propriedade específica das substâncias na qual se baseia esse processo.

b) Considere as seguintes frações do refino do petróleo e as respectivas faixas de átomos de carbono: gás liquefeito de petróleo (C_3 a C_4); gasolina (C_5 a C_{12}); óleo combustível ($>C_{20}$); óleo diesel (C_{12} a C_{20}); querosene (C_{12} a C_{16}). Identifique em qual posição (1, 2, 3, 4 ou 5) da torre de fracionamento é obtida cada uma dessas frações.

6. (ITA – SP – adaptada) Considere as seguintes proposições:

I. A propriedade básica associada ao fracionamento do petróleo é o ponto de ebulição.
II. O craqueamento do petróleo transforma hidrocarbonetos de cadeia longa em hidrocarbonetos de cadeias menores.
III. Metano não é produzido na destilação fracionada do petróleo.
IV. Indústria petroquímica é o termo utilizado para designar o ramo da indústria química que utiliza derivados de petróleo como matéria-prima para a fabricação de novos materiais, como medicamentos, fertilizantes e explosivos.
V. Os rendimentos de derivados diretos do petróleo no processo de destilação fracionada não dependem do tipo de petróleo utilizado.

Das proposições acima são corretas

a) apenas I, II e IV.
b) apenas I, III, IV e V.
c) apenas I, III e V.
d) apenas II, IV e V.
e) todas.

7. (IFSC) "A Petrobras bateu mais um recorde mensal na extração de petróleo na camada do pré-sal. Em julho, a produção operada pela empresa chegou a 798 mil barris por dia (bpd), 6,9% acima do recorde histórico batido no mês anterior. No dia 8 de julho, também foi atingido recorde de produção: foram produzidos 865 mil barris por dia (bpd). Essa produção não inclui a extração de gás natural."

Disponível em: <http://www.brasil.gov.br/economia-e-emprego/2015/08/pre-sal-novo-recorde-na-producao-de-petroleo-mensal>.

Com base no assunto da notícia acima, assinale a alternativa correta.

a) O petróleo é utilizado somente para a produção de combustíveis e poderia ser totalmente substituído pelo etanol, menos poluente.
b) A camada do pré-sal se encontra normalmente próxima a vulcões onde, há milhares de anos, o petróleo se originou a partir de substâncias inorgânicas.
c) O gás natural é uma mistura de gases, sendo que o principal constituinte é o metano, de fórmula molecular CH_4.
d) As substâncias que compõem o petróleo são hidrocarbonetos como: ácidos graxos, éteres e aldeídos.
e) As diferentes frações do petróleo são separadas em uma coluna de destilação, onde as moléculas menores como benzeno e octano, são retiradas no topo e as moléculas maiores como etano e propano são retiradas na base da coluna.

8. (UCS – RS) O pré-sal é uma faixa que se estende ao longo de 800 quilômetros entre os Estados de Santa Catarina e do Espírito Santo, abaixo do leito do mar, e engloba três bacias sedimentares (Espírito Santo, Campos e Santos). O petróleo encontrado nessa área está a profundidades que superam os 7.000 metros, abaixo de uma extensa camada de sal que conserva sua qualidade. A meta da Petrobras é alcançar, em 2017, uma produção diária superior a um milhão de barris de óleo nas áreas em que opera.

Disponível em: <http://www.istoe.com.br/reportagens/117228_PRE+SAL+UM+BILHETE+PREMIADO>
Acesso em: 2 mar. 15. Adaptado.

Em relação ao petróleo e aos seus derivados, assinale a alternativa correta.

a) A refinação do petróleo é a separação de uma mistura complexa de hidrocarbonetos em misturas mais simples, com um menor número de componentes, denominados frações do petróleo. Essa separação é realizada por meio de um processo físico denominado destilação simples.
b) Os antidetonantes são substâncias químicas que, ao serem misturadas à gasolina, aumentam sua resistência à compressão e consequentemente o índice de octanagem.
c) O craqueamento do petróleo permite transformar hidrocarbonetos aromáticos em hidrocarbonetos de cadeia normal, contendo em geral o mesmo número de átomos de carbono, por meio de aquecimento e catalisadores apropriados.
d) A gasolina é composta por uma mistura de alcanos, que são substâncias químicas polares e que apresentam alta solubilidade em etanol.
e) A combustão completa do butano, um dos principais constituintes do gás natural, é um exemplo de reação de oxirredução, na qual o hidrocarboneto é o agente oxidante e o gás oxigênio presente no ar atmosférico é o agente redutor.

9. (FGV) De acordo com dados da Agência Internacional de Energia (AIE), aproximadamente 87% de todo o combustível consumido no mundo são de origem fóssil. Essas substâncias são encontradas em diversas regiões do planeta, no estado sólido, líquido e gasoso e são processadas e empregadas de diversas formas.

Disponível em: <www.brasilescola.com/geografia/combustiveis-fosseis.htm>. Adaptado.

Por meio de processo de destilação seca, o combustível I dá origem à matéria-prima para a indústria de produção de aço e alumínio.

O combustível II é utilizado como combustível veicular, em usos domésticos, na geração de energia elétrica e também como matéria-prima em processos industriais.

O combustível III é obtido por processo de destilação fracionada ou por reação química, e é usado como combustível veicular.

Os combustíveis de origem fóssil I, II e III são, correta e respectivamente,

a) carvão mineral, gasolina e gás natural.
b) carvão mineral, gás natural e gasolina.
c) gás natural, etanol e gasolina.
d) gás natural, gasolina e etanol.
e) gás natural, carvão mineral e etanol.

10. (FATEC – SP) O gás natural, constituído principalmente de metano (CH_4), está sendo utilizado como combustível para automóveis e outros veículos. O gás natural é mais seguro para essa utilização do que o gás liquefeito de petróleo – GLP (mistura de propano — C_3H_8, e butano — C_4H_{10}). Sobre isso, fazemos as seguintes afirmações:

I. Em caso de vazamento, o gás natural tende a subir e se dispersar na atmosfera, enquanto o GLP tende a se acumular junto ao solo, aumentando o risco de explosão.
II. O gás natural é menos denso do que o ar, enquanto o GLP é mais denso.
III. O gás natural é menos corrosivo para os tanques de combustível que o GLP, devido a sua baixa massa molar.

Dessas afirmações, são corretas:

a) apenas I.
b) apenas I e II.
c) apenas III.
d) apenas II e III.
e) I, II e III.

DADOS: massas molares (g/mol): $CH_4 = 16$; ar (valor médio) = 28,8; propano = 44; butano = 58.

11. (UNIFESP) Foram feitas as seguintes afirmações com relação à reação representada por:

$$C_{11}H_{24} \longrightarrow C_8H_{18} + C_3H_6$$

I. É uma reação que pode ser classificada como craqueamento.
II. Na reação, forma-se um dos principais constituintes da gasolina.
III. Um dos produtos da reação é um gás à temperatura ambiente.

Quais das afirmações são verdadeiras?

a) I apenas.
b) I e II apenas.
c) I e III apenas.
d) II e III apenas.
e) I, II e III.

12. (UNESP) O petróleo, a matéria-prima da indústria petroquímica, consiste principalmente de hidrocarbonetos, compostos contendo apenas carbono e hidrogênio na sua constituição molecular. Considerando os hidrocarbonetos I, II, III e IV:

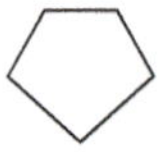
I

II

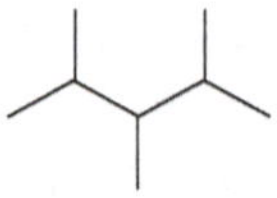
III

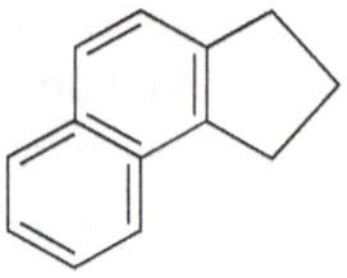
IV

a) Dê as fórmulas moleculares de cada composto.
b) Rotule cada um dos compostos como alcano, alceno, alcino ou hidrocarboneto aromático.

13. (CESGRANRIO – RJ) A prednisona é um glicocorticoide sintético de potente ação antirreumática, anti-inflamatória e antialérgica, cujo uso, como o de qualquer outro derivado de cortisona, requer uma série de precauções em função dos efeitos colaterais que pode causar. Os pacientes submetidos a esse tratamento devem ser periodicamente monitorados, e a relação entre o benefício e as reações adversas deve ser um fator preponderante na sua indicação.

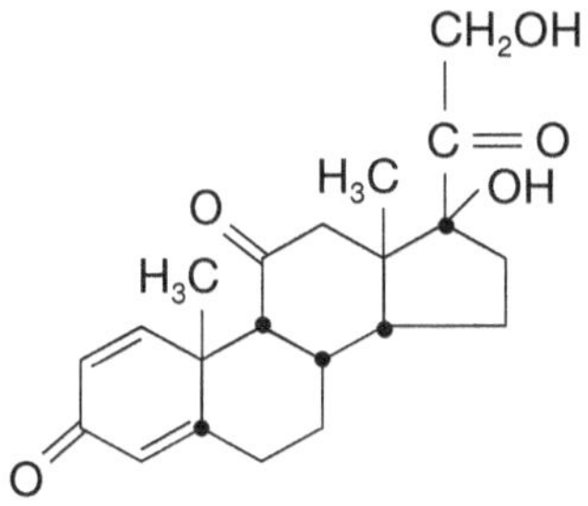
CH_2OH
C=O
OH
H_3C
O
H_3C
O

Com base na fórmula estrutural apresentada anteriormente, qual o número de átomos de carbono terciários que ocorrem em cada molécula da prednisona?

a) 3 b) 4 c) 5 d) 6 e) 7

14. (ENEM) As moléculas de *nanoputians* lembram figuras humanas e foram criadas para estimular o interesse de jovens na compreensão da linguagem expressa em fórmulas estruturais, muito usadas em química orgânica. Um exemplo é o NanoKid, representado na figura:

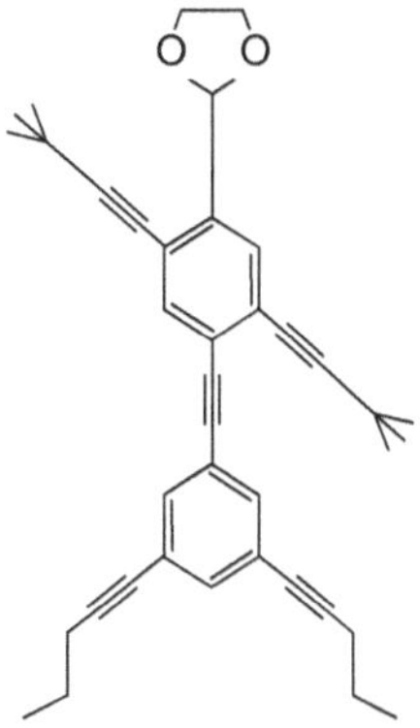
O O

NanoKid

CHANTEAU, S. H. TOUR. J.M. *The Journal of Organic Chemistry*, v. 68, n. 23. 2003. Adaptado. (*Foto:* Reprodução)

Em que parte do corpo do NanoKid existe carbono quaternário?

a) Mãos. c) Tórax. e) Pés.
b) Cabeça. d) Abdômen.

15. (UFRGS – RS – adaptada) Observe a estrutura do p-cimeno abaixo.

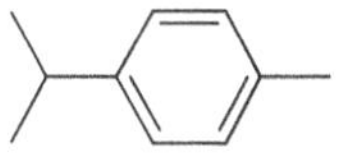

São feitas as seguintes afirmações a respeito desse composto:

I. É um composto alifático, insaturado e homogêneo.
II. Possui quatro carbonos com geometria tetraédrica.
III. Possui grupos orgânicos metil e isopropil.

Quais estão corretas?

a) Apenas I. d) Apenas II e III.
b) Apenas II. e) I, II e III.
c) Apenas III.

Dicas: carbonos com 4 ligações simples possuem geometria tetraédrica; cadeias alifáticas são cadeias abertas.

16. (PUC – RJ) Considere as afirmativas a seguir sobre o 2-metilpentano.

I. Possui cadeia carbônica normal.

II. Possui fórmula molecular C_6H_{14}.

III. É um hidrocarboneto insaturado.

IV. Possui três átomos de carbono primários.

É correto o que se afirma somente em:

a) I e II. b) I e III. c) I e IV. d) II e III. e) II e IV.

---

17. (CEDERJ) Determinado hidrocarboneto insaturado etênico é constituído pela seguinte cadeia carbônica:

$$H_3C — (CH_2)_2 — CH(CH_3) — CH(C_2H_5) — CH = C(C_3H_7)_2$$

Assinale a alternativa que apresenta uma afirmação correta sobre esse composto.

a) Trata-se de uma cadeia heterogênea, insaturada e ramificada.
b) A cadeia principal possui 13 átomos de carbono.
c) A insaturação da cadeia está localizada no carbono seis.
d) Trata-se do composto 4-propil-6-etil-7-metildecano.
e) Os grupos ligados à cadeia principal são: propil, etil, metil, respectivamente.

---

18. (UEL – PR) As fórmulas de linhas na química orgânica são muitas vezes empregadas na tentativa de simplificar a notação de substâncias. Dessa maneira, as fórmulas de linhas para o butano e o metilbutano são representadas, respectivamente, por

Considere a substância representada pela estrutura a seguir.

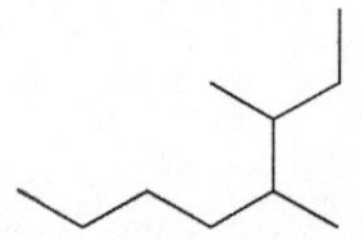

A partir dessas informações, responda:

a) Qual é a fórmula molecular dessa substância?
b) Quantos substituintes estão ligados na cadeia principal?

19. A gasolina é uma mistura de vários compostos. Sua qualidade é medida em octanas, que definem sua capacidade de ser comprimida com o ar, sem detonar, apenas em contato com uma faísca elétrica produzida pelas velas existentes nos motores de veículos.

Sabe-se que o heptano apresenta octanagem 0 (zero) e o iso-octano tem octanagem 100. Assim, uma gasolina com octanagem 80 é como se fosse uma mistura de 80% de iso-octano e 20% de heptano.

a) Sabendo que a fórmula estrutural do iso-octano pode ser representada pela estrutura abaixo, forneça a nomenclatura oficial desse composto.

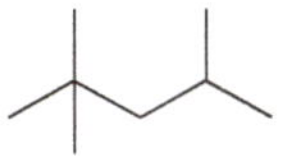

Nomenclatura oficial: ______________________

____

b) Forneça a fórmula estrutural simplificada do heptano.

c) Usando fórmulas moleculares, escreva a equação química balanceada da reação de combustão completa de cada um dos hidrocarbonetos mencionados.

Combustão do iso-octano:

Combustão do heptano:

SÉRIE PLATINA

1. (FUVEST – SP) A cidade de São Paulo produz 4 milhões de m^3 de esgoto por dia. O tratamento de 1 m^3 desse esgoto produz em média 0,070 m^3 de biogás, no qual 60% é metano. Usado como combustível de veículos, 1 m^3 de metano equivale a 1 L de gasolina.

a) Quantos litros de gasolina seriam economizados diariamente se todo o esgoto de São Paulo fosse tratado para produzir metano?

b) Escreva a equação química que representa o aproveitamento do metano como combustível.

2. (FUVEST – SP)

COMPOSIÇÃO, EM VOLUME, DO GÁS DE NAFTA	
hidrogênio	45%
metano	30%
dióxido de carbono	20%
monóxido de carbono	5%

O gás de nafta distribuído na cidade de São Paulo está sendo gradativamente substituído pelo gás natural (100% metano). A substituição requer troca de queimadores dos fogões e aquecedores para que o fluxo de ar seja o adequado à combustão completa do gás natural.

a) Mostre por meio de equações químicas e relações volumétricas que a chama será fuliginosa, devido à combustão incompleta, se a troca dos queimadores não for feita. Neste caso, considere fluxos iguais para o gás de nafta e para o gás natural.

b) Qual é a contribuição do dióxido de carbono para o poder calorífico do gás de nafta?

c) Gás de nafta ou gás natural, qual é o mais tóxico? Justifique.

3. (FUVEST – SP) Frações do petróleo podem ser transformadas em outros produtos por meio de vários processos, entre os quais:

I. craqueamento.
II. reforma catalítica (conversão de alcanos e cicloalcanos em compostos aromáticos).
III. isomerização.

Utilizando o hexano como composto de partida, escreva uma equação química balanceada para cada um desses processos, usando fórmulas estruturais.

4. (UNICAMP – SP) Em agosto de 2019, manchas de óleo atingiram mais de 130 localidades de 63 municípios em nove estados do Nordeste brasileiro, afetando diversos ecossistemas marinhos, além de prejudicar a pesca e o turismo na região. O que se via, na ocasião, eram manchas de um material negro amarronzado, muito viscoso, parecido com piche. No ambiente marinho, o petróleo, uma mistura complexa de compostos orgânicos, sofre modificações iniciais em razão de dois processos que o tornam mais viscoso e denso. Quase ao mesmo tempo, a mancha se espalha e parte dela se dispersa, aumentando a viscosidade e a densidade do material. Com o passar do tempo, as manchas de petróleo sofrem um processo de emulsificação, incorporando água, aumentando de volume e mudando de cor (de negro a marrom), para, em seguida, sofrer fotoxidação e biodegradação, sendo este último processo efetuado por organismos marinhos. As drásticas consequências para o meio ambiente, no entanto, vão muito além do que se observou acentuadamente nesse período de 2019.

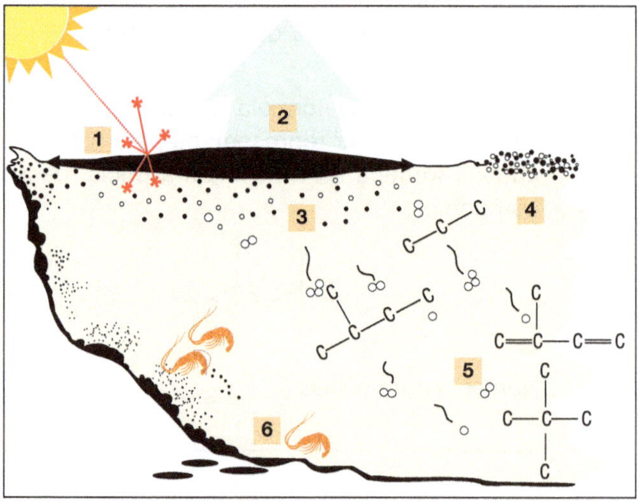
1
2
3
4
5
6

a) Alguns processos naturais de interação entre uma mancha de petróleo e o ambiente marinho estão resumidos na figura acima. Complete **a tabela a seguir** com os nomes dos respectivos processos numerados na figura.

PROCESSOS	
1.	
2.	
3.	
4.	
5.	
6.	

b) Dois processos que levam à diminuição do tamanho da mancha de óleo ocorrem mais intensamente logo no início do derramamento. Eles também são mais intensos para petróleos mais leves e para derramamentos em águas tropicais. Nomeie os dois processos que, no início do derramamento, levam à significativa diminuição do tamanho da mancha de óleo. Em seguida, escolha uma das situações apontadas e justifique, do ponto de vista das interações intermoleculares, por que tais processos ocorrem mais intensamente na situação escolhida.

PROCESSO 1
PROCESSO 2

Situações:

( ) Mais intensos para petróleos mais leves.

( ) Mais intensos para derramamentos em águas tropicais

5. (MACKENZIE – SP) 10,0 g de um alcino, que possui cadeia carbônica contendo um carbono quaternário, ocupam 3,0 L a 1 atm e 27 °C. A fórmula estrutural desse hidrocarboneto é

DADOS: massas molares (g/mol): H = 1; C = 12; constante universal dos gases $R = 0{,}082\ \dfrac{atm \cdot L}{mol \cdot K}$.

a) 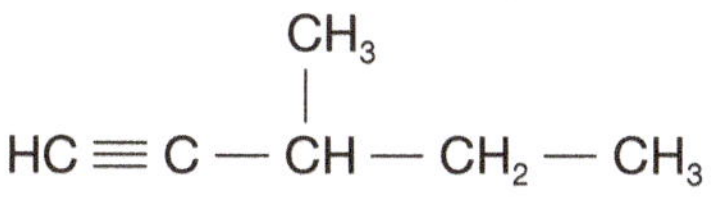

b) 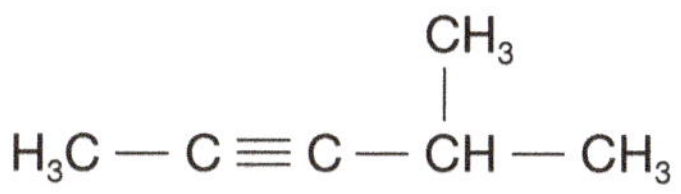

c) 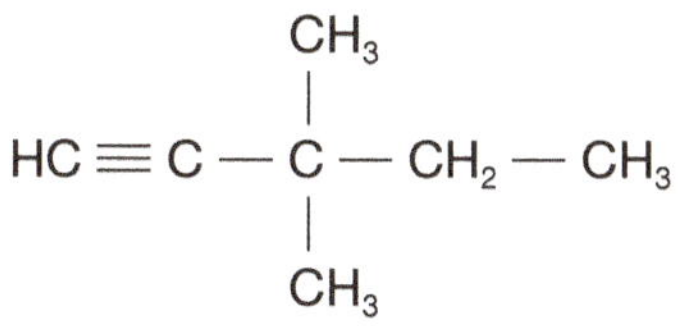

d) 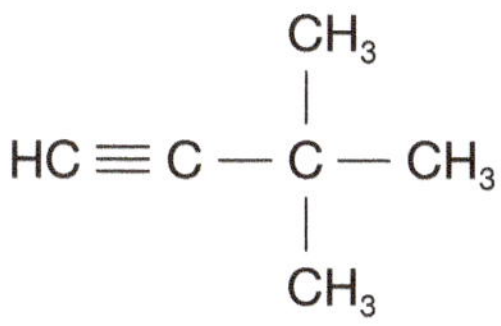

e) $H—C \equiv C—H$

6. (UFRJ) O gráfico a seguir relaciona a massa em grama com o número de moléculas de dois hidrocarbonetos acíclicos.

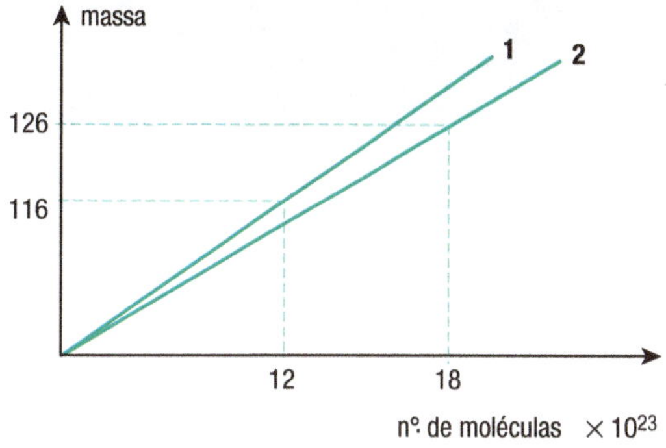
massa
1
2
126
116
12
18
nº de moléculas × 10^23

a) Determine a diferença entre as massas molares desses dois hidrocarbonetos.

b) Apresente o nome do hidrocarboneto de menor massa molecular dentre os apresentados no gráfico.

DADOS: C = 12; H = 1; constante de Avogadro: 6×10^{23} moléculas/mol.

CAPÍTULO 2

Transferências de Energia Envolvidas nas Reações Químicas

Você tem a noção do que é calor, se determinado alimento está quente ou frio, como está a sensação térmica hoje, você sabe que o fogo é quente e o gelo é frio. Sabemos também que o domínio do fogo foi importante para transformar os alimentos, para nos aquecermos, para iluminar o ambiente e os caminhos. Mas o que é o calor exatamente?

Com o passar dos séculos, muitas foram as tentativas de entender e definir o que é o calor. Atualmente, associamos **calor** ao conceito de **energia**! Entende-se que calor é a *energia térmica em trânsito* de um corpo para outro, ou seja, é a *energia que é transferida* de um corpo de temperatura *mais elevada* para outro de temperatura *mais baixa*.

Agora, como **calor** e **energia** estão relacionados com as **reações químicas**? Esse é o tema deste capítulo, que tem como objetivos discutir a diferença entre as reações que liberam e as que absorvem energia e também apresentar como podemos calcular a quantidade de energia transferida nessas reações.

NAITO29/SHUTTERSTOCK

O milho ao estourar vira pipoca, porque o calor transferido pelo fogo, isto é, a energia liberada na reação de combustão, aquece a água que se encontra no interior da semente e o aumento da pressão faz romper a casca, liberando o amido (branco) que se encontra no interior do grão. Agora, você pode imaginar por que algumas sementes não estouram e viram o que chamamos de piruá?

2.1 Como Determinamos a Energia Liberada nas Reações de Combustão?

Vimos no Capítulo 1 que o ser humano utilizou, ao longo da sua História, uma série de combustíveis para produzir energia, que utilizamos tanto para nos defender como para nos movimentar ou cozinhar nosso próprio alimento.

Esses diferentes combustíveis (madeira, carvão, gasolina, etanol, gás natural, para citar alguns) apresentam diferentes características (disponibilidade e custo, por exemplo) e liberam quantidades diferentes de energia por unidade de massa consumida, que chamamos de **poder calorífico**: enquanto a combustão completa de 1 kg de carvão (C) libera cerca de 29.000 kJ, a combustão completa da mesma quantidade de gás natural (CH_4) libera aproximadamente 56.000 kJ.

Agora, como determinamos a quantidade de energia envolvida nessas (e em outras) reações de combustão? Para medir o fluxo de calor liberado nas reações de combustão utilizamos equipamentos chamados de **calorímetros de água**. Nesses aparelhos, o recipiente no qual ocorre a reação está imerso em certa quantidade (conhecida) de água e, portanto, a energia liberada na reação é transferida para a água, aumentando a sua temperatura.

(a)

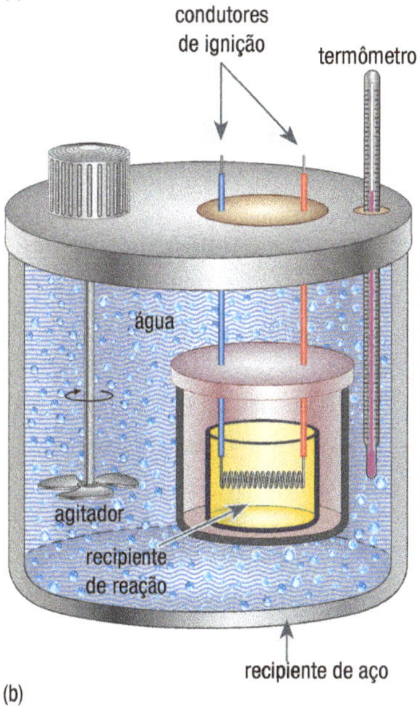
condutores de ignição
termômetro
água
agitador
recipiente de reação
recipiente de aço

FOUAD A. SAAD/SHUTTERSTOCK

(b)

CHOKSAWATDIKORN/SHUTTERSTOCK

(a) Desenho esquemático de um calorímetro utilizado para determinar a energia liberada por reações de combustão a volume constante. (b) Calorímetro real, no qual partes em aço inoxidável na parte superior do equipamento representam o agitador mecânico e o recipiente no qual ocorre a reação; quando em funcionamento, essas partes abaixam e ficam submersas em água. Para que as medições feitas no calorímetro sejam precisas, é importante que ele seja isolado termicamente do ambiente ao redor, razão pela qual o equipamento é substancialmente maior que o recipiente no qual ocorre a reção.

Na utilização do calorímetro, a determinação da quantidade de energia liberada nas reações de combustão é feita de forma **indireta**, a partir da variação de temperatura da água. Por exemplo, na combustão completa de 1 g de metano (CH_4), a temperatura de 1 kg de água aumenta em 13,3 °C. Sabendo a massa de água presente no calorímetro ($m_{água}$) e a variação de temperatura ($\Delta\theta$), é possível estimar a quantidade de energia absorvida pela água ($Q_{água}$) a partir da expressão

$$Q_{água} = m_{água} c_{água} \Delta\theta$$

ATENÇÃO!

Na prática, as quantidades utilizadas nos calorímetros são relativamente pequenas, uma vez que os repicientes de reação não comportam 1 kg de combustível: massas da ordem de 1 g são frequentemente empregadas.

onde $c_{água}$ é o **calor específico da água**, isto é, a quantidade de energia necessária para elevar em 1 °C a temperatura de 1 g de água, que vale 4,18 J/g °C (ou 1 cal/g °C).

Voltando ao nosso exemplo, se substituirmos os valores conhecidos na expressão anterior, podemos determinar a quantidade de energia absorvida pela água:

$$Q_{água} = m_{água}c_{água}\,\Delta\theta$$

$$Q_{água} = 1.000\ g \cdot 4{,}18\ J/g\ °C \cdot 13{,}3\ °C$$

$$Q_{água} = +55.594\ J$$

ATENÇÃO!

Em Química e em outras ciências (como a Física), não existe quantidade de energia negativa. O sinal **negativo** (–) está relacionado ao sentido de transferência de energia e indica que houve **liberação** ou **perda** de energia; já o sinal **positivo** (+) indica que houve **absorção** ou **ganho** de energia.

Em um calorímetro ideal, a energia absorvida pela água foi proveniente, **exclusivamente**, da reação química de combustão e não há perdas de energia para o ambiente externo. Essas condições são matematicamente descritas pela expressão

$$Q_{reação} + Q_{água} = 0$$

Ao substituirmos o valor determinado anteriormente para $Q_{água}$, obtemos:

$$Q_{reação} + Q_{água} = 0$$

$$Q_{reação} + 55.594\ J = 0$$

$$Q_{reação} = -55.594\ J$$

Ou seja, na combustão completa de 1 g de metano (CH_4), ocorre a liberação de 55.594 J de energia. Assim, para um 1 kg (1.000 g) de metano, ocorrerá a liberação de 55.594 kJ (aproximadamente 56.000 kJ) de energia, que corresponde ao poder calorífico apresentado para esse combustível no Capítulo 1.

Observação:

- Esse mesmo equipamento (calorímetro) também pode ser utilizado para determinar a quantidade de energia envolvida em reações que absorvem energia. Nesses casos, a quantidade de energia será absorvida da água, que terá a sua temperatura diminuída.

2.2 Representação das Transferências de Energia nas Reações Químicas

Agora que vimos como determinamos experimentalmente a quantidade de energia associada às reações químicas, precisamos discutir como essas quantidades são representadas de forma associada às reações químicas.

Em primeiro lugar, é importante destacar que, em Química, há uma preferência pelo uso do conceito de **entalpia** para se referir à energia associada às reações químicas, que é representado pelo símbolo **H** (do inglês *heat*, que significa "calor"). Com base nesse conceito, utilizamos a **variação de entalpia** (**ΔH**) para representar as transferências de energia relacionadas às reações químicas.

Em segundo lugar, já vimos que, nas equações químicas, a unidade dos coeficientes estequiométricos é o **mol**, razão pela qual é comum relacionarmos valores de ΔH a quantidades em mol.

Assim, para o caso do metano (CH_4), se a combustão completa de 1 g de CH_4 libera 55.594 J de energia, isso significa que a combustão de 1 mol de CH_4 (massa molar de 16 g/mol) liberará aproximadamente 890 kJ de energia. Essa informação (ΔH = –890 kJ/mol; lembrando que o sinal de – indica que há liberação de energia) pode ser representada de forma incorporada à equação química na **equação termoquímica**:

$$CH_4(g) + 2\,O_2(g) \longrightarrow CO_2(g) + 2\,H_2O(l) + 890\text{ kJ}$$

$$CH_4(g) + 2\,O_2(g) \longrightarrow CO_2(g) + 2\,H_2O(l) \quad \Delta H = -890\text{ kJ*}$$

BILANOL/SHUTTERSTOCK

O gás metano (CH_4), principal constituinte do gás natural, é utilizado para gerar energia, tanto em veículos movidos à GNV (gás natural veicular) como em fogões que utilizam gás encanado como combustível.

A **Termoquímica** (termo que apareceu anteriormente em "equação termoquímica") é o ramo da Química que estuda a energia liberada ou absorvida em uma reação química (ou em uma mudança de estado físico).

---

* Destacamos que a representação na qual o ΔH é apresentado ao lado da equação química balanceada é a mais frequente no estudo da Química.

FIQUE POR DENTRO!

Entalpia e suas origens

A palavra **entalpia** deriva do grego *enthálpos* (*en* significa "em" e *thálpos*, "calor do sol") e foi utilizada pela primeira vez no início do século XIX para designar o **conteúdo energético** associado às espécies químicas.

Com o desenvolvimento da Termodinâmica, parte das Ciências da Natureza voltada para estudos relacionados com energia e espontaneidade, a **variação de entalpia** (ΔH) foi associada à transferência de energia ocorrida em processos à pressão constante, como as reações químicas que ocorrem em sistemas abertos, condição bastante frequente nos processos químicos.

$$\Delta H = Q_{\text{pressão constante}}$$

ATENÇÃO!

Em relação aos valores de ΔH, é comum nos exercícios e nas tabelas de dados o aparecimento da simbologia ΔH^0. O ^{0} indica que o valor fornecido para o ΔH foi determinado nas condições-padrão, que corresponde à pressão de 1 bar (100.000 Pa) e temperatura de 298,15 K (25 °C). Cuidado para não confundir com as condições normais de temperatura e pressão (CNTP), que correspondem à pressão de 1 bar e temperatura de 273,15 K (0 °C).

Assim, a Termoquímica separa as reações químicas em dois tipos:

- aquelas que ocorrem com *liberação de energia*, classificadas como **reações exotérmicas** (o prefixo *exo* indica "para fora") e que apresentam $\Delta H < 0$ (negativo);
- aquelas que ocorrem com *absorção de energia*, classificadas como **reações endotérmicas** (o prefixo *endo* indica "para dentro") e que apresentam $\Delta H > 0$ (positivo).

As informações presentes na equação termoquímica também podem ser representadas *graficamente* por meio de **diagramas de energia**. Observe nos exemplos a seguir as diferenças nos diagramas de energia para reações exotérmicas e endotérmicas.

2.2.1 Diagrama de energia de uma reação exotérmica ($\Delta H < 0$)

Em uma reação exotérmica ($\Delta H < 0$), os reagentes liberam energia (calor) para o meio externo, porque o conteúdo energético dos reagentes *é maior* do que o dos produtos. No diagrama de energia, observe que a entalpia dos reagentes é superior à entalpia dos produtos.

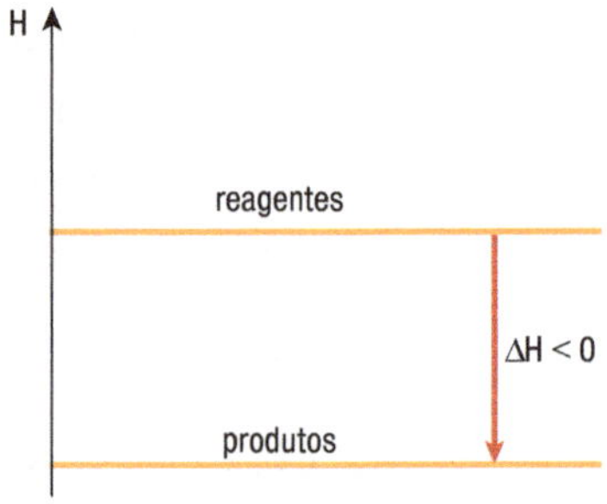
H
reagentes
ΔH < 0
produtos

Exemplos emblemáticos de reações exotérmicas são as reações de combustão, como a do metano que já analisamos ou a do carbono, esta última representada a seguir tanto na equação termoquímica quanto no diagrama de energia.

$$C(\text{grafita}) + O_2(g) \longrightarrow CO_2(g) + 394\ \text{kJ}$$

$$C(\text{grafita}) + O_2(g) \longrightarrow CO_2(g) \quad \Delta H = -394\ \text{kJ}$$

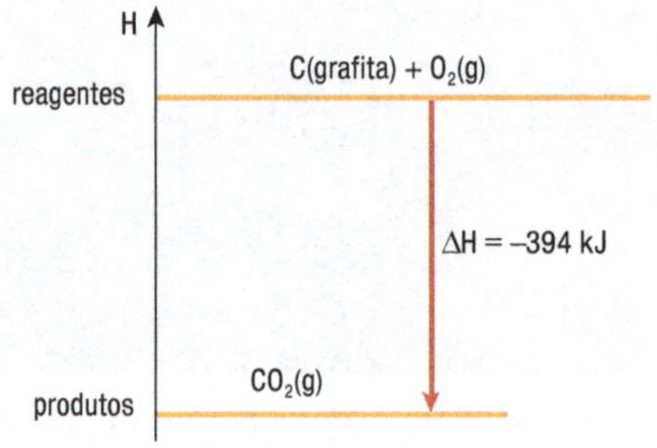
H
reagentes
C(grafita) + O2(g)
ΔH = –394 kJ
CO2(g)
produtos

FIQUE POR DENTRO!

Variação de entalpia-padrão de combustão ($\Delta_c H^0$)

É o calor liberado na queima total de **1 mol** de substância (combustível) a 25 °C e 1 bar (condições-padrão). Por exemplo:

- $C(\text{grafita}) + O_2(g) \longrightarrow CO_2(g) \quad \Delta_c H^0 = -394\ \text{kJ}$
- $H_2(g) + \frac{1}{2}\, O_2(g) \longrightarrow H_2O(l) \quad \Delta_c H^0 = -286\ \text{kJ}$
- $CH_4(g) + 2\, O_2(g) \longrightarrow CO_2(g) + 2\, H_2O(l) \quad \Delta_c H^0 = -890\ \text{kJ}$

2.2.2 Diagrama de energia de uma reação endotérmica ($\Delta H > 0$)

Em uma reação endotérmica ($\Delta H > 0$), os reagentes recebem ou absorvem energia (calor) de uma fonte externa para processar a reação, pois o conteúdo energético dos produtos *é maior* do que o dos reagentes. No diagrama de energia, observe que agora a entalpia dos produtos é superior à entalpia dos reagentes.

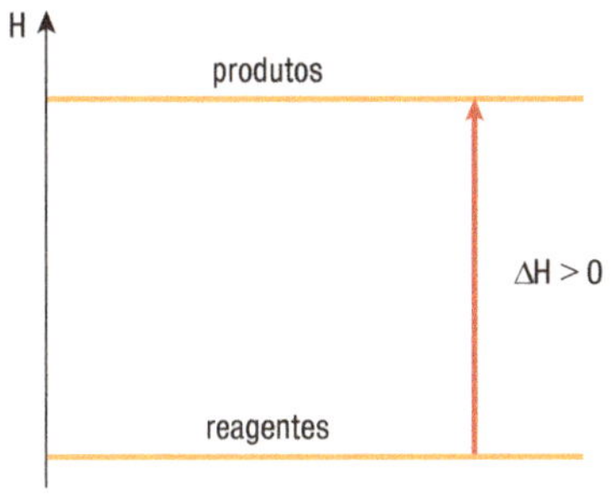
H
produtos
ΔH > 0
reagentes

Entre as reações endotérmicas, um exemplo bastante importante para o planeta Terra e que impactou todo o processo de evolução da vida é a fotossíntese, na qual a energia absorvida é proveniente de fontes luminosas, com destaque para o Sol.

$$6\ CO_2(g) + 6\ H_2O(l) + 2.800\ kJ \longrightarrow C_6H_{12}O_6(s) + 6\ O_2(g)$$

$$6\ CO_2(g) + 6\ H_2O(l) \longrightarrow C_6H_{12}O_6(s) + 6\ O_2(g) \qquad \Delta H = +2.800\ kJ$$

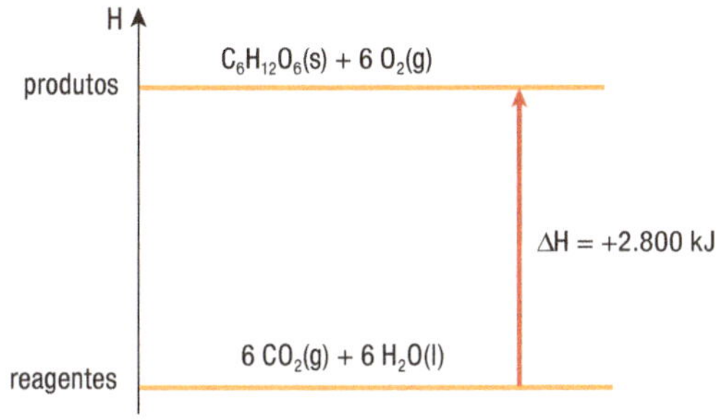
H
produtos
C6H12O6(s) + 6 O2(g)
ΔH = +2.800 kJ
reagentes
6 CO2(g) + 6 H2O(l)

ABOIKIS/SHUTTERSTOCK

LIGANDO OS PONTOS!

Como os seres vivos obtêm energia para seu metabolismo?

Para mantermos o metabolismo de nosso corpo, ou seja, o conjunto de reações que nos mantém vivos, precisamos de energia. No caso dos seres humanos (seres heterotróficos, que não são capazes de produzir o próprio alimento), essa energia é proveniente dos alimentos ingeridos, que são transformados e seus nutrientes são levados às células do nosso organismo.

É nas células que as moléculas orgânicas são processadas (em um conjunto complexo de reações chamado *respiração celular*) e a energia, sob a forma de ATP (adenosina trifosfato), é liberada para as inúmeras reações do nosso organismo.

Os açúcares (carboidratos) são considerados o principal "combustível" celular, sendo que a combustão da glicose na respiração celular pode ser resumida por:

$$C_6H_{12}O_6 + 6\ O_2 \longrightarrow 6\ CO_2 + 6\ H_2O + \text{energia}$$

Além dos açúcares, proteínas e gorduras também são importantes fontes energéticas, como indicado na tabela ao lado.

Valor energético* de açúcares, proteínas e gorduras.

MACRONUTRIENTE	VALOR ENERGÉTICO
açúcar	16,7 kJ/g ou 4,0 kcal/g
proteína	16,7 kJ/g ou 4,0 kcal/g
gordura	37,6 kJ/g ou 9,0 kcal/g

* Corresponde à queima de 1 g de alimento, expressa em kJ ou kcal.

E no caso das plantas (seres autotróficos, capazes de sintetizar o próprio alimento a partir de matéria inorgânica)? Como elas obtêm energia?

O processo de geração de energia também é baseado, no caso das plantas, no processo de *respiração celular*. A diferença é como as plantas obtêm a matéria orgânica (a glicose e outros carboidratos). Em vez de obterem a partir da alimentação, as plantas produzem a própria matéria orgânica a partir do processo de *fotossíntese*, que pode ser resumida pela seguinte equação química, sendo a energia obtida a partir do Sol:

$$6\,CO_2 + 6\,H_2O + \text{energia} \longrightarrow C_6H_{12}O_6 + 6\,O_2$$

FOTOHUNTER/SHUTTERSTOCK

O pigmento clorofila (presente nos cloroplastos) é reponsável pela absorção da radiação luminosa (luz), utilizada no processo da fotossíntese.

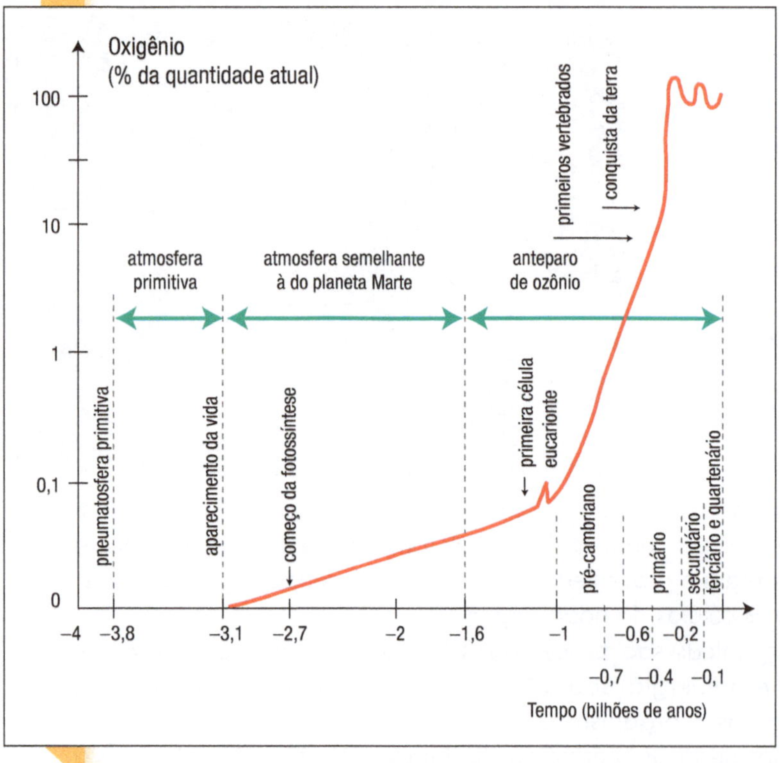
Oxigênio
(% da quantidade atual)
100
10
1
0,1
0
atmosfera primitiva
atmosfera semelhante à do planeta Marte
anteparo de ozônio
pneumatosfera primitiva
aparecimento da vida
começo da fotossíntese
primeira célula eucarionte
primeiros vertebrados
conquista da terra
pré-cambriano
primário
secundário
terciário e quartenário
−4 −3,8 −3,1 −2,7 −2 −1,6 −1 −0,6 −0,2
−0,7 −0,4 −0,1
Tempo (bilhões de anos)

ENEM

Além de possibilitar a produção de matéria orgânica ($C_6H_{12}O_6$), o aparecimento do processo de fotossíntese, há aproximadamente 2,7 bilhões de anos, também provocou alterações profundas na atmosfera terrestre, promovendo o aumento da concentração de O_2 e a diminuição da concentração de CO_2. Foi somente com essas modificações na atmosfera terrestre que organismos mais complexos (como os próprios seres humanos), que produzem energia a partir da respiração celular (que demanda O_2), puderam surgir e evoluir.

Evolução da quantidade de O_2 na atmosfera terrestre ao longo das eras geológicas. O número 100 indica a quantidade atual de O_2 na atmosfera e os demais valores, porcentagens em relação à quantidade atual.

2.3 Fatores que Afetam o ΔH de uma Reação

A variação da entalpia de uma reação, isto é, a quantidade de energia liberada ou absorvida em uma reação química, pode ser afetada por diversos fatores, com destaque para a quantidade de reagentes, o estado físico dos reagentes e produtos, a forma alotrópica e a temperatura na qual ocorre a reação. É por esse motivo que é frequente a menção às condições (como as condições-padrão: 1 bar e 25 °C) nas quais o valor do ΔH é apresentado.

2.3.1 Quantidade de reagentes

O ΔH é diretamente proporcional à quantidade dos reagentes. Se queimarmos uma maior quantidade de combustível, por exemplo, metano, será liberada uma maior quantidade de energia.

$$CH_4(g) + 2\ O_2(g) \longrightarrow CO_2(g) + 2\ H_2O(l) \qquad \Delta H = -890\ kJ$$

$\downarrow$ multiplicando a equação por 2 $\downarrow$

$$2\ CH_4(g) + 4\ O_2(g) \longrightarrow 2\ CO_2(g) + 4\ H_2O(l) \qquad \Delta H = -1.780\ kJ$$

2.3.2 Estado físico dos reagentes e produtos

Como o estado físico de uma substância interfere no seu conteúdo energético, haverá mudança no valor do ΔH de uma reação se houver alteração no estado físico dos participantes (reagentes ou produtos) dessa reação.

Tomemos como exemplo, novamente, a combustão completa do metano. Dependendo do estado físico da água (produto nessa reação), a quantidade de energia liberada será alterada.

$$H_2O(v) > H_2O(l) > H_2O(s)$$

diminui a energia cinética das moléculas de água →

conteúdo energético diminui

$$CH_4(g) + 2\ O_2(g) \longrightarrow CO_2(g) + 2\ H_2O(g) \qquad \Delta H_1 = -803\ kJ$$

$$CH_4(g) + 2\ O_2(g) \longrightarrow CO_2(g) + 2\ H_2O(l) \qquad \Delta H_2 = -890\ kJ$$

$$CH_4(g) + 2\ O_2(g) \longrightarrow CO_2(g) + 2\ H_2O(s) \qquad \Delta H_3 = -902\ kJ$$

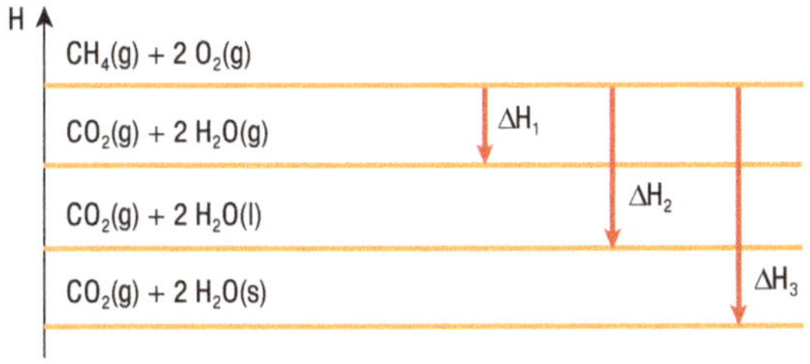
H
CH4(g) + 2 O2(g)
CO2(g) + 2 H2O(g)
ΔH1
CO2(g) + 2 H2O(l)
ΔH2
CO2(g) + 2 H2O(s)
ΔH3

Como o estado gasoso apresenta maior quantidade de energia armazenada (as moléculas apresentam maior mobilidade e, portanto, maior energia cinética), a quantidade de energia efetivamente liberada na combustão será menor. É por esse motivo que

$$|\Delta H_1| < |\Delta H_2| < |\Delta H_3|$$

ATENÇÃO!

Estudamos alotropia no volume 1, mas é importante resgatar que se trata do fenômeno em que um mesmo elemento químico forma substâncias simples diferentes, chamadas de formas ou variedades alotrópicas.

Exemplos importantes de elementos que apresentam formas alotrópicas são:

- carbono (grafita, diamante, fulereno, nanotubos, grafeno);
- oxigênio (gás oxigênio – O_2, gás ozônio – O_3);
- enxofre (rômbico – S_r, monoclínico – S_m);
- fósforo (vermelho – P_n ou P, branco – P_4).

2.3.3 Forma alotrópica

Não apenas o estado físico interfere no conteúdo energético das espécies químicas e, portanto, nos valores de ΔH das reações em que estão envolvidas, mas também a **forma** ou **variedade alotrópica.** Observe os exemplos a seguir.

1. $C(\text{grafita}) + O_2(g) \longrightarrow CO_2(g) \qquad \Delta H = -394\ kJ$

   $C(\text{diamante}) + O_2(g) \longrightarrow CO_2(g) \qquad \Delta H = -395\ kJ$

   Se a queima de 1 mol de diamante libera mais energia do que a queima de 1 mol de grafita, conclui-se que o diamante é mais energético (menos estável) do que a grafita (mais estável).

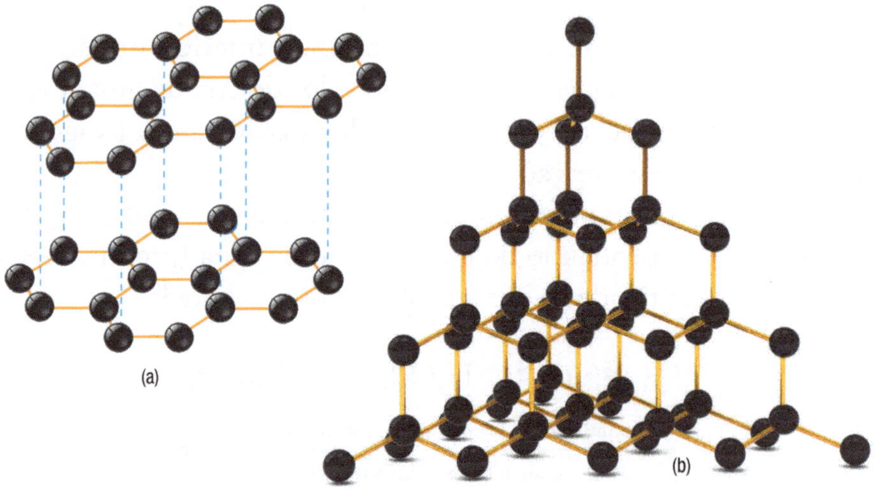

(a)
(b)

NASKY/SHUTTERSTOCK
ANDRIS TORMS/SHUTTERSTOCK

Compare a estrutura da (a) grafita com a do (b) diamante. As ligações estabelecidas por cada átomo são distintas nas duas estruturas, razão pela qual há alteração no conteúdo energético de cada forma alotrópica.

2. $S_r + O_2(g) \longrightarrow SO_2(g) \qquad \Delta H = -296{,}8\ kJ$

   $S_m + O_2(g) \longrightarrow SO_2(g) \qquad \Delta H = -297{,}1\ kJ$

   Como a queima de 1 mol de enxofre monoclínico libera mais energia do que a queima de 1 mol de enxofre rômbico, conclui-se que o enxofre monoclínico é mais energético (menos estável) do que o enxofre rômbico (mais estável).

3. $O_3(g) \longrightarrow \frac{3}{2}\,O_2(g) \qquad \Delta H = -142{,}7\ kJ$

   Os dados do exemplo mostram que a transformação de gás ozônio em gás oxigênio é exotérmica, ou seja, libera energia, de onde conclui-se que o ozônio é mais energético (menos estável) do que o gás oxigênio (mais estável).

2.3.4 Temperatura

Quando alteramos a temperatura na qual ocorre uma reação química, os conteúdos energéticos das espécies químicas (reagentes e produtos) também se alteram, o que provoca variação no valor do ΔH da reação. Por exemplo, ao aumentarmos a temperatura da reação, o conteúdo energético de todos os participantes da reação aumenta (pois há aumento da energia cinética das partículas que constituem essas espécies químicas), porém esse aumento depende de cada espécie química, o que interfere no valor de ΔH da reação. Observe a alteração no valor de ΔH da combustão do metano quando aumentamos a temperatura de 25 °C para 80 °C.

$$CH_4(g) + 2\ O_2(g) \longrightarrow CO_2(g) + 2\ H_2O(l) \qquad \Delta H = -890\ kJ \text{ a } 25\ °C$$

$$CH_4(g) + 2\ O_2(g) \longrightarrow CO_2(g) + 2\ H_2O(l) \qquad \Delta H = -885\ kJ \text{ a } 80\ °C$$

É devido ao fato de a temperatura interferir no valor de ΔH que é comum padronizar a temperatura na qual esses valores são apresentados. Usualmente nos referimos à temperatura de 25 °C, que corresponde às condições-padrão (1 bar e 25 °C).

2.4 Outras Formas de Determinar o ΔH de uma Reação

Existem reações em que é muito difícil determinar experimentalmente seu ΔH. Há vários motivos para essa dificuldade: algumas reações são explosivas; outras, muito lentas; e há também aquelas que apresentam rendimento muito baixo ou que formam outros produtos além dos desejados.

Deve-se ao químico suíço Germain Henry **Hess** (1802-1850) a descoberta de um método de calcular o ΔH de uma reação sem realizá-la diretamente, desde que se conheçam valores de ΔH de determinadas outras reações.

Retrato de Germain Henry Hess. Litografia de P. A. Smirnov, ca. 1850. In: *História da Academia de Ciências da URSS*. Moscou: Nauka, 1964. v. 2, p. 129.

Hess cursou Medicina, Química e Geologia na Rússia e atualmente é considerado o "pai da Termoquímica" em virtude de seus trabalhos para determinação da variação de entalpia de reações químicas.

Em seus estudos, Hess estava interessado no principal componente do gás natural, o metano (CH_4). Ele verificou que a reação de formação do metano a partir de carbono (grafita) e gás hidrogênio (H_2) era lenta e de baixo rendimento, o que dificultava a determinação do ΔH dessa reação em um calorímetro.

$$C(\text{grafita}) + 2\ H_2(g) \longrightarrow CH_4(g) \qquad \Delta H = ?$$

Utilizando os $\Delta_c H$ (variação de entalpia de combustão) da grafita, do gás hidrogênio e do metano, Hess conseguiu determinar o ΔH da reação de formação do metano indiretamente.

$$\text{Equação I: } C(grafita) + O_2(g) \longrightarrow CO_2(g) \qquad \Delta H_1 = -394 \text{ kJ}$$

$$\text{Equação II: } H_2(g) + \frac{1}{2} O_2(g) \longrightarrow H_2O(l) \qquad \Delta H_2 = -286 \text{ kJ}$$

$$\text{Equação III: } CH_4(g) + 2\, O_2(g) \longrightarrow CO_2(g) + 2\, H_2O(l) \qquad \Delta H_3 = -890 \text{ kJ}$$

Para obter a equação de formação do metano a partir da grafita e do gás hidrogênio, Hess somou as três equações acima, tomando o cuidado de:

a) manter a equação I;

b) multiplicar a equação II por 2 para obter $2\, H_2(g)$, o que dobra o valor de ΔH_2;

c) inverter a equação III para obter $CH_4(g)$ no produto, o que inverte o sinal de ΔH_3.

Assim, obtemos:

$$\text{Equação I: } C(grafita) + \cancel{O_2(g)} \longrightarrow \cancel{CO_2(g)} \qquad \Delta H_1 = -394 \text{ kJ}$$

$$\text{Equação II: } 2\, H_2(g) + \cancel{O_2(g)} \longrightarrow \cancel{2\, H_2O(l)} \qquad 2\, \Delta H_2 = 2(-286 \text{ kJ}) = -572 \text{ kJ}$$

$$\text{Equação III: } \cancel{CO_2(g)} + \cancel{2\, H_2O(l)} \longrightarrow CH_4(g) + \cancel{2\, O_2(g)} \qquad -\Delta H_3 = +890 \text{ kJ}$$

$$C(grafita) + 2\, H_2(g) \longrightarrow CH_4(g) \qquad \Delta H = \Delta H_1 + 2\, \Delta H_2 + (-\Delta H_3)$$

$$\Delta H = -394 - 572 + 890$$

$$\Delta H = -76 \text{ kJ}$$

Embora essa reação não tenha ocorrido na prática, pudemos calcular o seu ΔH de forma indireta usando aquela que ficou conhecida como **Lei de Hess**:

> **A variação de entalpia de uma reação é igual à soma das variações de entalpia das etapas intermediárias.**
>
> $$\Delta H = \Delta H_1 + \Delta H_2 + ...$$

Observações:

- Quando uma equação termoquímica é multiplicada ou dividida por determinado valor, seu ΔH também será multiplicado ou dividido pelo mesmo valor.
- Quando uma equação termoquímica for invertida, o sinal de seu ΔH também será invertido.

2.4.1 Simplificação da Lei de Hess com a entalpia de formação

Por meio da Lei de Hess, foi possível determinar o ΔH de inúmeras reações, entre elas as chamadas **reações de formação**, que correspondem à reação de formação de **1 mol** de determinada substância a partir de reagentes que são substâncias simples no estado-padrão (1 bar e 25 °C).

O ΔH associado a reações de formação é chamado de **variação de entalpia-padrão de formação** ($\Delta_f H^0$). Veja os exemplos a seguir:

- $C(grafita) + O_2(g) \longrightarrow CO_2(g) \quad \Delta_f H^0 = -394\ kJ$
- $Na(s) + \frac{1}{2}\ Cl_2(g) \longrightarrow NaCl(s) \quad \Delta_f H^0 = -411\ kJ$
- $2\ C(grafita) + 3\ H_2(g) + \frac{1}{2}\ O_2(g) \longrightarrow C_2H_5OH(l) \quad \Delta_f H^0 = -277\ kJ$

ATENÇÃO!

As substâncias simples que não estão na forma alotrópica mais estável, ou seja, que não estão no estado-padrão, apresentam $\Delta_f H^0 \neq 0$. Por exemplo:

- $C(grafita) \longrightarrow C(diamante) \quad \Delta_f H^0 = +1{,}8\ kJ$
- $\frac{3}{2}\ O_2(g) \longrightarrow O_3(g) \quad \Delta_f H^0 = +142\ kJ$

É por esse motivo que o ΔH da reação a seguir não corresponde ao $\Delta_f H^0$ do metano:

$$C(diamante) + 2\ H_2(g) \longrightarrow CH_4(g)$$

Ao invés de utilizar C(grafita), a equação é apresentada com C(diamante).

É importante destacar que a reação associada ao $\Delta_f H^0$ não precisa ser (e frequentemente não é) uma reação que se poderia realizar experimentalmente em laboratório. O etanol (C_2H_5OH), por exemplo, não é obtido por meio de uma reação entre as substâncias simples grafita, gás hidrogênio e gás oxigênio.

O $\Delta_f H^0$ para uma substância simples em seu estado-padrão é igual a **zero**, uma vez que, na reação de formação, os reagentes e produtos são os mesmos. Veja os exemplos a seguir:

- $C(grafita) \longrightarrow C(grafita) \quad \Delta_f H^0 = 0$
- $O_2(g) \longrightarrow O_2(g) \quad \Delta_f H^0 = 0$

Com o conhecimento dos valores de $\Delta_f H^0$ de diversas substâncias, é possível simplificar a aplicação da Lei de Hess. Para verificar como isso é possível, vamos aplicar a Lei de Hess, com base em reações de formação, para determinar o ΔH da reação de decomposição de carbonato de cálcio (principal componente do calcário) em óxido de cálcio e gás carbônico.

$$CaCO_3(s) \longrightarrow CaO(s) + CO_2(g) \qquad \Delta H = ?$$

Os $\Delta_f H^0$ das substâncias envolvidas na reação acima são tabelados e conhecidos:

Equação I: $Ca(s) + C(s) + \frac{3}{2}\ O_2(g) \longrightarrow CaCO_3(s) \quad \Delta_f H^0 = -1.208\ kJ$

Equação II: $Ca(s) + \frac{1}{2}\ O_2(g) \longrightarrow CaO(s) \quad \Delta_f H^0 = -635\ kJ$

Equação III: $C(s) + O_2(g) \longrightarrow CO_2(g) \quad \Delta_f H^0 = -394\ kJ$

Para obter o ΔH da reação de decomposição do $CaCO_3$, é necessário somar as três equações, tomando o cuidado de inverter a primeira equação, para que o $CaCO_3$ fique do lado dos reagentes:

$$\begin{array}{llcll}
\text{Equação I:} & CaCO_3(s) & \longrightarrow & \cancel{Ca(s)} + \cancel{C(s)} + \cancel{\tfrac{3}{2}O_2(g)} & -\Delta_f H^0 = +1.208\ kJ \\
\text{Equação II:} & \cancel{Ca(s)} + \cancel{\tfrac{1}{2}O_2(g)} & \longrightarrow & CaO(s) & \Delta_f H^0 = -635\ kJ \\
\text{Equação III:} & \cancel{C(s)} + \cancel{O_2(g)} & \longrightarrow & CO_2(g) & \Delta_f H^0 = -394\ kJ \\
\hline
 & CaCO_3(s) & \longrightarrow & CaO(s) + CO_2(g) & \Delta H = +179\ kJ
\end{array}$$

Quando as equações termoquímicas utilizadas são de formação, podemos agilizar a aplicação da Lei de Hess utilizando a seguinte expressão (derivada da própria Lei de Hess):

$$\Delta H = \Sigma \Delta_f H^0_{produtos} - \Sigma \Delta_f H^0_{reagentes}$$

Nessa expressão, o símbolo Σ (letra grega *sigma* maiúscula) significa *somatória*. Logo, para determinar o ΔH da reação, deve-se somar o $\Delta_f H^0$ dos produtos e subtrair a soma dos $\Delta_f H^0$ dos reagentes. Vamos aplicar essa expressão para determinar novamente o ΔH da decomposição do calcário:

$$\begin{array}{lcccc}
 & CaCO_3(s) & \longrightarrow & CaO(s) + & CO_2(g) \\
\Delta_f H^0 & -1.208\ kJ & & -635\ kJ & -394\ kJ
\end{array}$$

$$\Delta H = \Sigma \Delta_f H^0_{produtos} - \Sigma \Delta_f H^0_{reagentes}$$
$$\Delta H = [(-635) + (-394)] - [(-1.208)]$$
$$\Delta H = -635 - 394 + 1.208$$
$$\Delta H = +179\ kJ$$

2.4.2 Lei de Hess utilizando a energia de ligação

A Lei de Hess também pode ser utilizada para determinar o ΔH de uma reação a partir de valores de **energias de ligação**, que corresponde à variação de entalpia necessária para quebrar **1 mol** de ligações no estado gasoso. Como a quebra de ligações é sempre um **processo endotérmico**, então o ΔH será sempre positivo.

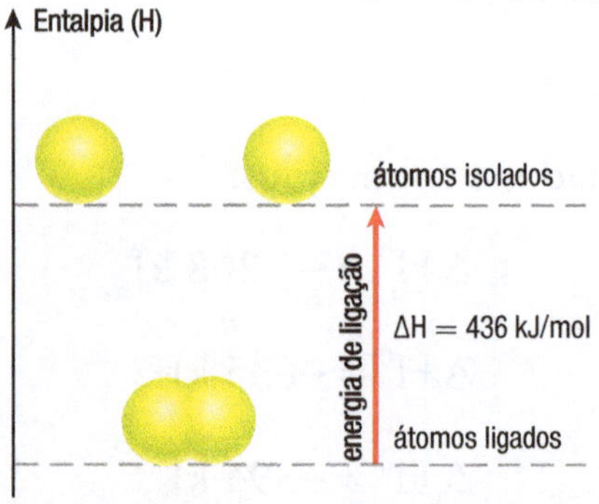
Entalpia (H)
átomos isolados
energia de ligação
ΔH = 436 kJ/mol
átomos ligados

Vamos analisar primeiro esse processo para a molécula de gás hidrogênio (H_2).

$$H_2(g) \longrightarrow 2\ H(g) \quad \Delta H = +436\ kJ/mol$$

Nesse exemplo, são necessários 436 kJ para quebrar 1 mol de ligações simples (H — H).

É importante destacar que a quantidade de energia fornecida para quebrar a ligação H — H deve ser a mesma quantidade de energia liberada quando a mesma ligação H — H é formada a partir de dois átomos de hidrogênios. Entretanto, a formação de ligações é sempre um **processo exotérmico**, razão pela qual o ΔH é sempre negativo.

$2\ H(g) \longrightarrow H_2(g) \qquad \Delta H = -436\ kJ/mol$

Observe agora outros exemplos.

- $O_2(g) \longrightarrow 2\ O(g) \qquad \Delta H = +497\ kJ$

Nesse exemplo, são necessários 497 kJ para quebrar 1 mol de ligações duplas (O ═ O).

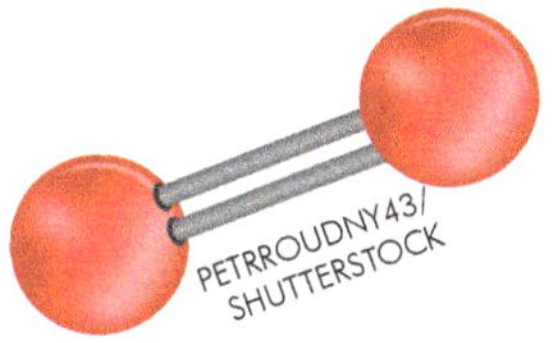
PETRROUDNY43/
SHUTTERSTOCK

ATENÇÃO!

Quanto maior a energia de ligação, mais forte é a ligação, ou seja, é mais difícil quebrá-la.

- $N_2(g) \longrightarrow 2\ N(g) \qquad \Delta H = +945\ kJ$

Nesse exemplo, são necessários 945 kJ para quebrar 1 mol de ligações triplas (N ≡ N).

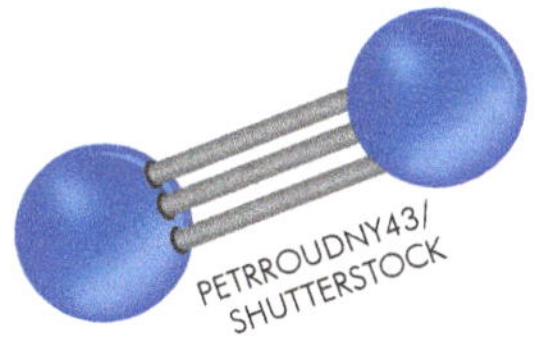
PETRROUDNY43/
SHUTTERSTOCK

2.4.2.1 Energia média de ligação

No caso de moléculas poliatômicas (formadas por três ou mais átomos), verificamos que certas ligações entre determinados átomos aparecem em várias substâncias. Veja, por exemplo, a ligação O — H, que aparece nas moléculas de

- água: HO — H $\qquad \Delta H = +492\ kJ$
- metanol: CH_3O — H $\qquad \Delta H = +437\ kJ$

Perceba que nesses dois casos a energia de ligação do O — H é diferente para cada substância. Entretanto, nas tabelas de dados e nos exercícios, é usual o fornecimento de um único valor, chamado de **energia média de ligação**, que corresponde à média da variação de entalpia que acompanha a quebra de determinado tipo de ligação. No caso do O — H, por exemplo, a energia média de ligação corresponde a 463 kJ.

Algumas energias médias de ligação.

LIGAÇÃO	ENERGIA MÉDIA DE LIGAÇÃO (kJ/mol)
N — H	388
N — N	163
N ═ N	409
N — O	210
N ═ O	630
N — F	195
N — Cl	381
O — H	463
O — O	157
C — I	238
C — H	412
C — C	348
C ═ C	612
C ≡ C	837
C ═ O	800

2.4.2.2 Cálculo do ΔH pelo método das energias de ligação

A partir do conhecimento das energias médias de ligação existentes nos reagentes e nos produtos, podemos **estimar** o ΔH de reações (preferencialmente para aquelas que ocorrem no estado gasoso), imaginando que a reação ocorra em duas etapas:

1. energia suficiente é fornecida ($\Delta H > 0$) para quebrar aquelas ligações nos reagentes que não estão presentes nos produtos;
2. energia é liberada ($\Delta H < 0$) para formar as novas ligações nos produtos que não estão presentes nos reagentes.

A variação de entalpia da reação é estimada somando essas energias médias de ligação, de acordo com a Lei de Hess. Vamos calcular, por exemplo, o ΔH do processo

$$H_2(g) + Cl_2(g) \longrightarrow 2\,HCl(g) \qquad \Delta H = ?$$

Com base nos valores de energia de ligação, podemos escrever as seguintes equações parciais:

Equação I: $H_2(g) \longrightarrow 2\,H(g) \qquad \Delta H_1 = +436\text{ kJ}$

Equação II: $Cl_2(g) \longrightarrow 2\,Cl(g) \qquad \Delta H_2 = +242\text{ kJ}$

Equação III: $HCl(g) \longrightarrow H(g) + Cl(g) \qquad \Delta H_3 = +431\text{ kJ}$

Para obtermos o ΔH procurado, precisamos somar as três equações, tomando o cuidado de inverter e multiplicar por 2 a equação III:

Equação I: $H_2(g) \longrightarrow 2\,H(g) \qquad \Delta H_1 = +436\text{ kJ}$

Equação II: $Cl_2(g) \longrightarrow 2\,Cl(g) \qquad \Delta H_2 = +242\text{ kJ}$

Equação III: $2\,H(g) + 2\,Cl(g) \longrightarrow 2\,HCl(g) \qquad -2\Delta H_3 = -862\text{ kJ}$

$H_2(g) + Cl_2(g) \longrightarrow 2\,HCl(g) \qquad \Delta H = -184\text{ kJ}$

Podemos agilizar o cálculo acima, somando diretamente as energias médias de ligação e tomando o cuidado com os sinais (as ligações quebradas nos reagentes devem apresentar sinal + e as ligações formadas nos produtos, sinais –):

Reação	H — H +	Cl — Cl ⟶	2 H — Cl
E de ligação (kcal/mol)	+436	+242	−2(431)
	quebra: +		formação: –

$$\Delta H = +436 + 242 - 2 \cdot (431) = +436 + 242 - 862 = -184\text{ kJ}$$

SÉRIE BRONZE

1. Complete as lacunas a seguir, com uma única palavra, sobre a utilização dos calorímetros.

O calorímetro é um equipamento que permite a determinação ______ das trocas de energia, na forma de calor, envolvidas nas reações químicas. Essa medida é feita de forma ______, a partir da variação de ______ da ______. Por exemplo, reações de combustão ______ energia, o que é verificado pela ______ da ______ que circunda o recipiente da reação.

2. Calor de combustão ou entalpia de combustão (ΔH) é a quantidade de calor liberada na combustão completa de 1 mol de substância à 25 °C e 1 atm.

Complete.

a) $C_{(grafita)}$ + ______ ⟶ ______ $\Delta H = -393$ kJ/mol de $C_{(grafita)}$

b) $H_2(g)$ + ______ ⟶ ______ $\Delta H = -286$ kJ/mol de $H_2(g)$

c) $CH_4(g)$ + ______ ⟶ ______ + ______ $\Delta H = -890$ kJ/mol de $CH_4(g)$

d) $C_4H_{10}(g)$ + ______ ⟶ ______ + ______ $\Delta H = -2.280$ kJ/mol de $C_4H_{10}(g)$

e) $C_2H_5OH(l)$ + ______ ⟶ ______ + ______ $\Delta H = -1.366$ kJ/mol de $C_2H_5OH(l)$

f) $C_6H_{12}O_6(s)$ + ______ ⟶ ______ + ______ $\Delta H = -2.813$ kJ/mol de $C_6H_{12}O_6(s)$

g) $C_8H_{18}(l)$ + ______ ⟶ ______ + ______ $\Delta H = -5.400$ kJ/mol de $C_8H_{18}(l)$

3. Qual desses combustíveis tem maior poder energético (1 g de combustível)?

COMBUSTÍVEL	MASSA MOLAR	CALOR DE COMBUSTÃO
gasolina	114 g/mol	–5.100 kJ/mol de $C_8H_{18}(l)$
metano	16 g/mol	–213 kJ/mol de $CH_4(g)$
hidrogênio	2 g/mol	–286 kJ/mol de $H_2(g)$

4. (UNICAMP – SP) Uma vela é feita de um material ao qual se pode atribuir a fórmula $C_{20}H_{42}$. Qual é o calor liberado na combustão de 10 g dessa vela à pressão constante?

DADOS: massas molares: C = 12 g/mol, H = 1 g/mol.

$$C_{20}H_{42} + \frac{61}{2} O_2 \longrightarrow 20\ CO_2 + 21\ H_2O$$

$$\Delta H = -13.300 \text{ kJ}$$

5. Complete o diagrama a seguir sobre conceitos importantes da termoquímica.

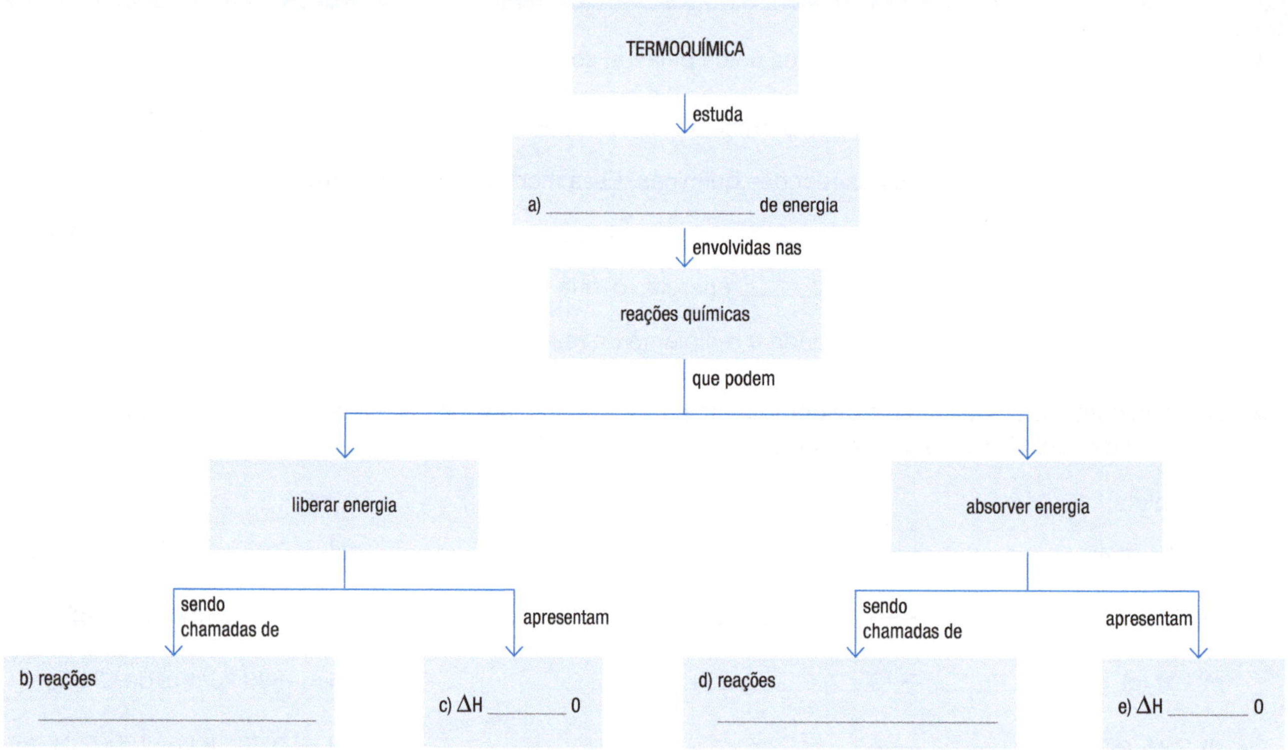
TERMOQUÍMICA
estuda
a) ____________________ de energia
envolvidas nas
reações químicas
que podem
liberar energia
absorver energia
sendo chamadas de
apresentam
b) reações ____________________
c) ΔH ______ 0
sendo chamadas de
apresentam
d) reações ____________________
e) ΔH ______ 0

6. O gráfico a seguir representa a combustão do gás hidrogênio.

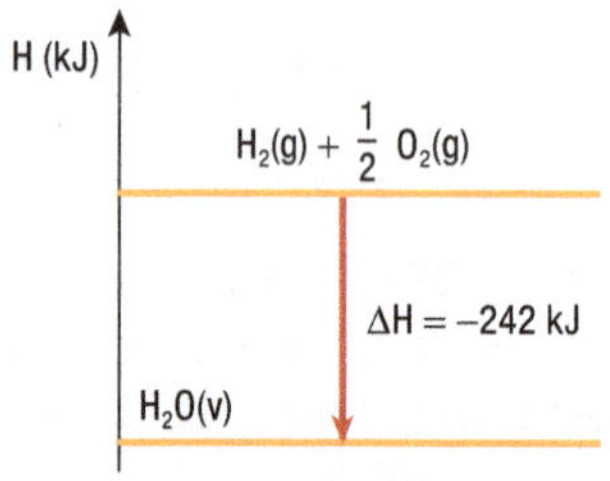
H (kJ)
H₂(g) + 1/2 O₂(g)
ΔH = −242 kJ
H₂O(v)

Com base nessas informações, responda os itens a seguir.

a) A reação indicada no gráfico é exotérmica ou endotérmica?

____

b) Calcule o calor envolvido na formação de 5 mol de H_2O(v).

c) Calcule o calor envolvido na formação de 1,8 kg de H_2O(v).

DADO: massa molar da água = 18 g/mol.

d) Na decomposição de H_2O(v), ocorre absorção ou liberação de calor?

e) Calcule o calor envolvido na decomposição de 9,0 g de H_2O(v).

DADO: massa molar de H_2O = 18 g/mol.

7. O calor de reação (ΔH) depende do estado físico dos reagentes e dos produtos da reação.

$$H_2(g) + \frac{1}{2} O_2(g) \longrightarrow H_2O(v) \qquad \Delta H_1 = -243 \text{ kJ}$$

$$H_2(g) + \frac{1}{2} O_2(g) \longrightarrow H_2O(l) \qquad \Delta H_2 = -287 \text{ kJ}$$

$$H_2(g) + \frac{1}{2} O_2(g) \longrightarrow H_2O(s) \qquad \Delta H_3 = -293 \text{ kJ}$$

Complete com **sólido**, **líquido** ou **gasoso**.

A água no estado ____________________ libera maior formação de quantidade de calor.

8. Complete com **simples** ou **compostas**.

Alotropia é o fenômeno em que um elemento químico apresenta duas ou mais substâncias ________________________ .

9. Complete com **mais** ou **menos**.

$$C(grafita) + O_2 \longrightarrow CO_2 \qquad \Delta H = -393 \text{ kJ}$$

$$C(diamante) + O_2 \longrightarrow CO_2 \qquad \Delta H = -395 \text{ kJ}$$

$$C_{60} + 60\ O_2 \longrightarrow 60\ CO_2 \qquad \Delta H = -25.700 \text{ kJ}$$

O futeboleno tem conteúdo ____________________ energético que o diamante e a grafita.

Conclusão: o calor de reação (ΔH) depende das formas alotrópicas das substâncias simples.

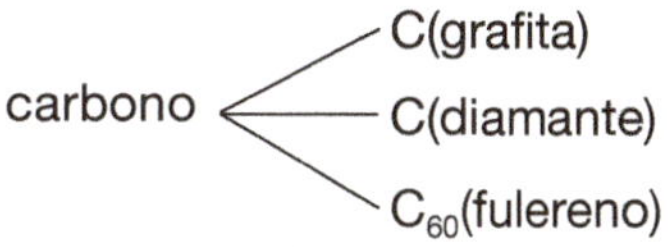
carbono
C(grafita)
C(diamante)
C60(fulereno)

10. Sobre as formas de determinar indiretamente o ΔH de uma reação, complete o diagrama a seguir.

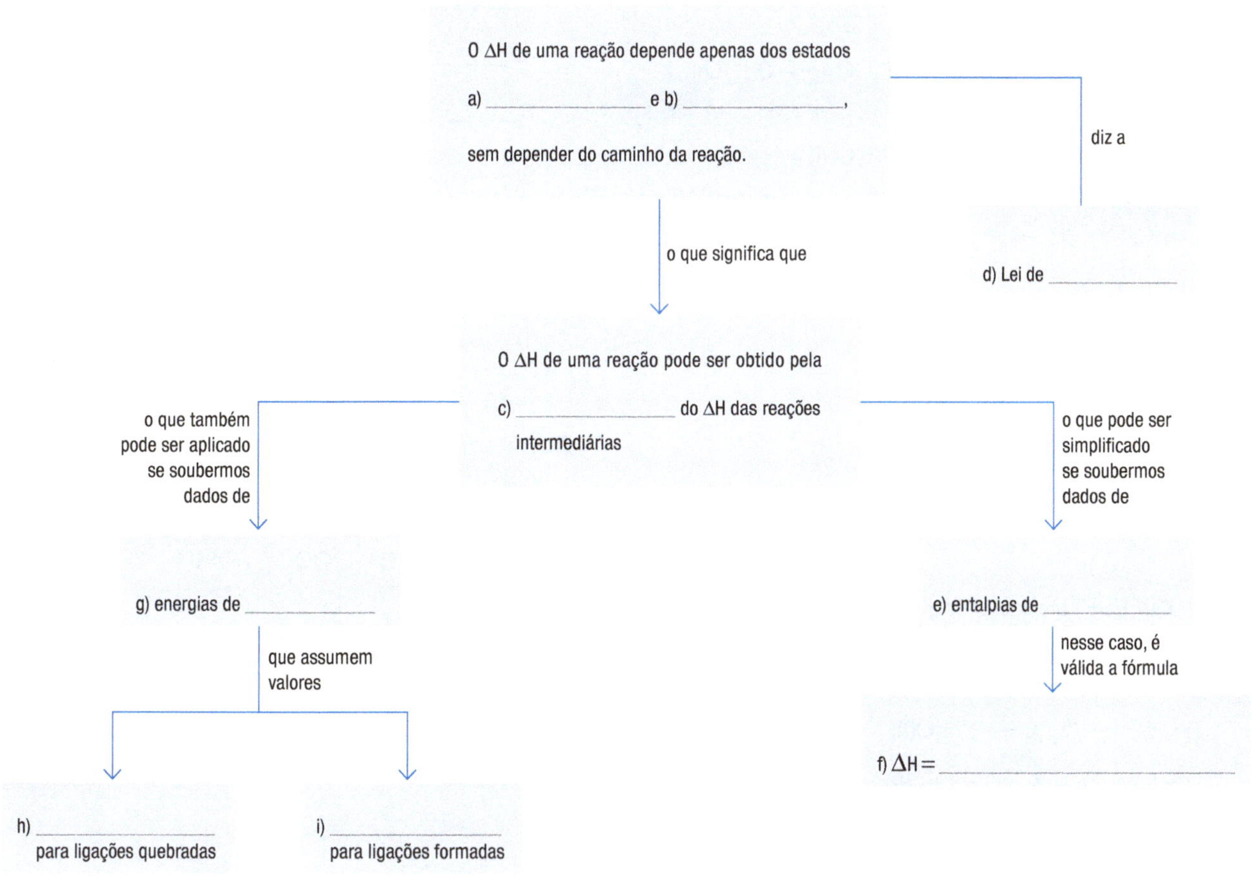
O ΔH de uma reação depende apenas dos estados
a) ____________ e b) ____________,
sem depender do caminho da reação.
diz a
d) Lei de ____________
o que significa que
O ΔH de uma reação pode ser obtido pela
c) ____________ do ΔH das reações
intermediárias
o que também pode ser aplicado se soubermos dados de
g) energias de ____________
que assumem valores
h) ____________ para ligações quebradas
i) ____________ para ligações formadas
o que pode ser simplificado se soubermos dados de
e) entalpias de ____________
nesse caso, é válida a fórmula
f) ΔH = ____________

11. (UNESP) A combustão incompleta de carbono, responsável pela produção do CO, é difícil de ser realizada isoladamente em um calorímetro. No entanto, o ΔH desse processo pode ser calculado pelos seguintes dados:

$C(grafita) + O_2(g) \longrightarrow CO_2(g) \quad \Delta H = -394$ kJ

$2\ CO(g) + O_2(g) \longrightarrow 2\ CO_2(g) \quad \Delta H = -566$ kJ

Pede-se:

a) $C(grafita) + \frac{1}{2} O_2(g) \longrightarrow CO(g) \quad \Delta H = ?$

b) O calor liberado na queima de 36 g de grafita para obter CO.

DADO: C = 12.

12. Dada a equação termoquímica, calcule seu ΔH.

$3\ C_2H_2(g) \longrightarrow C_6H_6(l) \quad \Delta H = ?$

DADOS:

I. $C_6H_6(l) + \frac{15}{2} O_2(g) \longrightarrow 6\ CO_2(g) + 3\ H_2O(l)$
$\Delta H = -1.115$ kJ

II. $C_2H_2(g) + \frac{5}{2} O_2(g) \longrightarrow 2\ CO_2(l) + H_2O(l)$
$\Delta H = -648$ kJ

13. (UNIFESP) Dadas as equações termoquímicas:

$H_2(g) + \frac{1}{2} O_2(g) \longrightarrow H_2O(g) \quad \Delta H = -58$ kcal

$H_2(g) + \frac{1}{2} O_2(g) \longrightarrow H_2O(l) \quad \Delta H = -68$ kcal

Determine a quantidade de calor envolvida na vaporização de 1 L de água líquida.

DADOS: $d_{H_2O} = 1$ g/mL; $H_2O = 18$ g/mol.

14. Entalpia de formação ($\Delta_f H$) é o calor liberado ou absorvido na reação de formação de **1 mol** de uma substância a partir de substâncias simples no seu estado físico a 25 °C e 1 atm ou na sua forma alotrópica mais estável a 25 °C e 1 atm (C(grafita), O_2, S(rômbico), P(vermelho)).

Complete:

a) ______________ $\longrightarrow CO_2(g)\ \Delta_f H \neq 0$

b) ______________ $\longrightarrow H_2O(l)\ \Delta_f H \neq 0$

c) ______________ $\longrightarrow H_2SO_4(l)\ \Delta_f H \neq 0$

d) ______________ $\longrightarrow C_2H_5OH(l)\ \Delta_f H \neq 0$

e) ______________ $\longrightarrow C_6H_{12}0_6(s)\ \Delta_f H \neq 0$

f) ______________ $\longrightarrow NH_3(g)\ \Delta_f H \neq 0$

g) ______________ $\longrightarrow O_3(g)\ \Delta_f H \neq 0$

h) ______________ $\longrightarrow O_2(g)\ \Delta_f H = 0$

i) ______________ $\longrightarrow$ C(diamante) $\Delta_f H \neq 0$

j) ______________ $\longrightarrow$ C(grafita) $\Delta_f H = 0$

15. Determine o calor de combustão do propano, $C_3H_8(g)$.

DADOS: entalpias de formação em kJ/mol:

$C_3H_8 = -104 \quad CO_2(g) = -394 \quad H_2O(l) = -286$

16. (UFF - RJ) A amônia, apesar de ser considerada não combustível, pode reagir com O_2 na presença de platina como catalisador. A equação química do processo é:

$$4\ NH_3(g) + 5\ O_2(g) \longrightarrow 4\ NO(g) + 6\ H_2O(g)$$

Qual é o ΔH = ?

DADOS:

SUBSTÂNCIA	ΔH FORMAÇÃO (kJ/mol)
$NH_3(g)$	–46
NO(g)	+90
$H_2O(g)$	–242

17. Dada a equação termoquímica.

$NH_3(g) \longrightarrow N(g) + 3\ H(g)$ ΔH = 1.170 kJ/mol de NH_3

Calcule a energia de ligação N — H.

18. (FUVEST - SP) Com base nos dados da tabela:

LIGAÇÃO	ENERGIA DE LIGAÇÃO (kJ/mol)
H — H	436
Cl — Cl	243
H — Cl	432

pode-se estimar que o ΔH da reação representada por

$$H_2(g) + Cl_2(g) \longrightarrow 2\ HCl(g)$$

dado em kJ por mol de HCl(g), é igual a:

a) –92,5
b) –185
c) –247
d) +185
e) +92,5

SÉRIE PRATA

1. Que quantidade de calor é liberada por uma reação química que é capaz de elevar de 10 °C para 14 °C a temperatura de 1 kg de água?

DADO: H_2O: c = 1 cal/g °C.

2. Sabendo que o calor de combustão do metanol é igual a 182 kcal/mol, determine a massa desse combustível que, nas mesmas condições, liberaria 36,4 kcal.

DADO: massa molar do metanol = 32 g/mol.

3. (PASUSP) A análise do conteúdo calórico de um sorvete demonstra que ele contém, aproximadamente, 5% de proteínas, 22% de carboidratos e 13% de gorduras. A massa restante pode ser considerada como água. A tabela a seguir apresenta dados de calor de combustão para esses três nutrientes. Se o valor energético diário recomendável para uma criança é de 8.400 kJ, o número de sorvetes de 100 g necessários para suprir essa demanda seria de, aproximadamente,

NUTRIENTE (1 g)	CALOR LIBERADO (kJ)
proteínas	16,7
carboidratos	16,7
lipídios (gorduras)	37,7

a) 2 b) 3 c) 6 d) 9 e) 12

4. (UNICAMP – SP) Em 12 de maio de 2017, o metrô de São Paulo trocou 240 metros de trilhos de uma de suas linhas, numa operação feita de madrugada, em apenas três horas. Na solda entre o trilho novo e o usado empregou-se uma reação química denominada térmita, que permite a obtenção de uma temperatura local de cerca de 2.000 °C. A reação utilizada foi entre um óxido de ferro e o alumínio metálico.

De acordo com essas informações, uma possível equação termoquímica do processo utilizado seria

a) $Fe_2O_3 + 2\ Al \longrightarrow 2\ Fe + Al_2O_3$; $\Delta H = +852\ kJ \cdot mol^{-1}$

b) $FeO_3 + Al \longrightarrow Fe + AlO_3$; $\Delta H = -852\ kJ \cdot mol^{-1}$

c) $FeO_3 + 2\ Al \longrightarrow Fe + AlO_3$; $\Delta H = +852\ kJ \cdot mol^{-1}$

d) $Fe_2O_3 + 2\ Al \longrightarrow 2\ Fe + Al_2O_3$; $\Delta H = -852\ kJ \cdot mol^{-1}$

5. (FATEC – SP) Fazer a mala para uma viagem poderá ser tão simples como pegar algumas latas de "spray", que contenham uma mistura de polímero coloidal, para fazer suas próprias roupas "spray-on". Tanto faz se é uma camiseta ou um traje noturno, o tecido "spray" é uma novidade para produzir uma variedade de tecidos leves. A fórmula consiste em fibras curtas interligadas com polímeros e um solvente que produz o tecido em forma líquida. Esse tecido provoca uma sensação fria ao ser pulverizado no corpo, mas adquire a temperatura corporal em poucos segundos. O material é pulverizado diretamente sobre a pele nua de uma pessoa, onde seca quase instantanemante.

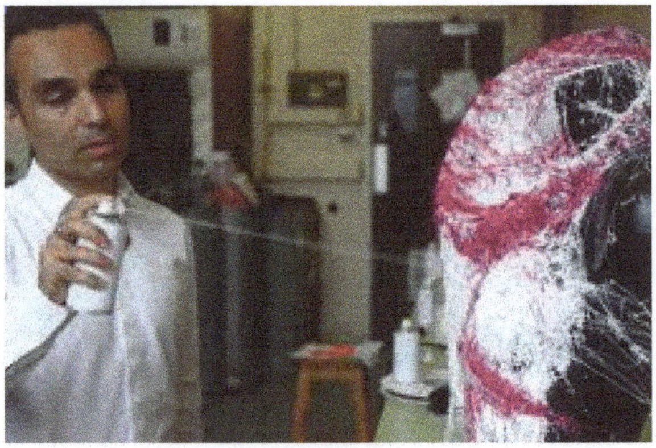

Disponível em: http://tinyurl.com/qermcv6>.
Acesso em: 29.09.2014. Adaptado.

A sensação térmica provocada pelo tecido "spray-on", quando pulverizado sobre o corpo, ocorre porque o solvente

a) absorve calor do corpo, em um processo endotérmico.

b) absorve calor do corpo, em um processo exotérmico.

c) condensa no corpo, em um processo endotérmico.

d) libera calor para o corpo, em um processo exotérmico.

e) libera calor para o corpo, em um processo endotérmico.

6. Observe o diagrama a seguir:

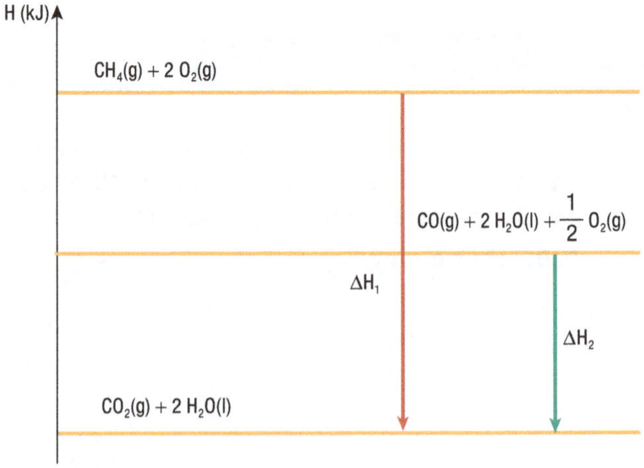
H (kJ)
$CH_4(g) + 2\ O_2(g)$
$CO(g) + 2\ H_2O(l) + \frac{1}{2}\ O_2(g)$
ΔH_1
ΔH_2
$CO_2(g) + 2\ H_2O(l)$

Calcule o ΔH de combustão de $CH_4(g)$ que produz $CO(g)$.

DADOS: $\Delta H_1 = -890\ kJ$; $\Delta H_2 = -283\ kJ$.

7. (UDESC) A Termoquímica estuda a energia e o calor associados a reações químicas e/ou transformações físicas de substâncias ou misturas. Com relação a conceitos usados nessa área da Química, assinale a alternativa **incorreta**.

a) A variação de entalpia do processo permite classificá-lo como endotérmico, quando há absorção de energia na forma de calor, ou exotérmico, quando há liberação de energia.
b) A variação de energia que acompanha qualquer transformação deve ser igual e oposta à variação de energia que acompanha o processo inverso.
c) A entalpia de um processo pode ser definida como o calor envolvido no mesmo, medido à pressão constante.
d) O fenômeno de ebulição e o de fusão de uma substância são exemplos de processos físicos endotérmicos.
e) A Lei de Hess afirma que a variação de energia em uma transformação depende não apenas dos estados inicial e final do processo, como também do caminho percorrido, ou seja, há diferença se o processo ocorrer em uma ou em várias etapas.

8. Determine o ΔH da liquefação de 1 mol de metanol, de acordo com a seguinte equação:

$$CH_3OH(g) \longrightarrow CH_3OH(l) \qquad \Delta H = ?$$

DADOS:

I. $CH_3OH(l) + \frac{3}{2}\,O_2(g) \longrightarrow CO_2(g) + 2\,H_2O(l)$ $\quad \Delta H = -727$ kJ

II. $CH_3OH(g) + \frac{3}{2}\,O_2(g) \longrightarrow CO_2(g) + 2\,H_2O(l)$ $\quad \Delta H = -765$ kJ

9. (MACKENZIE – SP – adaptada) Dada a equação termoquímica:

$$C(grafita) + W(s) \longrightarrow WC(s) \qquad \Delta H = ?$$

DADOS:

I. $W(s) + \frac{3}{2}\,O_2(g) \longrightarrow WO_3(s)$ $\quad \Delta H = -840$ kJ

II. $C(grafita) + O_2(g) \longrightarrow CO_2(g)$ $\quad \Delta H = -394$ kJ

III. $WC(s) + \frac{5}{2}\,O_2(g) \longrightarrow WO_3(s) + CO_2(g)$ $\quad \Delta H = -1.196$ kJ

10. (ENEM) O benzeno, um importante solvente para a indústria química, é obtido industrialmente pela destilação do petróleo. Contudo, também pode ser sintetizado pela trimerização do acetileno, catalisada por ferro metálico sob altas temperaturas, conforme a equação química:

$$3\,C_2H_2\,(g) \longrightarrow C_6H_6(l)$$

A energia envolvida nesse processo pode ser calculada indiretamente pela variação de entalpia das reações de combustão das substâncias participantes, nas mesmas condições experimentais:

I. $C_2H_2(g) + \frac{5}{2}\,O_2(g) \longrightarrow 2\,CO_2(g) + 2\,H_2O(l)$ $\quad \Delta_cH^0 = -310$ kcal/mol

II. $C_6H_6(g) + \frac{15}{2}\,O_2(g) \longrightarrow 6\,CO_2(g) + 3\,H_2O(l)$ $\quad \Delta_cH^0 = -780$ kcal/mol

A variação de entalpia do processo de trimerização, em kcal, para a formação de um mol de benzeno é mais próxima de

a) –1 090. b) –150. c) –50. d) +157. e) +470.

11. (FUVEST – SP) A energia liberada na combustão do etanol de cana-de-açúcar pode ser considerada advinda da energia solar, uma vez que a primeira etapa para a produção do etanol é a fotossíntese. As transformações envolvidas na produção e no uso do etanol combustível são representadas pelas seguintes equações químicas:

$6\,CO_2(g) + 6\,H_2O(g) \longrightarrow C_6H_{12}O_6(aq) + 6\,O_2(g)$

$C_6H_{12}O_6(aq) \longrightarrow 2\,C_2H_5OH(l) + 2\,CO_2(g)$ $\quad \Delta H = -70$ kJ/mol

$C_2H_5OH(l) + 3\,O_2(g) \longrightarrow 2\,CO_2(g) + 3\,H_2O(g)$ $\quad \Delta H = -1.235$ kJ/mol

Com base nessas informações, podemos afirmar que o valor de ΔH para a reação de fotossíntese é

a) –1.305 kJ/mol.
b) +1.305 kJ/mol.
c) +2.400 kJ/mol.
d) –2.540 kJ/mol.
e) +2.540 kJ/mol.

12. A entalpia de formação de $H_2O(l)$ e de $H_2O(g)$ valem, respectivamente, –286 kJ/mol e –242 kJ/mol. Calcule o calor de vaporização a partir de 0,9 g de água líquida.

DADO: H_2O = 18 g/mol.

13. Considere as reações:

I. $6\ C(grafita) + 3\ H_2(g) \longrightarrow C_6H_6(l)$ $\quad \Delta_fH^0 = 49$ kJ

II. $C(grafita) + O_2(g) \longrightarrow CO_2(g)$ $\quad \Delta_fH^0 = -393{,}5$ kJ

III. $H_2(g) + \frac{1}{2}\ O_2(g) \longrightarrow H_2O(l)$ $\quad \Delta_fH^0 = -285{,}8$ kJ

Calcule o calor de combustão do benzeno ($C_6H_6(l)$).

14. (FUVEST-SP) Sabendo-se que os calores de formação, a 25 °C, de $H_2O(l)$, $CO_2(g)$ e do acetileno (C_2H_2) gasoso são, respectivamente, –68,3 kcal, –94,0 kcal e +54,2 kcal, o calor de combustão do acetileno, em kcal/mol, segundo a reação

$C_2H_2(g) + \frac{5}{2}\ O_2(g) \longrightarrow 2\ CO_2(g) + H_2O(l)$ será:

a) –108,1
b) +202,1
c) +216,5
d) –310,5
e) –150,1

15. (UFRGS – RS) Os valores de energia de ligação entre alguns átomos são fornecidos no quadro abaixo:

LIGAÇÃO	ENERGIA DE LIGAÇÃO (kJ/mol)
C — H	413
O = O	494
C = O	804
O — H	463

Considerando a reação representada por

$CH_4(g) + 2\ O_2(g) \longrightarrow CO_2(g) + 2\ H_2O(v)$

calcule o ΔH da reação.

16. (UFRGS – RS) Com base no seguinte quadro de entalpias e ligações, assinale a alternativa que apresenta o valor da entalpia de formação da água gasosa.

LIGAÇÃO	ENTALPIA ($kJ \cdot mol^{-1}$)
H — O	464
H — H	436
O = O	498
O — O	134

a) $-134\ kJ \cdot mol^{-1}$
b) $-243\ kJ \cdot mol^{-1}$
c) $+243\ kJ \cdot mol^{-1}$
d) $+258\ kJ \cdot mol^{-1}$
e) $+1.532\ kJ \cdot mol^{-1}$

SÉRIE OURO

1. (UNESP) Foram queimados 4,00 g de carvão até CO_2 em um calorímetro. A temperatura inicial do sistema era de 20,0 °C e a final, após a combustão, 31,3 °C. Considere a capacidade calorífica do calorímetro = 21,4 kcal/°C e despreze a quantidade de calor armazenada na atmosfera dentro do calorímetro. A quantidade de calor, em kcal/g, liberada na queima do carvão, foi de

a) 670. b) 62,0 c) 167. d) 242. e) 60,5.

2. (FUVEST – SP) Nas condições ambiente, ao inspirar, puxamos para nossos pulmões, aproximadamente, 0,5 L de ar, então aquecido da temperatura ambiente (25 °C) até a temperatura do corpo (36 °C). Fazemos isso cerca de 16×10^3 vezes em 24 h. Se, nesse tempo, recebermos, por meio da alimentação, $1{,}0 \times 10^7$ J de energia, a porcentagem aproximada dessa energia, que será gasta para aquecer o ar inspirado, será de:

a) 0,1%. b) 0,5%. c) 1%. d) 2%. e) 5%.

DADOS: ar atmosférico nas condições ambiente: densidade = 1,2 g/L; calor específico = 1,0 J/g · °C.

3. (UNESP) O gás natural, o etanol e a gasolina são três dos principais combustíveis utilizados no Brasil. A seguir, são apresentadas as equações termoquímicas para a combustão de cada um deles.

$$\underset{\text{gás natural}}{CH_4(g)} + 2\,O_2(g) \longrightarrow CO_2(g) + 2\,H_2O(l) \qquad \Delta H = -900\text{ kJ}$$

$$\underset{\text{etanol}}{C_2H_5OH(l)} + 3\,O_2(g) \longrightarrow 2\,CO_2(g) + 3\,H_2O(l) \qquad \Delta H = -1.400\text{ kJ}$$

$$C_8H_{18}(l) + \frac{25}{2}\,O_2(g) \longrightarrow 8\,CO_2(g) + 9\,H_2O(l) \qquad \Delta H = -5.500\text{ kJ}$$

octano (principal componente da gasolina)

Dadas as massas molares, em g · mol^{-1}:

$CH_4 = 16$; $C_2H_5OH = 46$; $C_8H_{18} = 114$.

a) Qual destes combustíveis libera a maior quantidade de energia por unidade de massa? Apresente seus cálculos.

b) A queima de 1 L de gasolina produz cerca de 34.100 kJ. Calcule a massa de etanol necessária para a produção desta mesma quantidade de calor. Apresente seus cálculos.

4. (UNICAMP – SP) Considere uma gasolina constituída apenas de etanol e de octano, com frações molares iguais. As entalpias de combustão do etanol e do octano são –1.368 e –5.471 kJ/mol, respectivamente. A densidade dessa gasolina é 0,72 g/cm^3 e a sua massa molar aparente, 80,1 g/mol.

a) Escreva a equação química que representa a combustão de um dos componentes dessa gasolina.

b) Qual é a energia liberada na combustão de 1,0 mol dessa gasolina?

c) Qual é a energia liberada na combustão de 1,0 litro dessa gasolina?

DADOS: etanol: C_2H_6O, octano: C_8H_{18}.

5. (UNICAMP – SP – adaptada) Numa fritadeira a ar, um pedaço de carne ficou pronto para ser consumido em 18 minutos de funcionamento do equipamento, consumindo um total de 1.512 kJ. Um cozimento semelhante foi realizado em menor tempo em um fogão a gás. Nesse caso, foram consumidos 16 gramas de gás propano, cuja reação de combustão é dada por:

$$C_3H_8(g) + 5\ O_2(g) \longrightarrow 3\ CO_2(g) + 4\ H_2O(g)$$

$$\Delta H = -2.046\ kJ \cdot mol^{-1}$$

Comparando os dois processos de cozimento, o consumo de energia foi maior empregando-se

DADOS: C = 12; H = 1.

a) o fogão a gás, sendo cerca de 1,5 vez maior que o consumo da fritadeira a ar.
b) o fogão a gás, sendo cerca de 12 vezes maior que o consumo da fritadeira a ar.
c) a fritadeira a ar, sendo cerca de 6 vezes maior que o consumo do fogão a gás.
d) a fritadeira a ar, sendo cerca de 2 vezes maior que o consumo do fogão a gás.
e) a fritadeira a ar, sendo cerca de 12 vezes maior que o consumo do fogão a gás.

6. (ENEM) As mobilizações para promover um planeta melhor para as futuras gerações são cada vez mais frequentes. A maior parte dos meios de transporte de massa é atualmente movida pela queima de um combustível fóssil. A título de exemplificação do ônus causado por essa prática, basta saber que um carro produz, em média, cerca de 200 g de dióxido de carbono por km percorrido.

Revista Aquecimento Global. Ano 2, n. 8.
Publicação do Instituto Brasileiro de Cultura Ltda.

Um dos principais constituintes da gasolina é o octano (C_8H_{18}). Por meio da combustão do octano é possível a liberação de energia, permitindo que o carro entre em movimento. A equação que representa a reação química desse processo demonstra que

a) no processo há liberação de oxigênio, sob a forma de O_2.
b) o coeficiente estequiométrico para a água é de 8 para 1 do carbono.
c) no processo há consumo de água, para que haja liberação de energia.
d) o coeficiente estequiométrico para o oxigênio é de 12,5 para 1 do octano.
e) o coeficiente estequiométrico para o gás carbônico é de 9 para 1 do octano.

7. (ENEM) No que tange à tecnologia de combustíveis alternativos, muitos especialistas em energia acreditam que os alcoóis vão crescer em importância em um futuro próximo. Realmente, alcoóis como metanol e etanol têm encontrado alguns nichos para o uso doméstico como combustíveis há muitas décadas e, recentemente, vêm obtendo uma aceitação cada vez maior como aditivos, ou mesmo como substitutos para gasolina em veículos. Algumas das propriedades físicas desses combustíveis são mostradas no quadro seguinte.

ÁLCOOL	DENSIDADE A 25 °C (g/mL)	CALOR DE COMBUSTÃO (kJ/mol)
metano (CH_3OH)	0,79	–726,0
etanol (CH_3CH_2OH	0,79	–1.367,0

BAIARD, C. **Química Ambiental.**
São Paulo: Artmed, 1995. Adaptado.

Considere que, em pequenos volumes, o custo de produção de ambos os alcoóis seja o mesmo. Dessa forma, do ponto de vista econômico, é mais vantajoso utilizar

a) metanol, pois sua combustão completa fornece aproximadamente 22,7 kJ de energia por litro de combustível queimado.
b) etanol, pois sua combustão completa fornece aproximadamente 29,7 kJ de energia por litro de combustível queimado.
c) metanol, pois sua combustão completa fornece aproximadamente 17,9 MJ de energia por litro de combustível queimado.
d) etanol, pois sua combustão completa fornece aproximadamente 23,5 MJ de energia por litro de combustível queimado.
e) etanol, pois sua combustão completa fornece aproximadamente 33,7 MJ de energia por litro de combustível queimado.

DADOS: massas molares em g/mol: H = 1; C = 12; O = 16.

8. (ENEM) O abastecimento de nossas necessidades energéticas futuras dependerá certamente do desenvolvimento de tecnologias para aproveitar a energia solar com maior eficiência. A energia solar é a maior fonte de energia mundial. Num dia ensolarado, por exemplo, aproximadamente 1 kJ de energia solar atinge cada metro quadrado da superfície terrestre por segundo. No entanto, o aproveitamento dessa energia é difícil porque ela é diluída (distribuída por uma área muito extensa) e oscila com o horário e as condições climáticas. O uso efetivo da energia solar depende de formas de estocar a energia coletada para uso posterior.

BROW, T. **Química, a Ciência Central**. São Paulo: Pearson Prentice-Hall, 2005.

Atualmente, uma das formas de se utilizar a energia solar tem sido armazená-la por meio de processos químicos endotérmicos que mais tarde podem ser revertidos para liberar calor. Considerando a reação:

$$CH_4(g) + H_2O(v) + calor \rightleftharpoons CO(g) + 3\ H_2(g)$$

e analisando-a como potencial mecanismo para o aproveitamento posterior da energia solar, conclui-se que se trata de uma estratégia

a) insatisfatória, pois a reação apresentada não permite que a energia presente no meio externo seja absorvida pelo sistema para ser utilizada posteriormente.
b) insatisfatória, uma vez que há formação de gases poluentes e com potencial poder explosivo, tornando-a uma reação perigosa e de difícil controle.
c) insatisfatória, uma vez que há formação de gás CO que não possui conteúdo energético passível de ser aproveitado posteriormente e é considerado um gás poluente.
d) satisfatória, uma vez que a reação direta ocorre com absorção de calor e promove a formação das substâncias combustíveis que poderão ser utilizadas posteriormente para obtenção de energia e realização de trabalho útil.
e) satisfatória, uma vez que a reação direta ocorre com liberação de calor, havendo ainda a formação das substâncias combustíveis que poderão ser utilizadas posteriormente para obtenção de energia e realização de trabalho útil.

9. (ENEM) Um dos problemas dos combustíveis que contêm carbono é que sua queima produz dióxido de carbono. Portanto, uma característica importante, ao se escolher um combustível, é analisar seu calor de combustão ($\Delta_C H^0$), definido como a energia liberada na queima completa de um mol de combustível no estado-padrão. O quadro seguinte relaciona algumas substâncias que contêm carbono e seu $\Delta_C H^0$.

SUBSTÂNCIA	FÓRMULA	$\Delta_C H^0$ (kJ/mol)
benzeno	$C_6H_6(l)$	−3.268
etanol	$C_2H_5OH(l)$	−1.368
glicose	$C_6H_{12}O_6(s)$	−2.808
metano	$CH_4(g)$	−890
octano	$C_8H_{18}(l)$	−5.471

ATKINS, P. **Princípios de Química**. Porto Alegre: Bookman, 2007. Adaptado.

Neste contexto, qual dos combustíveis, quando queimado completamente, libera mais dióxido de carbono no ambiente pela mesma quantidade de energia produzida?

a) benzeno
b) metano
c) glicose
d) octano
e) etanol

10. (UNICAMP – SP) *Hot pack* e *cold pack* são dispositivos que permitem, respectivamente, aquecer ou resfriar objetos rapidamente e nas mais diversas situações. Esses dispositivos geralmente contêm substâncias que sofrem algum processo quando eles são acionados. Dois processos bastante utilizados nesses dispositivos e suas respectivas energias estão esquematizados nas equações 1 e 2 apresentadas a seguir.

$$NH_4NO_3(s) + H_2O(l) \longrightarrow NH_4^+(aq) + NO_3^-(aq) \quad \Delta H = 26\ kJ \cdot mol^{-1} \quad (1)$$

$$CaCl_2(s) + H_2O(l) \longrightarrow Ca^{2+}(aq) + 2\ Cl^-(aq) \quad \Delta H = -82\ kJ \cdot mol^{-1} \quad (2)$$

De acordo com a notação química, pode-se afirmar que as equações 1 e 2 representam processos de

a) dissolução, sendo a equação 1 para um *hot pack* e a equação 2 para um *cold pack*.
b) dissolução, sendo a equação 1 para um *cold pack* e a equação 2 para um *hot pack*.
c) diluição, sendo a equação 1 para um *cold pack* e a equação 2 para um *hot pack*.
d) diluição, sendo a equação 1 para um *hot pack* e a equação 2 para um *cold pack*.

11. (ENEM) Atualmente, soldados em campo, seja em treinamento ou em combate, podem aquecer suas refeições, prontas e embaladas em bolsas plásticas, utilizando aquecedores químicos, sem precisar fazer fogo. Dentro dessas bolsas existe magnénio metálico em pó e, quando o soldado quer aquecer a comida, ele coloca água dentro da bolsa, promovendo a reação descrita pela equação química:

$$Mg(s) + 2\ H_2O(l) \longrightarrow Mg(OH)_2(s) + H_2(g) + 350\ kJ$$

O aquecimento dentro da bolsa ocorre por causa da

a) redução sofrida pelo oxigênio, que é uma reação exotérmica.
b) oxidação sofrida pelo magnésio, que é uma reação exotérmica.
c) redução sofrida pelo magnésio, que é uma reação endotérmica.
d) oxidação sofrida pelo hidrogênio, que é uma reação exotérmica.
e) redução sofrida pelo hidrogênio, que é uma reação endotérmica.

12. (FATEC – SP) Considere as seguintes transformações:

I. Combustão do magnésio (metal pirofórico) em um fogo de artifício.
II. Desaparecimento da neblina horas após o amanhecer.
III. Atomização da amônia.
IV. Síntese de glicose e oxigênio por um vegetal a partir de CO_2 e H_2O.

São endotérmicas **somente** as transformações:

a) I e II.
b) I e III.
c) II e IV.
d) I, II e III.
e) II, III e IV.

13. (MACKENZIE – SP) Observe o gráfico de entalpia abaixo, obtido por meio de experimentos realizados no estado-padrão:

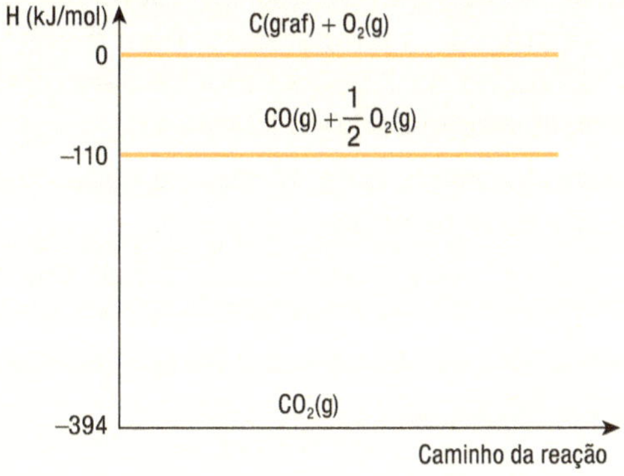
H (kJ/mol)
0
C(graf) + O₂(g)
CO(g) + 1/2 O₂(g)
–110
–394
CO₂(g)
Caminho da reação

Com base em seus conhecimentos de termoquímica e nas informações do gráfico acima, a equação termoquímica **incorretamente** representada é

a) $CO_2(g) \rightarrow C(graf) + O_2(g)$

$\Delta H^0 = +394$ kJ/mol

b) $CO(g) + 1/2\ O_2(g) \longrightarrow CO_2(g)$

$\Delta H^0 = -284$ kJ/mol

c) $C(graf) + 1/2\ O_2(g) \longrightarrow CO(g)$

$\Delta H^0 = +110$ kJ/mol

d) $CO_2(g) \longrightarrow CO(g) + 1/2\ O_2(g)$

$\Delta H^0 = +284$ kJ/mol

e) $C(graf) + O_2(g) \longrightarrow CO_2(g)$

$\Delta H^0 = -394$ kJ/mol

Resolução:

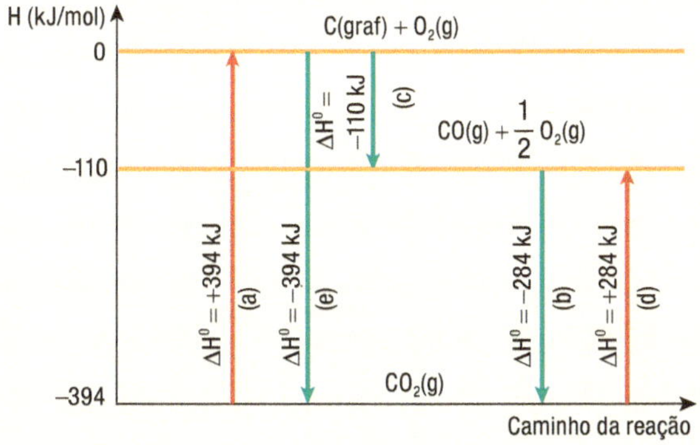
H (kJ/mol)
0
C(graf) + O₂(g)
ΔH⁰ = –110 kJ
(c)
CO(g) + 1/2 O₂(g)
–110
ΔH⁰ = +394 kJ
(a)
ΔH⁰ = –394 kJ
(e)
ΔH⁰ = –284 kJ
(b)
ΔH⁰ = +284 kJ
(d)
–394
CO₂(g)
Caminho da reação

Resposta: a equação termoquímica incorreta é a da alternativa **c**.

14. (PUC – SP) O carvão, C, sofre combustão em presença de gás oxigênio. Dependendo da quantidade de comburente disponível, a combustão será incompleta, com formação de monóxido de carbono, ou completa, com formação de dióxido de carbono.

O diagrama de energia que melhor representa a entalpia dos reagentes e produtos das referidas combustões é:

a)

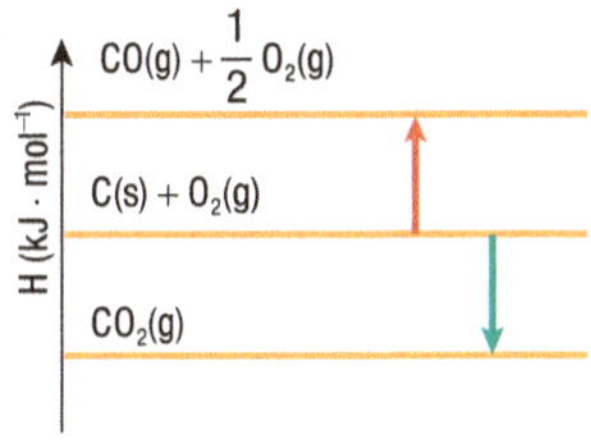
H (kJ · mol⁻¹)
CO(g) + 1/2 O₂(g)
C(s) + O₂(g)
CO₂(g)

b)

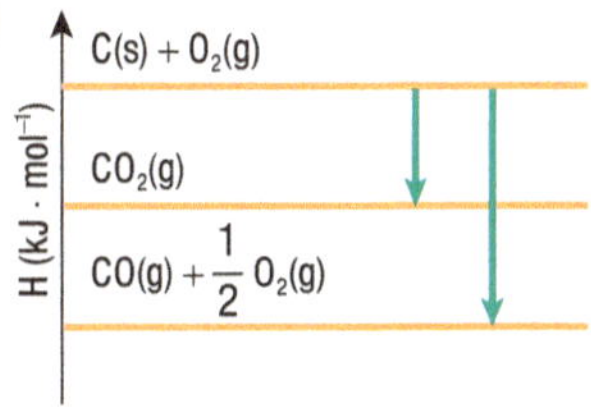
H (kJ · mol⁻¹)
C(s) + O₂(g)
CO₂(g)
CO(g) + 1/2 O₂(g)

c)

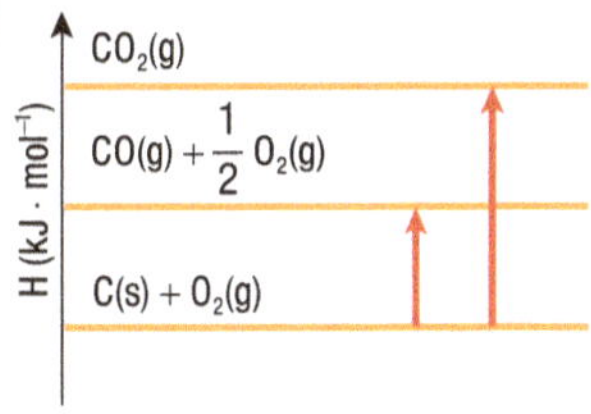
H (kJ · mol⁻¹)
CO₂(g)
CO(g) + 1/2 O₂(g)
C(s) + O₂(g)

d)

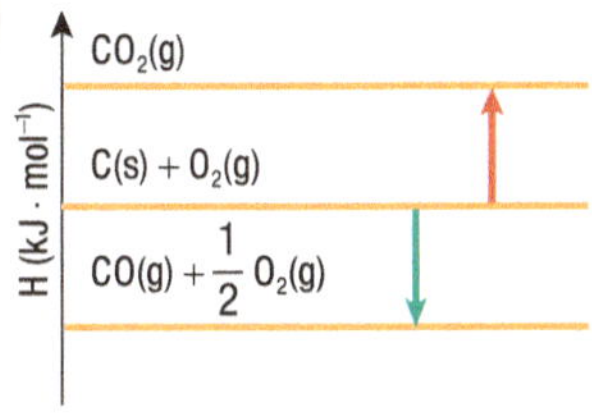
H (kJ · mol⁻¹)
CO₂(g)
C(s) + O₂(g)
CO(g) + 1/2 O₂(g)

e)

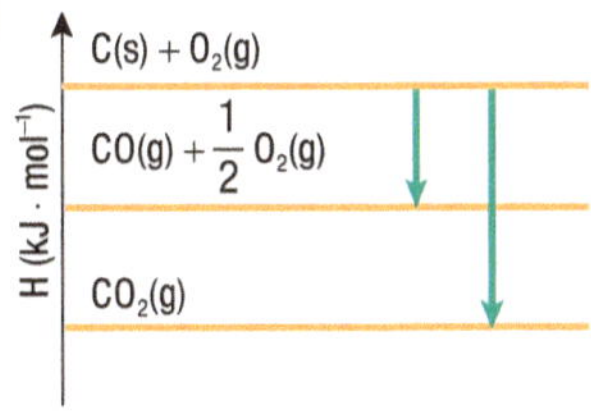
H (kJ · mol⁻¹)
C(s) + O₂(g)
CO(g) + 1/2 O₂(g)
CO₂(g)

15. (UNESP) Entre as formas alotrópicas de um mesmo elemento, há aquela mais estável e, portanto, menos energética, e também a menos estável, ou mais energética. O gráfico, de escala arbitrária, representa as entalpias (ΔH) do diamante e grafite sólidos, e do CO_2 e O_2 gasosos.

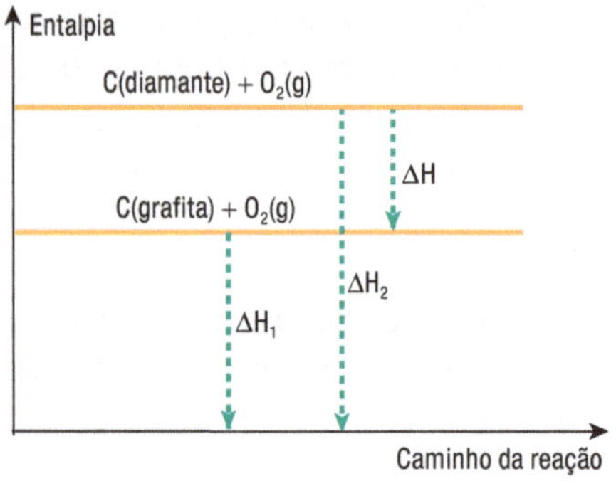
Entalpia
C(diamante) + O_2(g)
ΔH
C(grafita) + O_2(g)
ΔH_2
ΔH_1
Caminho da reação

a) Sabendo-se que os valores de ΔH_1 e ΔH_2 são iguais a –393 e –395 kJ, respectivamente, calcule a entalpia (ΔH) da reação:

$$\text{C(grafite)} \longrightarrow \text{C(diamante)}.$$

Indique se a reação é exotérmica ou endotérmica.

b) Considerando-se a massa molar do C = 12 g/mol, calcule a quantidade de energia, em kJ, necessária para transformar 240 g de C(grafite) em C(diamante).

16. (MACKENZIE – SP)

$$\text{C(grafite)} + O_2(g) \longrightarrow CO_2(g) \quad \Delta H = -94{,}0 \text{ kcal}$$
$$\text{C(diamante)} + O_2(g) \longrightarrow CO_2(g) \quad \Delta H = -94{,}5 \text{ kcal}$$

Relativamente às equações a seguir, fazem-se as seguintes afirmações:

I. C(grafite) é a forma alotrópica menos energética.
II. As duas reações são endotérmicas.
III. Se ocorrer a transformação de C(diamante) em C(grafite), haverá liberação de energia.
IV. C(diamante) é a forma alotrópica mais estável.

São corretas:

a) I e II, somente.
b) I e III, somente.
c) I, II e III, somente.
d) II e IV, somente.
e) I, III e IV, somente.

17. (FUVEST – SP) Os hidrocarbonetos isômeros antraceno e fenantreno diferem em suas entalpias (energias). Esta diferença de entalpia pode ser calculada medindo-se o calor de combustão total desses compostos em idênticas condições de pressão e temperatura. Para o antraceno, há liberação de 7.060 kJ mol^{-1} e para o fenantreno, há liberação de 7.040 kJ mol^{-1}.

Sendo assim, para 10 mol de cada composto, a diferença de entalpia é igual a:

a) 20 kJ, sendo o antraceno o mais energético.
b) 20 kJ, sendo o fenantreno o mais energético.
c) 200 kJ, sendo o antraceno o mais energético.
d) 200 kJ, sendo o fenantreno o mais energético.
e) 2.000 kJ, sendo o antraceno o mais energético.

18. (FUVEST – SP) As reações, em fase gasosa, representadas pelas equações I, II e III, liberam, respectivamente, as quantidades de calor Q_1J, Q_2J e Q_3J, sendo $Q_3 > Q_2 > Q_1$.

I. $2\,NH_3 + \frac{5}{2}\,O_2 \longrightarrow 2\,NO + 3\,H_2O \qquad \Delta H_1 = -Q_1 J$

II. $2\,NH_3 + \frac{7}{2}O_2 \longrightarrow 2\,NO_2 + 3\,H_2O \qquad \Delta H_2 = -Q_2 J$

III. $2\,NH_3 + 4\,O_2 \longrightarrow N_2O_5 + 3\,H_2O \qquad \Delta H_3 = -Q_3 J$

Assim sendo, a reação representada por

IV. $N_2O_5 \longrightarrow 2\,NO_2 + \frac{1}{2}\,O_2 \qquad \Delta H_4$

será:

a) exotérmica, com $\Delta H_4 = (Q_3 - Q_1)$J.
b) endotérmica, com $\Delta H_4 = (Q_2 - Q_1)$J.
c) exotérmica, com $\Delta H_4 = (Q_2 - Q_3)$J.
d) endotérmica, com $\Delta H_4 = (Q_3 - Q_2)$J.
e) exotérmica, com $\Delta H_4 = (Q_1 - Q_2)$J.

19. (MACKENZIE – SP) O craqueamento (*cracking*) é a denominação técnica de processos químicos na indústria por meio dos quais moléculas mais complexas são quebradas em moléculas mais simples. O princípio básico desse tipo de processo é o rompimento das ligações carbono-carbono pela adição de calor e/ou catalisador. Um exemplo da aplicação do craqueamento é a transformação do dodecano em dois compostos de menor massa molar, hexano e propeno (propileno), conforme exemplificado, simplificadamente, pela equação química a seguir:

$$C_{12}H_{26}(l) \longrightarrow C_6H_{14}(l) + 2\ C_3H_6(g)$$

São dadas as equações termoquímicas de combustão completa, no estado-padrão para três hidrocarbonetos:

$$C_{12}H_{26}(l) + \frac{37}{2}\ O_2(g) \longrightarrow 12\ CO_2(g) + 13\ H_2O(l) \qquad \Delta_C H^0 = -7.513,0\ kJ/mol$$

$$C_6H_{14}(l) + \frac{19}{2}\ O_2(g) \longrightarrow 6\ CO_2(g) + 7\ H_2O(l) \qquad \Delta_C H^0 = -4.163,0\ kJ/mol$$

$$C_3H_6(g) + \frac{9}{2}\ O_2(g) \longrightarrow 3\ CO_2(g) + 3\ H_2O(l) \qquad \Delta_C H^0 = -2.220,0\ kJ/mol$$

Utilizando a Lei de Hess, pode-se afirmar que o valor da variação de entalpia-padrão para o craqueamento do dodecano em hexano e propeno, será

a) –13.896,0 kJ/mol.
b) –1.130,0 kJ/mol.
c) +1.090,0 kJ/mol.
d) +1.130,0 kJ/mol.
e) +13.896,0 kJ/mol.

20. (UNIFESP) Gás-d'água é um combustível constituído de uma mistura gasosa de CO e H_2 na proporção, em mol, de 1 : 1. As equações que representam a combustão desses gases são:

$$CO(g) + \frac{1}{2}\ O_2(g) \longrightarrow CO_2(g) \qquad \Delta H = -284\ kJ$$

e

$$H_2(g) + \frac{1}{2}\ O_2(g) \longrightarrow H_2O(l) \qquad \Delta H = -286\ kJ$$

Massas molares, em g/mol:

CO 28,0
H_2 2,0

Se 15,0 g de gás-d'água forem queimados ao ar, a quantidade de energia liberada, em kJ, será

a) 142. b) 285. c) 427. d) 570. e) 1.140.

21. (ENEM) Glicólise é um processo que ocorre nas células, convertendo glicose em piruvato. Durante a prática de exercícios físicos que demandam grande quantidade de esforço, a glicose é completamente oxidada na presença de O_2. Entretanto, em alguns casos, as células musculares podem sofrer um déficit de O_2 e a glicose ser convertida em duas moléculas de ácido lático. As equações termoquímicas para a combustão dá glicose e do ácido lático são, respectivamente, mostradas a seguir:

$$C_6H_{12}O_6(s) + 6\ O_2(g) \longrightarrow 6\ CO_2(g) + 6\ H_2O(l) \qquad \Delta_C H = -2.800\ kJ$$

$$CH_3CH(OH)COOH(s) + 3\ O_2(g) \longrightarrow 3\ CO_2(g) + 3\ H_2O(l) \qquad \Delta_C H = -1.344\ kJ$$

O processo anaeróbico é menos vantajoso energeticamente porque

a) libera 112 kJ por mol de glicose.
b) libera 467 kJ por mol de glicose.
c) libera 2.688 kJ por mol de glicose.
d) absorve 1.344 kJ por mol de glicose.
e) absorve 2.800 kJ por mol de glicose.

22. (FGV – adaptada) O ácido nítrico é um importante insumo para produção de fertilizantes, explosivos e tintas. Sua produção industrial é feita pelo processo Ostwald, em três etapas que podem ser representadas pelas reações:

I. $6\ NH_3(g) + \frac{15}{2}\ O_2(g) \longrightarrow 6\ NO(g) + 9\ H_2O(g)$ $\Delta H = -1.378$ kJ

II. $6\ NO(g) + 3\ O_2(g) \longrightarrow 6\ NO_2(g)$ $\Delta H = -339$ kJ

III. $6\ NO_2(g) + 2\ H_2O(g) \longrightarrow 4\ HNO_3(aq) + 2\ NO(g)$ $\Delta H = -270$ kJ

a) Copie a equação da etapa III do processo Ostwald e atribua os valores dos números de oxidação do átomo de nitrogênio nas espécies nitrogenadas.

b) Determine a quantidade de energia liberada, em kJ, no processo Ostwald, na produção de $2{,}00 \times 10^6$ mol de HNO_3 a partir de NH_3. Justifique com cálculos.

23. (PUC – SP) Para determinar a entalpia de formação de algumas substâncias que não podem ser sintetizadas diretamente a partir dos seus elementos constituintes, utiliza-se, muitas vezes, o calor de combustão.

DADOS:

$H_2(g) + \frac{1}{2}\ O_2(g) \longrightarrow H_2O(l)$ $\Delta H^0 = -290$ kJ

$C(s) + O_2(g) \longrightarrow CO_2(g)$ $\Delta H^0 = -390$ kJ

$C_8H_8(l) + 10\ O_2(g) \longrightarrow 8\ CO_2(g) + 4\ H_2O(l)$ $\Delta H^0 = -4.400$ kJ

A partir das reações de combustão do estireno (C_8H_8), do hidrogênio e do carbono nas condições-padrão acima, conclui-se que a entalpia de formação do estireno ($\Delta H^0\ C_8H_8$) é igual a:

a) 3.720 kJ/mol.
b) 120 kJ/mol.
c) –200 kJ/mol.
d) –5.080 kJ/mol.
e) –8.680 kJ/mol.

24. (PUC – SP) **DADOS:**

Calor de formação do $Fe_2O_3 = -820$ kJ/mol
Calor de formação do $CO = -110$ kJ/mol
Calor de formação do $CO_2 = -390$ kJ/mol

Massa molar (g/mol): Fe = 56; CO = 28; $CO_2 = 44$; $Fe_2O_3 = 160$

O ferro metálico é obtido em um alto-forno siderúrgico a partir da redução do óxido de ferro(III), na presença de monóxido de carbono. A reação global do processo pode ser representada pela equação:

$Fe_2O_3(s) + 3\ CO(g) \longrightarrow 2\ Fe(s) + 3\ CO_2(g)$ $\Delta_rH = ?$

A partir dos dados fornecidos é possível calcular que na produção de 56 kg de ferro metálico são

a) liberados $1{,}0 \times 10^4$ kJ.
b) liberados $1{,}6 \times 10^5$ kJ.
c) liberados $2{,}7 \times 10^5$ kJ.
d) absorvidos $1{,}6 \times 10^5$ kJ.
e) absorvidos $1{,}0 \times 10^4$ kJ.

25. (UNESP) O monóxido de carbono, um dos gases emitidos pelos canos de escapamento de automóveis, é uma substância nociva, que pode causar até mesmo a morte, dependendo de sua concentração no ar. A adaptação de catalisadores aos escapamentos permite diminuir sua emissão, pois favorece a formação do CO_2, conforme a equação a seguir:

$$CO(g) + \frac{1}{2}\ O_2(g) \rightleftharpoons CO_2(g)$$

Sabe-se que as entalpias de formação para o CO e para o CO_2 são, respectivamente,

$-110{,}5\ kJ \cdot mol^{-1}$ e $-393{,}5\ kJ \cdot mol^{-1}$.

É correto afirmar que, quando há consumo de 1 mol de oxigênio por esta reação, serão:

a) consumidos 787 kJ. d) produzidos 504 kJ.
b) consumidos 183 kJ. e) produzidos 393,5 kJ.
c) produzidos 566 kJ.

26. (UNESP) Analise os três diagramas de entalpia.

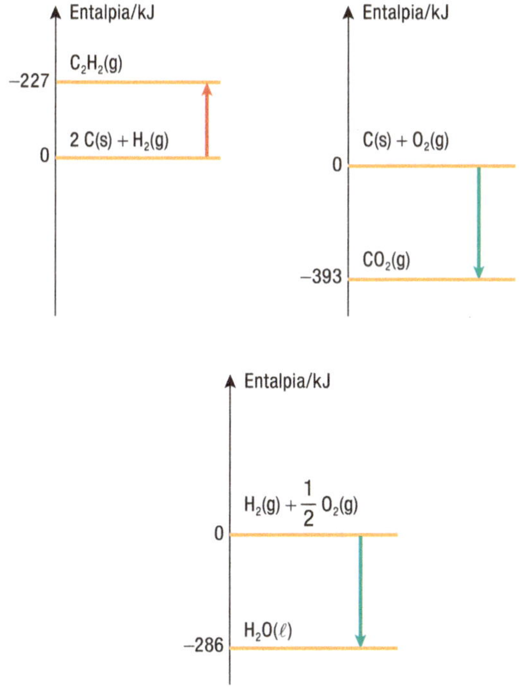
Entalpia/kJ
$C_2H_2(g)$
–227
2 C(s) + $H_2(g)$
0
Entalpia/kJ
C(s) + $O_2(g)$
0
$CO_2(g)$
–393
Entalpia/kJ
$H_2(g) + \frac{1}{2} O_2(g)$
0
$H_2O(\ell)$
–286

O ΔH da combustão completa de 1 mol de acetileno, $C_2H_2(g)$, produzindo $CO_2(g)$ e $H_2O(l)$ é

a) +1.140 kJ. c) –1.299 kJ. e) –635 kJ.
b) +820 kJ. d) –510 kJ.

27. (A. EINSTEIN – SP)

$\Delta_f H^0$ do $CO_2 = -394\ kJ \cdot mol^{-1}$

$\Delta_f H^0$ do $C_2H_5OH = -278\ kJ \cdot mol^{-1}$

$\Delta_f H^0$ do $C_3H_6O_3 = -678\ kJ \cdot mol^{-1}$

$\Delta_f H^0$ do $C_6H_{12}O_6 = -1.268\ kJ \cdot mol^{-1}$

A fermentação é um processo anaeróbico de síntese de ATP, fornecendo energia para o metabolismo celular. Dois dos processos de fermentação mais comuns a partir da glicose são a fermentação alcoólica e a fermentação láctica.

$$C_6H_{12}O_6 \longrightarrow 2\ CO_2 + 2\ C_2H_5OH$$
(fermentação alcoólica)

$$C_6H_{12}O_6 \longrightarrow 2\ C_3H_6O_3$$
(fermentação láctica)

Sobre a energia envolvida nesses processos de fermentação, é possível afirmar que

a) a fermentação láctica absorve energia enquanto que a fermentação alcoólica libera energia.
b) os dois processos são endotérmicos, absorvendo a mesma quantidade de energia para uma mesma massa de glicose fermentada.
c) a fermentação alcoólica libera uma quantidade de energia maior do que a fermentação láctica para uma mesma massa de glicose envolvida.
d) a fermentação láctica libera uma quantidade de energia maior do que a fermentação alcoólica para uma mesma massa de glicose envolvida.

28. (UFSCar – SP) O prêmio Nobel de Química em 1996 foi atribuído à descoberta da molécula C_{60}, com forma de bola de futebol, representada na figura.

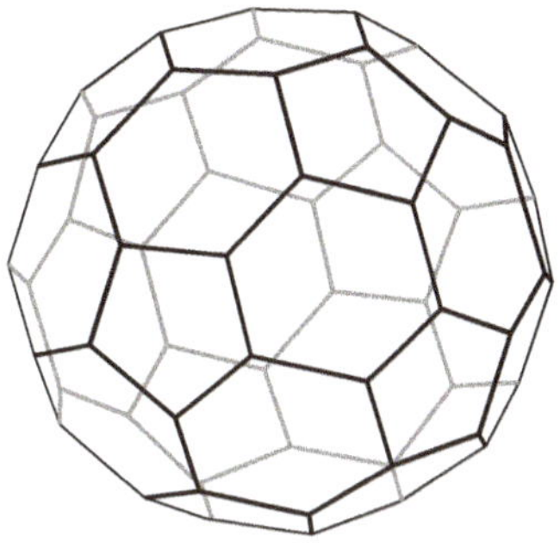

Seguindo a descoberta dos fulerenos, os nanotubos de carbono foram sintetizados. Esses avanços estão relacionados à promissora área de pesquisa que é a nanotecnologia. No C_{60} cada átomo de carbono está ligado a outros 3 átomos. Dadas as entalpias-padrão de formação do $C_{60}(s)$ ($\Delta_f H^0$ = +2.300 kJ/mol) e do $CO_2(g)$ ($\Delta_f H^0$ = = −390 kJ/mol), a entalpia de combustão completa, em kJ/mol, e a razão entre o número de ligações simples e duplas no C_{60} são, respectivamente, iguais a:

a) −1.910 e 3.
b) −1.910 e 2.
c) 21.100 e 3.
d) −25.700 e 3.
e) −25.700 e 2.

29. (UNIFESP) Com base nos dados da tabela

LIGAÇÃO	ENERGIA MÉDIA DE LIGAÇÃO (kJ/mol)
O—H	460
H—H	436
O=O	490

pode-se estimar que o ΔH da reação representada por

$$2\ H_2O(g) \longrightarrow 2\ H_2(g) + O_2(g),$$

dado em kJ por mol de $H_2O(g)$, é igual a:

a) +239.
b) +478.
c) +1.101.
d) −239.
e) −478.

30. (PUC) DADOS:

ENERGIA DE LIGAÇÃO	C—H	C—C	H—H
	413 kJ · mol^{-1}	346 kJ · mol^{-1}	436 kJ · mol^{-1}

A reação de hidrogenação do etileno ocorre com aquecimento, na presença de níquel em pó como catalisador. A equação termoquímica que representa o processo é

$$C_2H_4(g) + H_2(g) \longrightarrow C_2H_6(g) \quad \Delta H = -137\ kJ \cdot mol^{-1}$$

A partir dessas informações, pode-se deduzir que a energia de ligação da ligação dupla que ocorre entre os átomos de C no etileno é igual a

a) 186 kJ · mol^{-1}
b) 599 kJ · mol^{-1}
c) 692 kJ · mol^{-1}
d) 736 kJ · mol^{-1}

31. (FUVEST – SP) Sob certas condições, tanto o gás flúor quanto o gás cloro podem reagir com hidrogênio gasoso, formando, respectivamente, os haletos de hidrogênio HF e HCl, gasosos. Pode-se estimar a variação de entalpia (ΔH) de cada uma dessas reações, utilizando-se dados de energia de ligação. A tabela apresenta os valores de energia de ligação dos reagentes e produtos dessas reações a 25 °C e 1 atm.

MOLÉCULA	H_2	F_2	Cl_2	HF	HCl
ENERGIA DE LIGAÇÃO (kJ/mol)	435	160	245	570	430

Com base nesses dados, um estudante calculou a variação de entalpia (ΔH) de cada uma das reações e concluiu, corretamente, que, nas condições empregadas,

a) a formação de HF(g) é a reação que libera mais energia.
b) ambas as reações são endotérmicas.

c) apenas a formação de HCl(g) é endotérmica.
d) ambas as reações têm o mesmo valor de ΔH.
e) apenas a formação de HCl(g) é exotérmica.

32. Apesar de ser nocivo à saúde, alguns alimentos apresentam uma pequena quantidade de formol. Frutas e vegetais contêm de 3 a 60 miligramas por quilo (mg/kg); leite e produtos lácteos têm cerca de 1 mg/kg; carnes e peixes, de 6 a 20 mg/kg. Na água para consumo, a presença é inferior a 0,1 mg/kg. A incorporação dessa substância no alimento se dá pela decomposição do ácido glioxílico, em formol e gás carbônico, conforme reação abaixo:

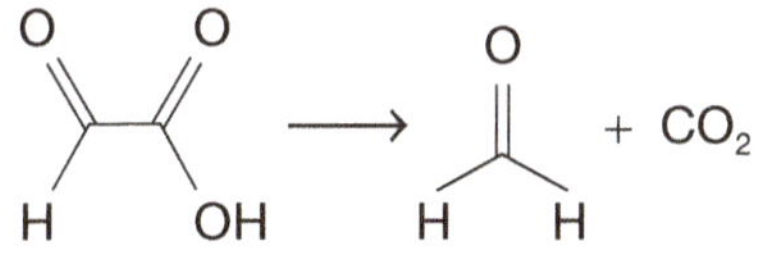
O
O
H
OH
O
H
H
+ CO_2

Veja, abaixo, as energias das ligações nas moléculas participantes da reação.

LIGAÇÃO	ENERGIA MÉDIA DE LIGAÇÃO ($kJ \cdot mol^{-1}$)
C—C	348
C=O	744
C—H	413
C—O	357
O—H	462

Fazendo uso das informações contidas na tabela acima, é correto afirmar que a variação de entalpia para essa reação, em kJ/mol, é igual a:

a) + 837 kJ/mol
b) –10 kJ/mol
c) +451 kJ/mol
d) +10 kJ/mol
e) –451 kJ/mol

33. (PUC – SP) A reação de síntese da amônia, processo industrial de grande relevância para a indústria de fertilizantes e de explosivos, é representada pela equação

$$N_2(g) + 3\,H_2(g) \longrightarrow 2\,NH_3(g) \qquad \Delta H = -90kJ$$

A partir dos dados fornecidos, determina-se que a entalpia de ligação contida na molécula de N_2 ($N \equiv N$) é igual a:

a) –645 kJ/mol.
b) 0 kJ/mol.
c) 645 kJ/mol.
d) 945 kJ/mol.
e) 1.125 kJ/mol.

DADOS: entalpia de ligação

H — H = 435 kJ/mol
N — H = 390 kJ/mol

34. (PUC – SP) **DADOS:**

entalpia de formação padrão do O_3: 143 $kJ \cdot mol^{-1}$
entalpia de ligação O = O: 498 $kJ \cdot mol$

$$NO(g) + O_3(g) \longrightarrow NO_2(g) + O_2(g) \qquad \Delta H^0 = -200\ kJ$$

Diversas reações ocorrem na atmosfera devido à ação da luz solar e à presença de poluentes. Uma das reações relevantes é a decomposição do dióxido de nitrogênio em oxido nítrico e oxigênio atômico.

$$NO_2(g) \longrightarrow NO(g) + O(g)$$

A partir dos dados é possível concluir que essa reação é

a) endotérmica, absorvendo 306 kJ a cada mol de NO_2 decomposto.
b) endotérmica, absorvendo 441 kJ a cada mol de NO_2 decomposto.
c) exotérmica, absorvendo 306 kJ a cada mol de NO_2 decomposto.
d) exotérmica, liberando 441 kJ a cada mol de NO_2 decomposto.

35. (PUC – SP) O diagrama de entalpia a seguir representa a energia envolvida em uma série de transformações nas quais participam os elementos hidrogênio e oxigênio.

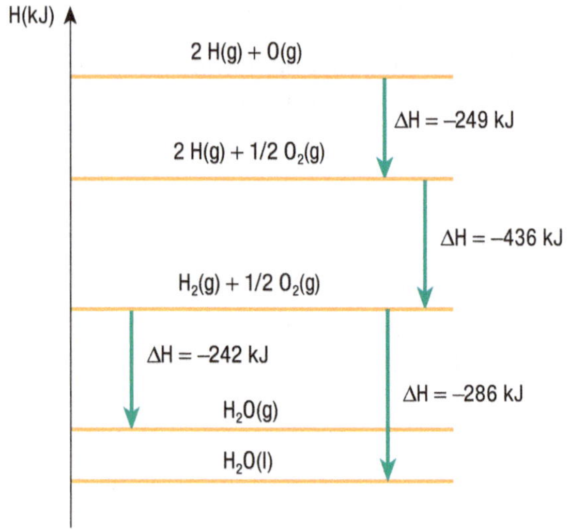
H(kJ)
2 H(g) + O(g)
ΔH = –249 kJ
2 H(g) + 1/2 O₂(g)
ΔH = –436 kJ
H₂(g) + 1/2 O₂(g)
ΔH = –242 kJ
ΔH = –286 kJ
H₂O(g)
H₂O(l)

Em um caderno, foram encontradas algumas afirmações a respeito desse diagrama.

I. O calor de formação da água líquida no estado-padrão é de 971 kJ/mol.

II. A combustão de um mol de gás hidrogênio gerando água no estado líquido libera 286 kJ.

III. A energia de ligação O ═ O é de 498 kJ/mol.

IV. A vaporização de um mol de água libera 44 kJ.

Estão corretas apenas as afirmações

a) I e II.
b) I e III.
c) II e III.
d) I e IV.
e) II, III e IV.

SÉRIE PLATINA

1. O esquema representa um calorímetro utilizado para a determinação do valor energético dos alimentos.

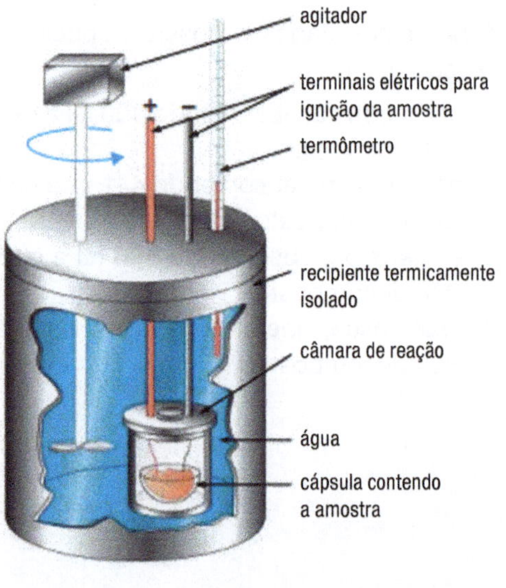
agitador
terminais elétricos para ignição da amostra
termômetro
recipiente termicamente isolado
câmara de reação
água
cápsula contendo a amostra

Disponível em: <http://quimica2abc.wordpress>. Adaptado.

A tabela nutricional de determinado tipo de azeite de oliva traz a seguinte informação: "Uma porção de 13 mL (1 colher de sopa) equivale a 108 kcal".

Considere que o calor específico da água seja $1\ kcal \cdot kg^{-1} \cdot °C^{-1}$ e que todo o calor liberado na combustão do azeite seja transferido para a água. Ao serem queimados 2,6 mL desse azeite, em um calorímetro contendo 500 g de água inicialmente a 20,0 °C e à pressão constante, a temperatura da água lida no termômetro deverá atingir a marca de

a) 21,6 °C.
b) 33,2 °C.
c) 45,2 °C.
d) 63,2 °C.
e) 52,0 °C.

2. (UNICAMP – SP) — Agora sou eu que vou me deliciar com um chocolate – diz Naná. E continua: — Você sabia que uma barra de chocolate contém 7% de proteínas, 59% de carboidratos e 27% de lipídios e que a energia de combustão das proteínas e dos carboidratos é de 17 kJ/g e dois lipídios é 38 kJ/g aproximadamente?

a) Se essa barra de chocolate tem 50 g, quanto de energia ela me fornecerá?

b) Se consideramos o "calor específico" do corpo humano como 4,5 J $g^{-1} \cdot K^{-1}$, qual será a variação de temperatura do meu corpo se toda esta energia for utilizada para o aquecimento? O meu "peso", isto é, a minha massa, é 60 kg. Admita que não haja dissipação do calor para o ambiente.

3. (ENEM) O urânio é um elemento cujos átomos contêm 92 prótons, 92 elétrons e entre 135 e 148 nêutrons. O isótopo de urânio ^{235}U é utilizado como combustível em usinas nucleares, onde, ao ser bombardeado por nêutrons, sofre fissão de seu núcleo e libera uma grande quantidade de energia ($2{,}35 \times 10^{10}$ kJ/mol). O isótopo ^{235}U ocorre naturalmente em minérios de urânio, com concentração de apenas 0,7%. Para ser utilizado na geração de energia nuclear, o minério é submetido a um processo de enriquecimento, visando aumentar a concentração do isótopo ^{235}U para, aproximadamente, 3% nas pastilhas. Em décadas anteriores, houve um movimento mundial para aumentar a geração de energia nuclear buscando substituir, parcialmente, a geração de energia elétrica a partir da queima do carvão, o que diminui a emissão atmosférica de CO_2 (gás com massa molar igual a 44 g/mol). A queima do carvão é representada pela equação química:

$$C(s) + O_2(g) \longrightarrow CO_2(g) \qquad \Delta H = -400 \text{ kJ/mol}$$

Qual é a massa de CO_2, em toneladas, que deixa de ser liberada na atmosfera, para cada 100 g de pastilhas de urânio enriquecido, utilizadas em substituição ao carvão como fonte de energia?

a) 2,10 b) 7,70 c) 9,00 d) 33,0 e) 300

4. (ENEM – adaptada) O carro *flex* é uma realidade no Brasil. Estes veículos estão equipados com motor que tem a capacidade de funcionar com mais de um tipo de combustível. No entanto, as pessoas que têm esse tipo de veículo, na hora do abastecimento, têm sempre a dúvida: álcool ou gasolina?

Para avaliar o consumo desses combustíveis, realizou-se um percurso com um veículo *flex*, consumindo 40 litros de gasolina e, no percurso de volta, utilizou-se etanol. Foi considerado o mesmo consumo de energia tanto no percurso de ida quanto no de volta. O quadro resume alguns dados aproximados sobre esses combustíveis.

COMBUSTÍVEL	DENSIDADE ($g\ mL^{-1}$)	CALOR DE COMBUSTÃO ($kcal^{-1}$)
etanol	0,8	−6
gasolina	0,7	−10

a) Escreva as equações balanceadas que representam as reações de combustão completa do etanol e da gasolina (considere a gasolina como C_8H_{18}).

Combustão do etanol:

Combustão da gasolina:

b) Calcule a energia consumida no percurso de ida.

c) Calcule o volume de etanol, em litros, consumido no percurso de volta.

d) A reação de isomerização transforma hidrocarbonetos de cadeia normal em hidrocarbonetos de cadeia ramificada (que apresentam maior octanagem) diante do uso de catalisadores e aquecimento. Utilizando o octano como composto de partida, escreva uma equação química balanceada para este processo, de forma que seu produto tenha um átomo de carbono quaternário. Utilize fórmulas estruturais e forneça a nomenclatura oficial do composto formado.

5. (FUVEST – SP) A matriz energética brasileira é constituída, principalmente, por usinas hidrelétricas, termelétricas, nucleares e eólicas, e também por combustíveis fósseis (por exemplo, petróleo, gasolina e óleo diesel) e combustíveis renováveis (por exemplo, etanol e biodiesel).

a) Para cada tipo de usina da tabela abaixo, assinale no mapa, utilizando o símbolo correspondente, um estado, ou a divisa de estados limítrofes, em que tal usina pode ser encontrada.

USINA	SÍMBOLO
hidrelétrica binacional em operação	●
hidrelétrica de grande porte em construção	▬
nuclear em operação	▲
eólica em operação	Y

N
ESCALA
0
543
1.086
km

b) A entalpia de combustão do metano gasoso, principal componente do gás natural, corrigida para 25 °C, é –213 kcal/mol e a do etanol líquido, à mesma temperatura, é –327 kcal/mol. Calcule a energia liberada na combustão de um grama de metano e na combustão de um grama de etanol. Com base nesses valores, qual dos combustíveis é mais vantajoso sob o ponto de vista energético? Justifique.

DADOS: massa molar (g/mol): $CH_4 = 16$; $C_2H_6O = 46$.

6. (PUC – SP) Equacione a reação de transformação de glicose ($C_6H_{12}O_6$) em carvão (C). Determine a variação de entalpia dessa transformação a partir dos dados fornecidos abaixo. Represente, em um único diagrama, as energias envolvidas nas seguintes reações:

I. Combustão completa de 1 mol de glicose (ΔH_I).

II. Transformação de 1 mol de glicose em carvão (ΔH_{II}).

III. Combustão completa do carvão formado no processo (ΔH_{III}).

DADOS:

ΔH^0 combustão da glicose = –2.800 kJ/mol
ΔH^0 formação da glicose = –1.250 kJ/mol
ΔH^0 formação da água = –285 kJ/mol
ΔH^0 formação do gás carbônico = –390 kJ/mol

7. (PUC – SP – adaptada) Um passo no processo de produção de ferro metálico, Fe(s), é a redução do óxido ferroso (FeO) com monóxido de carbono (CO).

$FeO(s) + CO(g) \longrightarrow Fe(s) + CO_2(g) \quad \Delta H = x$

Utilizando as equações termoquímicas fornecidas abaixo:

$Fe_2O_3(s) + 3\ CO(g) \longrightarrow 2\ Fe(s) + 3\ CO_2(g) \quad \Delta H = -25\ kJ$

$3\ FeO(s) + CO_2(g) \longrightarrow Fe_3O_4(s) + CO(g) \quad \Delta H = -36\ kJ$

$2\ Fe_3O_4(s) + CO_2(g) \longrightarrow 3\ Fe_2O_3(s) + CO(g) \quad \Delta H = +47\ kJ$

determine o valor mais próximo de x. Justifique com cálculos.

8. (UNICAMP – SP – adaptada) Uma reportagem em revista de divulgação científica apresenta o seguinte título: Pesquisadores estão investigando a possibilidade de combinar hidrogênio com dióxido de carbono para produzir hidrocarbonetos, com alto poder energético, "ricos em energia". O texto da reportagem explícita melhor o que está no título, ao informar que "em 2014 um grupo de pesquisadores desenvolveu um sistema híbrido que usa bactérias e eletricidade, conjuntamente, em um coletor solar, para gerar hidrogênio a partir da água, e fazer sua reação com dióxido de carbono, para produzir isopropanol", como representa a equação a seguir:

$CO_2 + 4\ H_2 \longrightarrow C_3H_8O + 2{,}5\ O_2 \quad \Delta_r H^0 = +862\ kJ/mol$

a) Escreva a equação balanceada que representa a produção de 1 mol de isopropanol, a partir de água e CO_2, da maneira como explica o título da reportagem.
b) Considerando que a entalpia-padrão de formação da água é –286 kJ/mol, escreva a equação termoquímica de formação da água.
c) Qual é a quantidade de energia que seria utilizada na produção de 1 mol de isopropanol segundo a equação escrita no item (a). Justifique seu raciocínio apresentando as equações termoquímicas utilizadas na aplicação de Lei de Hess.
d) Qual seria a energia liberada pela queima de 90 gramas de isopropanol obtido dessa maneira? Considere uma combustão completa e condição-padrão.

DADO: massa molar, em g/mol: isopropanol = 60.

9. (UNICAMP – SP) Quando se utiliza um biossistema integrado numa propriedade agrícola, a biodigestão é um dos processos essenciais desse conjunto. O biodigestor consiste de um tanque, protegido do contato com o ar atmosférico, onde a matéria orgânica de efluentes, principalmente fezes animais e humanas, é metabolizada por bactérias. Um dos subprodutos obtidos nesse processo é o gás metano, que pode ser utilizado na obtenção de energia em queimadores.

A parte sólida e líquida que sobra é transformada em fertilizante. Dessa forma, faz-se o devido tratamento dos efluentes e ainda se obtêm subprodutos com valor agregado.

a) Sabe-se que a entalpia molar de combustão do metano é de –803 kJ/mol; que a entalpia molar de formação desse mesmo gás é de –75 kJ/mol; que a entalpia molar de formação do CO_2 é de –394 kJ/mol.
A partir dessas informações, calcule a entalpia molar de formação da água nessas mesmas condições. Mostre seus cálculos.

b) No aparelho digestório de um ruminante ocorre um processo de fermentação de hexoses, semelhante ao que ocorre nos biodigestores. A equação abaixo tem sido utilizada para representar essa fermentação:

$$58\ C_6H_{12}O_6 \longrightarrow 59\ CH_3COOH + + 24\ CH_3CH_2COOH + 15\ CH_3CH_2CH_2COOH + 62{,}5\ CO_2 + 35{,}5\ CH_4 + 27\ H_2O$$

Considere a seguinte afirmação: "o processo de fermentação digestiva de ruminantes contribui para o aquecimento global", você concorda? Responda **sim** ou **não** e explique sua resposta.

c) Qual seria o número de mols de gás metano produzido na fermentação de 5,8 kg de hexose ingeridos por um ruminante? Mostre seus cálculos.

DADO: massa molar, em g/mol: $C_6H_{12}O_6 = 180$.

10. *"Cos I'm*
T.N.T.
I'm Dynamite
T.N.T.
And I'll win the fight
T.N.T.
I'm a power-load
T.N.T.
Watch me Explode"
T.N.T., AC/DC, 1975.

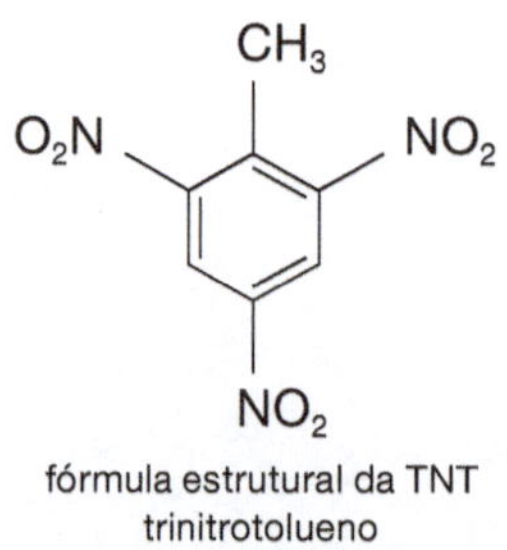

CH3
O2N
NO2
NO2

fórmula estrutural da TNT
trinitrotolueno
2-metil-1,3,5-trinitrobenzeno
$C_7H_5N_3O_6$

"Embora as estruturas das moléculas explosivas variem enormemente, a maior parte delas possui um grupo nitro. Essa pequena combinação de átomos, um nitrogênio e dois oxigênios, NO_2, ligada na posição certa ampliou vastamente nossa capacidade de fazer guerra, mudou o destino de nações e nos permitiu, literalmente, remover montanhas".

COUTEUR, P. Le; BURRESON, J. **Os Botões de Napoleão**: as 17 moléculas que mudaram a história. Rio de Janeiro: Zahar, 2006. p. 84.

a) Supondo que na reação de decomposição explosiva do TNT só haja a produção de gás carbônico, gás nitrogênio, gás hidrogênio e fuligem, escreva e balanceie a equação química correspondente. Adote o coeficiente estequiométrico do TNT como sendo igual a 2.

b) A reação de decomposição explosiva pode ser classificada como uma reação de combustão? Justifique.

c) Calcule a variação de entalpia associada à equação balanceada escrita no item a. Com base nesse valor, identifique se a reação de decomposição explosiva do TNT é classificada como endotérmica ou exotérmica.

DADOS:

$\Delta_f H$ (25 °C e 1 atm): $C_7H_5N_3O_6 = -62$ kJ/mol; $CO_2 = -394$ kJ/mol.

11. (FUVEST – SP) Buscando processos que permitam o desenvolvimento sustentável, cientistas imaginaram um procedimento no qual a energia solar seria utilizada para formar substâncias que, ao reagirem, liberariam energia:

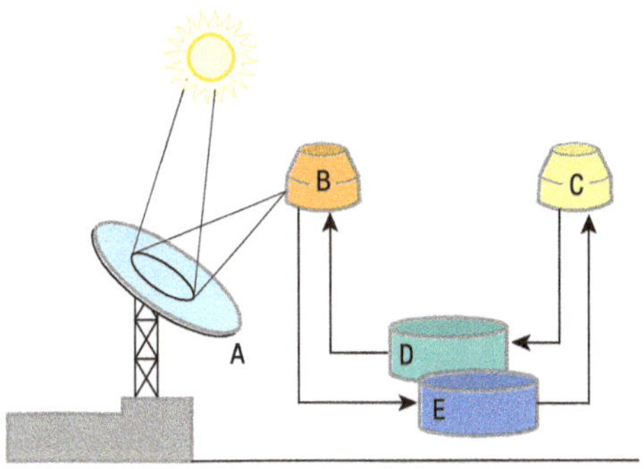
B
C
A
D
E

A = refletor parabólico C = reator exotérmico
B = reator endotérmico D e E = reservatórios

Considere as seguintes reações

I. $2\ H_2 + 2\ CO \longrightarrow CH_4 + CO_2$

II. $CH_4 + CO_2 \longrightarrow 2\ H_2 + 2\ CO$

e as energias médias de ligação:

H—H	$4{,}4 \times 10^2$ kJ/mol
C≡O (CO)	$10{,}8 \times 10^2$ kJ/mol
C=O (CO_2)	$8{,}0 \times 10^2$ kJ/mol
C—H	$4{,}2 \times 10^2$ kJ/mol

A associação correta que ilustra tal processo é

	REAÇÃO QUE OCORRE EM B	CONTEÚDO DE D	CONTEÚDO DE E
a)	I	$CH_4 + CO_2$	CO
b)	II	$CH_4 + CO_2$	$H_2 + CO$
c)	I	$H_2 + CO$	$CH_4 + CO_2$
d)	II	$H_2 + CO$	$CH_4 + CO_2$
e)	I	CH_4	CO

UNIDADE 2

QUAL É O PRAZO DE VALIDADE?

Quando vamos comprar algum alimento no supermercado, recomenda-se sempre olharmos o rótulo e ficarmos atentos ao prazo de validade. E não é raro encontrarmos prazos que chegam a dois ou três anos!

Esses longos prazos de validade são inclusive utilizados em histórias sobre o fim do mundo: você já deve ter visto algum filme no qual o protagonista, em um futuro apocalíptico, se alimenta justamente de alimentos enlatados.

Mas será que sempre foi assim? Como nossos antepassados conservavam os alimentos para épocas de frio antes de o ser humano ter conhecimento sobre o funcionamento dos atuais conservantes alimentícios?

Nossos antepassados utilizaram-se de diversas técnicas para prolongar a validade dos alimentos e o objetivo desta Unidade é, justamente, estudar os fundamentos químicos por trás de algumas delas: por que salgar alimentos funciona? Por que alguns alimentos devem ser armazenados congelados ou refrigerados?

Para responder a essas e outras perguntas, precisaremos percorrer conteúdos relacionados ao estudo das soluções aquosas e da velocidade das reações químicas. Vamos lá?

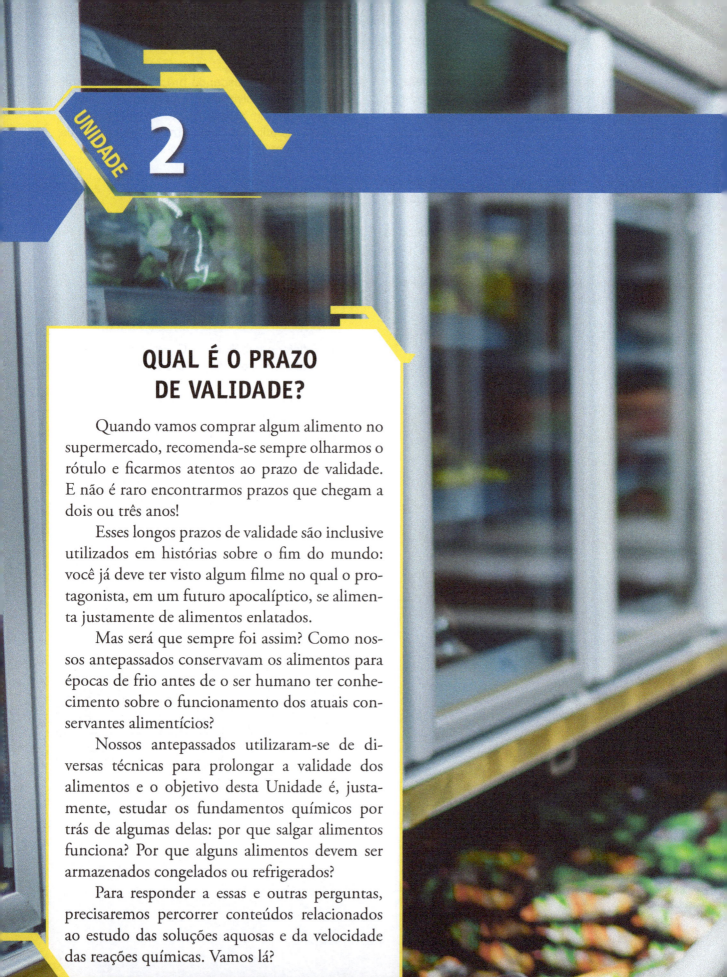

ELDAR NURKOVIC/SHUTTERSTOCK

Conservação de ALIMENTOS

Os prazos de validade dos alimentos que consumimos são determinados em laboratório nos chamados "testes de vida de prateleira", que avaliam sob que condições e em quanto tempo o alimento se deteriorará. Nesses testes, regulamentados pela ANVISA (Agência Nacional de Vigilância Sanitária), são avaliados não só a integridade do alimento e a presença de microrganismos, mas também aspectos como cor, sabor e textura.

CAPÍTULO 3

Soluções

Todos os dias, entramos em contato com soluções químicas: gasolina com os aditivos para melhorar suas propriedades, álcool hidratado ou até mesmo os líquidos de limpeza doméstica, entre tantos outros.

ONE PHOTO/SHUTTERSTOCK

Além da composição da atmosfera, a distância entre o planeta Terra e o Sol (a estrela mais próxima do nosso planeta) é um dos fatores que possibilita que a temperatura na superfície terrestre apresente valores (em média de 15 °C) que permitam que a água (H_2O, molécula mais abundante na crosta terrestre) seja encontrada no **estado líquido.** Apenas para comparação, a temperatura média de Vênus é de cerca de 450 °C (tanto em virtude da menor distância em relação ao Sol quanto devido ao elevado efeito estufa existente nesse planeta, uma vez que sua atmosfera apresenta cerca de 96% de CO_2); já a temperatura média de Marte é de aproximadamente −63°C (por estar mais distante do Sol).

É devido ao fato de a água cobrir mais de 2/3 da superfície terrestre que a Terra é muitas vezes chamada de "Planeta Água". Entretanto, apesar da grande quantidade de água disponível (cerca de 1,3 bilhão de km^3), apenas uma pequena parte dela pode ser diretamente utilizada pelo ser humano. Mais de 97% de toda a água presente na Terra é salgada e está nos oceanos e mares. Os menos de 3% restantes correspondem à água doce, o que não significa fácil acesso: grande parte dessa quantidade está no estado sólido, em geleiras e calotas polares.

STELLA RIBAS/ACERVO DA EDITORA

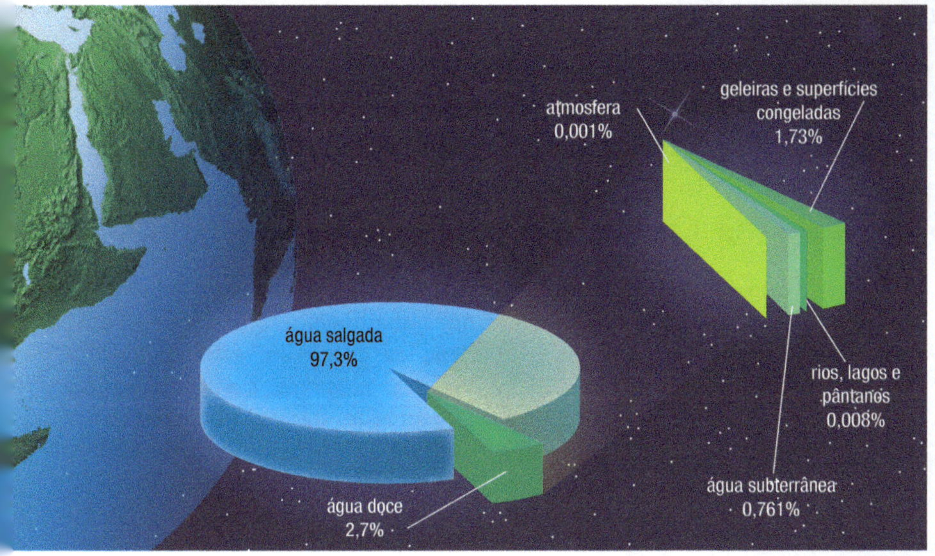

atmosfera
0,001%
geleiras e superfícies
congeladas
1,73%
água salgada
97,3%
rios, lagos e
pântanos
0,008%
água subterrânea
0,761%
água doce
2,7%

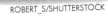

Fonte: SHIKLOMANOV, I. A.; RODDA, J. C. *World Water Resources at the Beginning of the Twenty-first Century.* Cambridge: Unesco/Cambridge University Press, 2003. p.13. Adaptação.

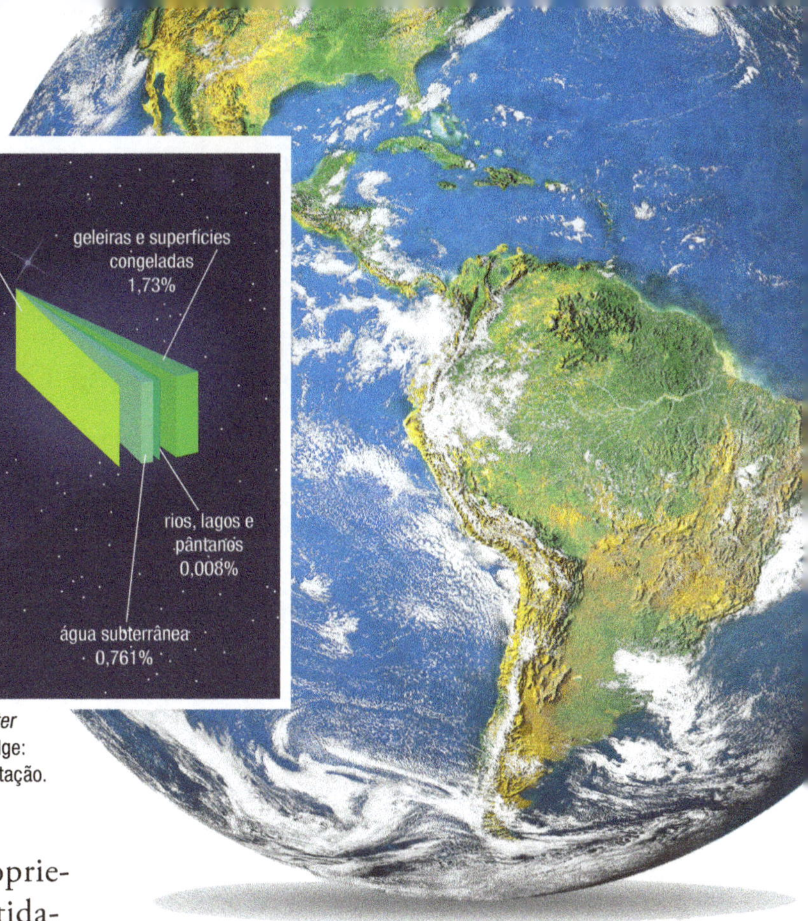

ROBERT_S/SHUTTERSTOCK

Essa aparente abundância, aliada à propriedade de a água dissolver uma grande quantidade de substâncias, como sais minerais e açúcares, como a sacarose, (apenas para citar alguns exemplos), tornaram o seu uso um dos pilares da humanidade. Entretanto, na maior parte das atividades humanas, não utilizamos água pura (frequentemente chamada, em Química, de água destilada), mas sim misturas de uma ou mais substâncias com a água.

Em Química, vale relembrar que quando essas misturas apresentam as mesmas propriedades em toda a sua extensão, como, por exemplo, o ar ou água com pouco açúcar dissolvido, elas são classificadas como *misturas homogêneas* ou ***soluções***, que apresentam uma única fase.

Em uma **solução**, por convenção denominamos o componente em maior quantidade como *solvente* e o outro componente, aquele que é dissolvido, como sendo o *soluto*.

Quando pensamos em soluções, remetemos primeiramente às **soluções líquidas**, que envolvem um líquido como solvente, provavelmente a água, que são chamadas de **soluções aquosas**, e são o tema principal de estudo deste capítulo.

N TEAM/SHUTTERSTOCK

FIQUE POR DENTRO!

Tintura de Iodo

Existem soluções líquidas cujo solvente não é a água, como a **tintura de iodo**, utilizada como desinfetante. Trata-se de uma solução líquida dos solutos iodo (I_2) e iodeto de potássio (KI) dissolvidos em etanol e água (solvente, constituído por 96% de etanol). A ação desinfetante está relacionada ao iodeto, espécie carregada negativamente, que é bastante reativa e se combina com proteínas das células bacterianas, interferindo e prejudicando o seu funcionamento.

MIKHAIL ROMANOV/SHUTTERSTOCK

Contudo, as soluções também podem ser encontradas em outros estados físicos. Nas **soluções gasosas**, tanto soluto quanto solvente encontram-se no estado gasoso, como, por exemplo, ar filtrado (solução gasosa de N_2, O_2, Ar, CO_2, $H_2O(v)$ e outros gases). Já nas **soluções sólidas**, tanto soluto quanto solvente são sólidos, como, por exemplo, as ligas metálicas de ouro 18 quilates (Au, Cu, Ag), o latão (Cu, Zn) e o bronze (Cu, Sn).

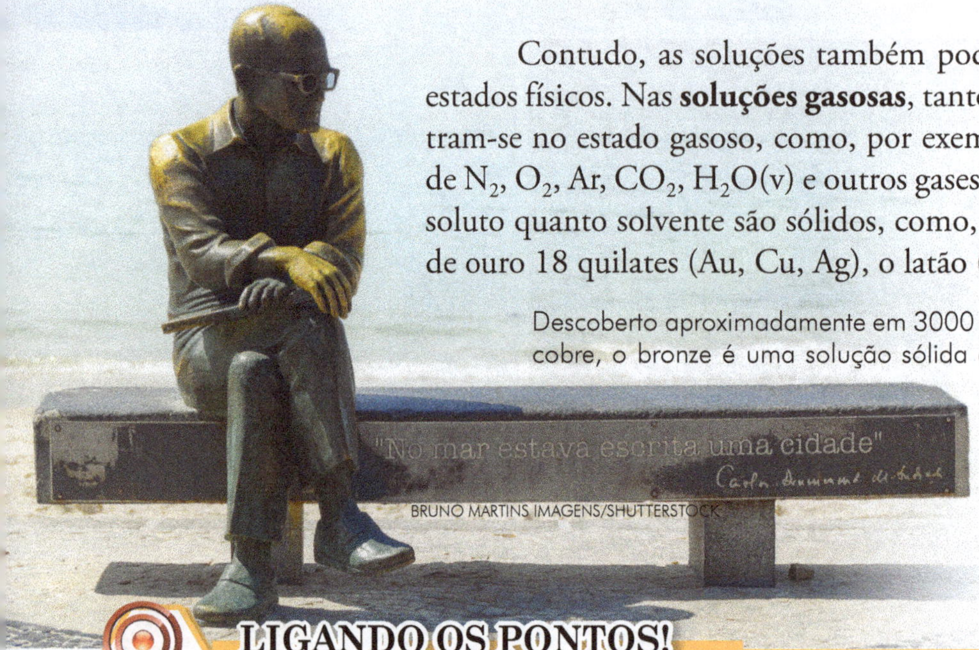
"No mar estava escrita uma cidade"
BRUNO MARTINS IMAGENS/SHUTTERSTOCK

Descoberto aproximadamente em 3000 a.C., quando misturaram estanho ao cobre, o bronze é uma solução sólida que, atualmente, tem inúmeras aplicações como em estátuas, instrumentos musicais, sinos, objetos de decoração, indústria química, entre outras aplicações. Na foto, estátua de Carlos Drummond de Andrade, na orla de Copacabana, Rio de Janeiro, RJ.

LIGANDO OS PONTOS!

As ligas metálicas e as atividades humanas

Milhares de anos atrás, os primeiros instrumentos produzidos pelos seres humanos foram de pedras e de ossos de animais. O uso do cobre, por volta de 8.000 anos atrás, levou a inovações ainda mais importantes por suas aplicações em ferramentas para a agricultura e ornamentos. As primeiras minas de cobre da Europa, encontradas na Bulgária, datam de 5000 a.C.

Mas foi a descoberta do bronze, uma liga de cobre e estanho, por volta de 3000 a.C., que levou a aplicações ainda mais adequadas para a vida naquela época. O fato de o bronze ser muito mais duro do que o cobre o levou a ser empregado em vários tipos de ferramentas, no fabrico de armaduras de proteção e também em armas.

Outra liga metálica que se tornou importante surgiu por volta de 500 a.C. na China: produzido a partir de ferro e carbono, submetidos a altíssima temperatura, surgiu o aço. Posteriormente, por volta de 1855 na Inglaterra, durante a Revolução Industrial, a produção do aço foi modificada com a redução da quantidade de carbono da liga, o que o tornou ainda mais resistente e maleável, sendo muito útil para a produção de navios, linhas férreas, armamentos, entre tantas outras aplicações.

Atualmente, são inúmeras as ligas metálicas desenvolvidas pelos seres humanos, com aplicações as mais diversas: desde joias, como no caso do ouro, às microscópicas ligas utilizadas em nanotecnologia.

SERG ZASTAVKIN/SHUTTERSTOCK

Salão do Palácio do Grão-mestre, na cidade de Valeta, capital da República de Malta, um edifício do século XVI, em que podem ser vistas as armaduras em bronze dos chamados Cavaleiros Malteses de São João.

FIQUE POR DENTRO!

Outros tipos de misturas

As soluções, sejam elas líquidas, gasosas ou sólidas, correspondem a misturas homogênas, nas quais um ou mais solutos estão dissolvidos em um solvente. Nas soluções, o tamanho das partículas dissolvidas é relativamente pequeno, menor do que 1 nm (10^{-9} m), de modo que as propriedades de uma solução são iguais em toda a sua extensão.

Quando as partículas apresentam um tamanho superior a 1.000 nm, temos o que chamamos de suspensões, nas quais as partículas são visíveis a olho nu. Um exemplo clássico de suspensão é uma mistura entre água e areia. Enquanto as partículas de areia estiverem espalhadas (dispersas) na água, teremos uma suspensão. Com o tempo, as partículas de areia sedimentam (pois são mais densas que a água), separando a areia da água. Após a sedimentação, teremos apenas uma *mistura heterogênea.*

Já quando o tamanho da partícula dispersa varia entre 1 e 1.000 nm, temos um sistema heterogêneo chamado de coloide. Diferentemente das suspensões, em um coloide não ocorre a sedimentação natural das partículas. Por outro lado, esse tipo de mistura não é transparente como uma solução de água e açúcar.

Apesar do termo pouco usual, estamos frequentemente em contato com sistemas coloidais no nosso dia a dia: quando escovamos os dentes, utilizamos *pasta de dente;* quando tomamos banho, fazemos *espuma* ao utilizar sabonetes e xampus; no café da manhã, comemos *manteiga*, *queijos* e *geleias*, além de beber *leite*. Por incrível que pareça, todos esses materiais são coloides, assim como a *fumaça* dos automóveis ou a *neblina* no caminho para a escola.

AFRICA STUDIO/SHUTTERSTOCK

Dependendo do estado físico do disperso e do dispersante, temos vários tipos de coloide. Por exemplo, no leite, temos um coloide do tipo **emulsão**, no qual as moléculas de gordura estão dispersas entre as moléculas de água, ambas no estado líquido. Na geleia, temos um coloide do tipo **gel**, no qual a água está dispersa entre as partículas sólidas. E, na pasta de dente, temos um coloide do tipo **sol**, no qual as partículas sólidas estão dispersas na água.

Soluções, suspensões e coloides são tipos de dispersões, que correspondem a misturas compostas por substâncias dispersas (o disperso) ou espalhadas em outra substância (o dispersante).

3.1 Preparo de uma Solução em Laboratório

Quando adoçamos um café com açúcar, estamos preparando uma solução aquosa, dissolvendo o açúcar (soluto) no café (formado principalmente por água, o solvente). Apesar de o procedimento ser bastante semelhante, quando uma solução é preparada em um laboratório de Química, uma sequência de etapas deve ser seguida para que a solução preparada tenha exatamente as quantidades de soluto e de solvente desejadas.

Como exemplo, vamos preparar soro glicosado (uma solução aquosa de açúcar), que é muito utilizado nos hospitais para evitar que os pacientes fiquem desidratados em casos de diarreia ou vômito. Além disso, o soro glicosado é uma ótima via para administração de medicamentos de forma rápida e eficiente. Para prepararmos essa solução, precisamos:

a) pesar 50 g de açúcar em uma balança digital e colocar essa massa em um balão volumétrico de 1 L (1.000 mL);

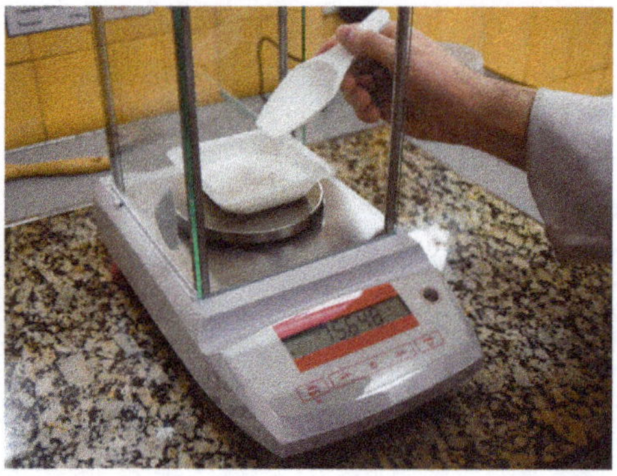

MIRIAM GIL ALBERT/SHUTTERSTOCK

b) adicionar um pouco de água para dissolver os 50 g de açúcar;

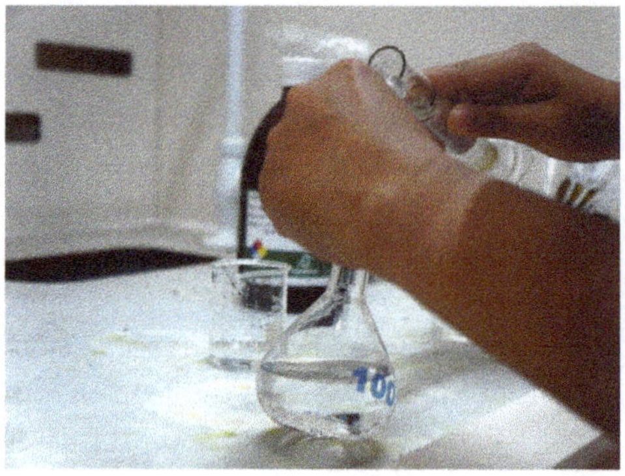

SORU EPOTOK/SHUTTERSTOCK

c) completar com água até o traço de calibração (1 L ou 1.000 mL).

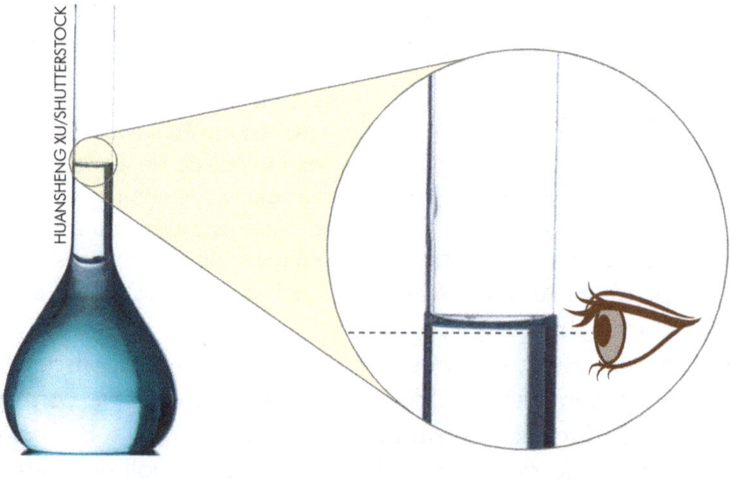

HUANSHENG XU/SHUTTERSTOCK

O balão volumétrico é um instrumento capaz de medir volumes de líquidos com grande exatidão, por meio da indicação do traço de calibração e observação do posicionamento do menisco (curvatura da superfície da água).

FIQUE POR DENTRO!

Equipamentos e vidrarias em laboratórios

Há diversas vidrarias utilizadas em laboratórios de Química para uma série de aplicações. Para armazenamento ou realização de reações químicas, sem a necessidade de medições exatas de volume, é bastante frequente a menção, nos exercícios de Química, do **tubo de ensaio**, do **béquer** e do **erlenmeyer**.

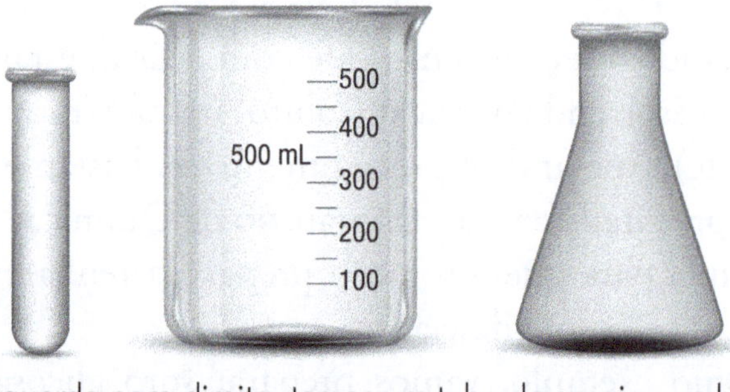
500
400
500 mL
300
200
100

IVAN FEOKTISTOV/SHUTTERSTOCK

Da esquerda para direita, temos um tubo de ensaio, um béquer e um erlenmeyer. (Ilustração fora de escala.)

Já quando temos necessidade de medir quantidades em volume, as vidrarias mais frequentes são o **balão volumétrico**, a **bureta** e a **proveta**.

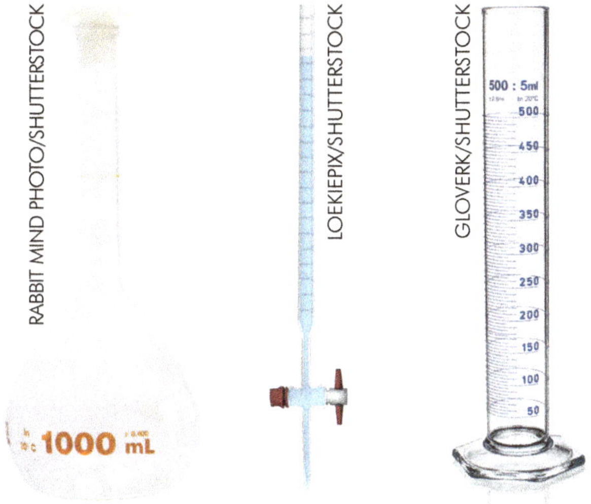
1000 mL
500 : 5ml
500
450
400
350
300
250
200
150
100
50

RABBIT MIND PHOTO/SHUTTERSTOCK
LOEKIEPIX/SHUTTERSTOCK
GLOVERK/SHUTTERSTOCK

Da esquerda para direita, temos um balão volumétrico de 1.000 mL, uma bureta e uma proveta.

Além dessas vidrarias, nos laboratórios, também é muito importante a utilização de **balanças analíticas de precisão** para determinação das massas dos reagentes.

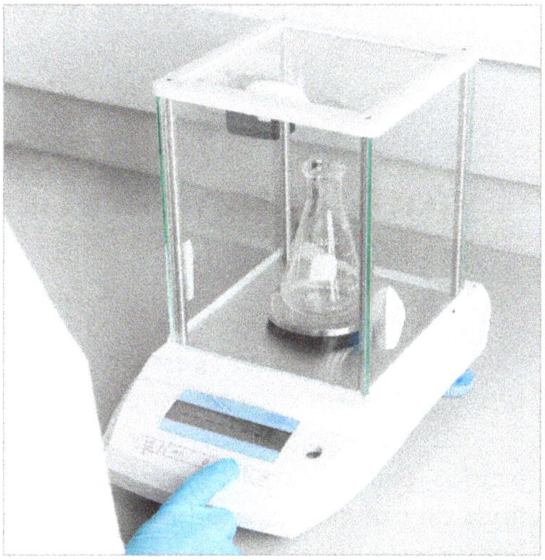

PHLOXII/SHUTTERSTOCK

Balança analítica de precisão. (Ilustração fora de escala.)

3.2 Dissolução Endotérmica e Exotérmica

No Capítulo 2, discutimos que os fenômenos (químicos e físicos) podem ocorrer com absorção ou liberação de energia, sendo classificados, respectivamente, como endotérmicos ou exotérmicos. Na **dissolução**, envolvida no processo de preparo de uma solução, também podem ocorrer as seguintes possibilidades:

- a maioria das substâncias, em água, apresenta **dissolução endotérmica**, ou seja, o processo de dissolução ocorre com absorção de energia e o ΔH apresenta valor positivo, como no caso do nitrato de amônio (NH_4NO_3)

$$NH_4NO_3(s) \xrightarrow{H_2O} NH_4^+(aq) + NO_3^-(aq) \qquad \Delta H = +26\ kJ$$

  Para que a dissolução acima ocorra, o sal deve absorver energia do meio ao redor, isto é, da própria água (o solvente). É por esse motivo que quando se dissolvem 30 g de NH_4NO_3 em 100 mL de água a 20 °C, a *temperatura da água diminui* de 20 °C para 0 °C;

- há algumas substâncias que, em água, apresentam **dissolução exotérmica**, ou seja, o processo de dissolução com liberação de energia e o ΔH apresenta valor negativo, como no caso do cloreto de cálcio ($CaCl_2$)

$$CaCl_2(s) \xrightarrow{H_2O} Ca^{2+}(aq) + 2\ Cl^-(aq) \qquad \Delta H = -83\ kJ$$

  Nesse processo de dissolução, ocorre liberação de energia para o meio ao redor, isto é, a água (o solvente). É por esse motivo que quando se dissolvem 40 g de $CaCl_2$ em 100 mL de água a 20 °C, a *temperatura da água aumenta* de 20 °C para 90 °C.

Observação:

Há ainda alguns poucos casos em que a variação de entalpia envolvida no processo de dissolução é bastante pequena, próxima de zero, de modo que a temperatura do solvente praticamente não se altera. É o caso da dissolução do sal de cozinha (cloreto de sódio – NaCl) em água:

$$NaCl(s) \xrightarrow{H_2O} Na^+(aq) + Cl^-(aq) \qquad \Delta H = +2\ kJ\ (\approx 0\ kJ)$$

FIQUE POR DENTRO!

Compressas de emergência

A variação na temperatura do solvente provocada pela dissolução de sais em água é base das compressas de emergência, utilizadas como primeiros socorros em alguns tipos de traumas, como batidas ou lesões. As compressas frias, que utilizam sais de dissolução endotérmica (como o NH_4NO_3), são recomendadas para traumas relacionados a quebras ou pancadas. Já as compressas quentes, que utilizam sais de dissolução exotérmicas (como o $CaCl_2$), são recomendadas para edemas e hematomas, para relaxamento muscular e para aliviar a dor de cólicas abdominais.

ANDREY_POPOV/SHUTTERSTOCK

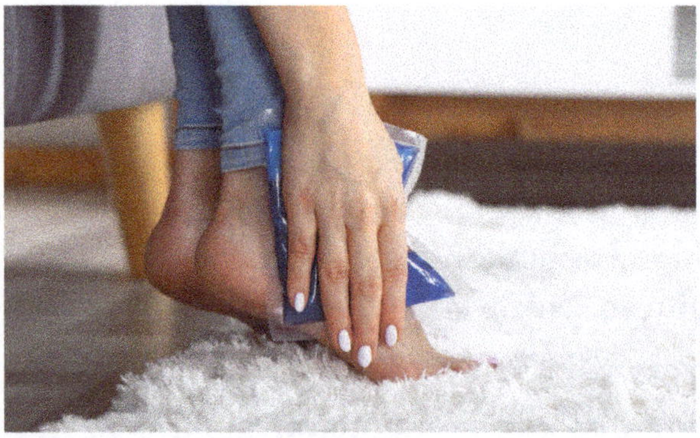

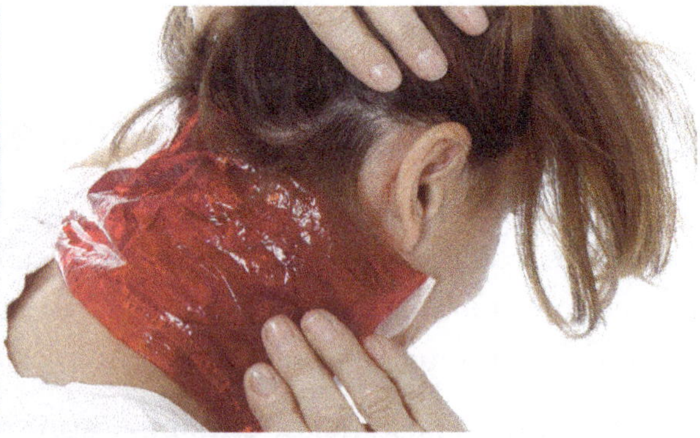

MARIESACHA/SHUTTERSTOCK

Nas compressas de emergência, o sal e a água (solvente) são armazenados em recipientes separados. Para dar início ao processo de dissolução, dobra-se ou amassa-se a embalagem, promovendo a mistura do soluto e do solvente, o que leva a uma diminuição (compressa fria) ou a um aumento (compressa quente) da temperatura, dependendo do soluto envolvido. É importante destacar que essas embalagens não são reutilizáveis!

3.2.1 Curva de solubilidade

A **solubilidade** de uma substância, ou seja, a capacidade de se dissolver em um solvente, pode variar de acordo com a temperatura e essa dependência está diretamente relacionada ao tipo de dissolução: endotérmica ou exotérmica.

A curva que representa a variação da solubilidade com a temperatura é chamada de **curva de solubilidade**, que é representada pelo gráfico da solubilidade (no eixo das ordenadas) em função da temperatura (no eixo das abscissas).

Para substâncias de **dissolução endotérmica**, a solubilidade aumenta com a temperatura e a curva de solubilidade é **ascendente**. Já para substâncias de

dissolução exotérmica, a solubilidade diminui com a temperatura e a curva de solubilidade é **descendente**. Por fim, para o caso de substâncias com $\Delta H \approx 0$, a curva fica praticamente paralela ao eixo das abscissas, uma vez que a temperatura pouco interfere na solubilidade.

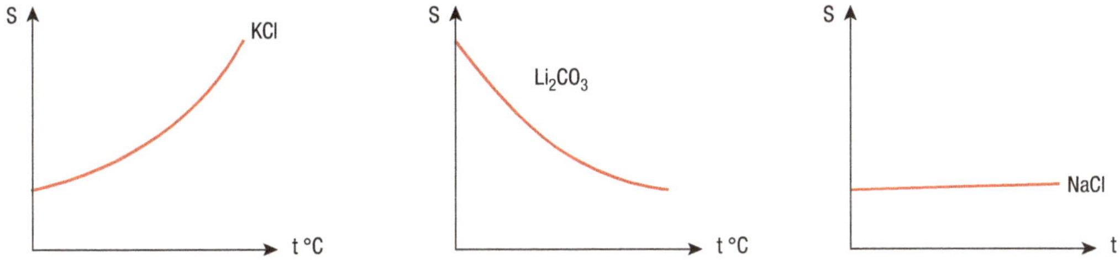
S
KCl
t °C
S
Li_2CO_3
t °C
S
NaCl
t °C

curva ascendente
a solubilidade aumenta com a temperatura
DISSOLUÇÃO ENDOTÉRMICA

curva descendente
a solubilidade diminui com a temperatura
DISSOLUÇÃO EXOTÉRMICA

reta pouco inclinada
a temperatura pouco afeta a solubilidade

A curva de solubilidade também indica a quantidade máxima que pode ser dissolvida de soluto (em determinada quantidade de solvente, geralmente 100 g) a cada temperatura. Soluções preparadas exatamente com essa proporção são classificadas como **soluções saturadas**. Já soluções preparadas com menor quantidade de soluto são classificadas como **soluções insaturadas**.

Por exemplo, para o KCl, a solubilidade, a 60 °C, é de 45 g/100 g de água. Portanto, uma solução, nessa temperatura, com 45 g de KCl em 100 g de água é uma solução saturada. Já uma solução com 30 g de KCl em 100 g de água, na mesma temperatura, é uma solução insaturada.

M. BONOTTO/SHUTTERSTOCK

Há um limite para a quantidade de soluto que pode ser dissolvido em determinada quantidade de solvente. Quando isso acontece, o excesso de soluto precipita e passamos a ter um sistema heterogêneo formado pelo sólido (corpo de chão ou corpo de fundo) e pela solução saturada.

3.3 Unidades de Concentração

Como saber se uma solução tem mais ou menos soluto do que outra? A resposta pode ser dada pela **concentração da solução**, medida pela quantidade de soluto dividida pela quantidade da solução:

$$\text{concentração} = \frac{\text{quantidade de soluto}}{\text{quantidade da solução}}$$

A concentração de uma solução pode ser expressa em diferentes **unidades**, dependendo do tipo de solução e de quão concentrada a solução for: em massa do soluto em relação ao volume da solução (g/L), em quantidade em mol do soluto em relação ao volume da solução em litros (mol/L), em porcentagem de massa do soluto em relação à massa da solução (% m/m), em porcentagem de massa do soluto em relação ao volume da solução (% m/V) ou em quantas partes de soluto existem em um milhão de partes da solução (ppm).

3.3.1 Concentração em massa do soluto por volume da solução ($C_{g/L}$ ou C)

Em cálculos químicos e no preparo de soluções em laboratórios de Química, é mais frequente calcular a concentração de uma solução a partir da massa do soluto em gramas (g) dividida pelo volume da solução em litros (L):

$$C_{g/L} = C = \frac{m_1}{V}$$

em que m_1 é a massa do soluto em gramas e V é o volume da solução em litros.

Essa concentração é muito usada em análises clínicas como, por exemplo, para indicar o teor de glicose na urina, cujo valor de referência deve ser inferior a 0,3 g/L.

Acompanhe o exemplo a seguir: um frasco de laboratório contém 2,0 L de uma solução aquosa de glicose. A massa de glicose dissolvida na solução é de 120 g. Qual é o volume dessa solução que contém 30 g de glicose dissolvidos?

Nesse exemplo, a **concentração em g/L** é dada por

$$C = \frac{120\ g}{2\ L} = 60\ g/L$$

Essa proporção será mantida em qualquer amostra dessa solução. Assim, podemos utilizar uma regra de três para determinar o volume de solução que contém 30 g de glicose.

$$\begin{array}{l} 60\ g \text{———} 1\ L \\ 30\ g \text{———} V \quad \therefore \quad V = 0{,}5\ L \end{array}$$

Portanto, uma amostra de 0,5 L dessa solução contém 30 g de glicose dissolvidos.

Observe que a concentração em g/L se mantém constante:

$$C = \frac{30\ g}{0{,}5\ L} = 60\ g/L$$

ATENÇÃO!

Não confunda concentração em g/L com densidade!

Apesar de apresentarem o mesmo tipo de unidade, afinal ambas as grandezas correspondem a razões entre massa e volume, a densidade (d) refere-se à *massa da solução* (m), enquanto a concentração em g/L está relacionada apenas à *massa de soluto* (m_1).

$$d = \frac{m}{V}$$

$$C_{g/L} = \frac{m_1}{V}$$

Geralmente, a densidade de uma solução é expressa nas unidades g/mL, g/cm³ ou kg/L e, para soluções diluídas (que apresentam pouco soluto dissolvido), é frequente aproximar a densidade da solução à densidade da água ($d_{solução} \approx d_{água} = 1$ g/mL).

LIGANDO OS PONTOS!

Conservantes alimentícios

M. UNAL OZMEN/SHUTTERSTOCK

A fim de ampliar a validade dos alimentos consumidos, é comum a adição de **conservantes** nos alimentos, com intuito de dificultar a proliferação de microrganismos que possam vir a interferir na qualidade do alimento.

No caso de refrigerantes do tipo cola, um dos principais conservantes utilizados é o ácido fosfórico (H_3PO_4), que não só atua como conservante, mas também como acidulante, abaixando o pH da bebida para regular o sabor doce e realçar o paladar.

Refrigerantes do tipo cola são a preferência, entre todos os tipos de refrigerantes, da maioria dos jovens e adultos.

Entretanto, excesso de fosfato (PO_4^{3-}) pode interferir negativamente na absorção de cálcio pelo nosso corpo, razão pela qual há uma regulamentação oficial da ANVISA (Agência Nacional de Vigilância Sanitária) que limita a concentração máxima de ácido fosfórico em bebibas não alcoólicas em 0,70 g/L.

Já para outros tipos de refrigerantes, utiliza-se como conservante benzoato de sódio, cujo limite é de no máximo 0,5 g/L (segundo a regulamentação da ANVISA). Entretanto como a atividade antimicrobiana desse conservante ocorre em pH ácido, mesmo em refrigerantes que não são do tipo cola, também é utilizado ácido fosfórico para abaixar o pH e otimizar a ação do benzoato de sódio.

3.3.2 Concentração em quantidade em mol do soluto por volume da solução em litros ($C_{mol/L}$ ou $\mathfrak{M}$ ou [ ])

Outra forma de indicar a concentração é dada a partir da razão entre a quantidade em mol de um soluto e o volume da solução em litros:

$$C_{mol/L} = \mathfrak{M} = [\quad] = \frac{n_1}{V}$$

em que n_1 é a quantidade em mol do soluto e V é o volume da solução em litros.

Essa relação é muito utilizada em cálculos químicos, principalmente quando analisamos reações químicas, pois a quantidade em mol está diretamente relacionada com a proporção dos coeficientes estequiométricos de uma equação química.

Partindo da solução aquosa de glicose do item anterior, que apresentava concentração de 60 g/L, se quisermos expressar essa concentração em mol/L, precisamos converter a massa de soluto de 60 g para quantidade em mol. Sabendo que a massa molar da glicose ($C_6H_{12}O_6$) é de 180 g/mol, podemos determinar a quantidade em mol de soluto a partir de uma regra de três:

180 g ——— 1 mol
60 g ——— x ∴ x = 0,33 mol

Portanto, uma solução aquosa de glicose de 60 g/L apresenta também

$$C_{mol/L} = \mathfrak{M} = [C_6H_{12}O_6] = 0{,}33 \text{ mol/L}$$

A concentração em mol/L também pode ser utilizada em relação aos íons liberados no processo de dissolução de um soluto iônico, como o cloreto de cálcio utilizado nas compressas quentes. Para uma solução 1,0 mol/L de $CaCl_2$(aq), a concentração dos íons Ca^{2+}(aq) e Cl^-(aq) pode ser obtida a partir da equação química relativa à dissolução desse sal:

$$\underset{1\ \text{mol/L}}{CaCl_2(aq)} \longrightarrow \underset{1\ \text{mol/L}}{Ca^{2+}(aq)} + \underset{2\ \text{mol/L}}{2\,Cl^-(aq)}$$

$$[Ca^{2+}] = 1 \text{ mol/L} \qquad [Cl^-] = 2 \text{ mol/L}$$

ATENÇÃO!

Observe que a proporção entre as concentrações em mol/L é igual à proporção entre os coeficientes estequiométricos.

3.3.3 Concentrações em porcentagens

As concentrações em porcentagens fornecem a quantidade de soluto (em massa ou volume) existente em 100 unidades de solução (em massa ou volume). Depedendo das unidades escolhidas, teremos três principais tipos de concentração em porcentagem: porcentagem em massa, porcentagem em volume e porcentagem em massa por volume.

A **concentração em porcentagem em massa** ($p_{m/m}$) é utilizada em embalagens de produtos químicos, como as de ácidos, nas quais apresenta-se a concentração em porcentagem de massa de soluto em relação à massa da solução, o que facilita a leitura e interpretação do valor para o usuário.

$$p_{m/m} = \frac{m_1}{m} \cdot 100\%$$

em que m_1 é a massa do soluto e m é a massa da solução.

Quando trabalhamos com soluções líquidas ou gasosas, o volume dos componentes pode ser facilmente estabelecido, o que permite determinar a **concentração em porcentagem em volume** ($p_{V/V}$) dessas soluções. Nesse caso, a definição é idêntica à anterior, apenas trocando-se *massa* por *volume*.

$$p_{V/V} = \frac{V_1}{V} \cdot 100\%$$

em que V_1 é o volume do soluto e V é o volume da solução.

1.00709.2500
Schwefelsäure 96%
Sulfuric acid 96%
Acide sulfurique 96%
Acido solforico 96%
Ácido sulfúrico 96%
Acido sulfúrico 96%
Zwavelzuur 96%

WH CHOW/SHUTTERSTOCK

Frasco contendo solução aquosa de ácido sulfúrico concentrado, com 96% de H_2SO_4 em massa, o que significa que a cada 100 g de solução, temos 96 g de H_2SO_4 (e 4 g de água).

Por exemplo, uma solução aquosa de ácido acético 5% V/V apresenta 5 mL de ácido acético (CH_3COOH) em 100 mL de solução, o que é equivalente a dizer que apresenta 5 L de ácido acético em 100 L de solução. A concentração em porcentagem em volume também é utilizada para indicar o teor máximo de etanol que pode ser adicionado à gasolina, que atualmente é de 27% V/V para gasolina comum, o que significa que em cada 100 mL de gasolina comum, podemos ter, no máximo, 27 mL de etanol.

Por fim, temos ainda a **concentração em porcentagem em massa por volume ($p_{m/V}$)**, que é utilizada, por exemplo, para indicar a concentração de glicose no soro glicosado preparado no início deste capítulo: 5 % m/V. Essa concentração em porcentagem relaciona a massa de soluto (m_1) com o volume de solução (V).

$$p_{m/V} = \frac{m_1}{V} \cdot 100\%$$

em que m_1 é a massa do soluto e V é o volume da solução.

As unidades utilizadas da massa e do volume estão relacionadas pela unidade da densidade. Assim, se a densidade da solução for dada em g/mL, a unidade de m_1 será o grama (g) e a de V será o mililitro (mL). Por outro lado, se a densidade for dada em kg/L, a unidade de m_1 será em kg e a de V, em L.

Assim, no exemplo do soro glicosado, temos 5 g de glicose em 100 mL de solução, o que é equivalente a ter 5 kg de glicose em 100 L de solução.

ATENÇÃO!

Alguns autores chamam as relações m_1/m e V_1/V de, respectivamente, **título** (ou **fração**) **em massa** e **título** (ou **fração**) **em volume**, que não apresentam unidade, isto é, são adimensionais e variam de 0 a 1. Nos exemplos anteriores, solução aquosa de ácido sulfúrico apresenta o título (ou fração) em massa é de 0,96 e a solução aquosa de ácido acético, título (ou fração) em volume de 0,05.

3.3.4 Concentrações em partes por milhão

Existem situações em que a quantidade de soluto é muito pequena em relação à quantidade da solução. No nosso próprio organismo, existem minerais essenciais ao bom funcionamento do corpo, mas cujas concentrações necessárias são muito pequenas. O zinco, por exemplo, está presente em virtualmente todos os pontos do metabolismo, destacando-se na síntese de proteínas e do DNA. A concentração normal desse metal no sangue está entre 0,5 e 1,1 μg (10^{-6} g) por mL. Fora do nosso corpo, encontramos, em cada quilo de ar próximo dos centros metropolitanos, apenas 40 mg (10^{-3} g) de monóxido de carbono (CO); já em 1 grama de água potável, temos cerca de $5{,}0 \cdot 10^{-4}$ mg de mercúrio (Hg).

Nesses casos, costuma-se utilizar a **concentração em partes por milhão (ppm)**, que fornece o número de partes de soluto em 1 milhão (10^6) de partes de solução.

De forma análoga às concentrações em porcentagem, dependendo da unidade escolhida para indicar as quantidades de soluto e de solução, teremos a **concentração em partes por milhão em massa ($ppm_{m/m}$)** e a **concentração em partes por milhão em volume ($ppm_{V/V}$)**.

$$ppm_{m/m} = \frac{m_1}{m} \cdot 10^6 \qquad ppm_{V/V} = \frac{V_1}{V} \cdot 10^6$$

em que m_1 é a massa do soluto, m é a massa da solução, V_1 é o volume do soluto e V é o volume da solução.

No caso do ar poluído, temos 40 mg de CO em 1 kg de ar, o que é equivalente a dizer que temos 40 g de CO em 10^6 g de ar (solução), ou seja, no ar poluído, a concentração em ppm em massa de CO é de 40 ppm (m/m).

$40 \cdot 10^{-3}$ g CO ——— 10^3 g ar

x ——— 10^6 g ar ∴ x = 40 g

ATENÇÃO!

Para concentrações ainda menores, os químicos empregam as unidades ppb (partes por bilhão) e ppt (partes por trilhão).

1 milhão = 10^6

1 bilhão = 10^9

1 trilhão = 10^{12}

SÉRIE BRONZE

1. Sobre a transferência de energia envolvida no processo de dissolução, complete o diagrama a seguir.

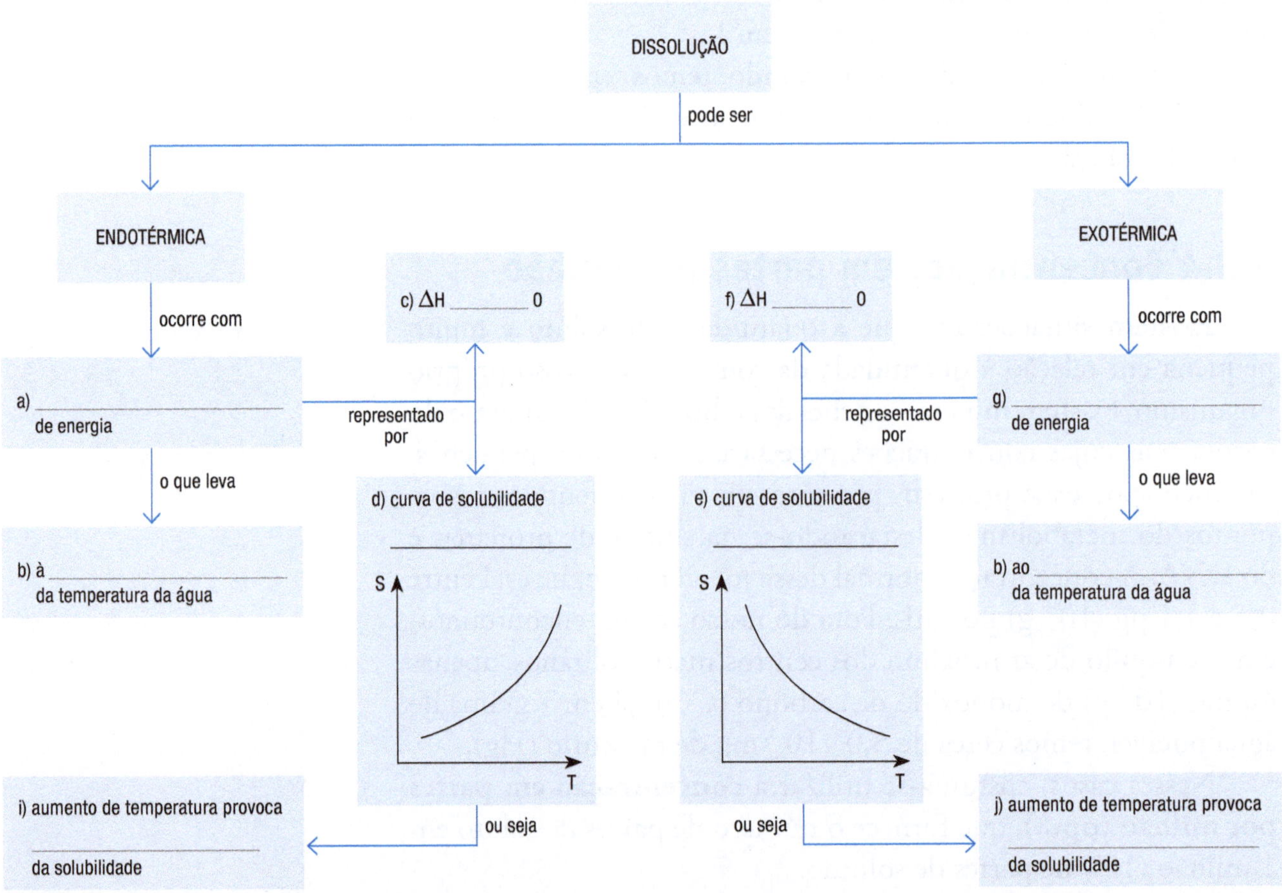
DISSOLUÇÃO
pode ser
ENDOTÉRMICA
EXOTÉRMICA
ocorre com
a) ________ de energia
o que leva
b) à ________ da temperatura da água
c) ΔH ________ 0
representado por
d) curva de solubilidade ________
S
T
i) aumento de temperatura provoca ________ da solubilidade
ou seja
f) ΔH ________ 0
representado por
e) curva de solubilidade ________
S
T
ou seja
ocorre com
g) ________ de energia
o que leva
b) ao ________ da temperatura da água
j) aumento de temperatura provoca ________ da solubilidade

2. (MACKENZIE – SP – adaptada) Em 100 g de água a 20 °C, adicionaram-se 40,0 g de KCl. Verifique se o sistema é homogêneo ou heterogêneo.

DADO: S = 34,0 g de KCl/100 g de H_2O (20 °C).

3. (CESGRANRIO – RJ) A curva de solubilidade de um sal hipotético é:

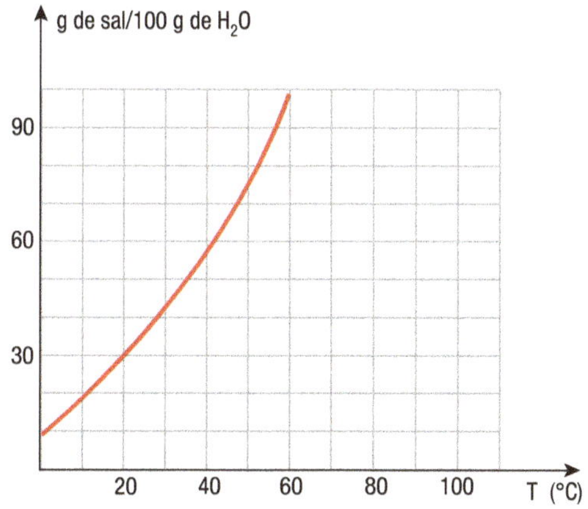
g de sal/100 g de H_2O
90
60
30
20
40
60
80
100
T (°C)

a) Indique a solubilidade do sal a 20 °C.

b) Calcule a quantidade de água necessária para dissolver 30 g do sal a 35 °C.

4. Dadas as curvas de solubilidade dos sais hipotéticos **A** e **B**:

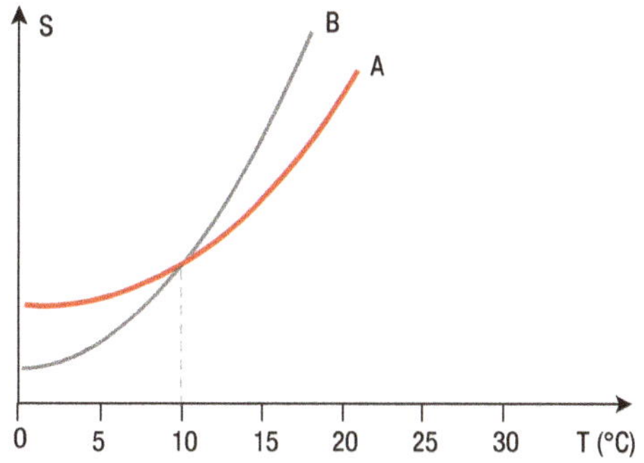
S
B
A
0
5
10
15
20
25
30
T (°C)

a) Indique o sal mais solúvel a 5 °C.

b) Indique o sal mais solúvel a 15 °C.

c) Indique a temperatura em que as solubilidades dos sais são iguais.

5. Complete o diagrama a seguir sobre unidades de concentração.

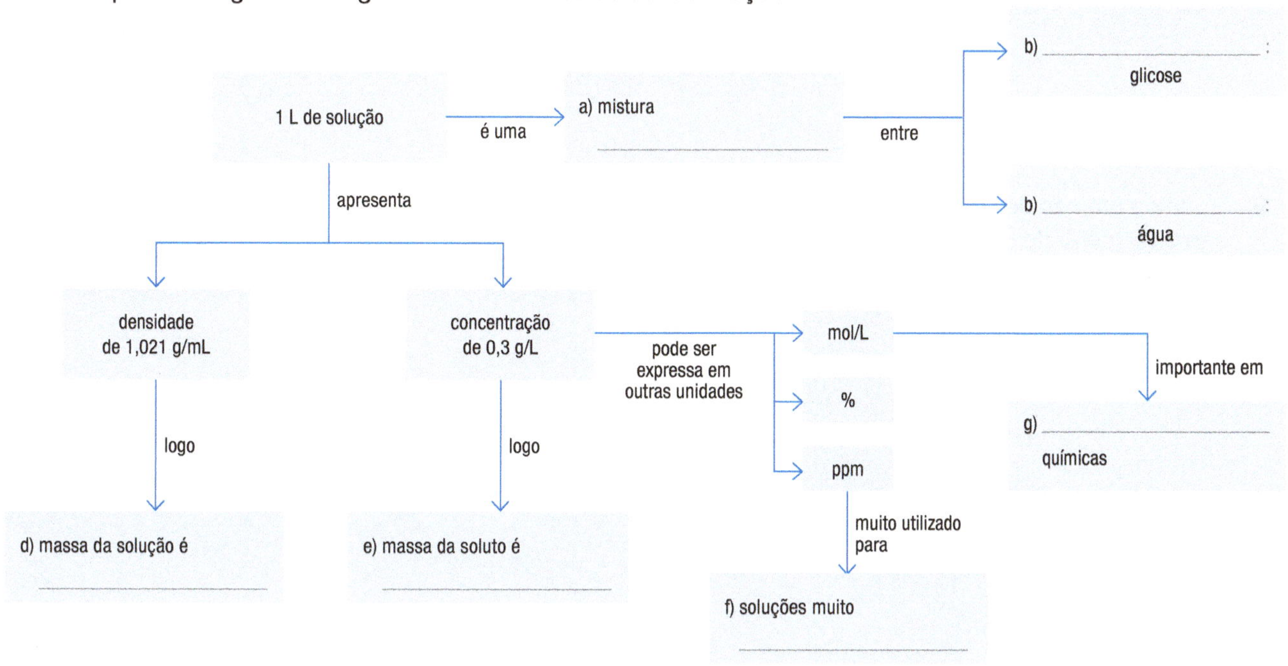
1 L de solução
é uma
a) mistura
entre
b) ______ : glicose
b) ______ : água
apresenta
densidade de 1,021 g/mL
concentração de 0,3 g/L
logo
logo
d) massa da solução é ______
e) massa da soluto é ______
pode ser expressa em outras unidades
mol/L
%
ppm
importante em
g) ______ químicas
muito utilizado para
f) soluções muito ______

6. Em um balão volumétrico de 400 mL, são colocados 18 g de cloreto de sódio e água suficiente para atingir a marca do gargalo. Determine a concentração dessa solução em g/L.

7. Um adulto possui, em média, 5 L de sangue com cloreto de sódio dissolvido na concentração de 5,8 g/L. Qual é a massa total de NaCl no sangue de uma pessoa adulta?

8 Uma xícara contém 200 mL de leite adoçado com 6,84 g de açúcar. Determine a concentração em mol/L do açúcar.

DADO: massa molar do açúcar = 342 g/mol.

9. Quantos gramas de soluto há em 150 mL de solução 0,20 mol/L de HNO_3?

DADO: massa molar do HNO_3 = 63 g/mol.

10. Uma xícara contém 90 g de café com leite. Considerando que você adoce essa mistura com duas colheres de chá, contendo 5 g de açúcar cada uma, a porcentagem em massa de açúcar comum será:

a) 12,5%.
b) 6,25%.
c) 25%.
d) 10%.
e) 5%.

11. A água do mar é imprópria para consumo porque contém 3,5% em massa de sais dissolvidos. Em uma salina, determine a massa de água do mar necessária para produzir 700 kg de sais.

12. Qual é a massa de $C_{12}H_{22}O_{11}$ presente em 600 mL de solução 3% m/V?

13. Que volume de solução de KCl de 5% m/V podemos obter utilizando uma massa de sal igual a 10 g?

14. 50 mL de gasolina foram misturados com 50 mL de água destilada. Foi obtida uma mistura heterogênea de duas fases: gasolina e água. A fase aquosa apresentou 61 mL. Calcule o teor de álcool nessa gasolina.

Resolução:

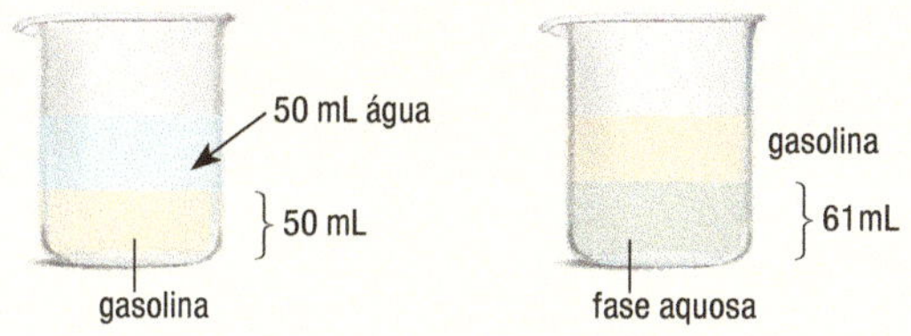

50 mL água
50 mL
gasolina
gasolina
61mL
fase aquosa

O aumento de 11 mL na fase aquosa é do álcool que estava na gasolina, pois o álcool é muito solúvel na água.

50 mL ———— 100%

11 mL ———— x   ∴ x = 22%

15. Em uma lata de 200 g de atum, informa-se que há mercúrio na concentração de 0,5 ppm. Calcule a massa de mercúrio.

16. A água potável pode conter uma quantidade máxima de 1,0 mg de íons Ba^{2+} por litro. Essa concentração de bário corresponde a:

a) 0,01 ppm.
b) 0,1 ppm.
c) 1,0 ppm.
d) 10 ppm.
e) 100 ppm.

SÉRIE PRATA

1. (CENTRO PAULA SOUZA – ETEC – SP) Em uma das Etecs, após uma partida de basquete sob sol forte, um dos alunos passou mal e foi levado ao pronto-socorro.

O médico diagnosticou desidratação e por isso o aluno ficou em observação, recebendo soro na veia. No dia seguinte, a professora de Química usou o fato para ensinar aos alunos a preparação do soro caseiro, que é um bom recurso para evitar a desidratação.

> **Soro caseiro**
> um litro de água fervida
> uma colher (de café) de sal
> uma colher (de sopa) de açúcar

Após a explicação, os alunos estudaram a solubilidade dos dois compostos em água, usados na preparação do soro, realizando dois experimentos:

I. Pesar 50 g de açúcar (sacarose) e adicionar em um béquer que continha 100 g de água sob agitação.

II. Pesar 50 g de sal (cloreto de sódio) e adicionar em um béquer que continha 100 g de água sob agitação.

Após deixar os sistemas em repouso, eles deveriam observar se houve formação de corpo de chão (depósito de substância que não se dissolveu). Em caso positivo, eles deveriam filtrar, secar, pesar o material em excesso e ilustrar o procedimento.

Um grupo elaborou os seguintes esquemas:

Experimento I

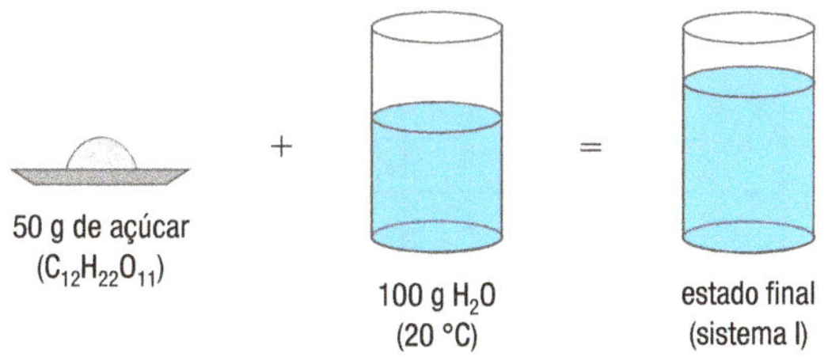

+
=
50 g de açúcar
($C_{12}H_{22}O_{11}$)
100 g H_2O
(20 °C)
estado final
(sistema I)

Experimento II

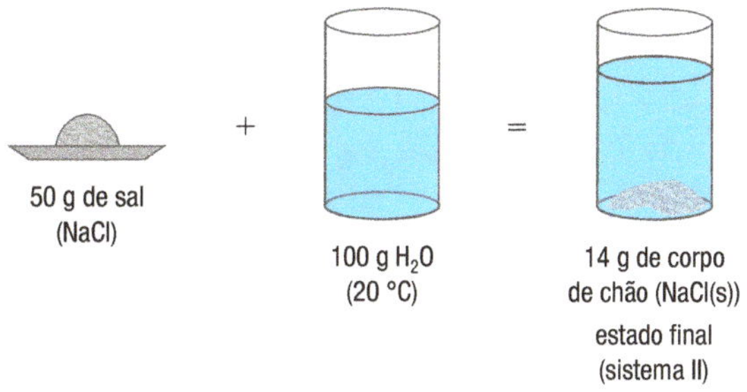

+
=
50 g de sal
(NaCl)
100 g H_2O
(20 °C)
14 g de corpo
de chão (NaCl(s))
estado final
(sistema II)

Analisando os esquemas elaborados, é possível afirmar que, nas condições em que foram realizados os experimentos,

a) o sistema I é homogêneo e bifásico.
b) o sistema II é uma solução homogênea.
c) o sal é mais solúvel em água do que a sacarose.
d) a solubilidade da sacarose em água é 50 g por 100 g de água.
e) a solubilidade do cloreto de sódio (NaCl) em água é de 36 g por 100 g de água.

2. (UFRN – adaptada) Analisando a tabela de solubilidade de K_2SO_4 a seguir, indique a massa de K_2SO_4 que precipitará quando a solução (ver tabela) for devidamente resfriada de 80 °C até atingir a temperatura de 20 °C:

a) 28 g b) 18 g c) 10 g d) 8 g

TEMPERATURA (°C)	0	20	40	60	80	90
K_2SO_4 (g/100 g DE H_2O)	7,1	10,0	13,0	15,5	18,0	19,3

3. Um técnico preparou 340 g de solução saturada de um sal, a 50 °C. Em seguida, resfriou o sistema para 20 °C e notou que houve cristalização do sal sólido. Tendo filtrado o sistema e pesado o precipitado, qual é a massa de sal sólido obtida pelo técnico? Considere os dados da tabela:

TEMPERATURA	SOLUBILIDADE (em 100 g de H_2O)
20 °C	40 g de sal
50 °C	70 g de sal

4. Dada a curva de solubilidade de um sal:

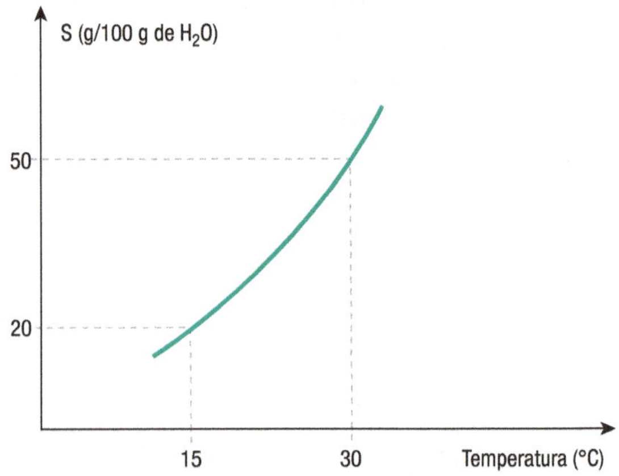
S (g/100 g de H2O)
50
20
15
30
Temperatura (°C)

Determine a massa de sal que irá cristalizar no resfriamento de 75 g de solução saturada, de 30 °C para 15 °C.

5. (UNESP – adaptada) Os coeficientes de solubilidade do hidróxido de cálcio ($Ca(OH)_2$), medidos experimentalmente com o aumento regular da temperatura, são mostrados na tabela.

TEMPERATURA (°C)	COEFICIENTE DE SOLUBILIDADE (g de $Ca(OH)_2$ por 100 g de H_2O)
0	0,185
10	0,176
20	0,165
30	0,153
40	0,141
50	0,128
60	0,116
70	0,106
80	0,094
90	0,085
100	0,077

a) Com os dados de solubilidade do $Ca(OH)_2$ apresentados na tabela, faça um esboço do gráfico do Coeficiente de Solubilidade desse composto em função da temperatura e indique os pontos onde as soluções desse composto estão saturadas e os pontos onde essas soluções não estão saturadas.

b) Indique, com justificativa, se a dissolução do $Ca(OH)_2$ é exotérmica ou endotérmica.

6. (FUVEST – SP) Foi determinada a quantidade de SO_2 em certo local de São Paulo. Em 2,5 m^3 de ar foram encontrados 220 μg de SO_2. A concentração de SO_2, expressa em μg/m^3, é:

a) 0,011. b) 0,88. c) 55. d) 88. e) 550.

7. Em um laboratório há dois frascos, **A** e **B**, contendo soluções aquosas, em cujos rótulos pode-se ler: concentração 110 g/L e densidade 1,10 g/mL, respectivamente. Comparando as duas soluções dos frascos **A** e **B**, pode-se afirmar que:

a) a solução do frasco **A** é mais concentrada do que a solução do frasco **B**.
b) as massas de soluto dissolvidas nos dois frascos **A** e **B** são iguais.
c) o mesmo soluto está obrigatoriamente dissolvido nos frascos **A** e **B**.
d) a solução do frasco **B** é 100 vezes mais concentrada do que a do frasco **A**.
e) as concentrações das soluções dos frascos **A** e **B** podem ser iguais.

8. (ENEM) Ao colocar um pouco de açúcar na água e mexer até a obtenção de uma só fase, prepara-se uma solução. O mesmo acontece ao se adicionar um pouquinho de sal à água e misturar bem. Uma substância capaz de dissolver o soluto é denominada solvente; por exemplo, a água é um solvente para o açúcar, para o sal e para várias outras substâncias. A figura a seguir ilustra essa citação.

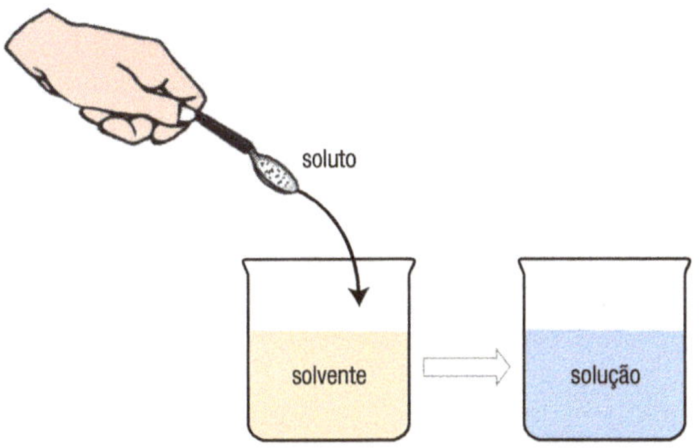
soluto
solvente
solução

Disponível em: <www.sobiologia.com.br>.
Acesso em: 27 abr. 2010.

Suponha que uma pessoa, para adoçar seu cafezinho, tenha utilizado 3,42 g de sacarose (massa molar igual a 342 g/mol) para uma xícara de 50 mL do líquido. Qual é a concentração final, em mol/L, de sacarose nesse cafezinho?

a) 0,02
b) 0,2
c) 2
d) 200
e) 2.000

9. (FGV – SP) Uma solução de glicose, $C_6H_{12}O_6$, foi preparada para ser empregada como padrão em uma análise de laboratório. Foram adicionadas

450 mg de glicose em um balão volumétrico com capacidade de 250 mL e foi adicionada água destilada até o traço de aferição do balão.

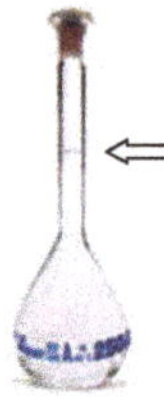
traço de aferição

Adaptado de: <www.casalab.com.br>.

DADOS: massas molares (g/mol): C = 12,0; H = 1,0; O = 16,0

A concentração de glicose, em mol/L, da solução preparada é

a) $1{,}0 \cdot 10^{-3}$.
b) $1{,}0 \cdot 10^{-2}$.
c) $1{,}0 \cdot 10^{-1}$.
d) $2{,}5 \cdot 10^{-4}$.
e) $2{,}5 \cdot 10^{-3}$.

10. (CESGRANRIO – RJ) Em um balão volumétrico de 500 mL colocaram-se 9,5 g de $MgCl_2$ e completou-se o volume com H_2O destilada. Sabendo-se que o $MgCl_2$ foi totalmente dissolvido, identifique a concentração aproximada de íons Mg^{2+} nessa solução:

a) 0,05 mol/L.
b) 0,1 mol/L.
c) 0,2 mol/L.
d) 0,4 mol/L.
e) 3,2 mol/L.

DADOS: $\overline{M}$: Mg = 24; Cl = 35,5.

Resolução:

$\overline{M} = (24 + 2 \cdot 35{,}5)$ g/mol $\therefore$ $\overline{M} = 95$ g/mol

$$M = \frac{n_1}{V} \therefore M = \frac{m_1}{\overline{M}_1 V} \therefore M = \frac{9{,}5 \text{ g}}{95 \text{ g/mol} \cdot 0{,}5 \text{ L}}$$

M = 0,2 mol/L

$$MgCl_2 \longrightarrow Mg^{2+} + 2\,Cl^-$$

0,2 mol — 0,2 mol

Resposta: alternativa c.

11. (FUVEST – SP) A massa de cloreto de crômio(III) hexa-hidratado, necessária para se preparar 1 litro de uma solução que contém 20 mg de Cr^{3+} por mililitro, é igual a:

a) 0,02 g.
b) 20 g.
c) 52 g.
d) 102,5 g.
e) 266,5 g.

DADOS: massas molares, em g/mol: Cr = 52; cloreto de crômio hexa-hidratado = 266,5.

12. (ITA – SP) Sabe-se que uma solução só contém os seguintes íons:

0,10 mol/L de K^+, 0,16 mol/L de Mg^{2+}, 0,16 mol/L de Cl^- e **x** mol/L de SO_4^{2-}

Este **x** deve ser igual a:

a) 0,10.
b) 0,13.
c) 0,26.
d) 0,42.
e) 0,52.

Resolução:

Uma solução iônica é condutora de corrente elétrica, pois apresenta íons dispersos na solução.

Uma solução iônica é eletricamente neutra, pois a dissociação do soluto na água não altera a quantidade em mol de carga positiva e de carga negativa.

$$Ca^{2+}Cl_2^- \longrightarrow Ca^{2+} + 2\,Cl^-$$

$Ca^{2+}Cl_2^-$	Ca^{2+}	$2\,Cl^-$
2 mol de carga ⊕ ; 2 mol de carga ⊖	2 mol de carga ⊕	2 mol de carga ⊖

No nosso exercício temos:

$+0{,}10 + 0{,}32 - 0{,}16 - 2x = 0 \quad \therefore \quad x = 0{,}13$

(K^+, Mg^{2+}, Cl^{1-}, SO_4^{2-})

$[SO_4^{2-}] = 0{,}13$ mol/L

Resposta: alternativa b.

13. (ITA – SP) Um litro de uma solução aquosa contém 0,30 mol de íons Na^+, 0,28 mol de íons Cl^-, 0,10 mol de íons SO_4^{2-} e x mols de íons Fe^{3+}.

A concentração de íons Fe^{3+} (em mol/L) presentes na solução é:

a) 0,03.
b) 0,06.
c) 0,08.
d) 0,18.
e) 0,26.

14. Quantos gramas de H_2O são necessários a fim de se preparar uma solução, a 20% em massa, usando 80 gramas de soluto?

a) 400.
b) 500.
c) 180.
d) 320.
e) 480.

15. (ENEM) O soro fisiológico é uma solução aquosa de cloreto de sódio (NaCl) comumente utilizada para higienização ocular, nasal, de ferimentos e de lentes de contato. Sua concentração é 0,90% em massa e densidade igual a 1,00 g/mL.

Qual massa de NaCl em gramas, deverá ser adicionada à água para preparar 500 mL desse soro?

a) 0,45
b) 0,90
c) 4,50
d) 9,00
e) 45,00

16. Um refrigerante contém 0,1% em massa de benzoato de sódio. Qual é o valor dessa concentração em ppm?

17. Considere uma solução aquosa de H_2SO_4 a 95% em massa e densidade 1,84 g/cm³. Pede-se:

a) concentração em g/L;
b) concentração em mol/L.

DADO: massa molar do H_2SO_4 = 98 g/mol.

Resolução:

a) 1 cm³ temos 1,84 g de solução

1.000 cm³ (1 L) temos 1.840 g de solução.

100% ——— 1.840 g
95% ——— x

x = 174,8 g (H_2SO_4) ∴ C = 1.748 g/L

b) 98 g ——— 1 mol
1.748 g ——— y

y = 17,8 mol ∴ M = 17,8 mol/L

18. O rótulo de uma garrafa de H_2SO_4 indica:

- 80% em massa
- M = 98 g/mol
- d = 1,7 g/mL

Calcule:

a) a concentração em g/L;
b) a concentração em mol/L.

19. Uma solução de carbonato de cálcio ($CaCO_3$) apresenta concentração igual a 25 ppm em massa. A concentração em mol/L dessa solução é:

a) 0,00025.
b) 0,025.
c) 0,25.
d) 2,5.
e) 25.

DADOS: densidade da solução = 1,0 g/mL; massa molar do $CaCO_3$ = 100 g/mol.

20. No Brasil, o transporte de cargas é feito quase que totalmente em rodovias por caminhões movidos a diesel. Para diminuir os poluentes atmosféricos, foi implantado desde 2009 o uso do Diesel S50 (densidade média 0,85 g · cm^{-3}), que tem o teor máximo de 50 ppm (partes por milhão) de enxofre. A quantidade máxima de enxofre, em gramas, contida no tanque cheio de um caminhão com capacidade de 1.200L, abastecido somente com Diesel S50, é

a) 5,1.
b) $5{,}1 \times 10^{-1}$.
c) $5{,}1 \times 10^{+1}$.
d) $5{,}1 \times 10^{+3}$.
e) $5{,}1 \times 10^{+4}$.

SÉRIE OURO

1. (FGV) O nitrito de sódio, $NaNO_2$, é um conservante de alimentos processados a partir de carnes e peixes. Os dados de solubilidade desse sal em água são apresentados na tabela.

TEMPERATURA	20 °C	50 °C
MASSA DE $NaNO_2$ (em 100 g de H_2O)	84 g	104 g

Em um frigorífico, preparou-se uma solução saturada de $NaNO_2$ em um tanque contendo 0,5 m^3 de água a 50 °C. Em seguida, a solução foi resfriada para 20 °C e mantida nessa temperatura. A massa de $NaNO_2$, em kg, cristalizada após o resfriamento da solução, é (considere a densidade da água = 1 g/mL)

a) 10. b) 20. c) 50. d) 100. e) 200.

2. (MACKENZIE – SP) A tabela abaixo mostra a solubilidade do sal X, em 100 g de água, em função da temperatura.

TEMPERATURA (°C)	0	10	20	30	40	50	60	70	80	90
MASSA (g de sal X/100 g de água)	16	18	21	24	28	32	37	43	50	58

Com base nos resultados obtidos, foram feitas as seguintes afirmativas:

I. A solubilização do sal X, em água, é exotérmica.
II. Ao preparar-se uma solução saturada do sal X, a 60 °C, em 200 g de água e resfriá-la, sob agitação até 10 °C, serão precipitados 19 g desse sal.
III. Uma solução contendo 90 g de sal e 300 g de água, a 50 °C, apresentará precipitado.

Assim, analisando-se as afirmativas acima, é correto dizer que

a) nenhuma das afirmativas está certa.
b) apenas a afirmativa II está certa.
c) apenas as afirmativas II e III estão certas.
d) apenas as afirmativas I e III estão certas.
e) todas as afirmativas estão certas.

3. (UFRGS – RS) Observe o gráfico e a tabela abaixo, que representam a curva de solubilidade aquosa (em gramas de soluto por 100 g de água) do nitrato de potássio e do nitrato de sódio em função da temperatura.

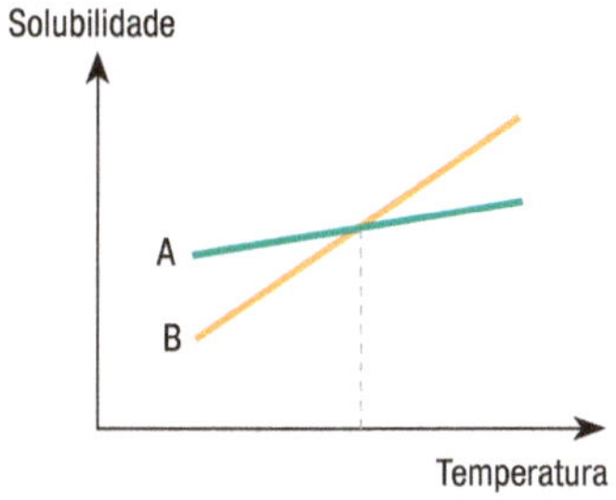
Solubilidade
A
B
Temperatura

	SOLUBILIDADE	
T (°C)	KNO_3	$NaNO_3$
60	115	125
65	130	130
75	160	140

Assinale a alternativa que preenche corretamente as lacunas do enunciado abaixo, na ordem em que aparecem.

A curva A diz respeito ao ____________________ e a curva B, ao ____________________. Considerando duas soluções aquosas saturadas e sem precipitado, uma de KNO_3 e outra de $NaNO_3$, a 65 °C, o efeito da diminuição da temperatura acarretará a precipitação de ____________________.

a) nitrato de potássio – nitrato de sódio – nitrato de potássio
b) nitrato de potássio – nitrato de sódio – nitrato de sódio
c) nitrato de sódio – nitrato de potássio – nitrato de sódio
d) nitrato de sódio – nitrato de potássio – ambas
e) nitrato de potássio – nitrato de sódio – ambas

4. (FGV) Foram preparadas quatro soluções aquosas saturadas a 60 °C, contendo cada uma delas 100 g de água e um dos sais: iodeto de potássio, KI, nitrato de potássio, KNO_3, nitrato de sódio, $NaNO_3$, e cloreto de sódio, NaCl. Na figura, são representadas as curvas de solubilidade desses sais:

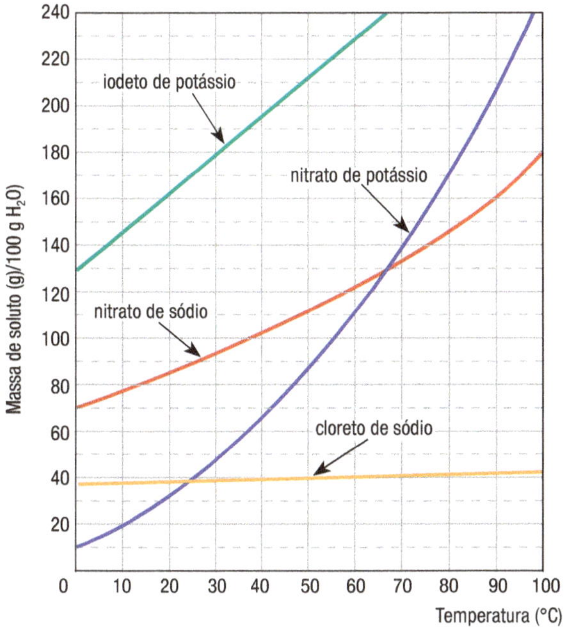
Massa de soluto (g)/100 g H_2O
240
220
200
180
160
140
120
100
80
60
40
20
0
10
20
30
40
50
60
70
80
90
100
Temperatura (°C)
iodeto de potássio
nitrato de potássio
nitrato de sódio
cloreto de sódio

Em seguida, essas soluções foram resfriadas até 20 °C, e o sal cristalizado depositou-se no fundo de cada recipiente. Considerando-se que a cristalização foi completa, a maior e a menor massa de sal cristalizado correspondem, respectivamente, aos sais

a) KI e NaCl.
b) KI e KNO_3.
c) $NaNO_3$ e NaCl.
d) KNO_3 e $NaNO_3$
e) KNO_3 e NaCl

5. (ENEM) Para cada litro de etanol produzido em uma indústria de cana-de-açúcar são gerados cerca de 18 L de vinhaça que é utilizada na irrigação das plantações de cana-de-açúcar, já que contém teores médios de nutrientes N, P e K iguais a 357 mg/L, 60 mg/L e 2.034 mg/L, respectivamente.

SILVA. M. A. S.; GRIEBELER. N. P.; BORGES, L. C. Uso de vinhaça e impactos nas propriedades do solo e lençol freático. **Revista Brasileira de Engenharia Agrícola e Ambiental**, n. 1, 2007. Adaptado.

Na produção de 27.000 L de etanol, a quantidade total de fósforo, em kg, disponível na vinhaça será mais próxima de

a) 1. b) 29. c) 60. d) 170. e) 1.000.

6. (ENEM) Um pediatra prescreveu um medicamento, na forma de suspensão oral, para uma criança pesando 16 kg. De acordo com o receituário, a posologia seria de 2 gotas por kg da criança, em cada dose. Ao adquirir o medicamento em uma farmácia, o responsável pela criança foi informado que o medicamento disponível continha o princípio ativo em uma concentração diferente daquela prescrita pelo médico, conforme mostrado no quadro.

MEDICAMENTO	CONCENTRAÇÃO DO PRINCÍPIO ATIVO (mg/gota)
prescrito	5,0
disponível comercialmente	4,0

Quantas gotas do medicamento adquirido a criança deve ingerir de modo que mantenha a quantidade de princípio ativo receitada?

a) 13 b) 26 c) 32 d) 40 e) 128

7. (UNICAMP – SP – adaptada) Um medicamento se apresenta na forma de comprimidos de 750 mg ou como suspensão oral na concentração de 100 mg/mL. A bula do remédio informa que o comprimido não pode ser partido, aberto ou mastigado e que, para crianças abaixo de 12 anos, a dosagem máxima é de 15 mg/kg/dose.

a) Considerando apenas essas informações, uma criança de 11 anos, pesando 40 kg, poderia ingerir com segurança, um comprimido? Justifique por meio de cálculos.

b) Qual é o volume máximo, por dose, da medicação como suspensão oral? Justifique por meio de cálculos.

8. (FATEC – SP) A Agência Nacional de Petróleo (ANP) estabelece que a gasolina vendida no Brasil deve conter entre 22% e 26% de etanol em volume. Esse teor pode ser medido facilmente: de um dado volume de gasolina é possível extrair todo o etanol utilizando-se um volume de água idêntico ao da gasolina inicial. Assim, o teor de etanol no extrato aquoso será igual ao teor de etanol na amostra inicial de gasolina. Sabe-se que a densidade da mistura etanol-água é proporcional a seu teor de etanol, conforme mostra a tabela a seguir:

DENSIDADE DA MISTURA ETANOL-ÁGUA (g/mL)	TEOR DE ETANOL NA MISTURA (%)
0,969	15,8
0,954	23,7
0,935	31,6

Cinco diferentes amostras de gasolina foram analisadas, extraindo-se o etanol em fase aquosa. Mediu-se a densidade (d) desses extratos aquosos e os resultados são dados a seguir.

Assinale a alternativa em que a gasolina analisada encontra-se dentro das especificações da ANP.

a) Amostra 1: d = 0,959 g/mL.
b) Amostra 2: d = 0,969 g/mL.
c) Amostra 3: d = 0,954 g/mL.
d) Amostra 4: d = 0,935 g/mL.
e) Amostra 5: d = 0,925 g/mL.

9. (FUVEST – SP) O gráfico abaixo relaciona a densidade do álcool hidratado com a sua porcentagem de água.

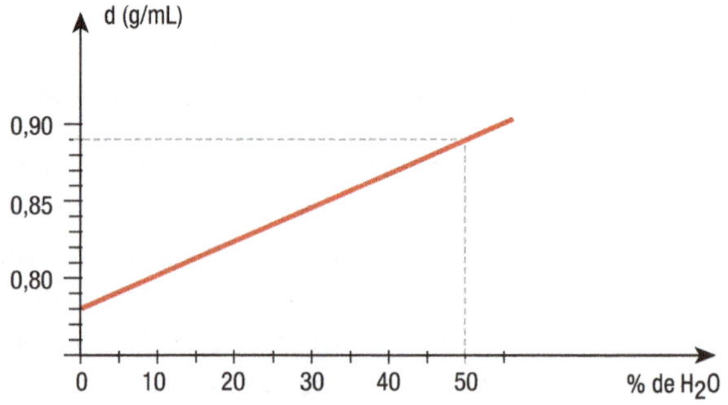
d (g/mL)
0,90
0,85
0,80
0
10
20
30
40
50
% de H2O

Pede-se:

a) a porcentagem de álcool em uma solução de densidade 0,82 g/mL;

b) a massa, em gramas, de 1 litro de álcool com 30% de água.

10. (FUVEST – SP) Água e etanol misturam-se completamente, em quaisquer proporções. Observa-se que o volume final da mistura é menor do que a soma dos volumes de etanol e de água empregados para prepará-la. O gráfico a seguir mostra como a densidade varia em função da porcentagem de etanol (em volume) empregado para preparar a mistura (densidades medidas a 20 °C).

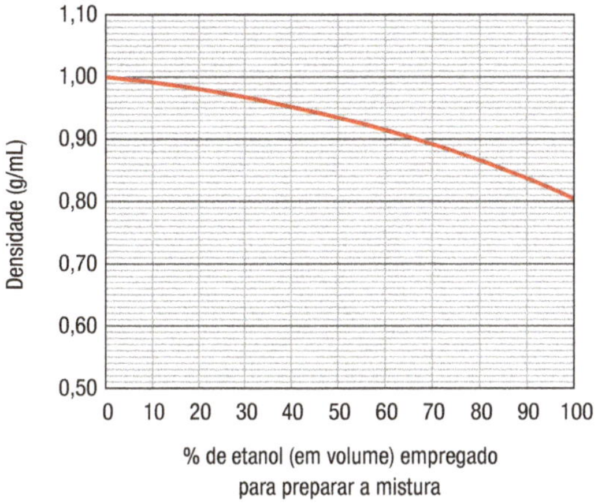
Densidade (g/mL)
1,10
1,00
0,90
0,80
0,70
0,60
0,50
0 10 20 30 40 50 60 70 80 90 100
% de etanol (em volume) empregado para preparar a mistura

Se 50 mL de etanol forem misturados a 50 mL de água, a 20 °C, o volume da mistura resultante, a essa mesma temperatura, será de, aproximadamente,

a) 76 mL.
b) 79 mL.
c) 86 mL.
d) 89 mL.
e) 96 mL.

11. (UFPA) O ácido cítrico(I) é utilizado em indústrias de alimentos como conservante dos produtos. Em uma dada indústria de refrigerantes são adicionados 2,4 kg do ácido para cada 100 litros do refrigerante. A concentração em mol/L do ácido cítrico em uma lata com 300 mL é:

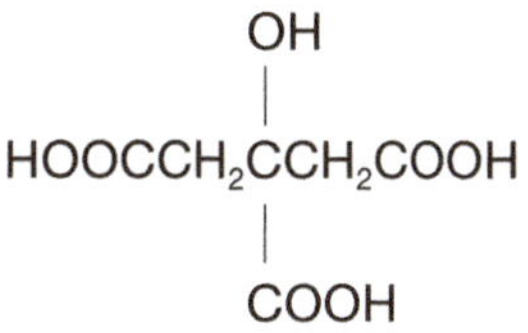
OH
HOOCCH2CCH2COOH
COOH

a) 0,037.
b) 0,063.
c) 0,125.
d) 0,250.
e) 0,50.

DADOS: massas molares em g/mol C = 12, H = 1, O = 16.

12. (FMABC – SP) O glifosato é um herbicida, ou seja, mata plantas. É usado para limpar o solo e controlar ervas daninhas nas lavouras de café, cacau, banana, feijão, milho e maçã, em doses muito baixas. Mesmo assim, sobra um resíduo de glifosato, e ele não é desprezível: no Brasil, cada quilograma de soja pode ter até 10 mg de resíduo do produto.

DADO: massa molar do glifosato: 169 g/mol.

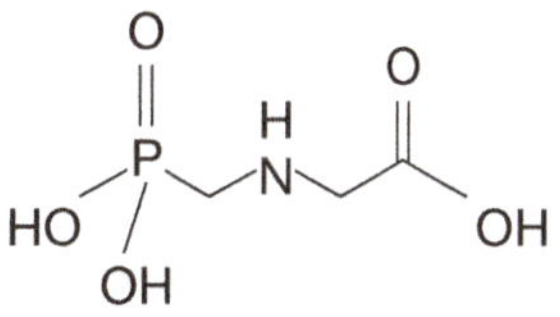
O
O
H
P
N
HO
OH
OH

Um litro de solução preparada a partir do resíduo de glifosato em uma tonelada de soja tem concentração em mol/L de, aproximadamente,

a) $1,3 \times 10^{-1}$.
b) $2,6 \times 10^{-1}$.
c) $3,0 \times 10^{-2}$.
d) $5,9 \times 10^{-2}$.
e) $7,0 \times 10^{-1}$.

13. (UNESP) A 20 °C, a solubilidade do açúcar comum ($C_{12}H_{22}O_{11}$; massa molar = 342 g/mol) em água é cerca de 2,0 kg/L, enquanto a do sal comum (NaCl; massa molar = 58,5 g/mol) é cerca de 0,35 kg/L. A comparação de iguais volumes de soluções saturadas dessas duas substâncias permite afirmar corretamente que, em relação à quantidade total em mol de íons na solução de sal, a quantidade total em mol de moléculas de soluto dissolvidas na solução de açúcar é, aproximadamente,

a) a mesma.
b) 6 vezes maior.
c) 6 vezes menor.
d) a metade.
e) o triplo.

14. (PUC – SP) A análise gravimétrica é baseada em medidas de massa. A substância a ser testada pode ser misturada com um reagente para formação de um precipitado, o qual é pesado. É possível determinar a quantidade de cálcio presente na água, por exemplo, misturando a amostra com excesso de ácido etanodioico, seguida de uma solução de amônia. Os íons cálcio reagem com íons etanodioato, formando etanodioato de cálcio. O etanodioato de cálcio é convertido em óxido de cálcio, através de aquecimento, o qual é pesado. Uma amostra de 200 cm^3 de água foi submetida ao tratamento descrito acima. A conversão de etanodioato de cálcio em óxido de cálcio foi feita em um cadinho que tinha uma massa de 28,520 g. Após a conversão, a massa obtida foi de 28,850 g.

Qual é a concentração, aproximada, de íons cálcio na amostra de água?

DADOS: massas molares (g/mol): Ca = 40; O = 16; C = 12; H = 1.

a) 3×10^{-2} mol/L
b) 6×10^{-3} mol/L
c) 3×10^{-5} mol/L
c) 0,33 mol/L
e) 0,66 mol/L

15. (FGV) Um refrigerante, de baixa caloria, fabricado no Brasil, tem em sua composição os adoçantes sacarina sódica(I) e ciclamato de sódio(II) e o conservante benzoato de sódio(III).

(I)
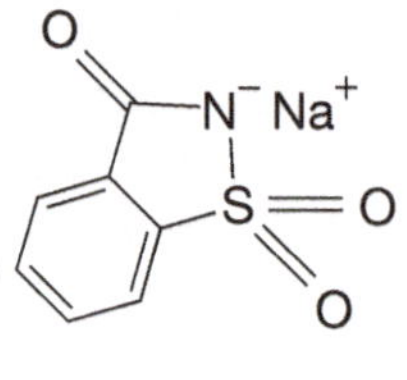
O
N⁻ Na+
S
O
O

(II)
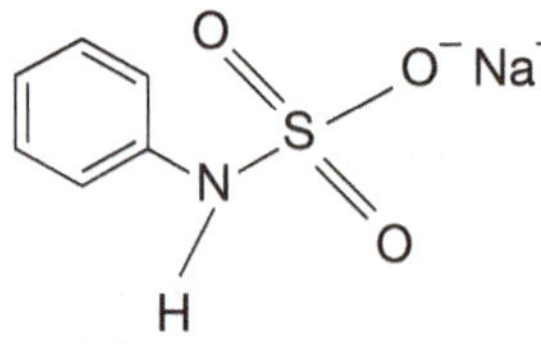
O
O⁻ Na+
S
N
O
H

(III)
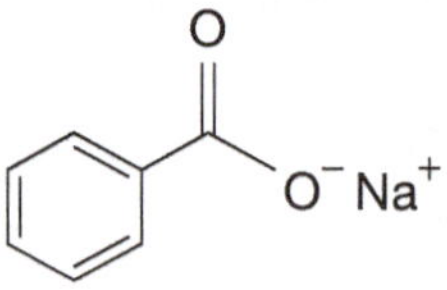
O
O⁻ Na+

A imagem do rótulo desse refrigerante é apresentada a seguir:

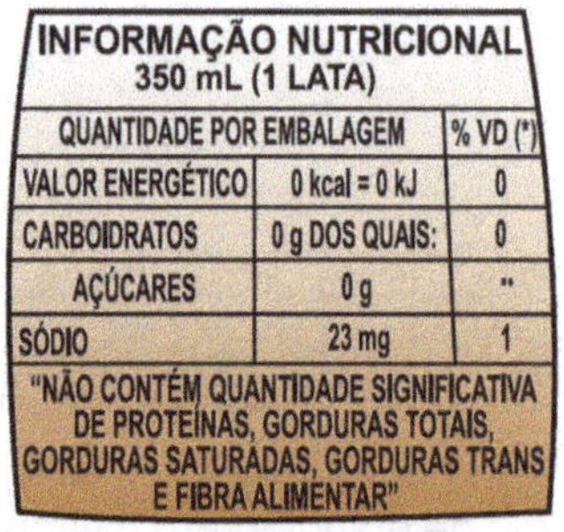

INFORMAÇÃO NUTRICIONAL 350 mL (1 LATA)		
QUANTIDADE POR EMBALAGEM		% VD (*)
VALOR ENERGÉTICO	0 kcal = 0 kJ	0
CARBOIDRATOS	0 g DOS QUAIS:	0
AÇÚCARES	0 g	**
SÓDIO	23 mg	1
"NÃO CONTÉM QUANTIDADE SIGNIFICATIVA DE PROTEÍNAS, GORDURAS TOTAIS, GORDURAS SATURADAS, GORDURAS TRANS E FIBRA ALIMENTAR"		

*Valores diários de referência com base em uma dieta de 2.000 kcal ou 8.400 J. Seus valores diários podem ser maiores ou menores dependendo de suas necessidades energéticas.

A concentração de sódio em mol/L, nesse refrigerante, é:

a) $2,85 \times 10^{+3}$.
b) $2,85 \times 10^{+2}$.
c) $2,85 \times 10^{-1}$.
d) $2,85 \times 10^{-2}$.
e) $2,85 \times 10^{-3}$.

DADO: massa molar do Na = 23 g/mol.

16. (UNESP) Uma solução foi preparada com 17,4 g de sulfato de potássio (K_2SO_4) e água suficiente para obter 500 mL de solução. Determine a concentração em mol · L^{-1} dos íons potássio e dos íons sulfato na solução.

DADOS: massas molares em g · mol^{-1}: K = 39, S = 32, O = 16.

17. (UFSM – RS) Sal, vilão ou mocinho?

Substância imprescindível ao equilíbrio das funções orgânicas, o cloreto de sódio pode produzir efeitos indesejados se consumido em excesso. A demanda natural desse composto fez com que ele superasse o ouro como valor estratégico e fosse base para remunerar o trabalho. Tanto os íons Na^+ como os Cl^- são essenciais para a manutenção da vida animal, controlando o volume de líquidos e a manutenção da pressão arterial.

Scientific American Brasil, Ano II, n. 16, p. 50, 2013. Adaptado.

O sal apresenta inúmeras utilidades, sendo considerado o mais antigo aditivo alimentar. Dentre os usos do NaCl, destaca-se o soro fisiológico, uma solução 0,9% de cloreto de sódio.

Com base nessas informações, é correto afirmar que a solução é do tipo

DADOS: massa molar, em g/mol: NaCl = 58,5; $d_{solução} = 1$ g/mol.

a) eletrolítica e a concentração do sal é de 0,015 mol · L^{-1}.
b) não eletrolítica e a concentração do sal é de 0,900 mol · L^{-1}.
c) eletrolítica e a concentração do sal é de 0,900 mol · L^{-1}.
d) não eletrolítica e a concentração do sal é de 0,154 mol · L^{-1}.
e) eletrolítica e a concentração do sal é de 0,154 mol · L^{-1}.

18. (UNICAMP – SP) É muito comum o uso de expressões no diminutivo para tentar "diminuir" a quantidade de algo prejudicial à saúde. Se uma pessoa diz que ingeriu 10 latinhas de cerveja (330 mL cada) e se compara a outra que ingeriu 6 doses de cachacinha (50 mL cada), pode-se afirmar corretamente que, apesar de em ambas as situações haver danos à saúde, a pessoa que apresenta maior quantidade de álcool no organismo foi a que ingeriu

a) as latinhas de cerveja, porque o volume ingerido é maior neste caso.
b) as cachacinhas, porque a relação entre o teor alcoólico e o volume ingerido é maior neste caso.
c) as latinhas de cerveja, porque o produto entre o teor alcoólico e o volume ingerido é maior neste caso.
d) as cachacinhas, porque o teor alcoólico é maior neste caso.

DADOS: teor alcoólico na cerveja = 5% V/V
teor alcoólico na cachaça = 45% V/V

19. (UFSCar – SP) O caxiri é uma tradicional bebida alcoólica fermentada indígena produzida pelos índios (Juruna) Yudjá, habitantes do Parque Indígena do Xingu, localizado no estado do Mato Grosso. Essa bebida é preparada à base de mandioca e batata-doce, e é originalmente fermentada por microrganismos que estão presentes nas matérias-primas utilizadas para a sua produção. (...) Observando-se as alterações físico-químicas durante a fermentação, pode-se notar uma progressiva variação de pH de 4,76 para 3,15. O etanol foi o metabólito da fermentação produzido em maior quantidade, apresentando concentração, ao final do processo fermentativo, de 83,9 g/L da bebida. (...)

Disponível em: <http://repositorio.ufla.br/jspui/handle/1/4765>. Adaptado.

A porcentagem de etanol, m/V, presente nessa bebida, é de, aproximadamente,

a) 2,25%.
b) 6,42%.
c) 8,39%.
d) 20,1%.
e) 83,9%.

20. (ENEM) O vinagre vem sendo usado desde a Antiguidade como conservante de alimentos, bem como agente de limpeza e condimento. Um dos principais componentes do vinagre é o ácido acético (massa molar 60 g/mol), cuja faixa de concentração deve se situar entre 4% a 6% (m/V). Em um teste de controle de qualidade foram analisadas cinco marcas de diferentes vinagres, e as concentrações de ácido acético, em mol/L, se encontram no quadro.

AMOSTRA	CONCENTRAÇÃO DE ÁCIDO ACÉTICO
1	0,007
2	0,070
3	0,150
4	0,400
5	0,700

RIZZON, L. A. Sistema de produção de vinagre. *Disponível em:* <www.sistemasdeproducao.cnptia.embrapa.br>. *Acesso em:* 14 ago. 2012. Adaptado.

A amostra de vinagre que se encontra dentro do limite de concentração tolerado é a

a) 1. b) 2. c) 3. d) 4. e) 5.

21. Considere um reservatório hipotético (400 milhões de metros cúbicos de água). Se a água desse reservatório se encontra contaminada com 20 ppm de chumbo, a massa total deste metal na água do reservatório hipotético é

a) 2.000 kg
b) 8.000 kg
c) 4.000 kg
d) 8.000 t
e) 2.000 t

DADO: Considere a densidade da água igual a 1 g/mL.

22. De acordo com o Relatório Anual de 2016 da Qualidade da Água, publicado pela Sabesp, a concentração de cloro na água potável da rede de distribuição deve estar entre 0,2 mg/L, limite mínimo, e 5,0 mg/L, limite máximo. Considerando que a densidade da água potável seja igual à da água pura, calcula-se que o valor médio desses limites, expresso em partes por milhão, seja

a) 5,2 ppm.
b) 18 ppm.
c) 2,6 ppm.
d) 26 ppm.
e) 1,8 ppm.

23. A toxicidade de algumas substâncias é normalmente representada pelo índice DL50 (dose letal mediana). Ele representa a dosagem aplicada a uma população de seres vivos que mata 50% desses indivíduos e é normalmente medido utilizando ratos como cobaias. Esse índice é muito importante para os seres humanos, pois, ao se extrapolar os dados obtidos com o uso de cobaias, pode-se determinar o nível tolerável de contaminação de alimentos para que possam ser consumidos de forma segura pelas pessoas. O quadro apresenta três pesticidas e suas toxicidades. A unidade mg/kg indica a massa da substância ingerida pelas cobaias.

PESTICIDAS	DL_{50} (mg/kg)
diazinon	70
malation	1.000
atrazina	3.100

Sessenta ratos, com massa de 200 g cada, foram divididos em três grupos de vinte. Três amostras de ração, contaminadas, cada uma delas com um dos pesticidas indicados no quadro, na concentração de 3 mg por grama de ração, foram administradas para cada grupo de cobaias. Cada rato consumiu 100 g de ração.

Qual(ais) grupo(s) terá(ão) uma mortalidade mínima de 10 ratos?

a) O grupo contaminado somente com atrazina.
b) O grupo contaminado somente com diazinon.
c) Os grupos que se contaminaram com atrazina e malation.
d) Os grupos que se contaminaram com diazinon e malation.
e) Nenhum dos grupos contaminados com atrazina, diazinon e malation.

24. Dois estudantes, de massa corporal em torno de 75 kg, da Universidade de Northumbria, no Reino Unido, quase morreram ao participar de um experimento científico no qual seriam submetidos a determinada dose de cafeína e a um teste físico posterior. Por um erro técnico, ambos receberam uma dose de cafeína 100 vezes maior que a dose planejada. A dose planejada era de 0,3 g de cafeína, equivalente a três xícaras de café. Sabe-se que a União Europeia, onde o teste ocorreu, classifica a toxicidade de uma dada substância conforme tabela ao lado.

CATEGORIA	DL_{50} (mg/kg de massa corporal)
muito tóxica	menor que 25
tóxica	de 25 a 200
nociva	de 200 a 2.000

Considerando que a DL50 – dose necessária de uma dada substância para matar 50% de uma população – da cafeína é de 192 mg/kg, no teste realizado a dose aplicada foi cerca de

a) 100 vezes maior que a DL_{50} da cafeína, substância que deve ser classificada como nociva.
b) duas vezes maior que a DL_{50} da cafeína, substância que deve ser classificada como tóxica.
c) 100 vezes maior que a DL_{50} da cafeína, substância que deve ser classificada como tóxica.
d) duas vezes maior que a DL_{50} da cafeína, substância que deve ser classificada como nociva.

25. (ENEM) Os gráficos representam a concentração na atmosfera, em partes por milhão (ppm), bilhão (ppb) ou trilhão (ppt), dos cinco gases responsáveis por 97% do efeito estufa durante o período de 1978 a 2010.

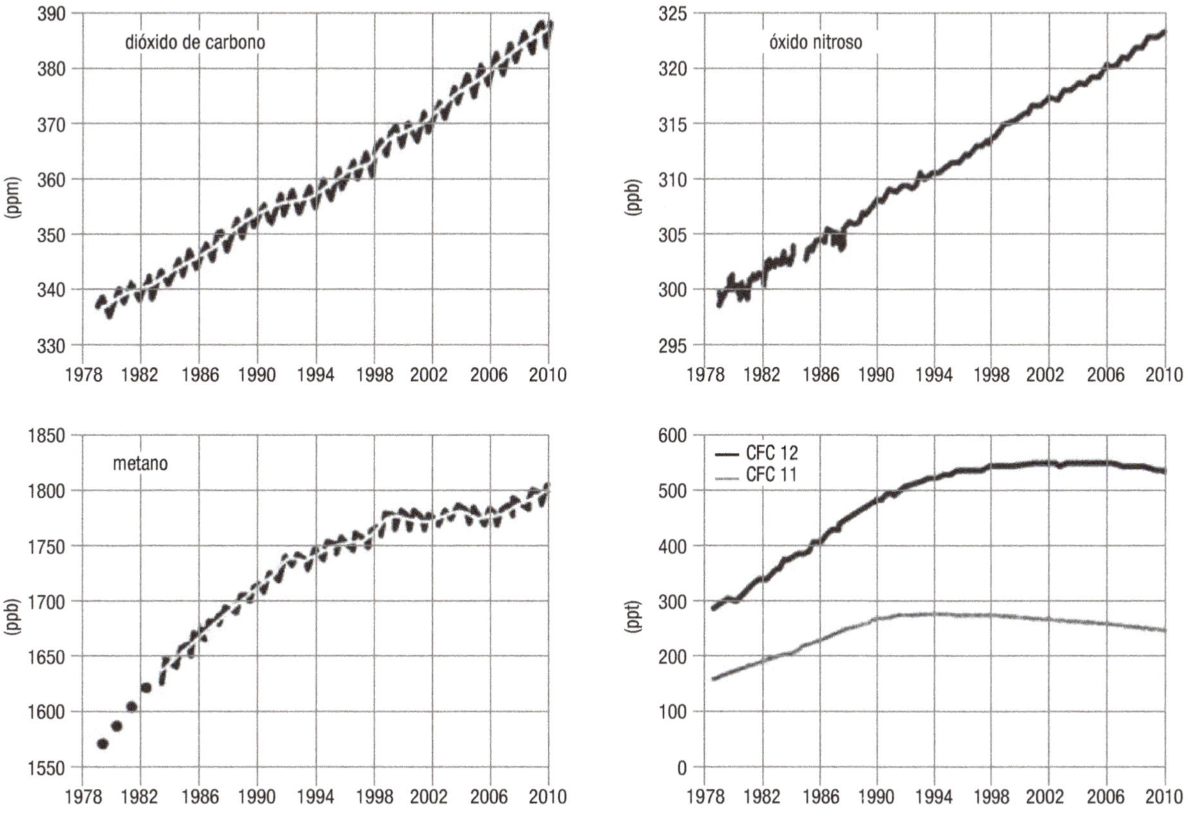
dióxido de carbono
(ppm)
óxido nitroso
(ppb)
metano
(ppb)
CFC 12
CFC 11
(ppt)
1978 1982 1986 1990 1994 1998 2002 2006 2010

Disponível em: <www.esrl.noaa.gov>. *Acesso em:* 6 ago.2012. Aadaptado..

Qual gás teve o maior aumento percentual de concentração na atmosfera nas últimas duas décadas representadas nos gráficos?

a) CO_2 b) CH_4 c) N_2O d) CFC 12   e) CFC 11

26. (PUC) **DADOS:** volume de 1 mol de gás nas CNTP é 22,4 L; H_2O_2 = 34 g/mol.

A água oxigenada é o nome dado à solução comercial de peróxido de hidrogênio (H_2O_2) em água. Em lojas de produtos químicos é possível adquirir frascos contendo água oxigenada 200 volumes. Essa concentração indica que a decomposição total do peróxido de hidrogênio contida em 1,0 L de solução produz 200 L de gás oxigênio medidos nas CNTP.

A reação de decomposição da água oxigenada é representada pela equação química a seguir

$$2\ H_2O_2(aq) \longrightarrow 2\ H_2O(l) + O_2(g)$$

Desse modo, 50 mL dessa solução contêm, aproximadamente,

a) 10 g de H_2O_2.
b) 20 g de H_2O_2.
c) 30 g de H_2O_2.
d) 40 g de H_2O_2.

27. (ENEM) Todos os organismos necessitam de água e grande parte deles vive em rios, lagos e oceanos. Os processos biológicos, como respiração e fotossíntese, exercem profunda influência na química das águas naturais em todo o planeta. O oxigênio é ator dominante na química e na bioquímica da hidrosfera. Devido a sua baixa solubilidade em água (9,0 mg/L a 20 °C) a disponibilidade de oxigênio nos ecossistemas aquáticos estabelece o limite entre a vida aeróbica e anaeróbica. Nesse contexto, um parâmetro chamado Demanda Bioquímica de Oxigênio (DBO) foi definido para medir a quantidade de matéria orgânica presente em um sistema hídrico. A DBO corresponde à massa de O_2 em miligramas necessária para realizar a oxidação total do carbono orgânico em um litro de água.

BAIRD, C. **Química Ambiental**. Porto Alegre: Bookman, 2005. Adaptado.

Suponha que 10 mg de açúcar (fórmula mínima CH_2O e massa molar igual a 30 g/mol) são dissolvidos em um litro de água; em quanto a DBO será aumentada?

a) 0,4 mg de O_2/litro
b) 1,7 mg de O_2/litro
c) 2,7 mg de O_2/litro
d) 9,4 mg de O_2/litro
e) 10,7 mg de O_2/litro

DADOS: massas molares em g/mol: C = 12; H = 1; O = 16.

SÉRIE PLATINA

1. (FUVEST – SP) Industrialmente, o clorato de sódio é produzido pela eletrólise de salmoura* aquecida, em uma cuba eletrolítica, de tal maneira que o cloro formado no ânodo se mistura e reage com o hidróxido de sódio formado no cátodo. A solução resultante contém cloreto de sódio e clorato de sódio.

Ao final de uma eletrólise de salmoura, retiraram-se da cuba eletrolítica, a 90 °C, 310 g de solução aquosa saturada tanto de cloreto de sódio quanto de clorato de sódio. Essa amostra foi resfriada a 25 °C, ocorrendo a separação de material sólido.

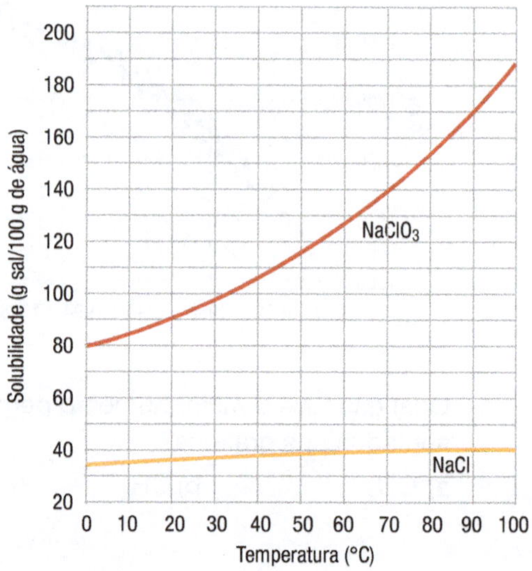

Solubilidade (g sal/100 g de água)
200
180
160
140
120
100
80
60
40
20
0 10 20 30 40 50 60 70 80 90 100
Temperatura (°C)
$NaClO_3$
NaCl

a) Quais as massas de cloreto de sódio e de clorato de sódio presentes nos 310 g da amostra retirada a 90 °C? Explique.
b) No sólido formado pelo resfriamento da amostra a 25 °C, qual é o grau de pureza (% em massa) do composto presente em maior quantidade?
c) A dissolução, em água, do clorato de sódio libera ou absorve calor? Explique.

* Salmoura = solução aquosa saturada de cloreto de sódio.

2. (A. EINSTEIN - SP - adaptada) ***Doping* esportivo**

Os jogos olímpicos Rio 2016 foram marcados pelo impedimento da participação de boa parte da delegação russa em virtude de um escândalo de *doping*. A pedido da Agência Mundial Antidoping, foi divulgado um relatório que denunciava um "sistema de *doping* de Estado" envolvendo 30 esportes na Rússia e que contava com o auxílio dos serviços secretos russos.

HTTPS://WWW.ODT.CO.NZ

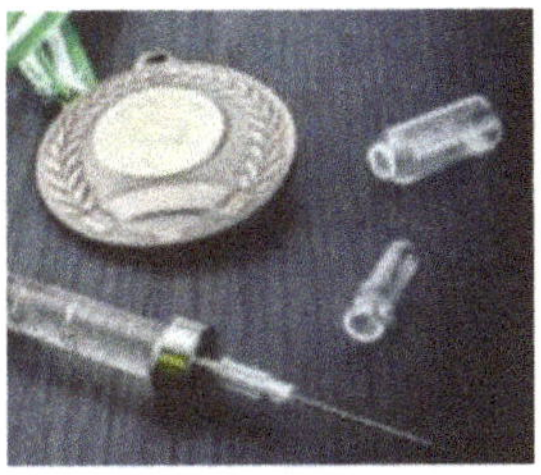

HTTPS://IQGLOBAL.INTEL.COM.BR

A lista de substâncias proibidas pela Agência Mundial Antidoping inclui compostos cuja presença nas amostras de urina em qualquer concentração é passível de punição, e compostos que apenas são considerados proibidos a partir de determinada concentração na urina, como apresentado na tabela a seguir.

SUBSTÂNCIAS	CLASSIFICAÇÃO	CONCENTRAÇÃO-LIMITE NA URINA
efedrina	estimulante	$10\ \mu g \cdot mL^{-1}$
pseudoefedrina	estimulante	$150\ \mu g \cdot mL^{-1}$
norpseudoefedrina (catina)	estimulante	$5\ \mu g \cdot mL^{-1}$
metilefedrina	estimulante	$10\ \mu g \cdot mL^{-1}$
salbutamol	agonista beta-2	$1\ \mu g \cdot mL^{-1}$
epitestosterona	esteroide anabolizante	$200\ ng \cdot mL^{-1}$

Muitas das substâncias proibidas são produzidas naturalmente no organismo. Como exemplos, podem ser citados hormônios como a epitestosterona (isômero da testosterona), a eritropoietina (EPO) e o hormônio de crescimento (GH). A testosterona também é usada no *doping* esportivo. Nesse caso, é aceitável que a razão entre as concentrações de testosterona e epitestosterona esteja entre 1 e 4. Razão acima de 4 é considerada *doping*.

TESTOSTERONA	EPITESTOSTERONA
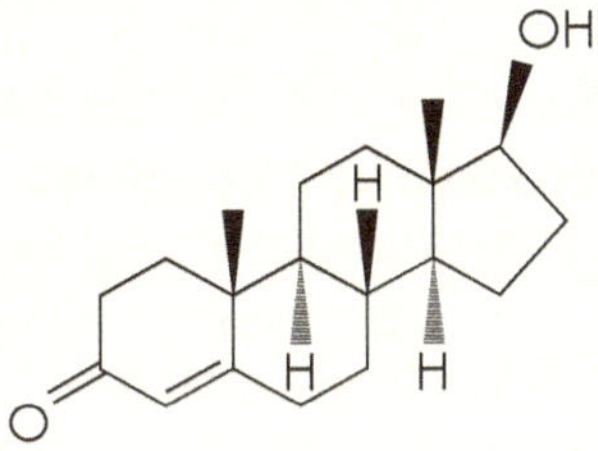OH H H H O	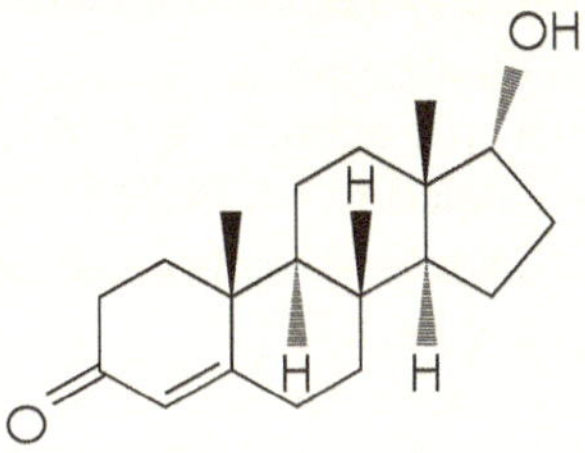OH H H H O

a) Identifique as funções orgânicas presentes na testosterona, circulando, na fórmula estrutural abaixo, os grupos funcionais e indicando a função orgânica que cada grupo representa.

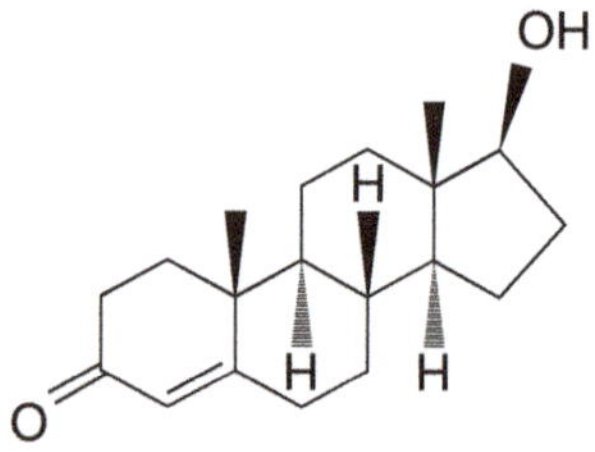
OH
H
H
H
O

b) Um atleta apresenta concentração de epitestosterona na urina igual a 150 ng · mL^{-1}. Represente essa concentração em mol · mL^{-1}.

DADOS: massa molar da epitestosterona: 300 g · mL^{-1}; 1 ng = 10^{-9} g.

c) Determine a concentração máxima de testosterona em mol · mL^{-1} que pode ser detectada nessa mesma urina para que ele seja considerado apto a participar das competições.

---

3. (UNIFESP – adaptada) O ácido nítrico é um dos ácidos mais utilizados na indústria e em laboratórios químicos. É comercializado em diferentes concentrações e volumes, como frascos de 1 litro de solução aquosa, que contém 60% em massa de HNO_3 (massa molar: 63 g/mol). Por se tratar de ácido forte, encontra-se totalmente na forma ionizada quando em solução aquosa diluída. É um líquido incolor, mas adquire coloração castanha quando exposto à luz, devido à reação de fotodecomposição. Nesta reação, o ácido nítrico decompõe-se em dióxido de nitrogênio, gás oxigênio e água.

a) Escreva as equações químicas, devidamente balanceadas, da reação de fotodecomposição do ácido nítrico (I) e da ionização do ácido nítrico em meio aquoso (II).

b) A 20 °C, a solução aquosa de ácido nítrico, descrita no enunciado, apresenta concentração 13,0 mol/L. Calcule a massa da solução a 20 °C. Apresente seus cálculos.

c) Qual é a densidade da solução e a concentração em g/L a 20 °C? Apresente seus cálculos.

4. (A. EINSTEIN – SP) O náilon 6,6 e o poliestireno são polímeros que apresentam diversas aplicações na indústria. Um técnico misturou inadvertidamente amostras desses polímeros.

DADOS: densidade do náilon 6,6 = 1,14 g · cm^{-3}
densidade do poliestireno = 1,05 g · cm^{-3}
massa molar do NaCl = 58,5 g · mol^{-1}

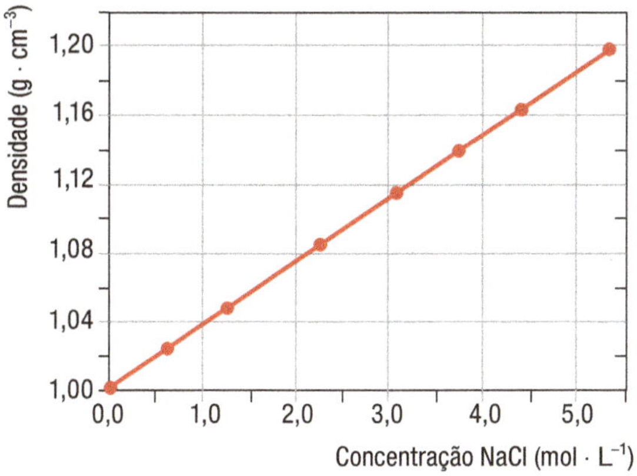
Densidade (g · cm^{-3})
1,20
1,16
1,12
1,08
1,04
1,00
0,0
1,0
2,0
3,0
4,0
5,0
Concentração NaCl (mol · L^{-1})

Conhecendo a densidade desses materiais, ele decidiu preparar uma solução aquosa de cloreto de sódio (NaCl) para separar as amostras. Para tanto, ele utilizou um balão volumétrico de 5,0 L.

A massa de NaCl adequada para essa preparação é

a) 120 g. b) 300 g. c) 600 g. d) 1.300 g.

5. (FUVEST – SP – adaptada) O Canal do Panamá liga os oceanos Atlântico e Pacífico. Sua travessia é feita por navios de carga genericamente chamados de "Panamax", cujas dimensões devem seguir determinados parâmetros, para não causar danos ao Canal ou à própria embarcação. Considere um Panamax em forma de um paralelepípedo reto-retângulo, com 200 m decomprimento e 30m de largura. Quando esse navio, carregado, ainda está no mar do Caribe, no oceano Atlântico, seu calado, que é a distância entre a superfície da água e o fundo do casco, é de 10 m. O calado varia conforme a densidade da água na qual o navio está navegando, e essa densidade, por sua vez, depende da concentração de cloreto de sódio na água.

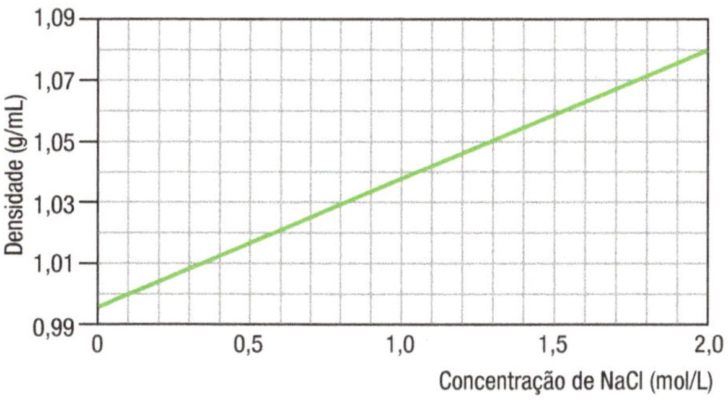
Densidade (g/mL)
1,09
1,07
1,05
1,03
1,01
0,99
0
0,5
1,0
1,5
2,0
Concentração de NaCl (mol/L)

O gráfico acima apresenta a variação da densidade da água do mar, a 25 °C, em função da concentração de NaCl, em mol/L.

Considere que a concentração de cloreto de sódio no mar do Caribe é de 35 g/L.

DADO: massa molar, em g/mol: NaCl = 58.

a) Calcule a concentração de NaCl no mar do Caribe, em mol/L, e determine, com o auxílio do gráfico, a densidade dessa solução.

b) Calcule a massa de água deslocada, em kg, por esse navio, quando ainda está no mar do Caribe.

DICA: o volume de líquido deslocado corresponde ao volume submerso do Panamax, que pode ser calculado a partir da fórmula V = comprimento × largura × calado.

Para equilibrar o peso do navio, a massa de líquido deslocada, independentemente da densidade do fluido, deve ser sempre a mesma (e igual ao valor determinado em b). Logo, caso a densidade do líquido varie, ocorrerá variação do volume deslocado. Assim, deve-se ficar atento caso a densidade do líquido diminua muito, o que levará ao aumento do calado, pois o navio afundará.

c) A concentração salina no interior do Canal é menor do que no mar do Caribe, pois o Canal é alimentado por um grande lago de água doce. Considerando que a densidade da água no interior do Canal é 1,0 g/mL e que o calado máximo permitido no interior do Canal é de 12 m, o Panamax citado poderá cruzar o Canal em segurança? Explique, mostrando os cálculos.

6. (UNICAMP – SP – adaptada) Graças a sua alta conversão energética e à baixa geração de resíduos, o gás hidrogênio é considerado um excelente combustível. Sua obtenção a partir da fermentação anaeróbia (processo biológico que ocorre na ausência de oxigênio) de biomassas como bagaço de cana, glicerol, madeira e resíduos do processamento da mandioca, abundantes e de baixo custo, parece ser uma boa alternativa tecnológica para o Brasil.

A figura ao lado ilustra o resultado da fermentação de 1 litro de solução de glicose ($C_6H_{12}O_6$) efetuada pela bactéria *Clostridium butyricum*.

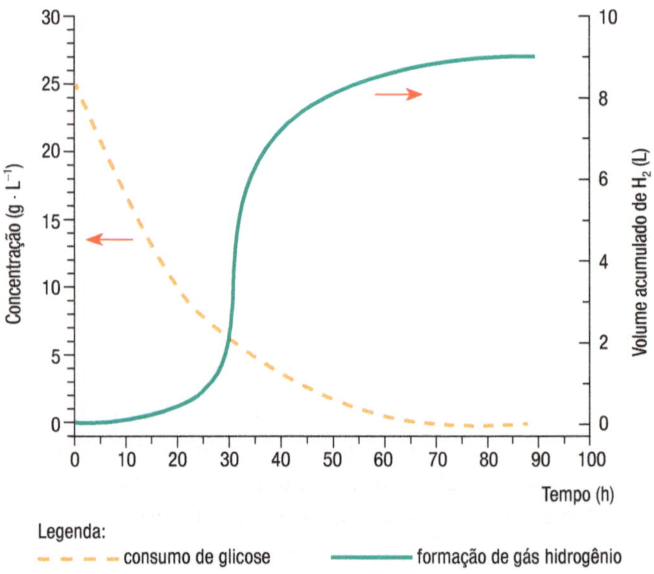
Concentração (g · L⁻¹)
Volume acumulado de H₂ (L)
Tempo (h)
Legenda:
consumo de glicose
formação de gás hidrogênio

a) A concentração de solução de glicose utilizada no início do processo está em g/L. Determine a concentração da solução em mol/L.

DADO: massas molares em g/mol: H = 1; C = 12; O = 16.

b) De acordo com o texto, a fermentação é um processo de baixo custo para a obtenção de gás hidrogênio, um excelente combustível. Sabendo que, nas condições do experimento, 1 mol de gás ocupa 25 L, determine a quantidade em mol de gás hidrogênio obtida ao final do processo, a partir do volume de gás formado na fermentação.

c) As equações abaixo representam as reações que podem ocorrer na fermentação efetuada pela bactéria *Clostridium butyricum*.

Equação 1: $C_6H_{12}O_6(aq) + 2\ H_2O(l) \longrightarrow 2\ CH_3COOH(aq) + 4\ H_2(g) + 2\ CO_2(g)$

Equação 2: $C_6H_{12}O_6(aq) + 2\ H_2O(l) \longrightarrow CH_3CH_2CH_2COOH(aq) + 2\ H_2(g) + 2\ CO_2(g)$

Levando em conta os resultados obtidos nos itens (b) e (c), e considerando que a fermentação tenha ocorrido, concomitantemente, pelas duas reações indicadas, qual dos ácidos estava presente em maior concentração ($mol \cdot L^{-1}$) ao final da fermentação, o butanoico ou o etanoico? Justifique sua resposta.

Operações com Soluções

CAPÍTULO 4

25 de janeiro de 2019. Um dia quente em Brumadinho, município de Minas Gerais próximo a Belo Horizonte. Às 13h37min, a barragem que continha os rejeitos da Mina do Feijão rompeu-se, e o mar de lama levou consigo casas e vidas. Às 15h50min, já havia sido atingido pela lama o rio Paraopeba, cuja bacia de 12.090 quilômetros quadrados cobre 35 municípios.

Nesse acidente, além da lamentável morte de mais de 250 pessoas e das perdas materiais, a quantidade de sedimentos que foram levados para os rios da região causou não só morte de peixes e de outros seres vivos aquáticos, mas também a contaminação da água, tornando-a imprópria para consumo.

Um dos maiores desastres socioambientais do Brasil fez com que o aumento das quantidades de solutos contendo cobre, cromo, ferro e manganês nas águas do rio Paraopeba levasse as concentrações dessas espécies químicas além dos limites permitidos.

Quanto
Vale
a vida?

RODRIGO S COELHO/SHUTTERSTOCK

Depois do colapso da barragem de rejeitos de Brumadinho, MG, protestos foram realizados em muitas cidades com o objetivo de chamar a atenção dos responsáveis para que tomem as providências necessárias para que esse tipo de acidente não volte a ocorrer. (Na foto, protesto no Rio de Janeiro em 1.º de fevereiro de 2019.)

CHRISTYAM DE LIMA/SHUTTERSTOCK

Rio Paraopeba, um dos principais afluentes do rio São Francisco, contaminado por rejeitos depois do colapso da barragem da mina Córrego do Feijão, em Brumadinho, MG.

FIQUE POR DENTRO!

Extração do minério de ferro

Para a extração dos minerais que não se encontram a céu aberto, é preciso que sua retirada seja feita com o escavamento do solo por máquinas operatrizes ou mesmo com a abertura de cavas com o uso de explosivos.

Ao extrair o ferro da mina, retiram-se junto minerais que não têm interesse econômico e também terra. O material que não será aproveitado, conhecido como material estéril, é transportado para alguma área próxima, armazenado nas chamadas barragens de rejeito.

Tipos de barragens de rejeito.

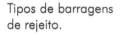

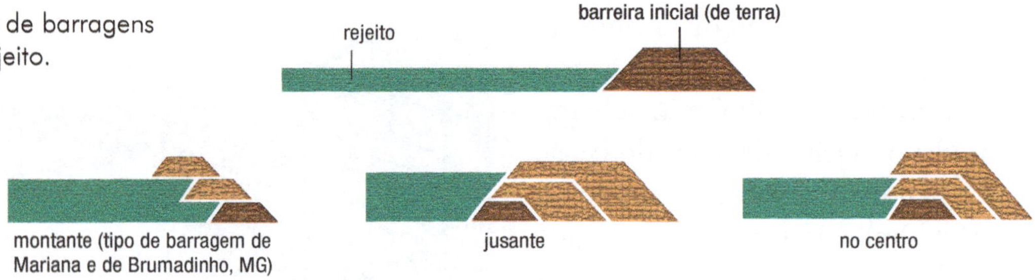
barreira inicial (de terra)
rejeito
montante (tipo de barragem de Mariana e de Brumadinho, MG)
jusante
no centro

4.1 Diluição de uma Solução

As soluções aquosas compradas no comércio apresentam concentrações elevadas de soluto, portanto, é comum adicionar água para, aumentando o volume da solução, diminuir a concentração do soluto. Assim, **diluir** uma solução significa adicionar solvente a ela com a finalidade de diminuir sua concentração.

Por exemplo, para concentração em g/L, como a concentração (C) é uma relação diretamente proporcional à massa de soluto (m_1) e inversamente proporcional ao volume de solução (V), temos que ao aumentarmos o volume, diminuímos a concentração da solução:

$$\downarrow C = \frac{m_1}{V\uparrow} \qquad C = g/L$$

Em um laboratório, a maneira mais comum de se diluir uma solução é esquematizada ao lado.

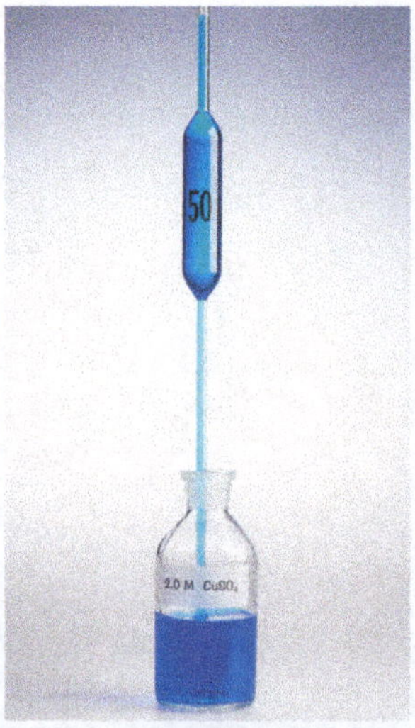

Com uma pipeta, retiramos de uma solução concentrada o volume desejado.

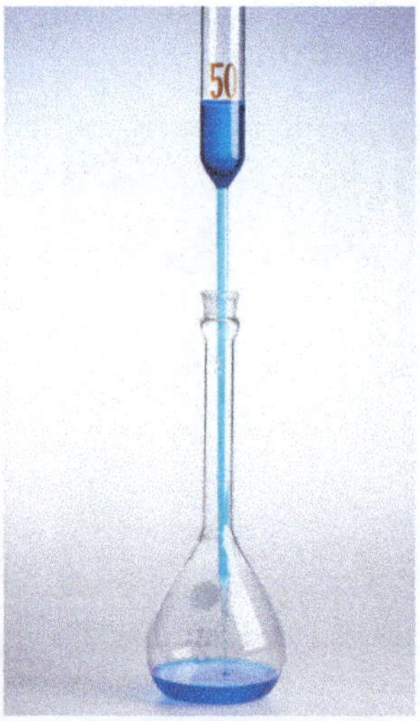

O conteúdo integral da pipeta é transferido para um balão volumétrico de volume igual ao volume final desejado.

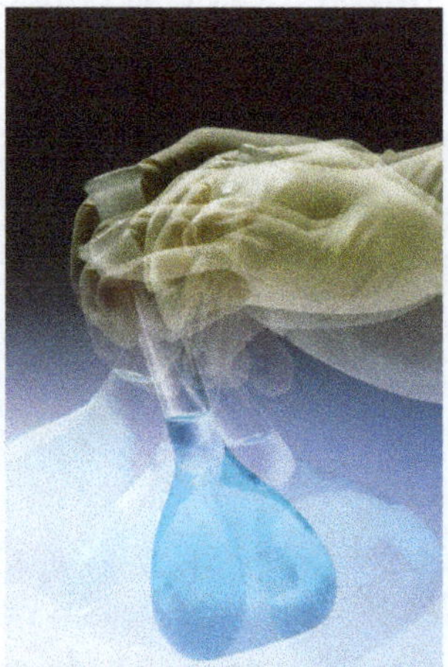

Acrescenta-se um pouco de água ao balão volumétrico e agita-se para homogeneizar a solução.

FOTOS: RICHARD MEGNA, FUNDAMENTAL PHOTOGRAPHS, NYC

Ao diluirmos uma solução, verificamos que:

- a quantidade de soluto (massa, m_1, ou quantidade em mol, n_1) presente permanece constante;
- seu volume aumenta ($V_{final} > V_{inicial}$);
- sua concentração diminui ($C_{final} < C_{inicial}$).

A conclusão de que o volume e a concentração de uma solução são inversamente proporcionais pode ser expressa matematicamente por meio da expressão, chamada de **equação da diluição**:

$$C_{inicial} \cdot V_{inicial} = C_{final} \cdot V_{final}$$

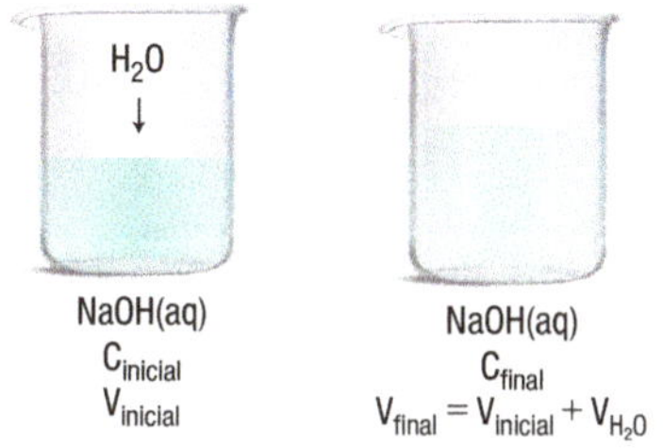
H_2O
NaOH(aq)
$C_{inicial}$
$V_{inicial}$
NaOH(aq)
C_{final}
$V_{final} = V_{inicial} + V_{H_2O}$

A operação inversa de diluir chama-se **concentrar**. Concentrar consiste em um aquecimento cuidadoso da solução, de modo a evaporar apenas o solvente. Nesse caso, continua valendo a fórmula apresentada.

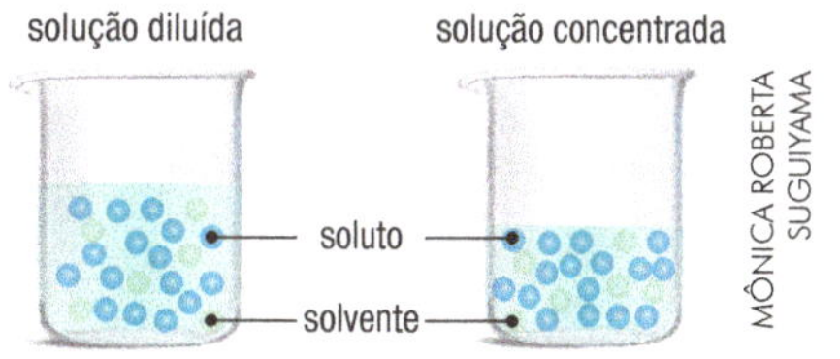
solução diluída
solução concentrada
soluto
solvente
MÔNICA ROBERTA SUGUIYAMA

Em uma solução diluída, há menor quantidade de soluto em relação à quantidade de solvente. Já em uma solução concentrada, a quantidade de soluto é maior em relação à quantidade de solvente.

ATENÇÃO!

A equação da diluição também apresenta formato semelhante quando são utilizadas outras unidades de concentração. Por exemplo:

- Para concentração em mol/L:
  $\mathfrak{M}_{inicial} \cdot V_{inicial} = \mathfrak{M}_{final} \cdot V_{final}$
- Para concentração em porcentagem em massa:
  $(p_{m/m})_{inicial} \cdot m_{inicial} = (p_{m/m})_{final} \cdot m_{final}$
- Para concentração em porcentagem em volume:
  $(p_{V/V})_{inicial} \cdot V_{inicial} = (p_{V/V})_{final} \cdot V_{final}$

Vagarosamente, acrescenta-se mais água, com auxílio de uma pisseta, até atingir o traço de calibração.

Solução diluída.

55
lavendel
BERT BASTIAS/SHUTTERSTOCK

Amaciantes para roupa podem ser encontrados em embalagens cujo conteúdo deve ser diluído antes de ser utilizado.

4.2 Mistura de Soluções de mesmo Soluto

Quando misturamos soluções aquosas de mesmo soluto, a quantidade de soluto na solução final será igual à soma das quantidades dos solutos nas soluções iniciais. Considere que temos duas soluções (A e B) de hidróxido de sódio (NaOH) de concentrações (C_A e C_B) e volumes diferentes (V_A e V_B). Vamos determinar a concentração da solução final (C_{final}).

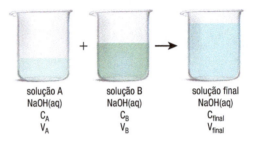

+
solução A
NaOH(aq)
C_A
V_A
solução B
NaOH(aq)
C_B
V_B
solução final
NaOH(aq)
C_{final}
V_{final}

ATENÇÃO!

Para aplicação destas fórmulas, é necessário que todos os volumes (V_{final}, V_A e V_B) estejam na **mesma** unidade.

ATENÇÃO!

Nem sempre em uma mistura de líquidos os volumes são aditivos. Na mistura de água com etanol, por exemplo, ocorre contração de volume!

Se considerarmos que os volumes são **aditivos**, isto é, que $V_{final} = V_A + V_B$, a concentração final (C_{final}) pode ser determinada a partir da expressão:

$$C_{final} \cdot V_{final} = C_A \cdot V_A + C_B \cdot V_B$$

Como no caso da equação da diluição, a expressão acima também pode ser escrita para outras unidades de concentração, como a concentração em mol/L:

$$\mathfrak{M}_{final} \cdot V_{final} = \mathfrak{M}_A \cdot V_A + \mathfrak{M}_B \cdot V_B$$

A concentração final tem um valor intermediário ao das concentrações iniciais. Não sendo dado o volume final da mistura, devemos considerá-lo como a soma dos volumes iniciais.

4.3 Mistura de Soluções de Solutos diferentes sem Reação Química

Nesse tipo de mistura, supondo que os solutos não interferem um no outro, as quantidades de soluto permanecem inalteradas. Tudo se passa como se cada solução individualmente sofresse uma diluição. Assim, a concentração de cada soluto diminui, pois o volume da solução aumenta decorrente da mistura das soluções.

MADELEINE STEINBACH/ SHUTTERSTOCK

Na fabricação de perfumes, os perfumistas propõem a mistura de diversos óleos essenciais, que consistem em misturas concentradas de substâncias voláteis com aromas específicos. Essas substâncias não reagem entre si, porém os diversos aromas compõem a fragrância desenhada pelo perfumista.

Nesse caso, podemos aplicar a **equação da diluição** de forma independente para cada solução. Considere que sejam misturadas duas soluções (A, B) de concentrações (C_A e C_B) e volumes (V_A e V_B) conhecidos, de solutos diferentes que não reajam entre si.

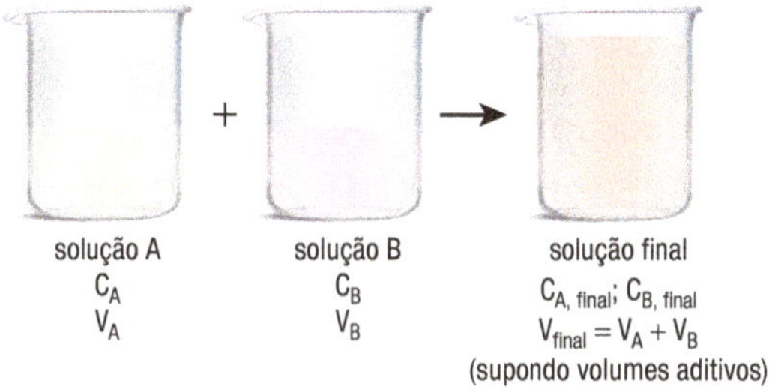
+
solução A
C_A
V_A
solução B
C_B
V_B
solução final
$C_{A,\ final}$; $C_{B,\ final}$
$V_{final} = V_A + V_B$
(supondo volumes aditivos)

As concentrações finais dos solutos ($C_{A,\ final}$ e $C_{B,\ final}$) podem ser determinadas a partir das seguintes expressões:

$$C_A \cdot V_A = C_{A,\ final} \cdot V_{final}$$
$$C_B \cdot V_B = C_{B,\ final} \cdot V_{final}$$

4.4 Mistura de Soluções com Reação Química

Existe ainda a possibilidade de na mistura de soluções de soluto diferentes ocorrer uma reação química entre os solutos, como ocorre quando necessitamos neutralizar uma solução ácida ou básica em laboratório. A reação entre dois sais com precipitação de um dos produtos também é um exemplo bastante comum que ocorre quando misturamos duas soluções.

NATALIEIME/SHUTTERSTOCK

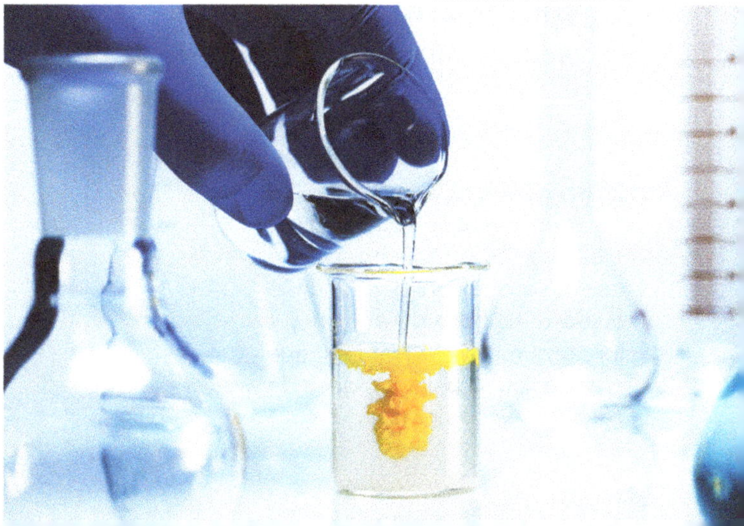

Quando são misturadas soluções aquosas incolores de iodeto de potássio (KI, no béquer apoiado na mesa) e de nitrato de chumbo(II) ($Pb(NO_3)_2$, no béquer na mão), ocorre a precipitação de iodeto de chumbo(II) (PbI_2), um sólido amarelo de baixa solubilidade em água.

Os exercícios de misturas de soluções com reações químicas devem ser resolvidos com auxílio da estequiometria, com base na seguinte sequência:

1) Calcular as quantidades em mols do soluto (n_1) de cada solução a partir de dados de **concentração**, com base em uma regra de três ou na expressão:

$$n_1 = C_{mol/L} \cdot V \quad \text{ou} \quad n_1 = \mathcal{M} \cdot V$$

2) Escrever a equação química balanceada.
3) Verificar se há excesso de um dos solutos (reagentes).
4) Fazer a proporção em mols (cálculo estequiométrico) para responder à pergunta do exercício.

4.5 Titulação

É possível determinar a concentração de uma solução a partir de uma solução de concentração conhecida, por meio de um procedimento conhecido como **titulação**. Esse procedimento é bastante utilizado para determinação da concentração de soluções ácidas (**acidimetria**) e básicas (**alcalimetria**). Nas **titulações ácido-base**, são utilizados bureta, erlenmeyer e indicadores ácido-base, que são substâncias que mudam de cor na presença de ácidos ou de bases.

Em uma titulação ácido-base, adiciona-se uma solução de concentração conhecida de ácido ou de base a uma solução de concentração desconhecida na qual há um indicador de pH. Acompanhe pelo esquema a seguir.

Indicadores ácido-base mais usados em laboratórios.

INDICADOR	ÁCIDO	BASE
tornassol	róseo	azul
fenolftaleína	incolor	vermelho
alaranjado de metila	vermelho	amarelo
azul de bromotimol	amarelo	azul

ATENÇÃO!

Vamos relembrar que ao adicionarmos um ácido a uma base, ocorre uma reação de neutralização e temos como produtos um sal e água.

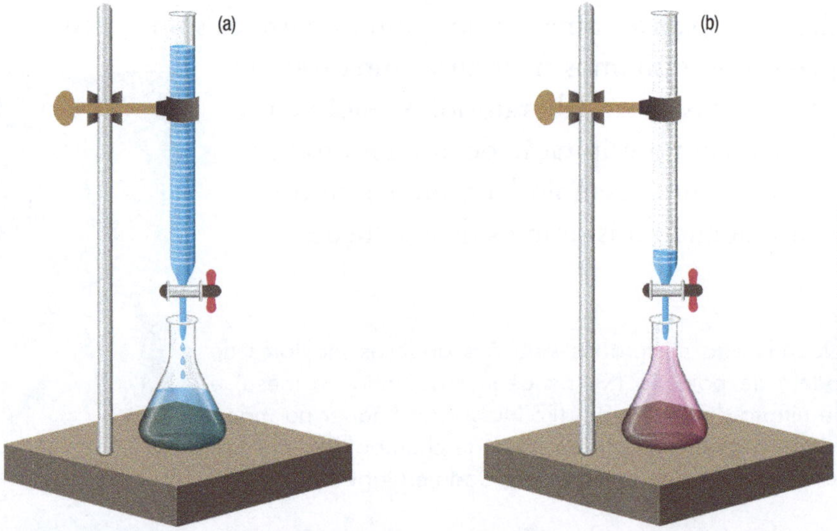
(a)
(b)

MEKADESIGN/SHUTTERSTOCK

(a) Ao abrir a torneira da bureta, ocorrerá a reação entre o ácido e a base. (b) A titulação termina (fecha-se a torneira) quando o ácido ou a base do erlenmeyer for consumido totalmente, o que é evidenciado pela mudança de cor da solução do erlenmeyer.

As etapas para determinação da concentração da solução desconhecida são similares às etapas realizadas na resolução de exercícios de mistura com reação, discutidos na seção 4.4, uma vez que na titulação também temos uma reação química e, portanto, também precisamos nos basear em cálculos estequiométricos.

FIQUE POR DENTRO!

pH e curvas de titulação

A neutralização total da solução desconhecida também pode ser identificada a partir de valores de pH (potencial hidrogeniônico), que corresponde a uma escala numérica, que varia usualmente de 0 a 14, utilizada para indicar se uma substância é ácida ou básica. Substâncias com pH menor do que 7 são consideradas ácidas; acima de 7 são básicas e igual a 7 são neutras.

neutro
ácido
básico
0 1 2 3 4 5 6 7 8 9 10 11 12 13 14
escala de pH
ALHOVIK/SHUTTERSTOCK

Se durante uma titulação ácido-base for utilizado um medidor de pH (peagâmetro) e, por exemplo, estivermos titulando uma solução de ácido clorídrico (HCl, um ácido forte) com uma solução de hidróxido de sódio (NaOH, uma base forte), a quantidade de base consumida na neutralização total é aquela necessária para elevar o pH do valor inicial (inferior a 7, pois partimos de uma solução ácida) até o valor de 7 (solução neutra, que indica a neutralização total do ácido forte pela base forte).

É bastante comum representar a variação do valor de pH (no eixo das ordenadas) em função do volume adicionado de titulante (no caso, uma base, no eixo das abscissas) por meio de um gráfico, chamado de curva de titulação.

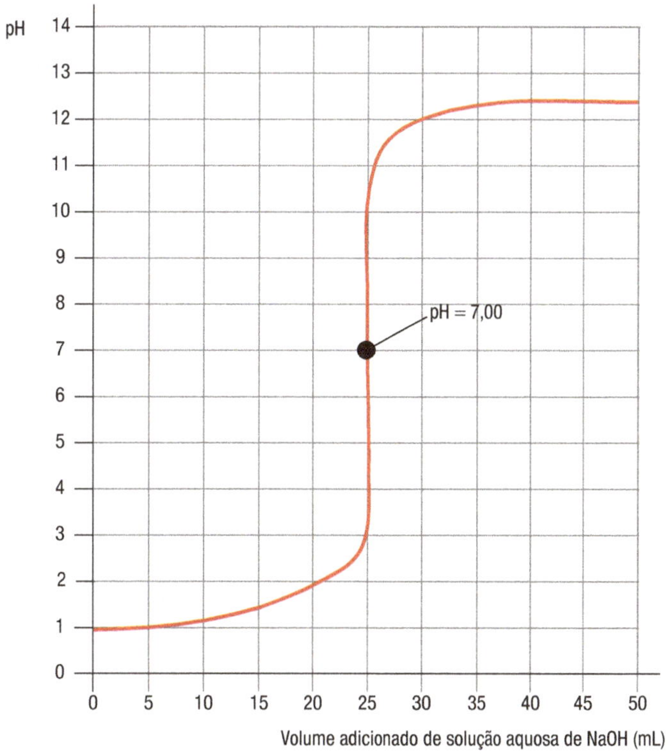
pH
0 1 2 3 4 5 6 7 8 9 10 11 12 13 14
pH = 7,00
0 5 10 15 20 25 30 35 40 45 50
Volume adicionado de solução aquosa de NaOH (mL)

Na titulação de solução aquosa de ácido clorídrico (HCl(aq)) de pH inicial igual a 1 com solução de NaOH(aq) 0,1 mol/L foram gastos 25 mL (ponto de equivalência, que apresenta pH igual a 7) de base para neutralizar totalmente o ácido. Após o ponto de equivalência, a adição de base em excesso provoca a elevação do pH para valores superiores a 7. A titulação encerrou-se com a adição de 25 mL de NaOH(aq), porém é frequente representar as curvas de titulação também para adições em excesso de titulante.

LIGANDO OS PONTOS!

A importância dos recursos minerais para o desenvolvimento das civilizações

Atualmente, o Brasil é um dos principais *players* internacionais na mineração de minério de ferro, sendo o segundo maior produtor e apresentando um dos minérios de melhor qualidade do mundo, extraído na região de Carajás, no Pará. Também temos a maior reserva de nióbio do mundo (98% da reserva mundial), um metal com aplicações na siderurgia, na produção de aços bastante resistentes.

A história da mineração no Brasil teve um grande impulso no século XVIII com a exploração de ouro da região de Minas Gerais, que atraiu dezenas de milhares de aventureiros em busca de enriquecimento.

Agora, se pensarmos na relação da mineração, atividade de exploração e beneficiamento de minérios, com a humanidade, veremos que ela remonta a épocas muito anteriores ao século XVIII.

Hoje, conhecemos cerca de 85 metais diferentes, porém, antes do século XIX, apenas 24 desses metais já tinham sido descobertos. Se considerarmos apenas períodos antes de Cristo, o ser humano tinha tido contato com apenas 8 metais na forma isolada: ouro, cobre, prata, chumbo, estanho, ferro, mercúrio e zinco.

Metais como ouro e prata são conhecidos há mais tempo, pois, por serem nobres e menos reativos, eram encontrados diretamente na forma metálica na natureza.

Já o ferro, metal mais utilizado atualmente, é mais reativo, sendo encontrado na natureza combinado principalmente com oxigênio, na forma de óxidos (FeO e Fe_2O_3). O beneficiamento e a extração do metal ferro a partir desses minerais envolvem a utilização de temperaturas relativamente altas (da ordem de 1.500 °C), razão pela qual o ferro somente foi "descoberto" e isolado alguns milênios depois que os metais anteriores.

Foi com o desenvolvimento das civilizações mediterrâneas, a grega e a romana, que a mineração se tornou uma das principais atividades ao redor do mundo: a riqueza de cidades como Atenas e Esparta estava relacionada com o controle de minas de prata.

O crescimento dos romanos foi pautado tanto na exploração de metais para produção de moedas quanto de equipamentos militares para financiar e sustentar suas operações.

Pulando alguns séculos para a corrida pelo ouro no Brasil, esse metal foi explorado pelos portugueses e repassado para os ingleses para financiar o desenvolvimento pela Revolução Industrial.

Os recursos gerados pela mineração efetivamente moldaram o mundo e a humanidade, sendo utilizados na construção de estradas, pontes e cidades; no futuro, metais leves, como o alumínio, e ligas metálicas especiais serão utilizados no desenvolvimento da eletrônica e na geração de energia a partir de fontes renováveis. Entretanto, atualmente,

T PHOTOGRAPHY/SHUTTERSTOCK

Mina de ferro a céu aberto (Carajás, PA). A produção brasileira representa cerca de 18% da produção mundial de ferro, sendo o segundo maior produtor do mundo (2019). Para ter uma ideia da extensão dessa mina, compare-a com o tamanho dos veículos da foto.

aumentou-se também a nossa preocupação com os resíduos dessa atividade e com o número crescente de desastres ambientais, como o caso de Brumadinho. Contaminações de rios e solos têm demandado também o desenvolvimento de técnicas e operações de análise para determinação da gravidade dessas contaminações e auxílios das melhores estratégias de remediação desses desastres.

RHJ PHOTO AND ILLUSTRATION

O nióbio é um metal brilhante empregado como elemento de liga para produção de aços bastante resistentes, utilizados em gasodutos e oleodutos.

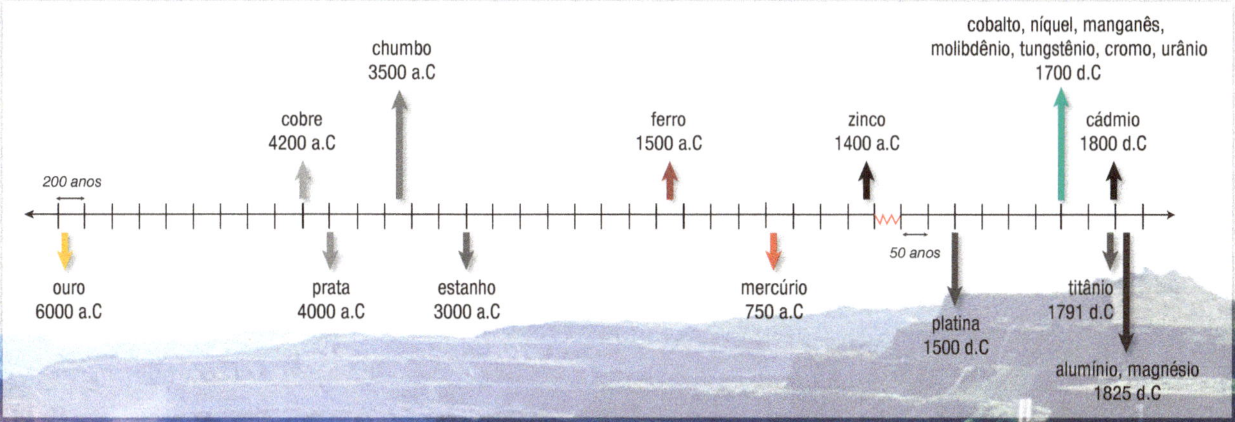
200 anos
ouro
6000 a.C
cobre
4200 a.C
prata
4000 a.C
chumbo
3500 a.C
estanho
3000 a.C
ferro
1500 a.C
mercúrio
750 a.C
zinco
1400 a.C
50 anos
platina
1500 d.C
cobalto, níquel, manganês,
molibdênio, tungstênio, cromo, urânio
1700 d.C
titânio
1791 d.C
cádmio
1800 d.C
alumínio, magnésio
1825 d.C

SÉRIE BRONZE

1. Complete o diagrama a seguir com as informações pedidas sobre o processo de diluição.

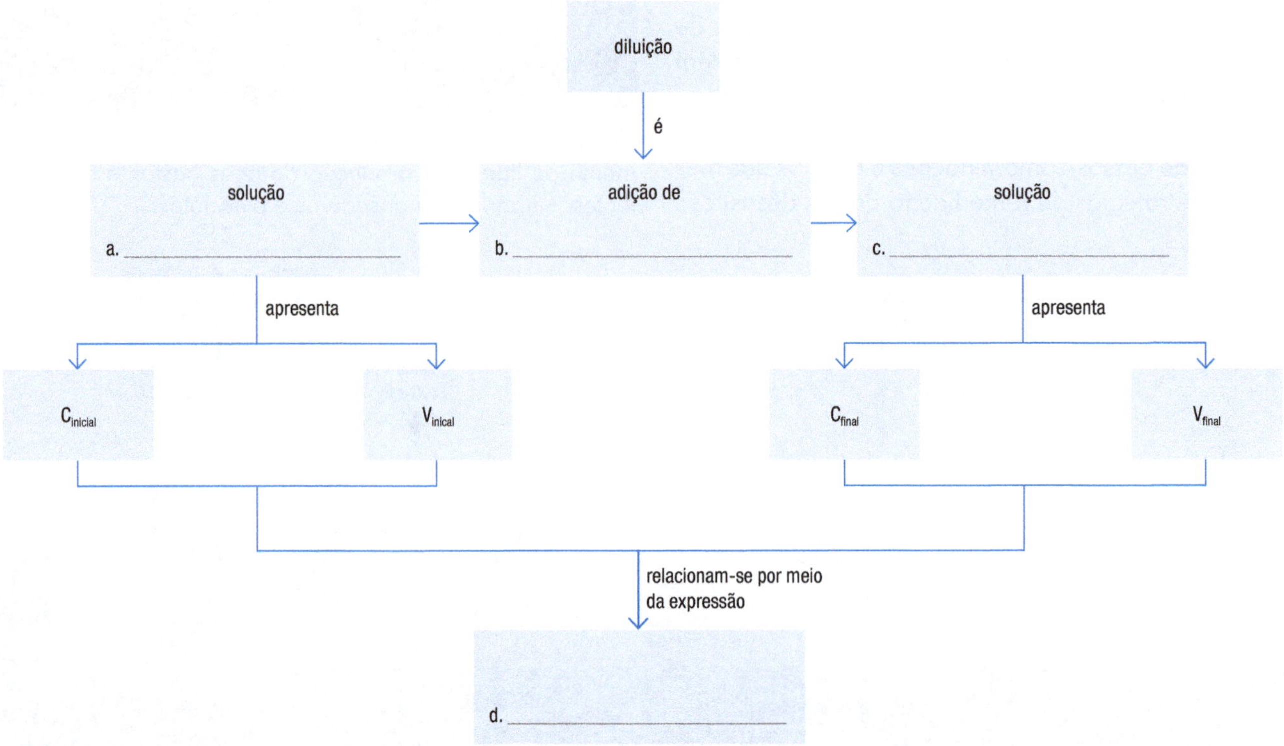
diluição
é
solução
a. ____________
adição de
b. ____________
solução
c. ____________
apresenta
apresenta
$C_{inicial}$
$V_{inicial}$
C_{final}
V_{final}
relacionam-se por meio da expressão
d. ____________

2. Se adicionarmos 80 mL de água a 20 mL de uma solução 10 g/L de NaOH, qual será a concentração final?

Resolução:

$C_{inicial} \cdot V_{inicial} = C_{final} \cdot V_{final}$

$(10 \text{ g/L}) \cdot (20 \text{ mL}) = C_{final} \cdot (100 \text{ mL})$

$C_{final} = 2 \text{ g/L}$

3. Sabendo que 8 cm^3 de água destilada foram adicionados a 2 cm^3 de solução de H_2SO_4 3,0 mol/L, determine a concentração em mol/L final da solução.

4. Calcular o volume de água que deve ser adicionado em 200 mL de solução a 0,1 mol/L de H_2SO_4 para torná-la 0,01 mol/L.

Resolução:

$\mathfrak{M}_{inicial} \cdot V_{inicial} = \mathfrak{M}_{final} \cdot V_{final}$

$(0,1 \text{ mol/L}) \cdot (200 \text{ mL}) = (0,01 \text{ mol/L}) V_{final}$

$V_{final} = 2.000 \text{ mL}$

$V_{final} = V_{inicial} + V_{H_2O} = 200 + V_{H_2O} = 2.000 \text{ mL}$

$V_{H_2O} = 1.800 \text{ mL}$

5. Que volume de água deve ser adicionado a 50 cm^3 de solução de NaOH, cuja concentração é igual a 60 g/L, para que seja obtida uma solução a 5 g/L?

6. Misturam-se 200 mL de solução de NaOH de concentração 5 g/L com 300 mL de solução de mesma base com concentração 4 g/L. Qual é a concentração final em g/L?

Resolução:

Soluções iniciais

$C_A = 5$ g/L
$V_A = 2.000$ mL

$C_B = 4$ g/L
$V_B = 300$ mL

Solução final

$C_{final} = ?$
$V_{final} = V_A + V_B = 500$ mL

$C_A \cdot V_A + C_B \cdot V_B = C_{final} \cdot V_{final}$

$(5 \text{ g/L}) \cdot (200 \text{ mL}) + (4 \text{ g/L}) \cdot (300 \text{ mL}) = C_{final} \cdot (500 \text{ mL})$

$C_{final} = 4{,}4$ g/L

7. 0,75 L de NaOH 2 mol/L foi misturado com 0,50 L da mesma base a 3 mol/L. Calcular a concentração em mol/L da solução resultante.

8. Um volume de 200 mL de uma solução aquosa de $C_6H_{12}O_6$ de concentração igual a 60 g/L foi misturada a 300 mL de uma solução $C_6H_{12}O_6$ de concentração igual a 120 g/L. Determine a concentração em g/L da solução final.

9. Misturando-se 150 mL de solução 0,4 mol/L de KCl com 50 mL de solução 0,8 mol/L de K_2SO_4, calcule:
a) concentração em mol/L resultante em relação a cada um dos sais;
b) concentração em mol/L resultante em relação aos íons presentes na solução (K^{1+}, Cl^{1-}, SO_4^{2-}).

Resolução:

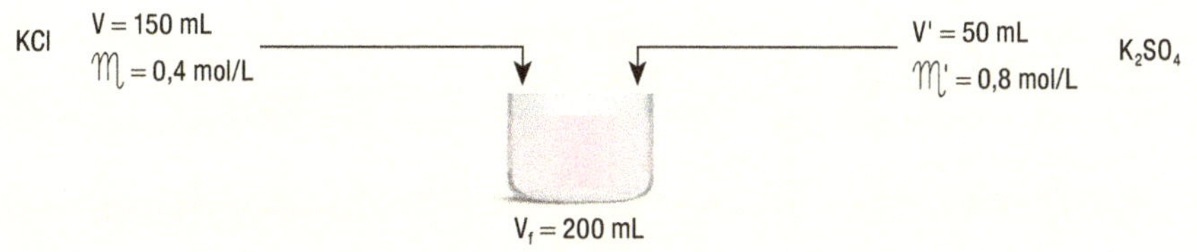
KCl
V = 150 mL
$\mathcal{M}$ = 0,4 mol/L
V' = 50 mL
$\mathcal{M}$' = 0,8 mol/L
K_2SO_4
V_f = 200 mL

a) KCl $\quad \mathcal{M}V = \mathcal{M}_fV_f \therefore 0{,}4 \cdot 150 = \mathcal{M}_f \cdot 200 \therefore \mathcal{M}_f = 0{,}3$ mol/L

K_2SO_4 $\quad \mathcal{M}'V' = \mathcal{M}_fV_f \therefore 0{,}8 \cdot 50 = \mathcal{M}_f \cdot 200 \therefore \mathcal{M}_f = 0{,}2$ mol/L

b)

KCl	⟶	K^{1+}	+	Cl^-	K_2SO_4	⟶	2 K^{1+}	+	SO_4^{2-}
0,3 mol/L		0,3 mol/L		0,3 mol/L	0,2 mol/L		0,4 mol/L		0,2 mol/L

$[K^{1+}] = 0{,}7$ mol/L, $[Cl^{1-}] = 0{,}3$ mol/L, $[SO_4^{2-}] = 0{,}2$ mol/L

10. Misturando-se 100 mL de solução aquosa 0,1 mol/L de NaCl com 100 mL de solução aquosa 0,1 mol/L de KCl, a solução resultante deve apresentar concentrações de Na^+, K^+ e Cl^-, respectivamente, iguais a:

a) 0,05 mol/L; 0,05 mol/L; 0,1 mol/L.
b) 0,1 mol/L; 0,1 mol/L; 0,1 mol/L.
c) 0,1 mol/L; 0,1 mol/L; 0,2 mol/L.
d) 0,1 mol/L; 0,2 mol/L; 0,1 mol/L.
e) 0,2 mol/L; 0,2 mol/L / 0,1 mol/L.

11. 1 L de solução aquosa de HNO_3 0,2 mol/L é misturado com 2 L de solução 0,1 mol/L de KOH.

a) Calcule as quantidades em mol de HNO_3 e de KOH nas soluções iniciais.
b) Escreva a equação que representa a reação ocorrida.
c) Existe excesso de algum dos solutos?
d) Calcule a concentração, em mol/L, do sal formado.

Resolução:

a) $HNO_3 \longrightarrow \mathcal{M} = \frac{n}{V} \Rightarrow 0{,}2 = \frac{n}{1} \therefore n = 0{,}2 \text{ mol}$

$KOH \longrightarrow \mathcal{M}' = \frac{n}{V} \Rightarrow 0{,}1 = \frac{n}{2} \therefore n' = 0{,}2 \text{ mol}$

b)

	KOH +	$HNO_3 \longrightarrow$	$KNO_3 + H_2O$
equação	1 mol	1 mol	1 mol
exercício	0,2 mol	0,2 mol	0,2 mol

c) Não existe excesso de soluto.

d) $\mathcal{M} = \frac{n}{V} \therefore \mathcal{M} = \frac{0{,}2}{3} \therefore M = 0{,}06 \text{ mol/L}$

12. 1 L de solução aquosa de HNO_3 0,5 mol/L é misturado com 2 L de solução 0,1 mol/L de KOH.

a) Calcule as quantidades em mol de HNO_3 e KOH nas soluções iniciais.
b) Escreva a equação que representa a reação ocorrida.
c) Existe excesso de algum dos solutos?
d) Calcule a concentração, em mol/L, do soluto em excesso.
e) Calcule a concentração, em mol/L, do sal formado.
f) Calcule as concentrações, em mol/L, dos íons K^+, NO_3^- e OH^-.

13. (UnB – DF) A figura abaixo mostra os instantes inicial e final da titulação de 20 mL de solução de H_2SO_4 com 10 mL de solução 0,8 mol/L de NaOH.

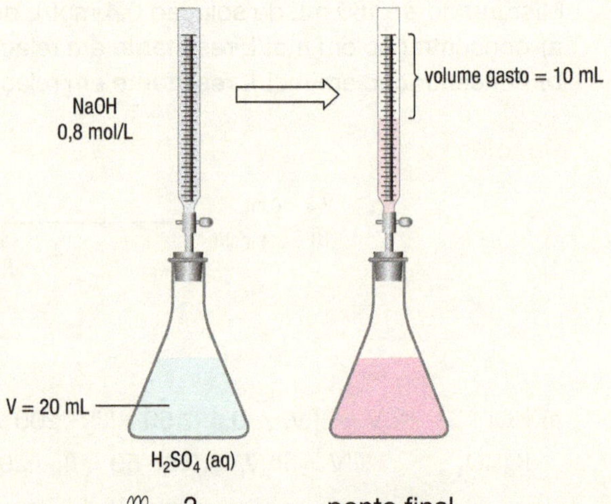
volume gasto = 10 mL
NaOH
0,8 mol/L
V = 20 mL
H2SO4 (aq)

$\mathcal{M}$ = ?	ponto final
indicador:	indicador:
fenolftaleína	fenolftaleína
(incolor)	(cor rosa)

Nesse tipo de titulação, após a neutralização da solução, a primeira gota de titulante (NaOH) torna a solução básica e é responsável pela mudança de cor do indicador, que passa de incolor a rosa. Qual é a concentração em mol/L da solução de H_2SO_4? Dê os nomes dos aparelhos de laboratório envolvidos.

Resolução:

NaOH $\begin{cases} V_B = 10 \text{ mL} \\ \mathfrak{M}_B = 0{,}8 \text{ mol/L} \end{cases}$ $H_2SO_4 \begin{cases} V_A = 20 \text{ mL} \\ \mathfrak{M}_A ? \end{cases}$

$$2\ NaOH + H_2SO_4 \longrightarrow Na_2SO_4 + 2\ H_2O$$

proporção 2 ——— 1

erlenmeyer n_B ——— n_A $\therefore$ $n_B = 2\ n_A$

$\mathfrak{M}_B V_B = 2 \cdot \mathfrak{M}_A V_A$

$0{,}8 \cdot 10 = 2 \cdot \mathfrak{M}_A \cdot 20 \therefore \mathfrak{M}_A = 0{,}2$ mol/L

Aparelhagem: bureta e erlenmeyer.

14. (UFC – CE) Considerando que 50 cm^3 de solução de KOH foram titulados com 20 cm^3 de solução 0,5 mol/L de HCl, determine a concentração em mol/L de KOH.

15. (CEFET – SP) Em uma titulação, foram gastos 7,0 mL de uma solução de HNO_3 (0,70 mol/L) como solução reagente para a análise de 25,0 mL de uma solução de hidróxido de bário. A concentração em mol/L da solução de hidróxido de bário analisada foi:

a) 0,098.
b) 0,049.
c) 0,030.
d) 0,196.
e) 0,070.

16. Considere o gráfico que representa a variação do pH de uma solução 0,1 mol/L de HCl quando se adiciona gradualmente uma solução 0,1 mol/L de NaOH.

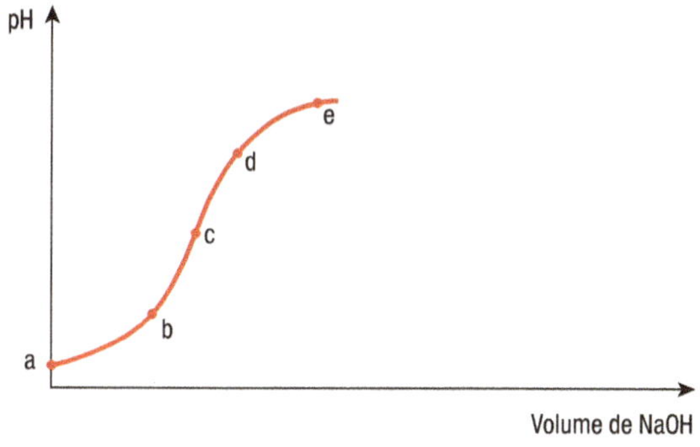
pH
e
d
c
b
a
Volume de NaOH

Assinale a alternativa correta.

a) O ponto "e" corresponde ao pH inicial do ácido.
b) O ponto "c" corresponde ao pH de neutralização do HCl pelo NaOH.
c) O ponto "a" corresponde à concentração final do HCl.
d) O ponto "d" corresponde à neutralização parcial do HCl.
e) O ponto "d" corresponde ao pH da mistura com excesso de HCl.

SÉRIE PRATA

1. (UNESP) Na preparação de 500 mL de uma solução aquosa de H_2SO_4 de concentração 3 mol/L, a partir de uma solução de concentração 15 mol/L do ácido, deve-se diluir o seguinte volume da solução concentrada:

a) 10 mL.
b) 100 mL.
c) 150 mL.
d) 300 mL.
e) 450 mL.

2. Um frasco de solução de HCl apresenta as seguintes informações no rótulo:

HCl
38% m/m
d = 1,2 g/mL

Sabendo que um químico necessita de 100 mL de solução 0,5 mol/L de HCl, calcule o volume da solução inicial.

DADO: massa molar do HCl = 36,5 g/mol.

3. 400 mL de solução aquosa de NaOH 0,16 mol/L são aquecidos até que o volume seja reduzido a 80% do inicial. Determine a concentração em mol/L no fim do processo.

4. (MACKENZIE – SP) Aquecem-se 800 mL de solução aquosa 0,02 mol/L de fosfato de sódio, até que o volume de solução seja reduzido de 600 mL. Qual é a concentração em mol/L da solução final?

5. Que volumes de soluções 1 mol/L e 3,5 mol/L de HCl devem ser misturados para que sejam obtidos 100 mL de solução 2 mol/L?

6. (MACKENZIE – SP) Adicionando-se 600 mL de uma solução 0,25 mol/L de KOH a um certo volume (V) de solução 1,5 mol/L de mesma base, obtém-se uma solução 1,2 mol/L. O volume (V) adicionado de solução 1,5 mol/L é de:

a) 0,1 L.
b) 3,0 L.
c) 2,7 L.
d) 1,5 L.
e) 1,9 L.

7. (UDESC – SC) O consumo de ácido sulfúrico pode ser utilizado como um indicativo do desenvolvimento industrial de um país. Porém, os resíduos ácidos, quando lançados diretamente no meio ambiente, podem provocar graves desequilíbrios na natureza. Para que o impacto ambiental seja reduzido é realizada a neutralização dos efluentes industriais.

Considerando a reação de neutralização do ácido sulfúrico, assinale a alternativa correta.

a) Considerando um litro de efluente contendo 0,001 mol de ácido sulfúrico, seriam necessários dois litros de solução de NaOH na mesma concentração para sua neutralização completa.

b) Para cada mol de ácido sulfúrico presente no efluente, seriam necessários 40 g de NaOH (40 g/mol) para sua completa neutralização.

c) A adição de NaOH ao efluente contendo somente ácido sulfúrico produz um sal de baixa solubilidade em meio aquoso.

d) A neutralização do ácido sulfúrico presente no efluente com a adição de hidróxido de cálcio produz um sal de alta solubilidade em meio aquoso.

e) Considerando um volume de 1.000 mL de uma solução de H_2SO_4 de concentração 0,001 mol/L, seriam necessários 100 mL de uma solução de NaOH a 0,2 mol/L para cada litro de efluente.

8. A mistura de 20 mL de solução 0,5 mol/L de $AgNO_3$ com 20 mL de solução 0,5 mol/L de NaCl produz um precipitado branco de AgCl. Calcule as concentrações, em mol/L, dos íons Ag^+, Cl^-, Na^+ e NO_3^- na solução final.

9. (PUC – RS) 100 mL de uma solução aquosa de $Ce(OH)_3$ de concentração desconhecida foram titulados com uma solução aquosa 1 mol/L de H_2SO_4. O volume de ácido gasto na titulação foi 50 mL. Qual é a concentração em mol/L da base?

10. (PUC – RJ) O volume de 25,00 mL de uma amostra aquosa de ácido oxálico ($H_2C_2O_4$) foi titulado com solução padrão 0,020 mol/L de KOH.

$$H_2C_2O_4(aq) + 2\ OH^-(aq) \longrightarrow C_2O_4^{2-}(aq) + 2\ H_2O(l)$$

A titulação alcançou o ponto de equivalência com 25,00 mL de solução titulante; assim, a concentração, em 1 mol/L, de ácido oxálico na amostra original é igual a

a) $1{,}0 \times 10^{-3}$.
b) $2{,}0 \times 10^{-3}$.
c) $1{,}0 \times 10^{-2}$.
d) $2{,}0 \times 10^{-2}$.
e) $1{,}0 \times 10^{-1}$.

11. (FCM – MG) O rótulo do frasco de um vinagre informava que o produto era composto de 5% em massa de ácido acético. Verifique se essa informação era verdadeira, através da titulação de 20 mL desse vinagre com 24 mL da solução de NaOH 1,0 mol/L.

DADOS: densidade do vinagre = 1 g/mL, massa molar do HAc = 60 g/mol.

12. (UFBA) 15,0 g de um vinagre, solução aquosa de ácido acético (HAc), foram titulados com 50 mL de solução aquosa 0,20 mol/L de NaOH. Determine a pureza do vinagre.

DADO: massa molar de HAc = 60 g/mol.

13. (CESGRANRIO – RJ) O gráfico abaixo representa a curva de neutralização de uma solução 0,2 mol/L de HCl por uma solução 0,1 mol/L de NaOH.

Q representa a ordenada do gráfico.

T é o volume inicial da solução ácida.

R, S e T são pontos assinalados no gráfico.

1 – 50 mL
2 – 100 mL
3 – Ponto de equivalência
4 – Valores de pH
5 – pH da solução ácida antes de adicionar a base
6 – pH da solução de NaOH

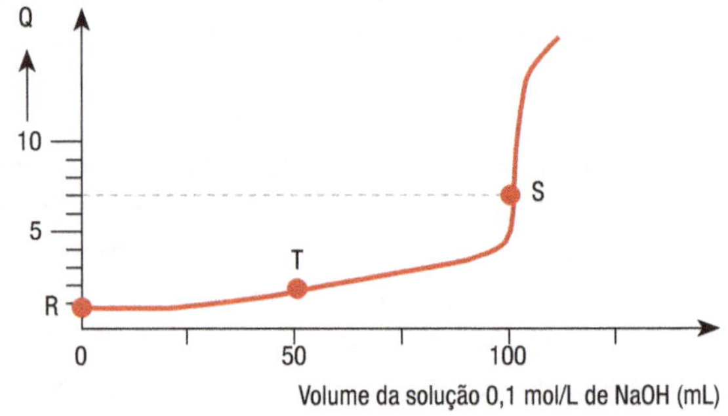
Q
10
5
R
T
S
0
50
100
Volume da solução 0,1 mol/L de NaOH (mL)

Assinale a única associação complementar correta entre as letras Q, R, S e T e os itens numerados citados acima

a) Q – 4, R – 6, S – 3, T – 2
b) Q – 4, R – 5, S – 3, T – 1
c) Q – 6, R – 3, S – 5, T – 1
d) Q – 5, R – 3, S – 2, T – 1
e) Q – 4, R – 5, S – 3, T – 2

SÉRIE OURO

1. (UNESP) Medicamentos, na forma de preparados injetáveis, devem ser soluções isotônicas com relação aos fluidos celulares. O soro fisiológico, por exemplo, apresenta concentração de cloreto de sódio (NaCl) de 0,9% em massa (massa do soluto por massa da solução), com densidade igual a 1,0 g cm^{-3}.

a) Dada a massa molar de NaCl, em g · mol^{-1}, 58,5, qual é a concentração, em mol · L^{-1}, do NaCl no soro fisiológico? Apresente seus cálculos.

b Quantos litros de soro fisiológico podem ser preparados a partir de 1 L de solução que contém 27 g · L^{-1} de NaCl (a concentração aproximada deste sal na água do mar). Apresente seus cálculos.

2. (UEG – GO) Uma solução estoque de hidróxido de sódio foi preparada pela dissolução de 4 g do soluto em água, obtendo-se ao final 100 mL e, posteriormente, determinado volume foi diluído para 250 mL obtendo-se uma nova solução de concentração igual a 0,15 mol · L^{-1}. O volume diluído, em mL, da solução estoque, é aproximadamente:

DADO: massa molar do NaOH = 40 g/mol.

a) 26. b) 37. c) 50. d) 75. e) 97.

3. (ENEM) A varfarina é um fármaco que diminui a agregação plaquetária, e por isso é utilizada como anticoagulante, desde que esteja presente no plasma, com uma concentração superior a 1,0 mg/L.

Entretanto, concentrações plasmáticas superiores a 4,0 mg/L podem desencadear hemorragias. As moléculas desse fármaco ficam retidas no espaço intravascular e dissolvidas exclusivamente no plasma, que representa aproximadamente 60% do sangue em volume. Em um medicamento, a varfarina é administrada por via intravenosa na forma de solução aquosa, com concentração de 3,0 mg/mL. Um indivíduo adulto, com volume sanguíneo total de 5,0 L, será submetido a um tratamento com solução injetável desse medicamento.

Qual é o máximo volume da solução do medicamento que pode ser administrado a esse indivíduo, pela via intravenosa, de maneira que não ocorram hemorragias causadas pelo anticoagulante?

a) 1,0 mL
b) 1,7 mL
c) 2,7 mL
d) 4,0 mL
e) 6,7 mL

4. (FMABC–SP) Próteses de acrílico podem ser desinfetadas em ambiente odontológico por imersão em solução de hipoclorito de sódio a 1% (m/V) por 10 minutos. Partindo de uma solução a 5% (m/V) de hipoclorito de sódio, o preparo de 1,0 L de solução a 1% (m/V) requer a tomada de:

a) 500 mL da solução mais concentrada, adicionando-se água até completar o volume desejado.
b) 100 mL da solução mais concentrada e adicionar 900 mL de água.
c) 500 mL da solução mais concentrada e adicionar 500 mL de água.
d) 100 mL da solução mais concentrada, adicionando-se água até completar o volume desejado.
e) 200 mL da solução mais concentrada, adicionando-se água até completar o volume desejado.

5. (UNICAMP – SP) 10,0 g de um fruto de uma pimenteira foram colocados em contato com 100 mL de acetona para extrair as substâncias capsaicina e di-hidrocapsaicina, dois dos compostos responsáveis pela pungência (sensação de quente) da pimenta.

A mistura resultante foi filtrada e o líquido obtido teve seu volume reduzido a 5,0 mL por aquecimento. Estes 5,0 mL foram diluídos a 50 mL pela adição de etanol anidro. Destes 50 mL, uma porção de 10 mL foi diluída em 25 mL. A análise desta última solução, num instrumento apropriado, forneceu o gráfico representado na figura.

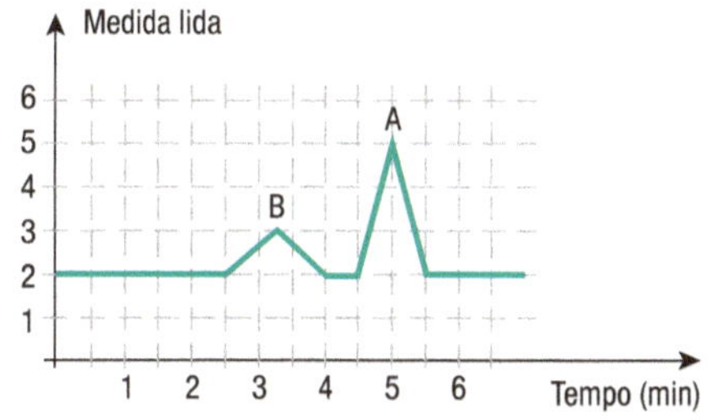
Medida lida
6
5
4
3
2
1
A
B
1
2
3
4
5
6
Tempo (min)

Observou-se que a concentração da capsaicina é metade da di-hidrocapsaicina.

a) Qual é a relação entre as concentrações da capsaicina na solução de 5,0 mL e na solução final? Justifique.
b) Identifique o "triângulo" que corresponde à capsaicina e o "triângulo" que corresponde à di-hidrocapsaicina. Mostre claramente como você fez esta correlação.

6. (UEG - GO - adaptada) Para preparar 220 mL de uma solução 1,6 mol/L de ácido clorídrico, um analista químico misturou duas soluções iguais a 0,5 e 2,6 mol/L desse ácido.

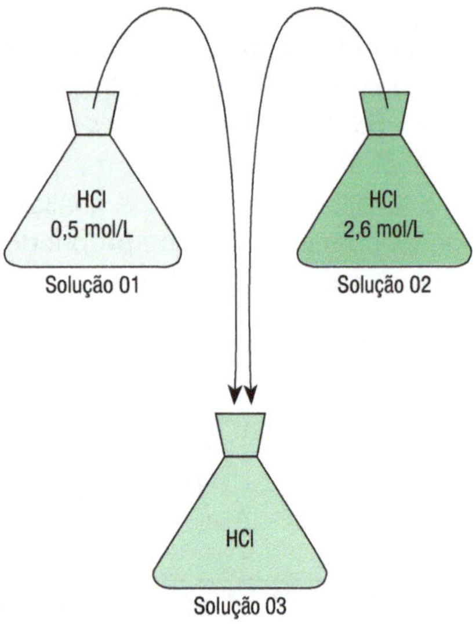
HCl
0,5 mol/L
Solução 01
HCl
2,6 mol/L
Solução 02
HCl
Solução 03

Os volumes aproximados, em mL, das soluções utilizadas pelo analista químico, são respectivamente,

a) 170 e 50.
b) 140 e 80.
c) 105 e 115.
d) 70 e 150.
e) 90 e 130.

7. (IFGO) Um laboratorista misturou 200 mL de uma solução aquosa de NaCl 0,3 mol/L com 100 mL de solução aquosa 0,2 mol/L de $MgCl_2$. Em relação a esse processo e a sua solução resultante, é correto afirmar:

DADOS: massas molares (g/mol): Na = 23, Mg = 24, Cl = 35,5.

a) A concentração de íons Mg^{2+} é igual a 0,4 mol/L.
b) A concentração de íons Cl^- é igual a 0,2 mol/L.
c) A concentração de íons Na^+ é igual a 0,02 mol/L.
d) A quantidade aproximada, em gramas, de Mg^{2+} é igual a 0,48 g.
e) A quantidade aproximada, em gramas, de Cl^- é igual a 0,3.

8. (MACKENZIE - SP) 200 mL de uma solução aquosa de ácido sulfúrico de concentração igual a 1 mol · L^{-1} foram misturados a 300 mL de uma solução de hidróxido de sódio de concentração igual a 2 mol · L^{-1}. Após o final do processo químico ocorrido, é correto afirmar que

a) a concentração do ácido excedente, na solução final, é de 0,4 mol · L^{-1}.
b) a concentração de base excedente, na solução final, é de 0,4 mol · L^{-1}.
c) a concentração do sal formado, na solução final, é de 0,2 mol · L^{-1}.
d) a concentração do sal formado, na solução final, é de 0,1 mol · L^{-1}.
e) todo ácido e toda base foram consumidos.

9. O ácido oxálico foi descoberto em 1776 pelo químico experimental sueco Carl Wilhelm Scheele (1742-1786), a partir da reação de oxidação do açúcar com ácido nítrico. Esse ácido é encontrado em verduras, como o espinafre, e está presente em vários produtos de limpeza, pois apresenta a propriedade de remover manchas e ferrugem com facilidade. Seu derivado – o oxalato de cálcio monohidratado – é um sal de baixa solubilidade, responsável pela maioria dos cálculos renais.

Ácidos Orgânicos: dos Primórdios da Química Experimental à sua Presença em nosso Cotidiano".
Disponível em: hppt://qnesc.sbq.org.br/online/onesc15/v15a02.pdf>.
Acesso em: 25 maio 2016.

Considere a reação entre 25,0 mL de uma solução aquosa de ácido oxálico ($H_2C_2O_4$) 0,16 mol · L^{-1} com 20,0 mL de uma solução de hidróxido de cálcio ($Ca(OH)_2$), de concentração 0,50 mol > L^{-1}.

DADO: o ácido oxálico é um diácido.

a) A reação de neutralização foi completa ou há reagente em excesso? Justifique com cálculos.
b) Determine a massa de oxalato de cálcio (CaC_2O_4) obtida na reação. Mostre seus cálculos.

DADOS: massas molares, em g/mol: C = 12; O = 16; Ca = 40.

10. (PUC – SP) Os sais contendo o ânion nitrato (NO_3^-) são muito solúveis em água, independentemente do cátion presente no sistema. Já o ânion cloreto (Cl^-), apesar de bastante solúvel com a maioria dos cátions, forma substâncias insolúveis na presença dos cátions Ag^+, Pb^{2+} e Hg_2^{2+}.

Em um béquer foram adicionados 20,0 mL de uma solução aquosa de cloreto de cálcio ($CaCl_2$) de concentração 0,10 mol/L a 20,0 mL de uma solução aquosa de nitrato de prata ($AgNO_3$) de concentração 0,20 mol/L. Após efetuada a mistura, pode-se afirmar que a concentração de cada espécie na solução será:

	$[Ag^+]$ (mol/L)	$[Ca^{2+}]$ (mol/L)	$[Cl^-]$ (mol/L)	$[NO_3^-]$ (mol/L)
a)	≅ 0	0,05	≅ 0	0,10
b)	0,20	0,10	0,20	0,20
c)	0,10	0,05	0,10	0,10
d)	0,10	0,05	≅ 0	0,10
e)	≅ 0	0,10	≅ 0	0,20

11. (PUC – SP – adaptada) Sabendo que todos os cloretos são solúveis, exceto AgCl, $PbCl_2$ e $HgCl_2$ e que todos os nitratos são solúveis, adicionaram-se 200 mL de solução aquosa de $CaCl_2$ 0,2 mol/L e 300 mL de solução aquosa de $AgNO_3$ 0,3 mol/L em um béquer de 600 mL de capacidade.

a) Escreva a equação química, devidamente balanceada, que representa a reação entre as soluções adicionadas.
b) Utilizando os cálculos necessários, identifique o reagente limitante e o reagente em excesso, se houver.
c) Determine a massa de cloreto de prata formada.
d) Calcule a concentração, em mol/L, dos íons presentes na solução final.

DADOS: massas molares, em g/mol: Ag = 108; Cl = 35,5.

12. (UNESP) O sulfato de bário ($BaSO_4$) é um sal muito pouco solúvel. Suspensões desse sal são comumente utilizadas como contraste em exames radiológicos do sistema digestório. É importantíssimo que não ocorra dissolução dos íons bário, Ba^{2+}, no estômago. Estes íons são extremamente tóxicos, podendo levar à morte. No primeiro semestre de 2003, vários pacientes brasileiros morreram após a ingestão de um produto que estava contaminado por carbonato de bário ($BaCO_3$), em uma proporção de 13,1% (m/V). O carbonato de bário reage com o ácido clorídrico (HCl), presente no estômago humano, produzindo cloreto de bário ($BaCl_2$), que, sendo solúvel, libera íons Ba^{2+} que podem passar para a corrente sanguínea, intoxicando o paciente.

a) Escreva a equação química que representa a reação que ocorre no estômago quando o carbonato de bário é ingerido.

b) Sabendo que o preparado é uma suspensão 100% em massa do sólido por volume da mesma e que cada dose é de 150 mL, calcule a massa de íons Ba^{2+} resultante da dissolução do carbonato de bário na ingestão de uma dose do preparado contaminado.

DADOS: massas molares, em $g \cdot mol^{-1}$: bário = 137,3; carbono = 12,0; oxigênio = 16,0.

13. (FATEC – SP) Ácido cítrico reage com hidróxido de sódio segundo a equação:

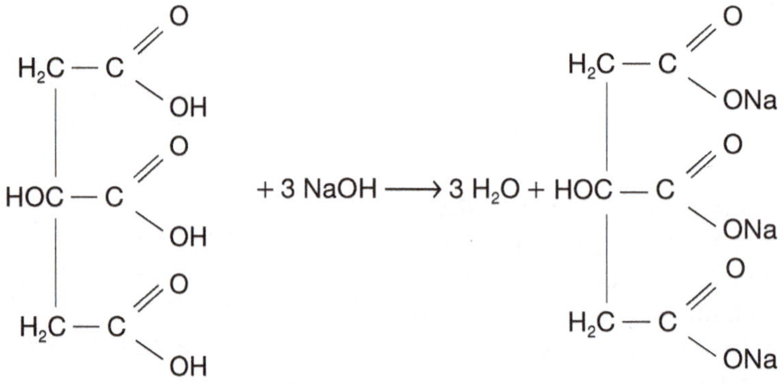
O
H_2C — C
OH
O
HOC — C
OH
O
H_2C — C
OH
+ 3 NaOH ⟶ 3 H_2O + HOC — C
O
H_2C — C
ONa
O
ONa
O
H_2C — C
ONa

ácido cítrico — citrato de sódio

Considere que a acidez de certo suco de laranja provenha apenas do ácido cítrico. Uma alíquota de 5,0 mL desse suco foi titulada com NaOH 0,1 mol/L, consumindo-se 6,0 mL de solução básica para completa neutralização da amostra analisada.

Levando em conta essas informações e a equação química apresentada, é correto afirmar que a concentração de ácido cítrico no referido suco, em mol/L é:

a) $2{,}0 \cdot 10^{-4}$.
b) $6{,}0 \cdot 10^{-4}$.
c) $1{,}0 \cdot 10^{-2}$.
d) $1{,}2 \cdot 10^{-2}$.
e) $4{,}0 \cdot 10^{-2}$.

14. Uma indústria de bebidas refrigerantes comprou um lote de 2 toneladas de ácido fosfórico concentrada (H_3PO_4), que indicava nas especificações a concentração mínima igual a 6,0 mol/L e máxima igual a 6,5 mol/L.

Sabendo que foram gastos 13,8 mL de uma solução de NaOH 2 mol/L, para titular 10 mL do ácido diluído (em uma proporção de 3 mL do ácido concentrado dissolvido em água destilada até completar o volume de 20 mL de solução):

a) Calcule a quantidade, **em mols**, de base gasta na titulação.
b) Equacione a reação de neutralização entre o ácido fosfórico (H_3PO_4) e o hidróxido de sódio (NaOH).
c) Determine a concentração, em mol/L, de ácido fosfórico na amostra titulada.
d) Determine a concentração, em mol/L, do ácido fosfórico concentrado (H_3PO_4) e verifique se essa concentração está dentro das especificações fornecidas.

15. (FUVEST – SP) O rótulo de um produto de limpeza diz que a concentração de amônia (NH_3) é de 9,5 g/L. Com o intuito de verificar se a concentração de amônia corresponde à indicada no rótulo, 5,00 mL desse produto foram titulados com ácido clorídrico de concentração 0,100 mol/L. Para consumir toda a amônia dessa amostra, foram gastos 25,00 mL do ácido.

DADOS: massa molar em g/mol: amônia = 17; reação: $HCl + NH_3 \longrightarrow NH_4Cl$.

Com base nas informações fornecidas acima,

	Qual é a concentração da solução, calculada com os dados da titulação?	A concentração indicada no rótulo está correta?
a)	0,12 mol/L	sim
b)	0,25 mol/L	não
c)	0,25 mol/L	sim
d)	0,50 mol/L	não
e)	0,50 mol/L	sim

16. (UNIFESP) Soluções aquosas de nitrato de prata ($AgNO_3$), com concentração máxima de 1,7% em massa, são utilizadas como antisséptico em ambiente hospitalar. A concentração de íons Ag^+ presentes numa solução aquosa de $AgNO_3$ pode ser determinada pela titulação com solução de concentração conhecida de tiocianato de potássio (KSCN), através da formação do sal pouco solúvel tiocianato de prata (AgSCN). Na titulação de 25,0 mL de uma solução de $AgNO_3$, preparada para uso hospitalar, foram utilizados 15,0 mL de uma solução de KSCN 0,2 $mol \cdot L^{-1}$, para atingir o ponto final da reação.

a) Determine, em $mol \cdot L^{-1}$, a concentração da solução preparada de $AgNO_3$.
b) Mostre, através de cálculos de concentração, se a solução de $AgNO_3$ preparada é adequada para uso hospitalar. Considere que a massa molar de $AgNO_3$ seja igual a 170 $g \cdot mol^{-1}$ e que a densidade da solução aquosa seja igual a 1 $g \cdot mL^{-1}$.

17. (VUNESP) Uma solução aquosa de cloreto de sódio deve ter 0,90% em massa do sal para que seja utilizada como solução fisiológica (soro). O volume de 10,0 mL de uma solução aquosa de cloreto de sódio foi titulado com solução aquosa 0,10 mol/L de nitrato de prata, exigindo exatamente 20,0 mL de titulante.

a) A solução aquosa de cloreto de sódio pode ou não ser utilizada como soro fisiológico? Justifique sua resposta.

b) Supondo 100% de rendimento na reação de precipitação envolvida na titulação, calcule a massa de cloreto de prata formada.

DADOS: massas molares, em g/mol: Na = 23,0; Cl = 35,5; Ag = 107,9; densidade da solução de NaCl = 1,0 g/mL.

18. (UCGO) Para determinar a porcentagem de prata em uma liga, um analista dissolve uma amostra de 0,800 g de liga em ácido nítrico. Isto causa a dissolução da prata como íons Ag^+. A solução é diluída com água e titulada com uma solução 0,150 mol/L de tiocianato de potássio (KSCN). É formado, então, um precipitado:

$$Ag^+(aq) + SCN^-(aq) \longrightarrow AgSCN(s)$$

Ele descobre que são necessários 42 mL de solução de KSCN para a titulação. Qual é a porcentagem em massa de prata na liga?

DADO: massa molar do Ag = 108 g · mol^{-1}.

19. (UFPB) A qualidade da água para consumo humano é alvo de preocupação constante por parte dos governos e da sociedade em geral. Um dos parâmetros monitorados para avaliar essa qualidade é o teor de cloreto que é determinado por titulação com uma solução padrão de $AgNO_3$. De acordo com esse método, mede-se o volume da solução de nitrato de prata necessário para reagir com todo cloreto presente na amostra em análise. A equação da reação envolvida é:

$$Cl^-(aq) + AgNO_3(aq) \longrightarrow AgCl(s) + NO_3^-(aq)$$

Baseado nessas informações e considerando que, na determinação do teor de Cl^- em uma amostra de 50 mL de água, foi gasto 1 mL de uma solução 0,05 mol/L de $AgNO_3$, conclui-se que o teor de Cl^- nessa água é:

DADO: massa molar, em g/mol: Cl = 35,5.

a) 0,355 mg/L.
b) 3,55 mg/L.
c) 5,33 mg/L.
d) 355 mg/L.
e) 35,5 mg/L.

20. (FUVEST – SP) Determinou-se o número de moléculas de água de hidratação (**x**) por molécula de ácido oxálico hidratado ($H_2C_2O_4$.x H_2O), que é um ácido dicarboxílico. Para isso, foram preparados 250 mL de uma solução aquosa, contendo 5,04 g de ácido oxálico hidratado. Em seguida, 25,0 mL dessa solução foram neutralizados com 16,0 mL de uma solução de hidróxido de sódio, de concentração 0,500 mol/L.

a) Calcule a concentração, em mol/L, da solução aquosa de ácido oxálico.
b) Calcule o valor de **x**.

DADOS:

MASSAS MOLARES (g/mol)	
H	1
C	12
O	16

21. (FUVEST – SP) Em um experimento, para determinar o número x de grupos carboxílicos na molécula de um ácido carboxílico, volumes de soluções aquosas desse ácido e de hidróxido de sódio, de mesma concentração, em mol · L^{-1}, à mesma temperatura, foram misturados de tal forma que o volume final fosse sempre 60 mL. Em cada caso, houve liberação de calor. No gráfico a seguir, estão as variações de temperatura (ΔT) em função dos volumes de ácido e base empregados.

DADO: grupo carboxílico = aquele que contém o hidrogênio ionizável.

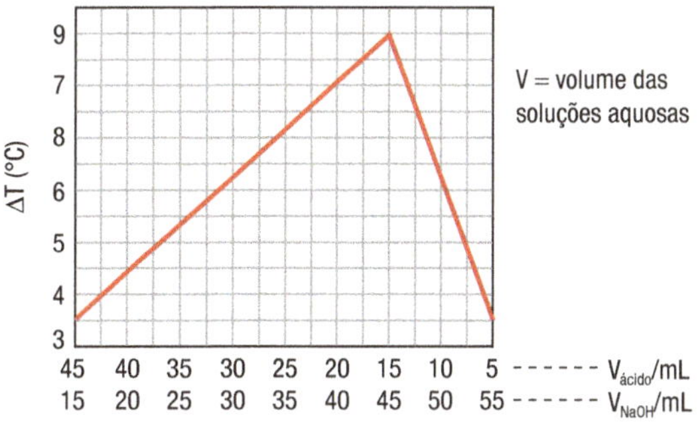
ΔT (°C)
9
7
8
6
5
4
3
45 40 35 30 25 20 15 10 5 ------ V ácido/mL
15 20 25 30 35 40 45 50 55 ------ V NaOH/mL
V = volume das soluções aquosas

Partindo desses dados, pode-se concluir que o valor de x é

a) 1. b) 2. c) 3. d) 4. e) 5.

22. (ITA – SP – adaptada) Uma solução aquosa de HCl 0,1 mol · L^{-1} foi titulada com uma solução aquosa de NaOH 0,1 mol · L^{-1}. A figura a seguir apresenta a curva de titulação obtida em relação à condutância da solução de HCl em função do volume de NaOH adicionado. Com base nas informações apresentadas nesta figura, assinale a opção **errada**.

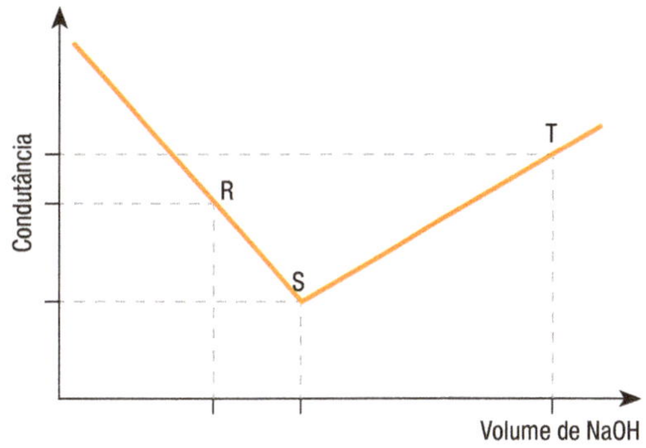
Condutância
R
S
T
Volume de NaOH

a) Os íons responsáveis pela condutância da solução no ponto R são: H^+, Cl^- e Na^+.

b) Os íons responsáveis pela condutância da solução no ponto S são: Na^+ e Cl^-.

c) A condutância da solução no ponto R é maior que no ponto S porque a mobilidade iônica dos íons presentes em R é maior que a dos íons presentes em S.

d) A condutância da solução em T é maior que em S porque íons OH^- e Na^+ são liberados a partir do excesso de NaOH.

e) No ponto S, a solução apresenta neutralidade de cargas, no R, predominância de cargas positivas e, no T, de cargas negativas.

23. (FUVEST – SP) Um recipiente contém 100 mL de uma solução aquosa de H_2SO_4 de concentração 0,1 mol/L. Duas placas de platina são inseridas na solução e conectadas a um LED (diodo emissor de luz) e a uma bateria, como representado abaixo.

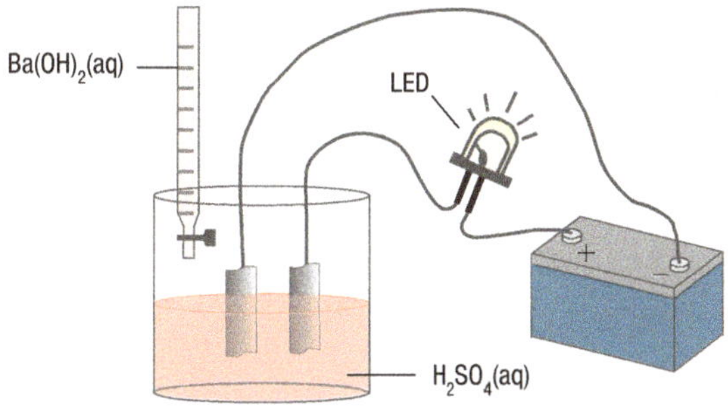
Ba(OH)2(aq)
LED
H2SO4(aq)

A intensidade da luz emitida pelo LED é proporcional à concentração de íons na solução em que estão inseridas as placas de platina.

Nesse experimento, adicionou-se, gradativamente, uma solução aquosa de $Ba(OH)_2$, de concentração 0,4 mol/L, à solução aquosa de H_2SO_4, medindo-se a intensidade de luz a cada adição. Os resultados desse experimento estão representados no gráfico.

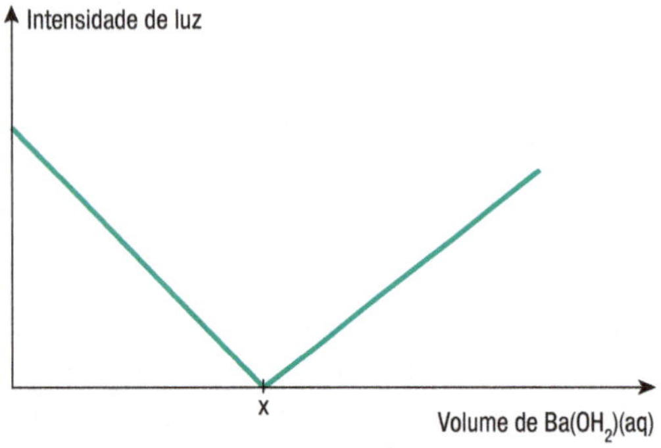
Intensidade de luz
x
Volume de $Ba(OH_2)(aq)$

Sabe-se que a reação que ocorre no recipiente produz um composto insolúvel em água.

a) Escreva a equação química que representa essa reação.

b) Explique por que, com a adição de solução aquosa de $Ba(OH)_2$, a intensidade de luz decresce até um valor mínimo, aumentando a seguir.

c) Determine o volume adicionado da solução aquosa de $Ba(OH)_2$ que corresponde ao ponto x no gráfico. Mostre os cálculos.

24. (FUVEST – SP) Uma solução aquosa de NaOH (base forte), de concentração 0,10 mol · L^{-1}, foi gradualmente adicionada a uma solução aquosa de HCl (ácido forte), de concentração 0,08 mol · L^{-1}. O gráfico que fornece as concentrações das diferentes espécies durante essa adição é:

a)

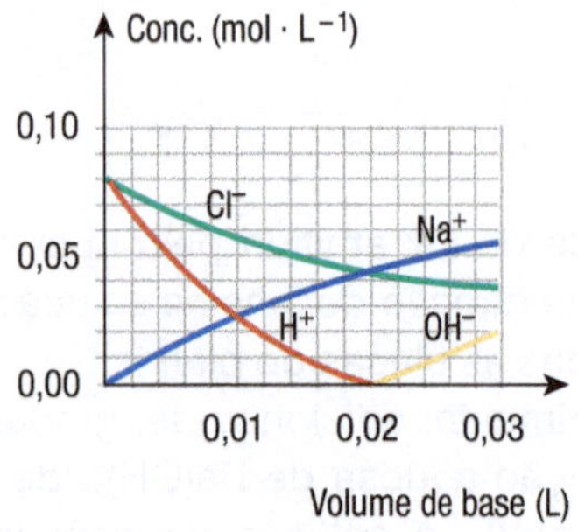
Conc. (mol · L^{-1})
0,10
0,05
0,00
Cl^-
Na^+
H^+
OH^-
0,01
0,02
0,03
Volume de base (L)

b)

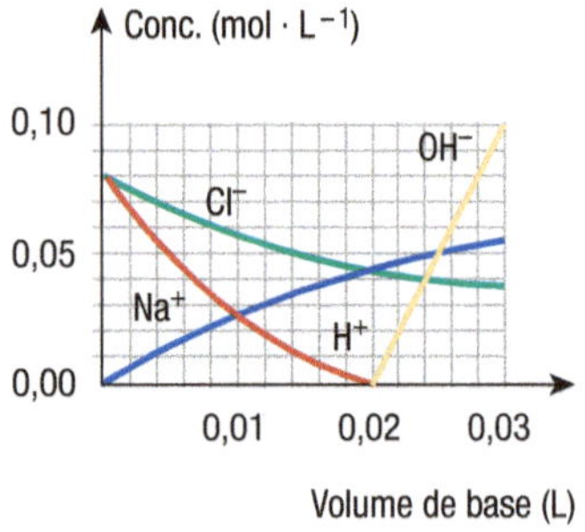
Conc. (mol · L^{-1})
0,10
0,05
0,00
OH^-
Cl^-
Na^+
H^+
0,01
0,02
0,03
Volume de base (L)

c)

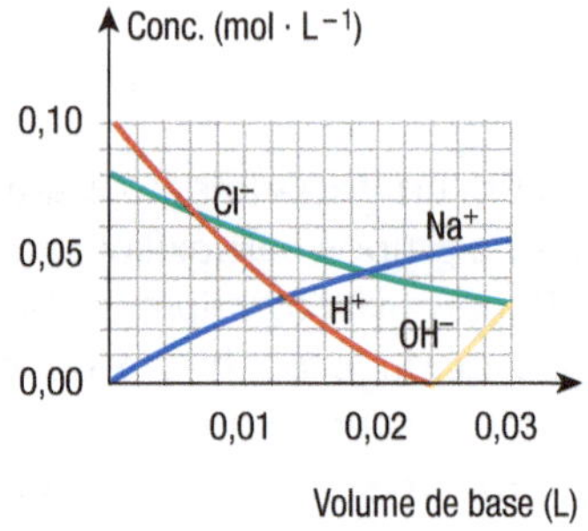
Conc. (mol · L^{-1})
0,10
0,05
0,00
Cl^-
Na^+
H^+
OH^-
0,01
0,02
0,03
Volume de base (L)

d)

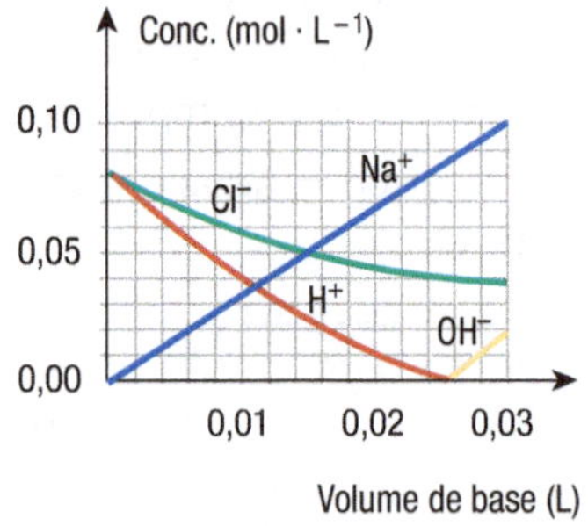
Conc. (mol · L^{-1})
0,10
0,05
0,00
Na^+
Cl^-
H^+
OH^-
0,01
0,02
0,03
Volume de base (L)

e)

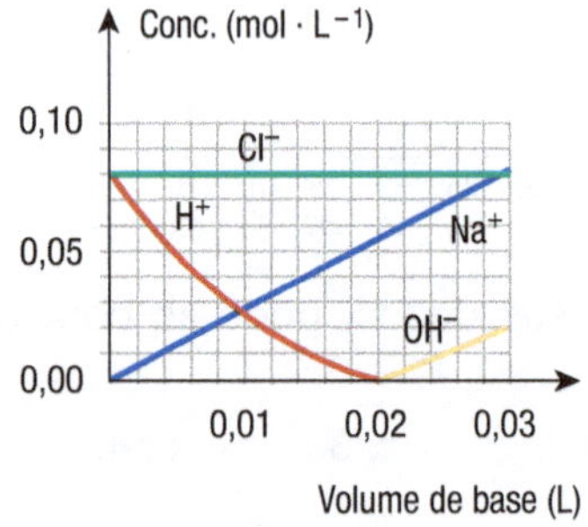
Conc. (mol · L^{-1})
0,10
0,05
0,00
Cl^-
H^+
Na^+
OH^-
0,01
0,02
0,03
Volume de base (L)

25. (UCS – adaptada) A titulação é um processo clássico de análise química quantitativa. Nesse tipo de análise, a quantidade da espécie de interesse pode ser determinada por meio do volume de uma solução de concentração conhecida (denominada titulante) que foi gasto para reagir completamente com um volume predeterminado de amostra (denominada titulado), na presença de um indicador apropriado. A titulação de 50 mL de uma solução aquosa de ácido clorídrico, com uma solução aquosa de hidróxido de sódio de concentração igual a 0,1 mol/L, utilizando fenolftaleína como indicador, está representada no gráfico a seguir.

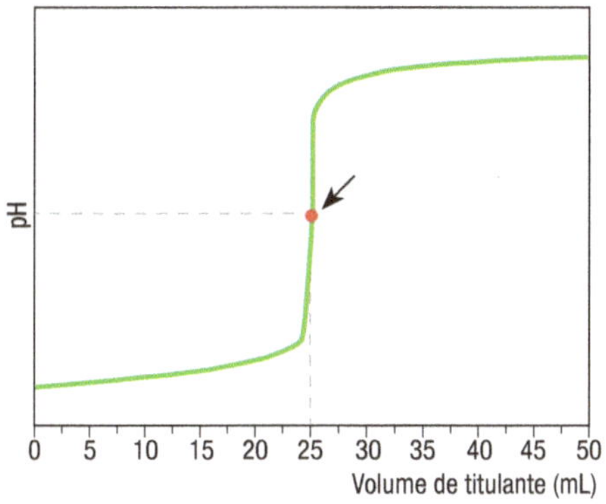
pH
0
5
10
15
20
25
30
35
40
45
50
Volume de titulante (mL)

Considerando as informações do enunciado e do gráfico, assinale a alternativa correta.

a) O número de mols do ácido, no ponto indicado pela seta, é duas vezes maior que o número de mols da base.
b) O pH do meio torna-se ácido após a adição de 30 mL de titulante.
c) A concentração em mol/L do ácido é igual a 0,05 mol/L.
d) O titulado torna-se incolor ao término da análise.
e) O sal formado durate a titulação apresenta fórmula Na_2Cl_2.

26. (CEFET – MG) Na figura, a curva B foi obtida pela adição gradativa de 20 mL de ácido clorídrico 0,01 mol · L^{-1}. A curva A apresenta um procedimento idêntico, porém usando outra solução.

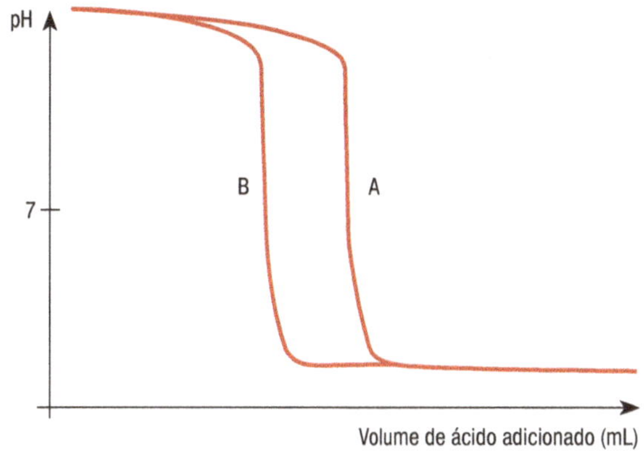
pH
7
B
A
Volume de ácido adicionado (mL)

A solução, com concentração em mol · L^{-1}, correspondente ao ácido adicionado na curva A é

a) H_2S 0,01
b) HCl 0,1
c) HBr 0,01
d) HNO_3 0,005
e) CH_3COOH 0,5

SÉRIE PLATINA

1. (ENEM – adaptada) A hidroponia pode ser definida como uma técnica de produção de vegetais sem necessariamente a presença de solo. Uma das formas de implementação é manter as plantas com suas raízes suspensas em meio líquido, de onde retiram os nutrientes essenciais.

GEORGE PHOTO CM/SHUTTERSTOCK

Suponha que um produtor de rúcula hidropônica precise ajustar a concentração de íon nitrato (NO_3^-) para 0,009 mol/L em um tanque de 5.000 litros e, para tanto, tem em mãos uma solução comercial nutritiva de nitrato de cálcio 90 g/L.

a) Qual é a massa de nitrato de cálcio em gramas que produz a quantidade de nitrato necessária para suplantar a produção de rúcula em um tanque de 5.000 litros?

DADOS: massas molares (g/mol): N = 14; O = 16; Ca = 40.

b) Qual é o volume da solução nutritiva, em litros, que o produtor deve adicionar ao tanque?
c) No processo de suplementação mineral das plantas, também podem ser adicionadas outras espécies à solução nutritiva, entre elas o potássio. Sabe-se que a concentração média de potássio é cerca do dobro daquela de cálcio. Suponha que, para atingir essa concentração, seja adicionada à solução nitrato de potássio sólido. Quais serão as concentrações, em

mol/L, dos íons presentes (K^+, Ca^{2+} e NO_3^-) nos 5.000 L de tanque após a adição do composto contendo potássio?

Considere que a concentração recomendada de cálcio seja aquela obtida (segundo a proporção estequiométrica) pela dissolução do nitrato de cálcio dos itens "a" e "b" e que a adição do composto sólido não altera o volume da solução.

2. (UNIFESP – adaptada) Do limão faça uma limonada! O suco de limão é uma poderosa opção alimentar para a nossa saúde. Considerado um superalimento, a fruta carrega um verdadeiro arsenal de nutrientes ao bom funcionamento do organismo.

AFRICA STUDIO/SHUTTERSTOCK

Considere as seguintes características de um suco de limão fresco:

- pH = 2
- teor de vitamina C (ácido ascórbico, $C_6H_8O_6$) = = 80 mg/100 mL, que corresponde a 0,08%

Uma limonada pode ser preparada com a diluição de um copo (200 mL) do suco fresco em água, até completar o volume de 2 litros.

a) Calcule a concentração de vitamina C no suco de limão fresco, em mol/L.

DADOS: massas molares, em g/mol: C = 12; O = 16; H = 1.

b) Calcule a concentração de íons H^+(aq) no suco de limão fresco.

c) Determine o pH da limonada preparada com o suco fresco.

3. (FUVEST – SP) Com a finalidade de determinar a fórmula de certo carbonato de um metal Me, seis amostras, cada uma de 0,0100 mol desse carbonato, foram tratadas, separadamente, com volumes diferentes de ácido clorídrico de concentração 0,500 mol/L. Mediu-se o volume de gás carbônico produzido em cada experiência, à mesma pressão e temperatura.

V(HCL)/mL	30	60	90	120	150	180
V(CO_2)/mL	186	372	558	744	744	744

Então, a fórmula do carbonato deve ser:

a) Me_2CO_3

b) $MeCO_3$

c) $Me_2(CO_3)_3$

d) $Me(CO_3)_2$

e) $Me_2(CO)_5$

DADO: o volume molar do gás carbônico, nas condições da experiência, é igual a 24,8 L/mol.

4. (UERJ – adaptada) A água sanitária é um produto de limpeza obtido a partir do borbulhamento de cloro gasoso em solução aquosa de NaOH conforme apresentado nas equações químicas consecutivas a seguir.

Equação A:

$$Cl_2(g) + NaOH(aq) \longrightarrow HClO(aq) + NaCl(aq)$$

Equação B:

$$HClO(aq) + NaOH(aq) \longrightarrow NaClO(aq) + H_2O(l)$$

Em uma fábrica, a produção de água sanitária é iniciada com a dissolução de Cl_2 e NaOH em água, nas concentrações de 0,20 e 0,34 mol/L. respectivamente.

Ao final do processo de produção, o Cl_2 foi consumido por completo, restando 80% do HClO formado na equação A.

a) Para um volume de solução igual a 1 L, calcule a quantidade de excesso, em mol, na equação A.
b) Calcule a quantidade de hidróxido de sódio, em mol, consumido na equação B.
c) Calcule, em mol/L a concentração de NaOH no produto final.

5. (UFG – GO) Barrilha, que é o carbonato de sódio impuro, é um insumo básico da indústria química. Uma amostra de barrilha de 10 g foi totalmente dissolvida em 800 mL de ácido clorídrico 0,2 mol/L. O excesso de ácido clorídrico foi neutralizado com 250 mL de NaOH 0,2 mol/L. Qual é o teor de carbonato de sódio, em porcentagem de massa, na amostra de barrilha?

DADO: massa molar do Na_2CO_3 = 106 g/mol.

6. (FUVEST – SP – adaptada) Um dos parâmetros que determina a qualidade do azeite de oliva é sua acidez, normalmente expressa na embalagem na forma de porcentagem, e que pode ser associada diretamente ao teor de ácido oleico em sua composição.

Uma amostra de 20,00 g de um azeite comercial foi adicionada a 100 mL de uma solução contendo etanol e etoxietano (dietiléter), 1 : 1 em volume, com o indicador fenolftaleína. Sob constante agitação, titulou-se com uma solução etanólica contendo KOH 0,02 mol/L até a neutralização total. Para essa amostra, usaram-se 35,0 mL de base.

a) Escreva as fórmulas estrutural e molecular do etanol.
b) Explique por que a escolha da solução contendo etanol e etoxietano para dissolver o azeite.

DADO: fórmula do etoxietano:

$$CH_3 — CH_2 — O — CH_2 — CH_3.$$

c) Determine a quantidade de matéria de ácido oleico presente nesta amostra de azeite.
d) Sabendo que os azeites podem ser classificados de acordo com sua acidez (% em massa do ácido oleico por 100 g de azeite), classifique o azeite em questão em extra virgem, virgem fino, semifino ou refinado. Justifique, mostrando seus cálculos.

DADOS:

TIPO	ACIDEZ
extra virgem	menor que 0,8%
virgem fino	de 0,8% até 1,5%
semifino	maior que 1,5% até 2,0%
refinado	maior que 3,0%

Ácido oleico (ácido octadec-9-enoico)

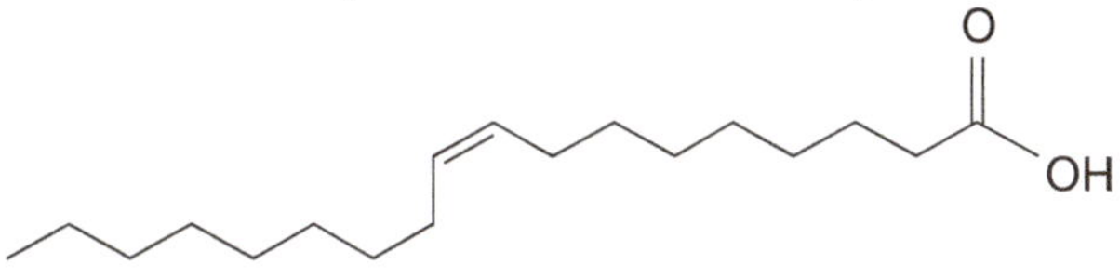
O
OH

Fórmula: $C_{18}H_{34}O_2$

Massa molar = 282,5 g mol^{-1}

7. (ENEM – adaptada) Um dos parâmetros de controle de qualidade de polpas de frutas destinadas ao consumo como bebida é a acidez total expressa em ácido cítrico, que corresponde à massa dessa substância em 100 gramas de polpa de fruta. O ácido cítrico é uma molécula orgânica que apresenta três hidrogênios ionizáveis (H_3Cit) e massa molar 192 g · mol^{-1}.

O quadro indica o valor mínimo desse parâmetro de qualidade para polpas comerciais de algumas frutas.

POLPA DE FRUTA	VALOR MÍNIMO DA ACIDEZ TOTAL EXPRESSA EM ÁCIDO CÍTRICO (g/100 g)
acerola	0,8
caju	0,3
cupuaçu	1,5
graviola	0,6
maracujá	2,5

A acidez total expressa em ácido cítrico de uma amostra comercial de polpa de fruta foi determinada. No procedimento, adicionou-se água destilada a 2,2 g da amostra e, após a solubilização do ácido cítrico, o sólido remanescente foi fltrado. A solução obtida foi titulada com solução de hidróxido de sódio 0,01 mol · L^{-1}, em que se consumiram 24 mL da solução básica (titulante).

BRASIL. Ministério da Agricultura e do Abastecimento. Instrução normativa n. 1, de 7 de janeiro de 2000. *Disponível em:* <www.agricultura.gov.br>. *Acesso em:* 9 maio 2019. Adaptado.

a) Calcule a quantidade, em mols, de base gasta na titulação.

b) Equacione a reação de neutralização entre o ácido cítrico (**H_3Cit**) e o hidróxido de sódio (**NaOH**) e determine a quantidade, em mols, de ácido cítrico presente na atmosfera?

c) Determine a porcentagem em massa (g/100 g) de ácido cítrico na amostra.

d) Entre as frutas listadas, a mostra analisada pode ser de qual(is) polpa(s) de fruta(s)?

8. (UNESP) Chama-se titulação à operação de laboratório realizada com a finalidade de determinar a concentração de uma substância em determinada solução, por meio do uso de outra solução de concentração conhecida. Para tanto, adiciona-se uma solução-padrão, gota a gota, a uma solução-problema (solução contendo uma substância a ser analisada) até o término da reação, evidenciada, por exemplo, com uma substância indicadora. Uma estudante realizou uma titulação ácido-base típica, titulando 25 mL de uma solução aquosa de $Ca(OH)_2$ e gastando 20,0 mL de uma solução padrão de HNO_3 de concentração igual a 0,10 mol · L^{-1}.

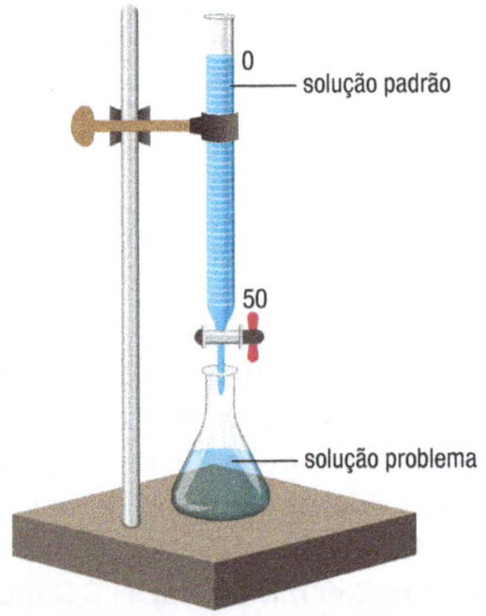
0
solução padrão
50
solução problema

Utilizando os dados do texto,

a) Determine a concentração da solução de hidróxido de cálcio.

b) Esboce o gráfico da condutibilidade elétrica em função do volume de ácido adicionado.

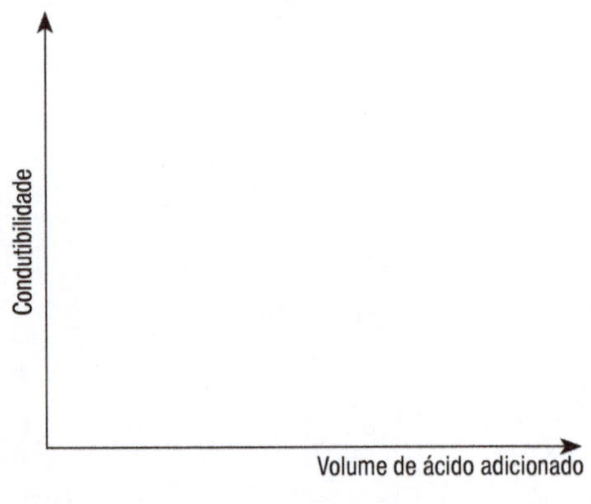
Condutibilidade
Volume de ácido adicionado

9. (UFRJ – adaptada) Sabe-se que a condutividade elétrica de uma solução é uma medida de sua facilidade de conduzir corrente elétrica. Assim, quanto maior a quantidade de íons dissociados (que apresentem mobilidade), maior será a condutividade da solução.

Num experimento, uma solução aquosa de ácido sulfúrico (H_2SO_4) 0,1 mol/L foi gradualmente adicionada a um recipiente equipado com uma célula de condutividade contendo inicialmente 40 mL de uma solução de hidróxido de bário ($Ba(OH)_2$), conforme a figura abaixo.

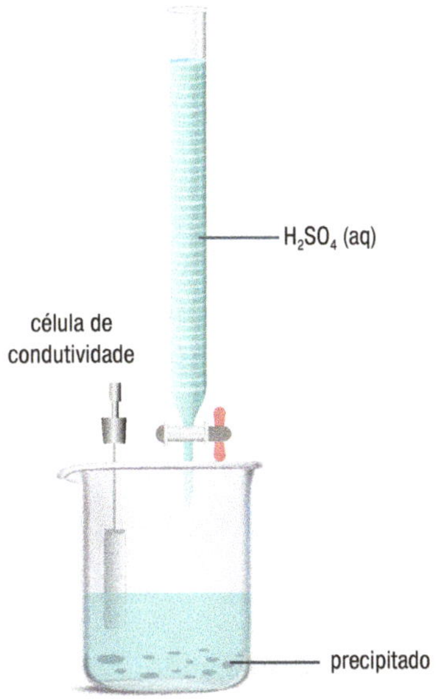
H_2SO_4 (aq)
célula de condutividade
precipitado

Enquanto o ácido era adicionado, foram tomadas medidas relativas à condutividade elétrica da solução, que são apresentadas na tabela a seguir:

VOLUME DE ÁCIDO ADICIONADO (mL)	CONDUTIVIDADE ELÉTRICA (µmho*/cm)
1	230
2	180
3	130
4	80
5	30
6	45
7	60
8	75
9	90
10	105

*mho = $\frac{1}{ohm}$ é uma unidade para a condutividade elétrica.

a) Construa, no quadriculado abaixo, o gráfico da condutividade em função do volume de ácido adicionado. Escolha uma escala de tal forma que os pontos fiquem bem distribuídos pelo quadriculado. Não esqueça de colocar o nome dos eixos.

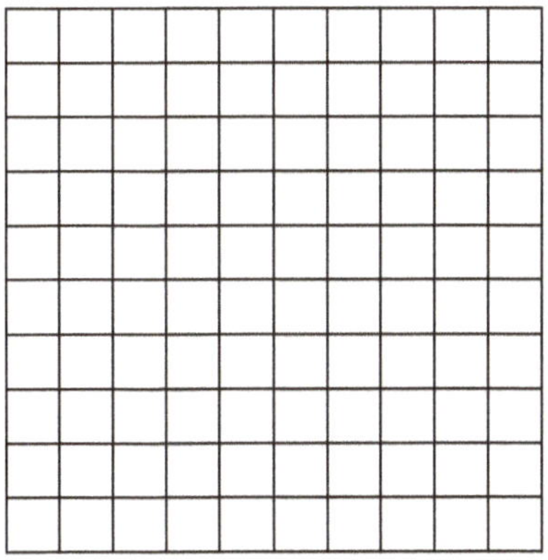

b) Escreva a equação química balanceada que representa a reação entre o ácido sulfúrico e o hidróxido de bário.

c) Com base na tabela e no gráfico construído, identifique a quantidade de ácido, em mL, necessária para a titulação total do hidróxido de bário. Justifique.

d) Determine a concentração, em mol/L, da solução titulada.

CAPÍTULO 5

Propriedades Coligativas das Soluções

NITR/SHUTTERSTOCK

O que acontece com um solvente quando colocamos nele um soluto que não seja volátil? Por exemplo, o que acontece com a temperatura da água fervendo em uma panela quando adicionamos sal de cozinha a ela? Ao fazer isso, pode-se perceber que a temperatura da água diminui por alguns instantes e depois a água volta a ferver.

Mudanças nas propriedades (características) de um solvente quando nele se adiciona um soluto não volátil são chamadas de **propriedades coligativas**, que serão o tema deste capítulo. Entretanto, para entendermos como a adição de soluto pode alterar os valores, por exemplo, da temperatura de ebulição de uma solução, precisamos primeiro estudar em detalhes como ocorre o processo de evaporação e de ebulição de um solvente puro.

Quando cozinhamos macarrão, é comum colocarmos uma pitada de sal na água fervente e esperarmos que ela entre novamente em ebulição antes de adicionarmos o macarrão. Por que essas instruções estão presentes nas embalagens de macarrão? Vamos entender melhor neste capítulo!

5.1 Evaporação de um Líquido em Recipiente Aberto

Os líquidos, quando estão em recipientes abertos, têm seu volume diminuído. Por que isso ocorre? Vamos analisar, primeiramente, o caso da água, líquido de importância vital tanto para nós quanto para o próprio planeta Terra.

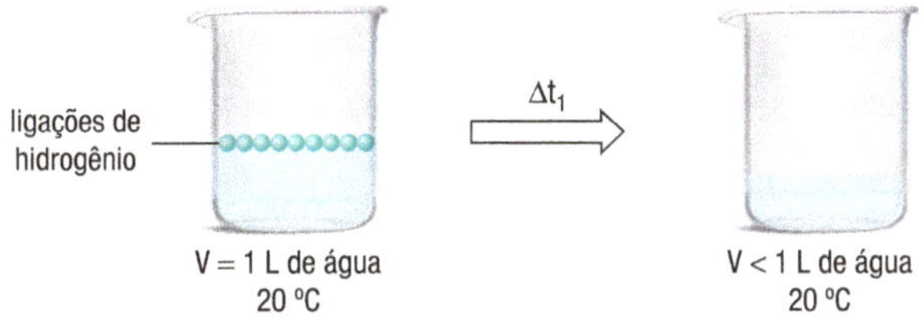
ligações de hidrogênio
Δt_1
V = 1 L de água
20 °C
V < 1 L de água
20 °C

Evaporação é um fenômeno físico que ocorre na superfície do líquido. Decorrido o tempo Δt_1, percebe-se que o volume do líquido diminuiu.

Em um recipiente aberto, devido às colisões entre as moléculas de água, algumas dessas moléculas adquirem energia suficiente para romper as ligações de hidrogênio, escapando do líquido e transformando-se em vapor-d'água mesmo em temperaturas inferiores à temperatura de ebulição da água, que é de 100 °C ao nível do mar.

Em um recipiente contendo água a 20 °C, nem todas as moléculas de água apresentam a mesma energia, ou seja, há uma **distribuição de energia**, esquematizada no gráfico a seguir. Como pode ser visto nesse gráfico, há ainda algumas moléculas que, em virtude da colisão entre elas, apresentam energia superior a determinado valor mínimo ($E_{mín}$) necessário para romper suas ligações de hidrogênio e as moléculas passarem para o estado de vapor – são essas moléculas que, na superfície do líquido, evaporam.

ATENÇÃO!

As moléculas de água são polares e devido a essa característica o polo negativo (O) de uma molécula atrai o polo positivo (H) de outra. Essa atração é chamada de **ligação de hidrogênio** e é responsável por manter as moléculas de água interagindo entre si no estado líquido (e também no estado sólido). Observe na figura abaixo os polos da água e as interações entre as moléculas.

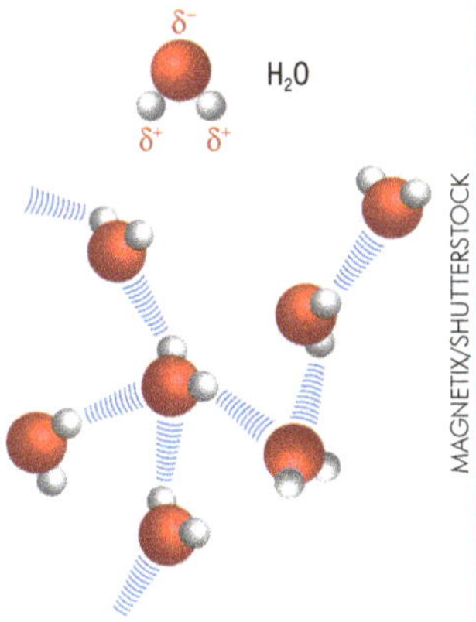
δ^-
H_2O
δ^+
δ^+
MAGNETIX/SHUTTERSTOCK

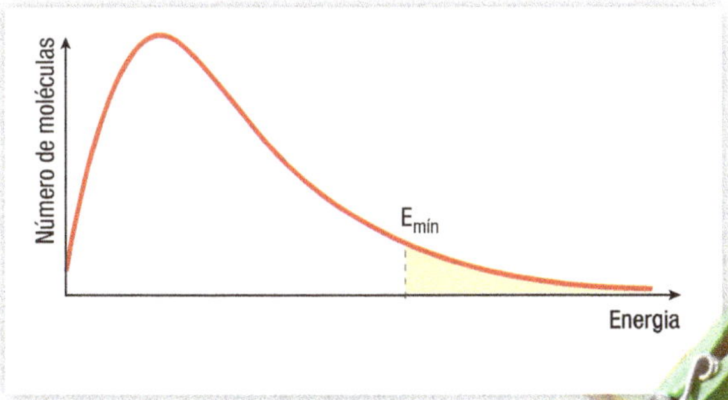
Número de moléculas
$E_{mín}$
Energia

Somente as moléculas com energia superior a $E_{mín}$ conseguem romper as interações intermoleculares (ligações de hidrogênio, no caso da água) e evaporar.

Nossas roupas secam no varal em virtude do processo de evaporação. Mesmo em temperaturas inferiores à temperatura de ebulição da água, moléculas de água conseguem romper as ligações de hidrogênio e evaporar.

FIQUE POR DENTRO!

Vamos agora analisar o processo de evaporação com outro líquido: o éter ($CH_3CH_2OCH_2CH_3$), antigamente utilizado como anestésico e atualmente empregado como solvente orgânico em uma série de processos químicos. Considere um mesmo volume de éter, em lugar de água, também em um recipiente aberto a 20 °C.

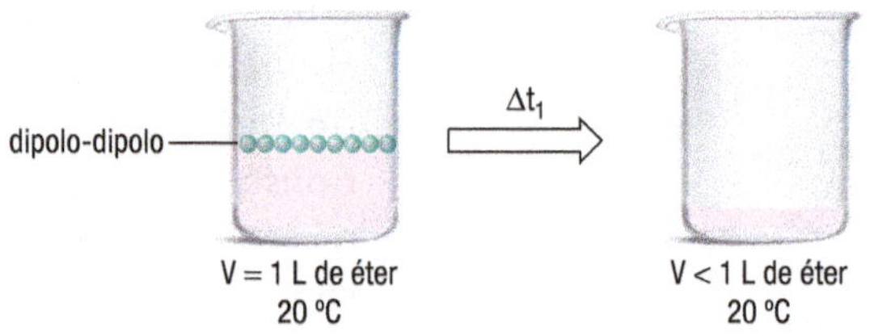
dipolo-dipolo
Δt_1
V = 1 L de éter
20 °C
V < 1 L de éter
20 °C

Decorrrido o tempo Δt_1, percebe-se que o volume de éter diminuiu.

Nota-se que para o mesmo intervalo de tempo (Δt_1) o volume de éter diminuiu mais do que o da água; portanto, o éter evapora mais facilmente do que a água. Isso ocorre devido ao fato de o éter ser uma molécula pouco polar e de as forças intermoleculares serem menos intensas do que as da água.

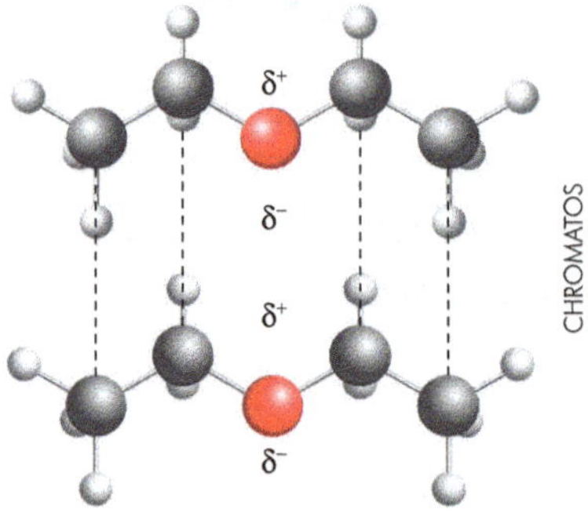
δ+
δ-
δ+
δ-
CHROMATOS

As interações entre as moléculas de éter (do tipo dipolo-dipolo) são mais fracas do que as ligações de hidrogênio estabelecidas entre as moléculas de água.

Como as interações entre as moléculas de éter são menos intensas que entre as moléculas de água, isso significa que a energia mínima necessária para as moléculas de éter romperem as interações do tipo dipolo-dipolo é menor do que a energia mínima no caso da água. É por esse motivo que o éter evapora com maior facilidade que água, ou seja, o éter é um líquido **mais volátil** do que a água.

5.2 Evaporação de um Líquido em Recipiente Fechado e Pressão de Vapor

Vamos agora colocar 1 L de água a 20 °C em um recipiente fechado sem ar, ligado a um manômetro (aparelho que mede a pressão).

No início do processo, temos somente evaporação

$$H_2O(l) \longrightarrow H_2O(v)$$

a uma velocidade de evaporação (v_e), que é sempre constante a determinada temperatura. Podemos observar que o ponteiro do manômetro sai do zero.

pressão 0
$H_2O(l)$
20 °C

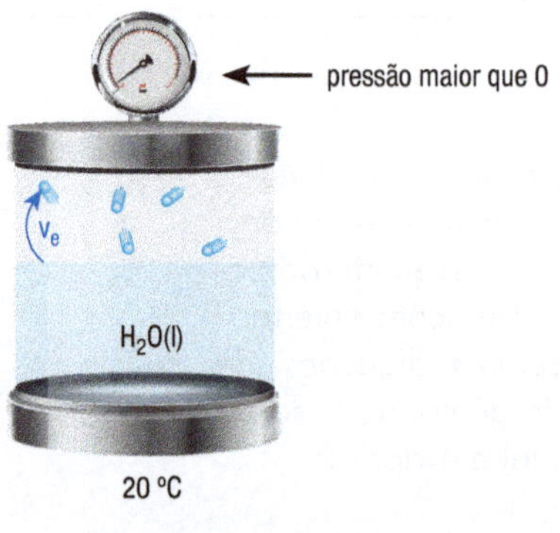
pressão maior que 0
v_e
$H_2O(l)$
20 °C

Decorrido algum tempo, com o aumento da quantidade de moléculas de vapor-d'água, teremos também o processo de condensação

$$H_2O(v) \longrightarrow H_2O(l)$$

A velocidade de condensação (v_c) é dependente da quantidade de moléculas de vapor-d'água. Logo, inicialmente, v_c é menor do que v_e e o ponteiro do manômetro continua a indicar aumento da pressão.

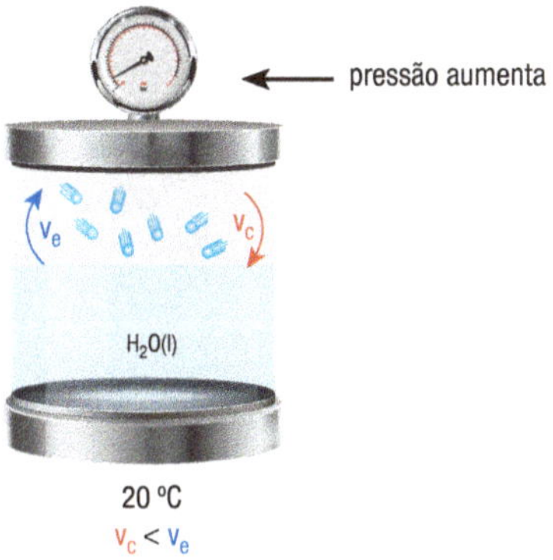
pressão aumenta
v_e
v_c
$H_2O(l)$
20 °C
$v_c < v_e$

Finalmente, a velocidade de condensação (v_c) fica igual à velocidade de evaporação (v_e) e o ponteiro do manômetro estabiliza em 17,5 mmHg. O vapor (de água) exerce uma pressão nas paredes e na superfície da água, a qual chamamos de **pressão de vapor** (P_v) a 20 °C.

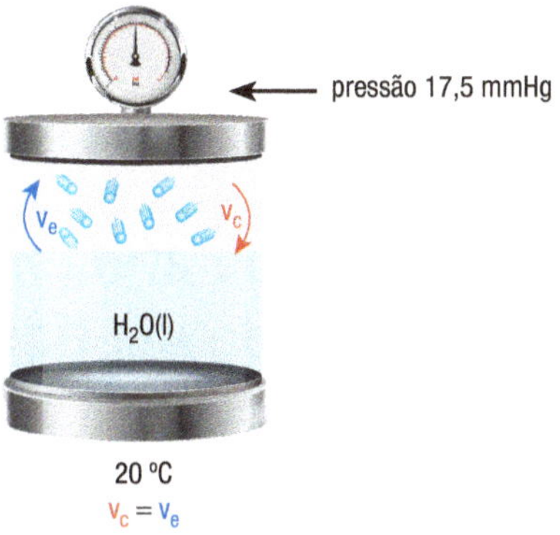
pressão 17,5 mmHg
v_e
v_c
$H_2O(l)$
20 °C
$v_c = v_e$

O processo que acabamos de discutir, de evaporação de um líquido em um sistema fechado, pode ser descrito matematicamente a partir de dois gráficos: um da pressão indicada pelo manômetro em função do tempo e outro das velocidades de evaporação e de condensação em função do tempo. É importante destacar que ao ser atingido o equilíbrio, os processos de evaporação e de condensação não param, mas passam a ocorrer em velocidades iguais.

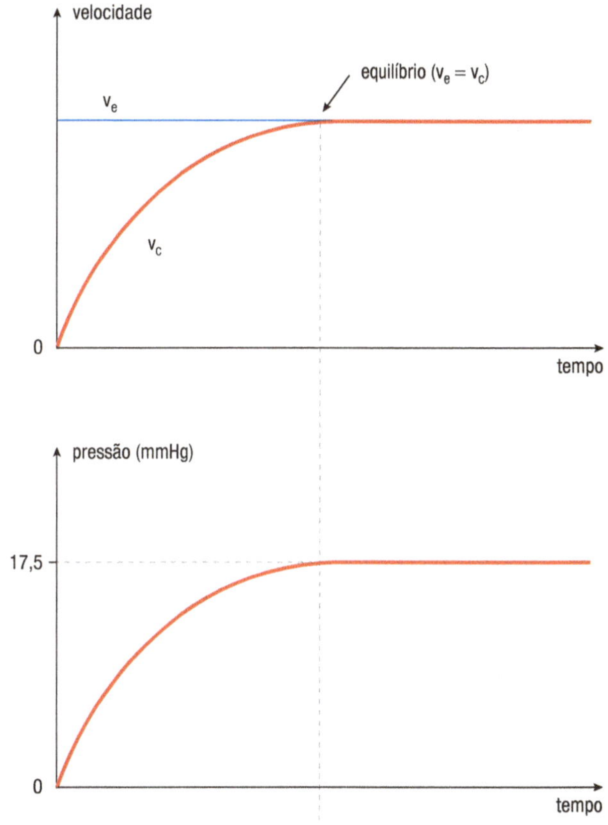
velocidade
equilíbrio ($v_e = v_c$)
v_e
v_c
0
tempo
pressão (mmHg)
17,5
0
tempo

Quando as velocidades de condensação e de evaporação se igualam, atingimos o equilíbrio e a pressão indicada pelo manômetro deixa de aumentar, estabilizando no valor da pressão de vapor.

A pressão exercida pelo vapor em equilíbrio ($v_e = v_c$) com o seu líquido é chamada de **pressão de vapor de equilíbrio do líquido**, sendo conhecida mais simplesmente como **pressão de vapor do líquido**.

ATENÇÃO!

Se aumentarmos a temperatura eliminando a fase líquida, não teremos mais a pressão de vapor e sim, uma pressão do vapor-d'água.

FIQUE POR DENTRO!

A pressão de vapor não depende da quantidade de líquido nem do espaço ocupado pelo vapor. Observe os exemplos a seguir, nos quais temos diferentes volumes de água a 20 °C, porém a pressão de vapor mantém-se constante e igual a 17,5 mmHg.

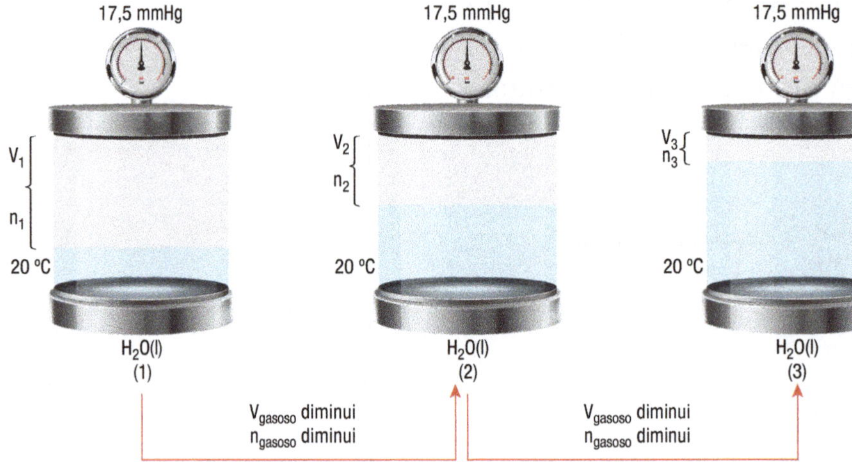

17,5 mmHg
17,5 mmHg
17,5 mmHg
V_1
n_1
20 °C
V_2
n_2
20 °C
V_3
n_3
20 °C
$H_2O(l)$
(1)
$H_2O(l)$
(2)
$H_2O(l)$
(3)
V_{gasoso} diminui
n_{gasoso} diminui
V_{gasoso} diminui
n_{gasoso} diminui

Ao compararmos os sistemas 1 e 2, vemos que o espaço disponível para o vapor-d'água no sistema 2 (V_2) é inferior ao espaço disponível para o vapor-d'água no sistema 1 (V_1):

$$V_2 < V_1$$

Para que os valores de pressão de vapor nos dois sistemas sejam iguais, é necessário que a quantidade de moléculas de água que evaporam no sistema 2 (n_2) também seja inferior ao valor correspondente para o sistema 1 (n_1).

Isso pode ser mostrado com base na equação dos gases ideais (PV = nRT). Isolando P, obtemos:

$$P = \frac{n}{V} \cdot RT$$

Como RT é constante, para que $P_1 = P_2$, é necessário que $n_1 > n_2$, pois $V_1 > V_2$:

$$P_1 = \frac{n_1 \uparrow}{V_1 \uparrow} \cdot RT$$

$$P_2 = \frac{n_2 \downarrow}{V_2 \downarrow} \cdot RT$$

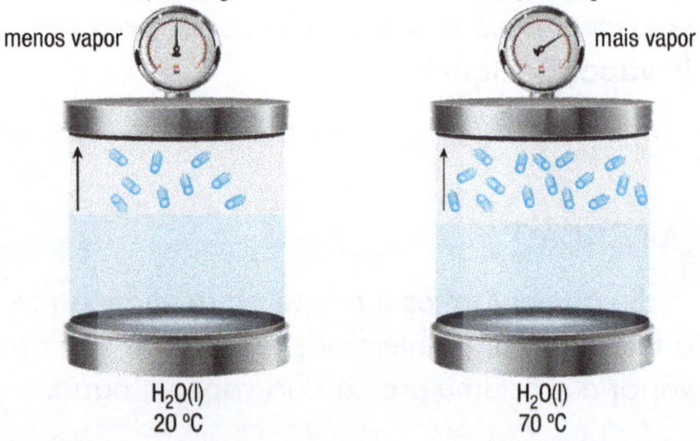

17,5 mmHg
menos vapor
$H_2O(l)$
20 °C
233,7 mmHg
mais vapor
$H_2O(l)$
70 °C

5.2.1 Fatores que afetam a pressão de vapor de um líquido

A pressão de vapor de um líquido pode ser afetada pela temperatura e também pela natureza do líquido.

a) **Temperatura do líquido** – aumentando-se a temperatura de um líquido, aumenta a velocidade de evaporação; portanto, haverá mais vapor e, como consequência, maior pressão de vapor.

FIQUE POR DENTRO!

Quando aumentamos a temperatura, ocorre aumento da energia das moléculas presentes no líquido. Isso significa que um maior número de moléculas apresentará energia superior a $E_{mín}$. E, como não houve alteração do número total de moléculas no sistema, o formato da curva de distribuição de energia altera-se: ela achata e desloca-se para direita. Dessa forma, em uma temperatura $T_2 > T_1$, a curva terá um formato mais baixo e alargado.

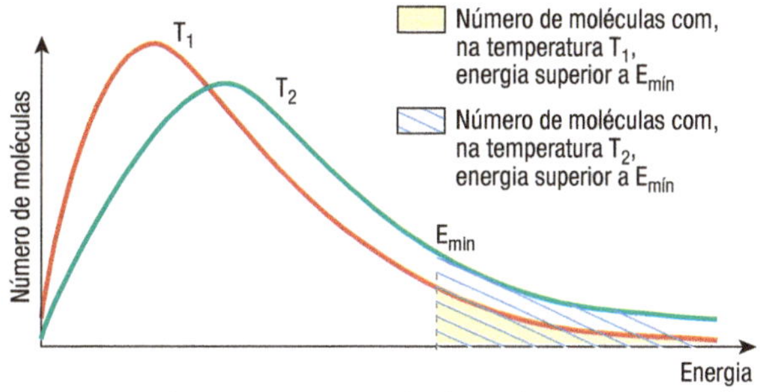
Número de moléculas com, na temperatura T_1, energia superior a $E_{mín}$
Número de moléculas com, na temperatura T_2, energia superior a $E_{mín}$
T_1
T_2
$E_{mín}$
Número de moléculas
Energia

O aumento da temperatura do líquido aumenta a energia das moléculas, intensificando o processo de evaporação e aumentando a pressão de vapor.

A tabela a seguir nos mostra os valores da pressão de vapor-d'água em diferentes temperaturas. Esses dados permitem construir o gráfico da variação da pressão de vapor em função da temperatura. O comportamento ascendente apresentado no gráfico é compartilhado por outros líquidos – como éter etílico, acetona, etanol, benzeno etc. – apesar de os valores serem diferentes.

Pressão de vapor-d'água pura em função da temperatura.

ÁGUA PURA	
Temperatura (°C)	Pressão de vapor (mmHg)
0	4,6
10	9,2
20	17,5
30	31,8
40	55,3
50	92,5
60	149,4
70	233,7
80	355,1
90	525,8
100	760,0
110	1.074,6
120	1.489,1

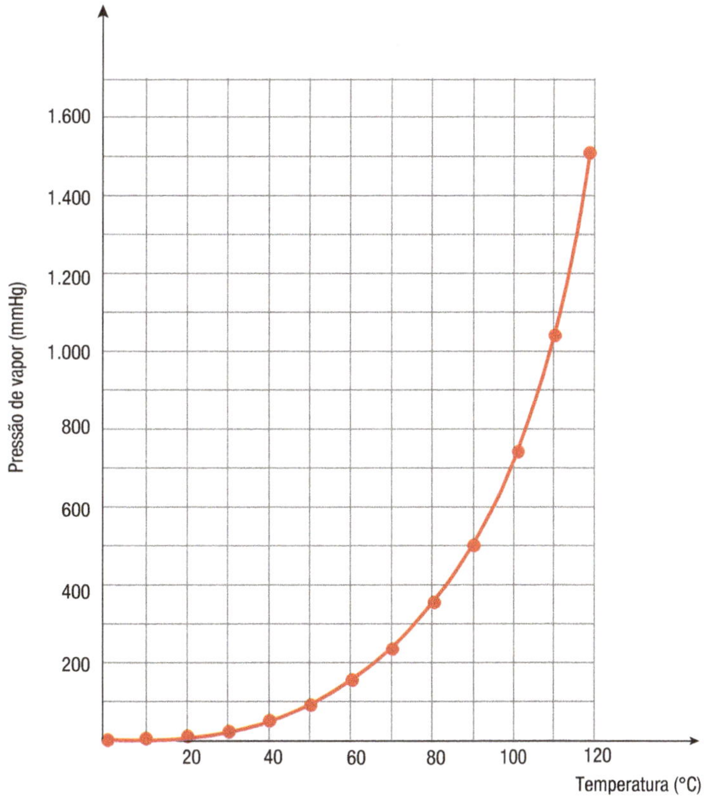
Pressão de vapor (mmHg)
1.600
1.400
1.200
1.000
800
600
400
200
20
40
60
80
100
120
Temperatura (°C)

Os pontos situados sobre a curva de pressão de vapor *versus* temperatura representam condições de pressão e temperatura nas quais as fases líquido e vapor estão em equilíbrio. A leitura do gráfico permite determinar a pressão exercida pelo vapor, em equilíbrio com o líquido, a determinada temperatura: se colocarmos água líquida suficiente em um frasco a 60 °C, previamente submetido a vácuo, o líquido evaporará até que a pressão dentro do frasco atinja o valor de 149,4 mmHg.

b) **Natureza do líquido** – a maior ou menor pressão de vapor de um líquido depende das interações intermoleculares estabelecidas entre as partículas da substância. Portanto, líquidos diferentes (que apresentam forças intermoleculares com intensidades distintas) apresentam valores de pressão de vapor (P_v) diferentes.

$H_2O(l) \longrightarrow H_2O(v)$	$P_v = 17,5$ mmHg a 20 °C	menos volátil
éter(l) $\longrightarrow$ éter(v)	$P_v = 442$ mmHg a 20 °C	mais volátil

Forças intensas, como as ligações de hidrogênio, "prendem" fortemente as moléculas umas às outras e, em consequência, tornam o líquido menos volátil, isto é, com menor pressão de vapor, como é o caso da água. Forças menos intensas, como as do tipo dipolo-dipolo, unem mais fracamente as moléculas umas às outras, tornando o líquido mais volátil, como o caso do éter comum ($H_3C - CH_2 - O - CH_2 - CH_3$).

Quanto maior a força intermolecular de um líquido, menor a pressão de vapor, isto é, o líquido é menos volátil.

ATENÇÃO!

Vimos, no Volume 1, que, para moléculas de tamanhos próximos, a ligação de hidrogênio é mais intensa que as interações do tipo dipolo-dipolo que, por sua vez, são mais intensas que as interações do tipo dipolo instantâneo-dipolo induzido. Assim, para líquidos compostos por moléculas de tamanhos próximos, temos a seguinte ordem decrescente de P_v:

P_v (dipolo instantâneo--dipolo induzido)	>	P_v (dipolo-dipolo)	>	P_v (ligação de hidrogênio)

O gráfico a seguir apresenta as curvas de pressão de vapor de três substâncias: éter etílico, etanol e água. A substância mais volátil (éter) apresenta maior pressão de vapor e, portanto, sua curva fica acima das demais; já a curva da água (substância menos volátil) localiza-se abaixo das demais, uma vez que a pressão de vapor é menor.

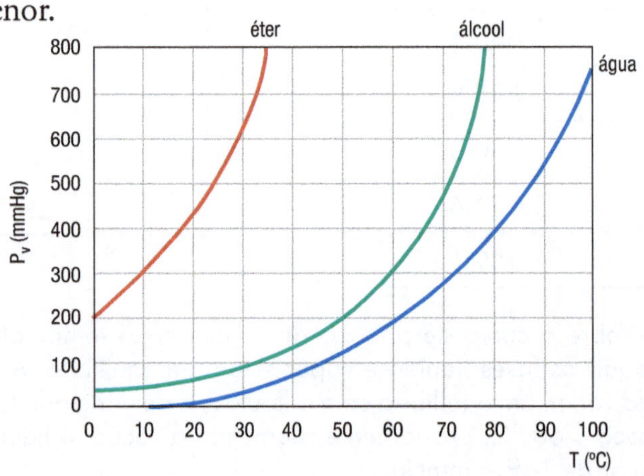
éter
álcool
água
800
700
600
500
400
300
200
100
0
P_v (mmHg)
0
10
20
30
40
50
60
70
80
90
100
T (ºC)

5.3 Pressão de Vapor do Líquido e Ponto de Ebulição

Agora que entendemos o processo de evaporação, vamos estudar outro processo de mudança de estado do líquido para o vapor, a **ebulição**, e como o **ponto de ebulição** está relacionado com a pressão de vapor.

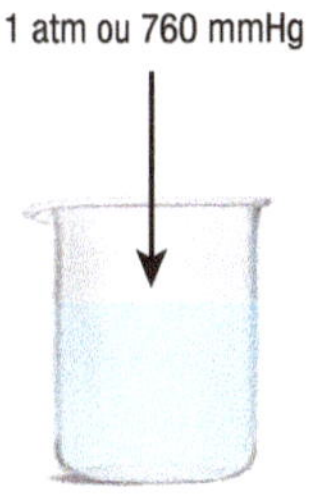
1 atm ou 760 mmHg

Vamos analisar como exemplo o que ocorre com a água destilada quando é aquecida em recipiente aberto ao nível do mar (760 mmHg = 1atm).

Nesse caso, também temos o processo de evaporação das moléculas de água localizadas na superfície do recipiente. Porém, o aumento da temperatura da água por uma fonte externa de energia promove o rompimento das ligações de hidrogênio, que leva à formação de bolhas (vapor-d'água cercado de líquido).

Uma vez formadas, podem ocorrer duas situações com as bolhas de vapor-d'água:

- se a pressão interna de vapor da bolha for menor do que 760 mmHg, ela colapsa ("estoura") e o vapor-d'água retorna para o estado líquido;
- se a pressão interna de vapor da bolha for igual ou maior que 760 mmHg, a bolha mantém-se estável e, por apresentar menor densidade que a água líquida, ela sobe e escapa para o ar, ocorrendo o fenômeno físico chamado de **ebulição**. Para a água, isso ocorre quando a temperatura da água é 100 °C.

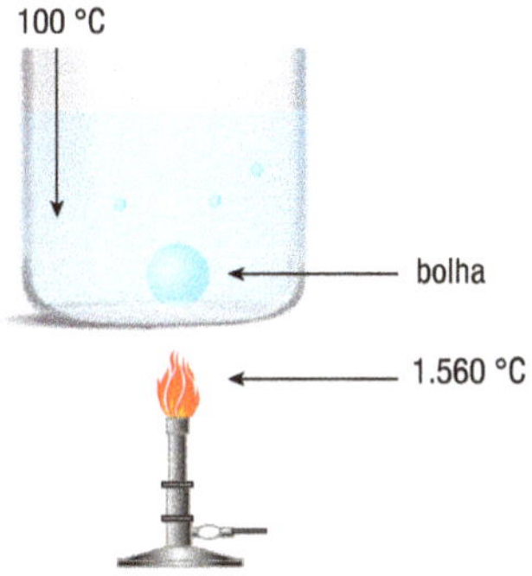
100 °C
bolha
1.560 °C

Como geralmente as fontes de energia são localizadas abaixo do recipiente que estamos aquecendo, as bolhas formam-se inicialmente na parte inferior do recipiente.

Assim, concluímos que um líquido entra em ebulição quando sua pressão de vapor se iguala à pressão atmosférica.

Vamos então retomar as três curvas de pressão de vapor em função da temperatura para as três substâncias que já comparamos: éter etílico, etanol e água. Por estabelecer interações intermoleculares mais fracas (do tipo dipolo-dipolo), o éter apresenta menor ponto de ebulição, enquanto a água, cujas moléculas interagem por ligações de hidrogênio (interações intermoleculares mais fortes), possui maior ponto de ebulição.

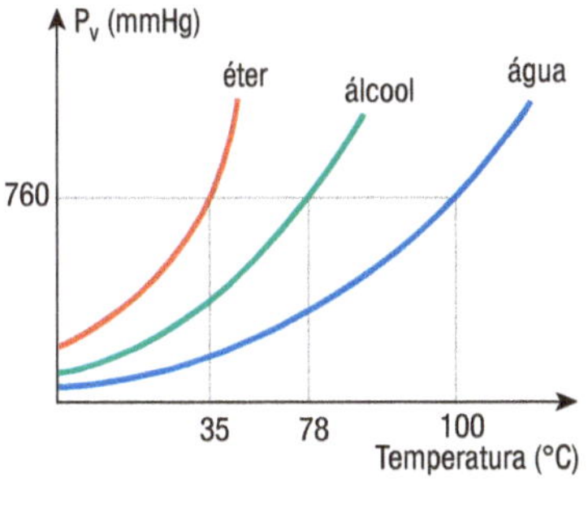
P_v (mmHg)
éter
álcool
água
760
35
78
100
Temperatura (°C)

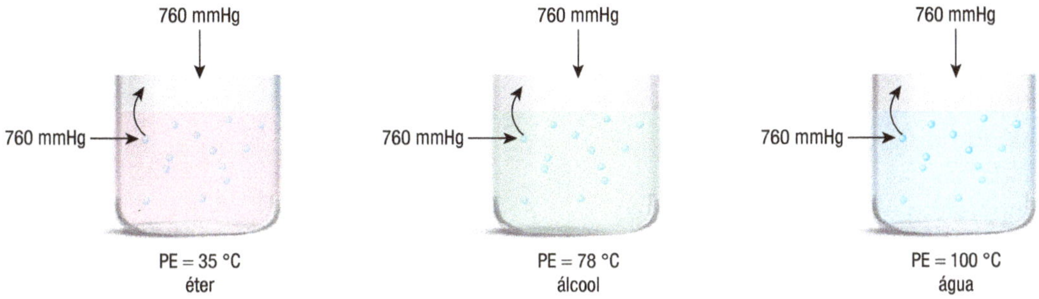
760 mmHg
760 mmHg
PE = 35 °C
éter
760 mmHg
760 mmHg
PE = 78 °C
álcool
760 mmHg
760 mmHg
PE = 100 °C
água

5.3.1 Influência da pressão atmosférica (externa) no ponto de ebulição

Vimos que um líquido entra em ebulição quando a pressão de vapor iguala a pressão atmosférica (externa). Se aquecermos a água em Santos (ao nível do mar), onde a pressão atmosférica vale 760 mmHg (1 atm), a água entrará em ebulição na temperatura de 100 °C.

Agora, se a pressão externa for menor que 760 mmHg, será necessária uma temperatura menor para a pressão de vapor da bolha igualar a pressão atmosférica. Dessa forma, se aquecermos a água em Campos do Jordão (cidade localizada a 1.620 m de altitude no estado de São Paulo), onde a pressão atmosférica é igual a 630 mmHg, o ponto de ebulição diminui para 95 °C. Em virtude da maior altitude, a coluna de ar sobre o local diminui, o que implica uma redução da pressão atmosférica.

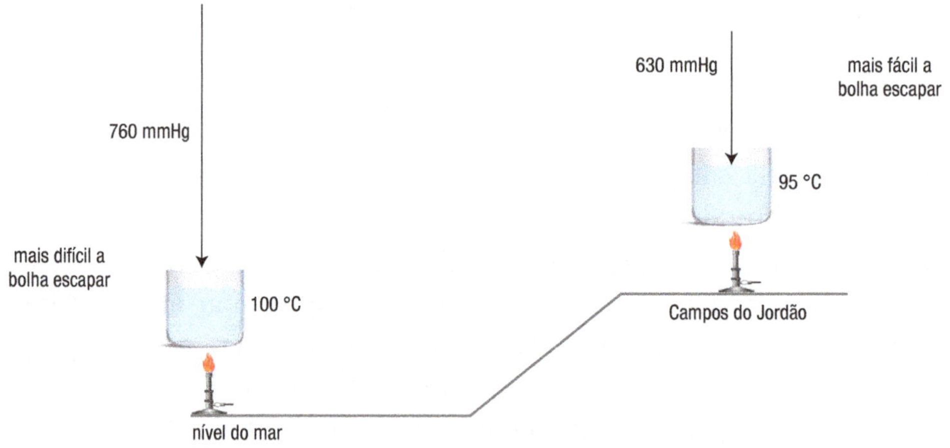
630 mmHg
mais fácil a bolha escapar
760 mmHg
95 °C
mais difícil a bolha escapar
100 °C
Campos do Jordão
nível do mar

Quanto menor a pressão externa, mais facilmente a bolha escapará; portanto, menor será a temperatura de ebulição.

FIQUE POR DENTRO!

Panela de pressão

CARLOS RESTREPO/SHUTTERSTOCK

Por outro lado, se aumentarmos a pressão sobre o líquido, aumentaremos o ponto de ebulição. É com base nesse princípio que funcionam as panelas de pressão, que são projetadas para reterem boa parte do vapor-d'água, aumentando a pressão interna, que pode atingir valores de 1.500 mmHg (quase 2 atm) e, consequentemente, aumentando a temperatura de ebulição para até 120 °C.

Como a temperatura é maior, o tempo de cozimento dos alimentos será reduzido.

FIQUE POR DENTRO!

Onde termina a curva da pressão de vapor?

A curva de pressão de vapor em função da temperatura também é conhecida como **curva de ebulição**, uma vez que representa as condições de equilíbrio entre o líquido e o vapor do líquido. Vimos que podemos ter água em ebulição em temperaturas superiores a 100 °C se aumentarmos a pressão a que o líquido está sujeito. Mas, o que ocorre se continuarmos a aumentar os valores de pressão e temperatura?

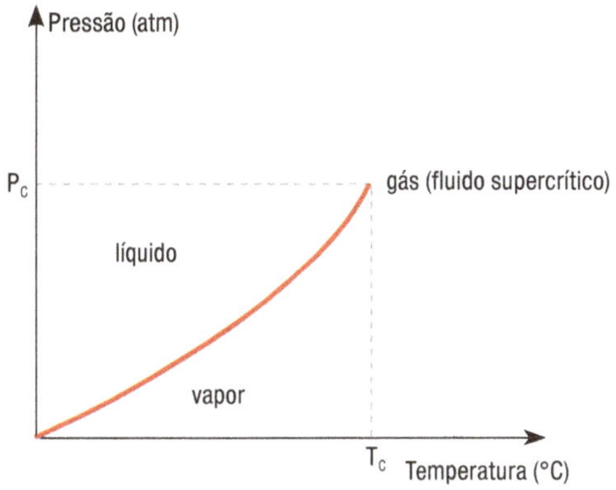

Pressão (atm)
P_C
gás (fluido supercrítico)
líquido
vapor
T_C
Temperatura (°C)

Essa pergunta foi respondida ainda no século XIX, quando foi descoberto o ponto final da curva de ebulição, chamado de **ponto crítico**. A temperatura em que isso acontece é a temperatura crítica (T_C) e a pressão de vapor correspondente é a pressão crítica (P_C).

A temperatura crítica é a temperatura mais alta na qual o vapor pode ser liquefeito por aumento de pressão. A partir do ponto crítico, não há mais diferença de densidade entre o líquido e o vapor e ambos são chamados de fluido supercrítico ou gás.

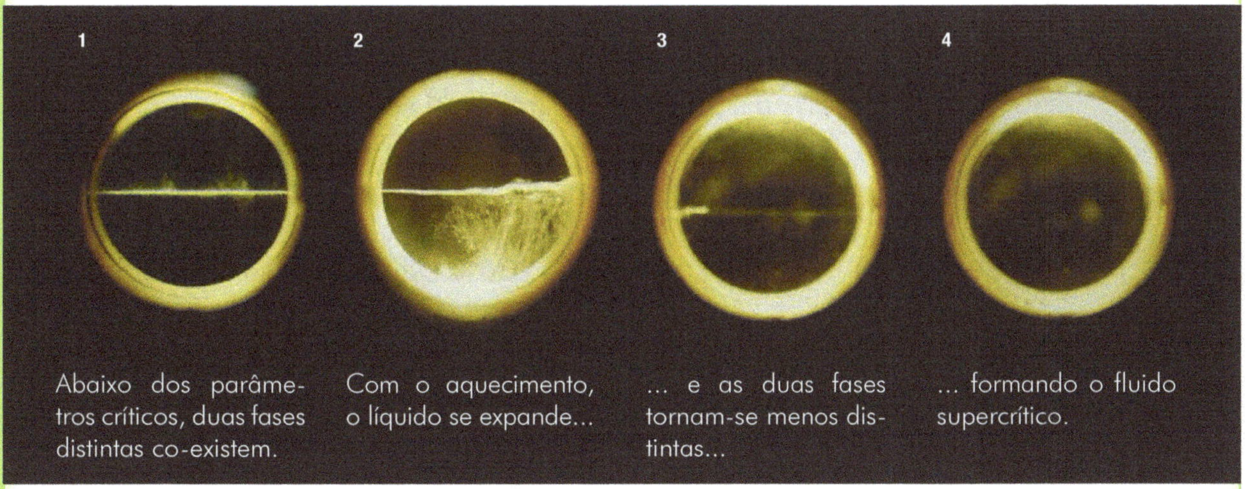

1
2
3
4
Abaixo dos parâmetros críticos, duas fases distintas co-existem.
Com o aquecimento, o líquido se expande...
... e as duas fases tornam-se menos distintas...
... formando o fluido supercrítico.

Desaparecimento da fronteira entre as fases líquida e vapor e surgimento do fluido supercrítico.

Fonte: POLIAKOFF, S. An Introduction to Supercritical Fluids. *Disponível em:* <https://www.nottingham.ac.uk/supercritical/scintro.html>. *Acesso em:* 14 dez. 2020.

Para a maioria das substâncias, o ponto crítico tem valores muito elevados de temperatura e pressão. Por exemplo, a água tem uma **temperatura crítica de 374 °C** e uma **pressão crítica de 218 atm**.

Acima de 374 °C, a água é um fluido supercrítico, isto é, a água não pode ser liquefeita por compressão. No estado supercrítico, certos fluidos como a água e o dióxido de carbono têm propriedades inesperadas, como a capacidade de dissolver materiais normalmente insolúveis neles.

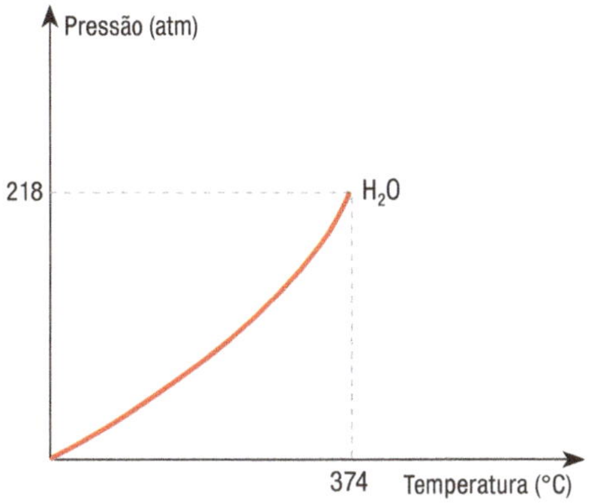

Pressão (atm)
218
H_2O
374
Temperatura (°C)

5.4 Propriedades Coligativas das Soluções

No Volume 1, vimos que propriedades como ponto de ebulição e ponto de solidificação (ou congelamento) podem ser utilizadas para diferenciar uma substância de outra ou uma substância pura de uma mistura. Por exemplo, a água do mar, uma solução aquosa de água e diversas substâncias, não entra em ebulição na mesma temperatura da água pura.

Contudo, a presença de solutos (não voláteis), como o cloreto de sódio (principal sal presente na água do mar), interfere não só na temperatura de ebulição, mas também na pressão de vapor, na temperatura de congelamento e também na pressão osmótica, como veremos no restante desse capítulo.

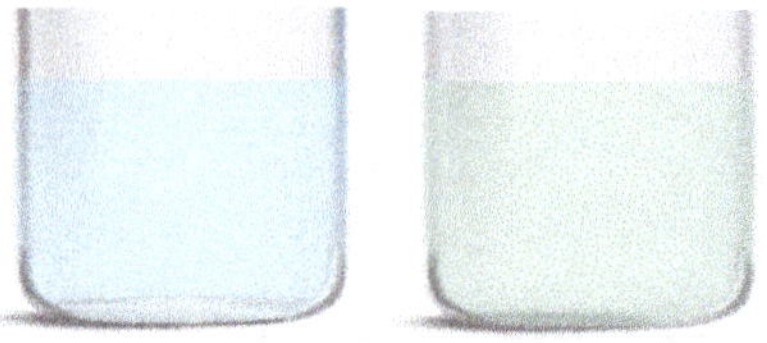

água pura
P_V = 17,5 mmHg (20 °C)
PE = 100 °C (1 atm)
PC = 0 °C (1 atm)

solução aquosa
$P_V \neq$ 17,5 mmHg (20 °C)
PE $\neq$ 100 °C (1 atm)
PC $\neq$ 0 °C (1 atm)

Essas propriedades, que dependem da concentração das partículas dispersas do soluto (não volátil), são chamadas de **propriedades coligativas**. É importante destacar que as propriedades coligativas **não dependem** da natureza das partículas dispersas (íon ou molécula, tamanho ou massa), mas apenas da quantidade (ou concentração) das partículas.

Dessa forma, para comparar a intensidade dos efeitos coligativos, precisamos nos basear na concentração (em mol/L) das partículas efetivamente dispersas, levando em consideração se o soluto analisado sofrerá ou não dissociação em solução aquosa.

Assim, ao compararmos duas soluções 0,1 mol/L de NaCl(aq) e de $C_6H_{12}O_6$(aq), os efeitos coligativos não serão iguais:

- soluções eletrolíticas – na solução 0,1 mol/L de NaCl(aq), ocorre dissociação:

$$\underset{0,1\ mol/L}{NaCl(aq)} \longrightarrow \underset{0,1\ mol/L}{Na^+(aq)} + \underset{0,1\ mol/L}{Cl^-(aq)}$$

$\mathcal{M}_{inicial}$ = 0,1 mol/L $\mathcal{M}_{total}$ = 0,2 mol/L

- soluções não eletrolíticas – na solução 0,1 mol/L de $C_6H_{12}O_6$(aq), não ocorre dissociação:

$$\underset{0,1\ mol/L}{C_6H_{12}O_6(aq)} \longrightarrow \underset{0,1\ mol/L}{C_6H_{12}O_6(aq)}$$

$\mathcal{M}_{inicial} = \mathcal{M}_{total}$ = 0,1 mol/L

Nessa comparação, o efeito coligativo da solução aquosa de NaCl (0,1 mol/L) é o dobro do $C_2H_{12}O_6$ (0,1 mol/L), pois $\mathcal{M}_{total}$ do NaCl é 0,2 mol/L.

ATENÇÃO!

O processo de dissociação deve ser levado em consideração não só para soluções aquosas de sais, mas para as de bases também. Uma solução 0,1 mol/L NaOH(aq) também apresenta $\mathcal{M}_{total}$ = 0,2 mol/L:

$$\underset{0,1\ mol/L}{NaOH(aq)} \longrightarrow \underset{0,1\ mol/L}{Na^+(aq)} + \underset{0,1\ mol/L}{OH^-(aq)}$$

Já para soluções aquosas ácidas, temos o processo de ionização. Apesar de o fenômeno químico ser distinto do da dissociação, o resultado final é similar e é a concentração total de partículas (cátion e ânions) que deve ser levada em consideração para estimar o efeito coligativo. Para uma solução 0,2 mol/L de HCl(aq), um ácido forte completamente ionizado, $\mathcal{M}_{total}$ = 0,4 mol/L:

$$\underset{0,2\ mol/L}{HCl(aq)} \longrightarrow \underset{0,2\ mol/L}{H^+(aq)} + \underset{0,2\ mol/L}{Cl^-(aq)}$$

5.5 Diminuição da Pressão de Vapor: Tonoscopia

Verifica-se experimentalmente que a adição de um soluto não volátil na água (solvente) diminui a sua pressão de vapor.

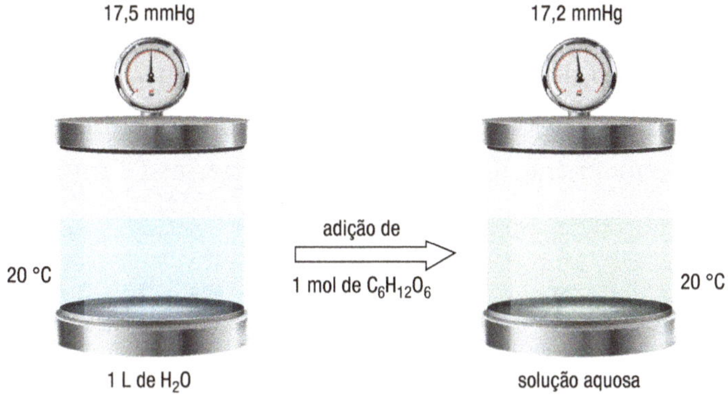
17,5 mmHg
17,2 mmHg
adição de
1 mol de $C_6H_{12}O_6$
20 °C
20 °C
1 L de H_2O
solução aquosa

P_v = 17,5 mmHg (pressão de vapor proveniente da água pura)

P'_v = 17,2 mmHg (pressão de vapor proveniente da água da solução aquosa)

$$\text{Diminuição de 0,3 mmHg}\left(\underset{1\ \text{mol/L}}{C_6H_{12}O_6(aq)} \xrightarrow{H_2O} \underset{1\ \text{mol/L}}{C_6H_{12}O_6(aq)}\right)$$

$$\mathfrak{M}_{total} = 1\ \text{mol/L}$$

No gráfico

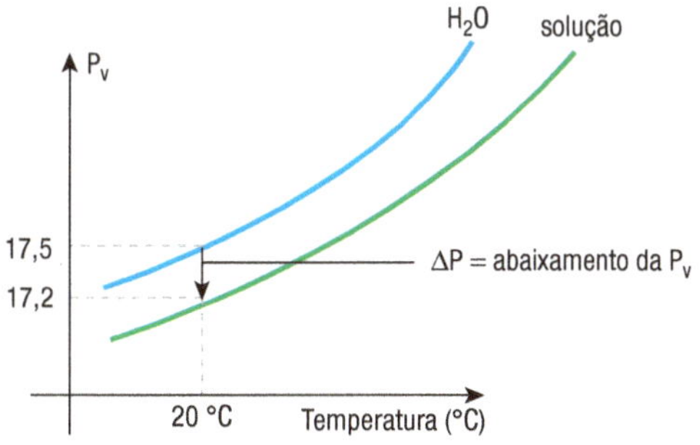
P_v
H_2O
solução
17,5
17,2
ΔP = abaixamento da P_v
20 °C
Temperatura (°C)

Outro exemplo consiste na diminuição da pressão de vapor da água em virtude da adição de 1 mol de NaCl em 1 L de água:

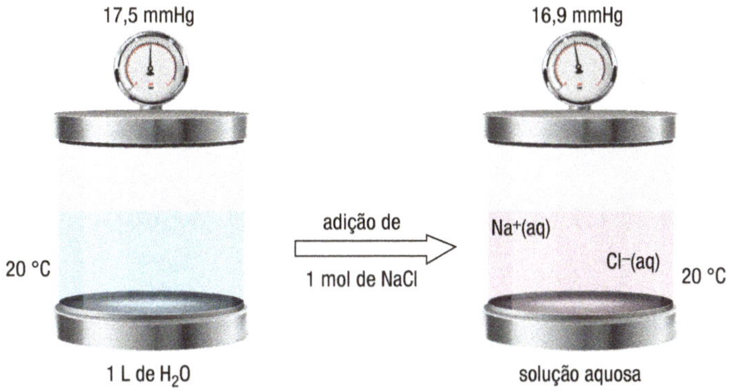
17,5 mmHg
16,9 mmHg
adição de
1 mol de NaCl
$Na^+(aq)$
$Cl^-(aq)$
20 °C
20 °C
1 L de H_2O
solução aquosa

P_v = 17,5 mmHg (pressão de vapor proveniente da água pura)

P_v = 16,9 mmHg (pressão de vapor proveniente da água da solução aquosa).

$$\text{Diminuição de 0,6 mmHg}\left(\underset{1\ \text{mol/L}}{\text{NaCl(aq)}} \xrightarrow{H_2O} \underset{1\ \text{mol/L}}{\text{Na}^+\text{(aq)}} + \underset{1\ \text{mol/L}}{\text{Cl}^-\text{(aq)}}\right)$$

$$\mathfrak{M}_{total} = 2\ \text{mol/L}$$

O efeito tonoscópico (diminuição de 0,6 mmHg) da solução aquosa de 1 mol/L NaCl(aq) é o dobro do efeito tonoscópico (diminuição de 0,3 mmHg) da solução de 1 mol/L de $C_6H_{12}O_6$(aq), pois na solução aquosa de NaCl(aq) temos o dobro da concentração de partículas dispersas (2 mol/L > 1 mol/L).

5.6 Aumento da Temperatura de Ebulição: Ebulioscopia

Quando adicionamos um soluto não volátil na água, vimos que há um abaixamento da pressão de vapor do solvente. Essa redução da pressão de vapor implica aumento da temperatura de ebulição da água (solvente). Observe os exemplos a seguir:

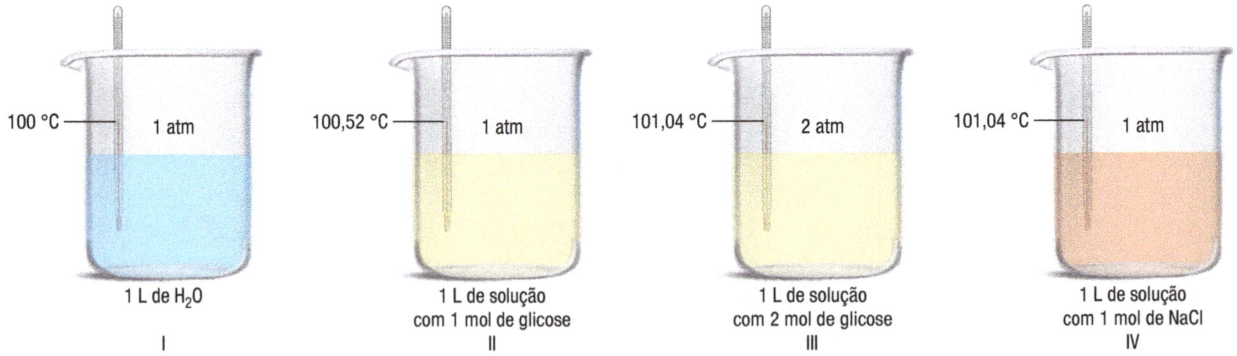
100 °C
1 atm
1 L de H_2O
I
100,52 °C
1 atm
1 L de solução
com 1 mol de glicose
II
101,04 °C
2 atm
1 L de solução
com 2 mol de glicose
III
101,04 °C
1 atm
1 L de solução
com 1 mol de NaCl
IV

Em relação à água pura (I), a elevação da temperatura de ebulição em III (1,04 °C) foi o dobro em relação a II (0,52 °C), pois o número de partículas dispersas em III é o dobro do número de partículas dispersas em II.

$$\text{(II)}\quad \underset{1\ \text{mol}}{C_6H_{12}O_6\text{(s)}} \xrightarrow{1\ \text{L}} \underset{\mathfrak{M}_{total}\,=\,1\ \text{mol/L}}{C_6H_{12}O_6\text{(aq)}}$$

$$\text{(III)}\quad \underset{2\ \text{mol}}{C_6H_{12}O_6\text{(s)}} \xrightarrow{1\ \text{L}} \underset{\mathfrak{M}_{total}\,=\,2\ \text{mol/L}}{C_6H_{12}O_6\text{(aq)}}$$

A elevação da temperatura de ebulição em III e IV é igual (1,04 °C), pois o número de partículas dispersas é o mesmo. Por fim, a elevação da temperatura de ebulição em IV (1,04 °C) é o dobro de II (0,52 °C), pois o número de partículas dispersas em IV é o dobro do número de partículas dispersas em II.

$$\text{(II)}\quad C_6H_{12}O_6\,(s) \xrightarrow{1\,L} C_6H_{12}O_6(aq)$$
$$1\text{ mol} \qquad\qquad \mathcal{M}_{total} = 1\text{ mol/L}$$

$$\text{(VI)}\quad NaCl(s) \xrightarrow{1\,L} Na^+(aq) + Cl^-(aq)$$
$$1\text{ mol} \qquad 1\text{ mol/L} \qquad 1\text{ mol/L}$$
$$\mathcal{M}_{total} = 2\text{ mol/L}$$

Por meio do gráfico pressão de vapor *versus* temperatura fica fácil entender porque ocorre o aumento da temperatura de ebulição da água: com o abaixamento da pressão de vapor promovido pela adição dos solutos, é necessário aumentar a temperatura para que a pressão de vapor iguale o valor da pressão atmosférica e o processo de ebulição se inicie.

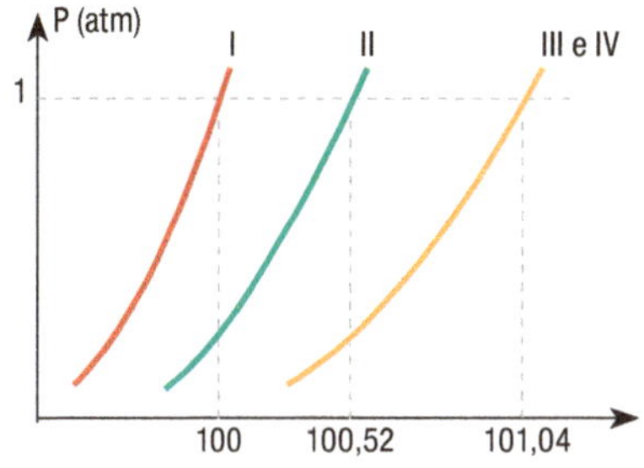
P (atm)
1
I
II
III e IV
100
100,52
101,04
Temperatura (°C)

Quanto maior o número de partículas do soluto dispersas na solução, maior a elevação da temperatura de ebulição do solvente.

5.7 Diminuição da Temperatura de Congelamento: Crioscopia

Quando adicionamos um soluto não volátil à água ocorre uma diminuição na temperatura de congelamento da água (solvente).

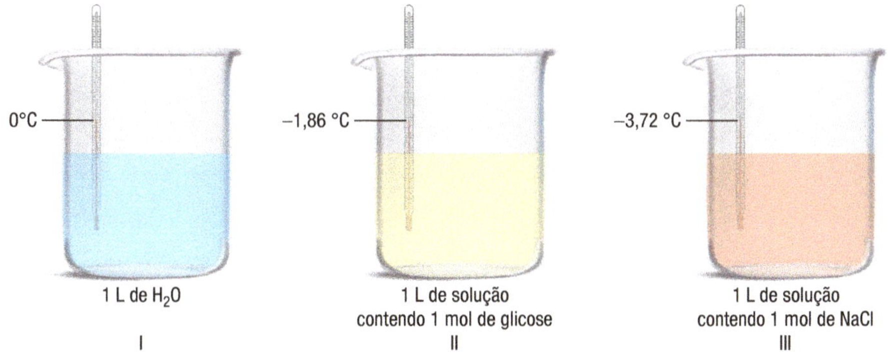
0°C
–1,86 °C
–3,72 °C
1 L de H2O
I
1 L de solução contendo 1 mol de glicose
II
1 L de solução contendo 1 mol de NaCl
III

Quanto maior o número de partículas do soluto dispersas na solução, maior o abaixamento da temperatura de congelamento do solvente.

Em relação à água pura (I), o abaixamento da temperatura de congelamento III (–3,72 °C) é o dobro do abaixamento de temperatura de congelamento II (–1,86 °C), pois o número de partículas dispersas em III é o dobro do número de partículas dipersas em II.

$$\text{(II)}\quad C_6H_{12}O_6\,(s) \xrightarrow{1\,L} C_6H_{12}O_6(aq)$$
$$1\text{ mol} \qquad\qquad \mathcal{M}_{total} = 1\text{ mol/L}$$

$$\text{(III)}\quad NaCl(s) \xrightarrow{1\,L} Na^+(aq) + Cl^-(aq)$$
$$1\text{ mol} \qquad 1\text{ mol/L} \qquad 1\text{ mol/L}$$
$$\mathcal{M}_{total} = 2\text{ mol/L}$$

FIQUE POR DENTRO!

No Brasil, não é comum enfrentarmos situações de neve, mas em países nos quais esse fenômeno é frequente, costuma-se utilizar uma mistura de **cloreto de sódio**, **cloreto de cálcio** e **areia** para promover a fusão da neve, facilitar sua remoção e liberar as vias para tráfego de pessoas e veículos. Cada um dos componentes utilizados tem funções bastante específicas: o **cloreto de sódio** abaixa a temperatura de fusão do gelo, com base em um **efeito crioscópico**; o **cloreto de cálcio** forma, com a água, uma mistura que apresenta temperatura de congelamento que pode ser inferior a –20 °C; por fim, com a fusão do gelo, a superfície torna-se mais escorregadia: daí a importância de adicionar **areia**, para aumentar a fricção e dificultar a ocorrência de derrapagens e acidentes.

STOATPHOTO/SHUTTERSTOCK

Durante a retirada de neve de uma rua, o caminhão também é responsável por polvilhar sais e areia para dificultar a formação de neve.

FIQUE POR DENTRO!

Diagramas de fases

Já vimos, neste capítulo, que a curva da pressão de vapor em função da temperatura é chamada de **curva de ebulição**, pois representa a transformação entre os estados líquido e vapor. De forma análoga a essa curva, temos também a **curva de fusão** (transformação sólido $\rightleftharpoons$ líquido) e a **curva de sublimação** (transformação sólido $\rightleftharpoons$ vapor).

Quando essas três curvas são construídas em um mesmo gráfico, obtemos um **diagrama de fases**, que corresponde a um gráfico de pressão *versus* temperatura, que mostra para cada condição de pressão e temperatura qual é a fase (estado físico) mais estável da substância. O diagrama a seguir nos mostra as mudanças de estado físico para água.

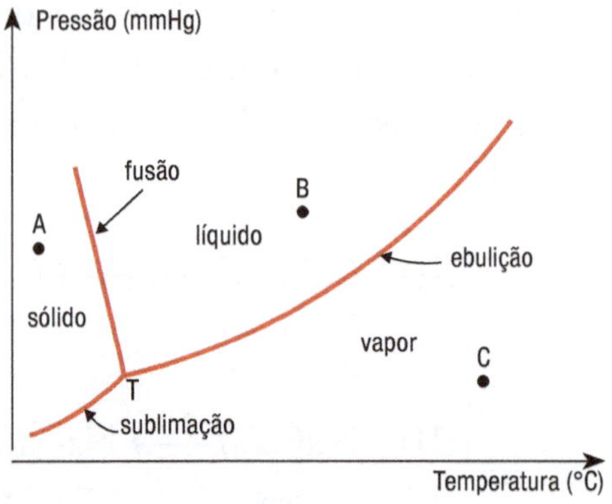
Pressão (mmHg)
fusão
B
A
líquido
ebulição
sólido
vapor
C
T
sublimação
Temperatura (°C)

Nesse tipo de diagrama, é importante destacar três pontos, como mostrado abaixo:

- ponto F (ponto de fusão normal, 0 °C e 760 mmHg);
- ponto E (ponto de ebulição normal, 100 °C e 760 mmHg);
- ponto T (ponto triplo, 0,01 °C e 4,58 mmHg).

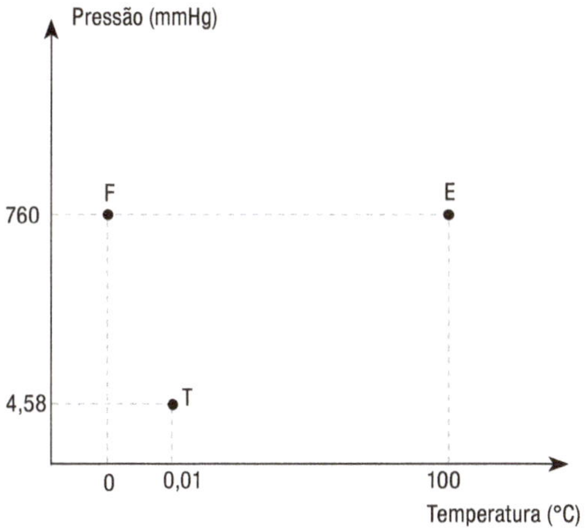
Pressão (mmHg)
760
4,58
F
E
T
0
0,01
100
Temperatura (°C)

Unindo os pontos F e T, obtemos a curva de fusão. Já unindo os pontos E e T, obtemos a curva de ebulição.O ponto T é chamado de ponto triplo, pois coexistem em equilíbrio as três fases:

$$\text{gelo} \rightleftharpoons \text{água} \rightleftharpoons \text{vapor-d'água}$$

Abaixo do ponto T temos a curva de sublimação, em que o ponto triplo corresponde à menor temperatura na qual é possível obtermos o estado líquido.

Além da água, outro diagrama de fases bastante importante é o do dióxido de carbono (CO_2):

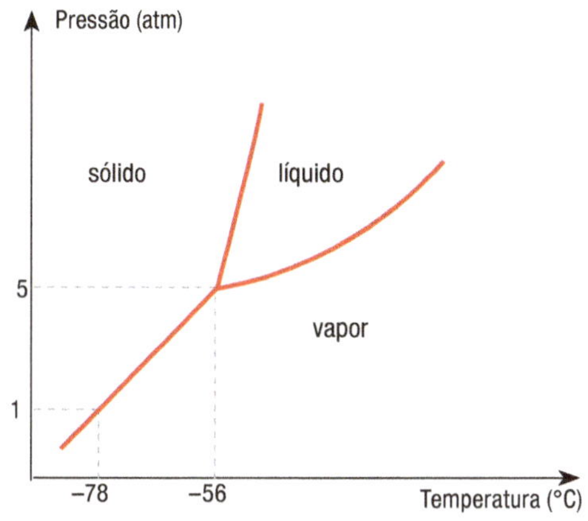
Pressão (atm)
sólido
líquido
vapor
5
1
–78
–56
Temperatura (°C)

Ao compararmos os dois diagramas apresentados, vemos que eles possuem formatos próximos, porém as curvas de fusão estão inclinadas para lados opostos. A maioria das substâncias conhecidas apresenta curva de fusão inclinada para direita (como no diagrama do CO_2). A curva de fusão no diagrama da água apresenta a particularidade de estar inclinada para a esquerda, pois o ponto de fusão da água diminui com o aumento da pressão.

Observe que a pressão de CO_2 no ponto triplo é maior do que 1 atm. Isso significa que o CO_2 líquido não pode existir nessa pressão (1 atm). Portanto, a 1 atm de pressão, o dióxido de carbono sólido (chamado gelo seco, pois não se funde), sublima e transforma-se diretamente para o estado gasoso.

Ainda em relação a digramas de fases, é possível comparar o posicionamento relativo das curvas de um diagrama de uma substância pura (por exemplo, água) e de uma solução aquosa. Uma solução aquosa em relação à água pura tem menor pressão de vapor, maior temperatura de ebulição e menor temperatura de congelamento. Portanto, as curvas do diagrama de fases serão deslocadas para atender a essas condições. Para uma solução aquosa contendo 1 mol/L de $C_6H_{12}O_6(aq)$, o diagrama de fases ficaria:

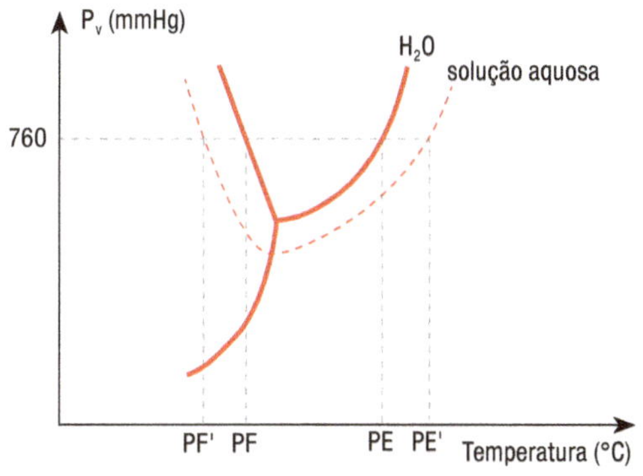
P_v (mmHg)
H_2O
solução aquosa
760
PF'
PF
PE
PE'
Temperatura (°C)

onde PF = temperatura de congelamento da água pura (0 °C)

PF' = temperatura de congelamento da água na solução (–1,86 °C)

PE = temperatura de ebulição de água pura (100 °C)

PE' = temperatura de ebulição da água na solução (100,52 °C)

5.8 Pressão Osmótica (π)

A última propriedade coligativa que vamos estudar neste capítulo é a pressão osmótica, que está relacionada com o fenômeno da **osmose**.

Osmose corresponde ao processo natural de passagem do solvente (usualmente água) e não do soluto por uma membrana semipermeável, de um meio menos concentrado para um meio mais concentrado. **Membrana semipermeável é aquela que permite a passagem somente do solvente** (e não permite a passagem do soluto). São exemplos de membranas semipermeáveis o papel celofane e a bexiga urinária.

O fluxo de água através da membrana semipermeável ocorre do meio menos concentrado para o meio mais concentrado.

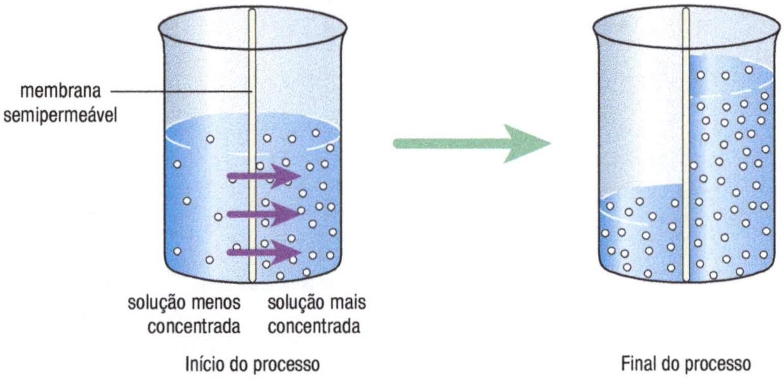
membrana semipermeável
solução menos concentrada
solução mais concentrada
Início do processo
Final do processo

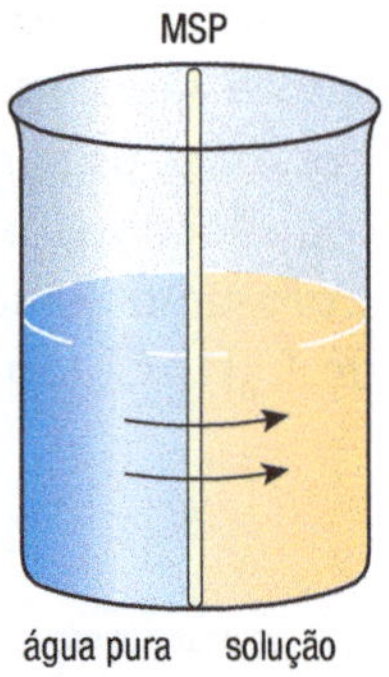
MSP
água pura
solução

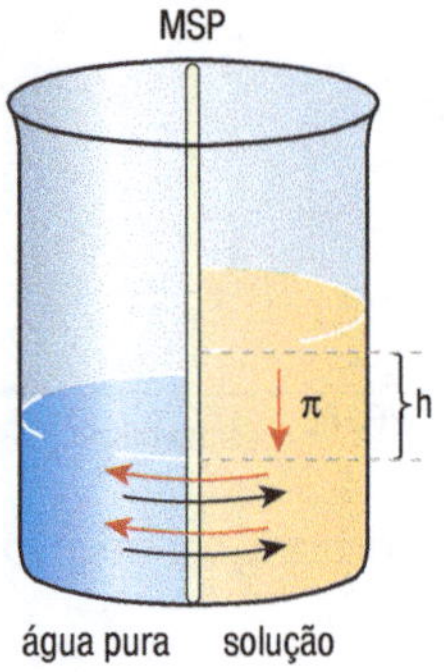
MSP
π
h
água pura
solução

E quando a osmose para? Para discutirmos a interrupção desse processo, vamos analisar o caso no qual uma membrana semipermeável separa água pura de uma solução aquosa. Em virtude da osmose, ocorrerá fluxo de água da esquerda para a direita (do meio menos para o mais concentrado) pela membrana semipermeável (MSP).

Devido ao fluxo de água da esquerda para a direita, ocorre aumento de volume do lado direito da membrana semipermeável, cuja diferença entre os dois níveis vamos representar por h. A maior coluna de água do lado direito aplicará uma pressão que forçará o fluxo de água da direita para a esquerda.

Com o aumento do desnível h, aumenta-se essa pressão até que ambos os fluxos, tanto o promovido pela diferença de concentração quanto o promovido pela diferença de nível, se igualem e o nível de cada lado da membrana semipermeável deixa de alterar.

A essa pressão que "interrompe" o fenômeno de osmose, damos o nome de **pressão osmótica** (π) e, no caso analisado, ela pode ser estimada a partir da pressão da coluna líquida:

$$\pi = h \cdot d \cdot g$$

onde d é a densidade da solução (do lado direito) e g é a aceleração da gravidade.

Se tivéssemos aplicado, no início desse experimento, uma pressão externa igual a π sobre o lado mais concentrado, não observaríamos o fenômeno da osmose:

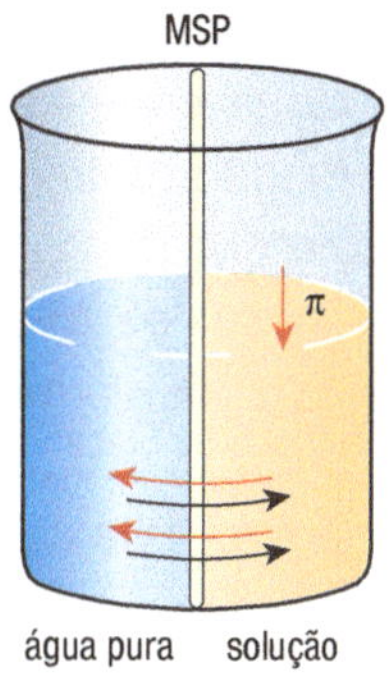
MSP
π
água pura
solução

É importante destacar que o fluxo de água pela MSP continua a ocorrer nessa situação de equilíbrio, porém na mesma intensidade em ambos os sentidos, de modo que não observamos variação no nível dos líquidos.

5.8.1 Equação da pressão osmótica (π)

Nem sempre é possível estimar a pressão osmótica a partir do desnível de colunas de líquidos. Entretanto, felizmente, o químico holandês Jacobus Henricus **van't Hoff** (1852-1911) deduziu, no século XIX, uma expressão matemática que permite calcular a pressão osmótica a partir da concentração total em mol/L de partículas dispersas ($\mathcal{M}_{total}$) e da temperatura da solução em Kelvin (T).

Jacobus Henricus van't Hoff (1904).

Edgar Fahs Smith Memorial Collection, Kislak Center for Special Collections, Rare Books and Manuscripts. Biblioteca da Universidade da Pennsylvania, EUA.

$$\pi = \cdot\ \mathcal{M}_{total} \cdot R \cdot T$$

em que R é a constante universal dos gases ideais (o valor é fornecido).

Por exemplo, para uma solução 0,1 mol/L de NaCl(aq), a 27 °C, a pressão osmótica é dada por:

$$\underset{1\ \text{mol/L}}{NaCl(aq)} \longrightarrow \underset{0{,}1\ \text{mol/L}}{Na^{+}(aq)} + \underset{0{,}1\ \text{mol/L}}{Cl^{-}(aq)}$$

$$\mathcal{M}_{total} = 2\ \text{mol/L}$$

$$\pi = \cdot\ \mathcal{M}_{total} \cdot R \cdot T$$

$$\pi = (0{,}2\ \text{mol/L}) \cdot (0{,}082\ \text{atm} \cdot \text{L/mol} \cdot \text{K}) \cdot (300\ \text{K})$$

$$\pi = 4{,}92\ \text{atm}$$

É com base em valores de pressão osmótica que podemos comparar e classificar as soluções: considere duas soluções aquosas A e B. Se as soluções apresentarem $\pi_A = \pi_B$, dizemos que as soluções são **isotônicas**. Por outro lado, se $\pi_A > \pi_B$, dizemos que a solução A é **hipertônica** em relação à solução B ou que a solução B é **hipotônica** em relação à solução A.

FIQUE POR DENTRO!

Osmose nas células dos seres vivos

Dentro do nosso corpo, a osmose é considerada um tipo de transporte (do solvente) passivo, pois não envolve gasto de energia. Entretanto, devemos tomar cuidado para que o fluxo de água pela membrana das células não altere demais o volume intracelular e interfira no seu funcionamento.

O sangue humano apresenta pressão osmótica de cerca de 7,7 atm, mesma pressão osmótica do interior dos nossos glóbulos vermelhos em situações normais.

Se os glóbulos vermelhos forem colocados em um meio hipotônico em relação à solução no seu interior, ocorrerá fluxo de água do meio externo para o meio interno, aumentando volume da célula. Se esse aumento for excessivo, pode ocorrer a ruptura da membrana, chamada de citólise.

Por outro lado, se os glóbuos vermelhos foram inseridos em um meio hipertônico, o fluxo de água ocorrerá de dentro para fora da célula, e os glóbulos murcharão.

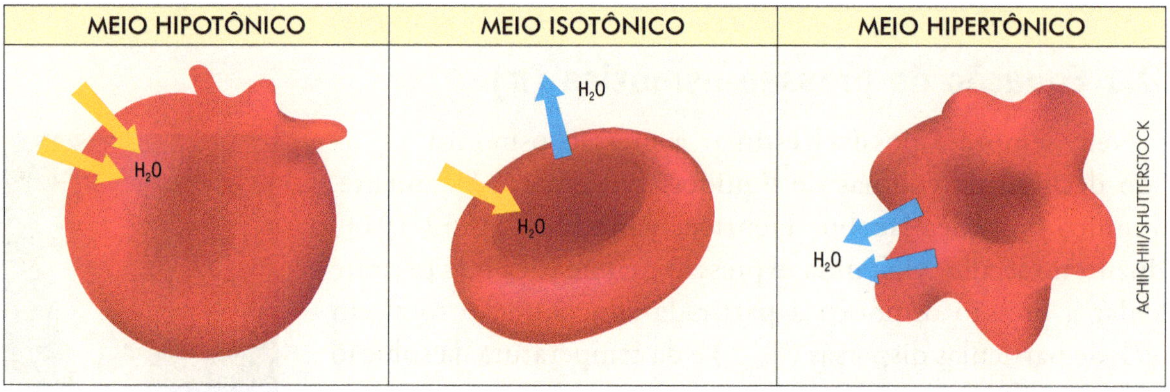
MEIO HIPOTÔNICO
MEIO ISOTÔNICO
MEIO HIPERTÔNICO
H_2O
H_2O
H_2O
H_2O
ACHIICHIII/SHUTTERSTOCK

ONEINCHPUNCH/SHUTTERSTOCK

As bebidas chamadas de isotônicas, recomendadas para hidratação após atividades físicas, devem apresentar a mesma pressão osmótica que o sangue (que é de aproximadamente 7,7 atm) para que o processo de hidratação seja eficiente. Essa é a mesma pressão osmótica do soro fisiológico, utilizado para hidratação em hospitais.

LIGANDO OS PONTOS!

O sal e a conservação de alimentos

Com o domínio do fogo há cerca de 600.000 anos pelo *Homo erectus*, nossos antepassados passaram a consumir maiores quantidades de carne que, mais macias devido ao cozimento, demandavam menor tempo para consumo.

Passados centenas de milhares de anos, por volta de 3500 a.C., quando surgiram as primeiras cidades na Mesopotâmia, o costume de comer carne já estava difundido entre os *Homo sapiens*. Com a aglomeração de pessoas, surge também a preocupação com a produção e estocagem de alimentos, inclusive a carne, para períodos de escassez. Foi nesse cenário que o ser humano descobriu a técnica da **salga** como uma alternativa para conservação dos alimentos.

Nesse processo, o sal é responsável por desidratar, por osmose, o alimento, removendo ou diminuindo a quantidade de água na carne. Com a redução da disponibilidade de água na carne, também se reduzem as condições necessárias para o desenvolvimento de bactérias e microrganismos que poderiam contribuir para a degradação do alimento.

VERGANI FOTOGRAFIA/SHUTTERSTOCK

No Brasil, essa técnica de conservação de alimentos foi trazida pelos portugueses, dando origem a diversos produtos tradicionais e atualmente bastante consumidos no país, entre eles a **carne seca**, introduzida pelos colonizadores no século XVIII na Região Nordeste e difundida no país a partir de estados como Pernambuco e Bahia. Nessa época, a carne seca foi uma solução encontrada para enfrentar as dificuldades decorrentes da sazonalidade da oferta de carne bovina e da distribuição e armazenamento, em virtude do clima quente e das grandes distâncias entre os centros produtores e as cidades.

Posteriormente, o consumo da carne seca foi difundido no Brasil pelos próprios bandeirantes, que se utilizavam da carne seca como um dos principais suprimentos alimentares nas expedições para o interior do país.

RCRISTUDIO/SHUTTERSTOCK

O baião de dois é um prato típico das Regiões Nordeste e Norte do Brasil, preparado com arroz, feijão, **carne seca**, queijo coalho e diversos outros ingredientes.

5.8.2 Osmose reversa

Vimos que a osmose é o processo natural de passagem do solvente do meio menos para o mais concentrado por uma membrana semipermeável e que pode ser interrompido se for aplicada uma pressão externa sobre a solução mais concentrada. No caso da osmose ocorrendo entre um recipiente com água pura e outro com uma solução aquosa, essa pressão externa deve ser igual ao valor da pressão osmótica da solução. Agora, o que ocorrerá se a pressão aplicada for superior ao valor da pressão osmótica?

Nesse caso, invertemos o fluxo natural da osmose e passamos a ter a passagem da água (solvente) do meio mais concentrado para o meio menos concentrado. A esse processo (não natural), damos o nome de **osmose reversa**.

Osmose: água pura $\xrightarrow{H_2O}$ solução

Osmose reversa: solução $\xrightarrow{H_2O}$ água pura

Observe pelo esquema que a água da solução vai para a água pura, porque é aplicada na solução uma pressão mecânica maior que a pressão osmótica da solução.

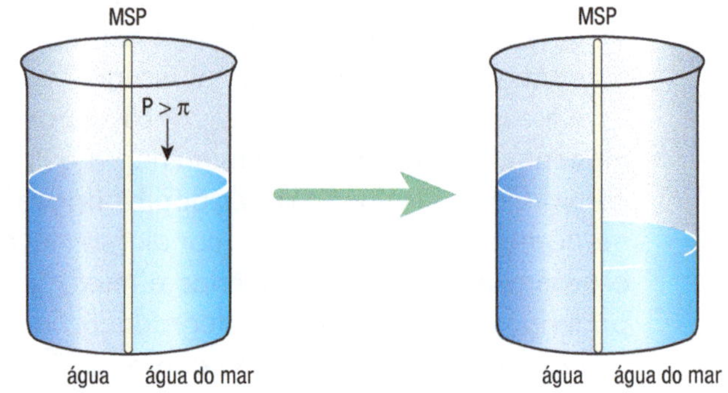
MSP
P > π
água
água do mar
MSP
água
água do mar

O processo de osmose reversa é utilizado em **usinas de dessalinização de água**, possibilitando a obtenção de água doce a partir da água do mar. Israel é um dos líderes na utilização dessa tecnologia para produção de água, porém, mesmo no Brasil, país com as maiores reservas de água doce do mundo, há locais como a ilha de Fernando de Noronha e algumas cidades do sertão nordestino que se utilizam da osmose reversa para dessalinizar a água proveniente tanto do mar quanto de reservatórios de água salobra (água que apresenta concentração de sais intermediária entre a água doce e a água do mar).

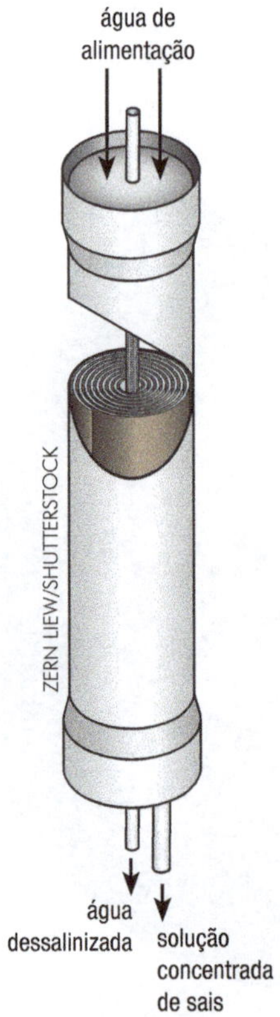
água de alimentação
água dessalinizada
solução concentrada de sais

ZERN LIEW/SHUTTERSTOCK

GODF4ATHER/SHUTTERSTOCK

Em Israel, 15% da água de consumo doméstico provém de usinas de dessalinização da água do mar, como essa localizada na cidade de Ascalão. Na imagem, cada tubo contém o sistema composto pela membrana semipermeável, que é reponsável por separar a água dos solutos dissolvidos na água do mar. Como produtos, tem-se tanto água doce, como uma solução concentrada que pode ser utilizada para obtenção, por exemplo, de cloreto de sódio.

IMAGESTOCK/SHUTTERSTOCK

SÉRIE BRONZE

1. Sobre o processo de evaporação, complete o diagrama a seguir com as informações corretas.

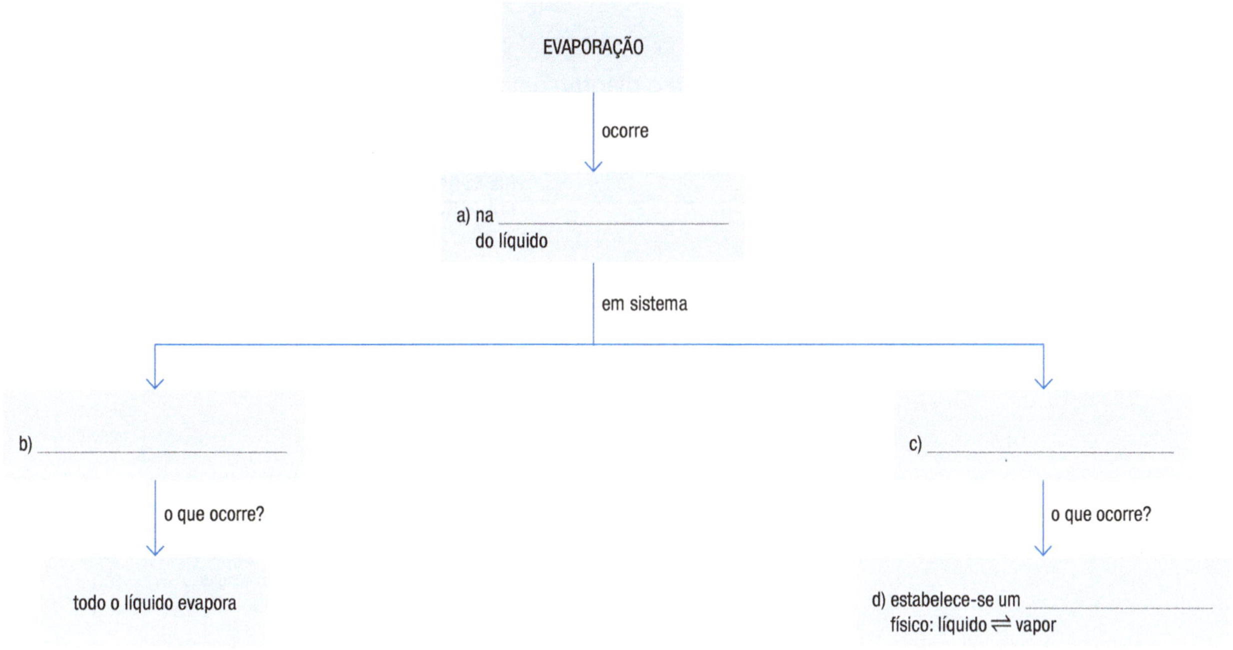
EVAPORAÇÃO
ocorre
a) na ______________ do líquido
em sistema
b) ______________
c) ______________
o que ocorre?
todo o líquido evapora
o que ocorre?
d) estabelece-se um ______________ físico: líquido ⇌ vapor

2. Sobre a pressão de vapor, complete o diagrama a seguir com as informações corretas.

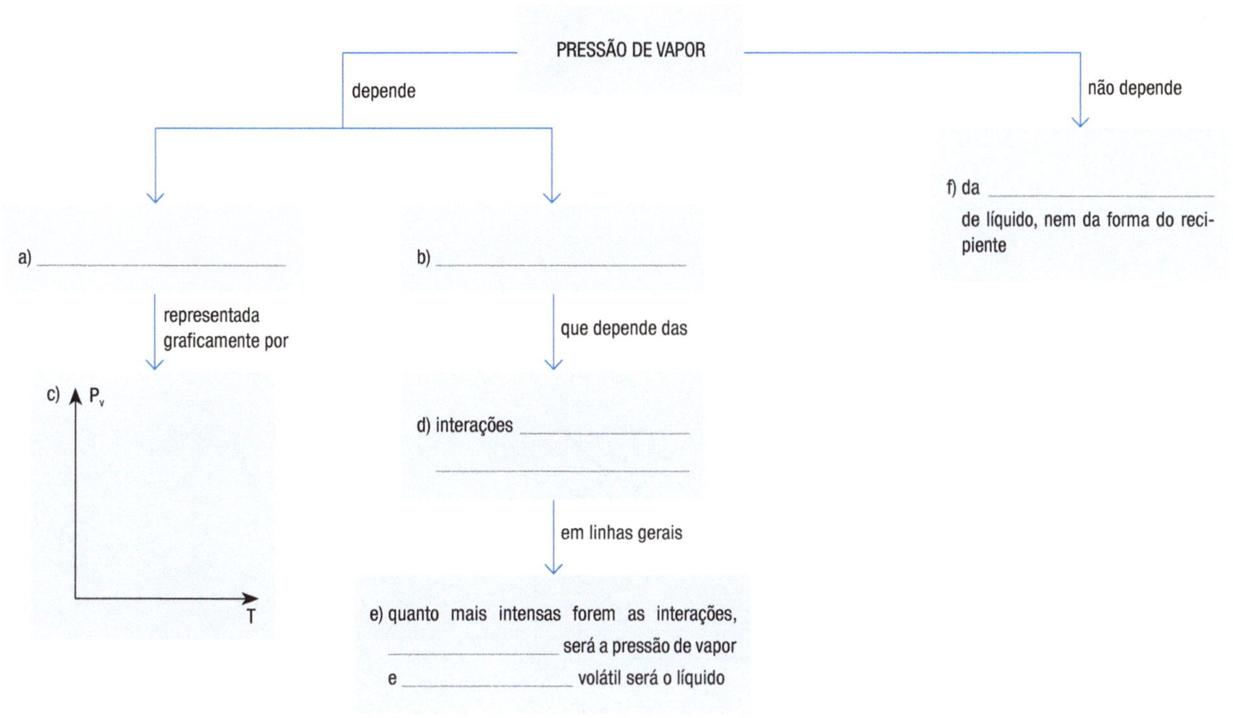
PRESSÃO DE VAPOR
depende
não depende
a) ______________
b) ______________
f) da ______________ de líquido, nem da forma do recipiente
representada graficamente por
que depende das
c) P_v
T
d) interações ______________ ______________
em linhas gerais
e) quanto mais intensas forem as interações, ______________ será a pressão de vapor e ______________ volátil será o líquido

3. Sobre o processo de ebulição, complete o texto a seguir com as informações corretas.

A ebulição inicia-se quando a pressão de vapor fica ______________ à pressão externa. E, quanto mais volátil for o líquido, ______________ será a temperatura de ebulição. Portanto, a temperatura de ebulição depende tanto da ________________ do líquido (isto é, da intensidade das ________________________ ______________________), quanto da pressão ________________.

4. Sobre as propriedades coligativas, complete o diagrama a seguir com as informações corretas.

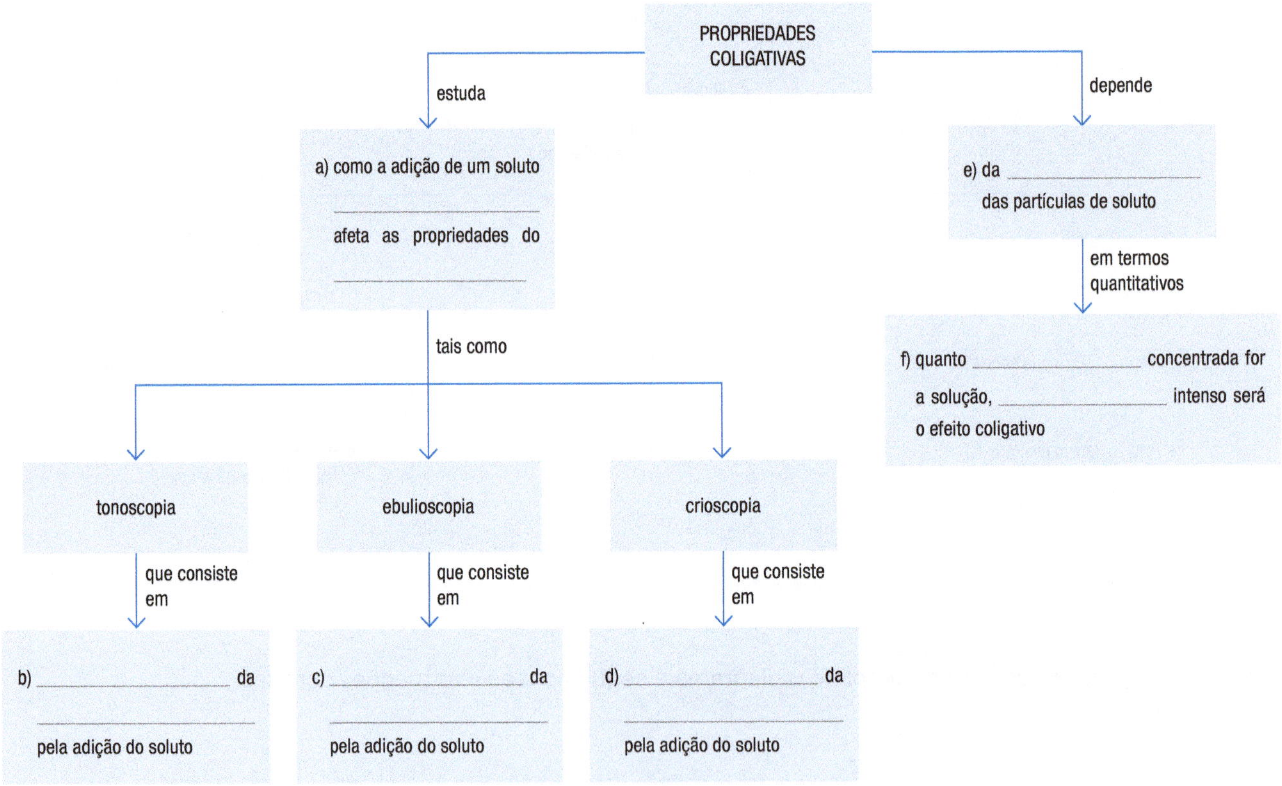
PROPRIEDADES COLIGATIVAS
estuda
depende
a) como a adição de um soluto ______________ afeta as propriedades do ______________
e) da ______________ das partículas de soluto
em termos quantitativos
f) quanto ______________ concentrada for a solução, ______________ intenso será o efeito coligativo
tais como
tonoscopia
ebulioscopia
crioscopia
que consiste em
que consiste em
que consiste em
b) ______________ da ______________ pela adição do soluto
c) ______________ da ______________ pela adição do soluto
d) ______________ da ______________ pela adição do soluto

5. Associe cada curva com solvente, solução mais concentrada e solução menos concentrada.

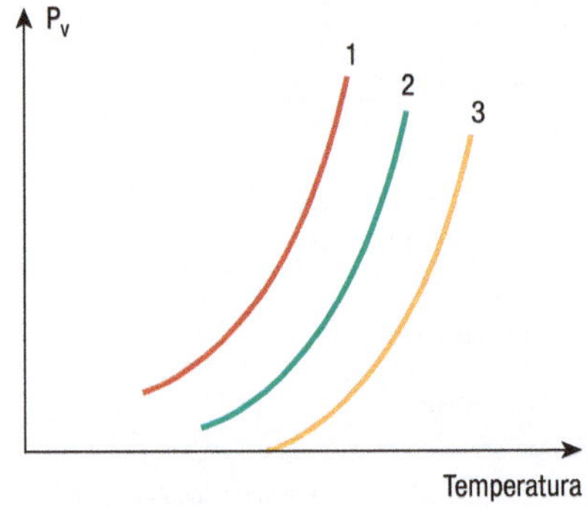
P_v
1
2
3
Temperatura

Curva 1: ______________________________

Curva 2: ______________________________

Curva 3: ______________________________

6. Sobre o fenômeno da osmose, complete o diagrama a seguir com as informações corretas.

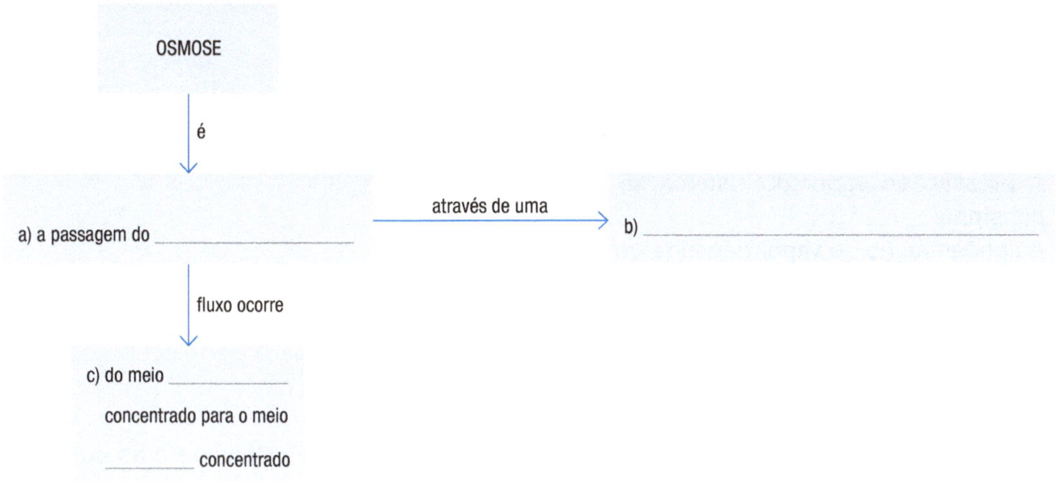

OSMOSE
é
a) a passagem do ________
através de uma
b) ________
fluxo ocorre
c) do meio ________ concentrado para o meio ________ concentrado

7. Complete com **solvente** ou **solução**.

Pressão osmótica (π) é a pressão exercida sobre a ________________ para impedir a osmose.

8. Complete com **hipotônica**, **hipertônica** ou **isotônica**.

a) $\pi_A = \pi_B$ solução A é ________________ da solução B.

b) $\pi_A > \pi_B$ solução A é ________________ da solução B.

c) $\pi_A < \pi_B$ solução A é ________________ da solução B.

SÉRIE PRATA

1. (FUVEST – SP) Leia o texto:

"Quando um líquido é fechado em um frasco, com temperatura constante, a condensação é estabelecida gradualmente. No instante em que é fechado o frasco, a condensação é nula, mas sua velocidade vai aumentando até igualar-se com a velocidade de evaporação. Nesse momento, é atingido o equilíbrio líquido-vapor." Assinale o diagrama que melhor interpreta o texto acima.

a)
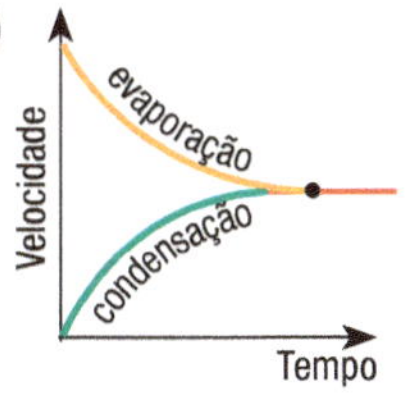

Velocidade
evaporação
condensação
Tempo

c)
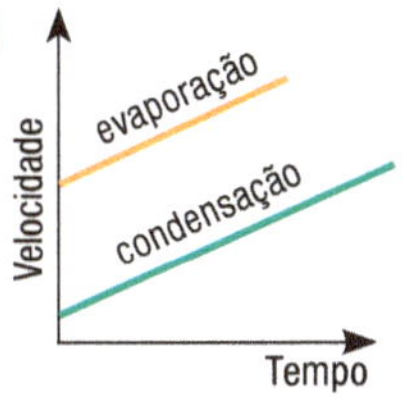

Velocidade
evaporação
condensação
Tempo

e)
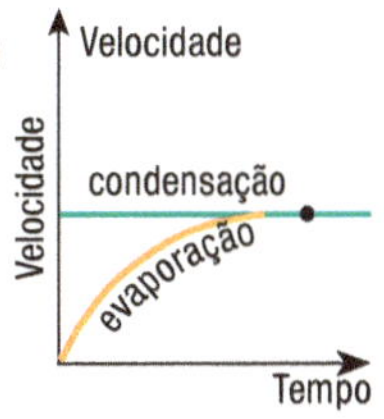

Velocidade
Velocidade
condensação
evaporação
Tempo

b)
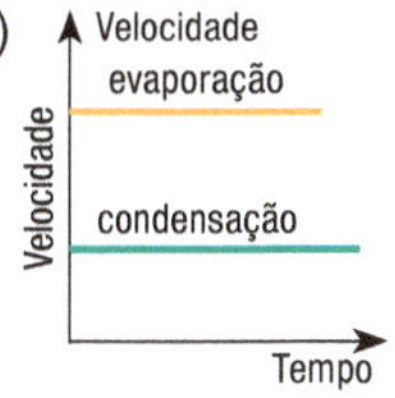

Velocidade
Velocidade
evaporação
condensação
Tempo

d)
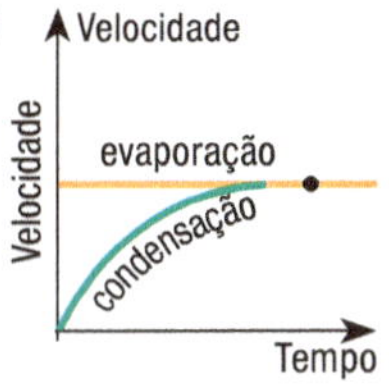

Velocidade
Velocidade
evaporação
condensação
Tempo

2. (PUC – MG) Tendo em vista o momento em que um líquido se encontra em equilíbrio com seu vapor, leia atentamente as afirmativas abaixo:

I. A evaporação e a condensação ocorrem com a mesma velocidade.
II. Não há transferência de moléculas entre o líquido e o vapor.
III. A pressão de vapor do sistema se mantém constante.
IV. A concentração do vapor depende do tempo.

Das afirmativas acima, são corretas:

a) I e III.
b) II e IV.
c) II e III.
d) I e II.
e) III e IV.

3. (FUND. CARLOS CHAGAS) Tem-se um recipiente dotado de um êmbolo que contém água (fig. 1); abaixamos o êmbolo (fig. 2), sem que a temperatura se altere:

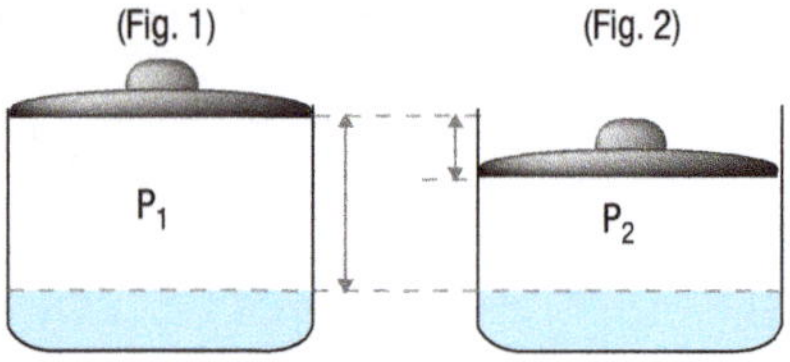
(Fig. 1)
(Fig. 2)
P_1
P_2

Chamamos a primeira pressão de vapor de P_1 e a segunda, de P_2.

Pode-se afirmar que:

a) $P_1 > P_2$.
b) $P_1 = P_2$.
c) $P_1 = 2P_2$.
d) $P_1 = 4P_2$.
e) $P_1 = 8P_2$.

4. (UNICAMP – SP) As pressões de vapor dos líquidos **A** e **B**, em função da temperatura, estão representadas no gráfico abaixo.

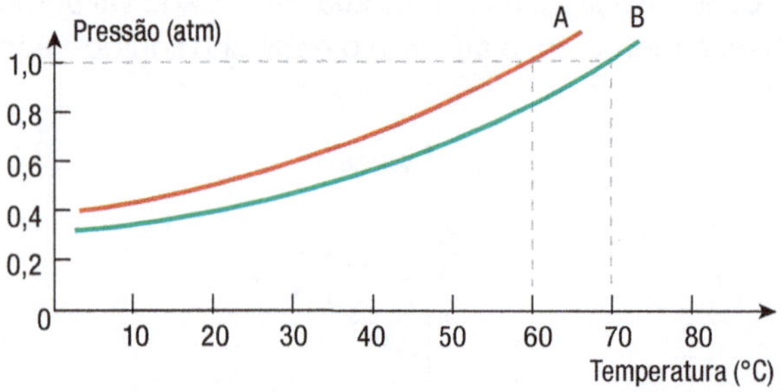
Pressão (atm)
A
B
1,0
0,8
0,6
0,4
0,2
0
10
20
30
40
50
60
70
80
Temperatura (°C)

a) Sob pressão de 1,0 atm, qual é a temperatura de ebulição de cada um desses líquidos?
b) Qual dos líquidos apresenta maior pressão de vapor a 50 °C, e qual é o valor aproximado dessa pressão?
c) Qual dos líquidos é o mais volátil a qualquer temperatura?
d) Qual é o estado físico de **A** e de **B** a 65 °C (1 atm)?

5. (UNIP – SP) Considere as curvas de pressão de vapor.

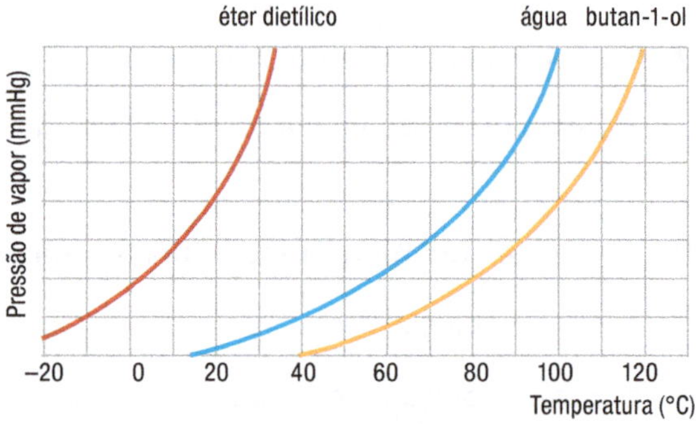
éter dietílico
água
butan-1-ol
Pressão de vapor (mmHg)
–20
0
20
40
60
80
100
120
Temperatura (°C)

As forças intermoleculares estão na ordem:
a) éter dietílico > água > butan-1-ol
b) água > butan-1-ol > éter dietílico
c) butan-1-ol > água > éter dietílico
d) butan-1-ol > éter dietílico > água
e) água > éter dietílico > butan-1-ol

6. (UFU – MG) O gráfico a seguir relaciona as pressões máximas de vapor e a temperatura para o éter etílico, álcool etílico e água. Em nível do mar, onde a pressão atmosférica é igual a 760 mmHg, sabe-se que os pontos de ebulição para o éter etílico, álcool etílico e água são 34,6 °C; 78,3 °C e 100 °C, respectivamente.

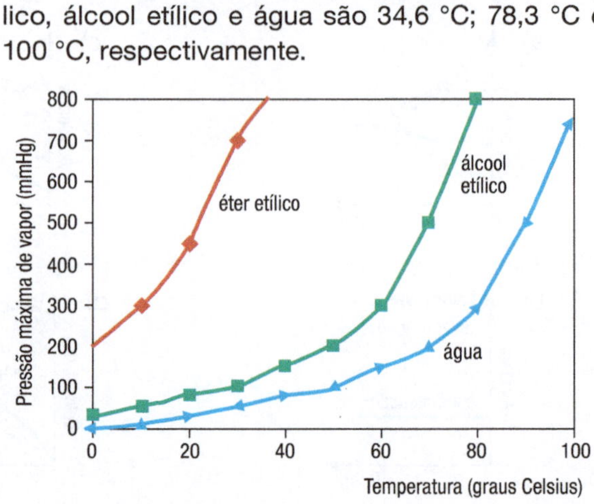
Pressão máxima de vapor (mmHg)
800
700
600
500
400
300
200
100
0
éter etílico
álcool etílico
água
0
20
40
60
80
100
Temperatura (graus Celsius)

Em relação a esse assunto, é **incorreto** afirmar que:

a) o álcool etílico encontra-se no estado líquido sob pressão de 760 mmHg e sob temperaturas menores que 78,3 °C.

b) o aumento da temperatura acarreta um aumento na pressão de vapor para os líquidos exemplificados.

c) a água, sob pressão de 760 mmHg, estabelece seu equilíbrio entre os estados líquido e gasoso a uma temperatura de 100 °C.

d) a pressão máxima de vapor de uma substância, em uma mesma temperatura, não depende do volume dessa substância.

e) o éter é o mais volátil dessas substâncias, pois apresenta maior pressão máxima de vapor devido a suas interações intermoleculares serem mais fortes.

7. O diagrama abaixo refere-se a três líquidos **A**, **B** e **C**.

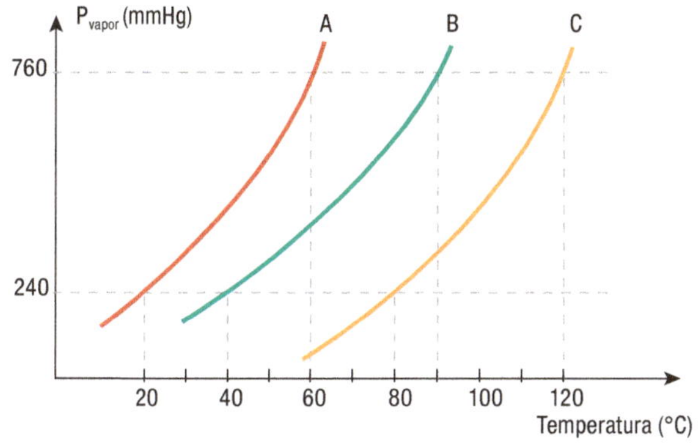
P vapor (mmHg)
A
B
C
760
240
20
40
60
80
100
120
Temperatura (°C)

a) Qual é o líquido mais volátil?

b) O que é temperatura de ebulição normal?

c) Quais as temperaturas normais de ebulição de **A**, **B** e **C**?

d) Quais seriam as temperaturas de ebulição desses líquidos no pico do Monte Everest, local em que a pressão atmosférica está ao redor de 240 mmHg?

8. (PUC – MG) Sejam dadas as seguintes soluções aquosas:

X: 0,25 mol/L de glicose ($C_6H_{12}O_6$).

Y: 0,25 mol/L de carbonato de sódio (Na_2CO_3).

Z: 0,50 mol/L de ácido nítrico (HNO_3).

W: 0,50 mol/L de sacarose ($C_{12}H_{22}O_{11}$).

Das soluções acima, assinale a opção que apresenta a maior pressão de vapor.

a) X b) Y c) Z d) W

9. (PUC – MG) Sejam dadas as seguintes soluções aquosas:

I. 0,1 mol/L de glicose ($C_6H_{12}O_6$).

II. 0,2 mol/L de sacarose ($C_{12}H_{22}O_{11}$).

III. 0,1 mol/L de hidróxido de sódio (NaOH).

IV. 0,2 mol/L de cloreto de cálcio ($CaCl_2$).

V. 0,2 mol/L de nitrato de potássio (KNO_3).

A que apresenta maior temperatura de ebulição é:

a) I. b) II. c) III. d) IV. e) V.

10. (UNESP) A solução aquosa que apresenta menor ponto de congelação é a de:

a) $CaBr_2$ de concentração 0,10 mol/L.

b) KBr de concentração 0,20 mol/L.

c) Na_2SO_4 de concentração 0,10 mol/L.

d) glicose ($C_6H_{12}O_6$) de concentração 0,50 mol/L.

e) HNO_3 de concentração 0,30 mol/L (100% ionizado).

11. Admita que uma célula viva contenha uma solução de concentração 0,16 mol/L. Se essa célula for mergulhada em uma solução aquosa 0,05 mol/L, podemos prever que:

a) não haverá osmose.
b) a célula irá inchar.
c) a célula perderá água e irá murchar.

12. (UFPB) A escassez de água própria para o consumo humano tem provocado a busca pelo aproveitamento das águas de oceanos e mares. Para aproveitamento da água salgada, foram desenvolvidos equipamentos de dessalinização que se baseiam na aplicação da osmose reversa. Esses equipamentos têm permitido que bilhões de litros de água potável sejam produzidos anualmente no mundo inteiro. Por definição, a osmose é a passagem de um solvente através de uma membrana semipermeável (MS). Os processos de osmose e osmose reversa estão representados na figura a seguir.

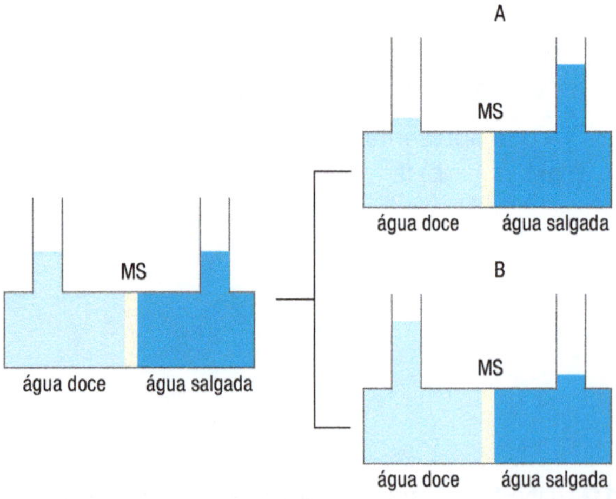
A
MS
água doce
água salgada
B
MS
água doce
água salgada
MS
água doce
água salgada

Considerando essas informações e observando a figura, verifica-se:

a) Em A e B, os sais conseguem atravessar a membrana semipermeável.
b) Em A, o fluxo através da membrana ocorreu no sentido da água salgada para a água doce.
c) Em A, a concentração de sais na água salgada foi aumentada.
d) Em B, o fluxo de água, no sentido da água salgada para água doce, exigiu aplicação de pressão externa.
e) Em A, está representado o processo que ocorre nos dessalinizadores.

13. (UECE) A descoberta do fenômeno da osmose foi atribuída a René Joachim Henri Dutrochet (1776-1847), físico e botânico francês, autor do termo "osmose". Sua pesquisa teve fundamental importância para explicar o processo da respiração celular. A pressão osmótica utilizada para interromper a osmose de determinada solução de glicose ($C_6H_{12}O_6$) contendo 10 g/L a 15 °C é

a) 2,62 atm.
b) 1,83 atm.
c) 2,92 atm.
d) 1,31 atm

DADOS: $R = 0{,}082$ atm · L · mol^{-1} · K^{-1}; massa molar da glicose = 180 · mol^{-1}.

14. (UECE) A osmose é muito importante para os seres vivos. Ela é responsável, por exemplo, pelas trocas de líquidos entre as células e seu meio. Nas células humanas, o excesso de água pode provocar uma citólise, originando um acidente vascular cerebral (AVC). A pressão osmótica de uma solução molecular que apresenta 0,15 mol/L a 27 °C considerada, neste caso, isotônica com a da célula humana é, em termos aproximados,

a) 1,85 atm.
b) 3,70 atm.
c) 5,55 atm.
d) 7,40 atm.

DADO: $R = 0{,}082$ atm · L/mol · K.

SÉRIE OURO

1. À temperatura de 80 °C e pressão de 700 mmHg, quantas substâncias estão totalmente vaporizadas?

a) 1 b) 2 c) 3 d) 4 e) 5

DADOS:

SUBSTÂNCIAS	PRESSÃO DE VAPOR (mmHg a 80 °C)
CH_3COOH	202
D_2O	332
H_2O	355
C_2H_5OH	813
CCl_4	843

2. (UNICAMP – SP) Muito se ouve sobre ações em que se utilizam bombas improvisadas. Nos casos que envolvem caixas eletrônicos, geralmente as bombas são feitas com dinamite (TNT-trinitrotolueno), mas nos atentados terroristas geralmente são utilizados explosivos plásticos, que não liberam odores. Cães farejadores detectam TNT em razão da presença de resíduos de DNT (dinitrotolueno), uma impureza do TNT que tem origem na nitração incompleta do tolueno. Se os cães conseguem farejar com mais facilidade o DNT, isso significa que, numa mesma temperatura, esse composto deve ser

a) menos volátil que o TNT, e portanto tem uma menor pressão de vapor.
b) mais volátil que o TNT, e portanto tem uma menor pressão de vapor.
c) menos volátil que o TNT, e portanto tem uma maior pressão de vapor.
d) mais volátil que o TNT, e portanto tem uma maior pressão de vapor.

3. (FATEC – SP) São dadas as curvas de pressão de vapor para os líquidos A e B.

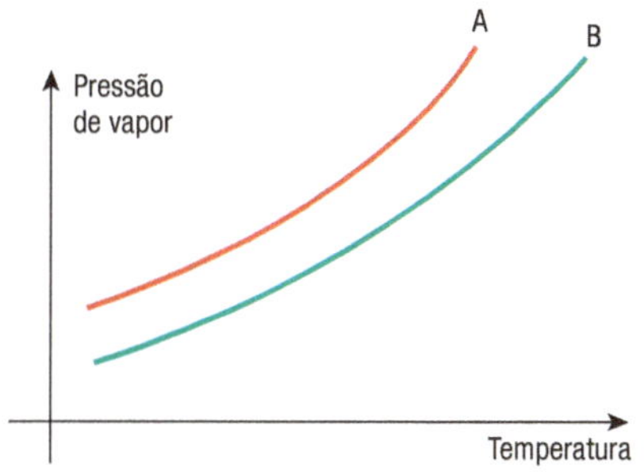
A
B
Pressão de vapor
Temperatura

Pode-se concluir que:

a) a temperatura de ebulição de **A** é maior que a temperatura de ebulição de **B**.
b) se o líquido **A** for um solvente puro, o líquido **B** poderia ser uma solução de um soluto não volátil nesse solvente.
c) o líquido **B** é mais volátil que o líquido **A**.
d) se o líquido **B** for um solvente puro, o líquido **A** poderia ser uma solução de um soluto não volátil nesse solvente.
e) a temperatura de ebulição de **A** em São Paulo é maior que a temperatura de ebulição de **A** em Santos.

4. (MACKENZIE – SP) Em um laboratório, são preparadas três soluções **A**, **B** e **C**, contendo todas elas a mesma quantidade de um único solvente e cada uma delas, diferentes quantidades de um único soluto não volátil.

Considerando que as quantidades de soluto, totalmente dissolvidas no solvente, em **A**, **B** e **C**, sejam crescentes, a partir do gráfico a seguir, que mostra a variação da pressão de vapor para cada uma das soluções em função da temperatura, é correto afirmar que, a uma dada temperatura "T",

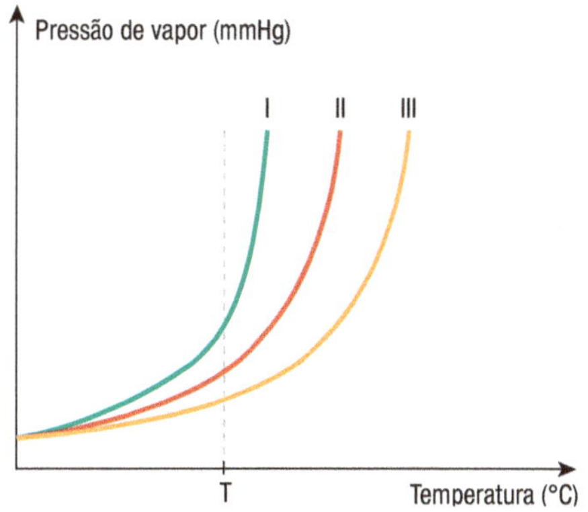
Pressão de vapor (mmHg)
I
II
III
T
Temperatura (°C)

a) a solução **C** corresponde à curva **I**, pois quanto maior a quantidade de soluto não volátil dissolvido em um solvente, menor é a pressão de vapor dessa solução.
b) solução **A** corresponde à curva **III**, pois quanto menor a quantidade de soluto não volátil dissolvido em um solvente, maior é a pressão de vapor dessa solução.
c) as soluções **A**, **B** e **C** correspondem respectivamente às curvas **III**, **II** e **I**, pois quanto maior a quantidade de um soluto não volátil dissolvido

em um solvente, maior a pressão de vapor da solução.

d) as soluções **A**, **B** e **C** correspondem respectivamente às curvas **I**, **II** e **III**, pois quanto menor a quantidade de um soluto não volátil dissolvido em um solvente, maior a pressão de vapor da solução.

e) a solução **B** é a mais volátil, que é representada pela curva **II**.

5. (PUC – MG) Em um laboratório, um estudante recebeu três diferentes amostras (X, Y e Z). Cada uma de um líquido puro, para que fosse estudado o comportamento de suas pressões de vapor em função da temperatura. Realizado o experimento, obteve-se o seguinte gráfico da pressão de vapor em função da temperatura.

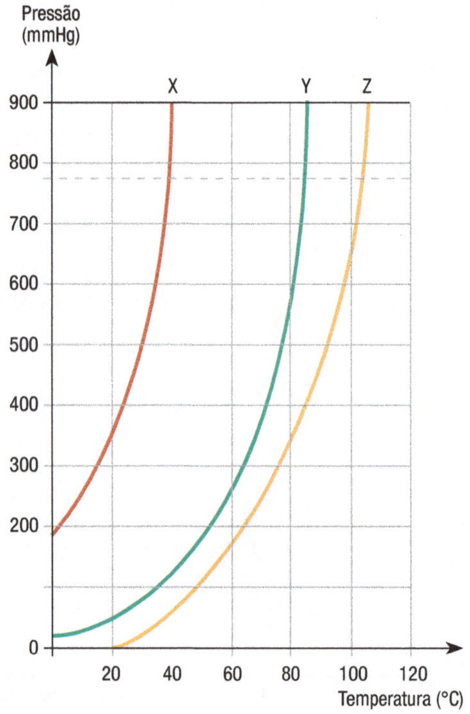
Pressão (mmHg)
X
Y
Z
900
800
700
600
500
400
300
200
0
20
40
60
80
100
120
Temperatura (°C)

Considerando-se essas informações, é **correto** afirmar que:

a) o líquido Z é aquele que apresenta maior volatilidade.

b) o líquido X é o que apresenta maior temperatura de ebulição ao nível do mar.

c) as forças de interação intermoleculares dos líquidos aumentam na ordem: X < Y < Z.

d) a temperatura de ebulição do líquido Z, à pressão de 700 mmHg, é 80 °C.

e) o líquido X poderia ser a água.

6. (A. EINSTEIN – SP) O gráfico a seguir representa a pressão de vapor de quatro solventes em função da temperatura.

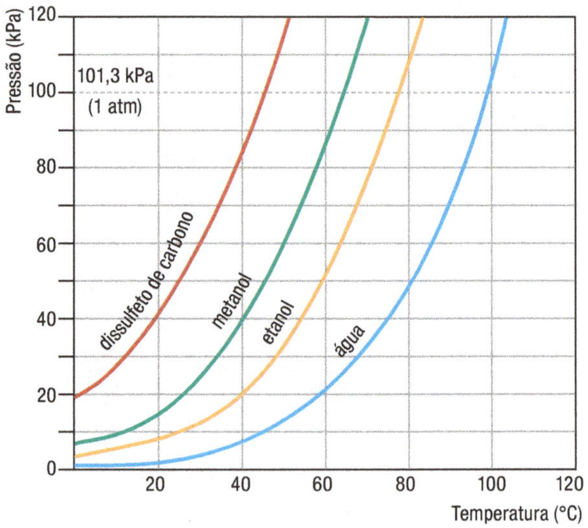
Pressão (kPa)
120
100
80
60
40
20
0
101,3 kPa
(1 atm)
dissulfeto de carbono
metanol
etanol
água
20
40
60
80
100
120
Temperatura (°C)

Ao analisar o gráfico foram feitas as seguintes observações:

I. Apesar de metanol e etanol apresentarem ligações de hidrogênio entre suas moléculas, o etanol tem maior temperatura de ebulição, pois sua massa molecular é maior do que a do metanol.

II. É possível ferver a água a 60 °C, caso essa substância esteja submetida a uma pressão de 20 kPa.

III. Pode-se encontrar o dissulfeto de carbono no estado líquido a 50 °C, caso esteja submetido a uma pressão de 120 kPa.

Pode-se afirmar que

a) somente as afirmações I e II estão corretas.

b) somente as afirmações I e III estão corretas.

c) somente as afirmações II e III estão corretas.

d) todas as afirmações estão corretas.

7. (UNICAMP – SP) O "Ebulidor de Franklin" é um brinquedo constituído de dois bulbos de vidro conectados por um tubo espiralado, preenchido com líquido colorido. Seu uso consiste em encostar a mão na base do bulbo inferior, fazendo com que o líquido seja aquecido e ascenda para o bulbo superior. Popularmente, a libido de uma pessoa é avaliada com base na quantidade de líquido que ascende. O sucesso de venda, obviamente, é maior quanto mais positivamente o brinquedo indicar uma "alta libido". Abaixo apresenta-se um gráfico da pressão de vapor em função da temperatura para dois líquidos, A e B, que poderiam ser utilizados para preencher o "Ebulidor de Franklin".

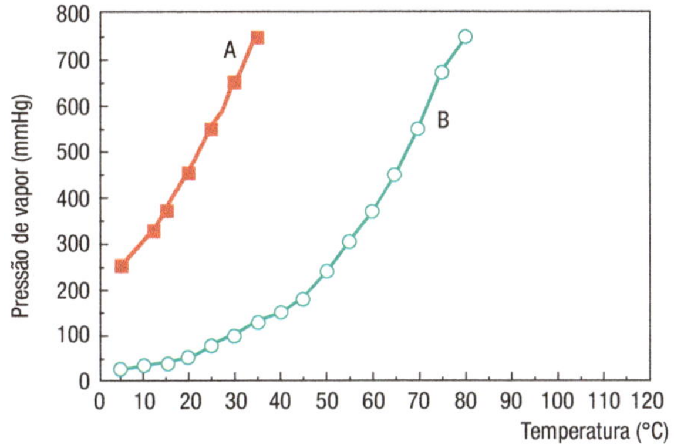
Pressão de vapor (mmHg)
800
700
600
500
400
300
200
100
0
A
B
0 10 20 30 40 50 60 70 80 90 100 110 120
Temperatura (°C)

Considerando essas informações, é correto afirmar que a pressão no interior do brinquedo

a) não se altera durante o seu uso, e o ebulidor com o líquido A teria mais sucesso de vendas.
b) aumenta durante o seu uso, e o ebulidor com o líquido A teria mais sucesso de vendas.
c) não se altera durante o seu uso, e o ebulidor com o líquido B teria mais sucesso de vendas.
d) aumenta durante o seu uso, e o ebulidor com o líquido B teria mais sucesso de vendas.

8. (UFMG) Acetona, água e etanol puros, inicialmente líquidos a 20 °C e a 1 atm de pressão, são aquecidos, entram em ebulição e se vaporizam completamente. O gráfico apresenta as curvas de aquecimento dos três líquidos:

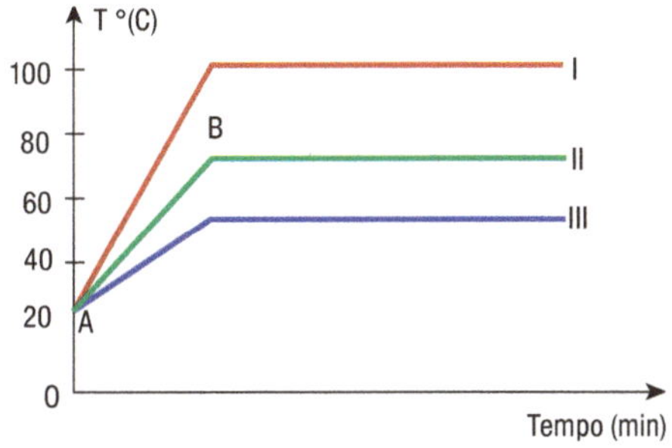
T °(C)
100
80
60
40
20
0
B
A
I
II
III
Tempo (min)

a) Considerando as interações intermoleculares características dos três líquidos – CH_3COCH_3, H_2O e CH_3CH_2OH –, mais intensas do que simples interações de van der Waals, identifique a curva de aquecimento correspondente a cada um deles. Justifique sua resposta, considerando o tipo de interação possível em cada caso.
b) Considerando que, num novo experimento, se aqueça uma quantidade maior do líquido II, indique se haverá modificações na inclinação do segmento AB da curva do aquecimento e no tempo durante o qual a temperatura permanecerá constante. Justifique sua resposta.

9. (FUVEST – SP) Uma mistura constituída de 45 g de cloreto de sódio e 100 mL de água, contida em um balão e inicialmente a 20 °C, foi submetida à destilação simples, sob pressão de 700 mmHg, até que fossem recolhidos 50 mL de destilado. O esquema abaixo representa o conteúdo do balão de destilação, antes do aquecimento:

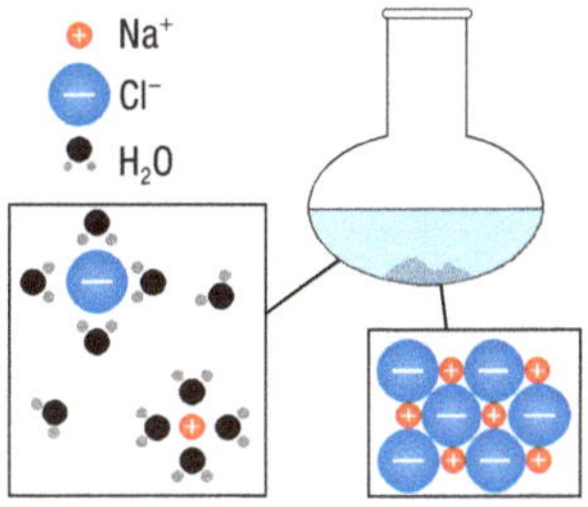
Na^+
Cl^-
H_2O

A temperatura de ebulição durante a destilação era igual, maior ou menor que 97,4 °C? Justifique.

DADO: 97,4 °C é o ponto de ebulição da água pura a 700 mmHg.

10. (FAMERP – SP) A tabela abaixo apresenta as pressões de vapor, à mesma temperatura, de três substâncias polares I, II e III.

SUBSTÂNCIA	PRESSÃO DE VAPOR (mmHg)
I	60
II	200
III	260

Considerando as informações fornecidas, pode-se afirmar que

a) a substância II estará no estado gasoso à temperatura ambiente.
b) a substância III apresentará menor pressão de vapor em maior altitude.
c) a substância I apresenta a maior intensidade de interações entre suas moléculas.
d) a substância I apresentará maior temperatura de ebulição se for adicionada a ela certa quantidade da substância II.
e) a substância III apresenta a maior temperatura de ebulição.

11. (UDESC) Um aluno de Química encontrou 5 frascos na bancada do laboratório. Os frascos seriam utilizados em um experimento sobre propriedades coligativas e apresentam descrições de acordo com a tabela a seguir:

FRASCO	IDENTIFICAÇÃO
1	solução de HCl 0,1 mol/L
2	solução de glicose 0,5 mol/L
3	solução de $MgCl_2$ 0,1 mol/L
4	solução de KCl 0,2 mol/L
5	solução de $CaCl_2$ 0,2 mol/L

Analisando a descrição dos frascos, o aluno chegou à conclusão de que a ordem crescente de temperatura de congelamento das soluções é:

a) 2 < 1 < 4 < 5 < 3
b) 1 < 3 < 4 < 2 < 5
c) 1 < 4 < 5 < 3 < 2
d) 5 < 2 < 4 < 3 < 1
e) 4 < 5 < 1 < 3 < 2

12. (UFTM – MG) Três soluções aquosas de nitrato de sódio, nitrato de alumínio e glicose, com concentrações 0,5 mol/L, foram aquecidas em três béqueres, sob as mesmas condições ambientes, até a ebulição. As temperaturas das três soluções foram monitoradas com três termômetros devidamente calibrados.

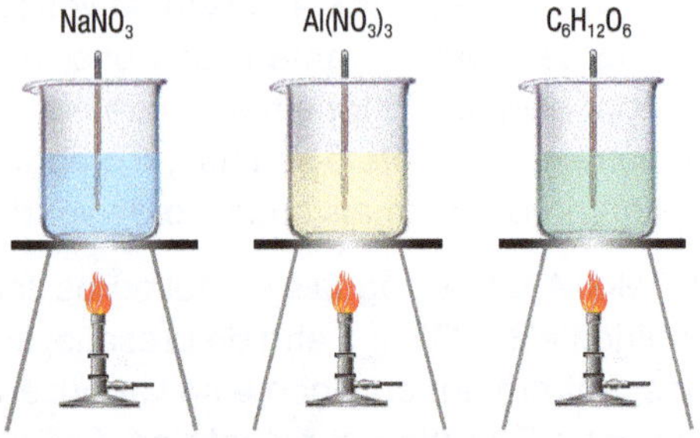
$NaNO_3$
$Al(NO_3)_3$
$C_6H_{12}O_6$

A solução que a 25 °C apresenta maior pressão de vapor e a solução que apresenta maior temperatura de ebulição são, respectivamente,

a) glicose e nitrato de alumínio.
b) glicose e nitrato de sódio.
c) nitrato de alumínio e glicose.
d) nitrato de alumínio e nitrato de sódio.
e) nitrato de sódio e glicose.

13. (PUC – MG) Considere as seguintes soluções aquosas:

X: 0,1 mol/L de frutose ($C_6H_{12}O_6$);
Y: 0,2 mol/L de cloreto de sódio (NaCl);
Z: 0,3 mol/L de sulfato de potássio (K_2SO_4);
W: 0,3 mol/L de ácido clorídrico (HCl).

Considerando as propriedades das soluções, assinale a afirmativa **incorreta**:

a) Numa mesma pressão, a solução Z apresenta a maior temperatura de ebulição.
b) A solução X é a que apresenta a maior pressão de vapor.
c) A solução W apresenta uma temperatura de congelação maior que a solução Y.
d) Todas apresentam uma temperatura de ebulição maior do que 100 °C a 1 atm.

14. (FUVEST – SP) A adição de um soluto à água altera a temperatura de ebulição desse solvente. Para quantificar essa variação em função da concentração e da natureza do soluto, foram feitos experimentos, cujos resultados são apresentados a seguir. Analisando a tabela, observa-se que a variação de temperatura de ebulição é função da concentração de moléculas ou íons de soluto dispersos na solução.

VOLUME DE ÁGUA (L)	SOLUTO	QUANTIDADE DE MATÉRIA DE SOLUTO (mol)	TEMPERATURA DE EBULIÇÃO (°C)
1	—	—	100,00
1	NaCl	0,5	100,50
1	NaCl	1,0	101,00
1	sacarose	0,5	100,25
1	$CaCl_2$	0,5	100,75

Dois novos experimentos foram realizados, adicionando-se 1,0 mol de Na_2SO_4 a 1 L de água (experimento **A**) e 1,0 mol de glicose a 0,5 L de água (experimento **B**). Considere que os resultados desses novos experimentos tenham sido consistentes com os experimentos descritos na tabela. Assim sendo, as temperaturas de ebulição da água, em °C, nas soluções dos experimentos **A** e **B**, foram, respectivamente, de

a) 100,25 e 100,25.
b) 100,75 e 100,25.
c) 100,75 e 100,50.
d) 101,50 e 101,00.
e) 101,50 e 100,50.

15. (MACKENZIE – SP) Em um experimento de laboratório, realizado sob pressão constante e ao nível do mar, foram utilizadas duas soluções, A e B, ambas apresentando a água como solvente e sais diferentes como solutos não voláteis, as quais, estando inicialmente na fase líquida, foram aquecidas até ebulição. Desse experimento, foram coletados os dados que constam da tabela abaixo:

SOLUÇÃO	TEMPERATURA DE EBULIÇÃO (°C)
A	104,2
B	106,7

Um analista, baseando-se nos resultados obtidos, fez as seguintes afirmações:

I. A pressão de vapor de ambas as soluções é menor do que a pressão de vapor da água pura.
II. A solução A apresenta menor concentração de sal em relação à concentração salina da solução B.
III. As forças de interação intermoleculares na solução B apresentam maior intensidade do que as forças de interação existentes na solução A.

É correto dizer que

a) nenhuma afirmação é verdadeira.
b) as afirmações I e II são verdadeiras.
c) as afirmações I e III são verdadeiras.
d) as afirmações II e III são verdadeiras.
e) todas as afirmações são verdadeiras.

16. (MACKENZIE – SP) Ao investigar as propriedades coligativas das soluções, um estudante promoveu o congelamento e a ebulição de três soluções aquosas de solutos não voláteis (**A**, **B** e **C**), ao nível do mar. O resultado obtido foi registrado na tabela abaixo.

SOLUÇÃO	PONTO DE CONGELAMENTO (°C)	PONTO DE EBULIÇÃO (°C)
A	–1,5	101,5
B	–3,0	103,0
C	–4,5	104.5

Após a análise dos resultados obtidos, o estudante fez as seguintes afirmações:

I. a solução A é aquela que, dentre as soluções analisadas, apresenta maior concentração em mol · L^{-1}.
II. a solução B é aquela que, dentre as soluções analisadas, apresenta menor pressão de vapor.
III. a solução C é aquela que, dentre as soluções analisadas, apresenta menor volatilidade.

De acordo com os dados fornecidos e com seus conhecimentos, pode-se dizer que apenas

a) a afirmação I está correta.
b) a afirmação II está correta.
c) a afirmação III está correta.
d) as afirmações I e II estão corretas.
e) as afirmações II e III estão corretas.

17. (UNICAMP – SP) O etilenoglicol é uma substância muito solúvel em água, largamente utilizado como aditivo em radiadores de motores de automóveis, tanto em países frios como em países quentes. Considerando a função principal de um radiador, pode-se inferir corretamente que

a) a solidificação de uma solução aquosa de etilenoglicol deve começar a uma temperatura mais elevada que a da água pura e sua ebulição, a uma temperatura mais baixa que a da água pura.
b) a solidificação de uma solução aquosa de etilenoglicol deve começar a uma temperatura mais baixa que a da água pura e sua ebulição, a uma temperatura mais elevada que a da água pura.
c) tanto a solidificação de uma solução aquosa de etilenoglicol quanto a sua ebulição devem começar em temperaturas mais baixas que as da água pura.
d) tanto a solidificação de uma solução aquosa de etilenoglicol quanto a sua ebulição devem começar em temperaturas mais altas que as da água pura.

18. (UPE) Dia de churrasco! Carnes já temperadas, churrasqueira acesa, cervejas e refrigerantes no *freezer*. Quando a primeira cerveja é aberta, está quente! Sem desespero, podemos salvar a festa. Basta fazer a mistura frigorífica. É simples: colocar gelo em um isopor, com dois litros de água, meio quilo de sal e 300 mL de etanol (46 °GL). Em três minutos, as bebidas (em lata) já estarão geladinhas e prontas para o consumo. Basta se lembrar de lavar a latinha antes de abrir e consumir. Ninguém vai querer beber uma cervejinha ou um refrigerante com gosto de sal, não é?

Sobre a mistura frigorífica, são feitas as seguintes afirmações:

I. O papel da água é aumentar a superfície de contato da mistura, fazendo todas as latinhas estarem imersas no mesmo meio.
II. O sal é considerado um soluto não volátil, que, quando colocado em água, abaixa o ponto de fusão do líquido. Esse efeito é denominado de crioscopia.
III. Ocorre uma reação química entre o sal e o álcool, formando um sal orgânico. O processo é endotérmico, portanto o sistema se torna mais frio.
IV. O sal pode ser substituído por areia, fazendo a temperatura atingida pela mistura se tornar ainda mais baixa.
V. Na ausência de álcool, outro líquido volátil, por exemplo, a acetona, pode ser utilizado.

Estão corretas

a) I, II e III.
b) I, II e V.
c) II, III e V.
d) I, II e IV.
e) III, IV e V.

19. (SANTA CASA – SP) O gráfico apresenta a variação do volume de glóbulos vermelhos no sangue quando imersos em soluções isotônica, hipotônica e hipertônica, não necessariamente nesta ordem.

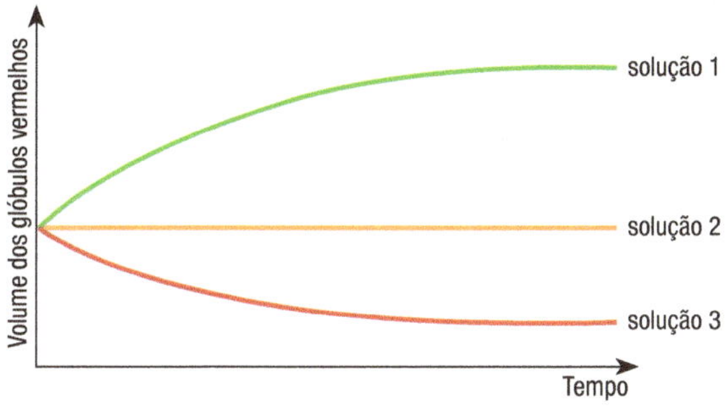
Volume dos glóbulos vermelhos
solução 1
solução 2
solução 3
Tempo

No gráfico, as soluções isotônica, hipotônica e hipertônica são, respectivamente, as soluções

a) 1, 3 e 2.
b) 2, 3 e 1.
c) 2, 1 e 3.
d) 3, 1 e 2.
e) 1, 2 e 3.

20. (FUVEST – SP) A porcentagem em massa de sais no sangue é de aproximadamente 0,9%. Em um experimento, alguns glóbulos vermelhos de uma amostra de sangue foram coletados e separados em três grupos. Foram preparadas três soluções, identificadas por X, Y e Z, cada qual com uma diferente concentração salina. A cada uma dessas soluções foi adicionado um grupo de glóbulos vermelhos. Para cada solução, acompanhou-se, ao longo do tempo, o volume de um glóbulo vermelho, como mostra o gráfico.

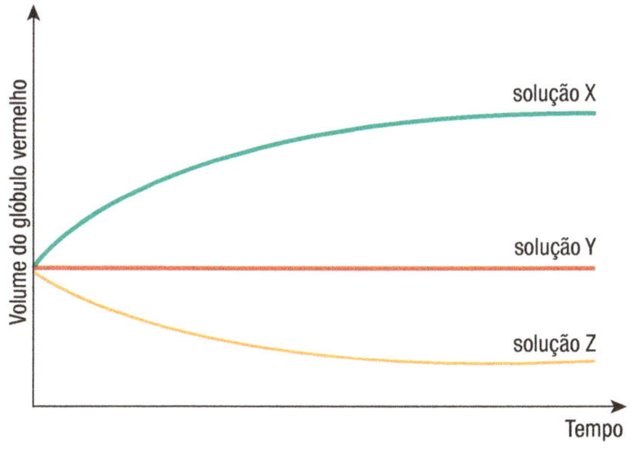
Volume do glóbulo vermelho
solução X
solução Y
solução Z
Tempo

Com base nos resultados desse experimento, é correto afirmar que

a) a porcentagem em massa de sal, na solução Z, é menor do que 0,9%.
b) a porcentagem em massa de sal é maior na solução Y do que na solução X.
c) a solução Y e a água destilada são isotônicas.
d) a solução X e o sangue são isotônicos.
e) a adição de mais sal à solução Z fará com que ela e a solução X fiquem isotônicas.

21. (PUC – PR) Os compostos iônicos e moleculares interferem de formas diferentes na variação da pressão osmótica de um organismo. Como regra geral, podemos afirmar que, considerando uma mesma quantidade de matéria, os efeitos causados pelo consumo de sal são mais intensos que os de açúcar. Considere que soluções aquosas diferentes tenham sido preparadas com 50 g de nitrato de cálcio e 50 g de glicerina (propan-1,2,3-triol), formando dois sistemas em que cada um apresente 2,0 litros de solução a 20 °C. A razão existente entre a pressão osmótica do sistema salino em relação à pressão osmótica do sistema alcoólico é, aproximadamente:

DADOS:

- use 0,082 atm · L/mol · K para a constante universal dos gases perfeitos.
- nitrato de cálcio: $Ca(NO_3)_2$ = 164 g/mol
- glicerina: $C_3H_8O_3$ = 92 g/mol
- sistema alcoólico = solução molecular de glicerina

a) 0,56. b) 1. c) 1,68. d) 2. e) 11.

22. (ENEM) Em regiões desérticas, a obtenção de água potável não pode depender apenas da precipitação. Nesse sentido, portanto, sistemas para dessalinização da água do mar têm sido uma solução. Alguns desses sistemas consistem basicamente de duas câmaras (uma contendo água doce e outra contendo água salgada) separadas por uma membrana semipermeável. Aplicando-se pressão na câmara com água salgada, a água pura é forçada a passar através da membrana para a câmara contendo água doce.

O processo descrito para a purificação da água é denominado

a) filtração.
b) adsorção.
c) destilação.
d) troca iônica.
e) osmose reversa.

23. (ENEM) Alguns tipos de dessalinizadores usam o processo de osmose reversa para obtenção de água potável a partir da água salgada. Nesse método, utiliza-se um recipiente contendo dois compartimentos separados por uma membrana semipermeável: em um deles coloca-se água salgada e no outro recolhe-se a água potável. A aplicação de pressão mecânica no sistema faz a água fluir de um compartimento para o outro. O movimento das moléculas de água através da membrana é controlado pela pressão osmótica e pela pressão mecânica aplicada. Para que ocorra esse processo é necessário que as resultantes das pressões osmótica e mecânica apresentem

a) mesmo sentido e mesma intensidade.
b) sentidos opostos e mesma intensidade.
c) sentidos opostos e maior intensidade da pressão osmótica.
d) mesmo sentido e maior intensidade da pressão osmótica.
e) sentidos opostos e maior intensidade da pressão mecânica.

SÉRIE PLATINA

1. (UFSCar – SP – adaptada) Considere as substâncias puras: água, ácido acético e tetracloreto de carbono e observe as curvas do gráfico de variação de pressão de vapor em função da temperatura.

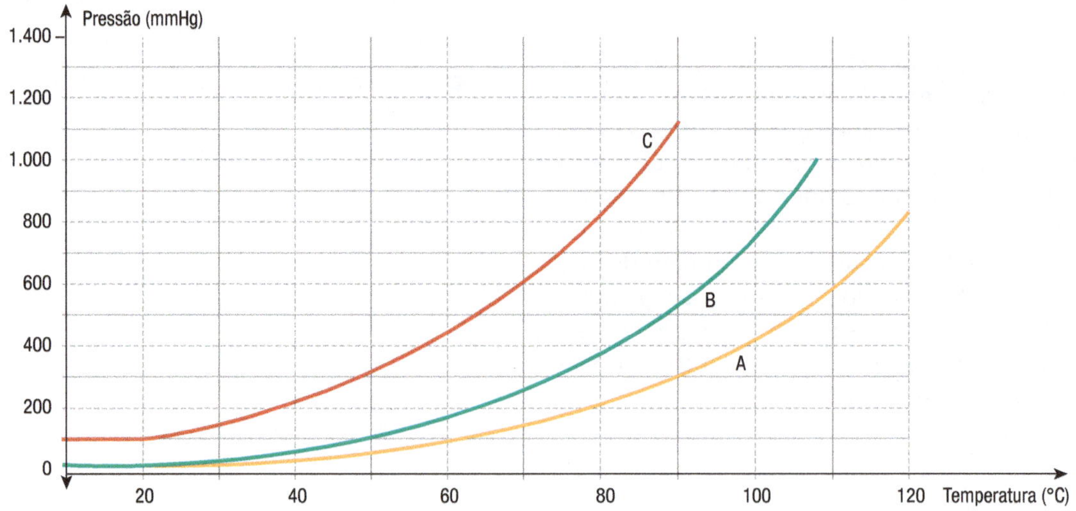
Pressão (mmHg)
1.400
1.200
1.000
800
600
400
200
0
20
40
60
80
100
120
Temperatura (°C)
C
B
A

a) Considere que cada substância foi aquecida, isoladamente, até 80 °C, sob pressão de 700 mmHg. Quais das curvas (A, B ou C) representam as substâncias que estão no estado gasoso nessas condições? Justifique sua resposta.

b) Associe a curva de pressão de vapor em função da temperatura (A, B ou C) a cada um dos líquidos citados no enunciado.

DADOS: ponto de ebulição normal dos líquidos puros, em °C: água = 100; ácido acético = 118; tetracloreto de carbono: 76.

c) Desenhe no gráfico acima, a curva de pressão de vapor de uma solução aquosa de KCl 0,1 mol/L e a curva de uma solução aquosa de glicose de mesma concentração. Identifique cada uma delas.

d) Entre as soluções de KCl e de glicose, qual delas apresenta menor ponto de congelação? Justifique sua resposta.

2. (UFMG) Dois balões de vidro contêm, cada um, um líquido A e B em equilíbrio com seus respectivos vapores. Esses balões são interligados por um tubo na forma de U, preenchido parcialmente com mercúrio, conforme mostrado na figura:

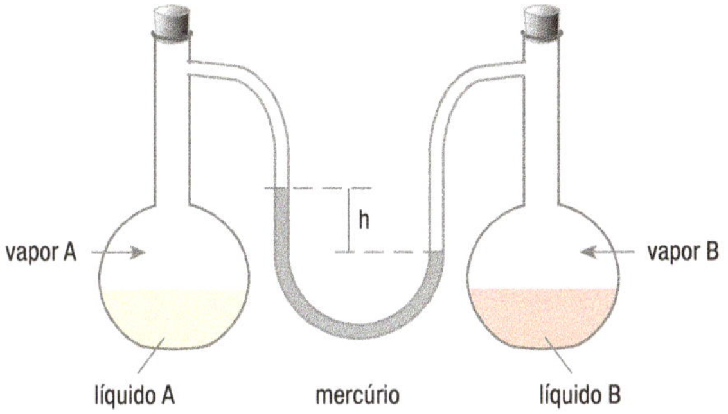
h
vapor A
vapor B
líquido A
mercúrio
líquido B

Figura 1

A montagem representada nessa figura permite, a partir da altura – h – do desnível observado na coluna de mercúrio, comparar-se a pressão de vapor dos dois líquidos.

Nesse experimento, os dois líquidos são água e etanol e ambos estão à temperatura de 25 °C. O gráfico abaixo, representa a pressão de vapor desses dois líquidos, em mmHg, em função da temperatura:

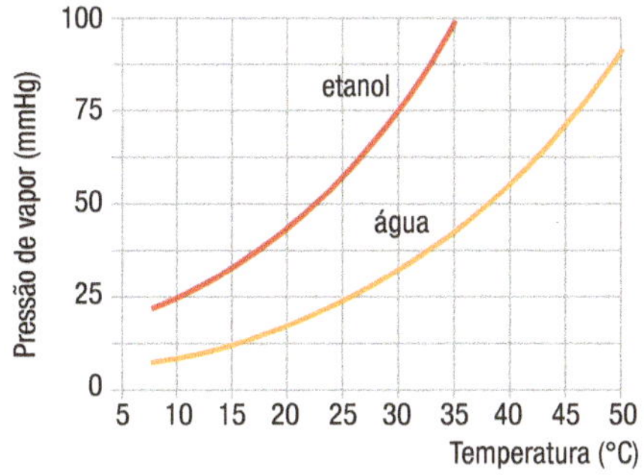
100
75
50
25
0
Pressão de vapor (mmHg)
etanol
água
5 10 15 20 25 30 35 40 45 50
Temperatura (°C)

Considerando o desnível entre as colunas de mercúrio da figura 1 e os dados do gráfico acima, responda:

a) Identifique o líquido A e o líquido B.

líquido A: ______________________________

líquido B: ______________________________

b) Calcule a altura h, em milímetros, do desnível entre as colunas de mercúrio. Mostre seus cálculos.

c) Qual dos líquidos A ou B apresenta maior ponto de ebulição? Justifique.

d) Considere que nesse experimento a água é mantida a 25 °C. Indique qual deve ser a temperatura do etanol para que não mais se observe desnível na coluna de mercúrio.

3. (UNIFESP – adaptada) A cafeína é um dos estimulantes presentes em bebidas energéticas. Em laboratório, a cafeína pode ser extraída para fase aquosa, aquecendo até a fervura uma mistura de chá preto, água e carbonato de cálcio. Após filtração, a fase aquosa é colocada em contato com um solvente orgânico, para extração da cafeína. Com evaporação do solvente, obtém-se a cafeína sólida. O solvente orgânico utilizado deve ter baixa temperatura de ebulição. A evaporação deve ser feita com cuidado, para não degradar a cafeína, pois esta, quando queimada em atmosfera rica de oxigênio, produz gás carbônico, água e gás nitrogênio.

No gráfico são representadas as curvas de pressão de vapor para os líquidos X e Y, que são os dois solventes citados no procedimento de extração da cafeína.

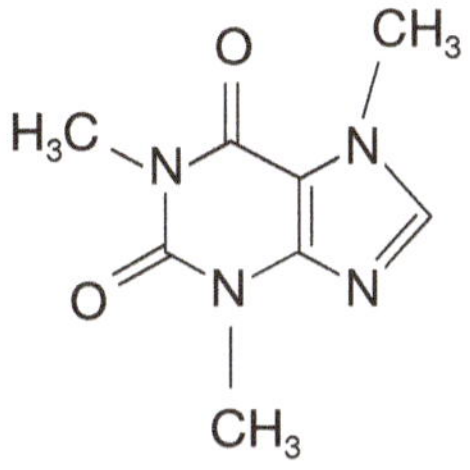

cafeína

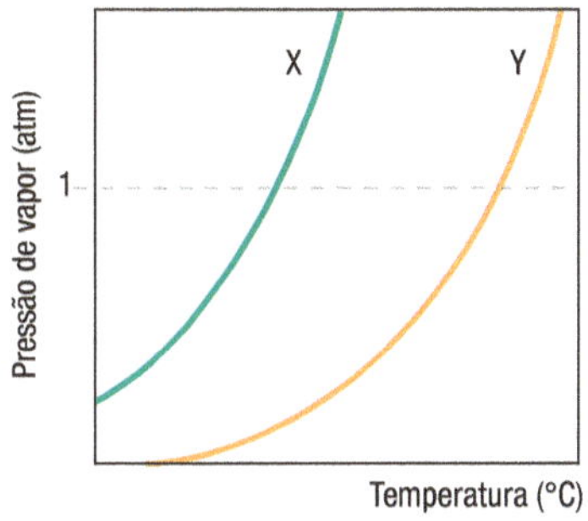
X
Y
1
Pressão de vapor (atm)
Temperatura (°C)

a) Escreva a equação balanceada para reação de queima da cafeína descrita no texto, utilizando coeficientes estequiométricos inteiros.

b) Qual é a curva do gráfico que se refere ao solvente orgânico utilizado? Justifique sua resposta.

c) A adição de cloreto de sódio na água altera sua pressão de vapor. Acrescente no gráfico uma curva que represente a pressão de uma solução aquosa de NaCl.

4. (UFRJ) As hemácias apresentam mesmo volume, quando estão no sangue ou em solução aquosa de NaCl 9 g/L (solução isotônica). No entanto, quando as hemácias são colocadas em solução aquosa de NaCl mais diluída (solução hipotônica), elas incham, podendo até arrebentar. Esse processo chama-se hemólise.

O gráfico a seguir apresenta curvas de pressão de vapor (P_v), em função da temperatura (T), para soluções aquosas de diferentes concentrações de NaCl.

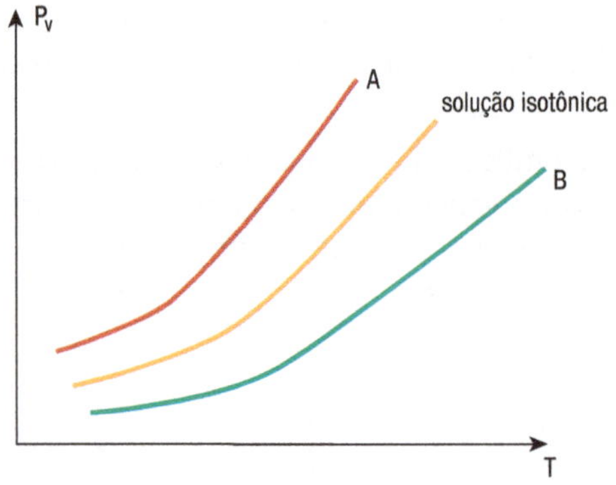
P_v
A
solução isotônica
B
T

a) Qual das curvas representa a solução de NaCl que pode causar o processo de hemólise? Justifique.

b) Com o objetivo de concentrar 2 L da solução isotônica, evaporam-se, cuidadosamente, 10% de seu volume. Determine a concentração, em g/L, da solução resultante.

5. (UNIFESP – adaptada) O abastecimento de água potável para o uso humano é um problema em muitos países. Para suprir essa demanda, surge a necessidade de utilização de fontes alternativas para produção de água potável, a partir de água salgada e salobra, fazendo o uso das técnicas de dessalinização.

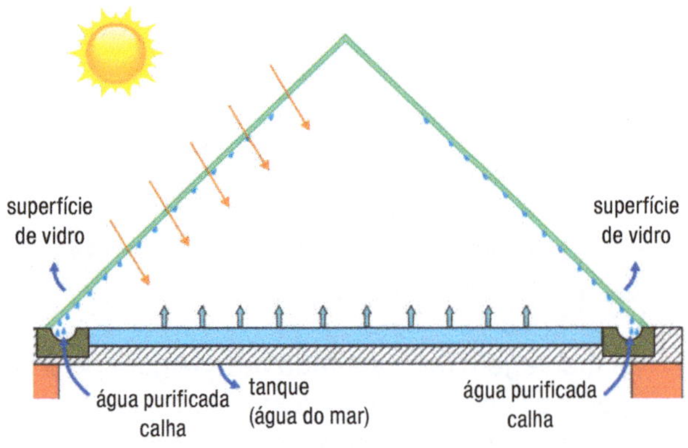
superfície de vidro
superfície de vidro
água purificada
calha
tanque
(água do mar)
água purificada
calha

Estas podem ser realizadas por meio de tecnologias de membranas ou por processos térmicos. Na figura está esquematizado um dessalinizador de água do mar baseado no aquecimento da água pela energia solar.

a) Dê o nome do processo de separação que ocorre no dessalinizador representado na figura.

b) Compare as propriedades de pressão de vapor e de temperatura de ebulição da água do mar com as respectivas propriedades da água purificada. Justifique sua resposta.

c) A água do mar apresenta, em média, 0,5 mol/L de NaCl. Outra solução aquosa bastante utilizada pelo ser humano é a de soro glicosado, solução de $C_6H_{12}O_6$, cuja concentração pode ser da ordem de 1% em massa (o que é equivalente a 0,55 mol/L). Para essas duas soluções, bem como para a água pura, esboce as curvas da pressão de vapor em função da temperatura nos eixos abaixo. Justifique e identifique cada uma das curvas.

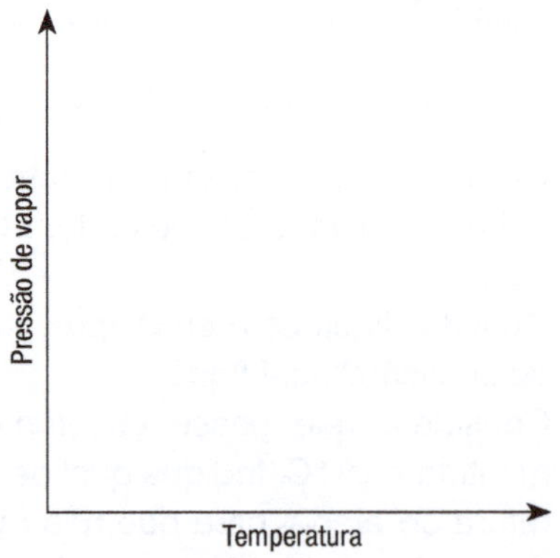
Pressão de vapor
Temperatura

6. (UNICAMP – SP) As informações contidas na tabela abaixo foram extraídas de rótulos de bebidas chamadas "energéticas", muito comuns atualmente, e devem ser consideradas para a resolução da questão.

Cada 500 mL contém	
Valor energético	140 kcal
Carboidratos (sacarose)	35 g
Sais minerais	0,015 mol(*)
Proteínas	0 g
Lipídios	0 g

(*) Valor calculado a partir do rótulo.

A pressão osmótica (π) de uma solução aquosa de íons e/ou de moléculas, pode ser calculada por $\pi = \mathfrak{M}.R.T$. Esta equação é semelhante àquela dos gases ideais. $\mathfrak{M}$ é a concentração em mol/L, de partículas (íons e moléculas) presentes na solução. O processo de osmose que ocorre nas células dos seres vivos, inclusive nas do ser humano, deve-se, principalmente, à existência da pressão osmótica. Uma solução aquosa 0,15 mol/L de NaCl é chamada de isotônica em relação às soluções contidas nas células do homem, isto é, apresenta o mesmo valor de pressão osmótica que as células do corpo humano. Com base nestas informações e admitindo $R = 8,3$ kPa · L/mol · K:

a) Calcule a pressão osmótica em uma célula do corpo humano onde a temperatura é 37 °C.
b) A bebida do rótulo é isotônica em relação às células do corpo humano? Justifique. Considere que os sais adicionados são constituídos apenas por cátions e ânions monovalentes.
DADOS: massa molar, em g/mol: sacarose = 342.

CAPÍTULO 6

Cinética Química

STRATOS BRILAKIS/SHUTTERSTOCK

Em 4 de agosto de 2020, um depósito de nitrato de amônio explodiu na área portuária de Beirute, no Líbano. Estima-se que mais de 2.700 toneladas de NH_4NO_3 foram consumidas, ferindo mais de 5.000 pessoas e provocando a morte de mais de 130 pessoas.

Quando uma reação química ocorre, é importante que as respostas a duas questões a respeito delas sejam conhecidas: em quanto tempo os reagentes são transformados em produtos? E até onde ela pode avançar no sentido de formação dos produtos, isto é, qual é o rendimento dessa reação?

Este capítulo se detém na primeira questão: no estudo da rapidez com que os reagentes se transformam nos produtos. Esse tipo de problema é o objeto de estudo da **Cinética Química**.

Intuitivamente, classificamos as reações em rápidas e lentas. A diferenciação entre esses dois tipos de reação pode ser explicada a partir da ideia de que as reações químicas ocorrem por causa das colisões entre os reagentes do processo.

As reações são **rápidas** quando ocorrem muitas colisões com energia suficiente para quebrar as ligações dos reagentes, possibilitando a formação de novos arranjos atômicos. Entre as reações rápidas, podemos destacar as explosões: reações exotérmicas, que liberam muita energia em um curto intervalo de tempo.

Tanto na explosão da pólvora (uma mistura de nitrato de potássio, enxofre e carvão), descoberta no século XI na China, quanto na explosão do nitrato de amônio ocorrida em 2020 em Beirute, no Líbano, os gases produzidos expandem-se com o aumento da temperatura, provocado pela liberação de energia nas reações exotérmicas, gerando uma onda de choque com alto poder destrutivo. Veja a seguir equações que representam a explosão tanto da pólvora quanto do nitrato de amônio.

$$2\,KNO_3(s) + S(s) + 3\,C(s) \longrightarrow K_2S(s) + N_2(g) + 3\,CO_2(g) \qquad \Delta H = -600\text{ kJ}$$

$$NH_4NO_3(s) \longrightarrow N_2O(g) + 2\,H_2O(g) \qquad \Delta H = -36\text{ kJ}$$

Por outro lado, são **lentas** as reações quando poucas colisões têm energia suficiente para quebrar as ligações dos reagentes. Isso ocorre, por exemplo, na reação que leva à corrosão do ferro, equacionada a seguir.

$$2\,Fe(s) + \frac{3}{2}\,O_2(g) + H_2O(l) \longrightarrow \underbrace{Fe_2O_3.x\,H_2O(s)}_{\text{ferrugem}}$$

A reação de corrosão do aço, liga metálica composta principalmente por ferro, ocorre devido ao contato do metal com a umidade e o gás oxigênio presentes no ar. Trata-se de um processo bastante lento e contínuo, cujos produtos podem ser produzidos por meses e até anos desde o início da reação.

HIGH SIMPLE/SHUTTERSTOCK

6.1 Variação da Concentração dos Participantes de uma Reação Química com o Tempo

As reações destacadas anteriormente, explosão e corrosão, são exemplos opostos em termos de rapidez: enquanto a primeira reação demora segundos ou frações de segundos para ocorrer, a segunda pode demorar meses ou anos. Em ambos os casos, os intervalos de tempo (segundos e meses) dificultam uma análise detalhada, em laboratório, da variação da concentração dos reagentes ao longo do tempo.

Assim, para estudarmos quantitativamente essa variação, vamos analisar outra reação: a de decomposição do peróxido de hidrogênio (H_2O_2), presente na água oxigenada. Observe os dados obtidos experimentalmente para a decomposição do peróxido de hidrogênio:

	tempo (min)	$2\,H_2O_2$ $\longrightarrow$	$2\,H_2O$ +	O_2
trecho I	0	0,8 mol/L	–	–
	10	0,5 mol/L	0,3 mol/L	0,15 mol/L
trecho II	20	0,3 mol/L	0,5 mol/L	0,25 mol/L
trecho III	30	0,2 mol/L	0,6 mol/L	0,3 mol/L
		diminui	aumentam	

Com base nos dados obtidos, podemos agora representar graficamente as concentrações em mol/L de H_2O_2, H_2O e O_2, em função do tempo:

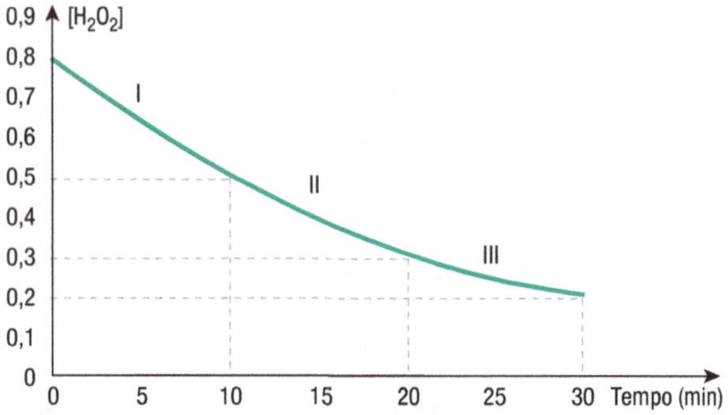
[H2O2]
I
II
III
0,9
0,8
0,7
0,6
0,5
0,4
0,3
0,2
0,1
0
0
5
10
15
20
25
30
Tempo (min)

Gráfico I

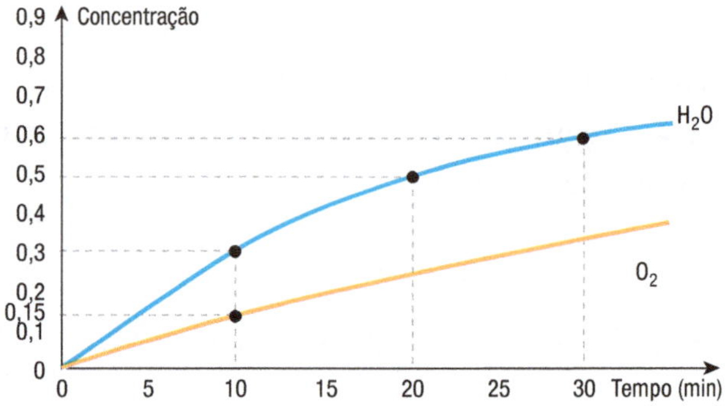
Concentração
H2O
O2
0,9
0,8
0,7
0,6
0,5
0,4
0,3
0,2
0,15
0,1
0
0
5
10
15
20
25
30
Tempo (min)

Gráfico II

MÔNICA R. SUGUIYAMA/Acervo da editora

Nos dois gráficos, observamos que os trechos I, II e III têm o mesmo intervalo de tempo (10 min), mas o consumo de H_2O_2 e a formação de H_2O e O_2, em mol/L, em cada trecho são diferentes:

	H_2O_2	H_2O	O_2
Trecho I	$\lvert 0,5 - 0,8 \rvert = 0,3$	$0,3 - 0,0 = 0,3$	$0,15 - 0,0 = 0,15$
Trecho II	$\lvert 0,3 - 0,5 \rvert = 0,2$	$0,5 - 0,3 = 0,2$	$0,25 - 0,15 = 0,10$
Trecho III	$\lvert 0,2 - 0,3 \rvert = 0,1$	$0,6 - 0,5 = 0,1$	$0,3 - 0,25 = 0,05$

ATENÇÃO!

Para o H_2O_2, reagente no processo que estamos analisando, se fizermos o cálculo da variação da concentração para o trecho I, obtemos

$0,5\ mol/L - 0,8\ mol/L = = -0,3\ mol/L$.

O sinal negativo indica consumo de H_2O_2, porém, no estudo cinético de uma reação, estamos mais preocupados com o valor absoluto (em módulo) da variação das quantidades (das concentrações).

Observe que o consumo do H_2O_2 e a formação do H_2O e O_2, em cada trecho, obedece à proporção estequiométrica da equação.

Equação	$2\ H_2O_2$	$\longrightarrow$	$2\ H_2O$	+	$1\ O_2$
Proporção em mol	2	:	2	:	1
Trecho I	0,3	:	0,3	:	0,15
Trecho II	0,2	:	0,2	:	0,1
Trecho III	0,1	:	0,1	:	0,05

6.2 Velocidade (ou Rapidez) das Reações Químicas

Na Cinética Química, a velocidade (ou rapidez) de uma reação mede quão rapidamente um reagente é consumido ou um produto é formado durante a reação. Para medir essa velocidade é preciso relacionar duas grandezas: *quantidade* e *tempo*.

Se dividirmos o módulo da variação da quantidade de um reagente ou produto (quantidade final – quantidade inicial) pelo intervalo de tempo obteremos a **velocidade média**:

$$v_m = \frac{|\Delta \text{ quantidade}|}{\Delta \text{ tempo}}$$

O |Δ quantidade| pode ser medido em mol/L, mol, massa ou volume.

Se considerarmos os dados do trecho II (no intervalo de 10 a 20 min) para a equação que estamos analisando (decomposição do peróxido de hidrogênio:

$$2\ H_2O_2 \rightarrow 2\ H_2O + O_2$$

obteremos as seguintes velocidades médias:

$$v_{H_2O_2} = \frac{|0{,}3 - 0{,}5|\ \text{mol/L}}{(20 - 10)\ \text{min}} \qquad v_{H_2O_2} = 0{,}02\ \text{mol/L} \cdot \text{min}$$

$$v_{H_2O} = \frac{|0{,}5 - 0{,}3|\ \text{mol/L}}{(20 - 10)\ \text{min}} \qquad v_{H_2O} = 0{,}02\ \text{mol/L} \cdot \text{min}$$

$$v_{O_2} = \frac{|0{,}25 - 0{,}15|\ \text{mol/L}}{(20 - 10)\ \text{min}} \qquad v_{O_2} = 0{,}01\ \text{mol/L} \cdot \text{min}$$

Assim como a variação das concentrações no item 6.1, as velocidades médias (de consumo de reagentes e de formação de produtos) também obedecem à proporção estequiométrica da equação:

Equação	$2\ H_2O_2$	$\longrightarrow$	$2\ H_2O$	+	$1\ O_2$	
Proporção em mol	2	:	2	:	1	
$v_{\text{média}}$ (Trecho II)	0,02	:	0,02	:	0,01	(mol/L · min)

Nos cálculos anteriores, determinamos três velocidades médias, uma para cada participante (reagentes e produtos) da reação estudada. Por exemplo, o valor 0,01 mol/L · min representa a velocidade média de produção de O_2 no intervalo de 10 a 20 min (trecho II). Entretanto, podemos calcular também a velocidade média da reação, sem especificar a substância. Nesse caso, basta dividir a velocidade média para determinada substância pelo seu respectivo coeficiente estequiométrico. Observe o cálculo a seguir:

$$2\ H_2O_2 \longrightarrow 2\ H_2O + O_2$$

$$v_m = \frac{v_{H_2O_2}}{2} = \frac{v_{H_2O_2}}{2} = \frac{v_{O_2}}{1}$$

$$v_m = \frac{0{,}02\ \text{mol/L} \cdot \text{min}}{2} = \frac{0{,}02\ \text{mol/L} \cdot \text{min}}{2} = \frac{0{,}01\ \text{mol/L} \cdot \text{min}}{1}$$

$$v_m = 0{,}01\ \text{mol/L} \cdot \text{min}$$

FIQUE POR DENTRO!

Velocidade média *versus* velocidade instantânea

Ao estudarmos a variação da concentração de H_2O_2 em função do tempo, vimos que conforme a reação prossegue essa variação diminui, o que significa que a velocidade de consumo de H_2O_2 diminui conforme a reação evolui. Essa diminuição de velocidade de consumo também pode ser visualizada no gráfico da concentração em função do tempo, que é representada pela diminuição da inclinação da curva:

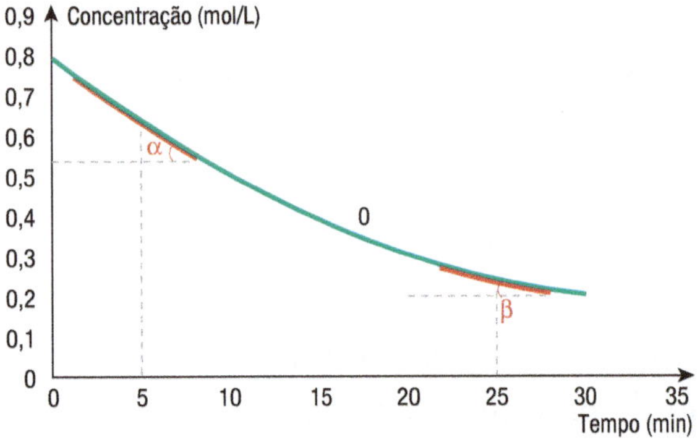

Concentração (mol/L)
0,9
0,8
0,7
0,6
0,5
0,4
0,3
0,2
0,1
0
α
0
β
0
5
10
15
20
25
30
35
Tempo (min)

Além de evidenciar a diminuição da velocidade de consumo do reagente, o gráfico acima também permite determinar o que chamamos de **velocidade instantânea**, que corresponde ao módulo da inclinação da reta tangente à curva em determinado instante de tempo.

Por exemplo, para o instante de tempo igual a 5 min, a velocidade instantânea é calculada a partir da tangente de α, que é calculada dividindo-se o cateto oposto pelo cateto adjacente:

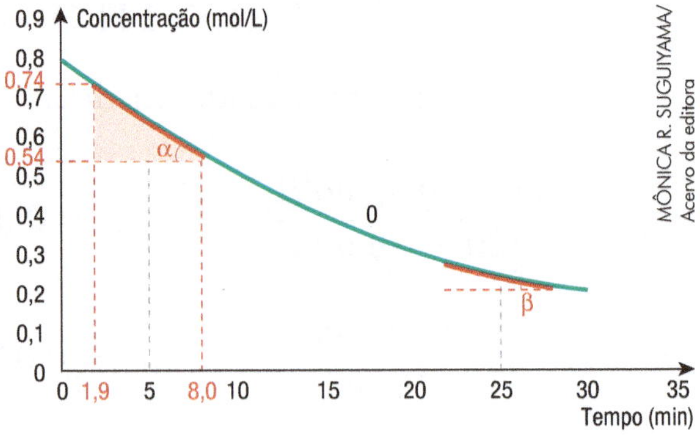

Concentração (mol/L)
0,9
0,8
0,74
0,7
0,6
0,54
0,5
0,4
0,3
0,2
0,1
0
α
0
β
0
1,9
5
8,0
10
15
20
25
30
35
Tempo (min)

MÔNICA R. SUGUIYAMA/ Acervo da editora

$$v_m = \frac{0{,}74 - 0{,}54}{8{,}0 - 1{,}9} = \frac{0{,}20}{6{,}1} = 0{,}033 \text{ mol/L} \cdot \text{min}$$

Vale destacar que a velocidade instantânea no instante de tempo igual a 5 minutos (0,033 mol/L · min) é diferente da velocidade média no trecho I (de 0 a 10 min, que calculamos como sendo 0,03 mol/L · min). Esses valores são próximos, porém não iguais. Quanto menor for o intervalo de tempo considerado no cálculo da velocidade média, mais o valor da velocidade média se aproximará da velocidade instantânea de um instante de tempo contido nesse intervalo.

6.3 Teoria das Colisões

Em linhas gerais, a formação de um produto em uma reação química é devida às colisões entre as partículas dos reagentes. Entretanto, nem todas as colisões ocorridas entre os reagentes geram a formação de produtos. Para que ocorra uma colisão efetiva, isto é, uma colisão que garanta a formação dos produtos, três condições são necessárias:

1. ocorrer a colisão entre as partículas de reagentes;
2. as partículas que colidem entre si devem estar apropriadamente orientadas;
3. para cada reação, existe um mínimo necessário de energia, sem o qual a reação não acontece.

Em relação **à segunda condição**, vamos analisar outra reação química para entender melhor como a orientação da colisão interfere na sua efetividade: a reação representa pela equação $Cl + NOCl \longrightarrow NO + Cl_2$.

Nesse caso, para que a colisão seja **efetiva**, é necessário que átomo de cloro (bolinha verde) colida com o cloro (bolinha verde) na molécula de NOCl para que sejam formados o Cl_2 e o NO.

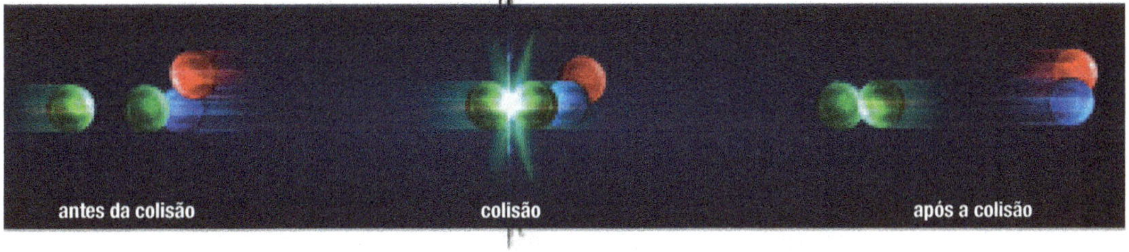
antes da colisão
colisão
após a colisão

Por outro lado, se o cloro colidir com oxigênio (bolinha vermelha) ou o nitrogênio (bolinha azul), a colisão será **não efetiva** e, portanto, não teremos a formação dos produtos (Cl_2 e NO). Logo, após a colisão ainda teremos os reagentes iniciais (Cl e NOCl).

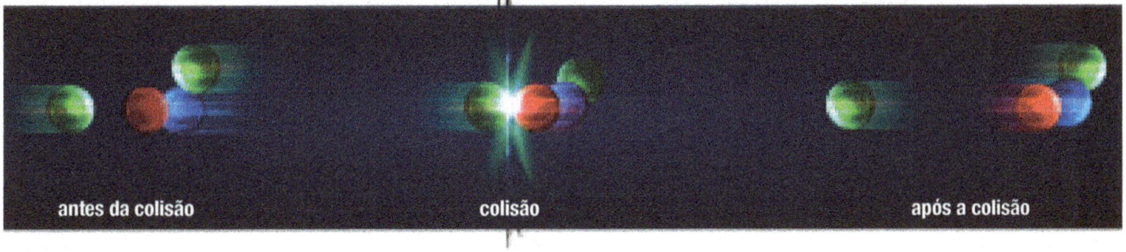
antes da colisão
colisão
após a colisão

FIQUE POR DENTRO!

Energia mínima e colisões

A maioria das colisões que ocorrem em uma reação química não são efetivas, ou seja, não formam os produtos. Isso ocorre tanto em função da orientação das colisões, mas também em função da energia dessas colisões. Observe o gráfico a seguir que representa a distribuição de energia entre as colisões, em determinada temperatura.

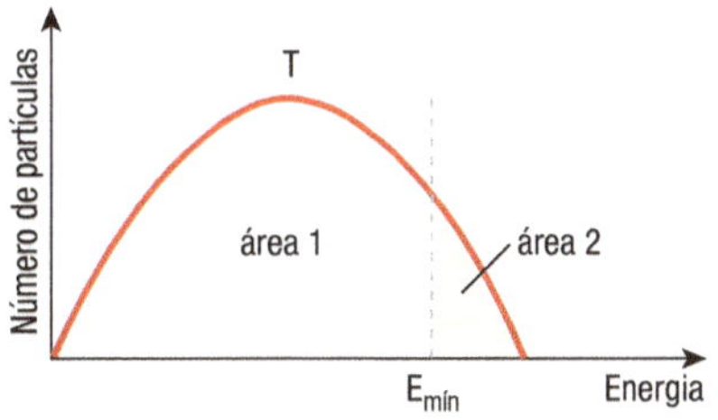
Número de partículas
T
área 1
área 2
$E_{mín}$
Energia

MÔNICA R. SUGUIYAMA/ Acervo da editora

A maior parte das colisões (destacadas na área 1) correspondem a colisões não efetivas, pois não apresentam a energia mínima necessária para a reação ocorrer. Somente uma parte das colisões (destacadas na área 2) apresenta energia superior a essa energia mínima (chamada de energia de ativação, como discutiremos a seguir).

Se essas colisões destacadas na área 2 apresentarem orientação favorável, as colisões serão efetivas e teremos a ocorrência da reação. Caso contrário, se a orientação não for favorável, mesmo com energia superior à mínima, a colisão não será efetiva e não observaremos reação química.

6.3.1 Teoria do complexo ativado: aprimoramento da teoria das colisões

Acabamos de ver que para uma reação ocorrer é necessário que a colisão entre os reagentes ocorra em uma orientação favorável e com uma energia mínima. Quando essas condições estão presentes, forma-se uma estrutura instável e intermediária entre os reagentes e os produtos que chamamos de **complexo ativado**.

No complexo ativado, ocorre tanto a quebra das ligações nos reagentes quanto a formação de novas ligações que originam os produtos. A sequência de estados reagentes ⟶ complexo ativado ⟶ produtos é chamada de **caminho da reação** e pode ser representado genericamente por:

$$\underset{\text{reagentes}}{AB + C} \longrightarrow \underset{\text{complexo ativado}}{[ABC]} \longrightarrow \underset{\text{produtos}}{A + BC}$$

Para o caso específico da formação de HI a partir das substâncias hidrogênio (H_2) e iodo (I_2), o caminho da reação seria representado por:

$$\underset{\text{reagentes}}{H_2 + I_2} \longrightarrow \underset{\text{complexo ativado}}{[H_2I_2]} \longrightarrow \underset{\text{produtos}}{2\,HI}$$

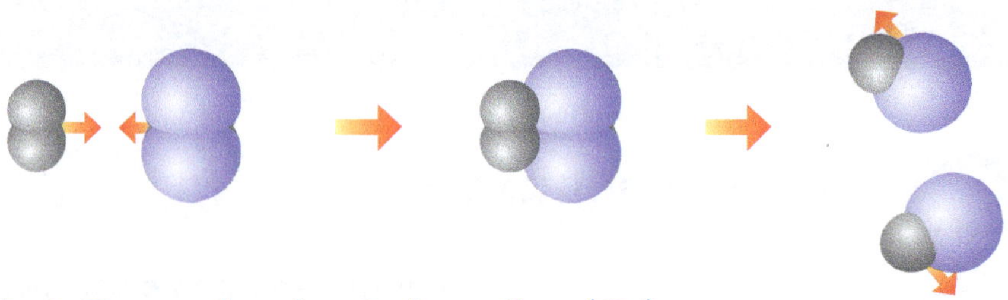

6.4 Energia de Ativação (E_a)

É a energia fornecida (luz, calor, eletricidade, atrito etc.) aos reagentes para formar o complexo ativado, isto é, iniciar a reação. Cada reação tem um valor fixo de E_a, que não depende da concentração dos participantes nem da temperatura.

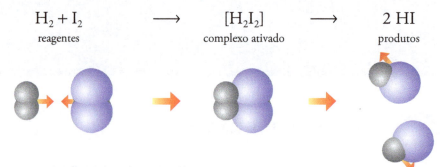

Há liberação de energia quando o complexo ativado (CA) origina os produtos (P) em virtude das novas ligações estabelecidas que formam os produtos. Observe que $E_{CA} > E_R$ e que $E_{CA} > E_P$.

$$\underset{\text{reagentes}}{AB + C} \xrightarrow[\text{energia fornecida}]{} \underset{\text{complexo ativado}}{[ASC]} \xrightarrow[\text{energia liberada}]{} \underset{\text{produtos}}{A + BC}$$

R	E_a	CA		P
E_R		E_{CA}		E_P

O valor da energia de ativação é um dos fatores que definem se a reação é rápida ou lenta. Para reações com baixa Ea, o complexo ativado é mais facilmente atingido, o que significa que teremos reações mais rápidas. Por outro lado, reações com alta Ea correspondem a reações mais lentas.

6.4.1 Gráfico de energia de ativação

No Capítulo 2, estudamos a variação de energia nas reações químicas e dividimos as reações, com base no valor de ΔH, em exotérmicas ($\Delta H < 0$) ou endotérmicas ($\Delta H > 0$). Naquele capítulo, quando apresentamos a representação gráfica da variação de entalpia de uma reação, utilizamos os diagramas de energia com apenas o eixo das ordenadas (vertical).

Agora, com base em valores de energia de ativação e no conceito de caminho de reação, podemos inserir o eixo das abscissas (horizontal) nos diagramas de energia: o próprio caminho (ou coordenada) da reação.

Vamos agora analisar o gráfico da energia de ativação para reações exotérmicas e endotérmicas:

a) **reação exotérmica: $\Delta H < 0$**

$$E_{CA} > E_R,\ E_{CA} > E_P,\ E_R > E_P$$

$E_a = E_{CA} - E_R$	$\Delta H = E_P - E_R$

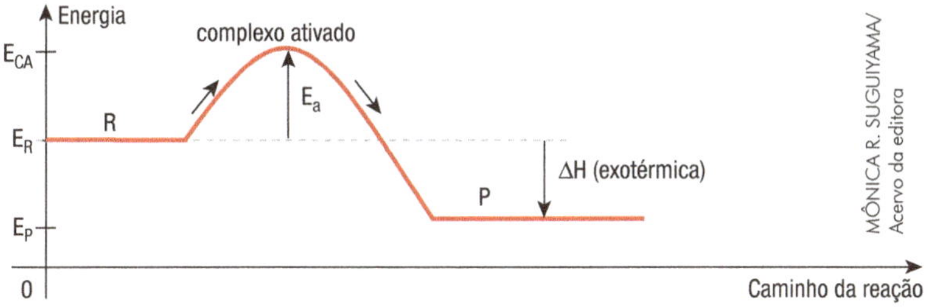

Energia
complexo ativado
E_{CA}
E_a
E_R
R
ΔH (exotérmica)
P
E_P
0
Caminho da reação

MÔNICA R. SUGUIYAMA/
Acervo da editora

KAPUSKA/SHUTTERSTOCK

As reações de termita, como a que ocorre entre alumínio e óxido de ferro(III), equacionada por $2\ Al + Fe_2O_3 \longrightarrow 2\ Fe + Al_2O_3$, é altamente exotérmica ($\Delta H = -850$ kJ), sendo o calor liberado nessa reação utilizado em aplicações como granadas incendiárias e no processo de soldagem de trilhos de trem.

b) **reação endotérmica: $\Delta H > 0$**

$$E_{CA} > E_R,\ E_{CA} > E_P,\ E_P > E_R$$

$E_a = E_{CA} - E_R$	$\Delta H = E_P - E_R$

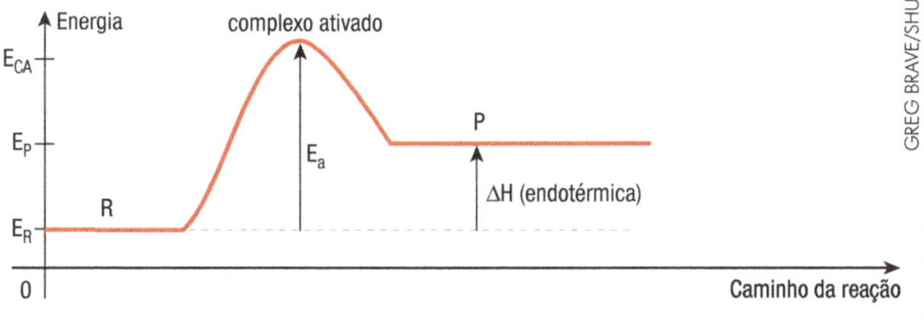

Energia
complexo ativado
E_{CA}
E_P
P
E_a
R
ΔH (endotérmica)
E_R
0
Caminho da reação

MÔNICA R. SUGUIYAMA/
Acervo da editora

GREG BRAVE/SHUTTERSTOCK

A reação de fotossíntese, equacionada de forma simplificada por $6\ CO_2 + 6\ H_2O \longrightarrow C_6H_{12}O_6 + 6\ O_2$, é um processo endotérmico ($\Delta H = +2.450$ kJ), cuja energia é absorvida a partir da radiação solar.

6.5 Fatores que Afetam a Velocidade de Reação

6.5.1 Temperatura

A elevação da temperatura aumenta a energia cinética das partículas, isto é, aumenta a sua agitação. Isso implica uma maior frequência de colisões e também uma maior energia dessas colisões. Logo, há um aumento das colisões efetivas, aumentando a velocidade de reação.

MÔNICA R. SUGUIYAMA/Acervo da editora

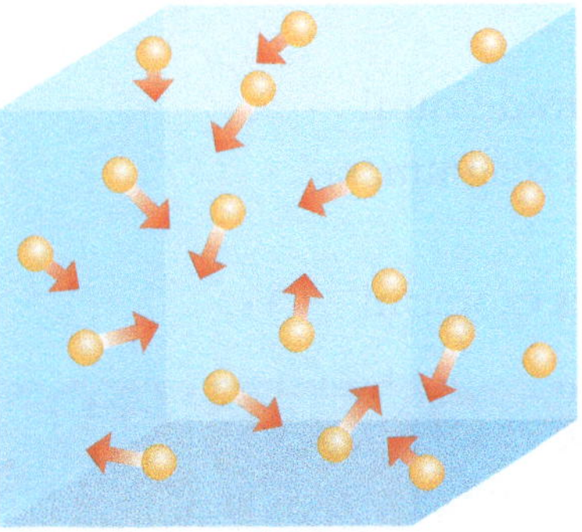

menor temperatura

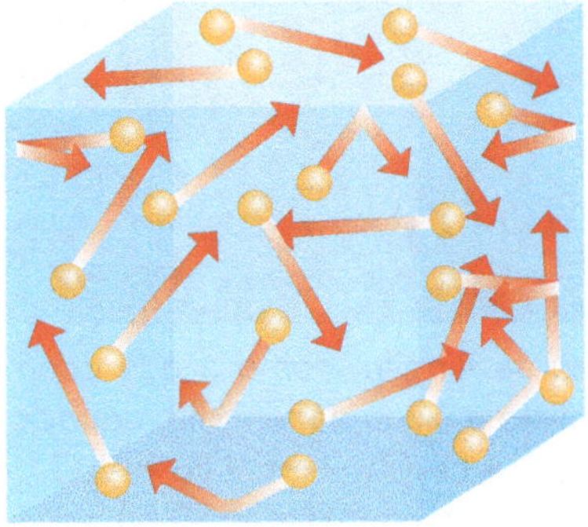

maior temperatura

O aumento de temperatura leva a uma maior agitação das partículas, o que aumenta a velocidade da reação.

KIM CHRISTENSEN/SHUTTERSTOCK

Influência da temperatura na velocidade de reação. Uma reação química faz com que a cor de determinado líquido mude de castanho para preta. O frasco à esquerda é aquecido, enquanto o da direita é resfriado. Nota-se, na foto, que o aumento de temperatura tornou a reação mais rápida, pois a cor preta é observada primeiro no frasco à esquerda.

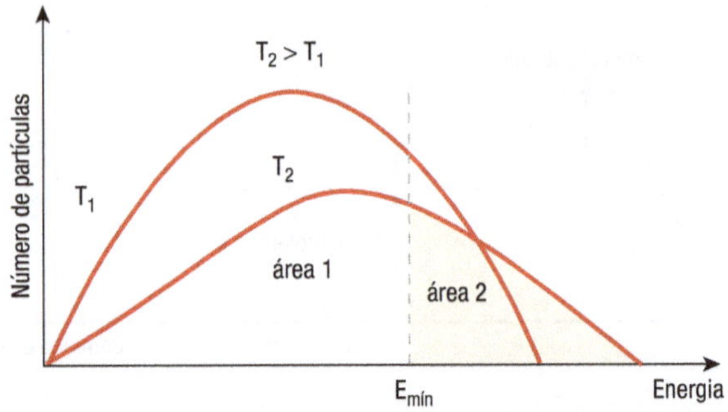
$T_2 > T_1$
Número de partículas
T_1
T_2
área 1
área 2
$E_{mín}$
Energia

MÔNICA R. SUGUIYAMA/Acervo da editora

Aumentando-se a temperatura ($T_2 > T_1$), aumenta a energia das partículas deslocando a curva para a direita e também a achatando. Como consequência, aumenta o número de colisões efetivas (diminui a área 1 e aumenta a área 2, lembrando que somente na área 2 temos as colisões efetivas).

LIGANDO OS PONTOS!

Refrigeração e conservação de alimentos

Acabamos de ver que o aumento de temperatura implica um aumento na velocidade da reação. O contrário também é verdade: a diminuição da temperatura torna as reações mais lentas. O processo de refrigeração, utilizado para conservação de alimentos, é baseado justamente nesse efeito!

O ser humano detém o conhecimento desse efeito há milhares de anos: há evidências da utilização dos locais mais escuros e frescos das cavernas para acondicionamento de alimentos no período neolítico, mesma época em que ocorreu o aparecimento da agricultura.

Neve e gelo natural também já foram utilizados para conservação de alimentos em diversas regiões da Terra, uma vez que já foram encontradas evidências de "casas de gelo" construídas a partir de materiais isolantes, como cortiça e madeira. Outra técnica, aliada ao processo de salga já discutido no Capítulo 5, envolvia enterrar animais na neve para consumo posterior.

No século XVI, com a industrialização e crescimento das cidades, passou a ser comum estocar o gelo do inverno em câmaras subterrâneas para criação de ambientes frios. Já a partir do século XVII, com a evolução das ciências e aperfeiçoamento do microscópio é que foi possível a descoberta de microrganismos, como fungos e bactérias, e a compreensão de como eles estavam relacionados com a deterioração dos alimentos.

Entretanto, foi somente em 1834 que o engenheiro e inventor estadunidense Jacob **Perkins** (1766-1849) patenteou a primeira máquina de produção de gelo, quando começou o desenvolvimento de equipamentos de refrigeração voltados para aplicações industriais. Os equipamentos domésticos, por sua vez, como as geladeiras e os refrigeradores que conhecemos hoje, somente passaram a se difundir a partir da segunda metade do século XX e, atualmente, ocupam um lugar de destaque na civilização humana.

Segundo a Pesquisa Nacional por Amostra de Domicílios (PNAD) Contínua de 2019, do IBGE, de 72.395 domicílios pesquisados, 98,1% possuíam pelo menos uma geladeira em casa.

ANDREY_POPOV/SHUTTERSTOCK

6.5.2 Superfície de contato

Quando em uma reação química temos um reagente sólido reagindo com um líquido ou gás, as colisões ocorrem na superfície do sólido. Portanto, quanto maior a área superficial do sólido, maior a rapidez da reação.

Quanto mais fragmentado está o sólido, maior é sua superfície exposta. Com isso, o número de colisões aumenta, o que determina também um aumento na velocidade da reação.

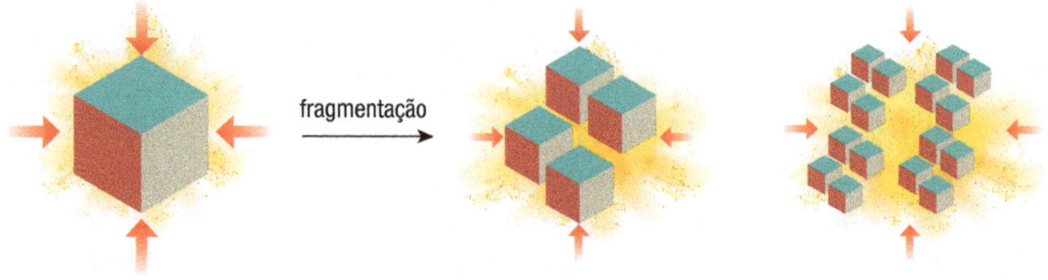
fragmentação

MÔNICA R. SUGUIYAMA/
Acervo da editora

Para avaliar o efeito da área superficial na velocidade de reação, vamos analisar a reação de carbonato de cálcio sólido ($CaCO_3$) com excesso de ácido clorídrico (HCl), na qual há liberação de gás carbônico (CO_2):

$$CaCO_3(s) + 2\ HCl(aq) \longrightarrow CaCl_2(aq) + H_2O(l) + CO_2(g)$$

Quando o experimento é realizado com carbonato de cálcio em pó, a velocidade da reação é maior do que quando o experimento é realizado com a mesma massa de sólido em pedaços. No caso do experimento com pó, a área superficial é maior, o que aumenta o número de colisões efetivas e, portanto, aumenta a velocidade da reação, que pode ser analisada tanto a partir do consumo de $CaCO_3$ quanto a partir da produção de CO_2.

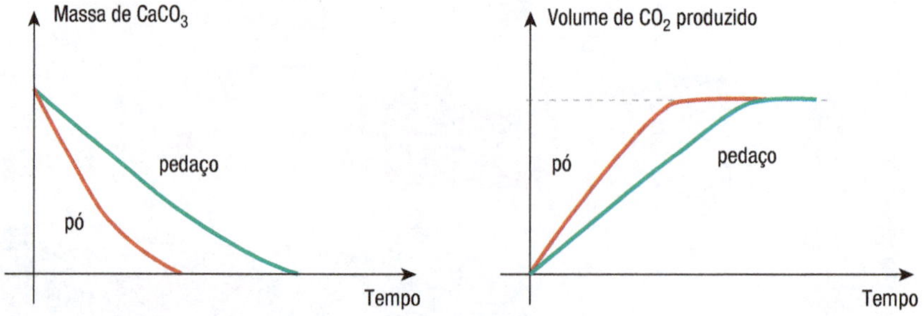
Massa de $CaCO_3$
pedaço
pó
Tempo
Volume de CO_2 produzido
pó
pedaço
Tempo

Gráficos da reação de carbonato de cálcio com ácido clorídrico em função do tempo. Note a diferença de velocidade da reação segundo a forma (pó ou pedaço) como o carbonato se apresenta.

MÔNICA R. SUGUIYAMA/
Acervo da editora

6.5.3 Presença de um catalisador

Nem sempre o aumento da temperatura é aconselhável para aumentar a velocidade de uma reação, devido a uma série de fatores que podem prejudicar o processo, por exemplo a decomposição das substâncias, ou o custo.

Outra forma utilizada para aumentar a velocidade das reações é o uso de catalisadores nos processos. **Catalisadores** são substâncias que aumentam a velocidade das reações sem serem consumidas no processo.

Acompanhe o exemplo da reação de decomposição do peróxido de hidrogênio a 25 °C:

$$2\ H_2O_2 \longrightarrow 2\ H_2O + O_2 \quad (v_1)$$

No entanto, essa decomposição pode ser acelerada na presença de dióxido de manganês (MnO_2), que atua como **catalisador** nesse processo.

$$2\ H_2O_2 \xrightarrow{MnO_2} 2\ H_2O + O_2 \quad (v_2) \quad (v_2 > v_1)$$

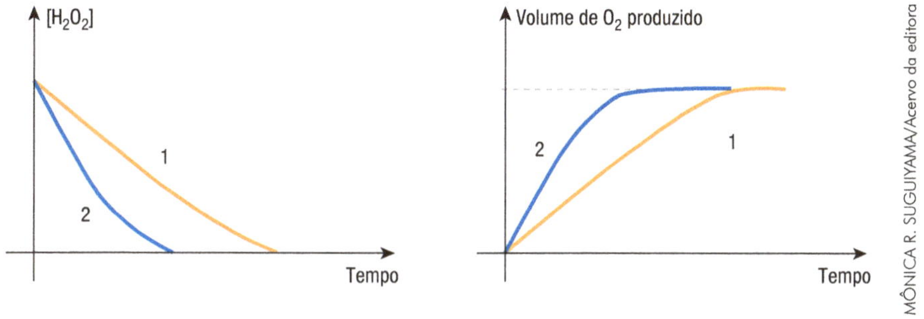

$[H_2O_2]$
1
2
Tempo
Volume de O_2 produzido
2
1
Tempo
MÔNICA R. SUGUIYAMA/Acervo da editora

Gráficos da decomposição do peróxido de hidrogênio em função do tempo. Observe que a adição de dióxido de manganês (curva 2) torna a reação mais rápida.

Mas o que acontece quando adicionamos um catalisador a uma reação? Como ele torna uma reação mais rápida?

A ação dos catalisadores se dá na energia de ativação. Os catalisadores têm a propriedade de *diminuir* a energia de ativação necessária para que uma reação ocorra, aumentando, como consequência, a velocidade de reação.

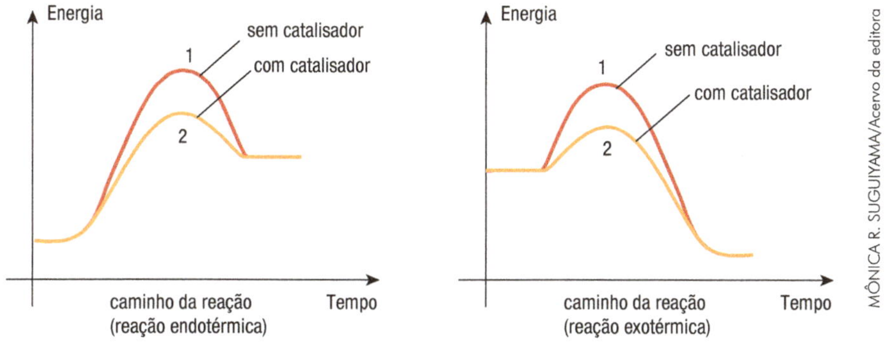

Energia
sem catalisador
com catalisador
1
2
caminho da reação
(reação endotérmica)
Tempo
Energia
sem catalisador
com catalisador
1
2
caminho da reação
(reação exotérmica)
Tempo
MÔNICA R. SUGUIYAMA/Acervo da editora

Tanto em reações endotérmicas quanto em reações exotérmicas, a presença do catalisador promove a diminuição da energia de ativação.

ATENÇÃO!

As principais propriedades de um catalisador são:

- não é consumido; portanto, pode ser recuperado no final da reação;
- não altera o ΔH da reação;
- não altera o rendimento da reação.

FIQUE POR DENTRO!

Enzimas: catalisadores naturais

As enzimas em nosso organismo são proteínas que atuam como catalisadores, tornando as reações químicas mais rápidas. Como todos os catalisadores, elas atuam diminuindo a energia de ativação necessária.

As enzimas, como a sacarase, por exemplo, participam das reações químicas, mas não são consumidas nem transformadas durante esse processo.

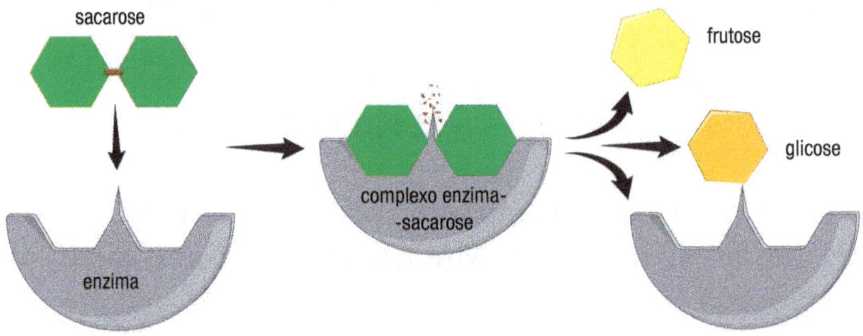
sacarose
enzima
complexo enzima-
-sacarose
frutose
glicose
DESIGNUA/SHUTTERSTOCK

A sacarose é um dissacarídeo (açúcar) e pode ser encontrado na cana-de-acúcar, em frutas e outros alimentos. A enzima sacarase, presente no suco entérico secretado pela parede do intestino delgado, atua na quebra da molécula de sacarose, liberando uma molécula de frutose e uma de glicose.

6.5.4 Concentração dos reagentes

Quando aumentamos a concentração dos reagentes, há um aumento no número de colisões entre as partículas, tendo como consequência o aumento da velocidade da reação:

aumento da concentração dos reagentes	⟹	aumento do número de colisões	⟹	aumento da velocidade

RICHARD MEGNA/FUNDAMENTAL PHOTOGRAPHS

Na reação entre zinco e ácido clorídrico, equacionada por

$$Zn(s) + 2\,HCl(aq) \longrightarrow ZnCl_2(aq) + H_2(g),$$

há liberação de gás hidrogênio. Se aumentarmos a concentração do ácido, aumenta o número de colisões efetivas entre as partículas, o que aumenta a velocidade da reação.

6.6 Lei de Velocidade

Como abacamos de ver, a possibilidade de choques entre as partículas de uma reação será maior se a concentração dos reagentes for maior. Entretanto, será que a influência da concentração de todos os reagentes é a mesma na velocidade da reação? Será que dobrando a concentração dos reagentes, a velocidade da reação também dobra?

Para verificar a influência da concentração dos reagentes na velocidade da reação, é preciso realizar **experimentos**. Essa influência é representada matematicamente pela **lei de velocidade** (também chamada de equação da velocidade ou lei cinética), que corresponde a uma equação (determinada experimentalmente) que mostra como a velocidade da reação varia em função da concentração dos reagentes.

Para uma reação genérica, representada pela equação química:

$$aA + bB \longrightarrow cC + dD$$

a lei de velocidade é dada por:

$$v = k \cdot [A]^m \cdot [B]^n$$

em que k é a **constante de velocidade** da reação, que não depende da concentração dos reagentes, mas depende da temperatura; um aumento da temperatura implica um aumento da constante de velocidade e, portanto, um aumento da velocidade da reação.

Já os expoentes *m* e *n* correspondem à **ordem** da reação em relação àquele reagente. No exemplo dado, a reação é de ordem *m* em relação ao reagente A e de ordem *n* em relação ao reagente B. Ainda podemos definir a **ordem global** de uma reação química, que é a soma das ordens em relação a cada reagente; no nosso exemplo, a ordem global é igual a $m + n$.

Usualmente, os expoentes (ou as ordens da reação) assumem valores iguais a 0, 1 ou 2 e a principal importância de definirmos a ordem de uma reação é em termos de classificação. Por exemplo, todas as reações de ordem zero apresentam velocidade constante (a uma temperatura constante); já as reações de primeira ordem apresentam a meia-vida, isto é, o intervalo de tempo necessário para a concentração do reagente cair à metade de seu valor, constante, independentemente da concentração inicial do reagente.

Por fim, é importante destacar novamente que a lei de velocidade não pode ser deduzida ou prevista a partir da equação química, sendo necessário que seja determinada experimentalmente. Observe nos exemplos a seguir que nem sempre os expoentes da lei de velocidade coincidem com a proporção estequiométrica da equação química:

- $2\ H_2O_2(l) \longrightarrow 2\ H_2O(l) + O_2(g)$ $v = k \cdot [H_2O_2]$
  (ordem global igual a 1)
- $NO_2(g) + CO(g) \longrightarrow NO(g) + CO_2(g)$ $v = k \cdot [NO_2]^2$
  (ordem global igual a 2)
- $2\ NO(g) + Cl_2(g) \longrightarrow 2\ NOCl(g)$ $v = k \cdot [NO]^2 \cdot [Cl_2]$
  (ordem global igual a 3)

6.7 Mecanismos de Reação

No item 6.6 vimos exemplos de leis de velocidades para algumas reações químicas. No caso da reação

$$2\ NO(g) + Cl_2(g) \longrightarrow 2\ NOCl(g)$$

a lei de velocidade é dada por $v = k \cdot [NO]^2 \cdot [Cl_2]$ e podemos observar que os expoentes coincidem com os coeficientes estequiométricos da equação química. Quando essa coincidência ocorre, dizemos que a reação é **elementar**.

Mas o que significa uma reação ser elementar?

Isso significa que a reação ocorre em uma única etapa, ou seja, que para a formação do NOCl há a colisão simultânea de duas moléculas de NO e uma de Cl_2. Vale destacar que essa reação foi uma das primeiras reações elementares de ordem 3 descobertas, no início do século XX.

E quando os expoentes na lei de velocidade não coincidem com os coeficientes estequiométricos, como na reação

$$NO_2(g) + CO(g) \longrightarrow NO(g) + CO_2(g)$$

que apresenta lei de velocidade igual a $v = k \cdot [NO_2]^2$? Nesse caso, classificamos a reação como **não elementar**, o que significa que a reação ocorre em mais de uma etapa.

É essa sequência de etapas que chamamos de **mecanismo de reação**, que corresponde a um modelo teórico que os químicos propõem para explicar o comportamento das reações.

A proposição do mecanismo de uma reação química é baseada na lei de velocidade. Vamos voltar à reação não elementar que destacamos anteriormente:

$NO_2 + CO \longrightarrow NO + CO_2$ $\quad v = k \cdot [NO_2]^2$ (obtida experimentalmente)

Frequentemente, no mecanismo de uma reação, uma etapa é bem mais lenta que as demais. Em tais casos, é essa etapa lenta que determina a velocidade da reação global. Por exemplo, na reação acima, um possível mecanismo pode ser composto por duas etapas:

- **etapa 1:** $NO_2(g) + NO_2(g) \longrightarrow NO_3(g) + NO(g)$ (lenta)
- **etapa 2:** $NO_3(g) + CO(g) \longrightarrow NO_2(g) + CO_2(g)$ (rápida)

$$v_{reação} = v_{etapa\ lenta} = k \cdot [NO_2]^2$$

Observe que os expoentes na lei de velocidade coincidem com os coeficientes estequiométricos da etapa lenta. É por esse motivo que a lei de velocidade auxilia os químicos na proposição de mecanismos de reações: após determinar experimentalmente a lei de velocidade, deve haver uma etapa lenta no mecanismo dessa reação cujos coeficientes estequiométricos coincidem com os expoentes da lei de velocidade.

6.7.1 Mecanismo de catálise homogênea

Identificar o mecanismo de uma reação também é importante para entender a ação dos catalisadores apresentada no item 6.5. Vimos que a presença de um catalisador diminui a energia de ativação e aumenta a velocidade da reação. Mas como essa diminuição de E_a realmente ocorre?

Na realidade, o catalisador promove uma mudança no mecanismo da reação, alterando a sequência de etapas dessa reação para uma sequência na qual a velocidade é maior.

A reação de decomposição do peróxido de hidrogênio, H_2O_2, em água, H_2O, e gás oxigênio, O_2, pode ser catalisada por I^-. Essa **catálise** é classificada como **homogênea**, pois os reagentes (H_2O_2) e o catalisador (I^-) formam um sistema homogêneo.

$$2\ H_2O_2(aq) \xrightarrow{I^-(aq)} 2\ H_2O(l) + O_2(g)$$

Para a reação catalisada, a lei de velocidade é dada por:

$$v = k \cdot [H_2O_2] \cdot [I^-]$$

Com base nessa informação, foi proposto o seguinte mecanismo de reação:

- **etapa 1:** $H_2O_2 + I^- \longrightarrow H_2O + IO^-$ (etapa lenta)
- **etapa 2:** $H_2O_2 + IO^- \longrightarrow H_2O + O_2 + I^-$ (etapa rápida)

Esse mecanismo de reação pode ser comparado, em termos de energia, com a reação não catalisada no diagrama de energia a seguir. Nesse diagrama, é possível identificar que a presença do catalisador altera o mecanismo da reação e diminui as energias de ativação, o que resulta em uma maior velocidade de reação.

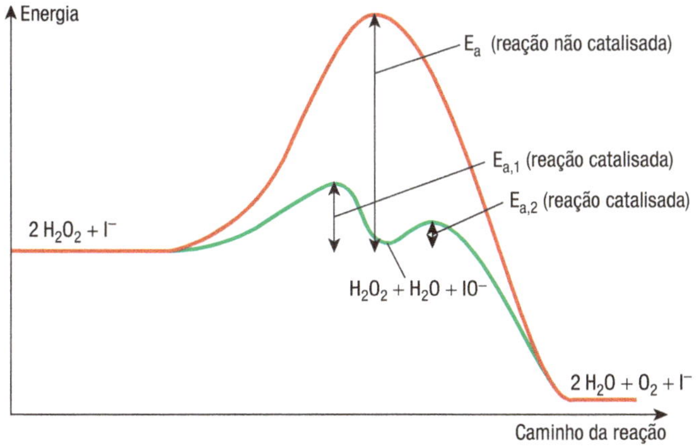

Energia
E_a (reação não catalisada)
$E_{a,1}$ (reação catalisada)
$E_{a,2}$ (reação catalisada)
$2\ H_2O_2 + I^-$
$H_2O_2 + H_2O + IO^-$
$2\ H_2O + O_2 + I^-$
Caminho da reação

MÔNICA R. SUGUIYAMA/Acervo da editora

6.7.2 Mecanismo de catálise heterogênea

Nesse tipo de catálise, reagente e catalisador formam um sistema heterogêneo. Vamos, como exemplo, analisar a reação entre gás eteno (C_2H_4) e gás hidrogênio (H_2) a seguir, em que o níquel metálico atua como catalisador.

$$C_2H_4(g) + H_2(g) \xrightarrow{Ni(s)} C_2H_6(g)$$

Na presença do catalisador sólido, uma possível sequência de etapas para ocorrência dessa reação, envolve primeiramente a **adsorção** desses reagentes ao catalisador, que ficam aderidos à superfície do níquel.

1. As ligações nos reagentes são enfraquecidas:

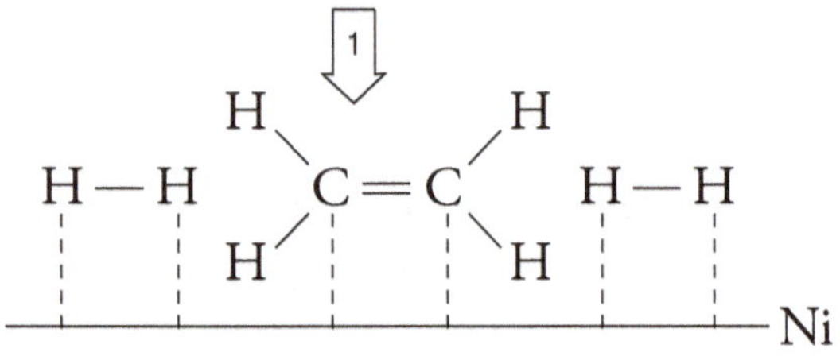

2. e, posteriormente, quebradas:

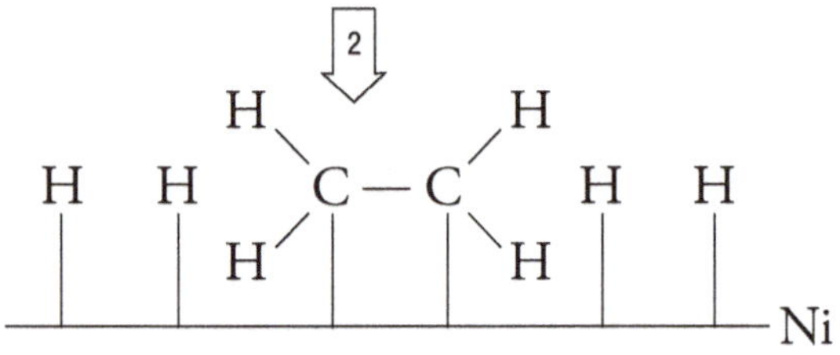

3. Na sequência, novas ligações (presentes nos produtos) são formadas:

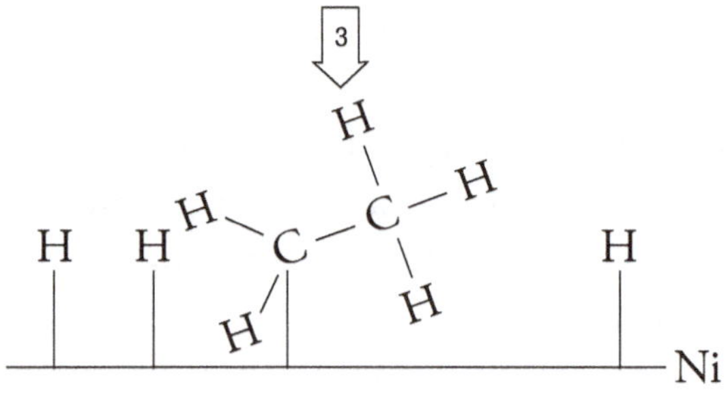

4. e há liberação do produto. Essa liberação é chamada de **dessorção**, que corresponde ao processo inverso da adsorção.

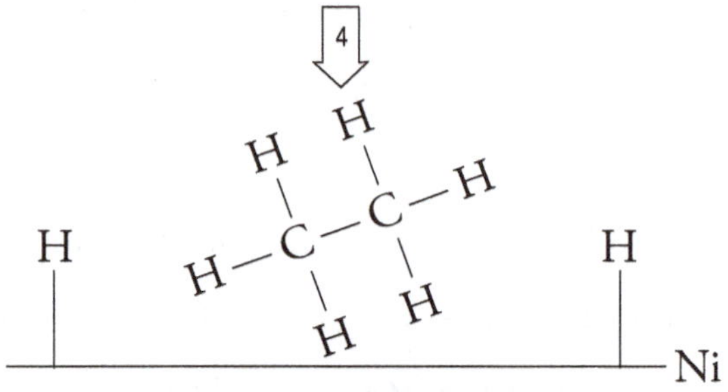

FIQUE POR DENTRO!

Catalisadores automotivos

Nos motores a combustão dos automóveis, ocorre a queima de combustível (em geral, gasolina ou etanol) na presença de ar (composto principalmente por N_2 e O_2).

Nessa queima, além da produção de CO_2 e H_2O e da liberação de energia, ocorre também a formação de gases poluentes, como NO, CO e NO_2. Para evitar a liberação desses gases para a atmosfera, são utilizados **catalisadores automotivos**, que favorecem reações que transformam esses gases em substâncias como N_2, H_2O e CO_2.

Em linhas gerais, um catalisador automotivo apresenta o formato de uma colmeia, na qual cada um dos favos é revestido por metais como platina, paládio, ródio e molibdênio.

São esses metais que atuam como catalisadores para as reações de conversão dos gases poluentes, favorecendo a interação entre eles, e possibilitando a formação de substâncias menos prejudiciais a nós e ao meio ambiente.

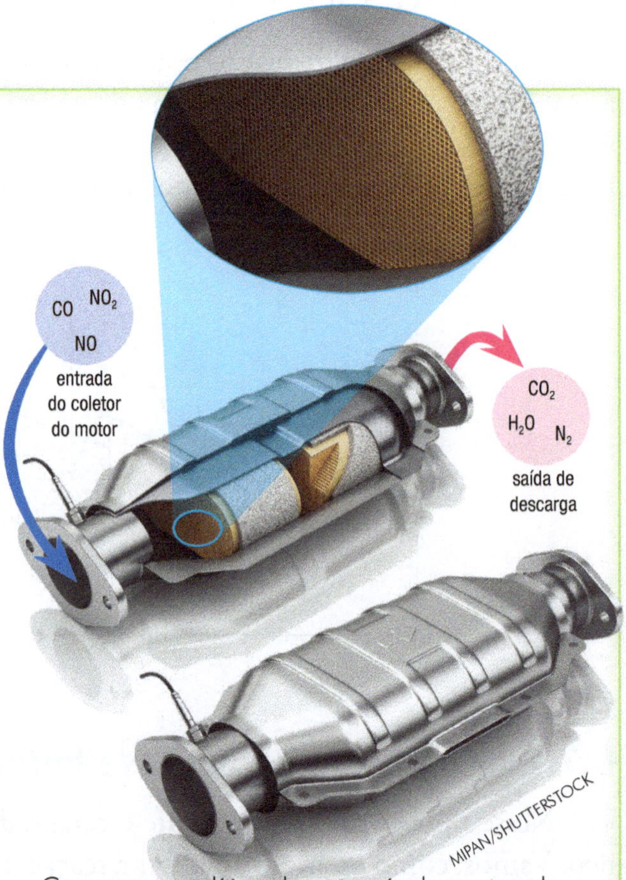
CO
NO_2
NO
entrada do coletor do motor
CO_2
H_2O
N_2
saída de descarga
MIPAN/SHUTTERSTOCK

Conversor catalítico de automóvel, mostrando o escoamento dos gases.

LIGANDO OS PONTOS!

Destruição da camada de ozônio

A atmosfera terrestre primitiva formou-se a partir dos gases que foram lançados pelos vulcões em um processo que se estima ter levado bilhões de anos. Além da lava vinda do interior do planeta, os vulcões lançaram também vapor-d'água e gases, como o dióxido de carbono e o nitrogênio.

Com o surgimento dos organismos vivos capazes de realizar fotossíntese a partir de CO_2, o gás oxigênio (O_2) liberado foi reagindo com os elementos da crosta e depois, lentamente, em um processo que se estima ter levado cerca de 2 bilhões de anos, se acumulou em volta de nosso planeta junto aos outros gases.

Ocorre que a radiação ultravioleta produzida no Sol possibilita a quebra da molécula de O_2, e posterior formação de ozônio (O_3). Esse gás se concentra na região mais alta da estratosfera (camada da atmosfera que se estende de 15 km a 50 km acima da superfície terrestre), formando a *camada de ozônio*. Em condições normais, na ausência de interferências humanas, as quantidades de O_2 e O_3 encontram-se em equilíbrio:

$$O_2(g) + O(g) \rightleftharpoons O_3(g)$$

Entretanto, no início do século XX, mais precisamente em 1928, surgiram substâncias à base de cloro, flúor e carbono, os chamados clorofluorcarbonetos (CFC), que passaram a ser utilizadas em processos de refrigeração e também em aerossóis. Inicialmente não se sabia que essas substâncias na atmosfera, sob a ação da radiação ultravioleta, catalisam a quebra das moléculas de O_3 e formam um buraco (na verdade, uma diminuição ou um afinamento) na camada de ozônio por onde pode passar a radiação ultravioleta B (UV-B) que causa prejuízos à saúde dos seres humanos, como, por exemplo, o desenvolvimento de câncer de pele. Somente na década de 1980 é que se esclareceu que os CFC eram responsáveis por essa alteração.

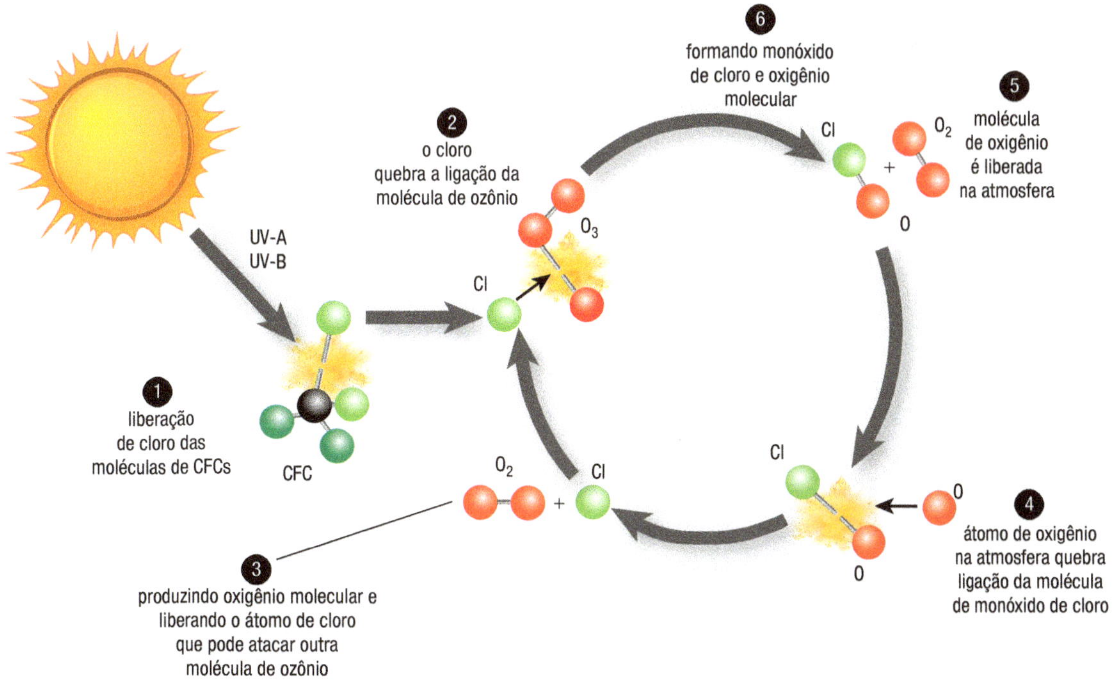
UV-A
UV-B
1 liberação de cloro das moléculas de CFCs
CFC
2 o cloro quebra a ligação da molécula de ozônio
Cl
O3
6 formando monóxido de cloro e oxigênio molecular
Cl
O
5 molécula de oxigênio é liberada na atmosfera
O2
Cl
O
4 átomo de oxigênio na atmosfera quebra ligação da molécula de monóxido de cloro
O
O2
Cl
3 produzindo oxigênio molecular e liberando o átomo de cloro que pode atacar outra molécula de ozônio

MÔNICA R. SUGUIYAMA/Acervo da editora

Observe no mecanismo de catálise da destruição de O_3 pelo átomo de cloro (gerado a partir do CFC) que não há consumo do cloro. Estima-se que um único átomo de cloro pode ser responsável pela quebra de até 1.000 moléculas de O_3.

A partir desse conhecimento, em 1987, os países signatários do Protocolo de Montreal se comprometeram a não mais utilizar substâncias que pudessem destruir a camada de ozônio que envolve o planeta.

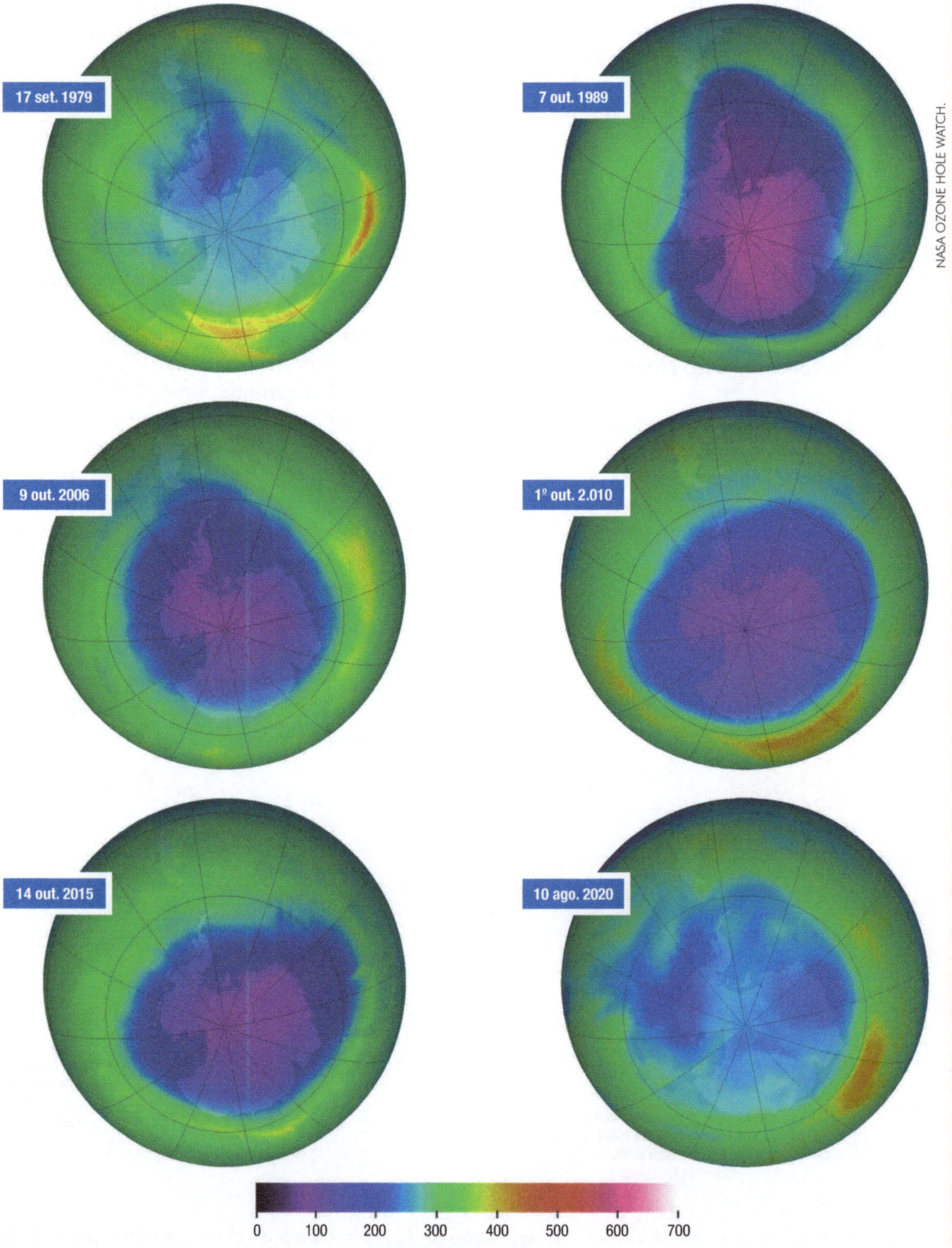
17 set. 1979
7 out. 1989
9 out. 2006
1º out. 2.010
14 out. 2015
10 ago. 2020
NASA OZONE HOLE WATCH.
0
100
200
300
400
500
600
700
Total de ozônio (em Dobson)

Evolução do buraco na camada de ozônio sobre a Antártida.

SÉRIE BRONZE

1. Dada a equação química: $2\ H_2O_2 \longrightarrow 2\ H_2O + O_2$, associe as substâncias envolvidas na reação com as curvas fornecidas.

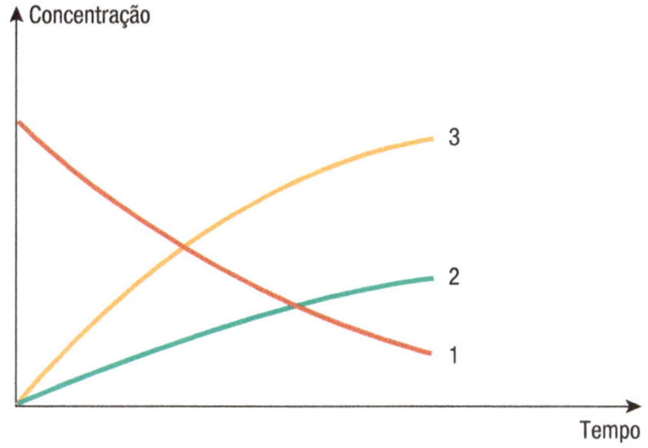
Concentração
3
2
1
Tempo

curva 1 ______________

curva 2 ______________

curva 3 ______________

2. Dada a tabela abaixo, em relação à reação $2\ HBr \longrightarrow H_2 + Br_2$:

MOL DE HBr	0,2	0,175	0,07	0,04	0,024
TEMPO (min)	0	5	10	15	20

a) Qual é a quantidade consumida de HBr após 20 minutos?

b) Qual é a quantidade produzida de H_2 após 20 minutos?

c) Qual é a velocidade média em relação ao HBr, no intervalo de 0 a 5 minutos?

d) Qual é a velocidade média em relação ao Br_2, no intervalo de 0 a 5 minutos?

e) Calcule a velocidade média em relação ao HBr e em relação ao H_2, no intervalo de 10 a 15 minutos.

3. A chama de um aquecedor está queimando 10 L de propano a cada minuto, de acordo com a seguinte equação:

$$C_3H_8(g) + 5\ O_2\ (g) \longrightarrow 3\ CO_2(g) + 4\ H_2O(g)$$

Nas mesmas condições de pressão e temperatura, determine:

a) a velocidade de consumo de O_2 em L/min;

b) a velocidade de formação de CO_2 em L/min.

4. Complete.

A **teoria das colisões** admite que o produto é formado devido às ______________ entre as moléculas dos reagentes.

$$H_2 \quad + \quad I_2 \quad \longrightarrow \quad 2\ HI$$

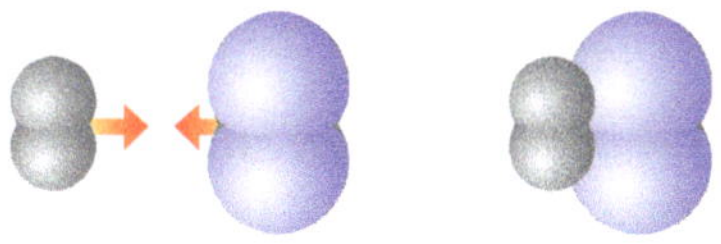

5. Considere o processo de ionização de HCl em água.

$$HCl + H_2O \longrightarrow H_3O^+ + Cl^-$$

As moléculas de HCl devem colidir com as de H_2O. Analise de colisões:

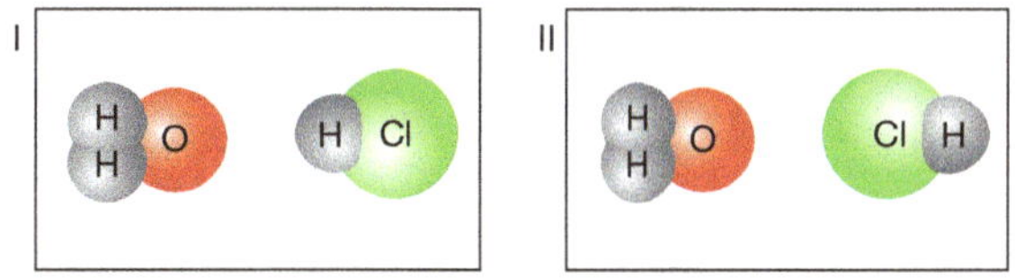
I
H
H
O
H
Cl
II
H
H
O
Cl
H

Julgue os itens:

1) Se o átomo de Cl do HCl chocar-se com o O de H_2O, ocorrerá a formação de íons.

2) A colisão do H do HCl com o O da água poderá originar íons, se ela for suficientemente energética.

6. Complete.

a) De acordo com a chamada **Teoria do Complexo Ativado**, no momento em que os reagentes se tocam, há a formação de uma estrutura intermediária entre a estrutura dos reagentes e a dos produtos.

A este estado intermediário denominou-se

______________________________________ .

$H_2 + I_2 \longrightarrow \langle H_2I_2 \rangle \longrightarrow 2\,HI$

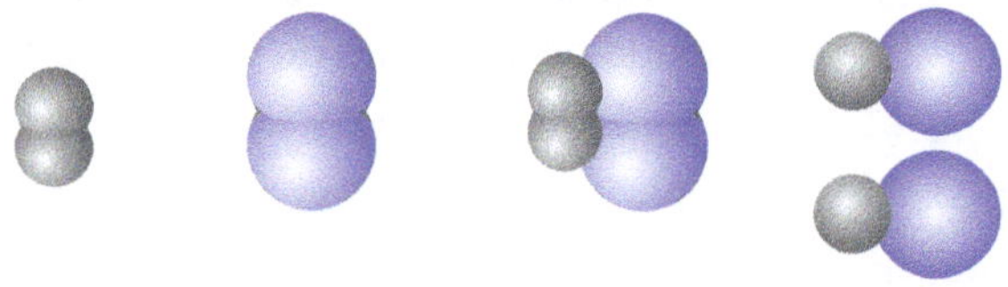

b) ______________________________________

é o estado intermediário (estado de transição) formado entre reagentes e produtos, em cuja estrutura existem ligações enfraquecidas (presentes nos reagentes) e formação de novas ligações (presentes nos produtos).

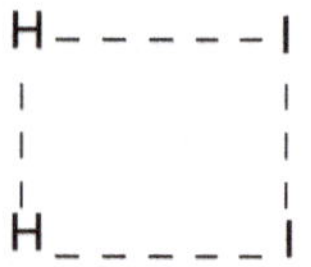
H
I
H
I

complexo ativado

7. Complete as informações pedidas com base no diagrama de energia a seguir:

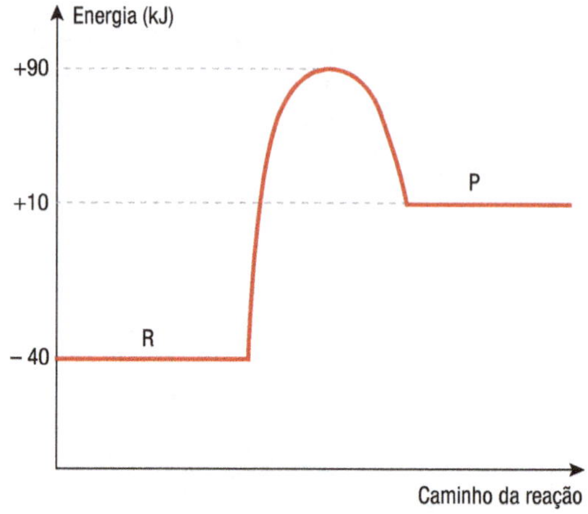
Energia (kJ)
+90
+10
– 40
R
P
Caminho da reação

a) $\Delta H =$ ______________________

b) $E_{CA} =$ ______________________

c) $E_a =$ ______________________

8. Sobre os fatores que afetam a velocidade de uma reação, complete o diagrama a seguir com as informações corretas.

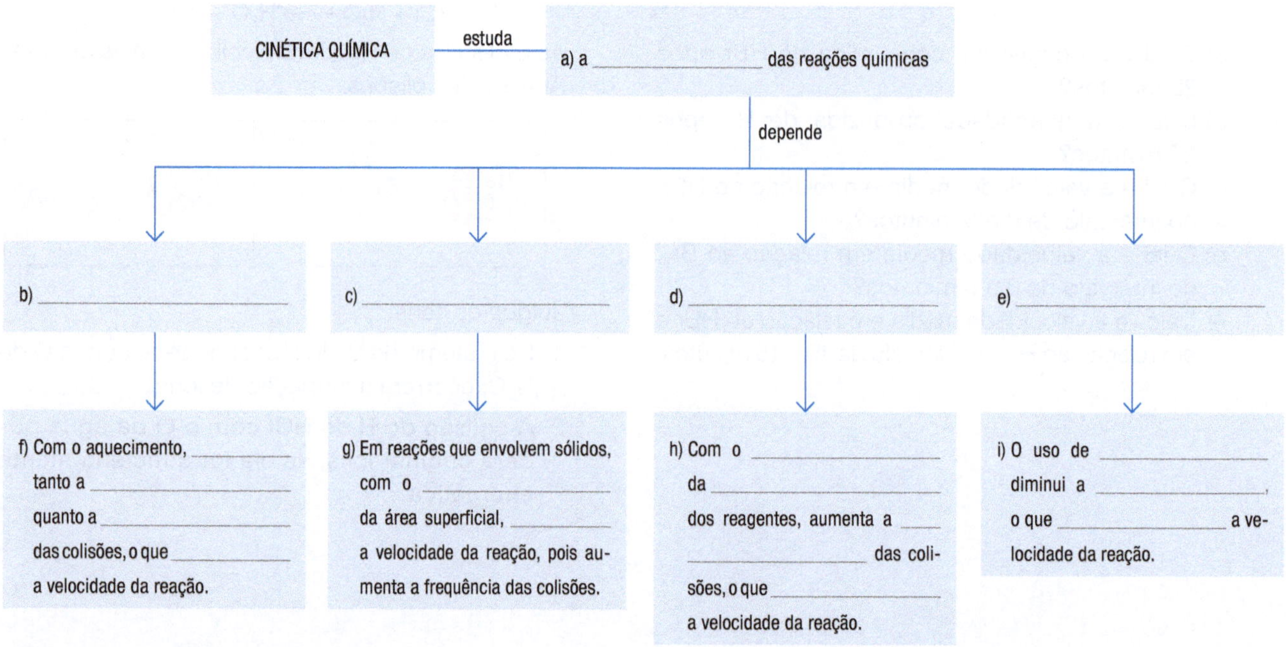
CINÉTICA QUÍMICA
estuda
a) a ______________ das reações químicas
depende
b) ______________
c) ______________
d) ______________
e) ______________
f) Com o aquecimento, ______________ tanto a ______________ quanto a ______________ das colisões, o que ______________ a velocidade da reação.
g) Em reações que envolvem sólidos, com o ______________ da área superficial, ______________ a velocidade da reação, pois aumenta a frequência das colisões.
h) Com o ______________ da ______________ dos reagentes, aumenta a ______________ das colisões, o que ______________ a velocidade da reação.
i) O uso de ______________ diminui a ______________, o que ______________ a velocidade da reação.

9. Complete com **sem** ou **com**.

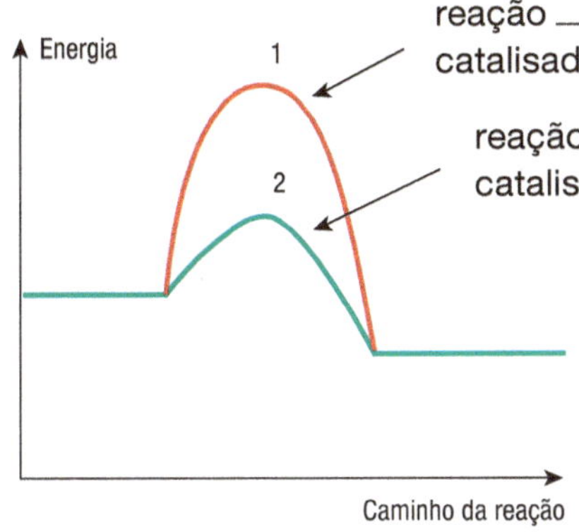
Energia
1
2
reação ______________
catalisador
reação ______________
catalisador
Caminho da reação

10. Observe o seguinte diagrama:

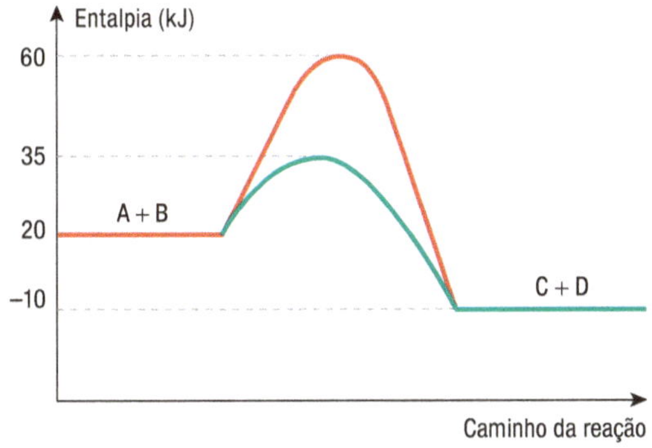
Entalpia (kJ)
60
35
20
–10
A + B
C + D
Caminho da reação

a) Determine o valor da energia de ativação dessa reação sem catalisador.

b) Determine o valor da energia de ativação dessa reação com catalisador.

c) Determine o valor do abaixamento de energia de ativação causada pelo catalisador.

d) Qual é o ΔH da reação?

11. Considere uma reação química que apresenta a seguinte lei de velocidade: $v = k \cdot [A]^m \cdot [B]^n$. Com base nessa lei, complete as informações a seguir.

a) ______________ representa a ordem da reação em relação ao reagente A.

b) ______________ representa a ordem da reação em relação ao reagente B.

c) A ordem global dessa reação é dada por ______________.

12. A decomposição do peróxido de hidrogênio obedece à equação.

$$2\ H_2O_2 \longrightarrow 2\ H_2O + O_2$$

Mantendo-se a temperatura constante, foi medida a velocidade inicial da reação com diferentes concentrações de H_2O_2.
Os resultados obtidos estão na tabela abaixo.

	$[H_2O_2]$	VELOCIDADE INICIAL (mol/L · h)
1ª experiência	0,35	0,1
2ª experiência	0,70	0,2

a) Qual é a equação da velocidade dessa reação?

b) Qual é o valor da constante de velocidade?

c) Qual é a velocidade inicial da reação para $[H_2O_2] = 2$ mol/L, na mesma temperatura?

13. As velocidades iniciais foram obtidas para a reação global $2\ A + B \longrightarrow C + D$, conforme representado abaixo:

EXPERIMENTO	[A]	[B]	v (mol/L · s)
1	0,1	0,2	0,1
2	0,2	0,2	0,2
3	0,2	0,4	0,8

Qual é a equação da velocidade da reação?

14. Para as reações elementares equacionadas a seguir, escreva as leis de velocidade.

a) $N_2O_4 \longrightarrow 2\ NO_2$
b) $F^- + CH_3Cl \longrightarrow CH_3F + Cl^-$
c) $2\ HI \longrightarrow H_2 + I_2$
d) $2\ NO + Cl_2 \longrightarrow 2\ NOCl$

15. Com a equação da velocidade $v = k\ [NO_2]^2$ podemos montar um mecanismo para a reação não elementar.

$$CO + NO_2 \longrightarrow CO_2 + NO$$

Complete com **rápida** e **lenta**.

1ª etapa ____________: $NO_2 + NO_2 \longrightarrow NO_3 + NO$
2ª etapa ____________: $NO_3 + CO \longrightarrow NO_2 + CO_2$

reação não elementar $CO + NO_2 \longrightarrow CO_2 + NO$

Composto intermediário ______________________

16. Uma das reações mais importantes do *smog* fotoquímico, tipo de poluição que ocorre em cidades com muitos carros, é dada pelo mecanismo:

$NO_2 \longrightarrow NO + O$ (etapa lenta)
$O_2 + O \longrightarrow O_3$ (etapa rápida)

Escreva a lei de velocidade dessa reação.

17. Sobre os tipos de catálise, complete o diagrama a seguir com as informações corretas.

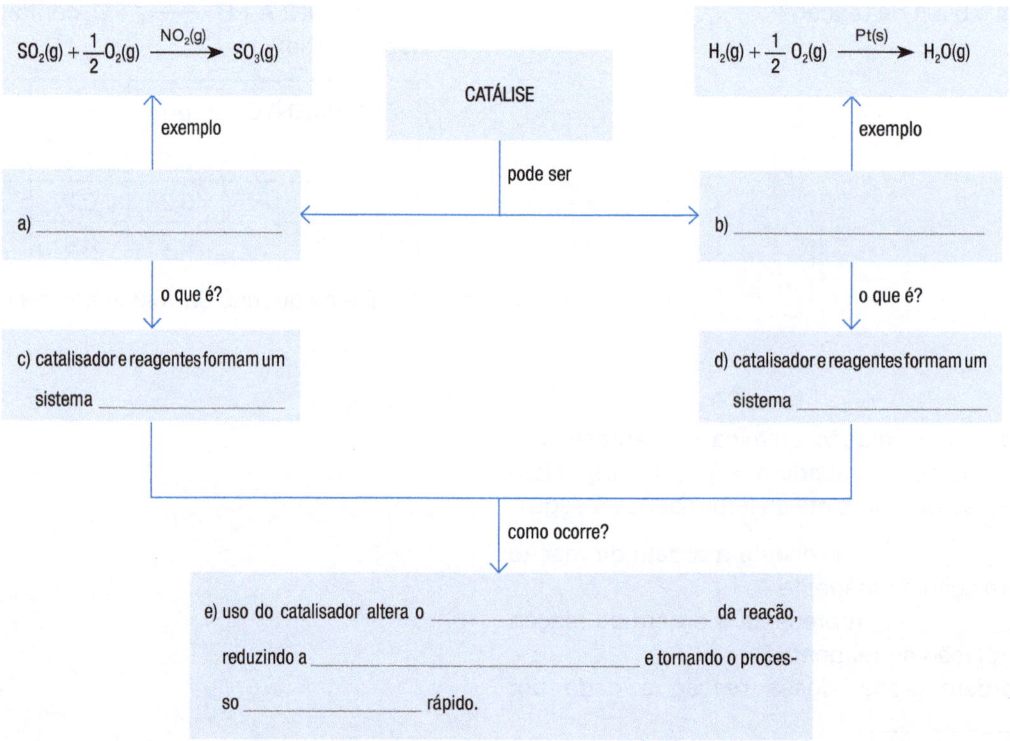
$SO_2(g) + \frac{1}{2}O_2(g) \xrightarrow{NO_2(g)} SO_3(g)$
exemplo
CATÁLISE
pode ser
$H_2(g) + \frac{1}{2}O_2(g) \xrightarrow{Pt(s)} H_2O(g)$
exemplo
a) ______________
b) ______________
o que é?
o que é?
c) catalisador e reagentes formam um sistema ____________
d) catalisador e reagentes formam um sistema ____________
como ocorre?
e) uso do catalisador altera o ______________ da reação, reduzindo a ______________ e tornando o processo ____________ rápido.

SÉRIE PRATA

1. (UNICAMP – SP – adaptada) Amostras de magnésio foram colocadas em soluções de ácido clorídrico a diversas concentrações e temperaturas havendo total "dissolução" do metal e desprendimento de gás hidrogênio. Observaram-se os seguintes resultados:

AMOSTRA	MASSA DE MAGNÉSIO "DISSOLVIDA"	TEMPO PARA DISSOLVER
I	2,0 g	10 min
II	0,40 g	2,0 min
III	0,40 g	1,0 min
IV	0,50 g	1,0 min

Assinale a alternativa que apresenta em qual caso a velocidade média da reação foi maior e em qual caso houve maior desprendimento de hidrogênio, respectivamente.

a) I e III. b) II e III. c) III e IV. d) IV e I. e) III e III.

2. (PUCCamp – SP) A combustão do butano corresponde à equação:

$$C_4H_{10} + 6{,}5\ O_2 \longrightarrow 4\ CO_2 + 5\ H_2O$$

Se a velocidade da reação for 0,05 mol de butano/min, qual é a massa de CO_2 produzida em meia hora?

DADOS: massas molares: C = 12, O = 16.

3. Para que duas substâncias possam reagir, é necessário que suas moléculas colidam entre si, permitindo que as ligações nos reagentes sejam rompidas e novas ligações sejam formadas, originando novas substâncias.

Analise as situações abaixo para julgar os itens que se seguem.

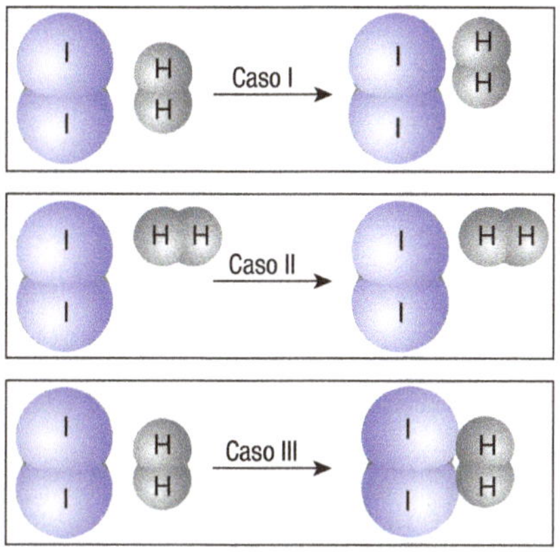
Caso I
Caso II
Caso III

I. Todo tipo de colisão provoca uma reação.
II. Para que a reação ocorra, é necessário que a colisão tenha boa orientação e energia elevada.
III. Nos casos I e II, a reação não ocorre devido à má orientação dos choques.
IV. No caso III, observa-se a reação química.
V. Todas as colisões citadas são efetivas ou produtivas.

Em relação à teoria das colisões, são corretas somente as afirmativas:

a) I, II e IV.
b) I, III e V.
c) II, III e IV.
d) II, IV e V.
e) III, IV e V.

4. Considerando o processo A $\longrightarrow$ B, construa um diagrama de energia.

DADOS: $\Delta H = -30$ kJ; energia de ativação = +50 kJ.

5. (UNIFESP) Para a reação $2\ O_3(g) \longrightarrow 3\ O_2(g)$, a energia de ativação é de aproximadamente 28 kcal. Com base nessa informação e sabendo que a entalpia de formação de $O_3(g)$ vale +34 kcal/mol:

a) determine o valor de ΔH desse processo;

b) construa um diagrama de entalpia mostrando a energia de ativação.

6. Um aumento de temperatura da reação geralmente provoca:

I. diminuição da agitação molecular.

II. aumento do número de colisões efetivas à reação.

III. diminuição da velocidade de reação.

IV. aumento da energia de ativação.

Está(ão) correta(s) somente a(s) afirmativa(s):

a) I.

b) II.

c) III.

d) IV.

e) I e III.

7. (PUCCamp – SP) Para mostrar a diferença da rapidez da reação entre ferro e ácido clorídrico, foi utilizado o ferro em limalha e em barra. Pingando dez gotas de ácido clorídrico 1,0 mol · L^{-1} em cada material de ferro, espera-se que a reação seja

a) mais rápida no ferro em barra porque a superfície de contato é menor.

b) mais rápida no ferro em limalha porque a superfície de contato é maior.

c) igual, pois a concentração e a quantidade do ácido foram iguais.

d) mais lenta no ferro em limalha porque a superfície de contato é menor.

e) mais lenta no ferro em barra porque a superfície de contato é maior.

8. (INSPER – SP) Foi proposto a um grupo de alunos um experimento sobre a reação da casca de ovos com soluções de ácido clorídrico (HCl), usando os materiais e as condições descritas na tabela.

CASCA DE OVO AMOSTRA 5,0 g	SOLUÇÕES DE HCl 100 mL
Casca de ovo *in natura* 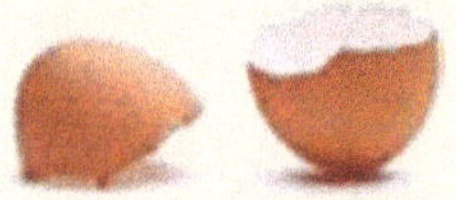	0,5 mol/L em temperatura = 20 °C 0,5 mol/L em temperatura = 60 °C
Casca de ovo pulverizado 	1,5 mol/L em temperatura = 20 °C 1,5 mol/L em temperatura = 60 °C

Disponível em: <http://www.saude.co/ e www.animalnatural.com.br>. Adaptado.

O experimento consistia em medir o tempo da reação da solução ácida com a amostra de casca de ovo. Para a preparação do experimento, foi removida a película de material orgânico que compõe a casca de ovo, tanto para o seu uso *in natura* como para preparação da amostra em pó.

A combinação que apresentou o menor tempo de reação foi aquela que usou

a) a casca do ovo em pó e o HCl 1,5 mol/L a 60 °C.

b) a casca de ovo *in natura* e o HCl 0,5 mol/L a 20 °C.

c) a casca de ovo *in natura* e o HCl 0,5 mol/L a 60 °C.

d) a casca do ovo *in natura* e o HCl 1,5 mol/L a 20 °C.

e) a casca do ovo em pó e o HCl 0,5 mol/L a 20 °C.

9. (IFPE) Existem fatores que alteram a velocidade de uma reação química tornando-as mais rápidas ou lentas. Com o objetivo de estudar esses fatores, um grupo de estudantes preparou os experimentos ilustrados nas figuras abaixo. Em todos os experimentos, uma amostra de ferro foi pendurada sobre um béquer contendo solução de ácido clorídrico. A reação

$$Fe(s) + 2\ HCl(aq) \longrightarrow FeCl_2(aq) + H_2(g)$$

ocorrerá no momento da imersão da amostra de ferro na solução.

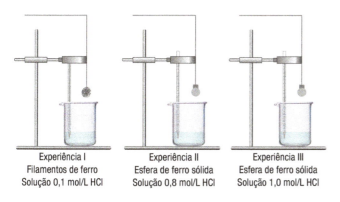

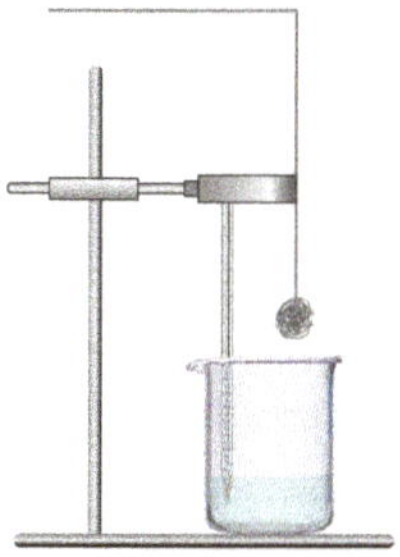

Experiência I
Filamentos de ferro
Solução 0,1 mol/L HCl

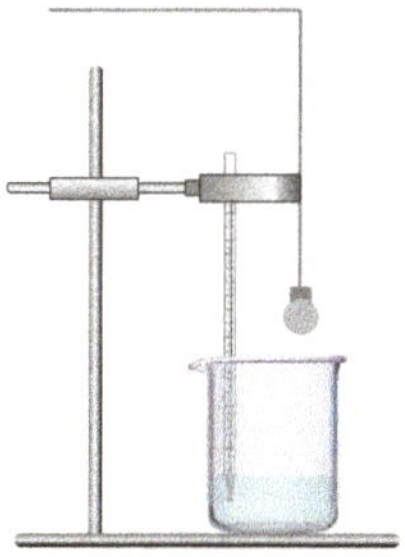

Experiência II
Esfera de ferro sólida
Solução 0,8 mol/L HCl

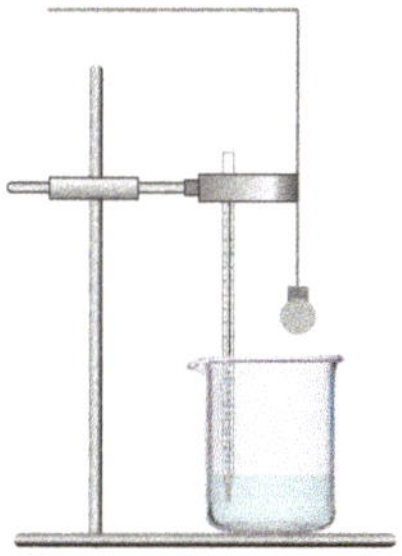

Experiência III
Esfera de ferro sólida
Solução 1,0 mol/L HCl

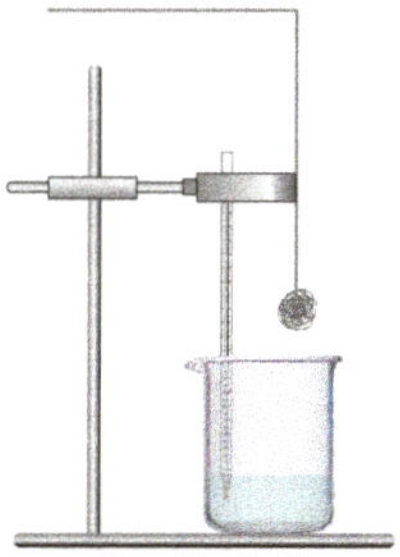

Experiência IV
Filamentos de ferro
Solução 1,0 mol/L HCl

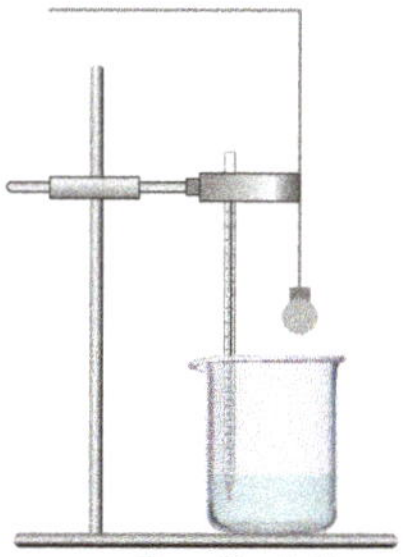

Experiência V
Esfera de ferro sólida
Solução 0,1 mol/L HCl

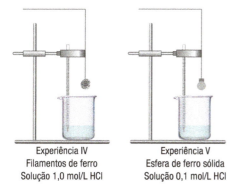

Considerando que os experimentos apresentam massas iguais de ferro e volumes iguais de soluções, analise as figuras e assinale a alternativa que indica a experiência de maior velocidade.

a) IV b) I c) II d) III e) V

10. (FATEC – SP) Para se estudar a reação que ocorre entre magnésio e ácido clorídrico, três experimentos foram feitos:

Experimento I: adicionou-se certa massa de magnésio a excesso de solução de ácido clorídrico, a 25 °C, medindo-se o volume de hidrogênio produzido a cada 30 segundos.

Experimento II: a massa de magnésio utilizada foi igual à metade da usada no experimento I, mantendo-se todas as outras condições inalteradas (volume do ácido, temperatura, tempo de recolhimento do gás).

Experimento III: utilizaram-se as mesmas quantidades de magnésio e de ácido do experimento I, aquecendo-se a solução de ácido a 35°C.

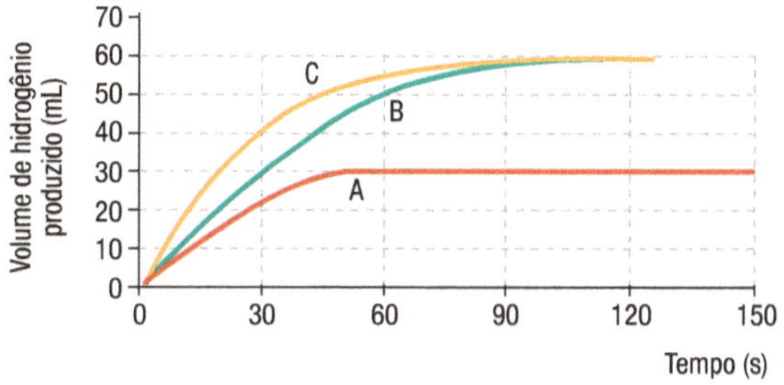
Volume de hidrogênio produzido (mL)
70
60
50
40
30
20
10
0
30
60
90
120
150
Tempo (s)
C
B
A

As curvas que correspondem aos experimentos I, II e III são respectivamente,

a) B, A, C.
b) C, A, B.
c) C, B, A.
d) A, B, C.
e) A, C, B.

11. (FMJ – SP) O gráfico abaixo mostra como a concentração do substrato afeta a taxa de reação química.

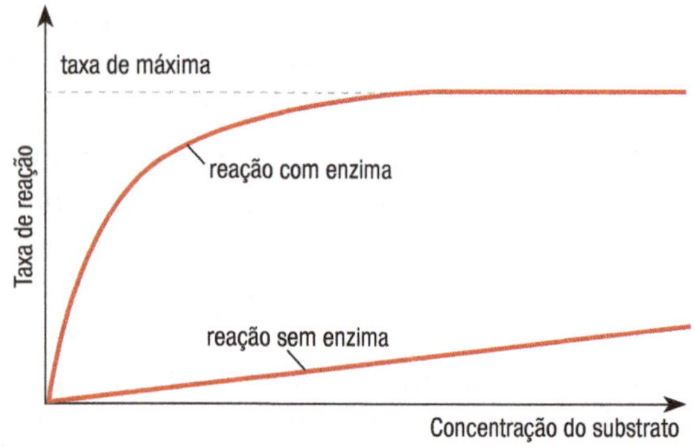
taxa de máxima
reação com enzima
reação sem enzima
Taxa de reação
Concentração do substrato

O modo de ação das enzimas e a análise do gráfico permitem concluir que

a) todas as moléculas de enzimas estão unidas às moléculas de substrato quando a reação catalisada atinge a taxa máxima.
b) com uma mesma concentração de substrato, a taxa de reação com enzima é menor que a taxa de reação sem enzima.
c) a reação sem enzima possui energia de ativação menor do que a reação com enzima.
d) o aumento da taxa de reação com enzima é inversamente proporcional ao aumento da concentração do substrato.
e) a concentração do substrato não interfere na taxa de reação com enzimas porque estas são inespecíficas.

12. Os gráficos a seguir apresentam dados cinéticos de uma mesma reação realizada sob duas condições diferentes.

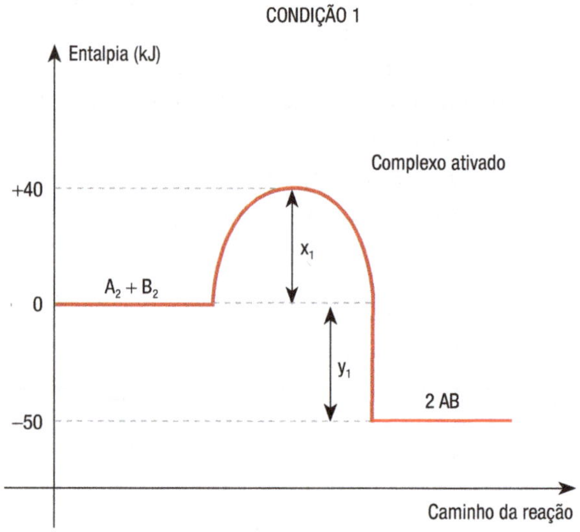
CONDIÇÃO 1
Entalpia (kJ)
Complexo ativado
+40
0
–50
$A_2 + B_2$
x_1
y_1
2 AB
Caminho da reação

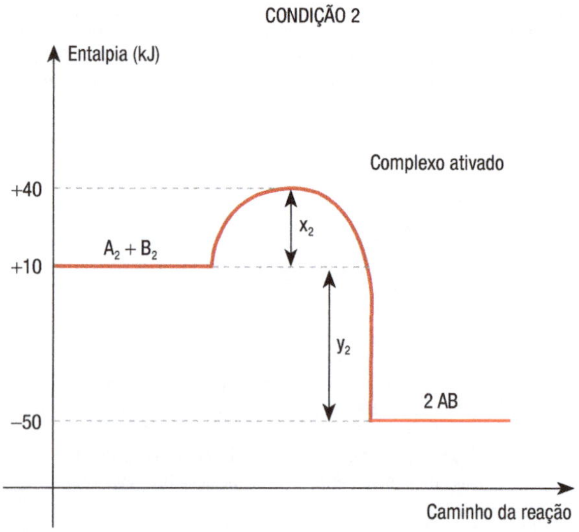
CONDIÇÃO 2
Entalpia (kJ)
Complexo ativado
+40
+10
–50
$A_2 + B_2$
x_2
y_2
2 AB
Caminho da reação

Na comparação entre as duas condições, verifica-se que:

a) na condição 2, há uma diminuição da energia de ativação.
b) na condição 2, há menor liberação de energia.
c) na condição 2, a reação ocorre na presença de um catalisador.
d) na condição 1, a reação é mais rápida.
e) na condição 1, a energia do complexo ativado é maior.

13. (FGV) Em um experimento de química, são realizadas duas reações, I e II, empregando-se os mesmos reagentes nas mesmas condições de temperatura e pressão. Essas reações ocorrem em uma única etapa.

Reação I – Reagentes $\longrightarrow$ Produtos $\Delta H < 0$
Reação II – Reagentes $\xrightarrow{\text{catalisador}}$ Produtos $\Delta H < 0$

Assinale a alternativa que apresenta os gráficos que descrevem, correta e respectivamente, as reações I e II.

a)

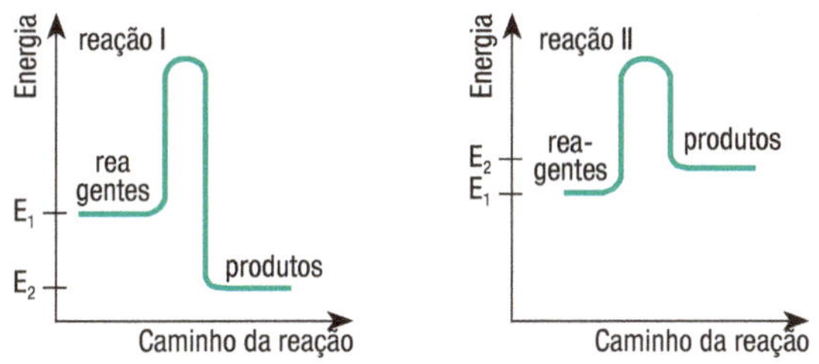
Energia
reação I
rea
gentes
produtos
E_1
E_2
Caminho da reação
Energia
reação II
rea-
gentes
produtos
E_2
E_1
Caminho da reação

b)

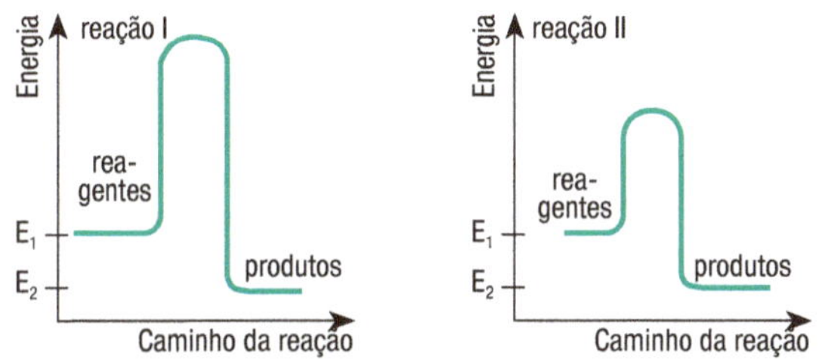
Energia
reação I
rea-
gentes
produtos
E_1
E_2
Caminho da reação
Energia
reação II
rea-
gentes
produtos
E_1
E_2
Caminho da reação

c)

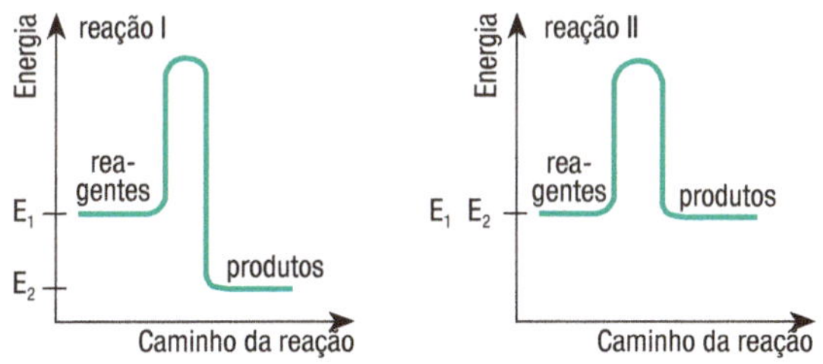
Energia
reação I
rea-
gentes
produtos
E_1
E_2
Caminho da reação
Energia
reação II
rea-
gentes
produtos
E_1 E_2
Caminho da reação

d)

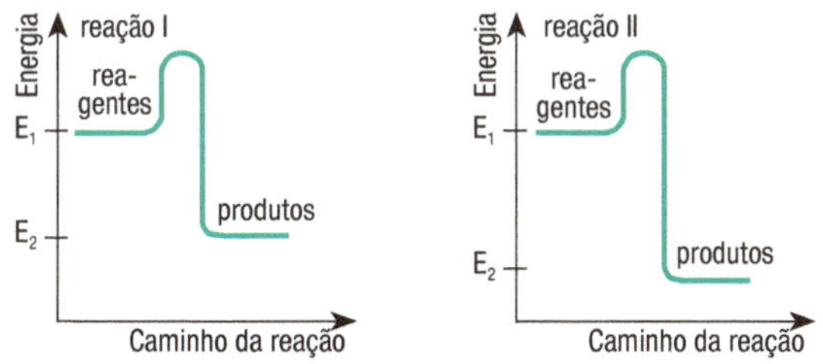
Energia
reação I
rea-
gentes
produtos
E_1
E_2
Caminho da reação
Energia
reação II
rea-
gentes
produtos
E_1
E_2
Caminho da reação

e)

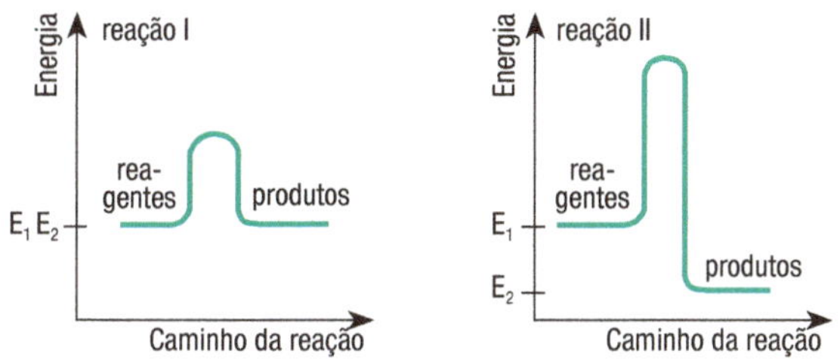
Energia
reação I
rea-
gentes
produtos
E_1 E_2
Caminho da reação
Energia
reação II
rea-
gentes
produtos
E_1
E_2
Caminho da reação

14. A reação gasosa: $2\ A + 2\ B \longrightarrow$ produtos tem como dados experimentais:

EXPERIMENTO	[A]	[B]	v (mol/L · s)
1	$1 \cdot 10^{-2}$	$1 \cdot 10^{-3}$	$4{,}8 \cdot 10^{-5}$
2	$3 \cdot 10^{-2}$	$1 \cdot 10^{-3}$	$43{,}2 \cdot 10^{-5}$
3	$3 \cdot 10^{-2}$	$2 \cdot 10^{-3}$	$86{,}4 \cdot 10^{-5}$

Qual é a equação da velocidade da reação?

15. (UFES – adaptada) Dada a equação química:

$$2\ A + B + 3\ C \longrightarrow \text{produtos}$$

foi obtida experimentalmente a seguinte tabela:

EXPERIÊNCIA	[A] mol/L	[B] mol/L	[C] mol/L	v (mol · L^{-1} · s^{-1})
I	0,1	0,2	0,3	0,1
II	0,1	0,4	0,3	0,4
III	0,1	0,4	0,6	0,4
IV	0,2	0,4	0,6	3,2

Com base nessas informações, determine a lei de velocidade de reação.

16. (UFRGS – RS) Na reação

$$NO_2(g) + CO(g) \longrightarrow CO_2(g) + NO(g)$$

a lei cinética é de segunda ordem em relação ao dióxido de nitrogênio e de ordem zero em relação ao monóxido de carbono. Quando, simultaneamente, dobrar-se a concentração de dióxido de nitrogênio e reduzir-se a concentração de monóxido de carbono pela metade, a velocidade da reação

a) será reduzida a um quarto do valor anterior.
b) será reduzida à metade do valor anterior.
c) não se alterará.
d) duplicará.
e) aumentará por um fator de 4 vezes.

17. Dada a reação elementar $2\ H_2 + O_2 \longrightarrow 2\ H_2O$, como varia a velocidade se dobrarmos a concentração de H_2 e triplicarmos a concentração de O_2?

18. A reação global $2\ NO + 2\ H_2 \longrightarrow N_2 + 2\ H_2O$ apresenta o seguinte mecanismo:

$$2\ NO + H_2 \longrightarrow N_2O + H_2O \text{ (etapa lenta)}$$
$$N_2O + H_2 \longrightarrow N_2 + H_2O \text{ (etapa rápida)}$$

a) Qual é a lei de velocidade da reação?
b) Como varia a velocidade se dobrar apenas a concentração de NO?

19. Dado o diagrama de energia:

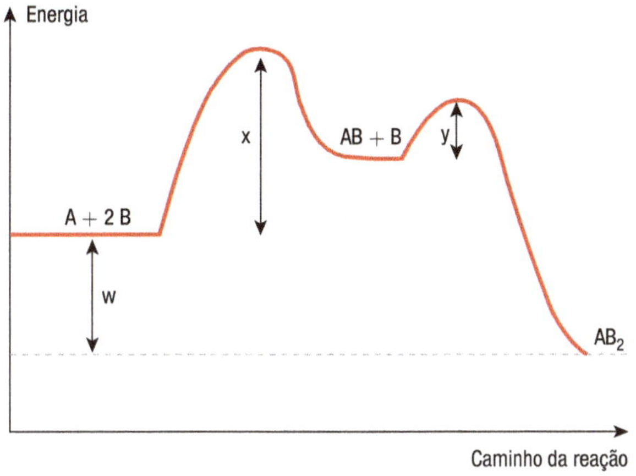
Energia
x
AB + B
y
A + 2 B
w
AB_2
Caminho da reação

a) Escreva as etapas desse processo.
b) Indique o segmento que representa a energia de ativação da reação.
c) Escreva a equação da velocidade da reação.

20. (EsPCEx – SP) No processo industrial da produção de uma substância "F", onde a energia total dos produtos é menor do que a da matéria-prima "A", são necessárias várias etapas, como descritas nas equações abaixo:

I. $A \longrightarrow B$
II. $B + C \longrightarrow D + E$ (lenta)
III. $E + A \longrightarrow 2\,F$

Entre os gráficos, "energia x caminho da reação", citados abaixo, o que melhor representa o processo global da produção de "F" é:

a) 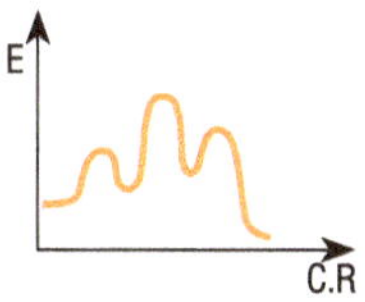
E
C.R

b) 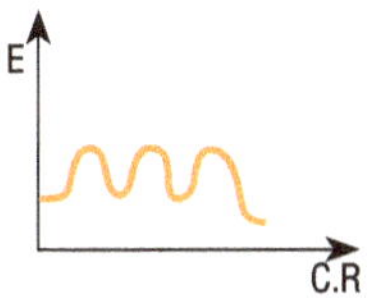
E
C.R

c) 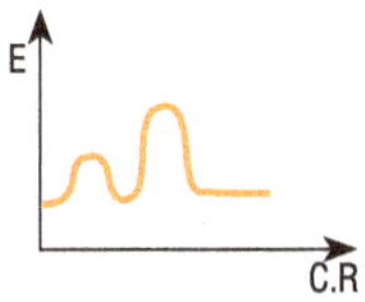
E
C.R

c) 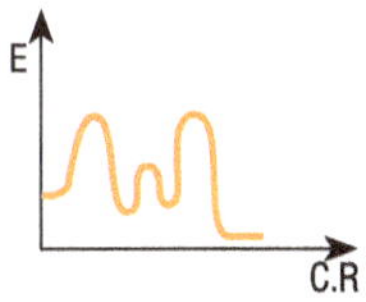
E
C.R

e) 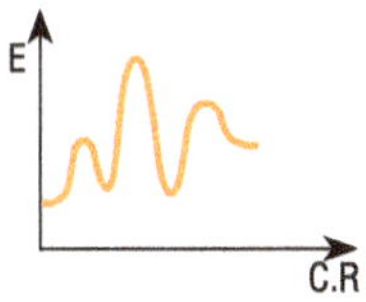
E
C.R

SÉRIE OURO

1. (UNESP) Para a reação genérica:

$$A + 2\,B \longrightarrow 4\,C$$

com as concentrações de **A** e **B** iguais a 1,7 mol/L e 3,0 mol/L, respectivamente, obtiveram-se em laboratório os dados mostrados na tabela.

[C] (mol/L)	0,0	0,6	0,9	1,0	1,1
TEMPO (h)	0,0	1,0	2,0	3,0	4,0

Com base na tabela, a velocidade média de consumo do reagente **A** no intervalo de 2,0 h a 4,0 h, expresso em mol $\cdot$ L^{-1} $\cdot$ h^{-1}, será igual a:

a) 0,250. c) 0,075. e) 0,025.
b) 0,150. d) 0,050.

2. (UNIFESP) Tetróxido de dinitrogênio se decompõe rapidamente em dióxido de nitrogênio, em condições ambientais.

$$N_2O_4(g) \longrightarrow 2\,NO_2(g)$$

A tabela mostra parte dos dados obtidos no estudo cinético da decomposição do tetróxido de dinitrogênio, em condições ambientais.

TEMPO (μs)	$[N_2O_4]$	$[NO_2]$
0	0,050	0
20	0,033	x
40	y	0,050

Os valores de **x** e de **y** na tabela e a velocidade média de consumo de N_2O_4 nos 20 μs iniciais devem ser, respectivamente,

a) 0,034, 0,025 e $1{,}7 \times 10^{-3}$ mol L^{-1} μs^{-1}.
b) 0,034, 0,025 e $8{,}5 \times 10^{-4}$ mol L^{-1} μs^{-1}.
c) 0,033, 0,012 e $1{,}7 \times 10^{-3}$ mol L^{-1} μs^{-1}.
d) 0,017, 0,033 e $1{,}7 \times 10^{-3}$ mol L^{-1} μs^{-1}.
e) 0,017, 0,025 e $8{,}5 \times 10^{-4}$ mol L^{-1} μs^{-1}.

3. (PUC – SP) A velocidade de uma reação pode ser medida pela concentração de um reagente ou de um produto em diferentes instantes de tempo. Para isso é necessário procurar uma propriedade mensurável, ou de um reagente ou de um produto. Por exemplo, é possível medir a decomposição do peróxido de hidrogênio recolhendo e medindo o volume de gás liberado. A velocidade média da reação leva em conta a estequiometria da reação. Assim, a velocidade da reação média é a mesma, sendo calculada através do consumo de um reagente, ou da formação de um produto. Observe o gráfico abaixo que representa a decomposição do peróxido de hidrogênio.

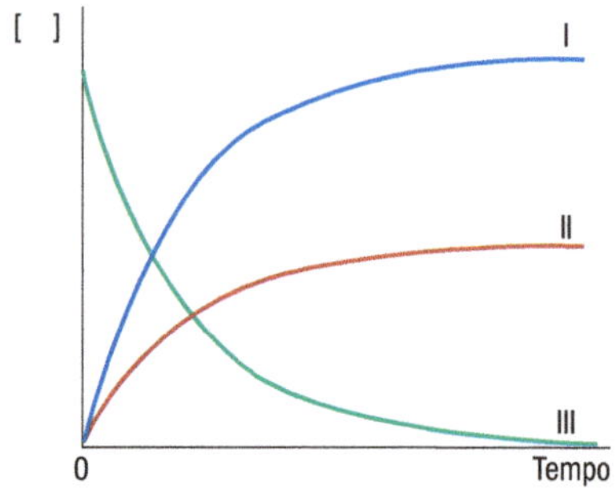
[ ]
I
II
III
0
Tempo

BURROWS, A. *et al.* **Química 3:** Introdução à química inorgânica, orgânica e físico-química. Rio de Janeiro: LTC, 2012. v. 1. Adaptado.

Considerando a reação de decomposição do peróxido de hidrogênio e o gráfico representado, avalie as afirmativas apresentadas abaixo e assinale a alternativa correta.

I. A curva em verde representa o consumo de peróxido de hidrogênio.
II. A curva em azul representa a produção de oxigênio.
III. A velocidade média de decomposição da água oxigenada pode ser representada por:

$$v_m = \left| \frac{\Delta[H_2O_2]}{\Delta t} \right|$$

a) As afirmativas I e II estão corretas.
b) As afirmativas I e III estão corretas.
c) As afirmativas I, II e III estão corretas.
d) Apenas a afirmativa I está correta.

4. (FUVEST – SP) Os movimentos das moléculas antes e depois de uma reação química obedecem aos princípios físicos de colisões. Para tanto, cada átomo é representado como um corpo pontual com certa massa, ocupando uma posição no espaço e com determinada velocidade (representada na forma vetorial). Costumeiramente, os corpos pontuais são representados como esferas com diâmetros proporcionais à massa atômica. As colisões ocorrem conservando a quantidade de movimento.

Considerando um referencial no qual as moléculas neutras encontram-se paradas antes e após a colisão, a alternativa que melhor representa o arranjo de íons e moléculas instantes antes e instantes depois de uma colisão que leva à reação

$$F^- + H_3CCl \longrightarrow CH_3F + Cl^-$$

é

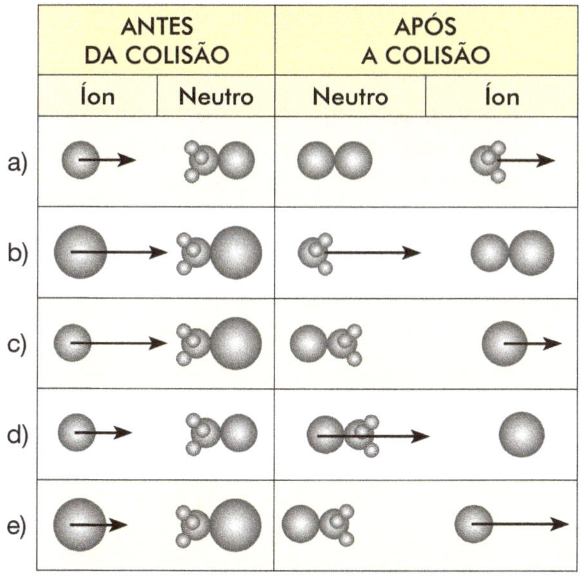
ANTES DA COLISÃO
APÓS A COLISÃO
Íon
Neutro
Neutro
Íon
a)
b)
c)
d)
e)

NOTE E ADOTE:

- Massas atômicas: H = 1 u.m.a., C = 12 u.m.a., F = 19 u.m.a., e Cl = 35 u.m.a.
- Considere que apenas o isótopo de cloro Cl = 35 u.m.a. participa da reação.

DICA: Em colisões, conserva-se o que chamamos de Quantidade de Movimento (Q = m · v). Em colisões unidirecionais, podemos considerar apenas a intensidade dessa grandeza vetorial |Q = m · v|. Logo, se a massa do objeto em movimento aumenta, a velocidade deve diminuir.

5. (UNICAMP – SP) O livro *O Pequeno Príncipe*, de Antoine de Saint-Exupéry, uma das obras literárias mais traduzidas no mundo, traz ilustrações inspiradas na experiência do autor como aviador no norte da África. Uma delas, a figura (a), parece representar um chapéu ou um elefante engolido por uma jiboia, dependendo de quem a interpreta.

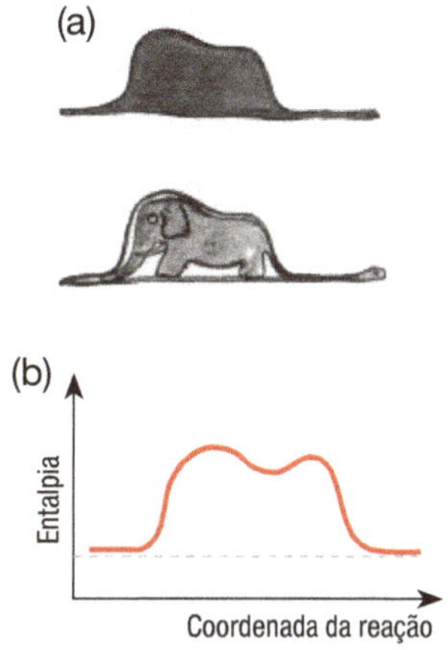
(a)
(b)
Entalpia
Coordenada da reação

Para um químico, no entanto, essa figura pode se assemelhar a um diagrama de entalpia, em função da coordenada da reação (figura b). Se a comparação for válida, a variação de entalpia dessa reação seria

a) praticamente nula, com a formação de dois produtos.
b) altamente exotérmica, com a formação de dois produtos.
c) altamente exotérmica, mas nada se poderia afirmar sobre a quantidade de espécies no produto.
d) praticamente nula, mas nada se poderia afirmar sobre a quantidade de espécies no produto.

6. (FVG) A energia envolvida nos processos industriais é um dos fatores determinantes da produção de um produto.

O estudo da velocidade e da energia envolvida nas reações é de fundamental importância para a otimização das condições de processos químicos, pois alternativas como a alta pressurização de reagentes gasosos, a elevação de temperatura, ou ainda o uso de catalisadores podem tornar economicamente viável determinados processos, colocando produtos competitivos no mercado. O estudo da reação reversível:

$$A + B \rightleftarrows C + D$$

revelou que ela ocorre em uma única etapa. A variação de entalpia da reação direta é de –25 kJ. A energia de ativação da reação inversa é +80 kJ. Então, a energia de ativação da reação direta é igual a:

a) –80 kJ.
b) –55 kJ.
c) +55 kJ.
d) +80 kJ.
e) +105 kJ.

7. (UNIFESP) Na tabela, são fornecidas as energias de ativação e as variações de entalpia, a 25 °C, de três reações do tipo $A \longrightarrow B$.

REAÇÃO	E_a (kJ/mol)	ΔH (kJ/mol)
I	85	–20
II	50	–30
III	25	+20

Para a reação que apresenta maior velocidade de conversão de **A** em **B**, a diferença entre a energia do complexo ativado e a entalpia do produto deve valer:

a) 5 kJ.
b) 45 kJ.
c) 65 kJ.
d) 80 kJ.
e) 105 kJ.

8. (UERJ) O gráfico a seguir refere-se às curvas de distribuição de energia cinética entre um mesmo número de partículas, para quatro valores diferentes de temperatura T_1, T_2, T_3 e T_4, sendo $T_1 < T_2 < T_3 < T_4$. Note que as áreas sob cada uma das curvas são idênticas, uma vez que são proporcionais aos números de partículas.

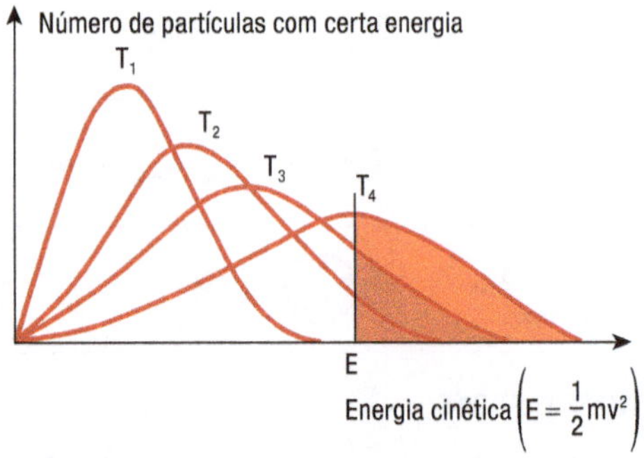
Número de partículas com certa energia
T_1
T_2
T_3
T_4
E
Energia cinética $\left(E = \frac{1}{2}mv^2\right)$

As transformações químicas serão tanto mais rápidas quanto maior for o número de colisões possíveis. Mas isso depende não só do valor do número de colisões, mas também do valor mínimo da energia. Assim, com relação ao gráfico apresentado, a transformação química torna-se mais rápida na seguinte temperatura:

a) T_1 b) T_2 c) T_3 d) T_4

9. (UNIFESP) Para investigar a cinética da reação representada pela equação

$$NaHCO_3(s) + H^+X^-(s) \xrightarrow{H_2O}$$
$$\xrightarrow{H_2O} Na^+(aq) + X^-(aq) + CO_2(g) + H_2O(l)$$

H^+X^- = ácido orgânico sólido

foram realizados três experimentos, empregando comprimidos de antiácido efervescente, que contêm os dois reagentes no estado sólido. As reações foram iniciadas pela adição de iguais quantidades de água aos comprimidos, e suas velocidades foram estimadas observando-se o desprendimento de gás em cada experimento. O quadro a seguir resume as condições em que cada experimento foi realizado.

EXPERIMENTO	FORMA DE ADIÇÃO DE CADA COMPRIMIDO (2 g)	TEMPERATURA DA ÁGUA (°C)
I	inteiro	40
II	inteiro	20
III	moído	40

Assinale a alternativa que apresenta os experimentos em ordem crescente de velocidade de reação.

a) I, II, III
b) II, I, III
c) III, I, II
d) II, III, I I
e) III, I, II

10. (MACKENZIE – SP) Um aluno, querendo verificar os conceitos de cinética química discutidos na escola, dirigiu-se a uma drogaria e comprou alguns comprimidos efervescentes, os quais continham, de acordo com o rótulo do produto, massas iguais de bicarbonato de sódio. Ao chegar a sua casa realizou a mistura desses comprimidos com água, usando diferentes métodos. Após a observação do fenômeno de liberação gasosa, até que toda a massa de cada comprimido tivesse sido dissolvida em água, o aluno elaborou a seguinte tabela:

MÉTODO	ESTADO DO COMPRIMIDO	TEMPERATURA DA ÁGUA	TEMPO DE REAÇÃO
1	inteiro	10 °C	50 s
2	triturado	60 °C	15 s
3	inteiro	60 °C	25 s
4	triturado	10 °C	30 s

De acordo com os resultados obtidos e mostrados na tabela acima, o aluno fez as seguintes afirmações:

I. Ao comparar somente os métodos 1 e 2 fica impossível determinar qual dos dois fatores variados (estado do comprimido e temperatura da água) aumentou mais a velocidade da reação.

II. A mudança da condição da água, de fria para quente, faz com que, qualquer que seja o estado do comprimido, a velocidade da reação caia pela metade.

III. A influência da temperatura da água é maior do que a influência do estado do comprimido no aumento da velocidade da reação.

Das afirmações acima, é correto dizer que o aluno errou

a) apenas na afirmação I.
b) apenas na afirmação II.
c) apenas na afirmação III.
d) apenas nas afirmações II e III.
e) em todas as afirmações.

11. (FUVEST – SP) Quando certos metais são colocados em contato com soluções ácidas, pode haver formação de gás hidrogênio. Abaixo, segue uma tabela elaborada por uma estudante de Química, contendo resultados de experimentos que ela realizou em diferentes condições.

EXPERIMENTO	REAGENTES: Solução de HCl(aq) de concentração 0,2 mol/L	REAGENTES: Metal	TEMPO PARA LIBERAR 30 mL DE H_2	OBSERVAÇÕES
1	200 mL	1,0 g de Zn (raspas)	30 s	liberação de H_2 e calor
2	200 mL	1,0 g de Cu (fio)	não liberou H_2	sem alterações
3	200 mL	1,0 g de Zn (pó)	18 s	liberação de H_2 e calor
4	200 mL	1,0 g de Zn (raspas) + 1,0 g de Cu (fio)	8 s	liberação de H_2 e calor; massa de Cu não se alterou

Após realizar esses experimentos, a estudante fez três afirmações:

I. A velocidade da reação de Zn com ácido aumenta na presença de Cu.

II. O aumento na concentração inicial do ácido causa o aumento da velocidade de liberação do gás H_2.

III. Os resultados dos experimentos 1 e 3 mostram que, quanto maior o quociente superfície de contato/massa total de amostra de Zn, maior a velocidade de reação.

Com os dados contidos na tabela, a estudante somente poderia concluir o que se afirma em

a) I. b) II. c) I e II. d) I e III. e) II e III.

12. (A. EINSTEIN – SP) Um comprimido efervescente, de 4,0 g de massa, contém bicarbonato de sódio, carbonato de sódio, ácido cítrico e ácido acetilsalicílico, todos sólidos brancos solúveis em água. Ao adicionar o comprimido à água, o ácido cítrico reage com o carbonato e o bicarbonato de sódio, gerando gás carbônico. Foram realizados 4 experimentos para estudar a cinética da reação envolvendo os reagentes presentes no comprimido efervescente, sendo que a condição de cada experimento encontra-se descrita a seguir.

Experimento 1: O comprimido inteiro foi dissolvido em 200 mL de água a 25 °C.

Experimento 2: Dois comprimidos inteiros foram dissolvidos em 200 mL de água a 25 °C.

Experimento 3: O comprimido triturado (4,0 g) foi dissolvido em 200 mL de água a 25 °C.

Experimento 4: O comprimido inteiro foi dissolvido em 200 mL de água a 50 °C.

Em cada experimento recolheu-se gás carbônico produzido nas mesmas condições de temperatura e pressão, até se obter 100 mL de gás, registrando-se o tempo decorrido (t). A alternativa que apresenta adequadamente a comparação entre esses tempos é

a) $t_1 < t_2$ $t_1 = t_3$ $t_1 > t_4$
b) $t_1 = t_2$ $t_1 > t_3$ $t_1 < t_4$
c) $t_1 > t_2$ $t_1 > t_3$ $t_1 > t_4$
d) $t_1 > t_2$ $t_1 < t_3$ $t_1 > t_4$
e) $t_1 > t_2$ $t_1 < t_3$ $t_1 = t_4$

13. (FUVEST – SP) Um antiácido comercial em pastilhas possui, em sua composição, entre outras substâncias, bicarbonato de sódio, carbonato de sódio e ácido cítrico. Ao ser colocada em água, a pastilha dissolve-se completamente e libera gás carbônico, o que causa a efervescência. Para entender a influência de alguns fatores sobre a velocidade de dissolução da pastilha, adicionou-se uma pastilha a cada um dos quatro recipientes descritos na tabela, medindo-se o tempo até a sua dissolução completa.

SOLUÇÃO	TEMPO MEDIDO ATÉ A COMPLETA DISSOLUÇÃO DA PASTILHA (em segundos)
1. Água mineral sem gás à temperatura ambiente (25 °C)	36
2. Água mineral com gás à temperatura ambiente (25 °C)	35
3. Água mineral sem gás deixada em geladeira (4 °C)	53
4. Água mineral com gás deixada em geladeira (4 °C)	55

Para todos os experimentos, foi usada água mineral da mesma marca. Considere a água com gás como tendo gás carbônico dissolvido.

Com base nessas informações, é correto afirmar que

a) o uso da água com gás, ao invés da sem gás, diminuiu a velocidade de dissolução da pastilha em cerca de 50%, uma vez que, como já possui gás carbônico, há o deslocamento do equilíbrio para a formação dos reagentes.

b) o uso da água com gás, ao invés da sem gás, aumentou a velocidade de dissolução da pastilha em cerca de 33%, uma vez que o gás carbônico acidifica a água, aumentando a velocidade de consumo do carbonato de sódio.

c) nem a mudança de temperatura nem a adição de gás carbônico na solução afetaram a velocidade da reação, uma vez que o sistema não se encontra em equilíbrio.

d) o aumento da temperatura da água, de 4 °C para 25 °C, levou a um aumento na velocidade da reação, uma vez que aumentou a frequência e a energia de colisão entre as moléculas envolvidas na reação.

e) o aumento da temperatura da água, de 4 °C para 25 °C, levou a um aumento na velocidade da reação, uma vez que facilita a liberação de gás carbônico da solução, deslocando o equilíbrio para a formação dos reagentes.

14. (UNICAMP – SP) De tempos em tempos, o mundo se choca com notícias sobre o uso de armas químicas em conflitos. O sarin é um composto organofosforado líquido, insípido, incolor e inodoro, altamente volátil, que se transforma em gás quando exposto ao ar, sendo um dos principais alvos dessas notícias. Em 1955, um projeto confidencial do exército americano estudou a eficiência de hipoclorito na eliminação de sarin em ambientes contaminados. A tabela a seguir mostra alguns resultados obtidos nesse estudo.

pH	$[ClO^-]$ (milimol · L^{-1})	$t_{1/2}$ (min)
5	2,8	96
6	2,8	11
7	0,4	13
8	0,04	33
9	0,04	18

Sendo $t_{1/2}$ o tempo para a concentração do sarin cair à metade, de acordo com a tabela a reação é mais rápida em

a) maiores concentrações de hipoclorito, mas não há elementos suficientes para analisar a influência da acidez do meio reacional.

b) menores concentrações de hipoclorito, mas não há elementos suficientes para analisar a influência da acidez do meio reacional.

c) meios mais ácidos, mas não há elementos suficientes para analisar a influência da concentração do hipoclorito.

d) meios menos ácidos, mas não há elementos suficientes para analisar a influência da concentração do hipoclorito.

15. (FUVEST – SP) O eugenol, extraído de plantas, pode ser transformado em seu isômero isoeugenol, muito utilizado na indústria de perfumes. A transformação pode ser feita em solução alcoólica de KOH.

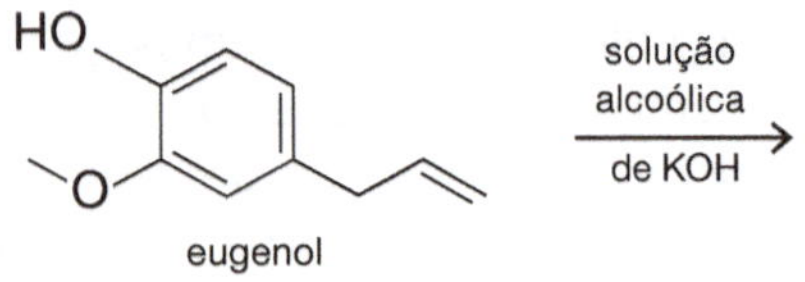
HO
O
eugenol
solução alcoólica
de KOH

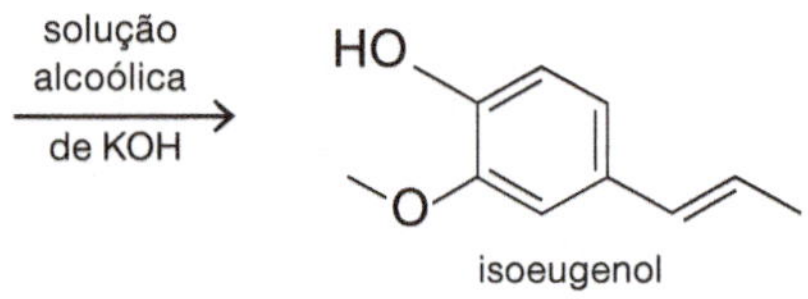
solução alcoólica
de KOH
HO
O
isoeugenol

Foram feitos três experimentos de isomerização, à mesma temperatura, empregando-se massas iguais de eugenol e volumes iguais de soluções alcoólicas de KOH de diferentes concentrações. O gráfico a seguir mostra a porcentagem de conversão do eugenol em isoeugenol em função do tempo, para cada experimento.

EXPERIMENTO	CONCENTRAÇÃO DE KOH (mol/L)
I	6,7
II	4,4
III	2,3

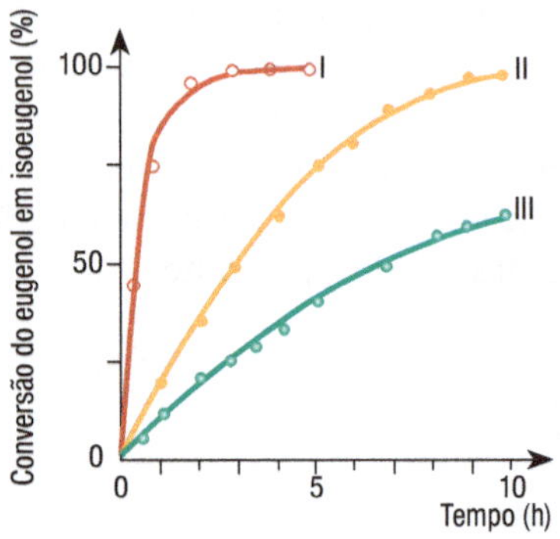
Conversão do eugenol em isoeugenol (%)
100
50
0
0
5
10
Tempo (h)
I
II
III

Analisando-se o gráfico, pode-se concluir corretamente que

a) a isomerização de eugenol em isoeugenol é exotérmica.
b) o aumento da concentração de KOH provoca o aumento da velocidade da reação de isomerização.
c) o aumento da concentração de KOH provoca a decomposição do isoeugenol.
d) a massa de isoeugenol na solução, duas horas após o início da reação, era maior do que a de eugenol em dois dos experimentos realizados.
e) a conversão de eugenol em isoeugenol, três horas após o início da reação, era superior a 50% nos três experimentos.

16. (UFSCar – SP) Um dos produtos envolvidos no fenômeno da precipitação ácida, gerado pela queima de combustíveis fósseis, envolve o SO_2 gasoso. Ele reage com o O_2 do ar, numa reação no estado gasoso catalisada por monóxido de nitrogênio, NO. No processo, é gerado SO_3, segundo a reação global representada pela equação química balanceada

$$2\ SO_2 + O_2 \xrightarrow{NO(g)} 2\ SO_3$$

No gráfico a seguir estão representadas as variações das concentrações dos componentes da reação em função do tempo de reação, quando ela é estudada em condições de laboratório, em recipiente fechado contendo inicialmente uma mistura de SO_2, O_2 e NO gasosos.

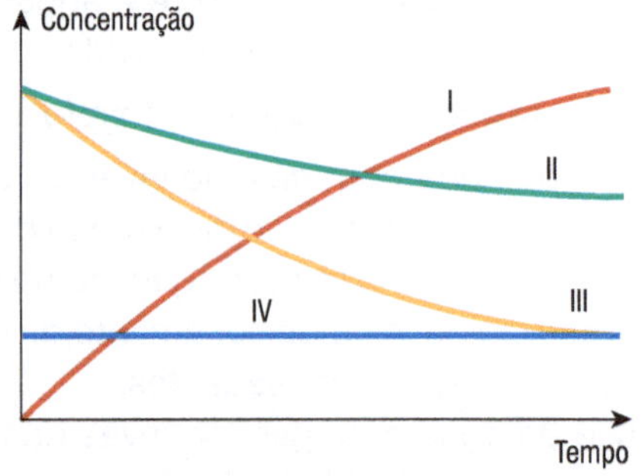
Concentração
I
II
III
IV
Tempo

As curvas que representam as concentrações de SO_2, SO_3, O_2 e NO são, respectivamente:

a) I, II, III, IV.
b) II, I, III, IV.
c) III, I, II, IV.
d) III, II, I, IV.
e) IV, III, II, I.

17. (PUC – SP) Considere uma reação genérica em que os reagentes D e G transformam-se no produto J. A cinética dessa reação pode ser estudada a partir do gráfico a seguir que representa a entalpia de reagentes e produtos, bem como das espécies intermediárias formadas durante o processo. No gráfico, estão representados os caminhos da reação na presença e na ausência de catalisador.

Gráfico cinética química e a influência do catalisador

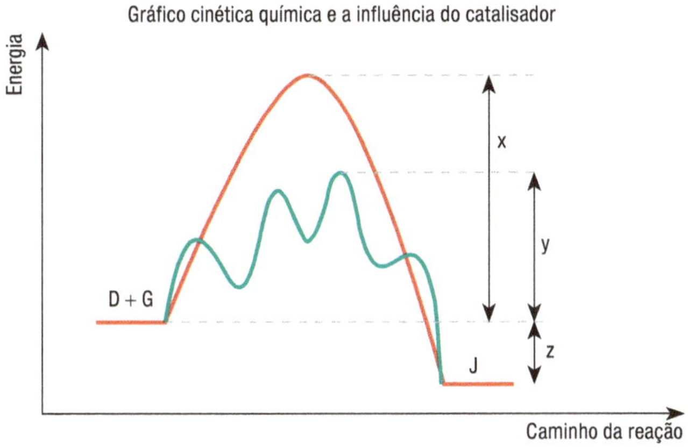
Energia
x
y
z
D + G
J
Caminho da reação

Um aluno ao analisar esse gráfico fez algumas afirmações a respeito da reação D + G ⟶ J:

I. z representa a variação de entalpia (ΔH) dessa reação.
II. y representa a energia de ativação dessa reação na presença de catalisador.
III. x + z representa a energia de ativação dessa reação na ausência de catalisador.
IV. Essa reação corresponde a um processo endotérmico.

Estão corretas apenas as afirmações

a) I e II.
b) I e III.
c) II e III.
d) II e IV.
e) I, III e IV.

18. (UFSCar – SP) A decomposição do pentóxido de dinitrogênio é representada pela equação

$$2\ N_2O_5(g) \longrightarrow 4\ NO_2(g) + O_2(g)$$

Foram realizados três experimentos, apresentados na tabela.

EXPERIMENTO	$[N_2O_5]$	VELOCIDADE
I	x	4z
II	x/2	2z
III	x/4	z

A expressão da velocidade da reação é

a) $v = k[N_2O_5]^0$

b) $v = k[N_2O_5]^{1/4}$

c) $v = k[N_2O_5]^{1/2}$

d) $v = k[N_2O_5]^1$

e) $v = k[N_2O_5]^2$

19. (PUC) A reação

$$2\ NO(g) + 2\ H_2(g) \longrightarrow N_2(g) + 2\ H_2O(g)$$

foi estudada a 904 °C. Os dados da tabela seguinte referem-se a essa reação.

[NO] (mol/L)	$[H_2]$ (mol/L)	VELOCIDADE (mol/L · s)
0,420	0,122	0,140
0,210	0,122	0,035
0,105	0,122	0,0087
0,210	0,244	0,070
0,210	0,366	0,105

A respeito dessa reação é correto afirmar que sua expressão da velocidade é

a) $v = k[NO][H_2]$

b) $v = k[NO]^2[H_2]$

c) $v = k[H_2]$

d) $v = k[NO]^4[H_2]^2$

e) $v = k[NO]^2[H_2]^2$

20. (FGV) Para otimizar as condições de um processo industrial que depende de uma reação de soluções aquosas de três diferentes reagentes para a formação de um produto, um engenheiro químico realizou um experimento que consistiu em uma série de reações nas mesmas condições de temperatura e agitação. Os resultados são apresentados na tabela:

EXPERIMENTO	REAGENTE A ($mol \cdot L^{-1}$)	REAGENTE B ($mol \cdot L^{-1}$)	REAGENTE C ($mol \cdot L^{-1}$)	VELOCIDADE DA REAÇÃO ($mol \cdot L^{-1} \cdot s^{-1}$)
I	x	y	z	v
II	2x	y	z	2v
III	x	2y	z	4v
IV	x	y	2z	v

Após a realização dos experimentos, o engenheiro pode concluir corretamente que a ordem global da reação estudada é igual a

a) 1. b) 2. c) 3. d) 4. e) 5.

21. (MACKENZIE – SP) A tabela mostra a variação da velocidade inicial da reação hipotética representada pela equação $A_2(g) + 2\ B(g) \longrightarrow C(g)$, em função das concentrações iniciais dos reagentes utilizados no processo.

EXPERIMENTO	[A] INICIAL (mol/L)	[B] INICIAL (mol/L)	VELOCIDADE INICIAL (mol/L · min)	TEMPERATURA (K)
1	1,0	1,0	0,4	338
2	2,0	1,0	0,2	298
3	1,0	1,0	0,1	298
4	2,0	2,0	0,4	298

Interpretando-se a tabela, considere as afirmações I, II, III e IV abaixo.

I. O valor da constante de proporcionalidade k é igual para todos os experimentos.
II. A lei cinética da velocidade pode ser expressa pela equação $v = k[A][B]$.
III. Trata-se de uma reação cuja ordem global é 2.
IV. As ordens para os reagentes A e B são, respectivamente, zero e 2.

São verdadeiras, apenas as afirmações

a) I e III. b) I e IV. c) II e III. d) II e IV. e) III e IV.

22. (FUVEST – SP) Em solução aquosa ocorre a transformação:

$$\underset{\text{(reagentes)}}{H_2O_2 + 2\,I^- + 2\,H^+} \longrightarrow \underset{\text{(produtos)}}{2\,H_2O + I_2}$$

Em quatro experimentos, mediu-se o tempo decorrido para a formação de mesma concentração de I_2, tendo-se na mistura de reação as seguintes concentrações iniciais de reagentes:

EXPERIMENTO	CONCENTRAÇÕES INICIAIS (mol/L)			TEMPO (s)
	H_2O_2	I^-	H^+	
I	0,25	0,25	0,25	56
II	0,17	0,25	0,25	87
III	0,25	0,25	0,17	56
IV	0,25	0,17	0,25	85

Esses dados indicam que a velocidade da reação considerada depende apenas da concentração de:

a) H_2O_2 e I^-.
b) H_2O_2 e H^+.
c) H_2O_2.
d) H^+.
e) I^-.

23. (UFRJ) A expressão da velocidade de uma reação deve ser determinada experimentalmente, não podendo, em geral, ser predita diretamente a partir dos coeficientes estequiométricos da reação. O gráfico a seguir apresenta dados experimentais que possibilitam a obtenção da expressão da velocidade da seguinte reação:

$$2\,ICl(g) + H_2(g) \longrightarrow I_2(g) + 2\,HCl(g)$$

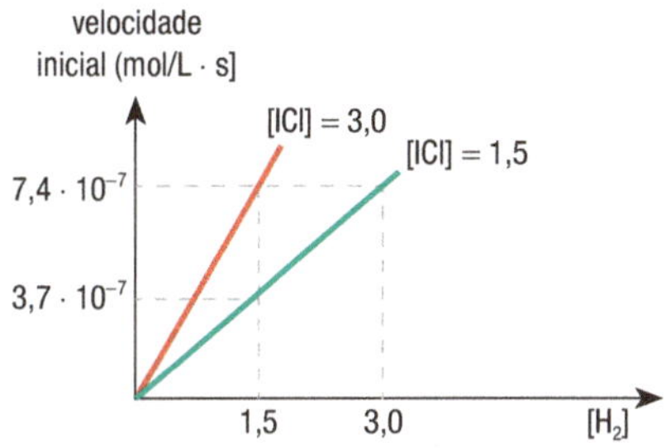
velocidade inicial (mol/L · s)
[ICl] = 3,0
[ICl] = 1,5
7,4 · 10⁻⁷
3,7 · 10⁻⁷
1,5
3,0
[H2]

Assinale a alternativa que apresenta a expressão da lei da velocidade e o nº de mols de produtos obtidos quando a reação se inicia com 3 mol de cada reagente.

a) $v = k \cdot [ICl] \cdot [H_2]$; HCl: 3 mol; I_2: 1,5 mol
b) $v = k \cdot [ICl]^0 \cdot [H_2]$; HCl: 3 mol; I_2: 3,0 mol
c) $v = k \cdot [ICl] \cdot [H_2]^0$; HCl: 1,5 mol; I_2: 1,5 mol
d) $v = k \cdot [ICl] \cdot [H_2]$; HCl: 1,5 mol; I_2: 3,0 mol
e) $v = k \cdot [ICl]^2 \cdot [H_2]$; HCl: 3 mol; I_2: 1,5 mol

24. (UNESP) Há décadas são conhecidos os efeitos dos CFCs, ou freons, na destruição da camada de ozônio da atmosfera terrestre. Acredita-se que a diminuição da quantidade de O_3 na atmosfera seja responsável pelo aumento na incidência de câncer de pele, pois a radiação ultravioleta não mais é bloqueada com a mesma eficiência. A ação destes gases, como o CF_2Cl_2, inicia-se com a produção de átomos de cloro livres (Cl•), pela interação das moléculas do gás com a radiação solar, seguindo-se as reações:

1ª etapa: $O_3 + Cl\bullet \longrightarrow O_2 + ClO\bullet$

2ª etapa: $ClO\bullet + O_3 \longrightarrow 2\,O_2 + Cl\bullet$

a) Escreva a equação global para esta reação e identifique o produto formado.
b) Considere a afirmação: "O mecanismo proposto para a destruição da camada de ozônio equivale a uma reação catalisada". Justifique esta afirmação e identifique o catalisador.

25. (COVEST – adaptada) A reação do monóxido de nitrogênio com cloro, descoberta em 1914, foi a primeira reação gasosa elementar trimolecular:

$$2\ NO(g) + Cl_2(g) \longrightarrow 2\ NOCl(g)$$

Sobre a cinética desta reação, julgue as afrmações a seguir:

I. A variação da concentração de NO com relação ao tempo pode ser representada pelo gráfico:

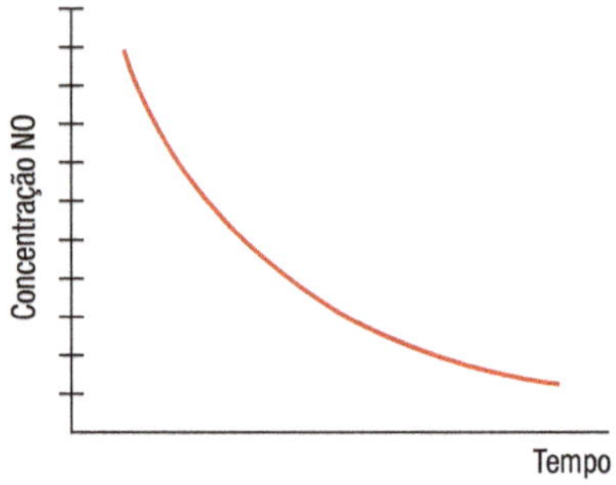
Concentração NO
Tempo

II. A variação da concentração de Cl_2 com relação ao tempo pode ser representada pelo gráfico:

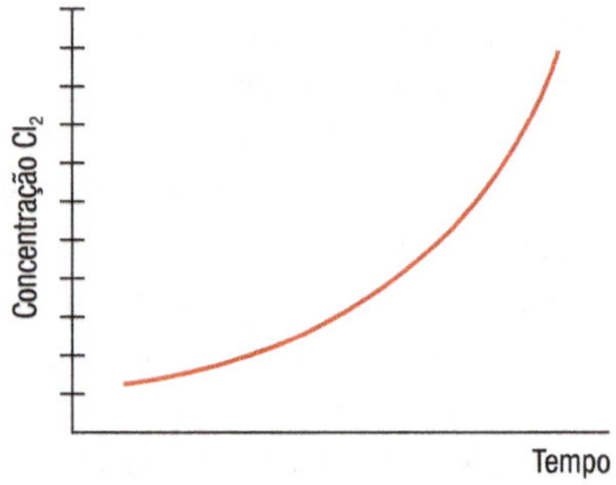
Concentração Cl_2
Tempo

III. A variação da concentração de NOCl com relação ao tempo pode ser representada pelo gráfico:

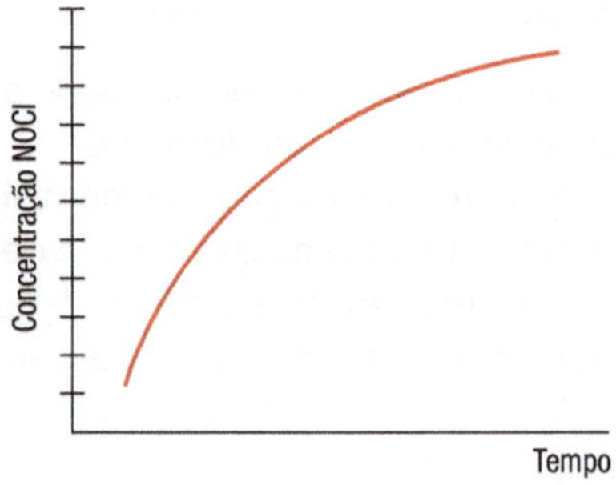
Concentração NOCl
Tempo

IV. Se duplicarmos a concentração de NO a velocidade da reação aumenta quatro vezes.

V. Se duplicarmos a concentração de Cl_2 a velocidade da reação aumenta quatro vezes.

Estão corretas:

a) apenas as afirmações I, II e III.
b) apenas as afirmações I, III e IV.
c) apenas as afirmações II, III e IV.
d) apenas as afirmações II, III e V.
e) apenas as afirmações IV e V.

26. (IME – RJ) Considere a sequência de reações e o perfil energético associados ao processo de oxidação do dióxido de enxofre.

Etapa 1 (elementar):

$$SO_2(g) + NO_2(g) \longrightarrow SO_3(g) + NO(g)$$

Etapa 2:

$$2\ NO(g) + O_2(g) \longrightarrow 2\ NO_2(g)$$

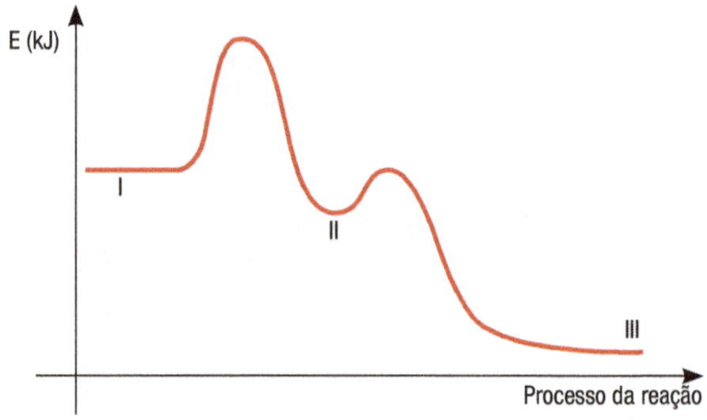
E (kJ)
I
II
III
Processo da reação

A alternativa que apresenta corretamente os compostos do estágio II, o catalisador e a lei de velocidade para a reação global é:

	ESTÁGIO II	CATALISADOR	LEI DE VELOCIDADE
a)	NO, O_2	NO	$k[SO_2]^2[O_2]$
b)	SO_3, NO, O_2	NO_2	$k[SO_2]^2[O_2]$
c)	SO_3, NO, O_2	NO_2	$k[SO_2][NO_2]$
d)	NO, O_2	NO	$k[SO_2][NO_2]$
e)	SO_3, NO, O_2	O_2	$k[SO_2][O_2]$

27. (FUVEST – SP) Numa determinada condição experimental e com o catalisador adequado, ocorre uma reação, conforme representada no gráfico, que relaciona porcentagem do composto pelo tempo de reação.

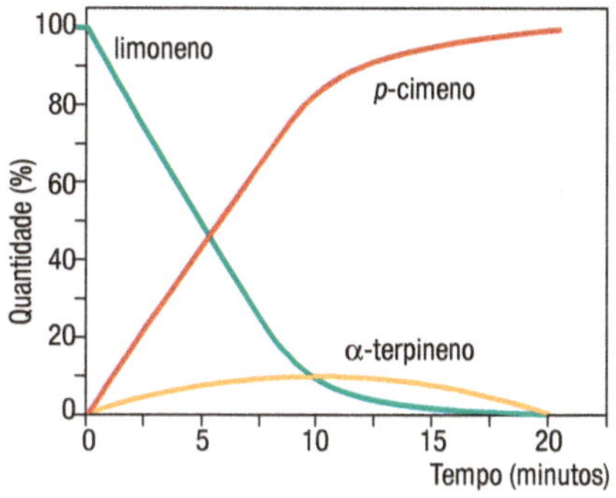

limoneno
p-cimeno
α-terpineno
Quantidade (%)
Tempo (minutos)

Uma representação adequada para esse processo é:

a) limoneno ⟶ p-cimeno ⟶ α-terpineno

b) limoneno $\xrightarrow[\text{(catalisador)}]{\text{p-cimeno}}$ α-terpineno

c) limoneno + p-cimeno ⟶ α-terpineno

d) limoneno $\xrightarrow[\text{(catalisador)}]{\alpha\text{-terpineno}}$ p-cimeno

e) limoneno ⟶ α-terpineno ⟶ p-cimeno

SÉRIE PLATINA

1. (FUVEST – SP) Pilocarpina (P) é usada no tratamento de glaucoma. Em meio alcalino, sofre duas reações simultâneas: isomerização, formando isopilocarpina (i — P) e hidrólise, com formação de pilocarpato (PA^-). Em cada uma dessas reações, a proporção estequiométrica entre o reagente e o produto é de 1 para 1.

Num experimento, a 25 °C, com certa concentração inicial de pilocarpina e excesso de hidróxido de sódio, foram obtidas as curvas de concentração de (i — P) e (PA^-) em função do tempo, registradas no gráfico a seguir.

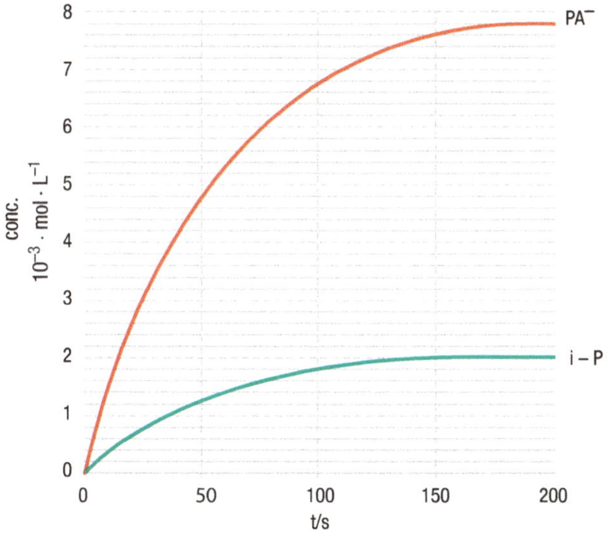

PA⁻
i – P
conc.
10⁻³ · mol · L⁻¹
t/s

TEMPO/S	0	100	200
$[i - P]/10^{-3}$ MOL/L			
$[PA^-]/10^{-3}$ MOL/L			
$[P]/10^{-3}$ MOL/L			

Considere que, decorridos 200 s, a reação se completou, com consumo total do reagente pilocarpina.

a) Para os tempos indicados na tabela, complete-a com as concentrações de (i — P) e (PA^-).

b) Complete a tabela com as concentrações do reagente P.

c) Analisando as curvas do gráfico, qual das duas reações, a de isomerização ou a de hidrólise, ocorre com maior velocidade? Explique.

2. (FUVEST – SP) A vitamina C, presente em sucos de frutas como a manga, pode sofrer processos de degradação em certas condições. Um pesquisador fez um estudo sobre a degradação da vitamina C contida em sucos de manga comerciais, determinando a variação da concentração dessa vitamina com o tempo, em diferentes temperaturas. O gráfico da página seguinte representa os dados de degradação da vitamina C em três diferentes temperaturas, 25 °C, 35 °C e 45 °C, estando identificada a curva referente ao experimento realizado a 35 °C.

a) No estudo a 35 °C, a velocidade média de degradação da vitamina C é a mesma nos intervalos de tempo correspondentes aos 30 primeiros dias e aos 30 últimos dias do estudo? Explique, apresentando cálculos das velocidades (em mg · L^{-1} · dia^{-1}), para esses dois intervalos de tempo.

O número de moléculas com uma determinada energia cinética varia com a temperatura, conforme está ilustrado na figura ao lado.
Suponha que a figura se refira à energia das moléculas de vitamina C presentes no suco, cujo processo de degradação está sendo estudado nas temperaturas de 35 °C e de 45 °C. Na figura, está representada, também, a energia de ativação desse processo de degradação.

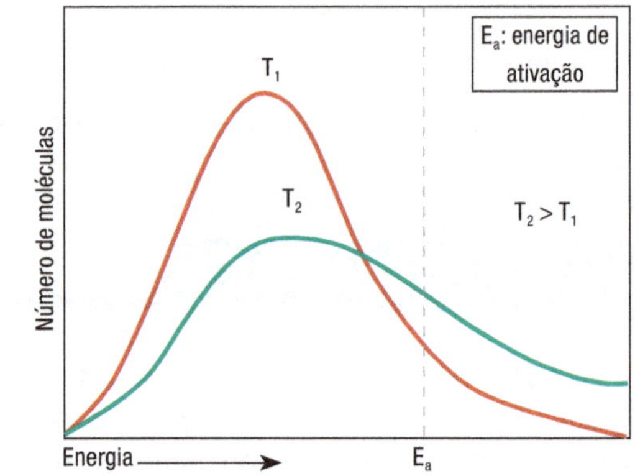
E_a: energia de ativação
T_1
T_2
$T_2 > T_1$
Número de moléculas
Energia
E_a

b) Identifique, no gráfico ao lado, qual das curvas representa os dados da variação da concentração de vitamina C com o tempo, a 45 °C. Justifique sua escolha, utilizando a figura acima para fundamentar sua explicação.

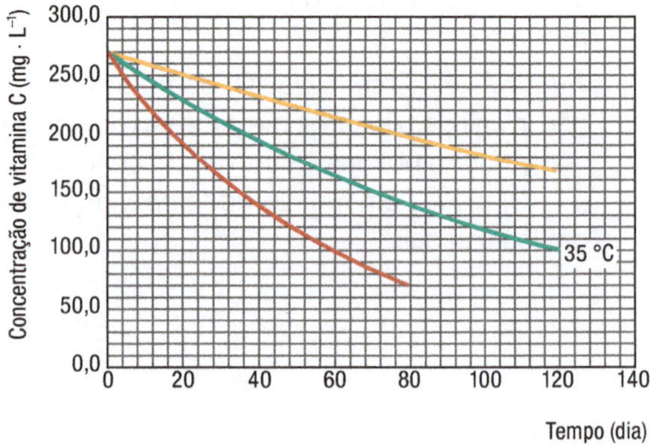
Concentração de vitamina C (mg · L^{-1})
300,0
250,0
200,0
150,0
100,0
50,0
0,0
35 °C
0
20
40
60
80
100
120
140
Tempo (dia)

3. (UFRJ – adaptada) A série de experimentos, representada esquematicamente a seguir, foi realizada colocando-se, em um mesmo instante, uma massa de 10,35 g de chumbo em três recipientes distintos (A, B e C), cada um contendo 100 mL de uma solução aquosa de ácido clorídrico, a 25 °C.

As figuras abaixo representam os fenômenos observados em cada um dos recipientes, após certo intervalo de tempo.

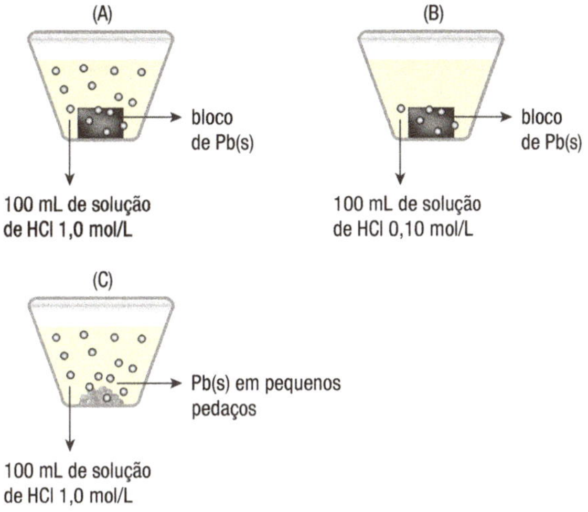
(A)
bloco de Pb(s)
100 mL de solução de HCl 1,0 mol/L
(B)
bloco de Pb(s)
100 mL de solução de HCl 0,10 mol/L
(C)
Pb(s) em pequenos pedaços
100 mL de solução de HCl 1,0 mol/L

Analise os fenômenos observados e responda:

a) Entre os recipientes A e B, onde a reação ocorreu com maior velocidade? Justifique sua resposta.

b) Entre os recipientes A e C, onde a reação ocorreu com maior velocidade? Justifique sua resposta.

O gráfico a seguir mostra a variação do pH com o tempo nos experimentos A, B e C.

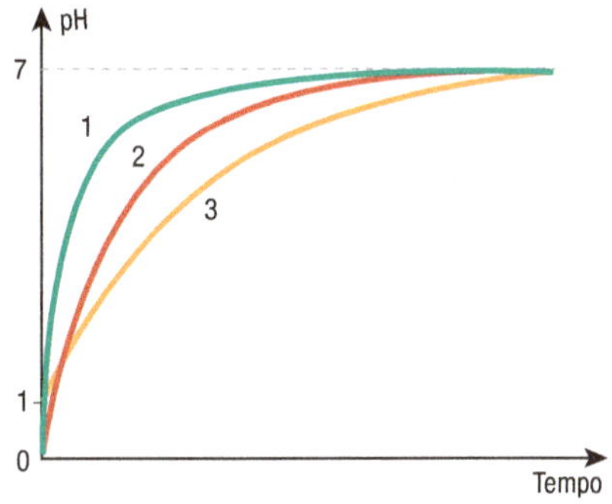
pH
7
1
2
3
1
0
Tempo

c) Associe as curvas 1, 2 e 3 com os experimentos A, B e C.

d) Explique o comportamento observado no gráfico para a variação do pH representado na curva 1 com o seu respectivo experimento.

4. (FUVEST – SP) Para estudar a velocidade da reação entre carbonato de cobre ($CuCO_3$) e ácido nítrico (HNO_3), foram feitos três experimentos, em que o volume de dióxido de carbono (CO_2) produzido foi medido em vários intervalos de tempo. A tabela apresenta as condições em que foram realizados esses experimentos. Nos três experimentos, foram utilizadas massas idênticas de carbonato de cobre e a temperatura foi mantida constante durante o tempo em que as reações foram acompanhadas.

CONDIÇÕES EXPERIMENTAIS	EXPERIMENTO 1	EXPERIMENTO 2	EXPERIMENTO 3
Volume de HNO_3 de concentração 0,10 mol/L (mL)	50	50	100
Volume de água adicionado (mL)	0	50	0
Temperatura (°C)	20	20	20

Os dados obtidos nos três experimentos foram representados em um gráfico de volume de CO_2 em função do tempo de reação. Esse gráfico está apresentado a seguir.

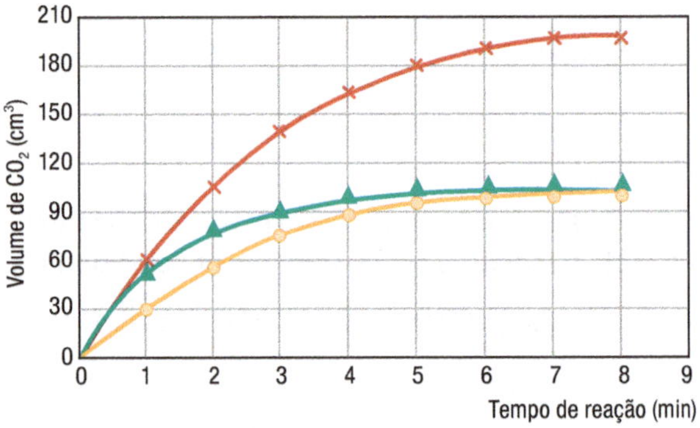

Volume de CO₂ (cm³)
210
180
150
120
90
60
30
0
0
1
2
3
4
5
6
7
8
9
Tempo de reação (min)

a) Escreva a equação química balanceada que representa a reação que ocorreu entre o carbonato de cobre e o ácido nítrico.

b) Com base nas condições empregadas em cada experimento, complete a legenda do gráfico, abaixo, com o número do experimento. Considere irrelevante a perda de volume de CO_2 coletado devido à dissolução na solução. Justifique suas respostas.

Legenda do gráfico
- ○ experimento nº ________
- ▲ experimento nº ________
- × experimento nº ________

c) Nos três experimentos, o mesmo reagente estava em excesso. Qual é esse reagente? Explique.

5. (PUC – SP – adaptada) O ânion bromato reage com o ânion brometo em meio ácido gerando a substância simples bromo segundo a equação:

$$BrO_3^-(aq) + 5\ Br^-(aq) + 6\ H^+(aq) \longrightarrow 3\ Br_2(aq) + 3\ H_2O(l)$$

A cinética dessa reação foi estudada a partir do acompanhamento dessa reação a partir de diferentes concentrações iniciais das espécies de $BrO_3^-(aq)$, $Br^-(aq)$ e $H^+(aq)$.

EXPERIMENTO	$[BrO_3^-]$ ($mol \cdot L^{-1}$)	$[Br^-]$ ($mol \cdot L^{-1}$)	$[H^+]$ ($mol \cdot L^{-1}$)	TAXA RELATIVA
1	0,10	0,10	0,10	v
2	0,20	0,10	0,10	2v
3	0,10	0,30	0,10	3v
4	0,20	0,10	0,20	8v

Com base nesse processo, responda:

a) Identifique o agente oxidante na reação de formação de bromo.
b) Determine a lei de velocidade da reação acima. Justifique.
c) Com base na lei de velocidade determinada, classifique a reação em elementar ou não. Justifique.

6. (UFC – CE) O estudo da dependência da velocidade da reação hipotética A + B ⟶ C, com relação à variação de concentração de um dos reagentes, é realizado, mantendo-se constantes a concentração do outro reagente e a temperatura. Respeitando-se essas condições, considere o gráfico de velocidade de reação, v, *versus* a concentração dos reagentes em mol/L ([A], [B]), para os dois experimentos distintos abaixo.

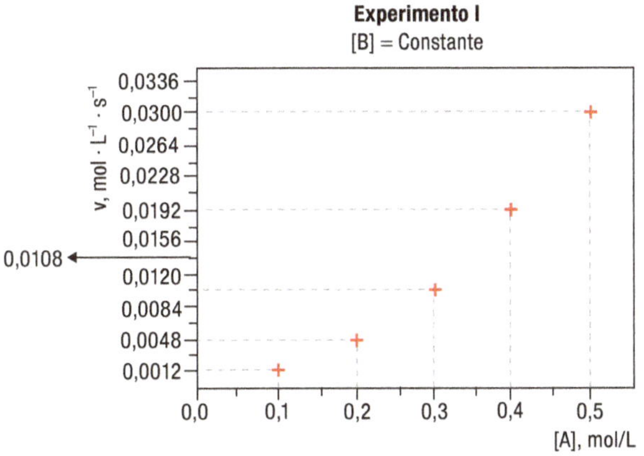
Experimento I
[B] = Constante
v, mol · L⁻¹ · s⁻¹
0,0336
0,0300
0,0264
0,0228
0,0192
0,0156
0,0108
0,0120
0,0084
0,0048
0,0012
0,0
0,1
0,2
0,3
0,4
0,5
[A], mol/L

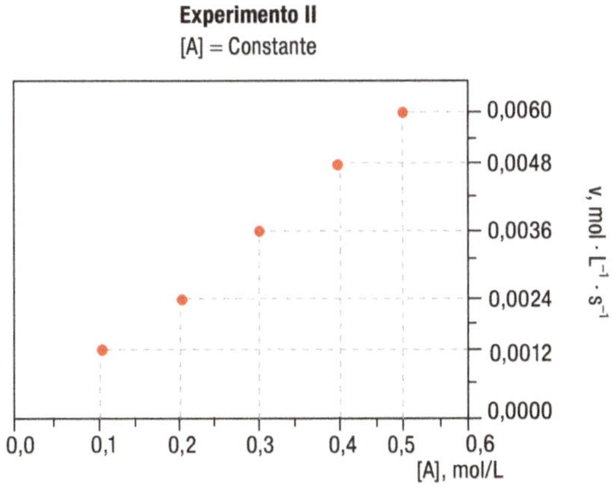
Experimento II
[A] = Constante
0,0060
0,0048
0,0036
0,0024
0,0012
0,0000
v, mol · L⁻¹ · s⁻¹
0,0
0,1
0,2
0,3
0,4
0,5
0,6
[A], mol/L

a) Com base apenas nas informações fornecidas no gráfico, qual é a ordem total da reação? Justifique.
b) Admitindo que a concentração do reagente B e a temperatura foram mantidas constantes, e que a velocidade da reação aumentou em dezesseis (16) vezes, em quanto aumentou a concentração do reagente A? Justifique.

7. (UERJ) Considere a equação química global entre os compostos HBr e NO_2:

$$2\ HBr + NO_2 \longrightarrow H_2O + NO + Br_2$$

Para desenvolver um estudo cinético, foram propostos os mecanismos de reação I e II, descritos na tabela, ambos contendo duas etapas.

ETAPA	MECANISMO I	MECANISMO II
lenta	$HBr + NO_2 \longrightarrow$ $\longrightarrow HBrO + NO$	$2\ HBr \longrightarrow$ $\longrightarrow H_2 + Br_2$
rápida	$HBr + HBrO \longrightarrow$ $\longrightarrow H_2O + Br_2$	$H_2 + NO_2 \longrightarrow$ $\longrightarrow H_2O + NO$

Realizou-se, então, um experimento no qual foi medida a velocidade da reação em função da concentração inicial dos reagentes, mantendo-se constante a temperatura. Observe os resultados obtidos:

CONCENTRAÇÃO INICIAL ($mol \cdot L^{-1}$)		VELOCIDADE ($mol \cdot L^{-1} \cdot min^{-1}$)
HBr	NO_2	
0,01	0,01	0,05
0,02	0,01	0,10
0,01	0,02	0,10

a) Escreva a equação da velocidade para a reação. Justifique indicando com seu raciocínio na tabela de resultados.

b) Determine a ordem global da reação e indique qual dos dois mecanismos propostos representa essa reação global.

8. (UFJF – MG – adaptada) Na indústria química, uma das etapas de produção do ácido sulfúrico é a formação do trióxido de enxofre por meio da reação de combustão do dióxido de enxofre catalisada pelo dióxido de nitrogênio, conforme esquema a seguir.

Etapa 1 (lenta):

$$SO_2(g) + NO_2(g) \longrightarrow SO_3(g) + NO(g)$$

Etapa 2 (rápida):

$$NO(g) + 1/2\ O_2(g) \longrightarrow NO_2(g)$$

Reação global:

$$SO_2(g) + 1/2\ O_2(g) \longrightarrow SO_3(g) \quad \Delta H = -23,4\ kcal$$

Sobre o processo descrito e baseado no esquema acima, responda:

a) Qual é a diferença fundamental entre a reação catalisada e a não catalisada, em termos de energia de ativação e velocidade?

b) Escreva a expressão da lei de velocidade para a reação global de formação do trióxido de enxofre. Com base nessa expressão, indique o que ocorre com a velocidade da reação quando dobramos a concentração de gás oxigênio.

c) Esboce, abaixo, o perfil de energia em função do caminho da reação para o processo, indicando a(s) energia(s) de ativação.

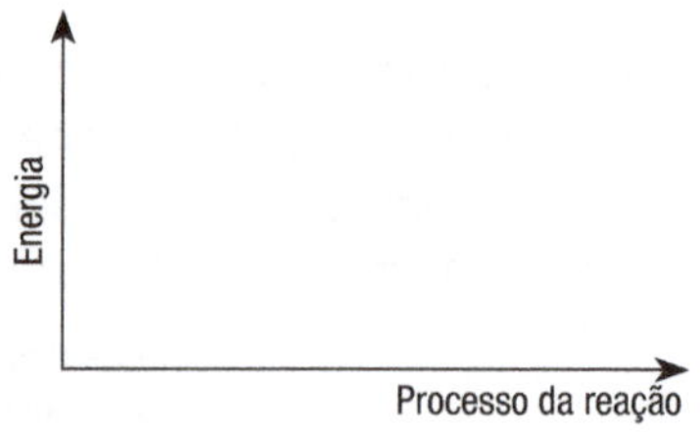
Energia
Processo da reação

9. (ITA – SP) A reação de combustão

$$2\ SO_2 + O_2 \longrightarrow 2\ SO_3$$

é lenta e pode ser representada pela figura abaixo:

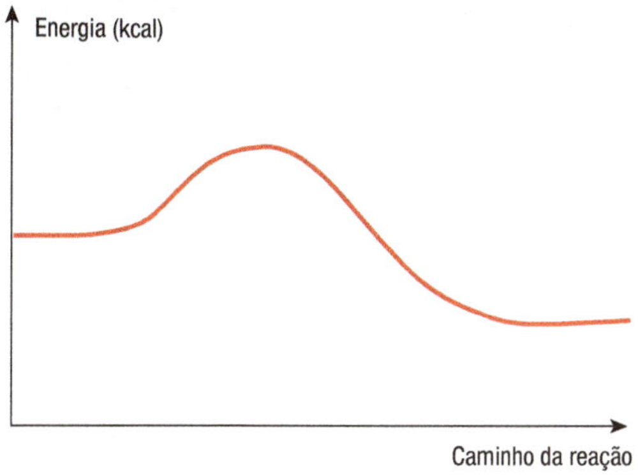
Energia (kcal)
Caminho da reação

Esta mesma reação pode ser catalisada pelo $NO_2(g)$ em duas etapas, sendo que a primeira é bem mais lenta que a segunda.

a) No mesmo gráfico coloque o perfil da curva catalisada.

b) Proponha um mecanismo sabendo que o catalisador reage com SO_2 na primeira etapa produzindo NO e SO_3.

UNIDADE 3

O QUE NOS DISTINGUE DOS OUTROS ANIMAIS PRESENTES NA TERRA?

Certamente não é nossa velocidade! O título de animal mais rápido do planeta fica com outros animais: na terra, com o guepardo, que pode atingir cerca de 120 km/h; no ar, com o falcão-peregrino, que alcança até 320 km/h; e, no mar, com o marlim-preto, cuja velocidade máxima pode superar 100 km/h.

Nem nossa força. O besouro-rinoceronte, um inseto de menos de 16 cm de comprimento, pode carregar até 850 vezes a massa do seu próprio corpo. Se o ser humano tivesse essa força, uma pessoa de 70 kg poderia levantar cerca de 60 toneladas, o que equivale à massa de 60 carros populares ou cerca de 10 elefantes adultos.

Então, o que nos diferencia dos outros animais não é nossa velocidade nem nossa força, mas o nosso raciocínio, que nos possibilita modificar o ambiente ao nosso redor com o objetivo de alterá-lo para atender a nossas demandas.

Foi justamente essa capacidade de manipulação dos materiais que permitiu, com base no desenvolvimento da ciência, a descoberta, por exemplo, de uma série de substâncias que alteraram nossa qualidade de vida, tratando doenças antes incuráveis e ampliando nossa expectativa de vida.

Mas que substâncias são essas? Na maioria dos casos, estamos falando de moléculas orgânicas, que contêm longas cadeias carbônicas em suas estruturas. Nessa unidade, elas serão o objetivo do nosso estudo e buscaremos não só as analisar do ponto de vista estrutural, observando como os átomos estão ligados entre si, mas também discutir algumas das reações que elas podem participar. Vamos lá?

FOTOS: LAURA BEACH/SHUTTERSTOCK

Química Orgânica e QUALIDADE DE VIDA

A penicilina G ($C_{16}H_{18}N_2O_4S$) é um tipo de penicilina, um antibiótico descoberto na década de 1920 pelo escocês Alexander Fleming. Trata-se de um marco na história da Medicina, pois sua descoberta incentivou novos estudos científicos, provocou alterações no tratamento de doenças e evitou inúmeras mortes. Na década de 1920, a expectativa de vida do brasileiro era cerca de 35 anos. Devido aos avanços da Medicina e da Saúde Pública, em 2020 essa expectativa de vida havia aumentado para 77 anos.

CAPÍTULO 7

Funções Orgânicas

MADLEN/SHUTTERSTOCK

Na Unidade 1, estudamos os hidrocarbonetos, compostos formados apenas por carbono e hidrogênio e utilizados, entre outras aplicações, para obtenção de energia em reações de combustão.

Entretanto, quando analisamos as estruturas dos compostos orgânicos, observamos a presença de outros elementos químicos. Para citar apenas alguns exemplos, o **oxigênio** é encontrado em substâncias flavorizantes que apresentam aroma de abacaxi e de maçã, o **nitrogênio** é encontrado em substâncias (essas com aromas desagradáveis) produzidas a partir da decomposição de seres vivos, e o **cloro** é encontrado no clorofórmio (CH_3Cl), substância de aroma agradável, utilizado antigamente como anestésico.

7.1 Funções Oxigendas

No Volume 1, vimos algumas funções orgânicas, como hidrocarbonetos, álcoois, aldeídos, cetonas e ácidos carboxílicos. Agora, nesta seção, vamos estudar outras funções oxigenadas, como fenóis, éteres e ésteres.

7.1.1 Fenóis

Compostos orgânicos que apresentam o grupo OH (hidroxila) ligado diretamente ao anel benzênico.

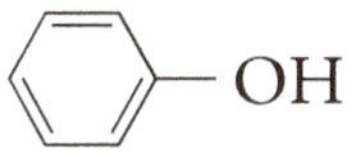
OH

benzenol (hidroxibenzeno)

Nomenclatura usual: **fenol** ou ácido fênico.
É utilizado como desinfetante e como matéria-prima na indústria de polímeros.

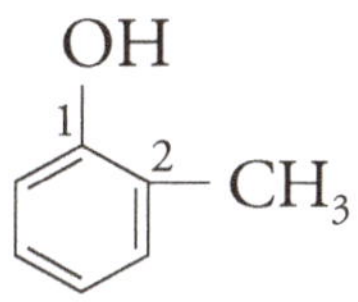
OH
1
2
CH_3

2-metilbenzenol

Nomenclatura usual: 2-metilfenol ou ortometilfenol

ATENÇÃO!

Para anéis benzênicos dissubstituídos (2 hidrogênios do anel benzênico foram substituídos por outros grupos orgânicos), como no caso do 2-metilbenzenol, é comum utilizarmos os prefixos orto-, meta- e para- para indicar a posição relativa dos grupos orgânicos:

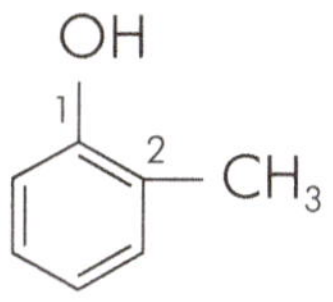
OH
1
2
CH_3

2-metilfenol
ortometilfenol
(orto: posições 1 e 2)

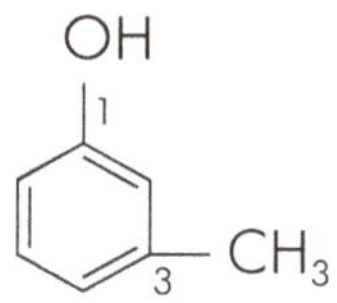
OH
1
3
CH_3

3-metilfenol
metametilfenol
(meta: posições 1 e 3)

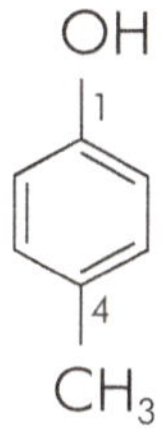
OH
1
4
CH_3

4-metilfenol
parametilfenol
(para: posições 1 e 4)

DEEAF/SHUTTERSTOCK

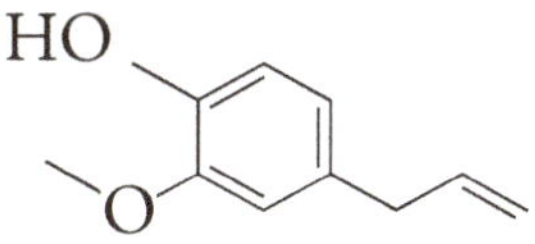
HO
O

eugenol

O cravo-da-india contém eugenol, um fenol utilizado como antisséptico bucal. Na estrutura do eugenol, além da função fenol que acabamos de ver, temos também a função éter (apresentada a seguir). É importante destacar que em estruturas orgânicas maiores, é comum a presença de grupos funcionais de diferentes funções orgânicas.

7.1.2 Éteres

São compostos orgânicos que apresentam um átomo de oxigênio (heteroátomo) entre 2 grupos orgânicos iguais ou diferentes, como nos exemplos a seguir:

$$H_3C - O - CH_2 - CH_3$$

$$H_3C - CH_2 - O - CH_2 - CH_3$$

E como nomeamos esses compostos?

Segundo a IUPAC (sigla, em inglês, da União Internacional de Química Pura e Aplicada) a nomenclatura para os éteres pode ser realizada tanto a partir da cadeia principal quanto a partir dos grupos orgânicos. Vamos verificar os nomes dos exemplos que fornecemos anteriormente?

1. A partir da cadeia principal:

prefixo do grupo orgânico menor + **oxi** + **nome** do grupo orgânico maior

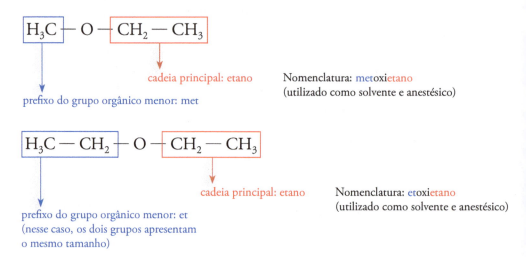

$H_3C - O - CH_2 - CH_3$

prefixo do grupo orgânico menor: met

cadeia principal: etano

Nomenclatura: metoxietano
(utilizado como solvente e anestésico)

$H_3C - CH_2 - O - CH_2 - CH_3$

prefixo do grupo orgânico menor: et
(nesse caso, os dois grupos apresentam
o mesmo tamanho)

cadeia principal: etano

Nomenclatura: etoxietano
(utilizado como solvente e anestésico)

2. A partir dos grupos orgânicos:

éter + nome dos grupos orgânicos colocados em ordem alfabética

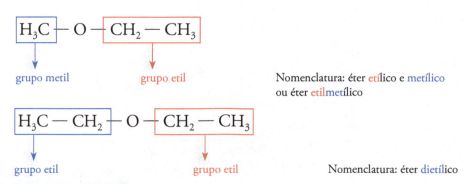

$H_3C - O - CH_2 - CH_3$

grupo metil

grupo etil

Nomenclatura: éter etílico e metílico
ou éter etilmetílico

$H_3C - CH_2 - O - CH_2 - CH_3$

grupo etil

grupo etil

Nomenclatura: éter dietílico

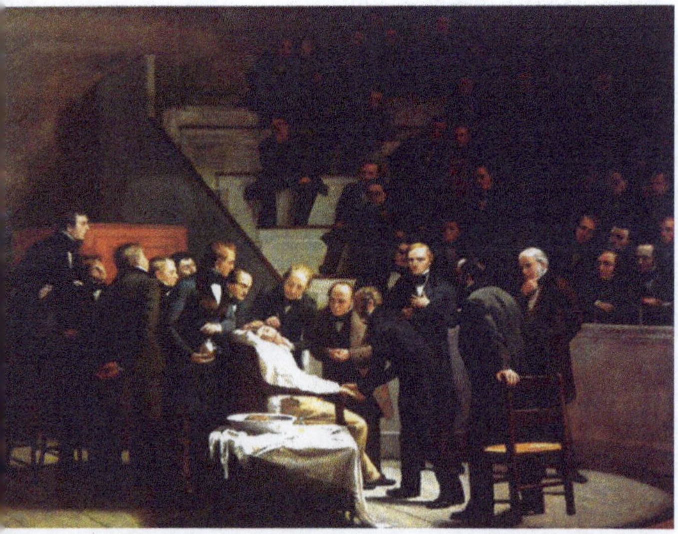

Primeira cirurgia sob efeito do éter, realizada em 1846 no Hospital Geral de Massachusetts, para tratamento de um tumor no pescoço. Quadro de Robert C. Hinckley. Francis A. Countway Library of Medicine, Boston Medical Library, Boston, EUA.

Outros exemplos de éteres e suas respectivas nomenclaturas são apresentados a seguir:

- 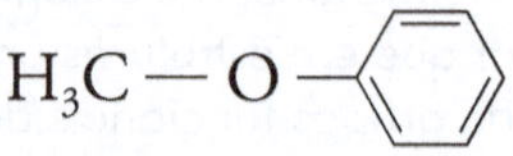

  Nomenclatura oficial: metoxibenzeno ou éter fenílico e metílico ou éter fenilmetílico

- $H_3C - O - CH_2 - CH_2 - CH_3$

  Nomenclatura oficial: 1-metoxipropano ou éter metílico e propílico ou éter metilpropílico

- $H_3C - O - CH(CH_3) - CH_3$

  Nomenclatura oficial: 2-metoxipropano ou éter isopropílico e metílico ou éter isopropilmetílico

7.1.3 Ésteres

São compostos orgânicos formados pela troca do hidrogênio presente na carboxila (—COOH) dos ácidos carboxílicos por um grupo orgânico.

$$H_3C-C{\overset{\displaystyle O}{\underset{\displaystyle O-H}{<}}} \longrightarrow H_3C-C{\overset{\displaystyle O}{\underset{\displaystyle O-CH_3}{<}}}$$

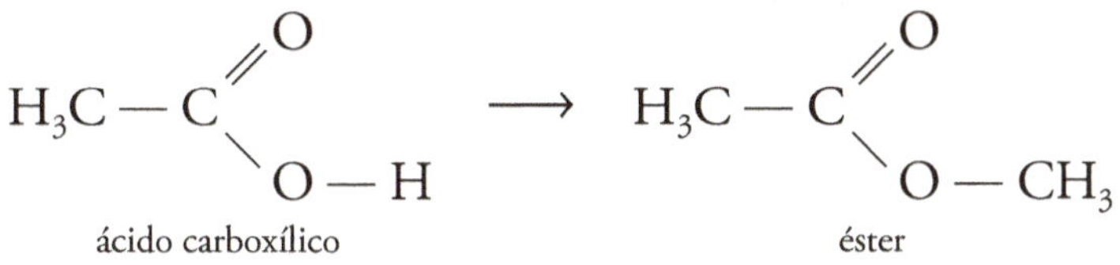

ácido carboxílico → éster

A nomenclatura desses compostos, segundo a IUPAC, é dada por:

> **prefixo** do número de carbonos até o grupo C=O + **infixo** do tipo de ligação entre carbonos + sufixo **oato** + **de** + **grupo orgânico** + sufixo **ila**

Os principais flavorizantes (aromatizantes) artificiais são ésteres. Veja os exemplos a seguir com as respectivas nomenclaturas.

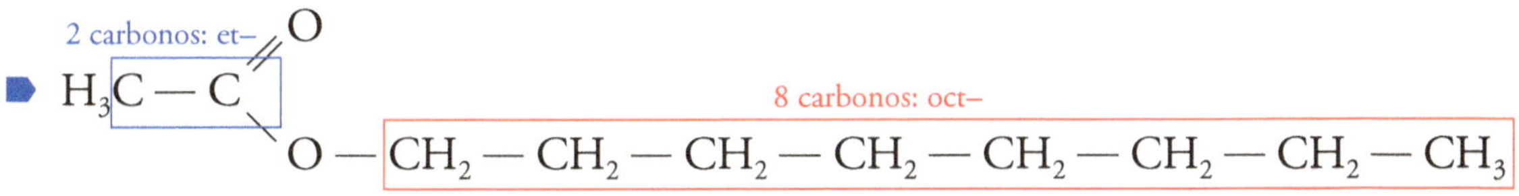

- 2 carbonos: et–
  H_3C-C ⧸⧹ O ; O— 8 carbonos: oct– $CH_2-CH_2-CH_2-CH_2-CH_2-CH_2-CH_2-CH_3$

  etanoato de octila (flavorizante de laranja)

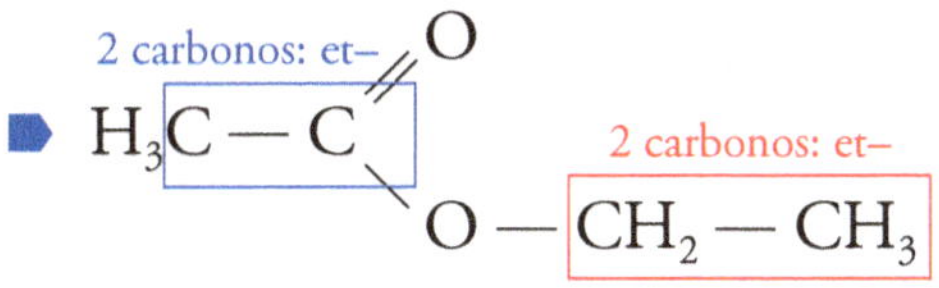

- 2 carbonos: et–
  H_3C-C ⧸⧹ O ; O— 2 carbonos: et– CH_2-CH_3

  etanoato de etila ou acetato de etila (flavorizante de maçã)

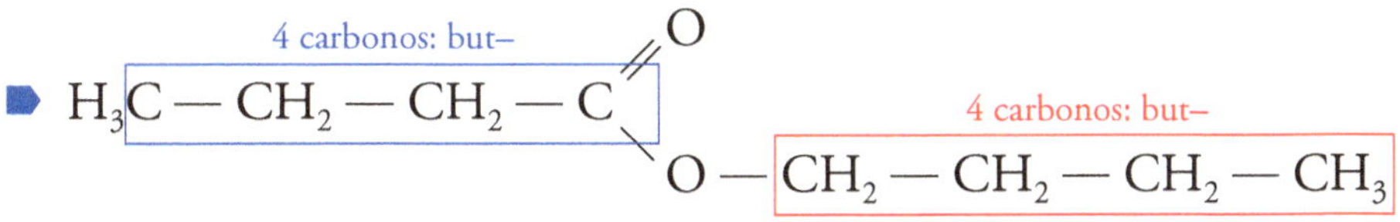

- 4 carbonos: but–
  $H_3C-CH_2-CH_2-C$ ⧸⧹ O ; O— 4 carbonos: but– $CH_2-CH_2-CH_2-CH_3$

  butanoato de butila (flavorizante de abacaxi)

Observações:

Outra função orgânica derivada dos ácidos carboxílicos é a dos **sais orgânicos**, que podem ser obtidos a partir da neutralização do ácido carboxílico por uma base:

$$R-C{\overset{\displaystyle O}{\underset{\displaystyle OH}{<}}} + NaOH \longrightarrow R-C{\overset{\displaystyle O}{\underset{\displaystyle O^-Na^+}{<}}} + H_2O$$

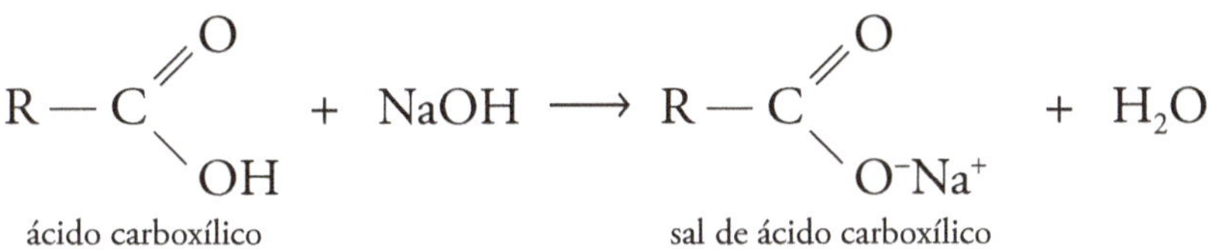

ácido carboxílico → sal de ácido carboxílico

Como nos sais inorgânicos, a nomenclatura dos sais é dada por: **nome do ânion + de + nome do cátion**, sendo o nome do ânion feito pelo **prefixo** do número de carbonos até o grupo C = O + **infixo** do tipo de ligação entre carbonos + sufixo **oato**. Observe os exemplos a seguir:

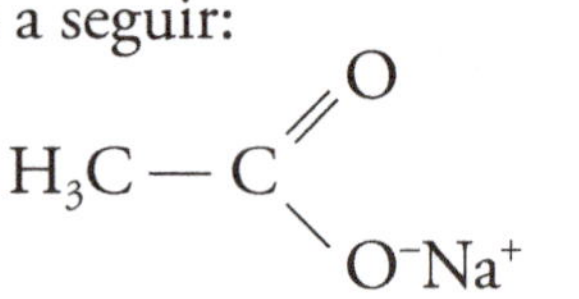

etanoato de sódio
(acetato de sódio)

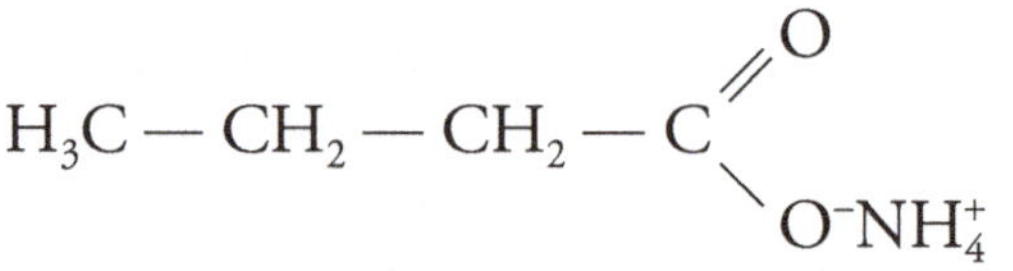

butanoato de amônio

7.2 Funções Nitrogenadas

Funções nitrogenadas, como o próprio nome indica, são aquelas que possuem nitrogênio, além de carbono e hidrogênio.

7.2.1 Aminas

As estruturas das aminas podem ser explicadas a partir da substituição de um ou mais hidrogênios da amônia (NH_3) por grupos orgânicos (R).

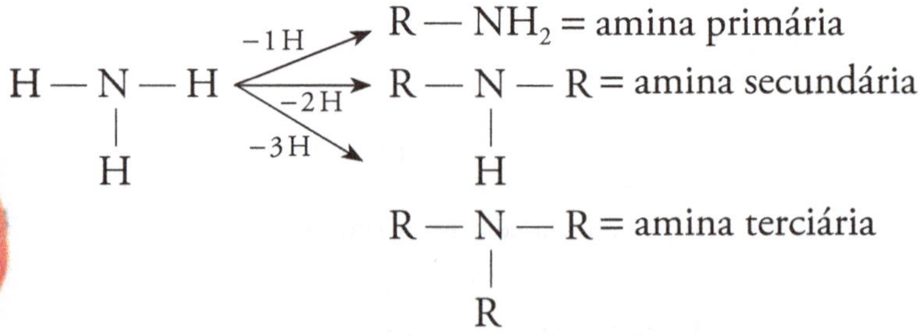

–1 H
–2 H
–3 H
= amina primária
= amina secundária
= amina terciária

Segundo a IUPAC, a nomenclatura das aminas é dada por:

nome do grupo orgânico + sufixo **amina**

Observe os exemplos a seguir:

- H_3C-NH_2: metilamina
- $H_3C-CH_2-NH_2$: etilamina
- $H_3C-N(CH_3)-CH_3$: trimetilamina (odor de peixe podre)
- 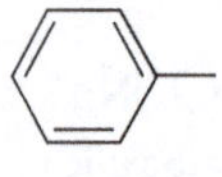$-NH_2$: fenilamina (fabricação de corantes)
  anilina (nomenclatura usual)

EKATERINA KUPEEVA/SHUTTERSTOCK

A anilina é comumente utilizada como um corante alimentício, principalmente para doces e bolos, como nos *donuts* da foto.

7.2.2 Amidas

As estruturas das amidas podem ser explicadas pela substituição da hidroxila (—OH) do grupo carboxila (—COOH) por NH_2. A fórmula geral de uma amida é $R - CONH_2$ ou

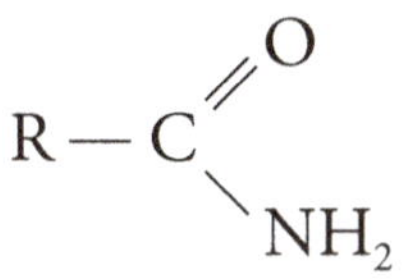

sendo R um grupo orgânico.

A nomenclatura, segundo a IUPAC, para essas amidas é dada por:

> **nome** do grupo orgânico + sufixo **amida**

Observe os exemplos a seguir:

- 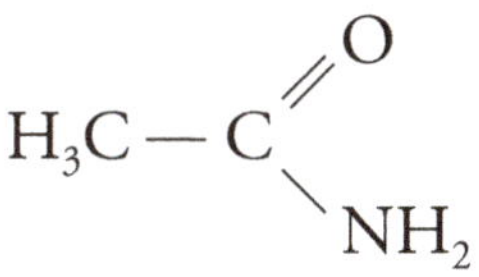 etanamida (acetamida)
- 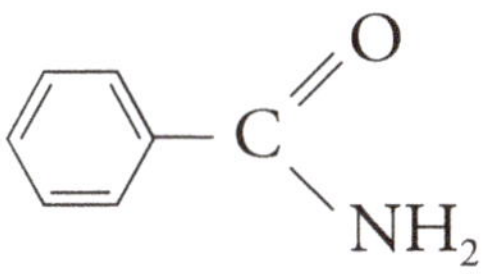 benzamida
- 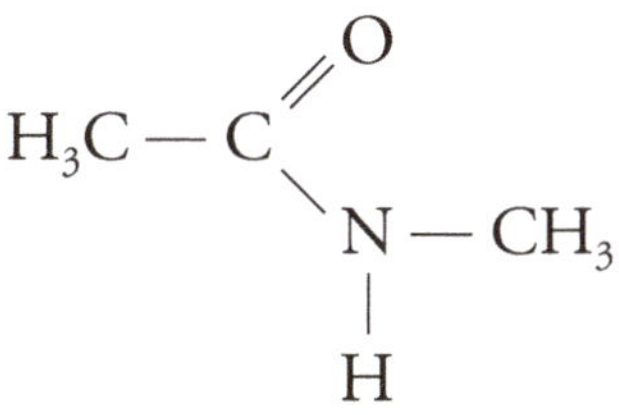 N-metiletanamida
- 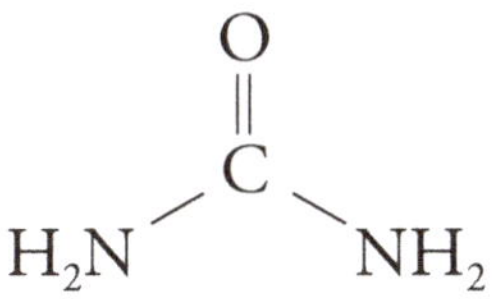 a ureia também é uma amida, conhecida como diamida ou metanodiamida

Observação:

Além das aminas e das amidas, outras funções nitrogenadas são:

- **nitrila:** apresenta o grupo $- C \equiv N$

  $H_3C - C \equiv N$ etanonitrilo
  cianeto de metila (usual)

- **nitrocomposto:** apresenta grupo $- NO_2$

  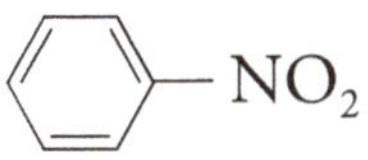 nitrobenzeno

7.3 Função Halogenada

Composto halogenado é um composto orgânico contendo ao menos um halogênio (— F, — Cl, — Br, — I). São exemplos de compostos halogenados:

$CHCl_3$ $\quad H_3C - \underset{\underset{\displaystyle Br}{|}}{CH} - CH_3$

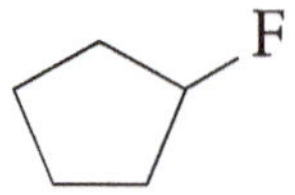
F

A nomenclatura dos compostos halogenados é dada por:

> nome do **halogênio + nome do hidrocarboneto**

Por exemplo:

- CH_3Cl clorometano
  cloreto de metila (usual)
- $CHCl_3$ triclorometano
  clorofórmio (usual)
- CCl_4 tetraclorometano
  tetracloreto de carbono (usual)
- $H_3C - \underset{\underset{\displaystyle Br}{|}}{CH} - CH_3$ 2-bromopropano
  brometo de isopropila
- 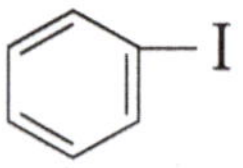
I
  iodobenzeno
  iodeto de fenila (usual)
- 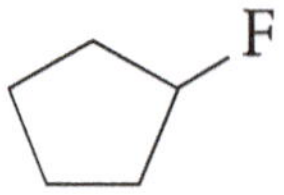
F
  fluorciclopentano
- CF_2Cl_2: diclorodifluormetano (gás utilizado como refrigerante e associado à destruição da camada de ozônio)
- 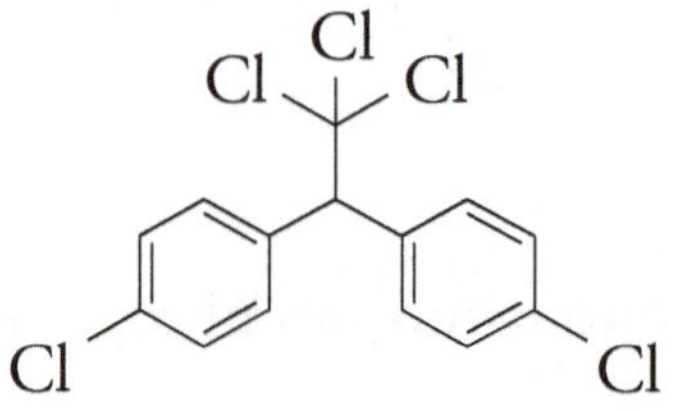
Cl
Cl
Cl
Cl
Cl
  DDT
  diclorodifeniltricloroetano, utilizado como inseticida

7.4 Funções Sulfuradas

Também chamados de tiocompostos, os compostos sulfurados são aqueles que apresentam em sua estrutura pelo menos um átomo de enxofre. Entre esses compostos, destacam-se os tioálcoois, os tioéteres e o ácido sulfônico.

ATENÇÃO!

O prefixo *tio* significa enxofre.

Os **tioálcoois** são também chamados de tióis ou mercaptanas. A estrutura desses compostos é parecida com a de um álcool, com a diferença de que há um enxofre no lugar do oxigênio.

álcool — OH   tiol — SH

Os tióis têm odor muito desagradável e, por esse motivo, os mais simples são misturados, em pequena porcentagem, a gases comerciais inodoros, como o gás de cozinha (GLP), para denunciar vazamentos. São exemplos de tióis:

- metanotiol (H_3C — SH), formado pela substituição de O por S no metanol (H_3C — OH);
- etanotiol (H_3C — CH_2 — SH), formado pela substituição de O por S no etanol (H_3C — CH_2 — OH).

Já os **tioéteres** apresentam estrutura e características próximas das dos éteres, porém com a presença do enxofre (—S—) como heteroátomo (ao invés do oxigênio). Exemplos de tioéteres são:

- metil-tiopropano (H_3C — S — CH_2 — CH_2 — CH_3);
- etil-tiobenzeno 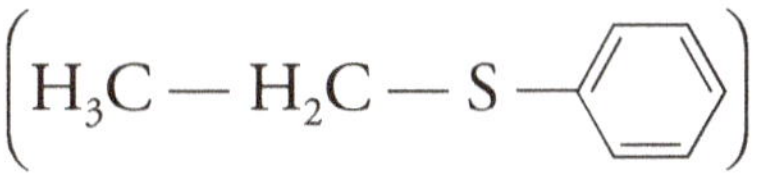

Por fim, entre os compostos sulfurados, destacam-se aqueles que apresentam os **ácidos sulfônicos**, o grupo SO_3H. Exemplos de ácidos sulfônicos são:

-  ácido benzenossulfônico
- H_3C — SO_3H ácido metanossulfônico

ARNAIN/SHUTTERSTOCK

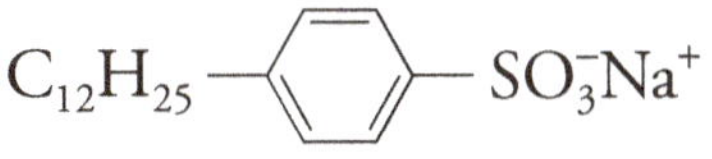

para-dodecilbenzenossulfonato de sódio

O para-dodecilbenzenossulfonato de sódio é um sal orgânico derivado de um ácido sulfônico capaz de interagir tanto com a água quanto com óleos e gorduras. É por esse motivo que essa substância está presente nos detergentes que utilizamos para lavar a louça.

LIGANDO OS PONTOS!

Anestésicos

Imagine intervenções cirúrgicas em uma época em que não se conheciam as modernas anestesias e que ervas eram utilizadas para minimizar a dor! Huuummm, nada agradável!

No entanto, desde os tempos mais remotos os seres humanos buscaram formas de aliviar o sofrimento imposto pelas dores físicas. Estudos mostram que em 4000 a.C. os sumérios, povo que habitava a Suméria (atual região do Kuwait e Iraque), já conheciam o ópio, um poderoso analgésico extraído da papoula.

VISHNEVSKIY VASILY/
SHUTTERSTOCK

Flor de papoula (*Papaver somniferum*).

Também encontramos registros datados de 2250 a.C. indicativos de que os babilônios, habitantes de uma parte da Mesopotâmia (atual Iraque), usavam meimendro para aliviar a dor de dente.

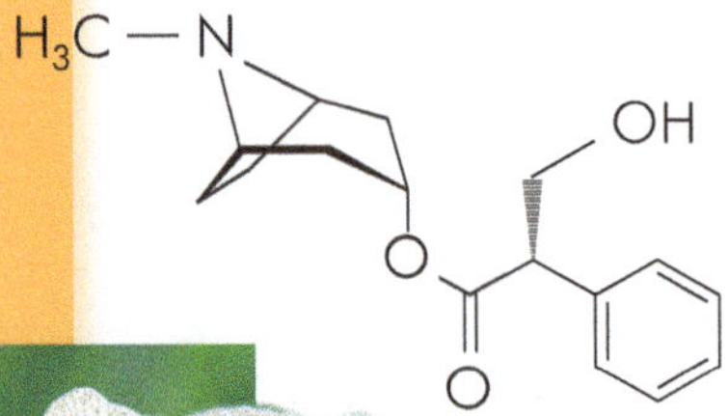
H$_3$C — N
OH
O
O

Entre as substâncias responsáveis pela função analgésica do meimendro, destaca-se a hiosciamina, que apresenta as funções álcool, éster e amina.

Meimendro (*Hyoscyamus niger*).

Ao longo dos séculos outras ervas como o acônito, a mandrágora fervida com vinho, a cicuta, foram utilizadas como anestésicos até que em 1525 Paracelso, médico suíço, usou éter dietílico pela primeira vez para anestesiar animais. Uma mudança e tanto para aquela época! Mas coube ao químico inglês Joseph **Priestley** (1733-1804) a descoberta do óxido nitroso (N_2O) que, inalado com uma mistura de oxigênio, é um anestésico prontamente absorvido, cuja ação termina tão logo cessa a sua administração.

Muitas mudanças importantes surgiram no século XIX, como a descoberta e isolamento da morfina em 1805 (o nome é uma alusão a Morfeu, deus do sonho), um poderoso analgésico para as dores intensas, e a demonstração por William T. G. **Morton** (1819-1868), dentista estadunidense, em 16 de outubro de 1846, que o éter dietílico podia ser utilizado como anestésico durante uma cirurgia. No ano seguinte, 1847, James Y. **Simpson** (1811-1870), obstetra escocês, utiliza o clorofórmio como agente anestésico.

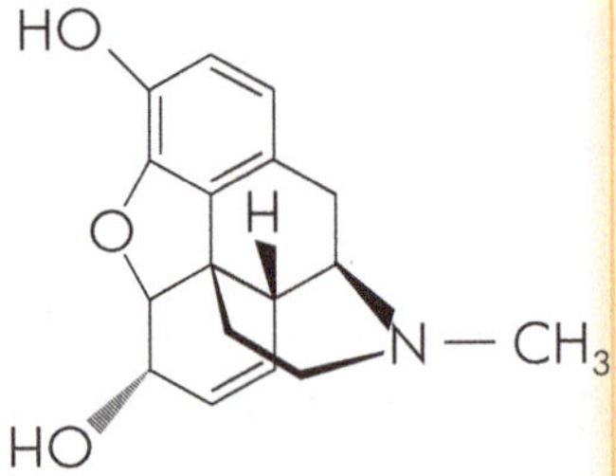
HO
O
H
N — CH$_3$
HO

A maioria dos analgésicos opioides estão relacionados com a morfina que apresenta, em sua estrutura, as funções álcool, fenol, éter e amina.

São muitas e importantes as contribuições da Química para o alívio da dor, com destaque para o desenvolvimento de anestésicos, indispensáveis para o conforto e a sobrevivência do paciente, pois sem anestesia ele não poderia ser submetido à cirurgia e sofreria as consequências disso, entrando em choque, caso alguém tentasse. E a cirurgia não teria tido o desenvolvimento que vemos, hoje, sem o recurso da anestesia.

(a) Mandrágora (*Mandragora officinarum*), (b) acônito (*Aconitum napellus*), (c) cicuta (*Conium maculatum*).

(a)
(b)
(c)
MANFRED RUCKSZIO/
SHUTTERSTOCK
GUENTER MANAUS/SHUTTERSTOCK
PIXIVERSAL/SHUTTERSTOCK

SÉRIE BRONZE

1. Em relação às funções orgânicas oxigenadas, complete a tabela a seguir com as informações corretas.

FUNÇÃO OXGENADA	GRUPO FUNCIONAL	EXEMPLO
álcool	— OH ligado a carbono saturado	$H_3C — CH_2 — OH$ a. ______________
fenol	— OH ligado a b. ______________	 fenol
aldeído	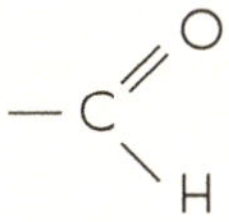 aldoxila	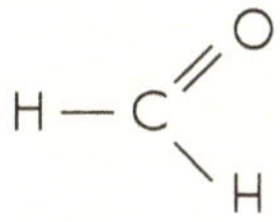 metanal
cetona	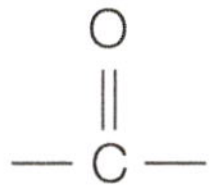 carbonila	c. ______________ propanona
ácido carboxílico	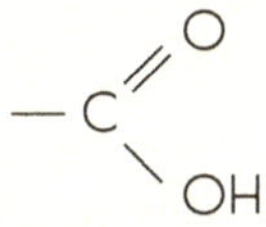 carboxila	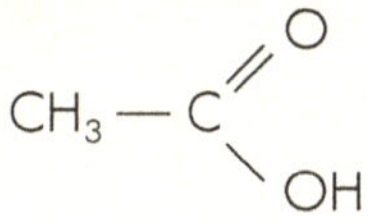 d. ______________
éster	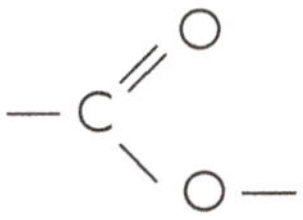 éster	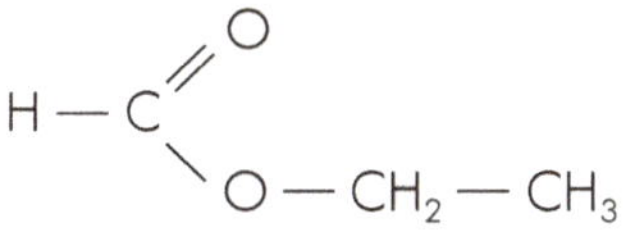 e. ______________
éter	— O — (oxigênio como f. ______________)	g. ______________ metoxietano

2. Indique as funções orgânicas presentes nos compostos:

a) 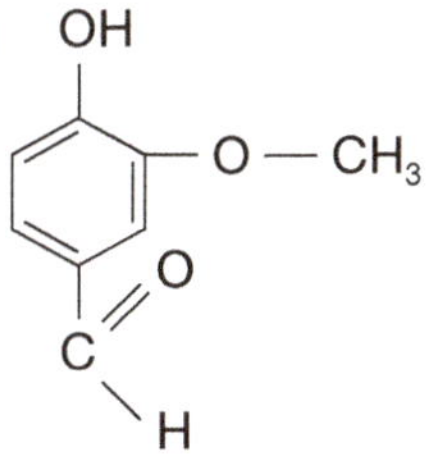

b) 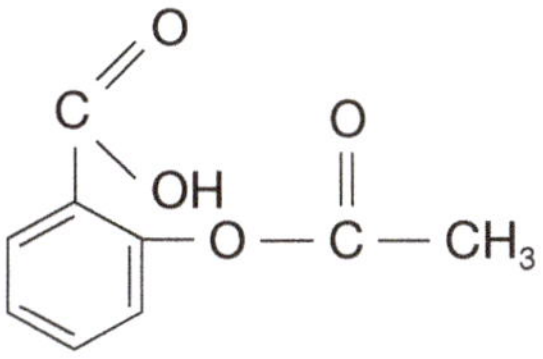

c) 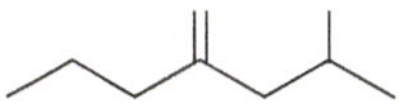

3. Escreva as fórmulas estruturais simplificadas:

a) etanoato de etila

b) butanoato de metila

4. Escreva as fórmulas estruturais simplificadas:

a) metoximetano ou éter dimetílico

b) etoxipropano ou éter etílico e propílico

5. Classifique as aminas em primária, secundária ou terciária.

a) $H_3C — N — CH_3$ (com H ligado ao N) amina ____________

b) 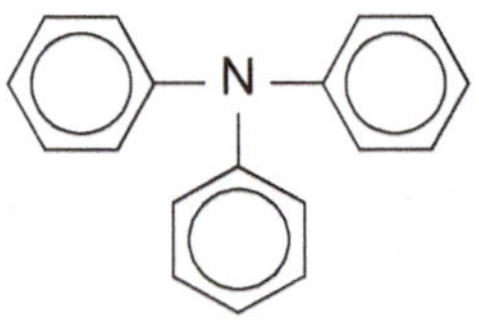 amina ____________

c) $H_3C — NH_2$ amina ____________

6. Forneça a nomenclatura oficial das seguintes aminas.

a) CH_3NH_2

b) $CH_3 — CH_2 — CH_2 — NH_2$

c) 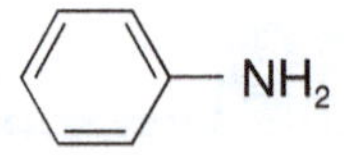

d) $H_3C — N — CH_3$ (com CH_3 ligado ao N)

7. Forneça a fórmula estrutural das seguintes amidas.

a) butanamida

b) benzamida

8. Forneça a nomenclatura oficial dos seguintes haletos orgânicos.

a) $H_3C — Cl$

b) $H_3C — CH_2 — CH_2 — Br$

c) $H_3C — CH — CH_3$ (com I ligado ao CH)

SÉRIE PRATA

1. (UFRGS – RS) O ortocresol, presente na creolina, resulta da substituição de um átomo de hidrogênio do hidroxibenzeno por um grupo metila. A fórmula molecular do ortocresol é:

a) C_7H_8O
b) C_7H_9O
c) C_6H_7O
d) C_6H_8O
e) C_6H_9O

2. (EEM – SP) Considere o composto de função mista:

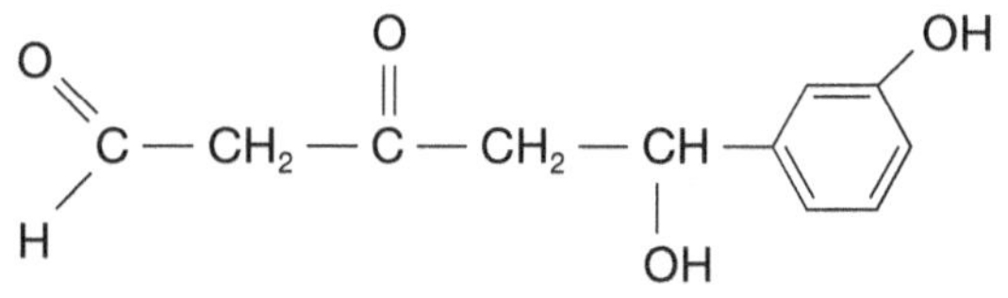
O
O
OH
C — CH2 — C — CH2 — CH
H
OH

e resolva:

a) Qual é a sua fórmula molecular?
b) Indique as funções presentes.

3. (UFO – MG) Assim "falou" a substância: "Sou líquida nas condições ambientes. Sou tóxica. Posso explodir com muita facilidade. Os corpos de minhas moléculas são formados por um átomo de oxigênio e seus braços são dois grupos etila". Qual substância poderia "falar" assim?

a) etanol
b) benzeno
c) etoxietano
d) butano
e) propanona

4. (UFLA – MG) A aspirina é um medicamento de uso relativamente corriqueiro, que é comercializado há décadas. Pode-se afirmar que tal substância

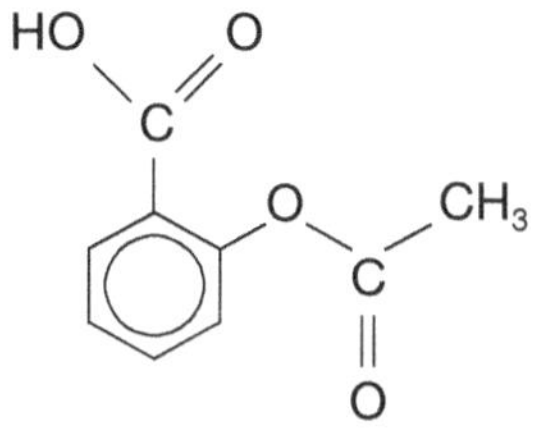
HO
O
C
O
CH3
C
O

a) contém um anel aromático, uma função aldeído e 8 átomos de hidrogênio.
b) possui uma função éster, uma função ácido carboxílico e um anel aromático.
c) é um ácido carboxílico aromático com tripla ligação.
d) apresenta 12 átomos de hidrogênio, uma função ácido carboxílico e um anel aromático na sua estrutura.
e) tem fórmula molecular $C_9H_8O_4$, um anel aromático e uma função cetona.

5. (ESAN – SP) O nome do composto a seguir, que pode ser usado para dar sabor "morango" a balas e refrescos, é:

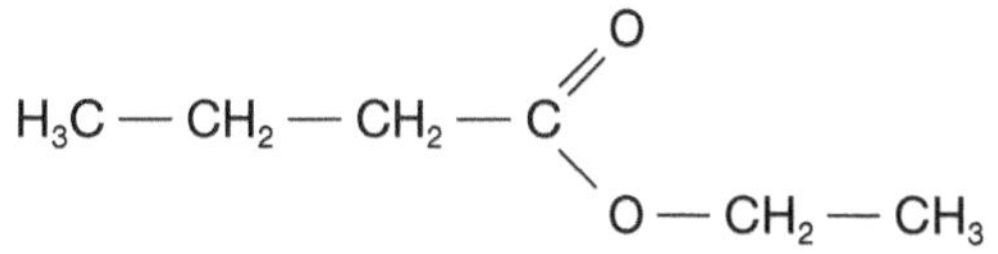
O
H3C — CH2 — CH2 — C
O — CH2 — CH3

a) etanoato de butila
b) butanoato de etila
c) butanoato de metila
d) propanoato de metila
e) etanoato de magnésio

6. (PUC – RS) Para responder à questão a seguir, numere a coluna B, que contém alguns nomes de compostos orgânicos, de acordo com a coluna A, na qual estão citadas funções orgânicas.

Coluna A	Coluna B
I. benzeno	( ) éster
II. etoxietano	( ) hidrocarboneto
III. metanoato de etila	( ) éter
IV. propanona	( ) cetona
V. metanal	( ) aldeído

A sequência correta dos números da coluna B, de cima para baixo, é:

a) II – I – III – V – IV.
b) III – I – II – IV – V.
c) IV – III – II – I – V.
d) III – II – V – I – IV.
e) II – IV – V – I – III.

7. (PUC – RS) A adrenalina, substância secretada em nosso organismo em momentos de tensão, pode ser representada por

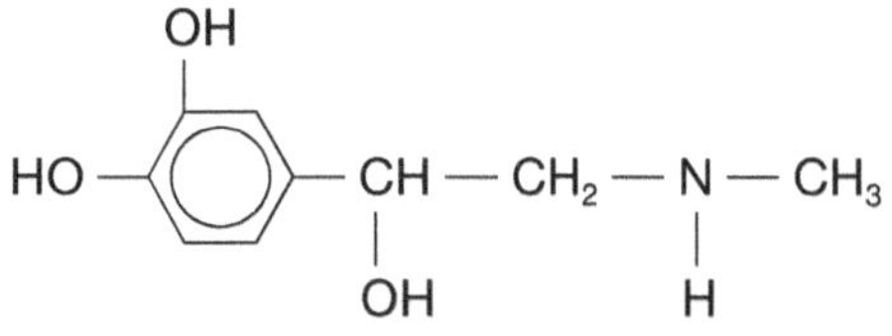
OH
HO
CH — CH2 — N — CH3
OH
H

As funções presentes na estrutura da adrenalina são:

a) fenol, aldeído e éter.
b) fenol, álcool e amina.
c) amida, álcool e éster.
d) álcool, ácido carboxílico e éter.
e) cetona, aldeído e enol.

8. (UNIP – SP) As fórmulas representadas abaixo correspondem às seguintes funções orgânicas, respectivamente:

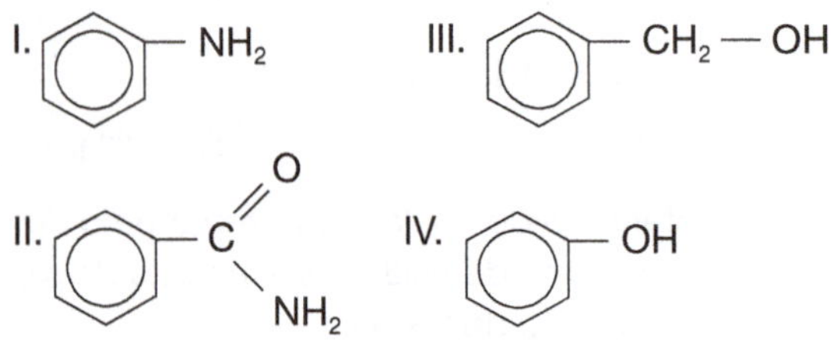
I.
NH_2
III.
$CH_2 — OH$
II.
O
C
NH_2
IV.
OH

a) amina, amida, fenol e álcool.
b) amina, amida, álcool e fenol.
c) amida, amina, fenol e álcool.
d) amida, ácido carboxílico, álcool e álcool.
e) amina, aldeído, cetona e álcool.

9. (UFRJ) A adrenalina é um hormônio liberado na corrente sanguínea dos seres humanos, quando em situação de perigo iminente. Sua fórmula estrutural é:

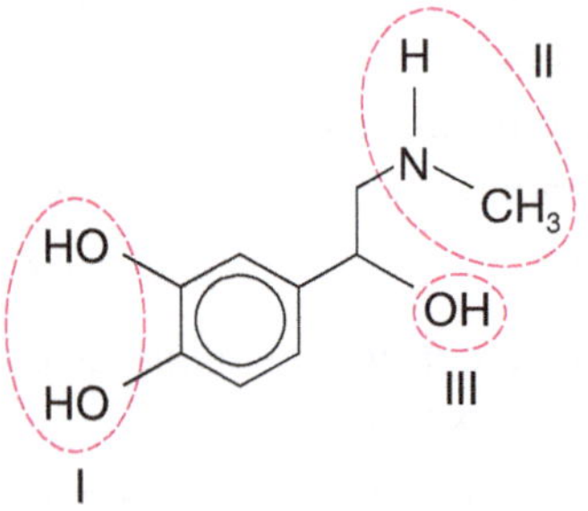
H
II
N
CH_3
HO
OH
HO
III
I

Os grupos funcionais I, II e III são, respectivamente:

a) álcool, amida, álcool.
b) álcool, amina, álcool.
c) fenol, amina, álcool.
d) fenol, amida, álcool.
e) álcool, amina, fenol.

10. (MACKENZIE – SP) Alguns confeitos e balas contêm um flavorizante que dá sabor e aroma de uva, de fórmula estrutural

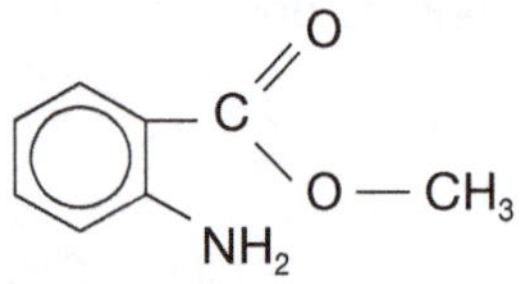
O
C
$O — CH_3$
NH_2

As funções químicas presentes nessa molécula são:

a) éster e amina.
b) ácido carboxílico e fenol.
c) éter e amina.
d) aldeído e éster.
e) éster e nitrocomposto.

11. (UEPA) A nomenclatura IUPAC dos compostos abaixo é:

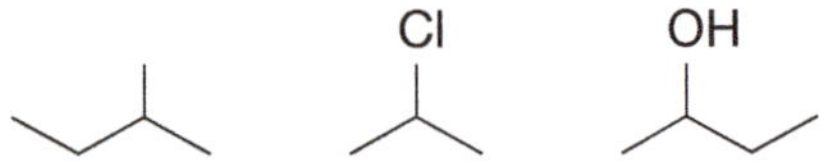
Cl
OH

a) isopentano, 2-cloropropano, álcool secbutílico.
b) 2-metilbutano, 2-cloropropano, butan-2-ol.
c) isopentano, 2-cloropropil, metilpropilcarbinol.
d) 2-metilbutano, cloreto de isopropila, 2-butan-3-ol.
e) isopentil, 2-cloropropano, álcool butílico.

12. (UECE – adaptada) Os haletos orgânicos são muito utilizados como solventes na fabricação de plásticos, inseticidas e gás de refrigeração. Assinale a opção que associa corretamente a fórmula estrutural do haleto orgânico com seu nome IUPAC.

a) $H_3C — CH_2 — CHBr — CH_3$; 3-bromobutano.

b) 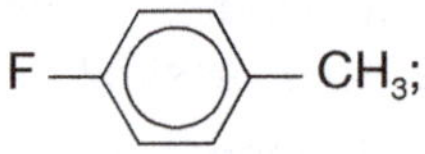
F
CH_3
; 1-flúor-4-metilfenol.

c) $H_3C — CHF — CHCl — CHBr — CH_2 — CH_3$; 2-flúor-3-cloro-4-bromo-hexano.

d) 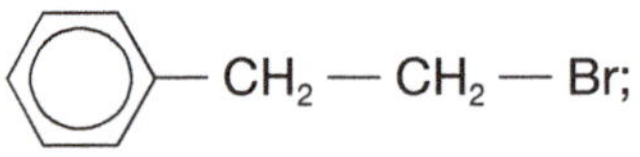
$CH_2 — CH_2 — Br$;

1-bromo-2-feniletano.

e) $H_3C — CH_2 — Cl$; cloreto de etila

SÉRIE OURO

1. (ITA – SP) Sabemos que o analgésico sintetizado por A. Bayer tem a fórmula estrutural mostrada abaixo:

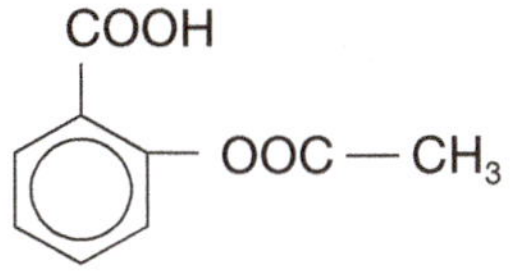

COOH
OOC — CH3

Em relação à constituição deste composto, qual das opções abaixo contém a afirmação errada?

Esse composto contém:

a) um grupo carboxila.
b) um anel aromático e um grupo carboxila.
c) um grupo éter e um anel aromático.
d) um grupo éster e um grupo carboxila.
e) um anel aromático, um grupo éster e um grupo carboxila.

2. (UFV – MG) A azadiractina é um composto natural isolado de árvore indiana *Azadirachta indica* com potente atividade nematicida e antialimentar para insetos.

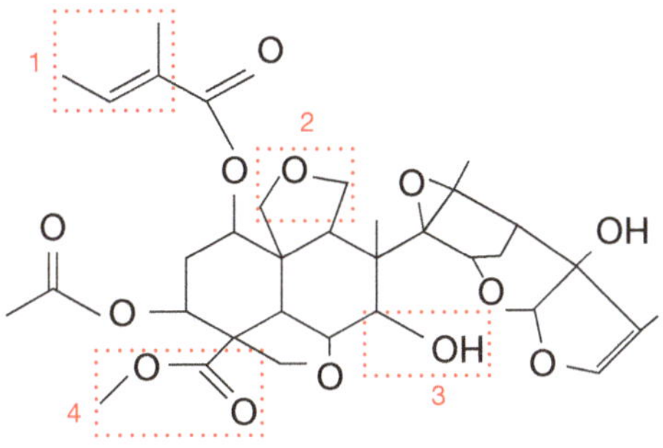

1
2
3
4
OH

azadiractina

As funções de 1 a 4 marcadas na estrutura de azadiractina são, respectivamente,

a) alqueno, álcool, éter, ácido carboxílico.
b) alqueno, éster, álcool, ácido carboxílico.
c) alqueno, éter, álcool, éster.
d) dieno, cetona, fenol, éster.
e) alquino, éter, fenol, cetona.

3. (PUC – PR) A presença de certos grupos funcionais em alguns compostos é responsável pelas sensações ardente, adstringente e refrescante, também denominadas sabores, que sentimos quando ingerimos determinados alimentos. A estrutura a seguir refere-se ao gingerol, substância encontrada no gengibre, responsável pela sensação ardente, quando ingerido.

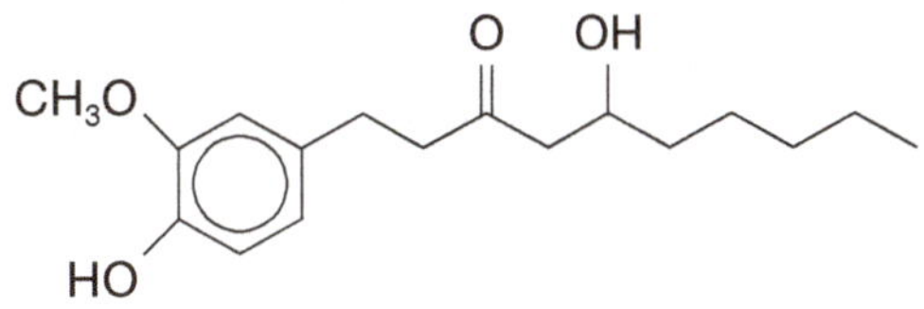

O
OH
CH3O
HO

Qual das funções abaixo não está presente no gingerol?

a) álcool
b) fenol
c) éster
d) éter
e) cetona

4. (FATEC – SP) Observe a estrutura da fenolftaleína.

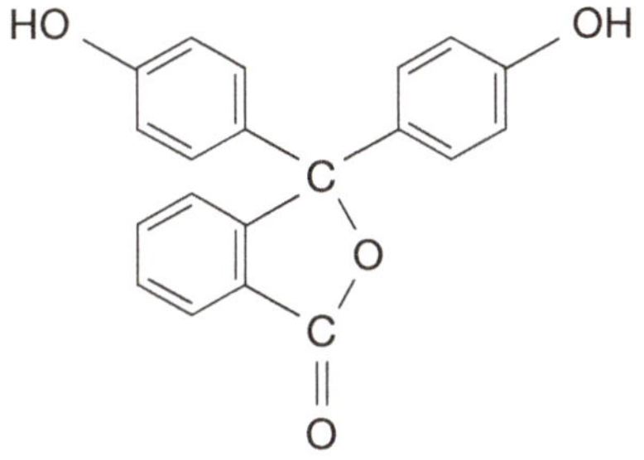

HO
OH
C
O
C
O

Além da função fenol, identificamos o grupo funcional pertencente à função

a) ácido carboxílico.
b) aldeído.
c) álcool.
d) éster.
e) éter.

5. (A. EINSTEIN – SP) A planta *Cannabis sativa* possui vários componentes canabinoides, sendo que o princípio ativo mais potente é o tetra-hidrocanabinol (THC). Nos últimos anos, ocorreu um aumento significativo tanto no interesse quanto na utilização do THC para fins medicinais. A fórmula estrutural do THC está representada a seguir:

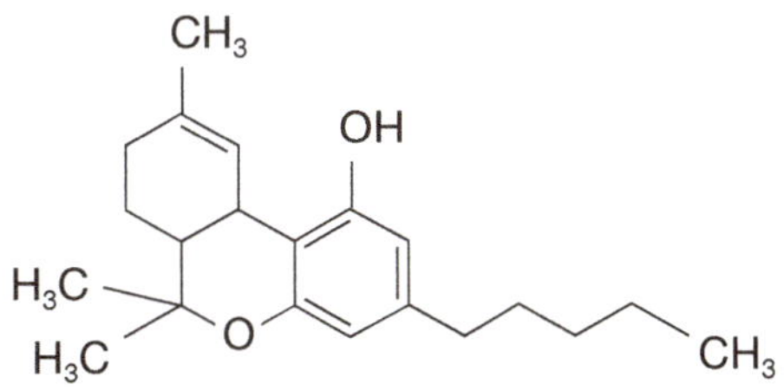

CH3
OH
H3C
H3C
O
CH3

A respeito dessa molécula foram feitas as seguintes observações:

I. Apresenta as funções orgânicas fenol e éster.
II. Possui três radicais metil e 1 radical pentil.
III. Possui três anéis aromáticos condensados.
IV. É uma cadeia insaturada e ramificada.

As afirmativas corretas são:

a) I e II.
b) II e III.
c) II e IV.
d) I e IV.

6. (MACKENZIE - SP) Um professor solicitou aos alunos que escrevessem uma sequência de compostos orgânicos, que contivesse, respectivamente, um álcool, um éster, uma cetona e um aldeído. A sequência correta está representada em

a) $H_3C - OH$, $H_3C - O - CH_3$, $H_3C - CH_2 - COO - CH_3$, $H_3C - CHO$.

b) 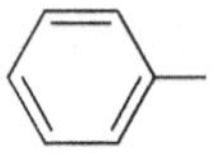 $- OH$, $H_3C - CH_2 - COO - CH_2 - CH_3$, $H_3C - CO - CH_3$, $H_3C - CHO$.

c) $H_3C - CHO$, $H_3C - CO - CH_3$, $HCOOH$, $H_3C - OH$.

d) $H_3C - CHO$, $H_3C - COO - CH_3$, $H_3C - CO - NH_2$, $H_3C - CH_2 - COO - CH_3$.

e) 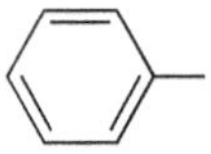 CH_2OH, $H_3C - COO - CH_3$, $H_3C - CO - CH_3$, $H_3C - CHO$.

7. (UDESC) A testosterona é um hormônio sexual masculino, responsável, entre outras coisas, pelas alterações sofridas pelos rapazes na puberdade. Já a progesterona é um hormônio sexual feminino, indespensável à gravidez. Abaixo são representadas as respectivas estruturas:

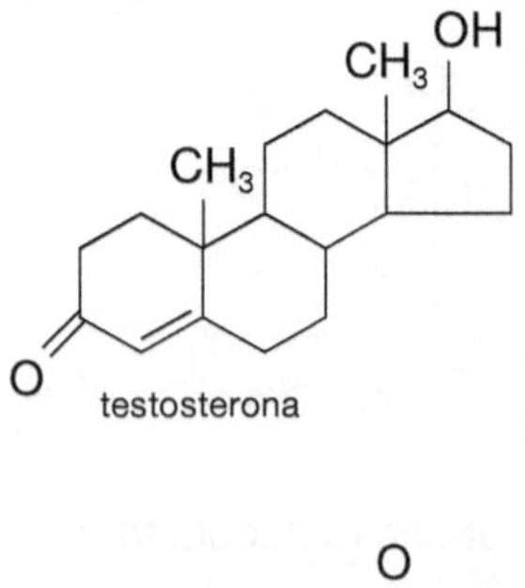
OH
CH3
CH3
O
testosterona

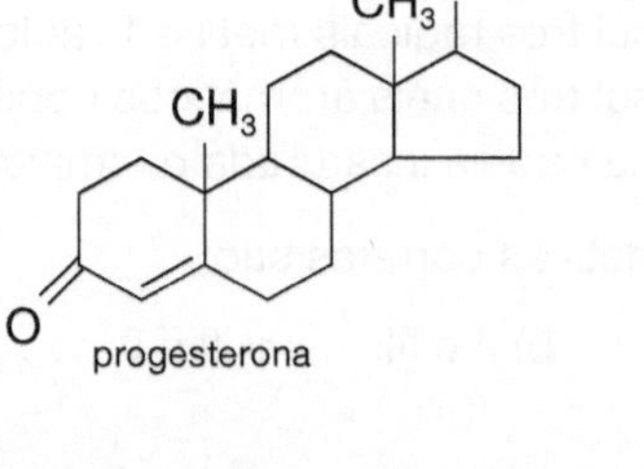
O
C — CH3
CH3
CH3
O
progesterona

Assinale a alternativa que indica corretamente as funções orgânicas presentes nas duas substâncias acima.

a) Na testosterona temos a função fenol e cetona, e, na progesterona, a função cetona.
b) Na testosterona temos a função ácido e cetona, e, na progesterona, a função aldeído.
c) Na testosterona temos a função álcool e cetona, e, na progesterona, a função aldeído.
d) Na testosterona temos a função fenol e cetona, e, na progesterona, a função ácido.
e) Na testosterona temos a função álcool e cetona, e, na progesterona, a função cetona.

8. (ENEM) A produção mundial de alimentos poderia se reduzir a 40% da atual sem a aplicação de controle sobre as pragas agrícolas. Por outro lado, o uso frequente dos agrotóxicos pode causar contaminação em solos, águas superficiais e subterrâneas, atmosfera e alimentos. Os biopesticidas, tais como a piretrina e a coronopilina, têm sido uma alternativa na diminuição dos prejuízos econômicos, sociais e ambientais gerados pelos agrotóxicos.

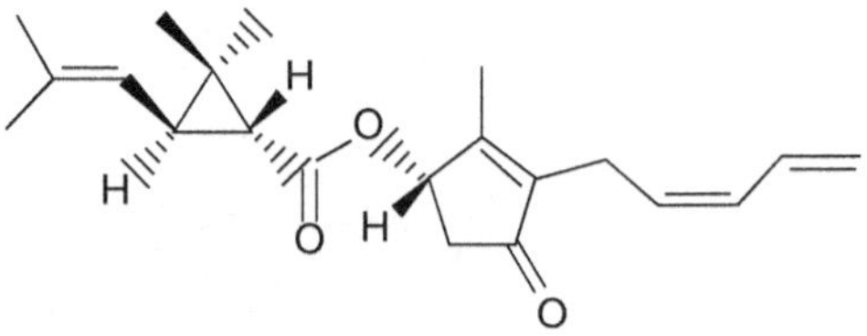
H
H
O
O
H
O
piretrina

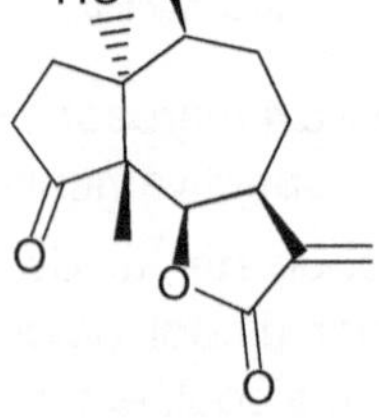
HO
O
O
O
coronopilina

Identifique as funções orgânicas presentes simultaneamente nas estruturas dos dois biopesticidas apresentados:

a) éter e éster.
b) cetona e éster.
c) álcool e cetona.
d) aldeído e cetona.
e) éter e ácido carboxílico.

9. (ENEM) Uma forma de organização de um sistema biológico é a presença de sinais diversos utilizados pelos indivíduos para se comunicarem. No caso das abelhas da espécie *Apis mellifera*, os sinais utilizados podem ser feromônios. Para saírem e voltarem de suas colmeias, usam um feromônio que indica a trilha percorrida por elas (composto A). Quando pressentem o perigo, expelem um feromônio de alarme (composto B), que serve de sinal para um combate coletivo. O que diferencia cada um desses sinais utilizados pelas abelhas são as estruturas e funções orgânicas dos feromônios.

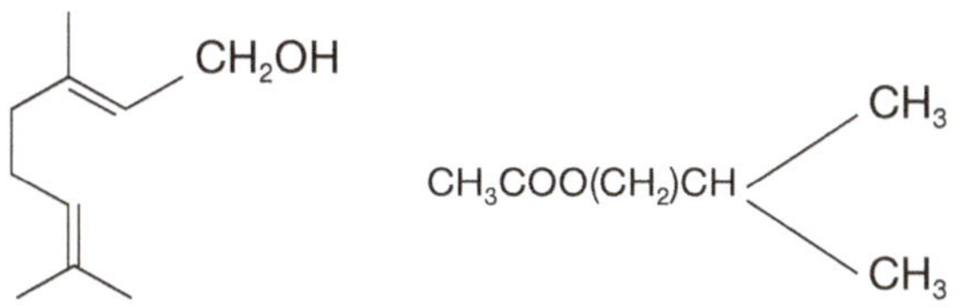
CH2OH
CH3COO(CH2)CH
CH3
CH3

composto A composto B

QUADROS, A. L. Os feromônios e o ensino de química. **Química Nova na Escola**, n. 7, maio 1998. Adaptado.

As funções orgânicas que caracterizam os feromônios de trilha e de alarme são, respectivamente,

a) álcool e éster.
b) aldeído e cetona.
c) éter e hidrocarboneto.
d) enol e ácido carboxílico.
e) ácido carboxílico e amida.

10. (UNICAMP – SP) Considere o ácido acético e dois de seus derivados:

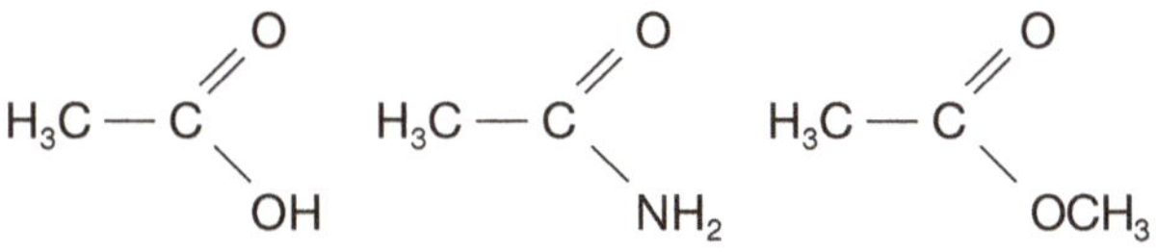
O
H3C — C
OH
O
H3C — C
NH2
O
H3C — C
OCH3

ácido acético acetamida acetato de metila

Sendo a fórmula do ácido benzoico:

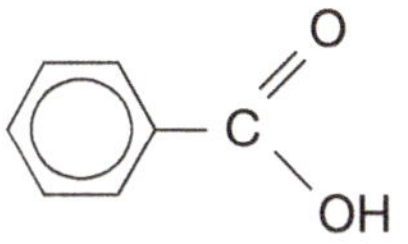
O
C
OH

escreva as fórmulas de benzamida e do benzoato de metila.

11. (UFJF – MG) O saquinavir é um fármaco administrado a pessoas que possuem SIDA (síndrome de imunodeficiência adquirida – AIDS) e é capaz de inibir a HIV-protease do vírus evitando sua maturação.

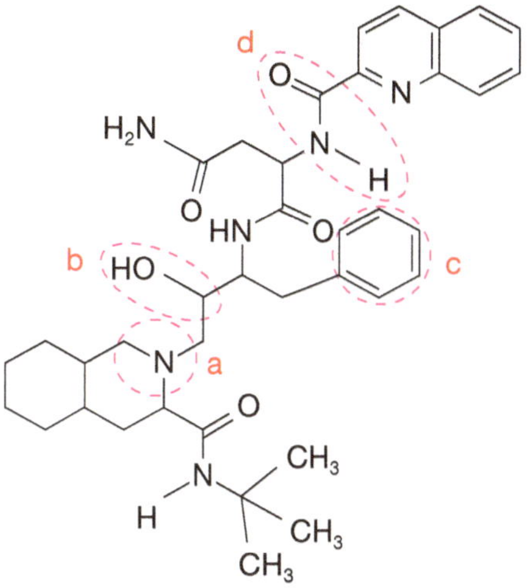
d
O
N
H2N
N
H
O
HN
O
b
HO
c
N
a
O
N
CH3
H
CH3
CH3

saquinavir

Os destaques **a**, **b**, **c** e **d** na figura acima representam, respectivamente:

a) amida, álcool, anel aromático e amina.
b) amina, álcool, anel aromático e amida.
c) amina, fenol, alcano e amida.
d) amina, fenol, anel aromático e amida.
e) amida, álcool, alcano e amina.

12. (EsPCEx – RJ) O composto denominado comercialmente por *Aspartame* é comumente utilizado como adoçante artificial, na sua versão enantiomérica denominada S,S-aspartamo. A nomenclatura oficial do aspartame especificada pela União Internacional de Química Pura e Aplicada (IUPAC) é ácido 3-amino-4-[(benzil-2--metóxi-2-oxoetil)amino]-4-oxobutanoico e sua estrutura química de função mista pode ser vista abaixo.

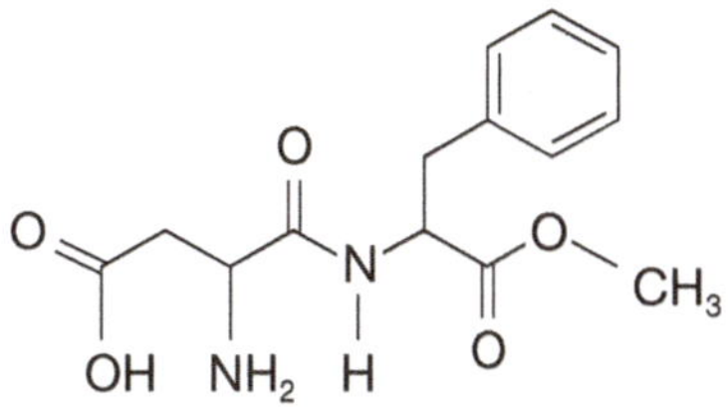
O
O
N
O
CH3
OH
NH2
H
O

A fórmula molecular e as funções orgânicas que podem ser reconhecidas na estrutura do aspartame são:

a) $C_{14}H_{16}N_2O_4$; álcool; ácido carboxílico; amida; éter.
b) $C_{12}H_{18}N_2O_5$; amina; álcool; cetona; éster.
c) $C_{14}H_{18}N_2O_5$; amina; ácido carboxílico; amida; éster.
d) $C_{13}H_{18}N_2O_4$; amida; ácido carboxílico; aldeído; éter.
e) $C_{14}H_{16}N_3O_5$; nitrocomposto; aldeído; amida; cetona.

13. (ENEM) Plantas apresentam substâncias utilizadas para diversos fins. A morfina, por exemplo, extraída da flor da papoula, é utilizada como medicamento para aliviar dores intensas. Já a coniina é um dos componentes da cicuta, considerada uma planta venenosa. Suas estruturas moleculares são apresentadas na figura.

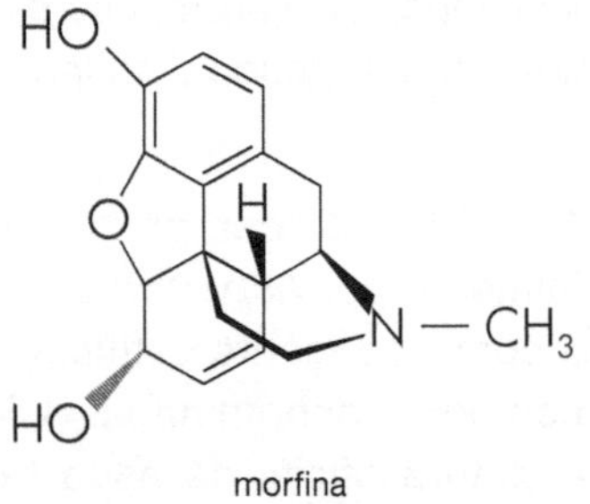
HO
O
H
N — CH3
HO
morfina

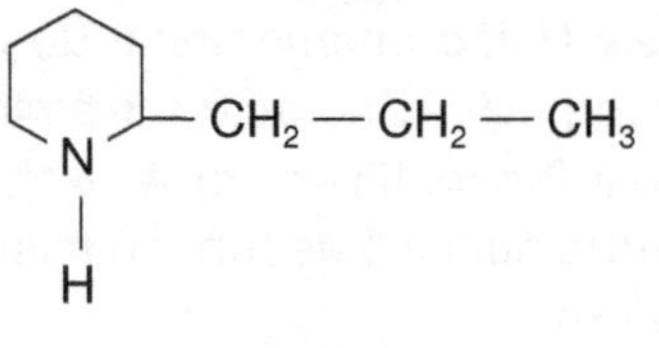
CH2 — CH2 — CH3
N
H
coniina

O grupo funcional comum a esses fitoquímicos é o(a)

a) éter.
b) éster.
c) fenol.
d) álcool.
e) amina.

14. (FAMERP - SP) Tetraciclina e cefalosporina são antibióticos clássicos, cujas fórmulas estruturais estão representadas a seguir.

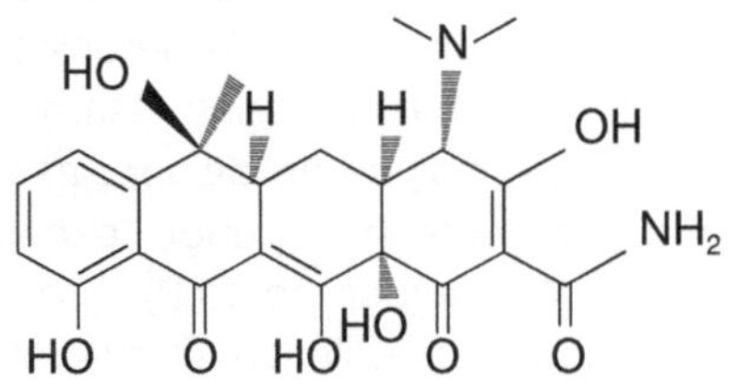
N
HO
H
H
OH
NH2
HO
O
HO
HO
O
O
tetraciclina

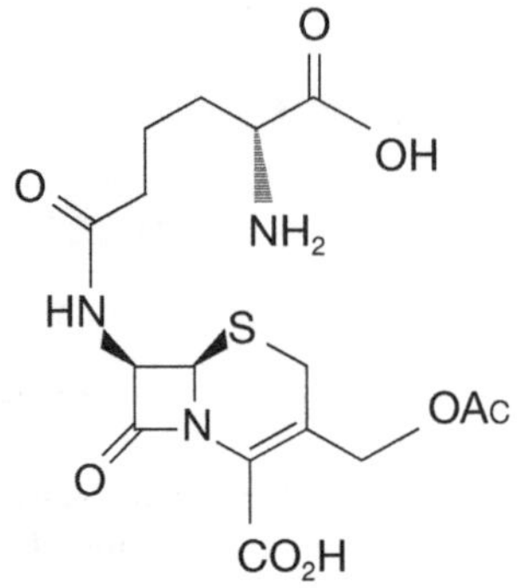
O
OH
O
NH2
HN
S
OAc
N
O
CO2H
cefalosporina

As duas estruturas têm em comum as funções orgânicas

a) fenol e ácido carboxílico.
b) cetona e amina.
c) cetona e amida.
d) amina e amida.
e) amina e ácido carboxílico.

15. (FUVEST - SP) Em 2009, o mundo enfrentou uma epidemia, causada pelo vírus A (H1N1), que ficou conhecida como gripe suína. A descoberta do mecanismo de ação desse vírus permitiu o desenvolvimento de dois medicamentos para combater a infecção, por ele causada, e que continuam necessários, apesar de já existir e estar sendo aplicada a vacina contra esse vírus. As fórmulas estruturais dos princípios ativos desses medicamentos são:

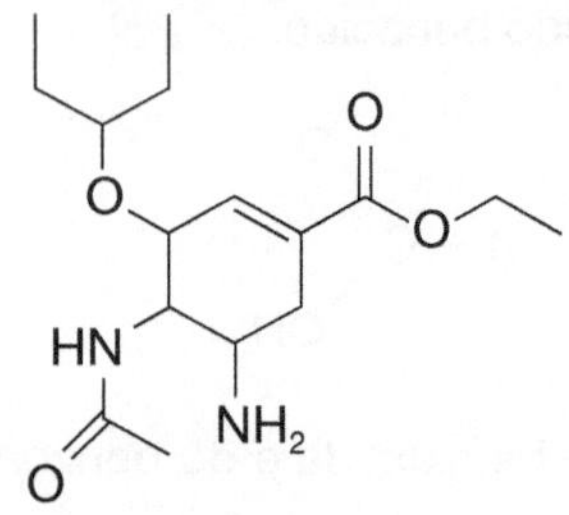
O
O
O
HN
NH2
O
oseltamivir

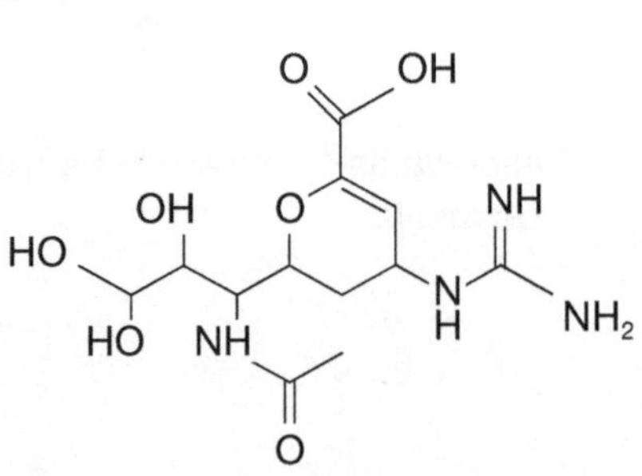
O
OH
OH
O
NH
HO
N
H
NH2
HO
NH
O
zanamivir

Examinando-se as fórmulas desses compostos, verifica-se que dois dos grupos funcionais que estão presentes no oseltamivir estão presentes também no zanamivir.

Esses grupos são característicos de

a) amidas e éteres.
b) ésteres e álcoois.
c) ácidos carboxílicos e éteres.
d) ésteres e ácidos carboxílicos.
e) amidas e álcoois.

16. (MACKENZIE - SP - adaptada) A epidemia de dengue no Brasil, transmitida pelo mosquito *Aedes aegypti* e mais recentemente os casos de microcefalia, causados pela disseminação do *Zika* vírus, vem preocupando a população brasileira e, principalmente, as gestantes. Na tentativa de evitar o contato com o mosquito, os repelentes desapareceram das prateleiras das farmácias, mas a eficácia não está no uso de um repelente qualquer. Os médicos alertam que o repelente eficaz contra o *Aedes aegypti* deve conter um princípio ativo chamado icaridina. A Organização Mundial de Saúde (OMS) acrescenta também outros princípios ativos eficazes, o DEET e IR 3535. Assim, de acordo com as fórmulas estruturais do DEET e da icaridina, abaixo representadas, são feitas as seguintes afirmações:

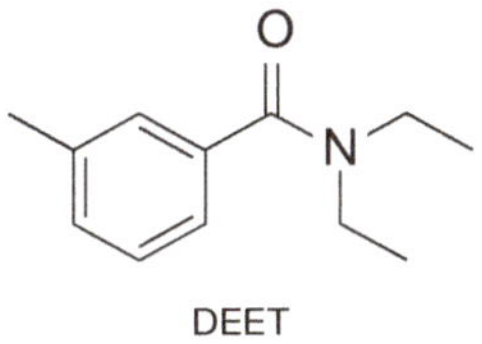
O
N

DEET

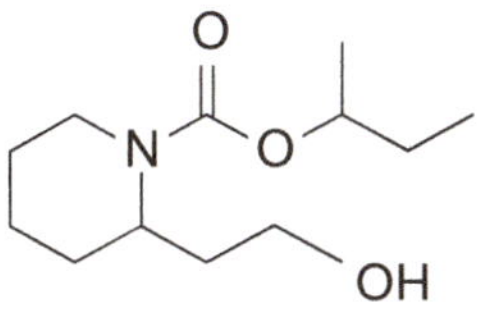
O
N
O
OH

icaridina

I. O DEET possui três carbonos terciários e um grupo funcional amida.
II. A fórmula molecular da icaridina é $C_{12}H_{22}NO_3$.
III. A icaridina apresenta o grupo funcional álcool.
IV. A molécula de DEET contém 17 átomos de hidrogênio.

É correto dizer que apenas as afirmações

a) II, III e IV são verdadeiras.
b) I e II são verdadeiras.
c) I, II e III são verdadeiras.
d) II e IV são verdadeiras.
e) III e IV são verdadeiras.

17. (A. EINSTEIN - SP - adaptada) Ritalina é o nome comercial do metilfenidato, droga frequentemente receitada para pacientes com transtorno do déficit de atenção e hiperatividade (TDAH). A fórmula estrutural do metilfenidato está representada a seguir:

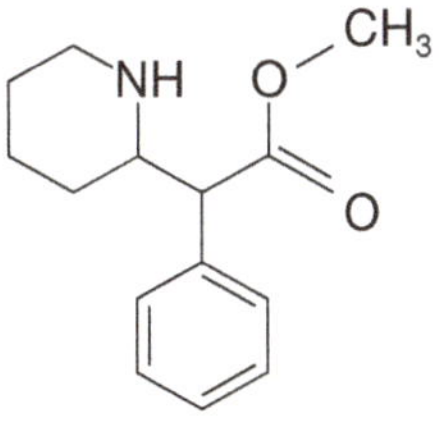
NH
O
CH3
O

A respeito dessa substância foram feitas algumas afirmações:

I. Apresenta fórmula molecular $C_{14}H_{19}NO_2$.
II. Um comprimido com 20 mg apresenta menos de $1,0 \cdot 10^{-5}$ mol dessa substância.
III. A molécula pode ser classificada como aromática.
IV. Apresenta as funções amina e ácido carboxílico.

Estão corretas apenas as afirmações:

DADOS: massas molares em g/mol: O = 16; N = 14; C = 12; H = 1.

a) I e III.
b) II e III.
c) I e IV.
d) III e IV.
e) I e III.

18. (FMABC - SP) Considere as seguintes informações:

"As flores de papoula secas e transformadas em pó são vendidas aos laboratórios que extraem a paramorfina. Esta, por sua vez, é misturada com acetato de sódio, tolueno e peróxido de hidrogênio e, por meio de reações químicas, se transforma em oxicodona: o princípio ativo analgésico dos opioides."

Revista **Superinteressante**, out. 2017. Adaptado.

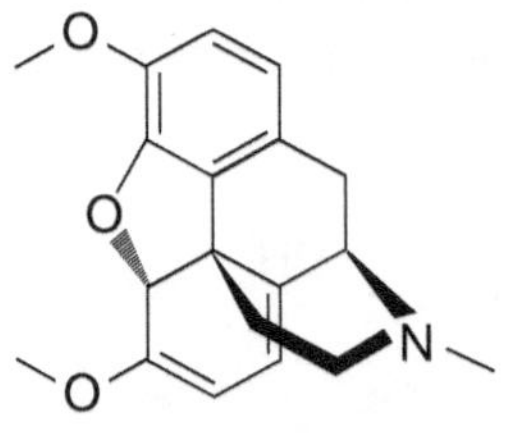
O
O
N
O
paramorfina

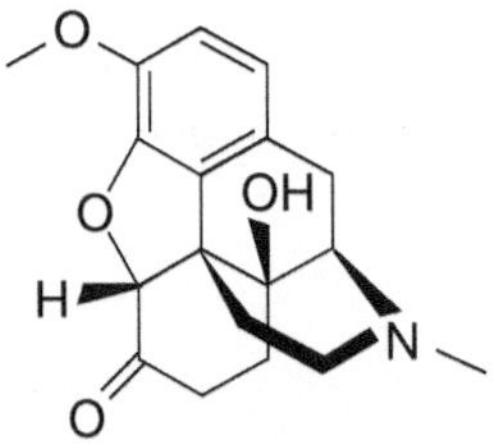
O
O
OH
H
N
O
oxicodona

De acordo com essas informações, conclui-se:

I. A paramorfina e a oxicodona possuem anel aromático.
II. A transformação da paramorfina em oxicodona envolve a formação de uma cetona.
III. A paramorfina e a oxicodona apresentam a função amida.
IV. Somente a paramorfina apresenta a função éter.

Está correto o que consta apenas em

a) I e III.
b) II e IV.
c) I e II.
d) II e III.
e) III e IV.

19. (UNESP) Durante a guerra do Vietnã (década de 60 do século passado), foi usado um composto chamado agente laranja (ou 2,4-D) que, atuando como desfolhante das árvores, impedia que os soldados vietnamitas (os vietcongues) se ocultassem nas florestas durante os ataques dos bombardeiros. Esse material continha uma impureza, resultante do processo de sua fabricação, altamente cancerígena, chamada dioxina. As fórmulas estruturais para estes compostos são apresentadas a seguir.

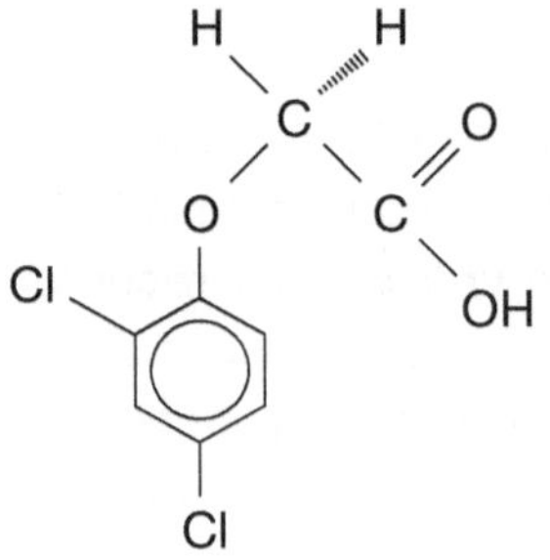
H
H
C
O
O
C
Cl
OH
Cl
2,4-D

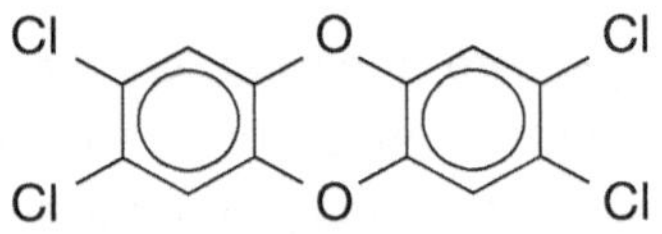
Cl
O
Cl
Cl
O
Cl
dioxina

Esses compostos apresentam em comum as funções:

a) amina e ácido carboxílico.
b) ácido carboxílico e amida.
c) éter e haleto orgânico.
d) cetona e aldeído.
e) haleto orgânico e amida.

20. (ITA – SP) Em junho de 2006, foi noticiado que um caminhão transportando cilindros do composto t-butilmercaptana (2-metil-2-propanotiol) tombou na Marginal Pinheiros – cidade de São Paulo. Devido ao acidente, ocorreu o vazamento da substância. Quando adicionada ao gás de cozinha, tal substância fornece-lhe um odor desagradável. Assinale a opção que indica a fórmula molecular correta desse composto.

a) $(CH_3)_3CNH_2$
b) $(CH_3)_3CSH$
c) $(CH_3)_3CNHCH_3$
d) $(CH_3)_3CCH_2NH_2$
e) $(CH_3)_3CSCH_2OH$

21. (UNIFESP) No final de junho de 2006, na capital paulistana, um acidente na avenida marginal ao rio Pinheiros causou um vazamento de gás, deixando a população preocupada. O forte odor do gás foi perceptível em vários bairros próximos ao local. Tratava-se da substância química butilmercaptana, que é um líquido inflamável e mais volátil que a água, utilizado para conferir odor ao gás liquefeito de petróleo (GLP). A substância tem como sinônimos químicos butanotiol e álcool tiobutílico. Sobre a butilmercaptana, são feitas as seguintes afirmações:

I. Apresenta massa molar igual a 90 g/mol.
II. Apresenta maior pressão de vapor do que a água, nas mesmas condições.
III. É menos densa que o ar, mas nas mesmas condições.

São corretas as afirmações contidas em

a) I, II e III.
b) I e II, apenas.
c) I e III, apenas.
d) II e III, apenas.
e) I, apenas.

DADOS: massas molares em g/mol: C = 12, H = 1, S = 32.

SÉRIE PLATINA

1. (ENEM – adaptada) A Química verde permite o desenvolvimento tecnológico com danos reduzidos ao meio ambiente, e encontrar rotas limpas tem sido um grande desafio. Considere duas rotas diferentes utilizadas para a obtenção de ácido adípico, um insumo muito importante para a indústria têxtil e de plastificantes.

Rota tradicional (marrom)

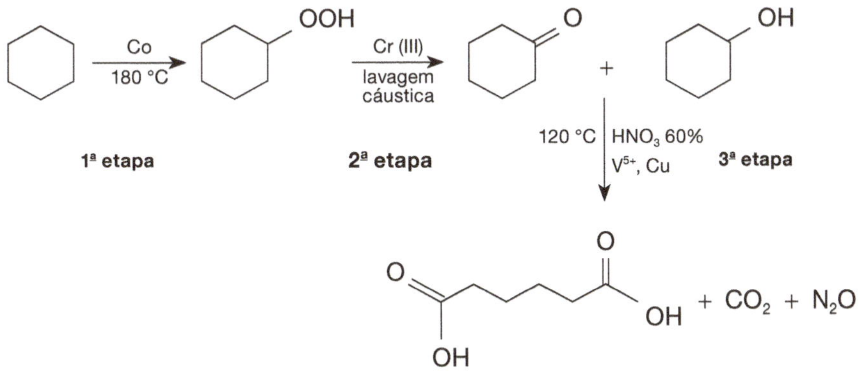

Co
180 °C
OOH
Cr (III)
lavagem cáustica
O
+
OH
1ª etapa
2ª etapa
120 °C
HNO3 60%
V5+, Cu
3ª etapa
O
O
OH
OH
+ CO2 + N2O

Rota verde

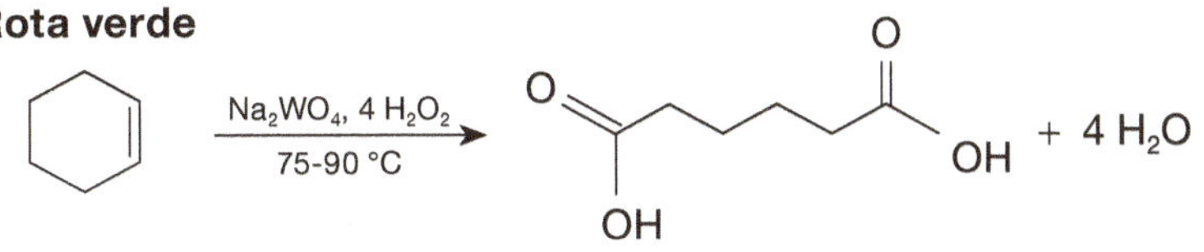

Na2WO4, 4 H2O2
75-90 °C
O
O
OH
OH
+ 4 H2O

LENARDÃO, E. J. *et al.* Green chemistry – os doze Princípios da Química Verde e sua inserção nas atividades de ensino e pesquisa. **Química Nova**, n. 1, 2003. Adaptado.

a) Indique as funções orgânicas presentes nos produtos orgânicos, da 2ª e da 3ª eapas, da "Rota tradicional (marrom)".
b) Que fator contribui positivamente para que a segunda rota de síntese seja verde em comparação à primeira?

2. (FAMERP – SP) A fórmula corresponde à estrutura do antisséptico cloreto de benzetônio.

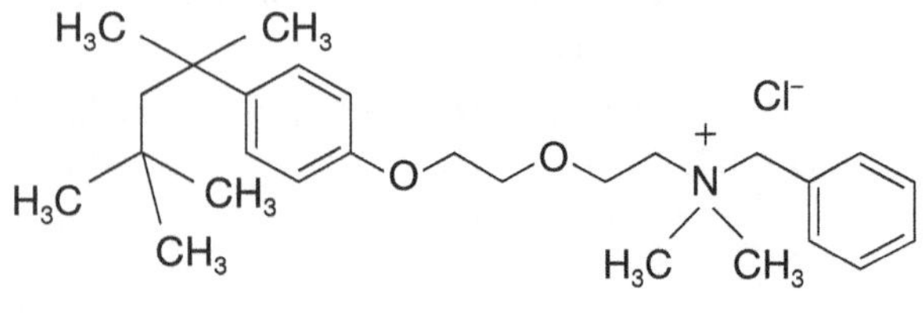

De acordo com a fórmula apresentada, é correto afirmar que o cloreto de benzetônio é

a) um sal de amônio quaternário, que apresenta a função álcool.
b) um sal de amônio quaternário, que apresenta a função éter.
c) uma amida, que apresenta a função éter.
d) uma amida, que apresenta a função álcool.
e) um sal de amônio quaternário, que apresenta a função éster.

3. (UNICAMP – SP – adaptada) Já faz parte do folclore brasileiro alguém pedir um "prato quente" na Bahia e se dar mal. Se você come algo muito picante, sensação provocada pela presença da capsaicina (fórmula estrutural mostrada a seguir) no alimento, logo toma algum líquido para diminuir essa sensação. No entanto, nem sempre isso adianta, pois logo em seguida você passa a sentir o mesmo ardor.

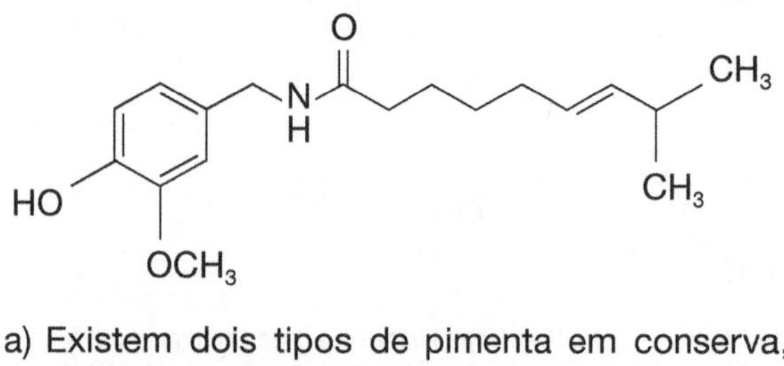

a) Existem dois tipos de pimenta em conserva, um em que se usa vinagre e sal, e outro em que se utiliza óleo comestível. Comparando-se os dois tipos, observa-se que o óleo comestível se torna muito mais picante que o vinagre. Em vista disso, o que seria mais eficiente para eliminar o ardor na boca provocado pela ingestão de pimenta: vinagre ou óleo? Justifique sua escolha baseando-se apenas nas informações dadas.
b) Durante uma refeição, a ingestão de determinados líquidos nem sempre é palatável; assim, se o "prato quente" também estiver muito salgado, a ingestão de leite faz desaparecer imediatamente as duas sensações. Baseando-se nas interações químicas entre os componentes do leite e os condimentos, explique por que a sensação picante é amenizada após a ingestão do leite. Lembre-se que o leite é uma suspensão constituída de água, sais minerais, proteínas, gorduras e açúcares.
c) Quais as funções orgânicas presentes no composto?

4. (A. EINSTEIN – SP – adaptada) O vertiginoso crescimento populacional humano associado à industrialização e ao aumento do consumo resultou em um problema de proporções gigantescas: o lixo. No Brasil, entre 2003 e 2014, a geração de lixo cresceu 29%, taxa maior que aquela apresentada pelo próprio crescimento populacional no período, que foi de 6%.

Muitos especialistas condenam a prática da incineração do lixo principalmente pelo fato de que a combustão de certos resíduos gera dioxinas. Pesquisas têm demonstrado que essas substâncias são cancerígenas em diversos pontos do organismo, em ambos os sexos e em diversas espécies. Por serem lipofílicas, as dioxinas se bioacumulam nas cadeias alimentares.

Entre as dioxinas, a que tem mostrado a maior toxicidade e, por isso mesmo, é a mais famosa, é a 2,3,7,8 tetraclorodibenzo-para-dioxina (TCDD). Essa substância, cuja estrutura está representada a seguir, apresenta uma dose letal de 1,0 μg/kg de massa corpórea, quando ministrada por via oral, em cobaias.

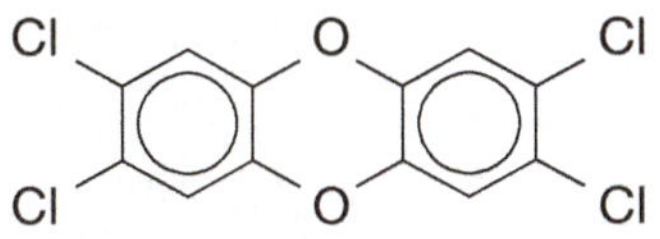

Cl
O
Cl
Cl
O
Cl

A respeito do TCDD, responda aos seguintes itens:

a) Classifique a molécula de TCDD quanto à polaridade. Com base nessa classificação e nas interações intermoleculares, indique se essa molécula apresenta caráter lipofílico ou hidrofílico. Justifique.

b) Determine a fórmula molecular e a massa molar do TCDD. Calcule a quantidade de matéria de TCDD, em mol, considerada letal para uma cobaia que apresenta 966 g de massa.

c) Quais as funções orgânicas presentes nesse composto?

DADOS: massas molares ($g \cdot mol^{-1}$): H = 1,0; C = 12,0; O = 16,0; Cl = 35,5; 1 $\mu g = 10^{-6}$ g.

5. (ENEM) Os pesticidas modernos são divididos em várias classes, entre as quais se destacam os organofosforados, materiais que apresentam efeito tóxico agudo para os seres humanos. Esses pesticidas contêm um átomo central de fósforo ao qual estão ligados outros átomos ou grupo de átomos como oxigênio, enxofre, grupos metoxi ou etoxi, ou um radical orgânico de cadeia longa. Os organofosforados são divididos em três subclasses: ***Tipo A***, na qual o enxofre não se incorpora na molécula; ***Tipo B***, na qual o oxigênio, que faz ligação dupla com fósforo, é substituído pelo enxofre; e ***Tipo C***, no qual dois oxigênios são substituídos por enxofre.

BAIRD, C. **Química Ambiental**. Porto Alegre: Bookman.

Um exemplo de pesticida organofosforado Tipo B, que apresenta grupo etoxi em sua fórmula estrutural, está representado em:

a) 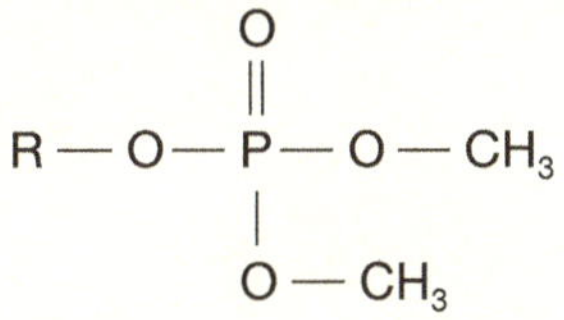

O
R — O — P — O — CH3
O — CH3

b) 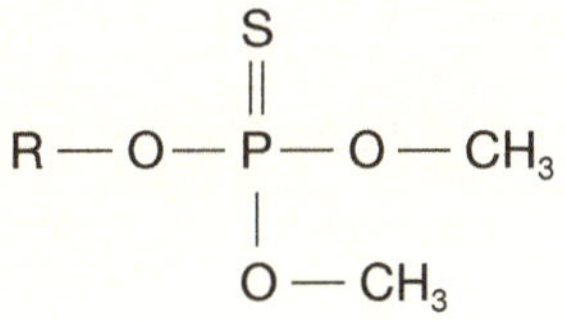

S
R — O — P — O — CH3
O — CH3

c) 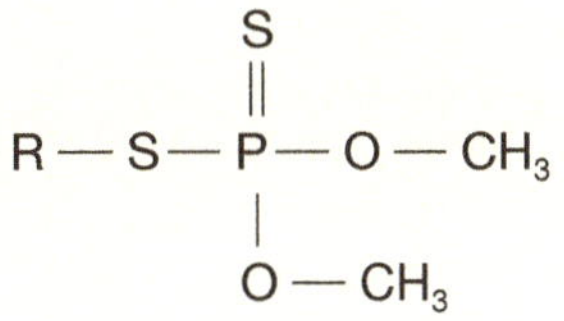

S
R — S — P — O — CH3
O — CH3

d) 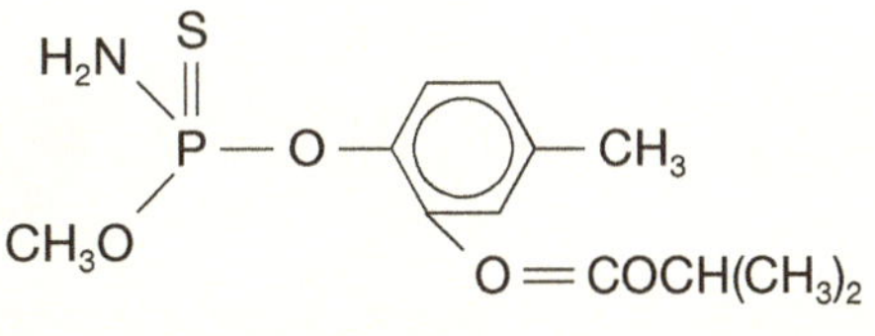

H2N
S
P — O
CH3
CH3O
O = COCH(CH3)2

e) 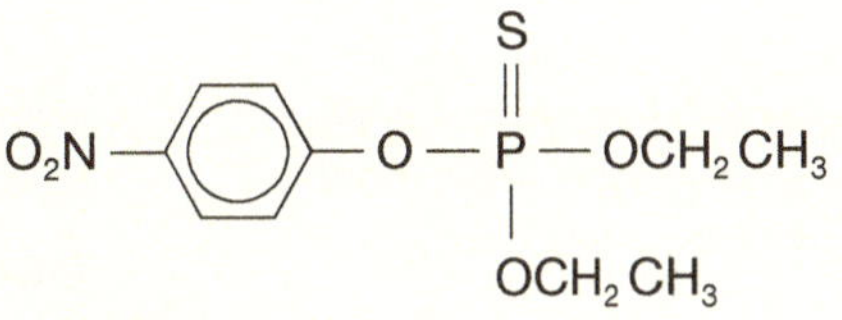

S
O2N
O — P — OCH2 CH3
OCH2 CH3

Resolução:

O composto da alternativa *e* apresenta enxofre fazendo ligação dupla com o fósforo e o grupo etoxi ($H_3C - CH_2 - O -$).

Resposta: alternativa e.

CAPÍTULO 8

Isomeria Constitucional ou Plana

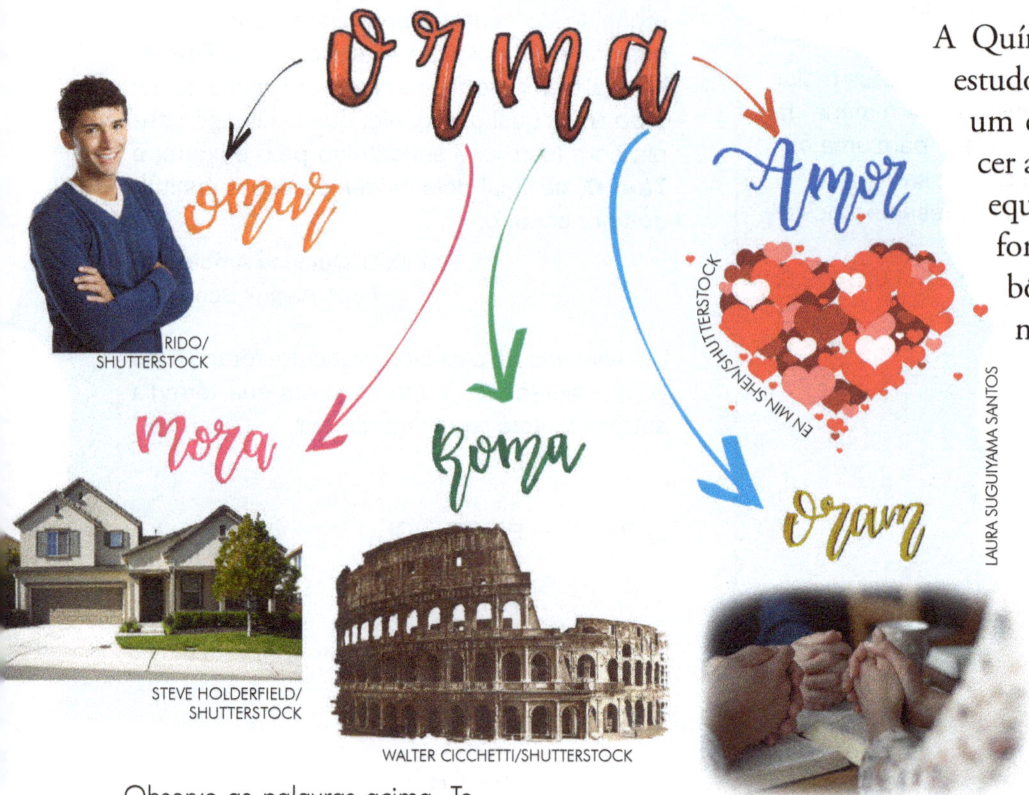

Orma
omar
Amor
mora
Roma
oram

RIDO/SHUTTERSTOCK

STEVE HOLDERFIELD/SHUTTERSTOCK

WALTER CICCHETTI/SHUTTERSTOCK

EN MIN SHEN/SHUTTERSTOCK

PHOTOGRANARY/SHUTTERSTOCK

LAURA SUGUIYAMA SANTOS

A Química Orgânica baseia-se no estudo de compostos de carbono, um elemento que pode estabelecer até quatro ligações covalentes equivalentes, o que possibilita a formação de longas cadeias carbônicas, com dezenas, centenas e milhares de átomos.

Essa capacidade permite que sejam inúmeros os compostos diferentes com uma mesma quantidade de átomos, mesmo entre os hidrocarbonetos que estudamos no Capítulo 1, substâncias formadas apenas por átomos de carbono e hidrogênio. Por exemplo, a fórmula C_4H_{10} pode indicar tanto o butano quanto o metilpropano.

Observe as palavras acima. Todas, com significados tão distintos, são formadas pelas mesmas letras, arranjadas de diferentes formas. Esse é um modo simples de entender o que é isomeria: compostos de mesma fórmula molecular, mas fórmulas estruturais diferentes.

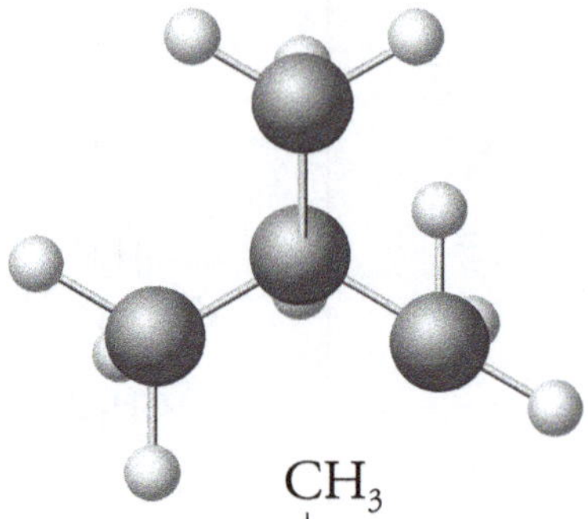

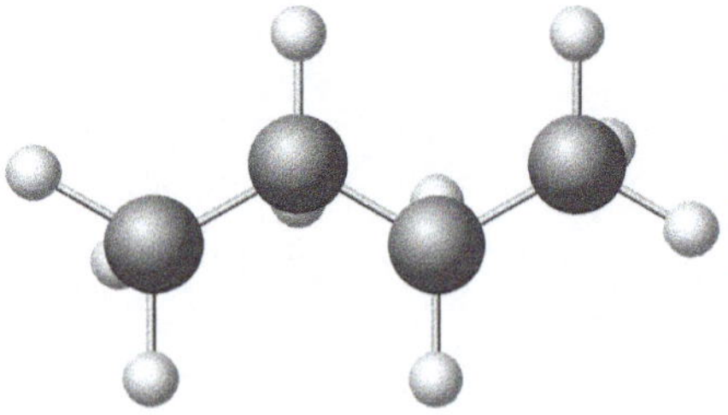

CHROMATOS/SHUTTERSTOCK

À direita, temos o butano, que apresenta cadeia carbônica normal, enquanto, à esquerda, temos o metilpropano, que apresenta cadeia carbônica ramificada.

$$CH_3-\underset{}{\overset{\overset{\displaystyle CH_3}{|}}{CH}}-CH_3$$

$$CH_3-CH_2-CH_2-CH_3$$

Entretanto, conforme o número de átomos de carbonos vai aumentando, a quantidade de cadeias carbônicas distintas aumenta absurdamente: existem três compostos distintos de fórmula C_5H_{12}, cinco com fórmula C_6H_{14}, nove com fórmula C_7H_{16}, 18 com fórmula C_8H_{18} e 35 com fórmula C_9H_{20}. Agora, com fórmula $C_{10}H_{22}$, temos 75 compostos diferentes.

E com fórmula $C_{30}H_{62}$? Você consegue imaginar a quantidade de estruturas diferentes? Teoricamente, há possibilidade de ligarmos essa quantidade de átomos de carbono de mais de 4 bilhões de formas diferentes!

Esse fenômeno, de compostos com mesma fórmula molecular apresentarem estruturas diferentes, é chamado de **isomeria** e será o tema de estudo tanto deste capítulo quanto do próximo!

8.1 Fórmula Estrutural dos Compostos Orgânicos

Como acabamos de discutir para os hidrocarbonetos, a fórmula molecular, que indica a quantidade de átomos em uma molécula, não é suficiente para diferenciar os isômeros entre si, sendo necessário analisar a **fórmula estrutural** desses compostos, que é aquela que indica como estão dispostos (ligados) os átomos de um composto químico. Temos dois tipos de fórmula estrutural:

- **plana** – mostra como os átomos estão ligados entre si em uma molécula, porém não mostra o formato da molécula no espaço. Veja a seguir, como exemplo, a fórmula estrutural plana do metano:

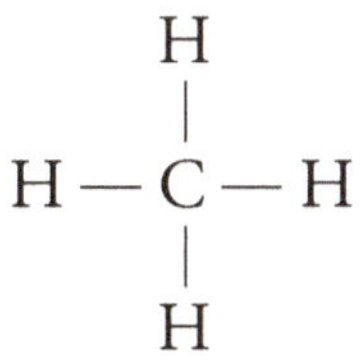
H
H — C — H
H

- **espacial** – mostra como os átomos estão ligados entre si em uma molécula e também o formato da molécula no espaço. Vamos usar o metano também como exemplo e retomar sua fórmula estrutural espacial, que apresenta geometria tetraédrica:

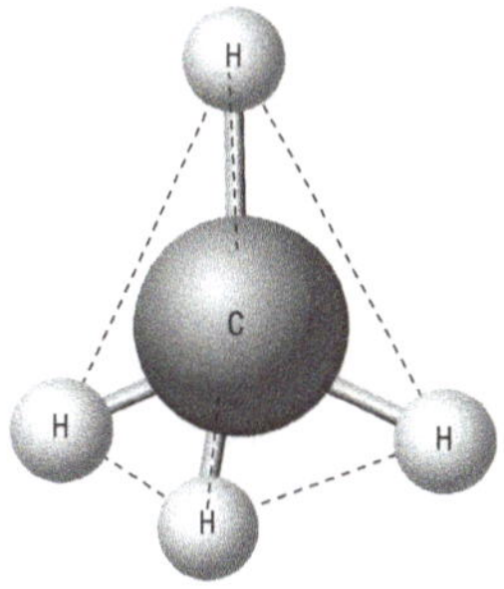
H
C
H
H
H

8.2 Isômeros

Como apresentamos no início deste capítulo, **isômeros** são dois ou mais compostos diferentes que apresentam **isomeria**, ou seja, igual fórmula molecular e diferentes fórmulas estruturais. Por exemplo:

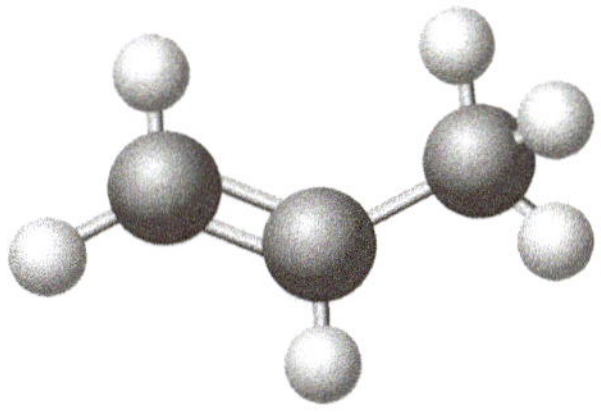

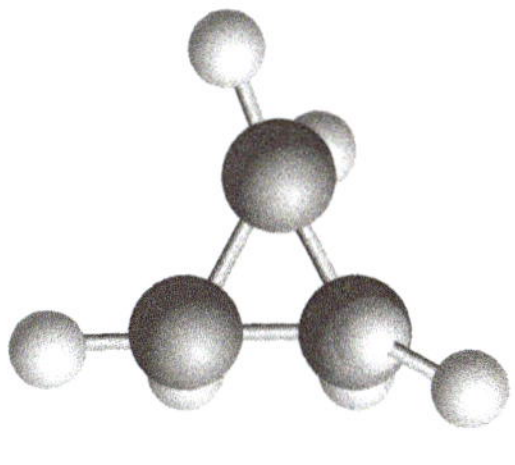

- $H_2C=CH-CH_3$

propeno

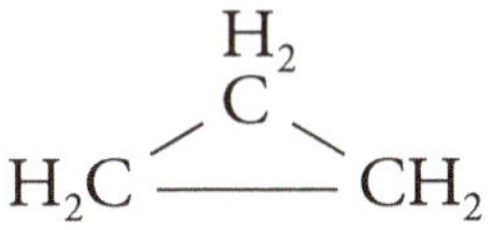
H2
C
H2C
CH2

ciclopropano

isômeros: C_3H_6

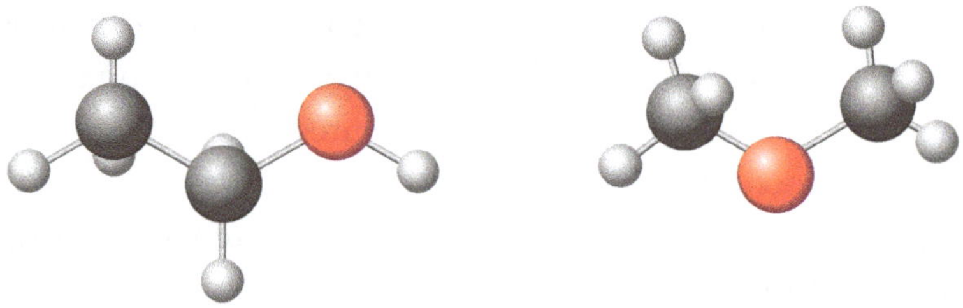

- H_3C-CH_2-OH (etanol) e $H_3C-O-CH_3$ (metoximetano) — isômeros: C_2H_6O

Os isômeros podem ser classificados segundo sua estrutura em:

- **constitucionais ou planos** – os isômeros (mesma fórmula molecular) apresentam diferença na sequência de ligação entre os átomos, o que pode ser evidenciado pela fórmula estrutural plana;
- **espaciais ou estereoisômeros** – a diferença dos isômeros somente é observada na fórmula estrutural espacial, pois essa diferença reside no posicionamento dos átomos no espaço, o que será estudado com detalhes no próximo capítulo.

LIGANDO OS PONTOS!

Vitalismo

O ser humano tem contato com os compostos orgânicos e suas reações há milhares de anos. Sua primeira experiência com uma reação envolvendo compostos orgânicos data provavelmente da descoberta do fogo, utilizado para aquecimento, proteção e cocção dos alimentos. Outra reação envolvendo compostos orgânicos conhecida há milhares de anos é a fermentação das uvas para produção de vinhos, sendo esse processo descrito inclusive em textos presentes na Bíblia.

No início do século XIX, havia um conjunto de concepções associadas ao **vitalismo** (ou "teoria da força vital") para explicar a formação dos compostos orgânicos: uma delas, defendida por Jacob **Berzelius** (1779-1848), químico sueco, considerava que as reações orgânicas eram governadas por forças distintas daquelas que governavam as reações inorgânicas; outra considerava que somente seres vivos poderiam sintetizar compostos orgânicos, devido à alta complexidade e instabilidade desses compostos.

BERZELIUS

ROLF G WACKENBERG/SHUTTERSTOCK

Estátua no Berzelii Park (Estocolmo, Suécia) em homenagem a Jacob Berzelius.

No meio desse debate entre compostos inorgânicos e compostos orgânicos, é frequente a menção ao trabalho publicado em 1828 por Friedrich **Wöhler** (1800-1882), químico alemão e pupilo de Berzelius, no qual ele relata a produção de ureia a partir da reação entre ácido ciânico (HOCN) e amônia (NH_3). Na época, Wöhler esperava que houvesse produzido cianato de amônio, porém ele concluiu, a partir de diversos testes, que a substância produzida era idêntica à ureia isolada a partir da urina animal.

Apesar de a síntese de ureia por Wöhler ser usualmente associada ao abalo do vitalismo, essa associação é questionada por historiadores da ciência, que consideram improvável que um único resultado experimental tenha levado essa teoria ao descrédito. Além disso, Wöhler parecia mais interessado nas propriedades da **isomeria**: duas substâncias totalmente diferentes em suas propriedades químicas – ureia e cianato de amônio – que eram compostas pelos mesmos elementos químicos na mesma proporção.

$NH_4^+CNO^-$

cianato de amônio

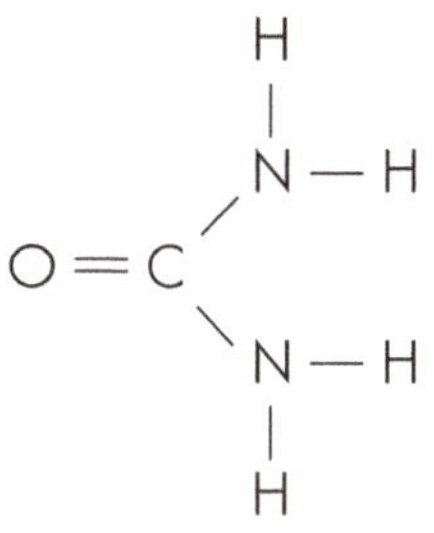

ureia

Tanto o cianato de amônio quanto a ureia apresentam a mesma fórmula molecular (CH_4ON_2), porém possuem propriedades distintas.

Para saber mais:

- LIPMAN, T. Wohler's preparation of urea and the fate of vitalism. **Journal of Chemical Society**, v. 41, n. 8, p. 452-458. 1964.
- VIDAL, P.; PORTO, P. Algumas contribuições do episódio histórico da síntese artificial da ureia para o ensino de química. **História da Ciência e Ensino**, v. 4, p. 13-23. 2011. *Disponível em:* <https://revistas.pucsp.br/index.php/hcensino/article/view/6013/5766>. *Acesso em:* 11 dez. 2020.

8.2.1 Classificação dos isômeros constitucionais

Vamos conhecer a seguir os diferentes tipos de isomeria constitucional. Observe nos exemplos dados que os isômeros constitucionais ou planos sempre apresentam **propriedades físicas diferentes** (ponto de fusão, ponto de ebulição, densidade etc.) e **propriedades químicas semelhantes** ou **diferentes**.

8.2.1.1 Isômeros de função

Nesse tipo de isomeria, os isômeros têm funções diferentes. Veja os exemplos a seguir.

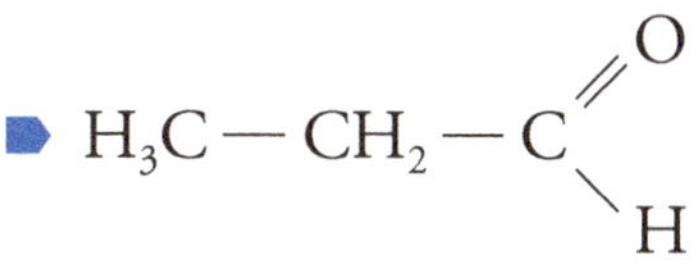

propanal (aldeído)
C_3H_6O

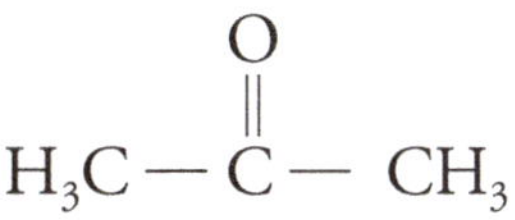

propanona (cetona)
C_3H_6O

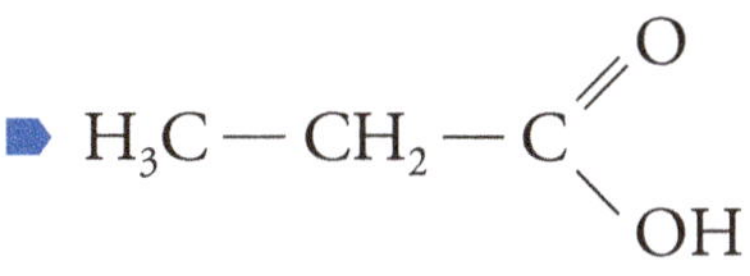

ácido propanoico (ácido carboxílico)
$C_3H_6O_2$

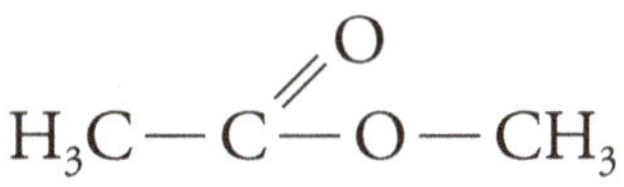

etanoato de metila (éster)
$C_3H_6O_2$

- H_3C-CH_2-OH
  etanol (álcool)
  C_2H_6O

  $H_3C-O-CH_3$
  metoximetano (éter)
  C_2H_6O

- 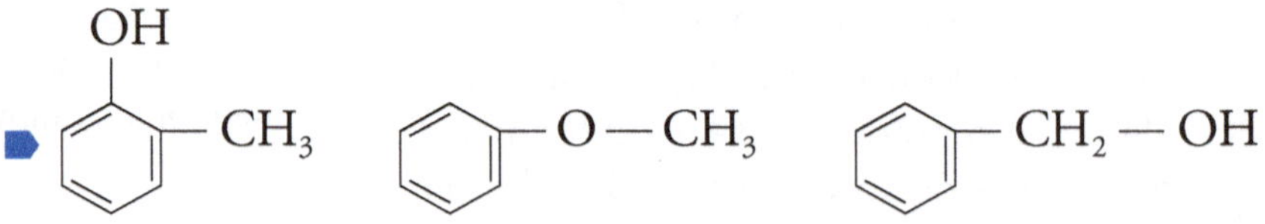

  (fenol) C_7H_8O — (éter) C_7H_8O — (álcool) C_7H_8O

8.2.1.2 Isômeros de cadeia

Nesse tipo de isomeria, os isômeros apresentam a mesma função, porém suas cadeias são diferentes. Por exemplo:

- $H_3C-CH_2-CH=CH_2$
  but-1-eno
  (aberta)
  C_4H_8

  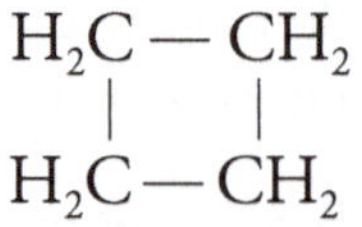
  ciclobutano
  (fechada)
  C_4H_8

- $H_3C-CH_2-CH_2-CH_3$
  butano (normal)
  C_4H_{10}

  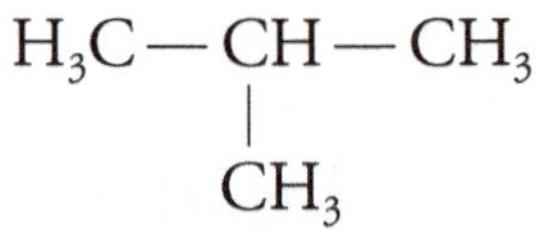
  metilpropano
  (ramificada)
  C_4H_{10}

- $H_3C-CH_2-CH_2-NH_2$
  propilamina (homogênea)
  C_3H_9N

  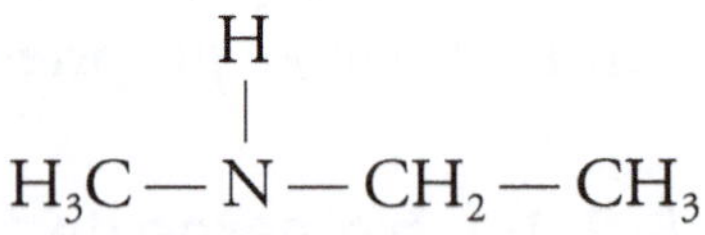
  etilmetilamina (heterogênea)
  C_3H_9N

FIQUE POR DENTRO!

Isomeria e ponto de ebulição

Vimos no Volume 1 que o tipo de interação intermolecular e o tamanho do composto interferem na intensidade da interação intermolecular e, portanto, alteram o ponto de ebulição das substâncias moleculares.

Por exemplo, o maior ponto de ebulição do etanol (PE = 78 °C) em relação ao do metoximetano (PE = –24 °C), apesar de ambos apresentarem mesma fórmula molecular (C_2H_6O, ou seja, são isômeros de função), é explicado pelo fato de o etanol poder estabelecer interações do tipo ligação de hidrogênio (mais fortes), enquanto no metoximetano temos interações do tipo dipolo-dipolo.

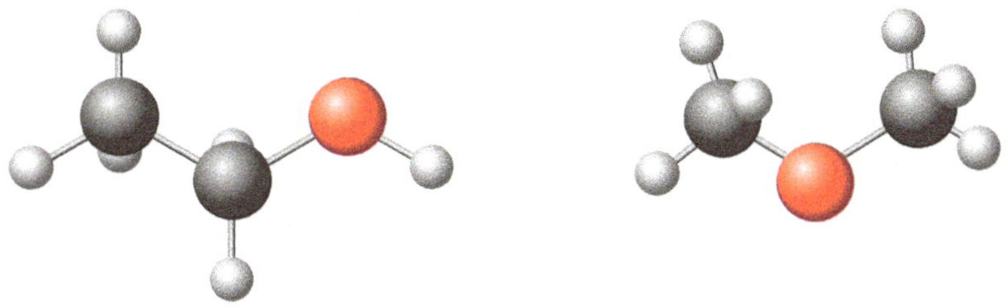

No etanol, representado à esquerda, o grupo –OH tem a possibilidade de estabelecimento de ligações de hidrogênio (mais fortes) entre as moléculas, o que não ocorre entre as moléculas do metoximetano, representado à direita.

Já o maior ponto de ebulição do heptano (PE = 98 °C) em relação ao ponto de ebulição do pentano (PE = 36 °C) é explicado pelo maior tamanho da cadeia carbônica da primeira estrutura. Apesar de ambas as moléculas estabelecerem interações do tipo dipolo instantâneo-dipolo induzido, as interações entre as moléculas de heptano são mais intensas, pois o maior número de elétrons dessa estrutura favorece a formação dos dipolos instantâneos e intensifica a interação entre as moléculas.

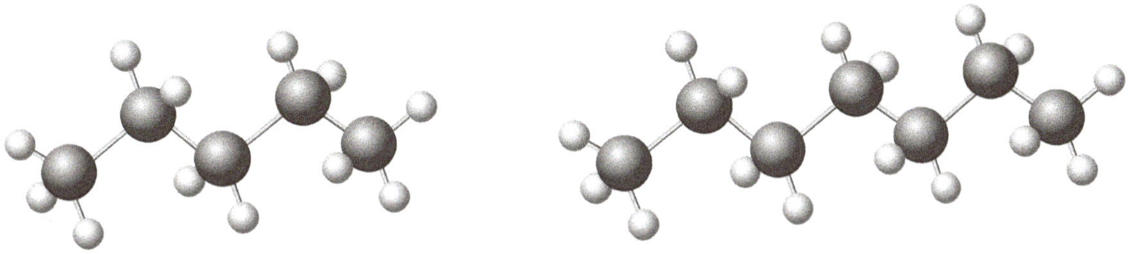

O heptano, representado à direita, apresenta maior ponto de ebulição do que o pentano, representado à esquerda, devido ao maior tamanho da cadeia carbônica.

Entretanto, esses não são os únicos fatores que interferem no ponto de ebulição das substâncias. Vamos comparar o ponto de ebulição de três isômeros que apresentam fórmula molecular igual a C_5H_{12}:

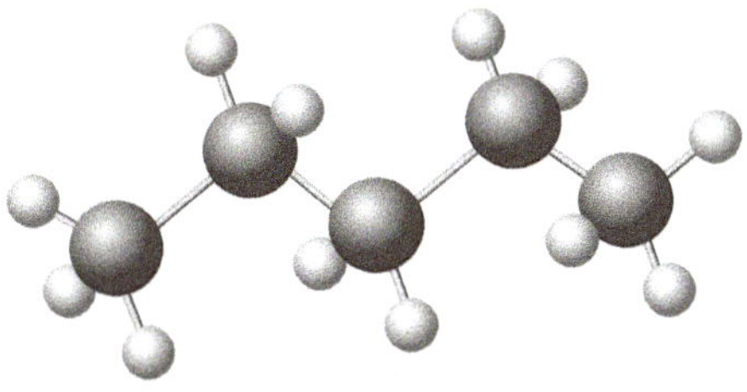

pentano
PE = 36 °C

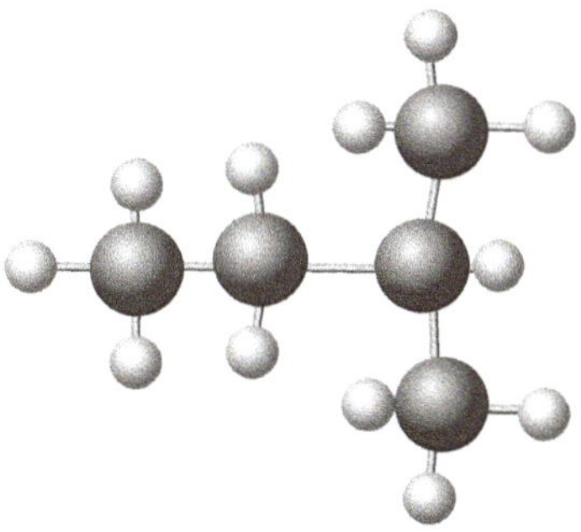

metilbutano
PE = 28 °C

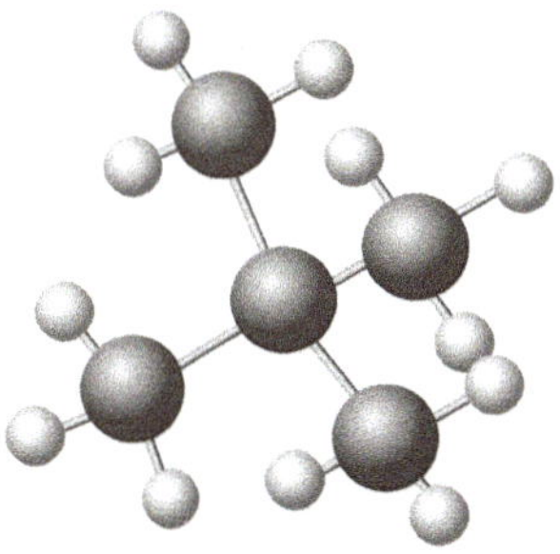

dimetilpropano
PE = 10 °C

Para isômeros, quanto mais ramificada for a cadeia carbônica, menor será o ponto de ebulição, pois há diminuição da superfície de contato da molécula, o que reduz a intensidade das interações intermoleculares. Observe, nas estruturas acima, que a molécula do dimetilpropano apresenta formato mais esférico (e de menor área superficial) que a do pentano, de formato mais alongado.

8.2.1.3 Isômeros de posição

Nesse tipo de isomeria, os isômeros pertencem à mesma função e têm o mesmo tipo de cadeia, mas apresentam diferença na posição de um grupo funcional, de uma ramificação ou de uma insaturação. Observe essas diferenças nos exemplos a seguir.

- 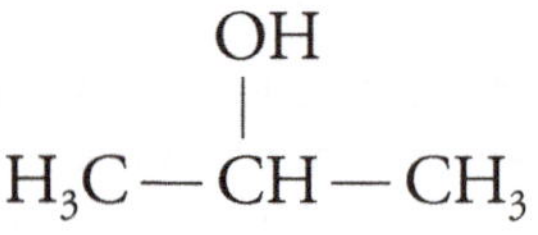

  propan-2-ol
  OH está no C2
  C_3H_8O

  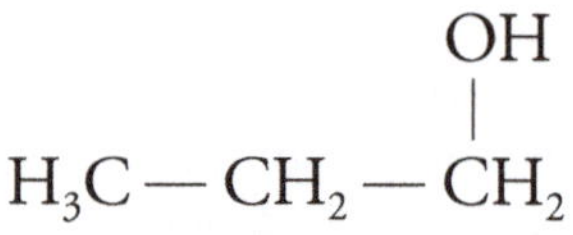

  propan-1-ol
  OH está no C1
  C_3H_8O

- $H_2C=CH-CH_2-CH_3$

  but-1-eno
  dupla entre C1 e C2
  C_4H_8

  $H_3C-CH=CH-CH_3$

  but-2-eno
  dupla entre C2 e C3
  C_4H_8

- 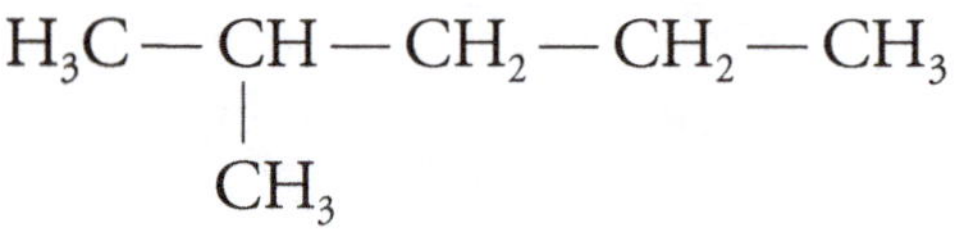

  2-metilpentano
  ramificação no C2
  C_6H_{14}

  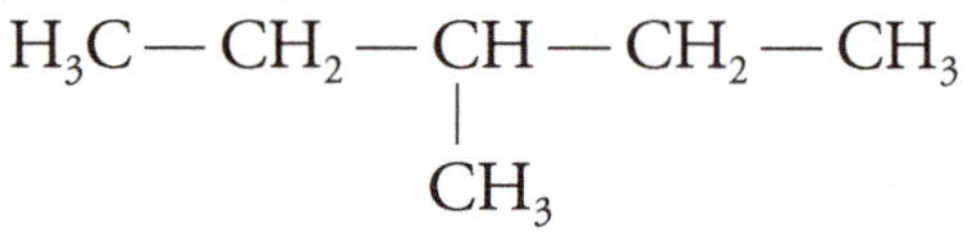

  3-metilpentano
  ramificação no C3
  C_6H_{14}

8.2.1.4 Isômeros de compensação ou metâmeros

Nesse tipo de isomeria, os isômeros pertencem à mesma função e apresentam o mesmo tipo de cadeia, porém há diferença na posição de um heteroátomo. Nesse caso, dizemos que a isomeria é de compensação ou metameria. São exemplos de metâmeros:

- $H_3C-O-CH_2-CH_2-CH_3$

  metoxipropano
  O está entre um etil e um metil
  $C_4H_{10}O$

  $H_3C-CH_2-O-CH_2-CH_3$

  etoxietano
  O está entre dois grupos etil
  $C_4H_{10}O$

- 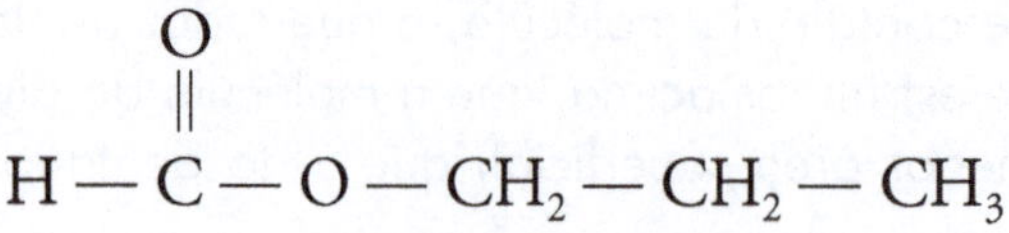

  metanoato de propila
  $C_4H_8O_2$

  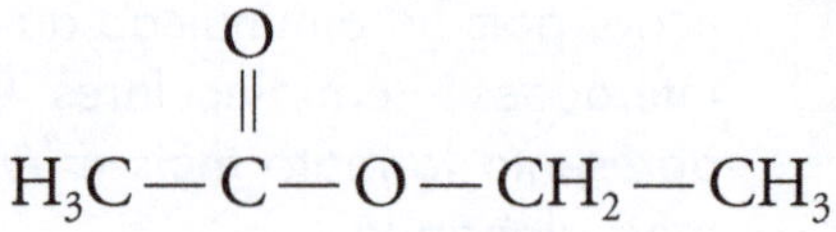

  etanoato de etila
  $C_4H_8O_2$

FIQUE POR DENTRO!

Tautômeros ou isômeros dinâmicos

Além dos tipos de isômeros apresentados anteriormente, temos ainda os **isômeros dinâmicos** (ou **tautômeros**), que também apresentam funções diferentes. Entretanto, diferentemente dos isômeros de função, os tautômeros estão em equilíbrio devido à migração do H e da ligação dupla. Temos dois casos importantes de tautomeria:

- **equilíbrio aldo-enólico** – no estado líquido ou em solução aquosa, existindo o aldeído, haverá o enol correspondente.

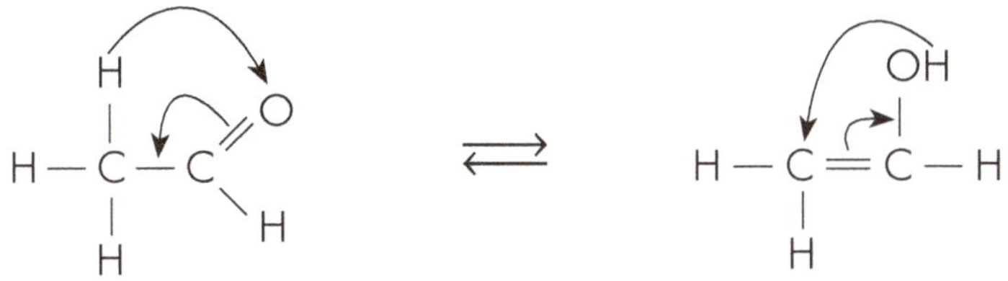

etanal (aldeído) C_2H_4O ⇄ etenol (enol) C_2H_4O

FOTOS: VELES STUDIO/SHUTTERSTOCK

Dentre as aplicações do etenol, também chamado de álcool vinílico, estão seu uso na indústria de perfumes e maquiagens. Está presente, por exemplo, na fabricação das máscaras faciais e dos delineadores para olhos.

ATENÇÃO!

Enol é composto orgânico que apresenta o grupo OH ligado a um carbono que estabelece dupla ligação. Por exemplo,

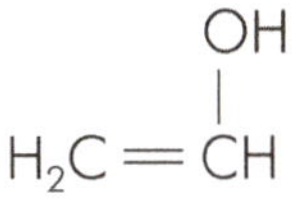

etenol

- **equilíbrio ceto-enólico** – no estado líquido ou em solução aquosa, existindo a cetona, haverá também o enol correspondente.

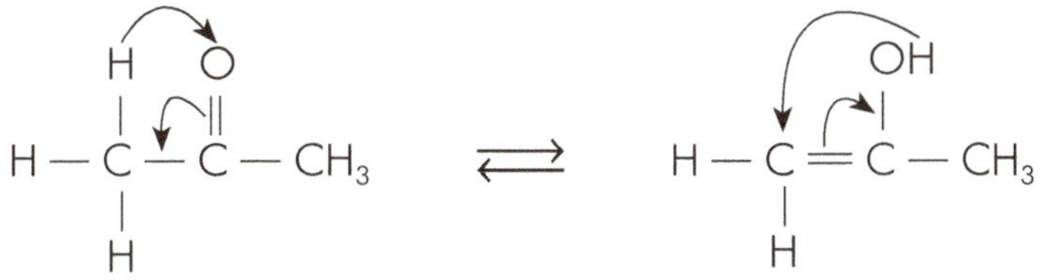

propanona (cetona) C_3H_6O ⇄ prop-1-en-2-ol (enol) C_3H_6O

Observação:

Nesses equilíbrios, a concentração do aldeído ou da cetona é maior do que a do enol; portanto, no equilíbrio predomina o aldeído ou a cetona.

SÉRIE BRONZE

1. Complete o diagrama a seguir com as informações sobre o fenômeno de isomeria.

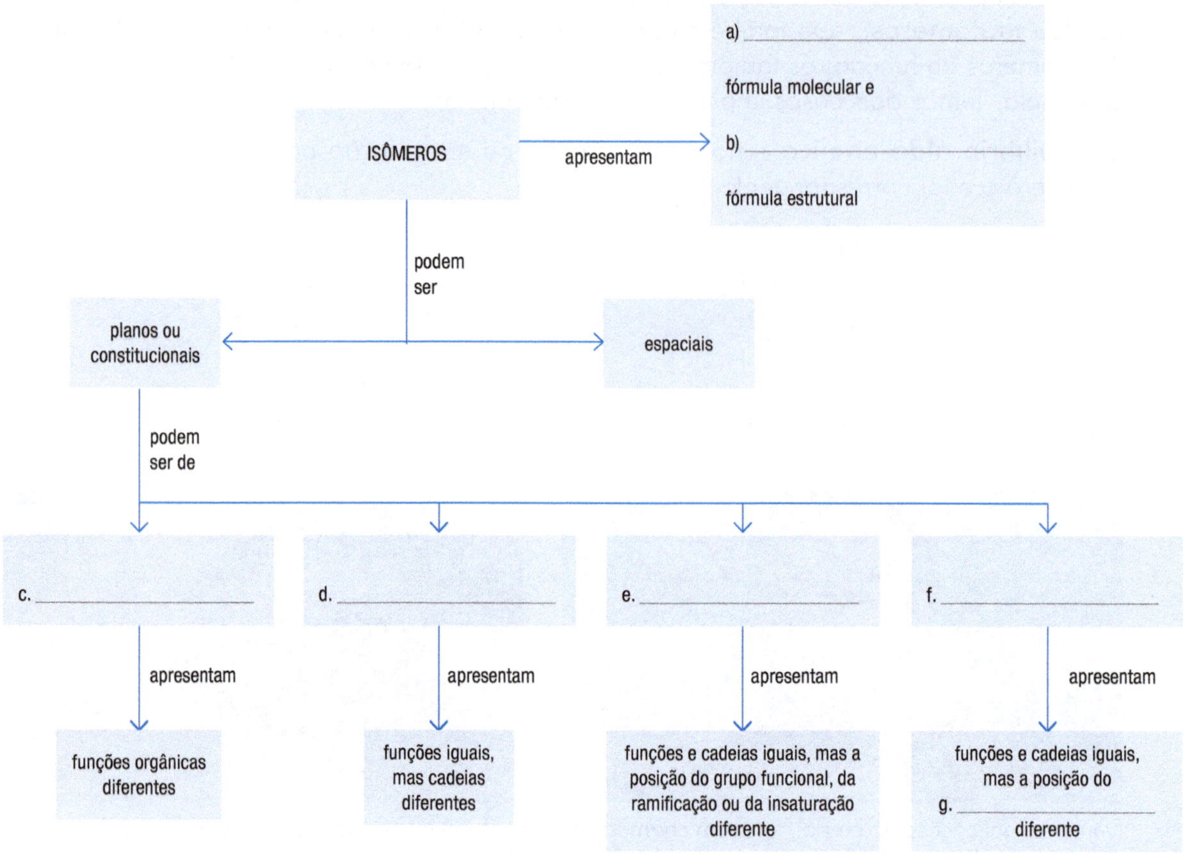

a) ____
fórmula molecular e
b) ____
fórmula estrutural
ISÔMEROS
apresentam
podem ser
planos ou constitucionais
espaciais
podem ser de
c. ____
d. ____
e. ____
f. ____
apresentam
apresentam
apresentam
apresentam
funções orgânicas diferentes
funções iguais, mas cadeias diferentes
funções e cadeias iguais, mas a posição do grupo funcional, da ramificação ou da insaturação diferente
funções e cadeias iguais, mas a posição do
g. ____
diferente

2. Decida se cada par de estruturas mostradas a seguir representa ou não isômeros:

a) 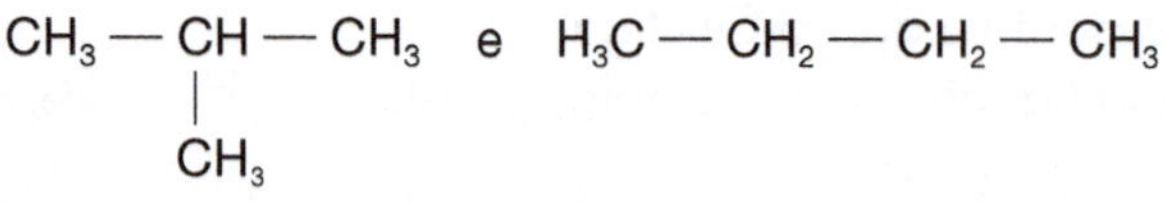

b) 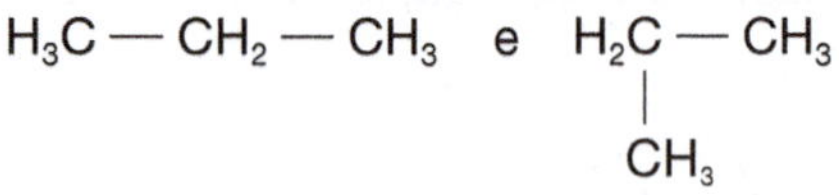

c) 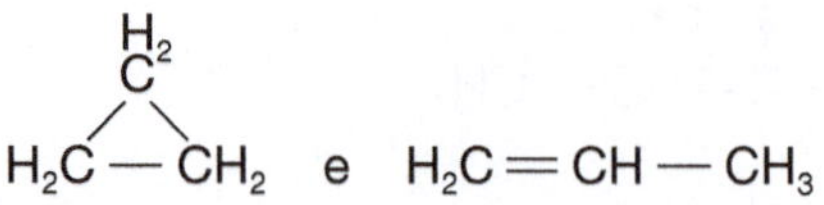

d) $H_3C-CH=CH-CH_3$ e $H_2C=CH-CH_2-CH_3$

e) $H_3C-CH=CH_2$ e $H_2C=CH-CH_3$

f) 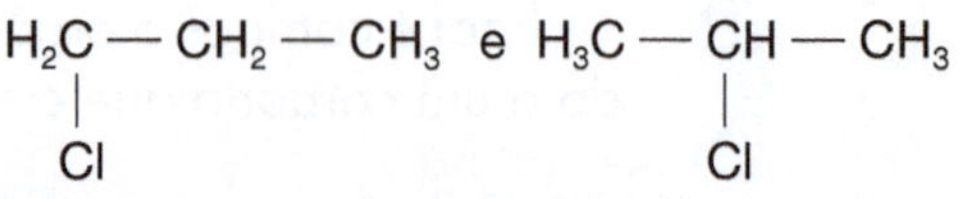

g) 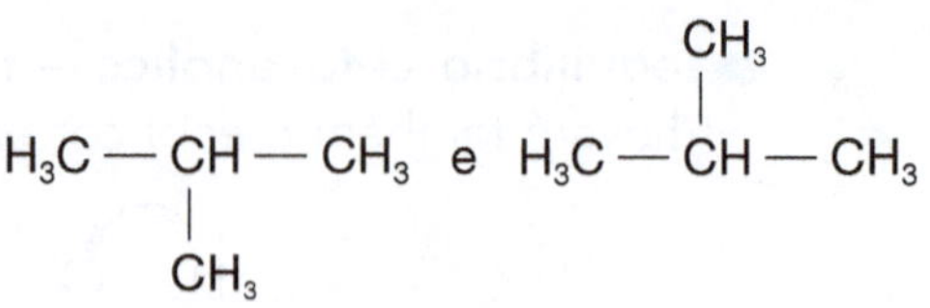

h) 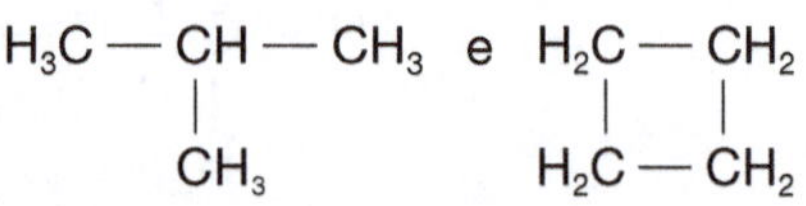

i) 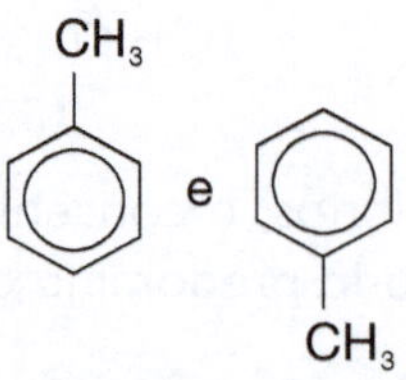

3. Forneça as fórmulas estruturais dos compostos descritos a seguir.

a) um isômero de função do butan-1-ol.

b) um isômero de cadeia do butan-1-ol.

c) um isômero de posição do butan-1-ol.

d) um isômero de função da propanona.

e) um isômero de função do ácido propanoico.

f) um isômero de cadeia do but-1-eno (que apresenta cadeia fechada).

g) um isômero de posição do but-1-eno.

SÉRIE PRATA

1. (MACKENZIE – SP) Dentre os compostos formulados, os que apresentam isomeria de função são:

a) 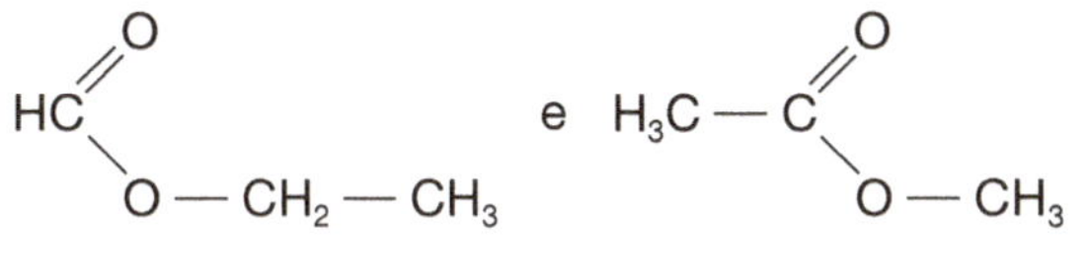

b) $H_2C=CH-CH_2-CH_2-CH_3$ e $H_2C=CH-CH(CH_3)-CH_3$

c) 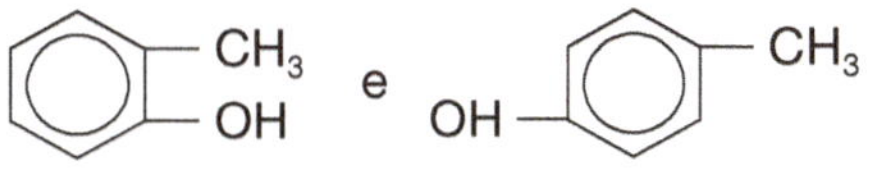

d) $H_2C=CH-CH_3$ e $HC\equiv C-CH_3$

e) $H_3C-O-CH_3$ e H_3C-CH_2-OH

2. (MACKENZIE – SP) O etanoato de etila, que tem odor e sabor de maçã, pode ser obtido pela reação entre ácido etanoico e etanol.

A fórmula estrutural plana do isômero de função do etanoato de etila, que apresenta cadeia carbônica ramificada, é:

a) 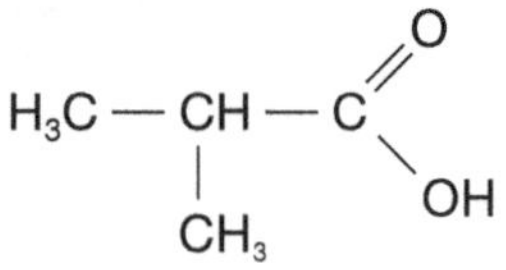

b) 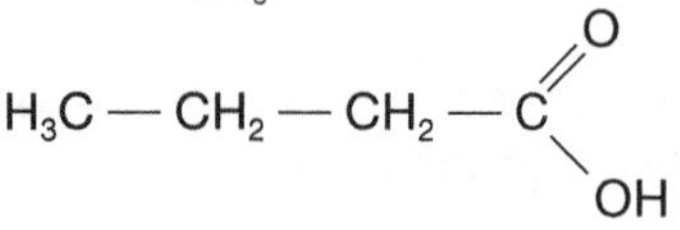

c) $H_3C-CH_2-CH_2-CH_2-OH$

d) 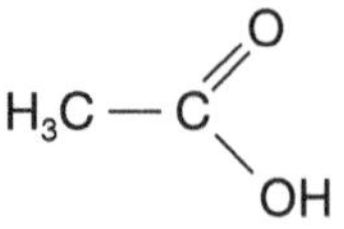

e) 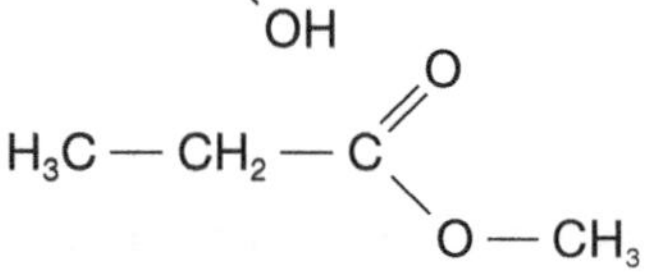

3. (FUVEST – SP) A substância A, na presença de luz solar, transforma-se na substância B, que, por sua vez, no escuro, se transforma em A.

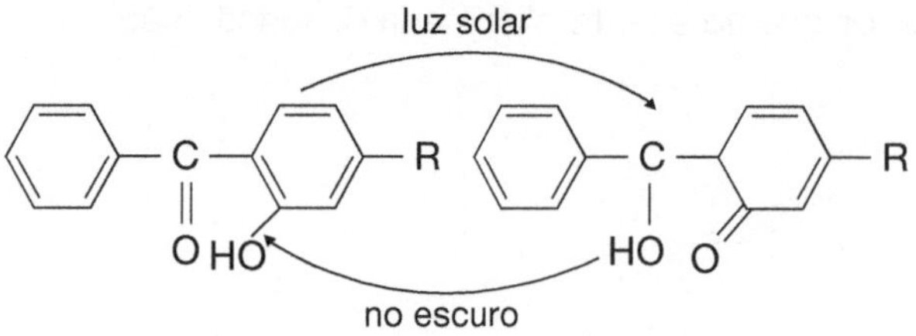
luz solar
C
R
O
HO
C
HO
O
R
no escuro

A B

Que tipo de isomeria ocorre nesse caso?

Pelo esquema anterior, pode-se afirmar que

a) há uma interconversão de isômeros.
b) a transformação de A em B libera energia.
c) a luz converte uma cetona em um aldeído.
d) na ausência de luz, o caráter aromático é destruído.
e) no escuro, um ácido carboxílico transforma-se em uma cetona.

4. (UNESP) A fórmula representa a estrutura da butanona, também conhecida como metiletilcetona (MEK), importante solvente industrial usado em tintas e resinas.

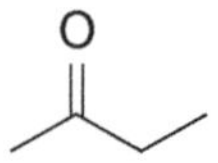

Um isômero da butanona é o

a) propan-2-ol.
b) butanal.
c) metoxipropano.
d) butan-2-ol.
e) ácido butanoico.

5. (UECE) O ácido pentanoico (conhecido como ácido valérico) é um líquido oleoso, com cheiro de queijo velho, tem aplicações como sedativo e hipnótico. Se aplicado diretamente na pele, tem uma efetiva ação sobre a acne.

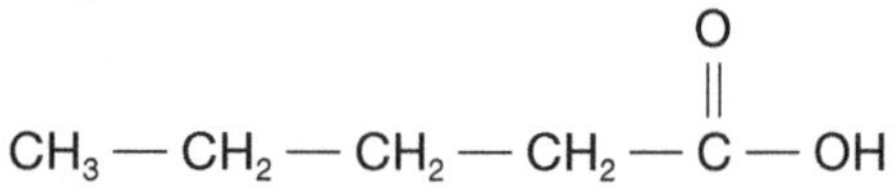

ácido pentanoico

De acordo com sua fórmula estrutural, seu isômero correto é o

a) propanoato de etila
b) etoxipropano
c) 3-metilbutanal
d) pentan-2-ona
e) pentan-1-ol

6. (MACKENZIE – SP) Entre os compostos

$H_3C-CH_2-CH_2-CH_2-NH_2$

e

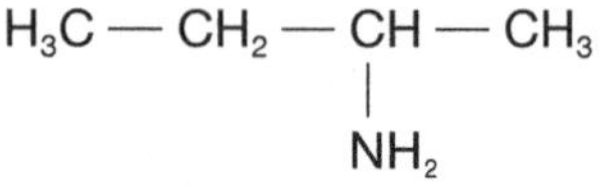

ocorre isomeria de:

a) metameria.
b) posição.
c) função.
d) cadeia.
e) tautomeria.

7. (UFMA) Os seguintes compostos

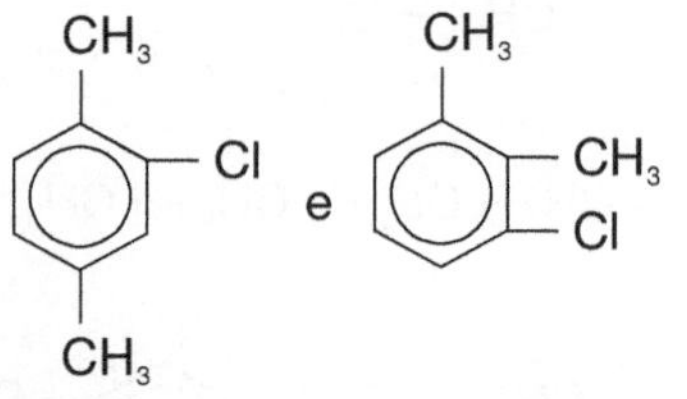

apresentam:

a) isomeria de compensação.
b) isomeria de cadeia.
c) isomeria funcional.
d) isomeria de posição.
e) tautomeria.

8. (MACKENZIE – SP)

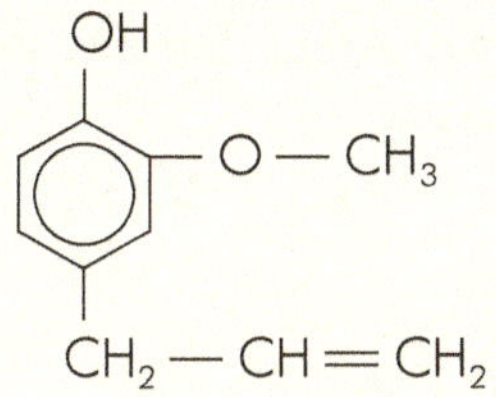 (I – óleo de cravo)	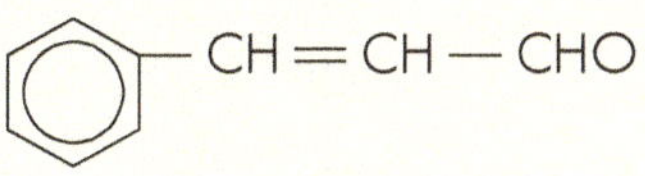 (II – canela)
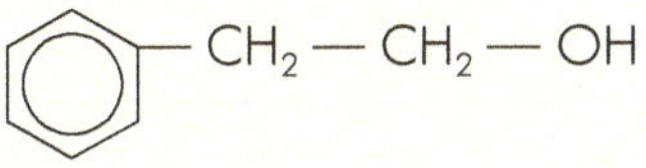 (III – óleo de rosas)	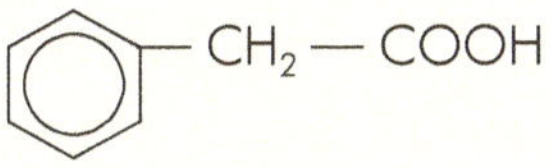 (IV – fragância flor de laranjeira)

As fragrâncias características dos perfumes podem ser obtidas a partir de fontes naturais, como óleos essenciais extraídos de plantas, flores e animais ou por processos sintéticos. Dos quatro componentes de óleos essenciais, cujas fórmulas estão acima, é correto afirmar que:

a) as substâncias III e IV apresentam, entre si, isomeria de função.
b) as substâncias II e III são álcoois.
c) as quatro substâncias possuem cadeias carbônicas saturadas.
d) duas das substâncias são ácidos carboxílicos.
e) cada uma das substâncias possui grupo funcional oxigenado diferente do apresentado nas outras substâncias.

SÉRIE OURO

1. (UNICAMP – SP) Atualmente, parece que a Química vem seduzindo as pessoas e tem-se observado um número cada vez maior de pessoas portando tatuagens que remetem ao conhecimento químico. As figuras a seguir mostram duas tatuagens muito parecidas, com as correspondentes imagens tatuadas mais bem definidas abaixo.

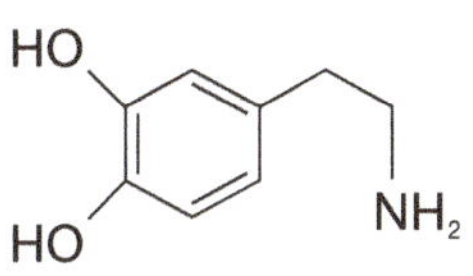
HO
HO
NH₂
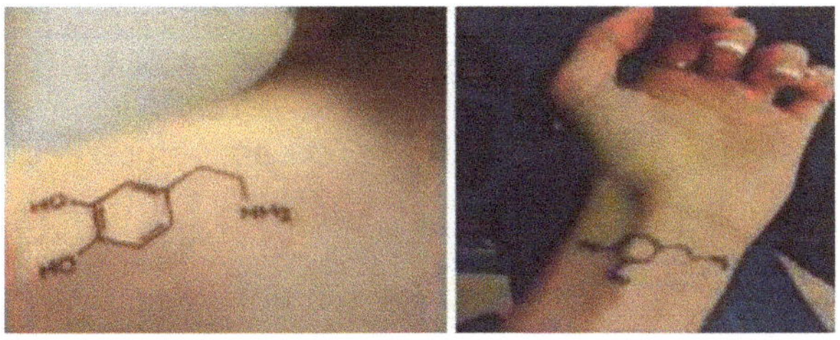
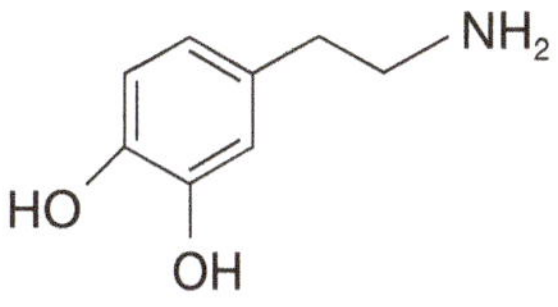
NH₂
HO
OH

As imagens representam duas fórmulas estruturais, que correspondem a dois

a) compostos que são isômeros entre si.
b) modos de representar o mesmo composto.
c) compostos que não são isômeros.
d) compostos que diferem nas posições das ligações duplas.

2. (FUVEST – SP) As fórmulas estruturais de alguns componentes de óleos essenciais, responsáveis pelo aroma de certas ervas e flores, são:

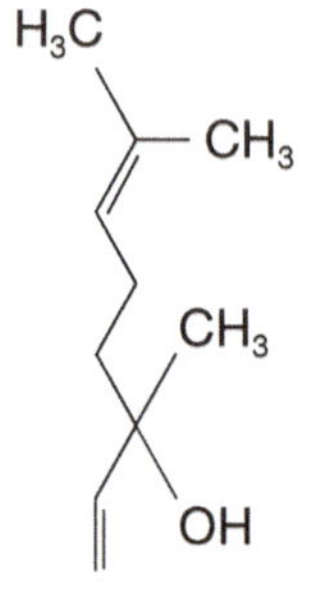
H3C
CH3
CH3
OH

linalol

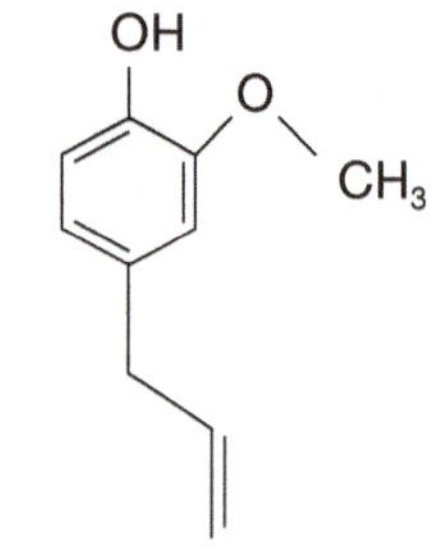
OH
O
CH3

eugenol

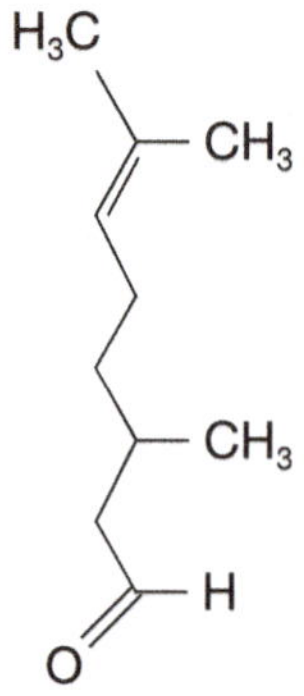
H3C
CH3
CH3
H
O

citronelal

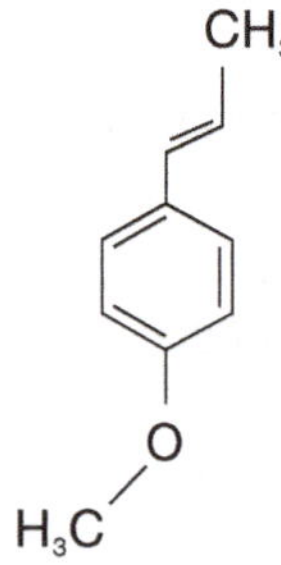
CH3
O
H3C

anetol

Dentre esses compostos, são isômeros:

a) anetol e linalol.
b) eugenol e linalol.
c) citronelal e eugenol.
d) linalol e citronelal.
e) eugenol e anetol.

3. (FUVEST – SP) Deseja-se saber se três hidrocarbonetos saturados, I, II e III, são isômeros entre si. Para tal, amostras desses hidrocarbonetos foram analisadas, determinando-se as quantidades de carbono e de hidrogênio presentes em cada uma delas. Os resultados obtidos foram os seguintes:

HIDROCARBONETOS	MASSA DA AMOSTRA (g)	MASSA DE C (g)	MASSA DE H (g)
I	0,200	0,168	0,032
II	0,300	0,252	0,048
III	0,600	0,491	0,109

com base nesses resultados, pode-se afirmar que:

a) I não é isômero de II e nem de III.
b) I é isômero apenas de II.
c) I é isômero apenas de III.
d) II é isômero apenas de III.
e) I é isômero de II e III.

4. (MACKENZIE – SP) O butanoato de metila é um flavorizante de frutas utilizado na indústria alimentícia. A sua fórmula estrutural está representada abaixo.

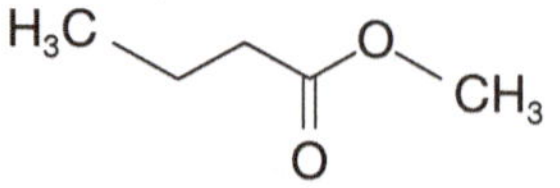
H3C
O
CH3
O

Analise a fórmula do butanoato de metila e assinale a alternativa que traz, respectivamente, um isômero de compensação e um de função desse flavorizante.

a) 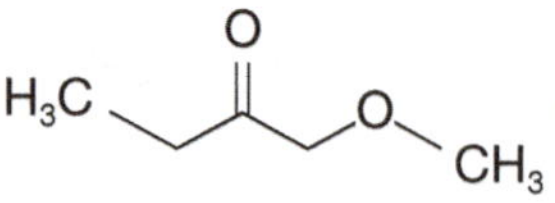 e 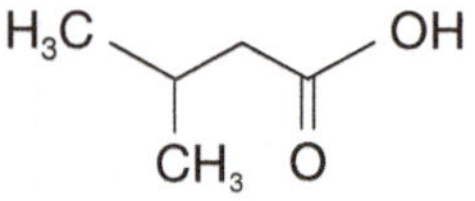

b) 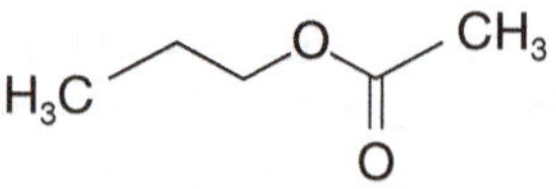 e 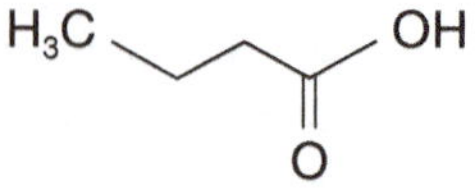

c) 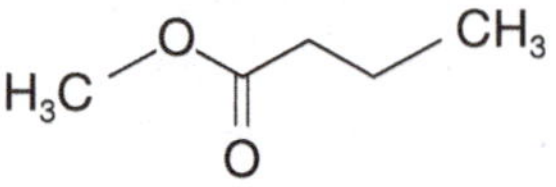 e 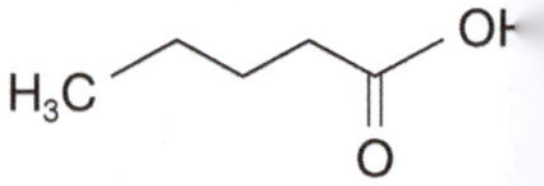

d) 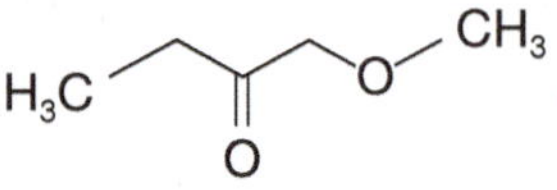 e 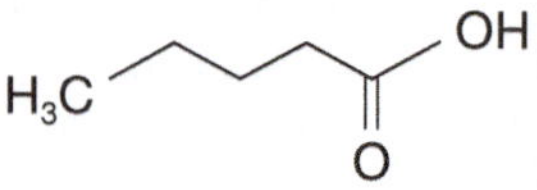

e) 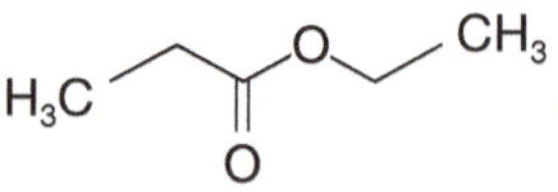 e 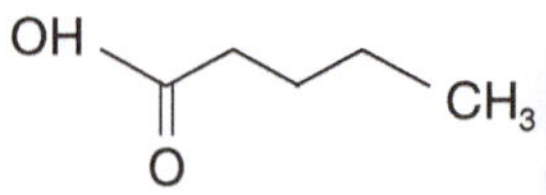

5. (UNESP) Examine as estruturas do ortocresol e do álcool benzílico.

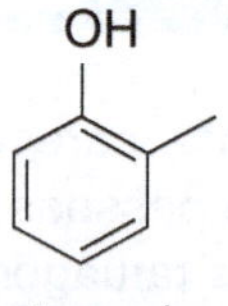
OH

ortocresol

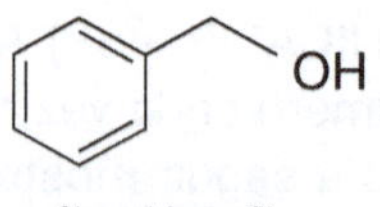
OH

álcool benzílico

O ortocresol e o álcool benzílico

a) apresentam a mesma função orgânica.
b) são isômeros.
c) são compostos alifáticos, isto é, de cadeia aberta.
d) apresentam heteroátomo.
e) apresentam carbono quaternário.

6. (ENEM) As abelhas utilizam a sinalização química para distinguir a abelha-rainha de uma operária, sendo capazes de reconhecer diferenças entre moléculas. A rainha produz o sinalizador químico conhecido como ácido 9-hidroxidec-2-enoico, enquanto as abelhas-operárias produzem ácido 10-hidroxidec-2-enoico. Nós podemos distinguir as abelhas-operárias e rainhas por sua aparência, mas, entre si, elas usam essa sinalização química para perceber a diferença. Pode-se dizer que veem por meio da química.

Le COUTEUR, P. : BURRESON. J. **Os botões de Napoleão**: as 17 móleculas que mudaram a história. Rio de Janeiro: Jorge Zahar, 2006. Adaptado.

As moléculas dos sinalizadores químicos produzidas pelas abelhas rainha e operária possuem diferença na

a) fórmula estrutural.
b) fórmula molecular.
c) identificação dos tipos de ligação.
d) contagem do número de carbonos.
e) identificação dos grupos funcionais.

7. (UNESP) A fórmula simplificada 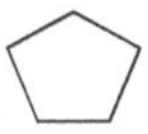 representa um hidrocarboneto saturado.

a) Escreva a fórmula estrutural do hidrocarboneto e dê seu nome oficial.
b) Escreva a fórmula estrutural e dê o nome de um hidrocarboneto de cadeia normal, isômero do hidrocarboneto dado.

8. (FUVEST – SP) "Palíndromo – diz-se de frase ou palavra que, ou se leia da esquerda para a direita, ou da direita para a esquerda, tem o mesmo sentido."

HOLANDA, A. B. de **Novo Dicionário da Língua Portuguesa** 2ª ed., 40ª imp. Rio de Janeiro: Nova Fronteira, 1986, p. 1.251.

"Roma me tem amor" e "a nonanona" são exemplos de palíndromo.

A nonanona é um composto de cadeia linear. Existem quatro nonanonas isômeras.

a) Escreva a fórmula estrutural de cada uma dessas nonanonas.
b) Dentre as fórmulas do item "a", assinale aquela que poderia ser considerada um palíndromo.
c) De acordo com a nomenclatura química, podem-se dar dois nomes para o isômero do item "b". Quais são esses nomes?.

9. (PUC – SP) São conhecidas algumas substâncias com a fórmula C_3H_8O. Analisando o total de isômeros de fórmula C_3H_8O encontramos

a) um éster e dois ácidos carboxílicos.
b) duas cetonas e dois aldeídos.
c) uma cetona e um aldeído.
d) dois éteres e três álcoois.
e) um éter e dois álcoois.

Resolução:

Os isômeros de fórmula C_3H_8O são:

$H_2C(OH) — CH_2 — CH_3$
propan-1-ol
(função: álcool)

$H_3C — CH(OH) — CH_3$ e
propan-2-ol
(função: álcool)

$H_3C — O — CH_2 — CH_3$
metoxietano (éter etílico e metílico)
função éter

Resposta alternativa e.

10. (FAMERP – SP) O número de isômeros de cadeia aberta e saturada coerentes com a fórmula molecular C_5H_{12} é:

a) 5. b) 3. c) 1. d) 4. e) 2.

11. (CEFET – MG) O ácido butanoico é um composto orgânico que apresenta vários isômeros entre eles substâncias de funções orgânicas diferentes. Considerando ésteres e ácidos carboxílicos, o número de isômeros que esse ácido possui, é:

a) 3. b) 4. c) 5. d) 7. e) 8.

SÉRIE PLATINA

1. (UEL – PR – adaptada) A gasolina é constituída por uma mistura de compostos de carbono, predominantemente por alcanos. O ponto de ebulição desses compostos aumenta, proporcionalmente, com o aumento do número de átomos de carbono presentes nas respectivas estruturas. Entretanto, a presença de ramificações em estruturas de alcanos contendo o mesmo número de átomos de carbono promove diminuição do ponto de ebulição. Quanto maior o número de ramificações, menor será o PE e compostos que apresentam mesmo número de ramificações possuem PE próximos.

a) De acordo com essas considerações, quantos isômeros constitucionais possui o alcano com 6 carbonos?
Represente a fórmula estrutural completa para cada isômero constitucional e sua nomenclatura.

b) Coloque os isômeros obtidos em ordem crescente de PE.

2. (UNIFESP – adaptada) Conhecidos como ácidos de alcatrão, os cresóis são substâncias que possuem fórmula molecular C_7H_8O e na natureza são encontrados no suor humano, na madeira, no tabaco, no óleo cru e na creolina, que é um poderoso antibacteriano e desinfetante utilizado como produto de limpeza. Existem três fórmulas isoméricas do cresol: substituindo-se dois átomos de H da molécula de benzeno, um deles por um grupo — OH, e o outro por um grupo — CH_3, podemos obter três moléculas diferentes de cresol.

a) Escreva as fórmulas estruturais e os respectivos nomes oficiais desses três isômeros.

b) Qual é o tipo de isomeria que as estruturas dos cresóis apresentam?

c) Escreva a fórmula estrutural de um isômero de função dos cresóis apresentados no item "a".

3. (FUVEST - SP - adaptada) Pequenas mudanças na estrutura molecular das substâncias podem produzir grandes mudanças em seu odor. São apresentadas as fórmulas estruturais de dois compostos utilizados para preparar aromatizantes empregados na indústria de alimentos.

HO
O
OH
álcool isoamílico ácido butírico

a) Dê a nomenclatura oficial do álcool isoamílico e do ácido butírico.

Esses compostos podem sofrer as seguintes transformações:

I. O álcool isoamílico pode ser transformado em um éster que apresenta odor de banana. Esse éster pode ser hidrolisado com uma solução aquosa de ácido sulfúrico, liberando odor de vinagre, conforme a reação:

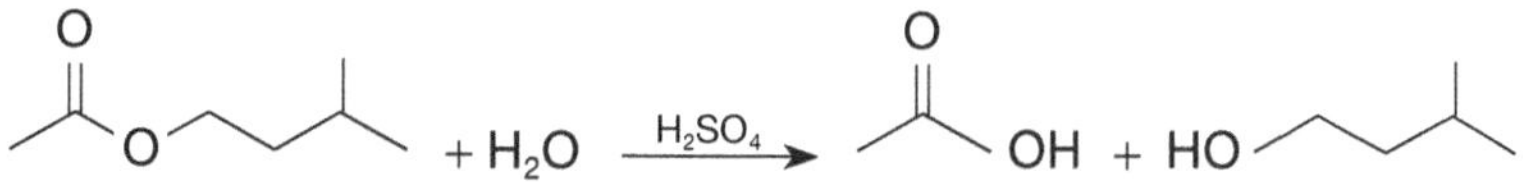
O
O
+ H2O
H2SO4
O
OH + HO

b) Dê a nomenclatura do composto que apresenta odor de vinagre descrito.

II. O ácido butírico tem odor de manteiga rançosa. Porém, ao reagir com etanol, transforma-se em um composto que apresenta odor de abacaxi.

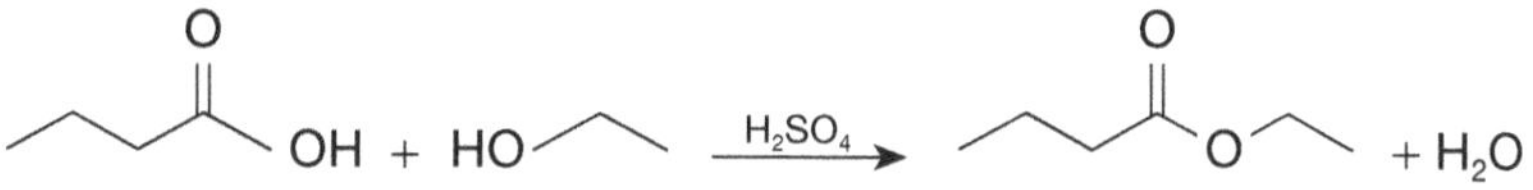
O
OH + HO
H2SO4
O
O
+ H2O

c) Dê a nomenclatura oficial do composto que apresenta odor de abacaxi.
d) Apresente a fórmula estrutural e a nomenclatura oficial de um isômero de função para o álcool isoamílico que apresente cadeia normal.
e) Apresente a fórmula estrutural e a nomenclatura oficial de um isômero de cadeia para o ácido butírico.

4. O olfato dos seres humanos e de outros animais depende da existência de receptores sensoriais que respondam à presença de moléculas de substâncias odorantes no ar respirado. Os receptores olfativos (RO) estão localizados na cavidade nasal em um tecido denominado epitélio olfativo. A tabela abaixo apresenta alguns resultados obtidos de estudos realizados com uma seção do epitélio olfativo, para alguns compostos orgânicos.

		RESPOSTA AO TECIDO EPITELIAL	
	COMPOSTO ORGÂNICO	SIM	NÃO
1	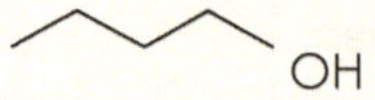		X
2			X
3	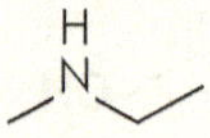	X	
4		X	
5	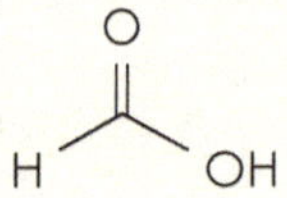		X
6	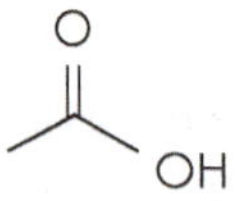	X	

Com base nas fórmulas estruturais desses compostos orgânicos, responda:

a) Qual é o tipo de isomeria que ocorre entre os compostos **3** e **4**?

b) Escreva a fórmula estrutural e a nomenclatura, segundo as normas da IUPAC, de um isômero de posição do **composto 1**.

c) Álcoois e ácidos carboxílicos podem reagir entre si formando um composto orgânico utilizado como flavorizante na indústria alimentícia para dar aroma e sabor. Um exemplo de éster usado como flavorizante é o etanoato de octila, presente na essência de laranja e que pode ser obtdo por meio da reação apresentada abaixo:

$$CH_3-C(=O)-OH + HO-CH_2-CH_2-CH_2-CH_2-CH_2-CH_2-CH_2-CH_3 \longrightarrow$$

$$\longrightarrow CH_3-C(=O)-O-CH_2-CH_2-CH_2-CH_2-CH_2-CH_2-CH_2-CH_3 + H_2O$$

De forma análoga à reação acima, equacione, utilizando fórmulas estruturais, a reação que ocorre entre os compostos **5** e **2**, apresentando também a função orgânica do produto formado.

d) Dê as **nomenclaturas**, segundo as normas da IUPAC, e as **fórmulas estruturais** para um isômero de função e um isômero de cadeia para o produto formado no **item c**.

Isomeria Espacial

CAPÍTULO 9

DEAN DROBOT/SHUTTERSTOCK

Introduzimos, no capítulo anterior, o conceito de **isomeria**, que consiste na possibilidade de uma mesma fórmula molecular estar relacionada a diversas estruturas (fórmulas estruturais) diferentes. No Capítulo 8, discutimos os casos de **isomeria constitucional** (ou **plana**), na qual a diferença entre os isômeros reside na sequência como os átomos estão ligados entre si no composto.

Mas será que podemos ter isômeros (isto é, estruturas diferentes) que apresentam exatamente as mesmas ligações entre os átomos na molécula?

A resposta para essa pergunta é sim!

E, para começarmos a entender como isso pode ocorrer, vamos comparar dois isômeros do dietilestilbestrol ($C_{18}H_{20}O_2$):

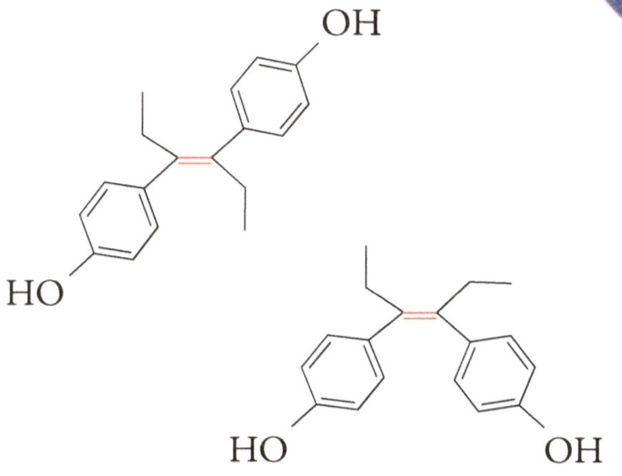
OH
HO
HO
OH

Nessas estruturas, observe atentamente que a sequência na qual os átomos estão ligados é exatamente a mesma, porém é possível perceber que temos duas moléculas distintas.

Somente um dos isômeros ao lado pode ser utilizado como substituto sintético do estradiol, que é o principal hormônio relacionado às características sexuais femininas, como o crescimento das mamas e a regulação do ciclo menstrual. Apesar de ser conhecido como hormônio feminino, hoje sabe-se que o estradiol (um estrogênio) é responsável por regular a saúde dos ossos, o metabolismo da gordura e dos carboidratos e até mesmo a libido. Agora, voltando aos isômeros do dietilestilbestrol, vamos ver qual deles pode agir como um substituto do estradiol?

A diferença entre essas moléculas está relacionada com a **disposição espacial (tridimensional)** dos grupos orgânicos ligados aos carbonos que estabelecem a ligação dupla destacada em vermelho. Pode parecer pequena, mas essa diferença é o motivo pelo qual o isômero da esquerda, conhecido como trans-dietilestilbestrol, é um fármaco utilizado como estrogênio sintético, enquanto o isômero da direita, conhecido como cis-dietilestilbestrol, apresenta atividade estrogênica 14 vezes inferior que a do isômero trans.

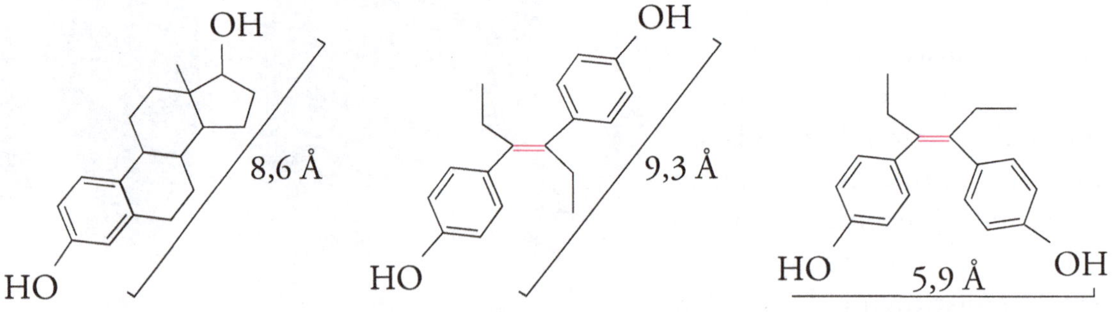
OH
HO
8,6 Å
OH
HO
9,3 Å
HO
OH
5,9 Å

(a) estradiol (estrogênio natural) (b) trans-dietilestilbestrol (c) cis-dietilestilbestrol

O arranjo espacial do trans-dietilestilbestrol (b) aproxima-se mais do da molécula do estradiol, facilitando o reconhecimento da estrutura (b) pelos receptores de estrogênio presentes no corpo.

O exemplo acima é apenas um dos casos que vamos analisar neste capítulo, que tem como foco estudar e diferenciar os tipos de **isomeria espacial**. Vamos lá?!

9.1 Isomeria Geométrica ou Isomeria Cis-trans

Entre os isômeros do dietilestilbestrol apresentados no início deste capítulo, temos o que chamamos de **isomeria geométrica**, também conhecida como **isomeria cis-trans**, que corresponde a um tipo de isomeria espacial presente em compostos de cadeia aberta com ligação dupla (caso mais importante) e em compostos de cadeia fechada saturada.

Átomos ou grupos de átomos ligados a um carbono da ligação dupla ou a um carbono pertencente a um ciclo são chamados de **ligantes**. Veja nos exemplos a seguir.

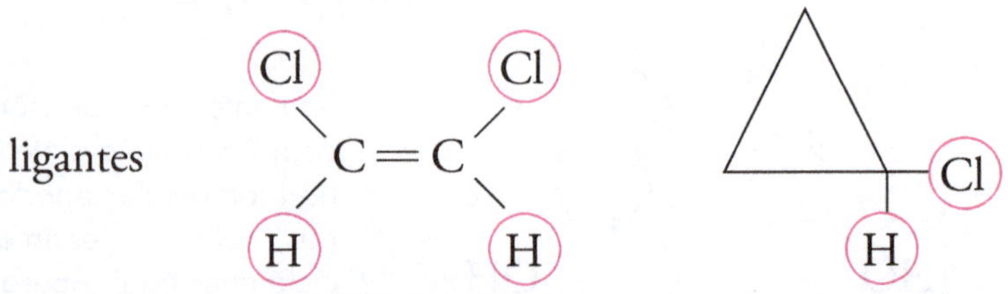
ligantes
Cl
Cl
C=C
H
H
Cl
H

1,2-dicloroeteno clorociclopropano

Nas fórmulas estruturais acima, os elementos Cl e H, destacados pelos círculos coloridos, são ligantes. Perceba que, à esquerda, esses elementos estão ligados aos carbonos da dupla ligação e à direita, a um carbono do ciclo.

A **disposição espacial** desses ligantes no espaço pode variar e é o que origina os isômeros geométricos ou cis-trans. Vamos analisar em detalhes as estruturas do 1,2-dicloroeteno, supondo uma linha imaginária que passe pelo meio da ligação dupla

Cl
Cl
C=C
H
H
Cl
H
C=C
H
Cl

Note que os compostos acima são isômeros, pois são estruturas diferentes que possuem a mesma fórmula molecular. À esquerda, perceba que os átomos de Cl estão todos acima da linha imaginária e os de H, abaixo. Já na fórmula à direita, átomos de Cl e de H estão acima e também abaixo dessa linha. Esse é o tipo de isomeria conhecida como **geométrica** ou **cis-trans** e corresponde ao primeiro tipo de **isomeria espacial** ou **estereoisomeria** que vamos estudar.

ATENÇÃO!

A presença da ligação dupla entre carbonos (ou do ciclo) é necessária para a ocorrência da isomeria geométrica, pois a ligação simples entre carbonos possibilita a rotação livre da estrutura ao longo da ligação C — C, como ocorre no caso do 1,2-dicloroetano.

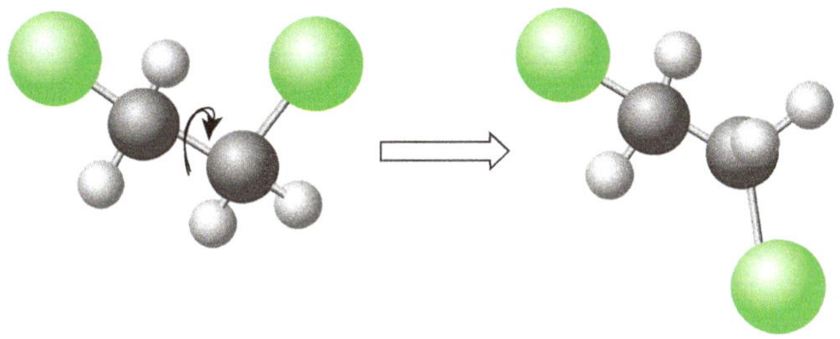

Já no caso do 1,2-dicloreteno, a ligação dupla entre os carbonos impede a rotação ao longo da ligação C = C.

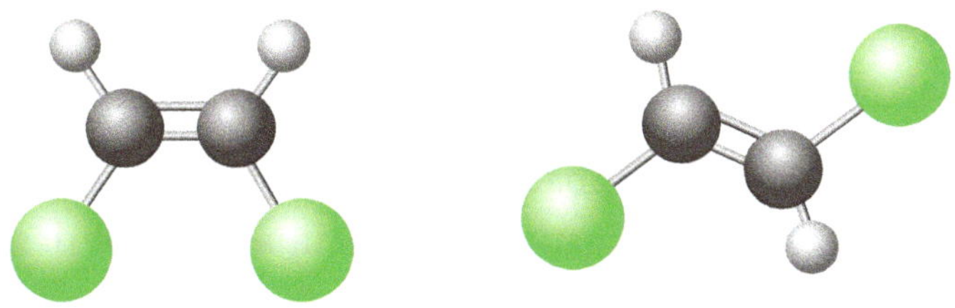

É impossível na molécula do 1,2-dicloroeteno, por exemplo, fazer a rotação ao longo da ligação C = C. É por esse motivo que temos duas estruturas distintas!

ATENÇÃO!

Para que haja isomeria geométrica, deve haver, necessariamente, ligantes diferentes entre si nos átomos de carbono da ligação dupla.

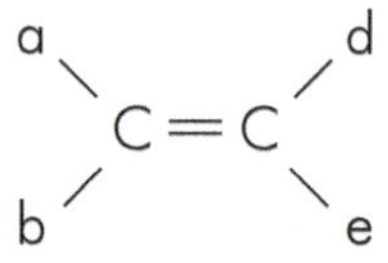

a ≠ b e d ≠ e

Nos exemplos a seguir, preste atenção à posição dos ligantes!

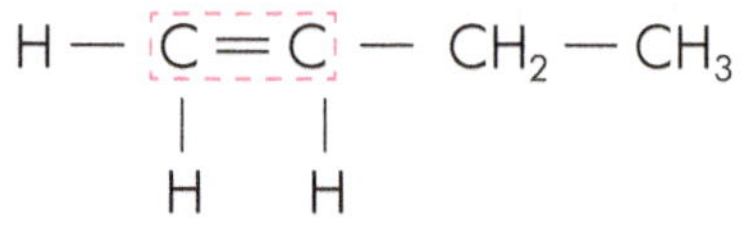

but-1-eno

Como C1 da ligação dupla apresenta ligantes iguais (H), essa molécula não apresenta isomeria geométrica.

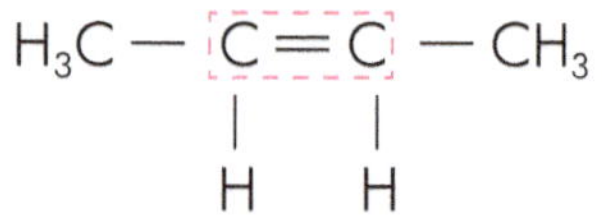

but-2-eno

Os C da ligação dupla apresentam ligantes diferentes (H e CH_3); portanto, essa molécula tem isomeria geométrica.

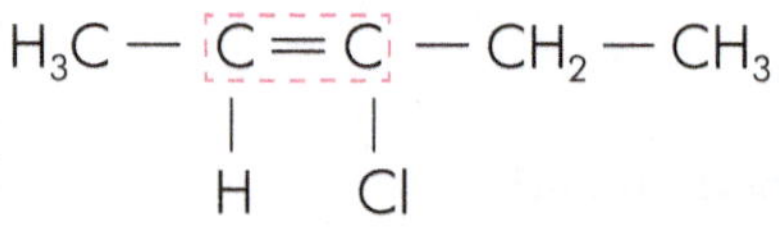

3-cloropent-2-eno

Os C da ligação dupla apresentam ligantes diferentes (H_3C e H, Cl e CH_2– CH_3); portanto, essa molécula tem isomeria geométrica ou cis-trans.

Os isômeros geométricos implicam ter ligantes diferentes em cada carbono da ligação dupla. Com relação à posição da ligação dupla, os isômeros

- **cis** apresentam ligantes de maior massa molar no mesmo lado;
- **trans** apresentam ligantes de maior massa molar em lados opostos.

Por exemplo, o composto 1,2-dicloroeteno (CH_2Cl_2) apresenta isomeria geométrica; portanto, existem dois compostos diferentes: **cis**-1,2-dicloroeteno e **trans**-1,2-dicloroeteno:

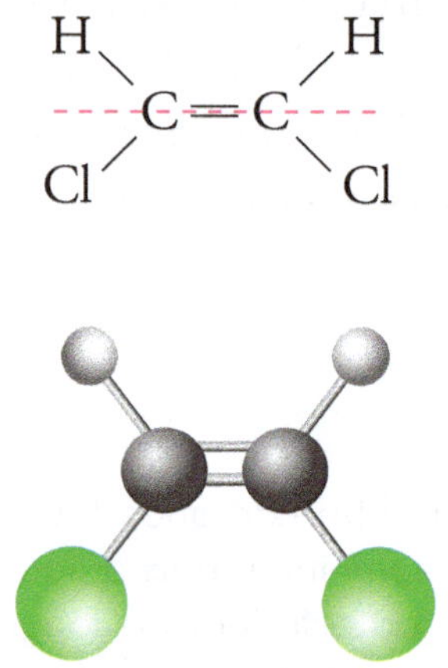

cis-1,2-dicloroeteno
PE = 60,3 °C

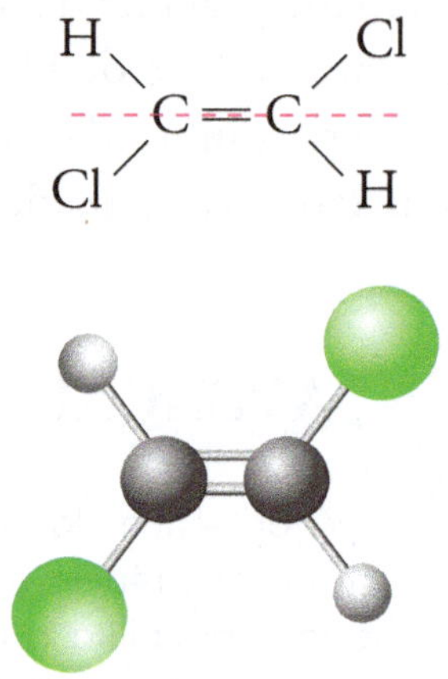

trans-1,2-dicloroeteno
PE = 47,5 °C

Os isômeros cis e trans do 1,2-dicloroeteno são compostos diferentes, razão pela qual apresentam propriedades distintas: o cis-1,2-dicloroeteno é uma molécula polar, enquanto o trans-1,2-dicloroeteno é apolar. Essa diferença de polaridade explica o motivo pelo qual o ponto de ebulição do isômero cis é superior ao ponto de ebulição do isômero trans.

Vamos analisar agora a isomeria do pent-2-eno ($CH_3CHCHCH_2CH_3$) a partir de sua fórmula estrutural:

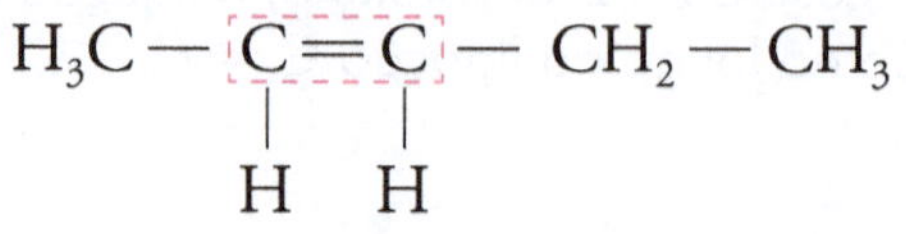

No isômero cis, os ligantes de menor massa, neste caso os H, estão abaixo da linha imaginária, enquanto no isômero trans esses ligantes estão acima e abaixo dessa linha.

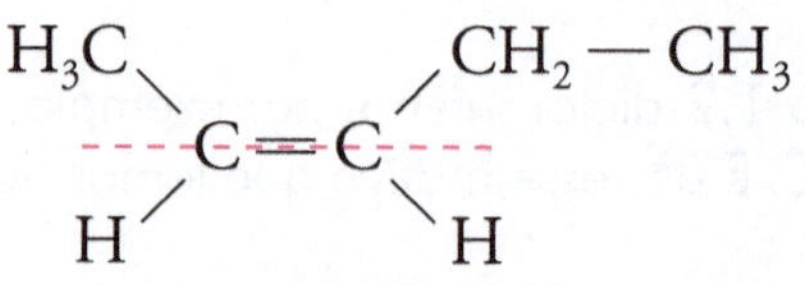

cis-pent-2-eno

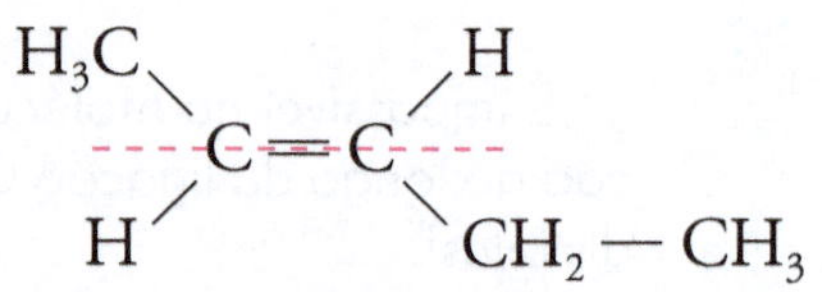

trans-pent-2-eno

Agora que sabemos a diferença entre os isômeros cis e trans, podemos retomar as estruturas do dietilestilbestrol para identificar cada um dos isômeros:

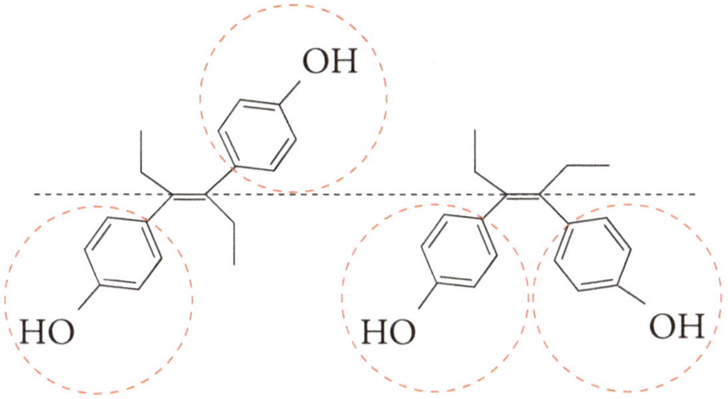
OH
HO
HO
OH

Na estrutura à esquerda, os ligantes de maior massa, circulados em vermelho, estão em lados opostos da ligação dupla: trata-se, portanto, do trans-dietilestilbestrol. Já na estrutura à direita, os ligantes de maior massa estão do mesmo lado da ligação dupla e temos o cis-dietilestilbestrol.

FIQUE POR DENTRO!

Isomeria geométrica em compostos de cadeia fechada

Não é apenas a ligação dupla que impede a rotação livre da ligação entre os carbonos. Esse impedimento também ocorre em cadeias fechadas! Em compostos cíclicos saturados, para que haja isomeria geométrica, é necessário que tenhamos pelo menos dois átomos de carbono do ciclo com ligantes diferentes entre si:

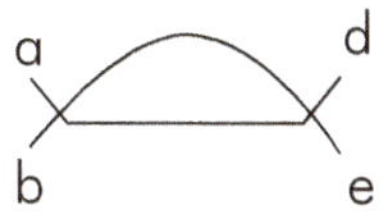
a
d
b
e

$a \neq b$ e $d \neq e$

Observe os dois exemplos abaixo. Você consegue identificar qual deles apresenta isomeria geométrica?

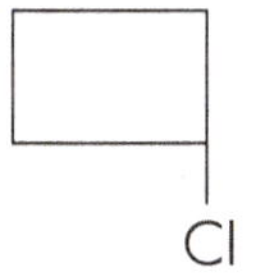
Cl

clorociclobutano

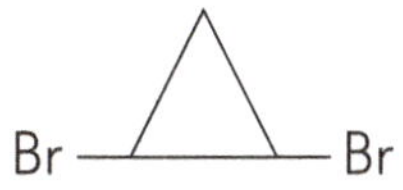
Br
Br

1,2-dibromociclopropano

No clorociclobutano, temos apenas um ligante diferente em um dos carbonos do ciclo. Já no 1,2-dibromociclopropano, temos dois carbonos do ciclo com ligantes diferentes. E como seriam os isômeros cis e trans desse composto?

O isômero cis sempre terá os ligantes de maior massa (bromo) do mesmo lado do ciclo; já o isômero trans terá esses ligantes em lados opotos do ciclo.

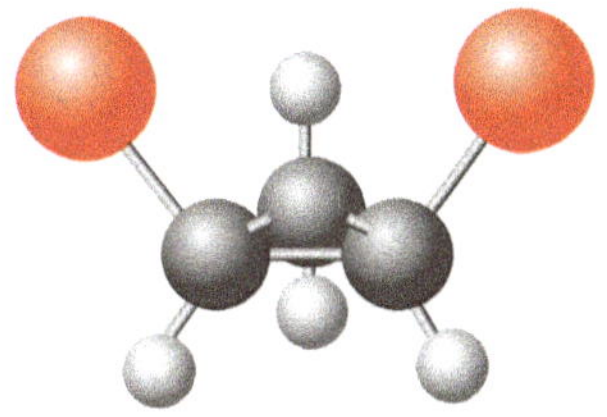

cis-1,2-dibromociclopropano

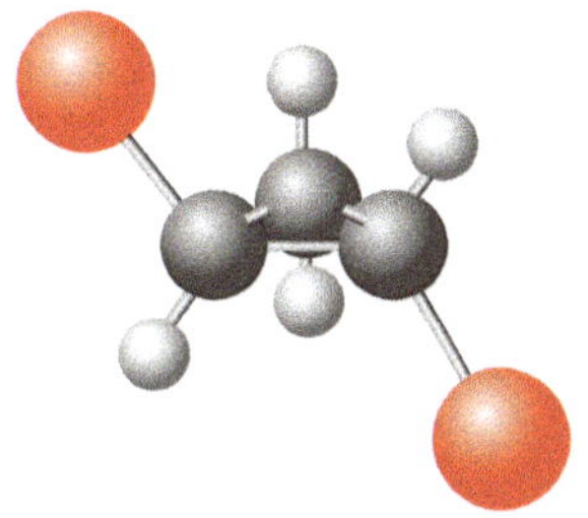

trans-1,2-dibromociclopropano

FIQUE POR DENTRO!

Isomeria geométrica e visão

A luz que atinge nossos olhos atravessa a córnea (uma membrana transparente), a pupila (orifício central), uma lente chamada cristalino e atinge a retina, onde estão os fotorreceptores, que são células com pigmentos. Estimulados pela luz, esses pigmentos enviam sinais ao nervo óptico e deste para o cérebro, onde as informações são decodificadas e as imagens podem, então, ser reconhecidas.

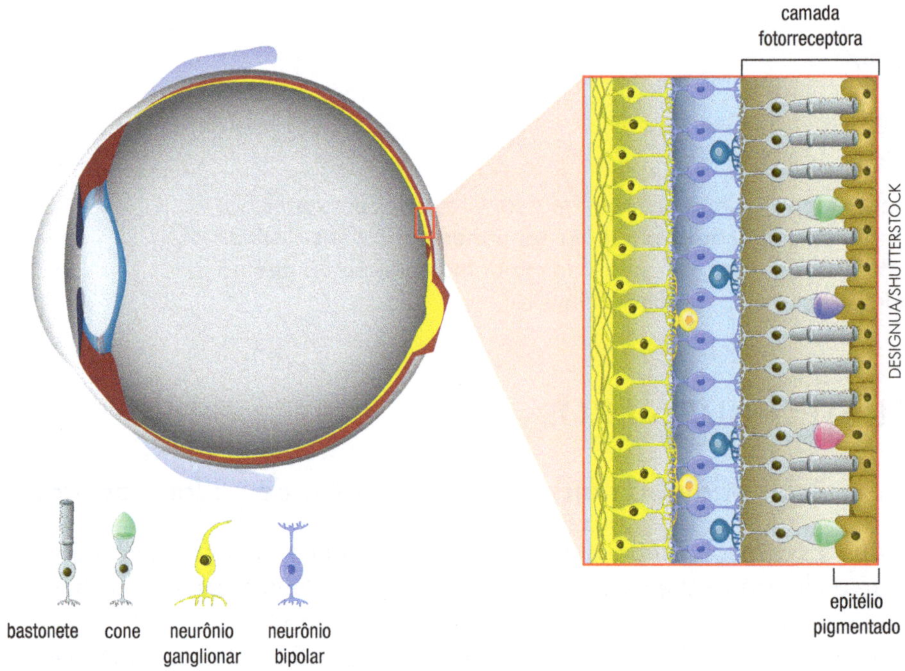
camada
fotorreceptora
DESIGNUA/SHUTTERSTOCK
epitélio
pigmentado
bastonete
cone
neurônio
ganglionar
neurônio
bipolar

Esquema de secção transversal de olho humano, com destaque para a retina. Nela, podem ser vistos o epitélio pigmentado e três camadas: a das células fotorreceptoras, a dos neurônios bipolares e a dos neurônios ganglionares (que se reúnem formando a fibra nervosa). As células fotorreceptoras do olho humano são os *bastonetes* (que auxiliam na visão em ambientes de pouca luz) e os *cones* (relacionados à visão de cores). Esses fotorreceptores possuem pigmentos que, quando estimulados, transmitem modificações energéticas que são levadas pelas fibras nervosas ao nervo óptico e, deste, para o cérebro, onde são decodificadas.

E como são emitidos esses sinais elétricos? A resposta para essa pergunta está intimamente ligada à isomeria geométrica. Nos fotorreceptores, temos o cis-retinal, uma estrutura sensível à luz e derivada da vitamina A. Com a incidência de luz, ocorre uma reação de isomerização, dando origem ao trans-retinal, o que altera o arranjo espacial da estrutura e desencadeia a transmissão de um impulso nervoso para o cérebro. Uma série de reações enzimáticas é responsável por converter o trans-retinal para o cis-retinal, para que esse processo possa ser reiniciado.

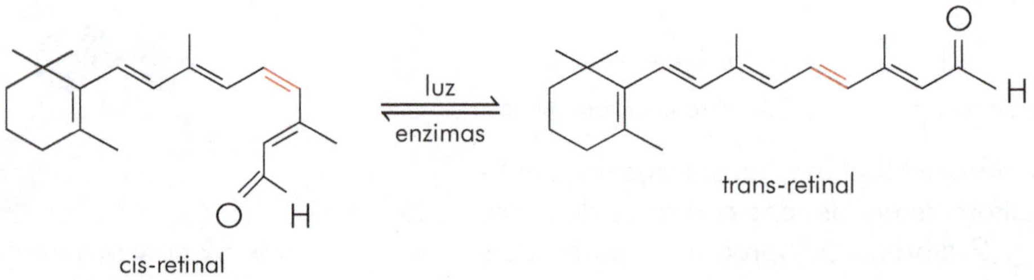
luz
enzimas
O
H
O
H
trans-retinal
cis-retinal

9.2 Isomeria Óptica

Além da isomeria geométrica ou cis-trans, o fenômeno de isomeria espacial (ou estereoisomeria) também ocorre em **moléculas assimétricas**. Nesse caso, temos a chamada **isomeria óptica**.

Mas o que seria uma molécula assimétrica?

Para responder a essa pergunta, vamos começar analisando justamente o oposto: uma molécula simétrica, por exemplo, o clorofluormetano (CH_2ClF). Para entendermos a simetria (ou assimetria) de uma estrutura, precisamos nos basear na sua estrutura tridimensional.

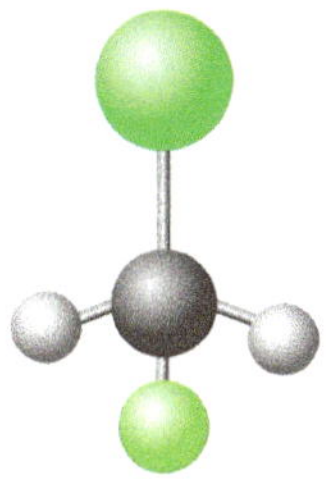
clorofluormetano

Essa molécula apresenta um **plano de simetria**, isto é, há um plano de referência que divide essa molécula em duas partes examente iguais:

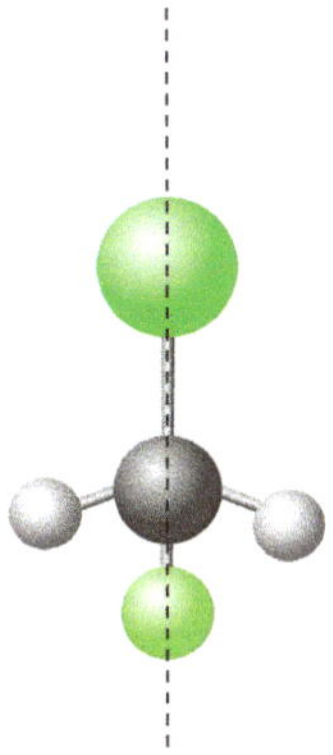

Por esse motivo, o clorofluormetano é classificado como uma **molécula simétrica**.

Agora, vamos (tentar) repetir essa análise para o bromoclorofluormetano (CHBrClF).

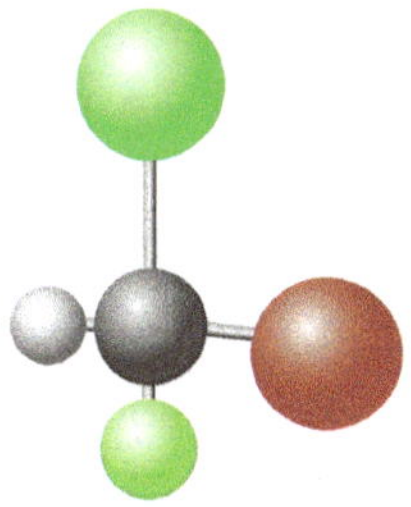
bromoclorofluormetano

A molécula ao lado não apresenta plano de simetria, sendo classificada como uma **molécula assimétrica**.

Agora que entendemos a diferença entre moléculas simétricas e assimétricas, é importante responder a uma segunda pergunta: quais são, então, os isômeros ópticos associados à molécula assimétrica?

No caso do CHBrClF, os dois isômeros ópticos são imagens especulares um do outro, ou seja, a estrutura acima é um dos isômeros ópticos e o outro isômero óptico corresponde à imagem que seria obtida por um espelho plano.

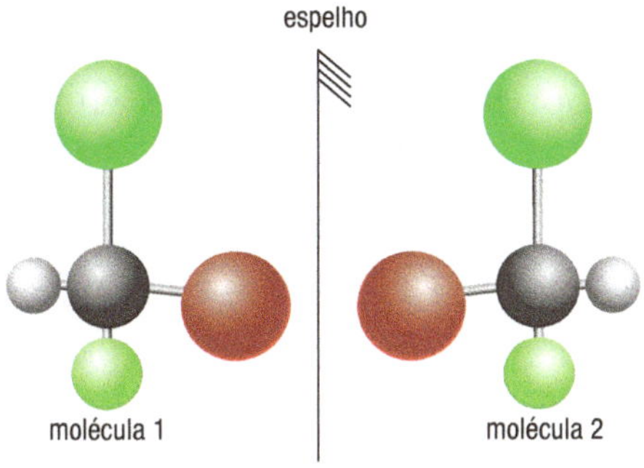
espelho
molécula 1
molécula 2

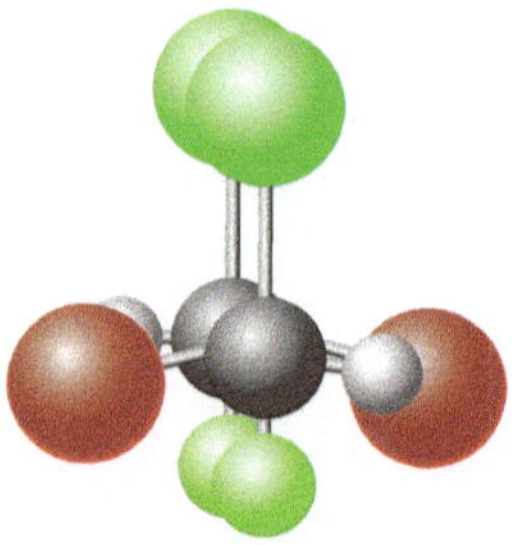

Independentemente de como rotacionemos essas duas moléculas no espaço, não será possível sobrepor uma molécula à outra, o que significa que essas moléculas representam substâncias diferentes.

9.2.1 Carbono quiral

O tipo de isomeria que ocorre entre as moléculas assimétricas é chamado de **isomeria óptica** e seus isômeros são chamados de **isômeros ópticos** ou **enantiomorfos** ou, ainda, **enantiômeros**.

O caso mais importante de assimetria molecular ocorre quando existir, na estrutura da molécula, pelo menos um carbono **assimétrico** ou **quiral** (indicado por um asterisco (*)), que corresponde a todo carbono saturado que apresenta quatro ligantes diferentes.

```
      a
      |
b — C* — e        a ≠ b ≠ d ≠ e
      |
      d
```

Observe no exemplo a seguir o carbono quiral identificado com um asterisco:

```
      F
      |
H — C* — Cl
      |
      Br
```

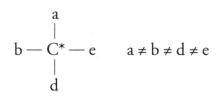

9.2.2 Propriedades dos isômeros ópticos

Compostos com carbono assimétrico apresentam sempre dois isômeros ópticos: o **dextrogiro (d)** e o **levogiro (l)**.

O ácido láctico, por exemplo, é um composto orgânico de fórmula molecular $C_3H_6O_3$, com as funções álcool e ácido carboxílico. Esse ácido apresenta um carbono assimétrico e, portanto, possui isômeros ópticos: um dextrogiro e um levogiro.

```
         H
         |
H3C — C* — COOH
         |
         OH
```

ácido láctico

FIQUE POR DENTRO!

Carbono quiral em cadeia fechada

Um átomo de carbono pertencente a um ciclo também pode ser quiral ou assimétrico se forem obedecidas as seguintes condições:

- ter dois ligantes diferentes fora do ciclo;
- o caminho pelo ciclo é diferente nos sentidos horário e anti-horário.

Observe os exemplos a seguir:

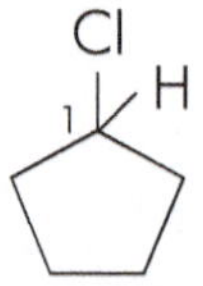
Cl
H
1

o carbono 1 não é quiral

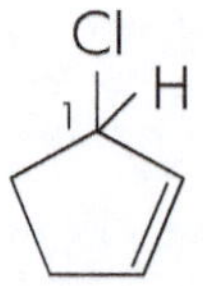
Cl
H
1

o carbono 1 é quiral

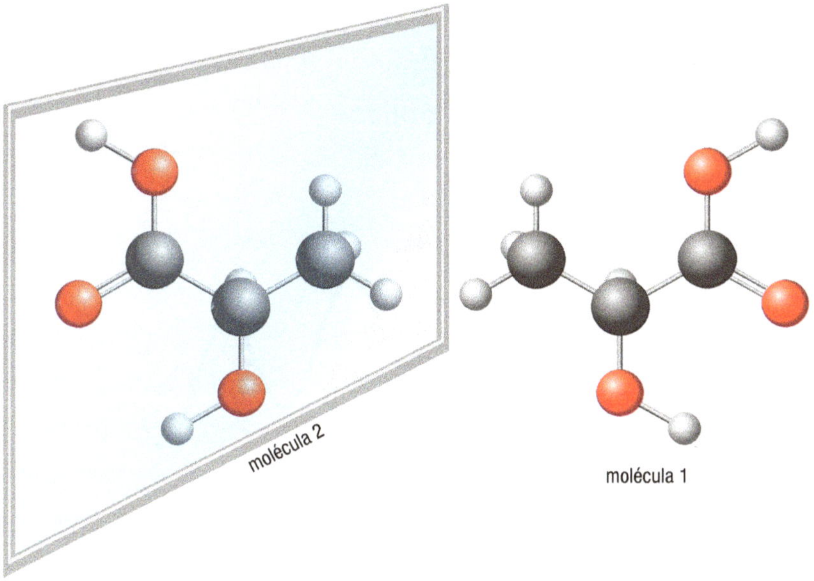

molécula 2
molécula 1

Fórmula estrutural do ácido láctico. Tome como referência a ligação C – H e verifique que a molécula 2, no sentido horário, apresenta CH_3, OH, COOH. Já a molécula 1, no sentido horário, apresenta COOH, OH, CH_3. Uma das moléculas é dextrogira e a outra é levogira.

Os dois enantiômeros de um composto possuem as mesmas **propriedades físicas**, como ponto de fusão, ponto de ebulição, densidade e solubilidade em solventes comuns. Diferem, entretanto, em um efeito bastante importante: quando um feixe de luz polarizada passa através da solução de um enantiômero puro, o plano de polarização sofre um desvio angular em certo sentido (direita ou esquerda). É em relação a esse desvio que é dado o nome do enantiômero: **dextrogiro** (**d**) para o isômero que desvia o plano da luz polarizada para a direita e **levogiro** (**l**) para o isômero que desvia esse plano para esquerda.

Algumas propriedades físicas dos isômeros do ácido láctico.

	PF	DENSIDADE (d)	ÂNGULO DE DESVIO
ácido láctico dextrogiro	52 °C	1,25 g/cm^3	+2,6°
ácido láctico levogiro	52 °C	1,25 g/cm^3	–2,6°

É importante destacar, contudo, que, quando o ácido láctico é fabricado em laboratório, obtemos uma mistura equimolar (de mesmo número de moléculas) de ácido láctico dextrogiro e ácido láctico levogiro, que é chamada de **mistura racêmica**, que não desvia o plano da luz polarizada.

FIQUE POR DENTRO!

Luz polarizada e isomeria óptica

A luz é uma onda eletromagnética, que em geral na natureza se propaga vários planos. Veja, como exemplo, a propagação da luz branca ao lado.

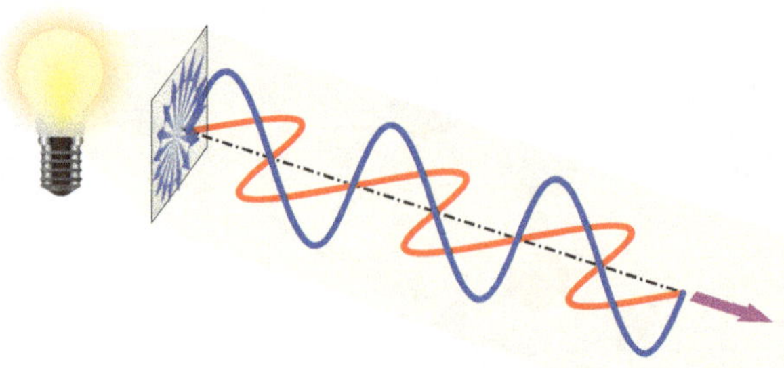

A luz do Sol, que é branca, é formada por ondas eletromagnéticas que se propagam em vários planos, característica de luz **não polarizada**.

Algumas substâncias (ou aparelhos chamados *polarizadores*) fazem com que a luz não polarizada passe a se propagar em um único plano, resultando no que se chama de luz **polarizada**.

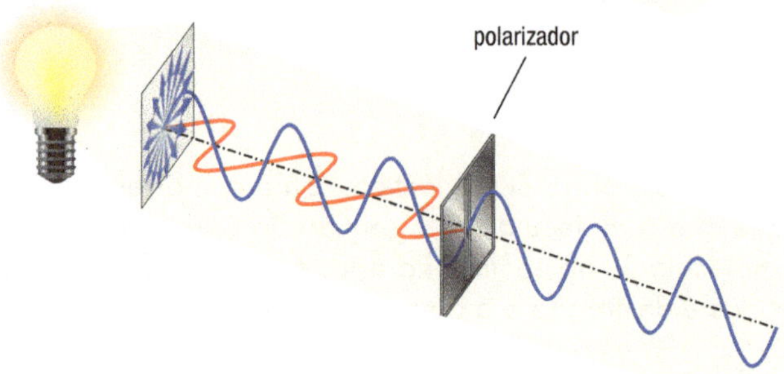
polarizador

FOUAD A. SAAD/SHUTTERSTOCK

A luz polarizada é aquela que se propaga em um único plano. Na ilustração, o plano de propagação é vertical.

Para medir o ângulo de desvio da luz polarizada provocada por um enantiômero puro, utilizam-se aparelhos chamados polarímetros.

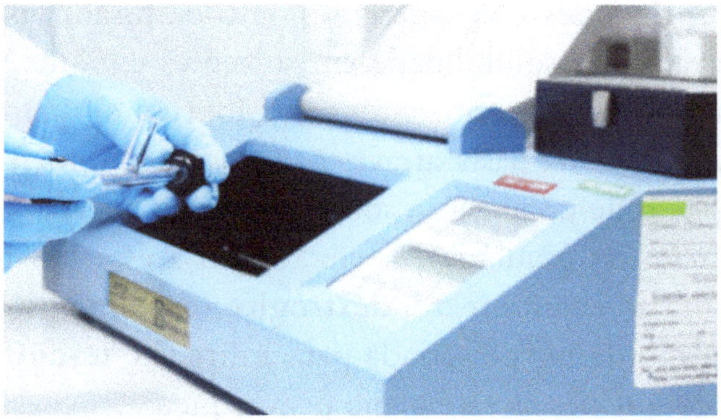

ENDORPHIN_SK/SHUTTERSTOCK

O cientista retira amostra submetida ao polarímetro digital para identificação quanto à natureza óptica (dextrogira ou levogira).

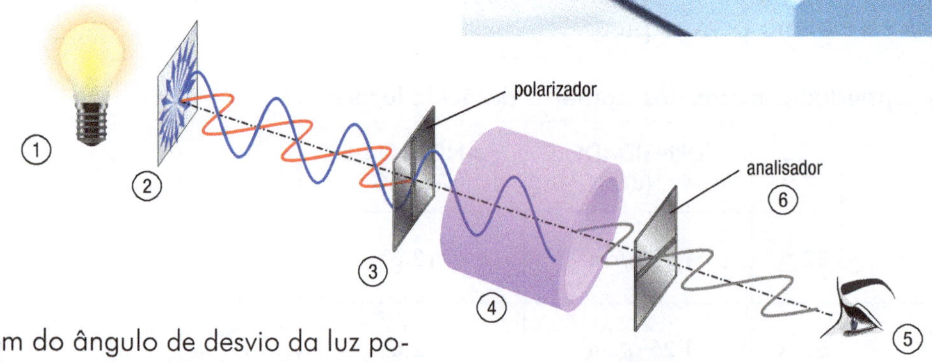
polarizador
analisador
1
2
3
4
5
6

Além do ângulo de desvio da luz polarizada, muitas vezes os enantiômeros possuem notáveis diferenças no que diz respeito às propriedades fisiológicas (efeitos sobre um organismo vivo) como, por exemplo, um ter sabor doce e outro, sabor amargo; ou um ser um medicamento e outro, uma substância nociva.

Em linhas gerais, um polarímetro consiste em uma fonte de luz (1) não polarizada (2), um polarizador (3) para polarizar a luz em determinado plano. Dentro do porta-amostra (4) coloca-se o meio que se quer estudar, que será responsável por desviar a luz polarizada, cujo desvio será medido pelo técnico (5) utilizando um analisador (6).

LIGANDO OS PONTOS!

A importância dos isômeros para a indústria farmacêutica

Você, com certeza, já ouviu falar nos alquimistas, que – misturando um pouco de conhecimento e magia – buscavam, durante a Idade Média, principalmente descobrir o chamado *elixir da vida*, uma substância que tornaria o ser humano imortal e sem doenças, e também a *pedra filosofal*, que seria uma fórmula para transformar o que quisessem em ouro. Em busca de seus objetivos principais, os alquimistas produziram aqueles que podem ser considerados os primeiros "remédios" como os conhecemos hoje.

A partir do século X, ainda Idade Média, surgiram as *boticas*, caixas de madeira com "remédios" produzidos pelos *boticários*, pessoas que conheciam como preparar os medicamentos da época. Essas boticas podiam ser levadas de povoado em povoado para atender às populações.

No Brasil, Diogo de Castro foi o primeiro boticário, que veio de Portugal trazido por Tomé de Souza, governador-geral de 1549 a 1553. Mas foi com a vinda da Família Real portuguesa para o Brasil, em 1808, que a atividade farmacêutica teve impulso.

Não só os boticários influenciaram a indústria farmacêutica no século XIX: também foram importantes no desenvolvimento dessa indústria as empresas de produtos orgânicos utilizados como corantes.

Muito tempo se passou e hoje, entre inúmeras substâncias, os isômeros são utilizados para fabricação de remédio, mas não como no passado! Na década de 1960, foi lançado um sedativo que também era recomendado para aliviar náuseas de mulheres grávidas, tendo como princípio ativo o **isômero dextrogiro da talidomida**.

Entretanto, no final da década de 1960, um número crescente de recém-nascidos foi diagnosticado com focomelia, uma deformidade congênita caracterizada pela aproximação ou encurtamento dos membros junto ao tronco do feto. Em 1961, foi descoberto que esse efeito era causado pela ingestão do medicamento talidomida, pois o **isômero levogiro da talidomida** apresenta efeito teratogênico, isto é, produz malformações no feto em desenvolvimento (o que não se sabia na época).

A diferença entre os dois isômeros está na disposição espacial dos ligantes do carbono quiral (assinalado com um asterisco):

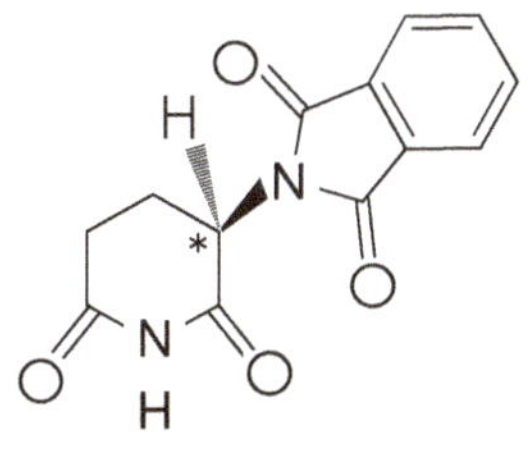
H
N
*
O
O
N
H
O
O

talidomida
(dextrogiro – sedativo)

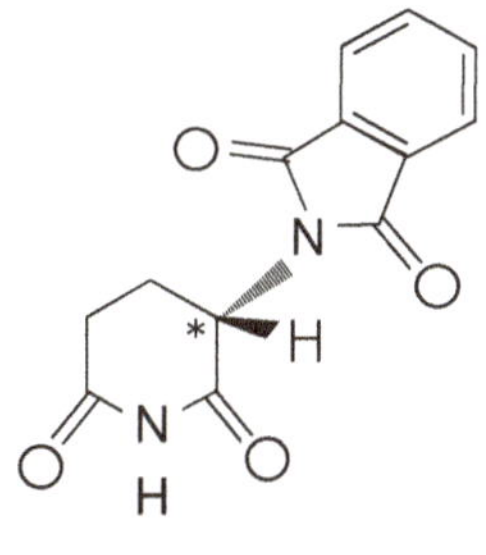
O
N
O
*
H
O
N
H
O

talidomida
(levogiro – teratogêncio)

A "simples" mudança do arranjo espacial associado ao carbono quiral causou o nascimento de mais de 10 mil crianças com malformações importantes ao redor de todo o mundo.

Os efeitos colaterais dramáticos da talidomida promoveram grandes mudanças no processo de desenvolvimento e regulamentação de novos medicamentos pela indústria farmacêutica, que passou a exigir que os fabricantes comprovassem a segurança e a eficácia dos medicamentes antes de serem comercializados.

9.2.3 Fórmula de van'tHoff

Se um composto apresentar mais de um carbono assimétrico diferente, podemos determinar o número de isômeros ópticos, utilizando a expressão de van't Hoff:

$$\text{número de isômeros ópticos} = 2^n$$

em que *n* é o número de carbonos assimétricos diferentes. Também é possível calcular o número de misturas racêmicas:

$$\text{número de misturas racêmicas} = \frac{2^n}{2}$$

Por exemplo, vamos calcular o número de isômeros **ópticos** e de **misturas racêmicas** para o 3-metilpentan-2-ol, cuja fórmula estrutural é:

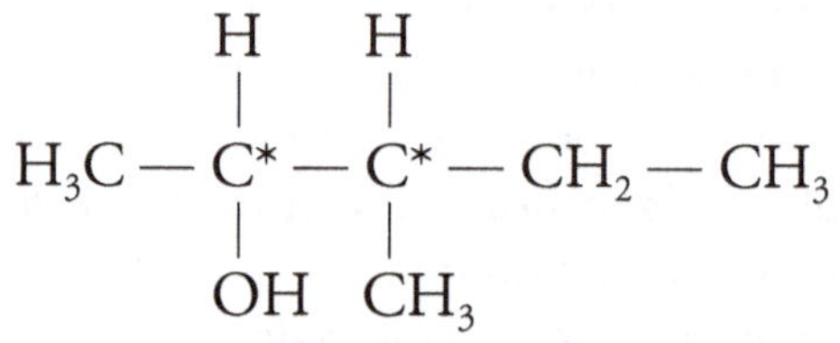
H H
H_3C — C* — C* — CH_2 — CH_3
OH CH_3

- número de carbonos quirais = 2;
- número de isômeros ópticos: $2^n = 2^2 = 4$;
- mistura racêmica: $\frac{2^n}{2} = 2$.

FIQUE POR DENTRO!

Compostos com dois carbonos quirais iguais

Existem moléculas que apresentam carbonos quirais iguais, como é o caso do ácido tartárico, cuja estrutura está representada a seguir:

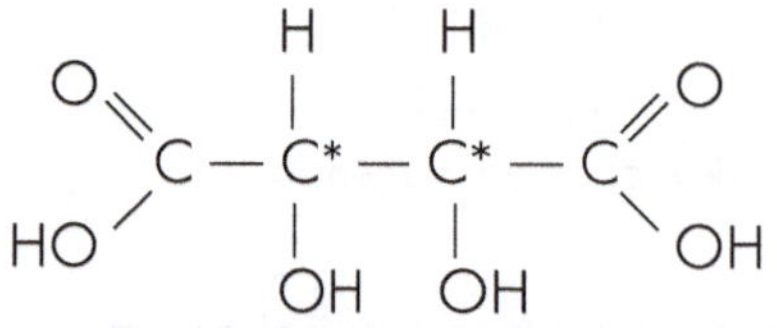
H H
O O
C — C* — C* — C
HO OH
OH OH

ácido tartárico

Nesse caso, temos o isômero dextrogiro, que desvia o plano da luz polarizada para a direita; o isômero levogiro, que desvia esse plano para a esquerda, e ainda o isômero meso, que não apreseta atividade óptica, ou seja, não desvia o plano da luz polarizada. O isômero é opticamente inativo por uma compensação interna: tudo ocorre como se cada carbono quiral "anulasse" o efeito do outro sobre a luz polarizada.

É importante lembrar que a mistura racêmica, formada por quantidades equimolares dos isômeros dextrogiro e levogiro também não desvia o plano da luz polarizada. A diferença para o isômero meso é que a mistura racêmica é composta por duas substâncias distintas, enquanto o isômero meso é uma substância pura.

SÉRIE BRONZE

1. Complete o diagrama a seguir com as informações corretas sobre isomeria espacial.

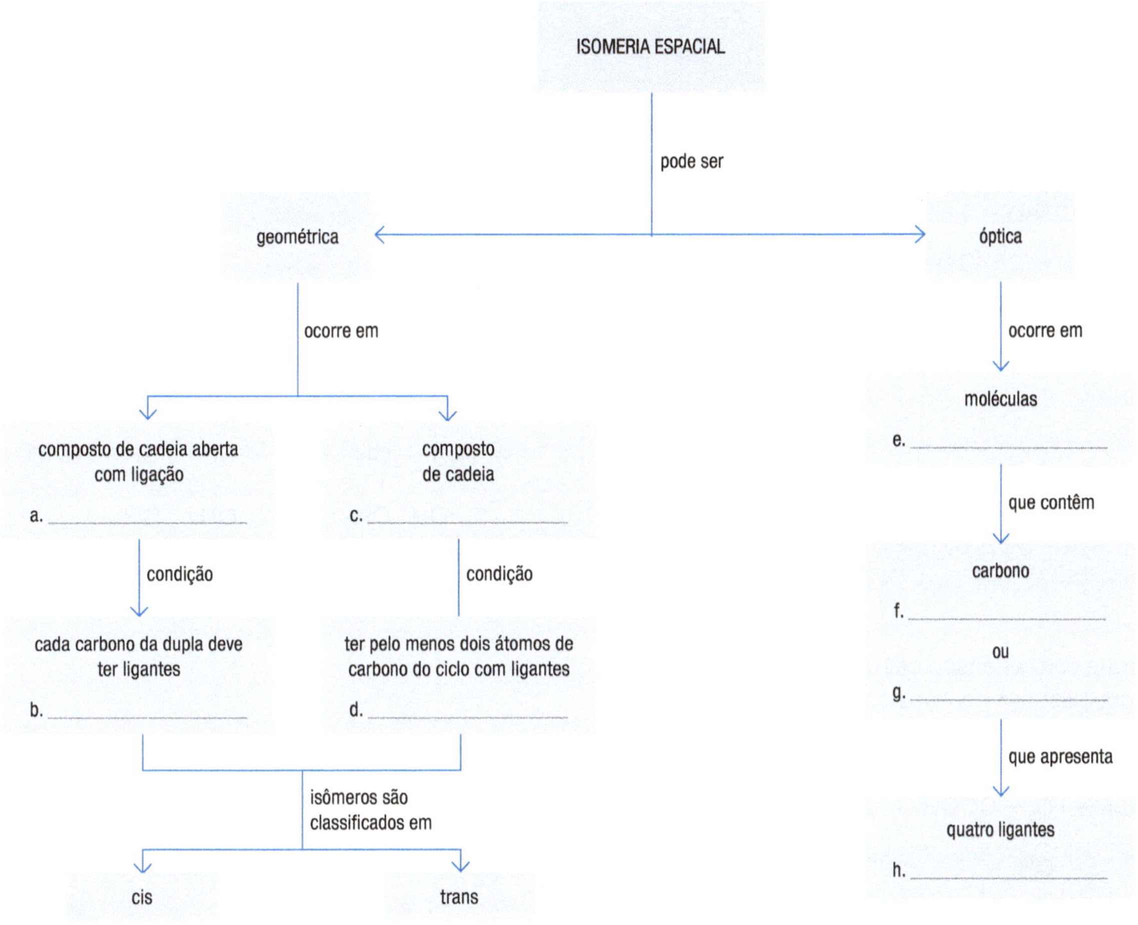
ISOMERIA ESPACIAL
pode ser
geométrica
óptica
ocorre em
composto de cadeia aberta com ligação
a. ______
composto de cadeia
c. ______
condição
cada carbono da dupla deve ter ligantes
b. ______
ter pelo menos dois átomos de carbono do ciclo com ligantes
d. ______
isômeros são classificados em
cis
trans
ocorre em
moléculas
e. ______
que contêm
carbono
f. ______
ou
g. ______
que apresenta
quatro ligantes
h. ______

2. Com relação às fórmulas a seguir, indique os casos em que há possibilidade de isomeria geométrica.

a) $H_2C = CH - CH_3$ ( ) sim ( ) não

b) $H - C = C - H$ (com Br e Cl ligados aos carbonos da dupla) ( ) sim ( ) não

c) $H_3C - C = C - CH_3$ (com H e CH_3 ligados aos carbonos da dupla) ( ) sim ( ) não

d) $H_3C - C = C - CH_3$ (com CH_3 e CH_3 ligados aos carbonos da dupla) ( ) sim ( ) não

e. $H_3C - C = C - CH_2 - CH_3$ (com H e H ligados aos carbonos da dupla)

( ) sim ( ) não

f) 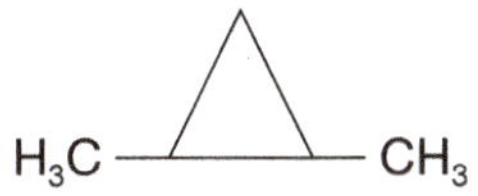 ( ) sim ( ) não

g) 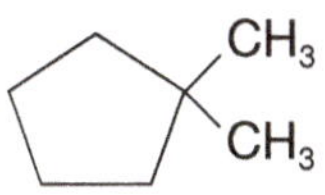 ( ) sim ( ) não

3. Dê o nome dos compostos a seguir usando a nomenclatura cis e trans.

a) 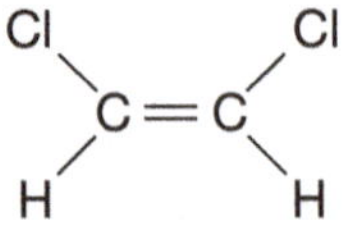

b) 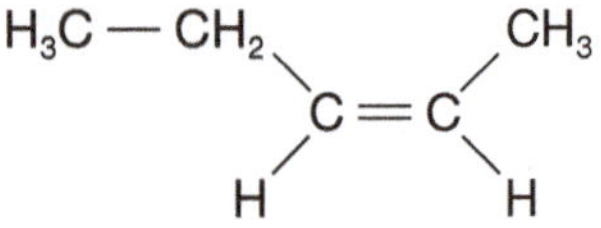

c) 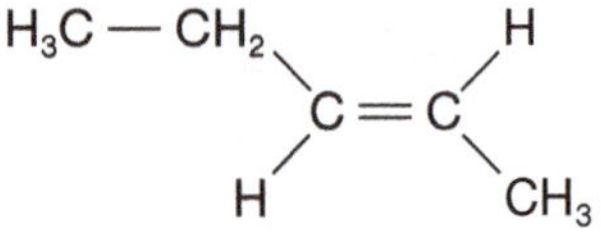

c) 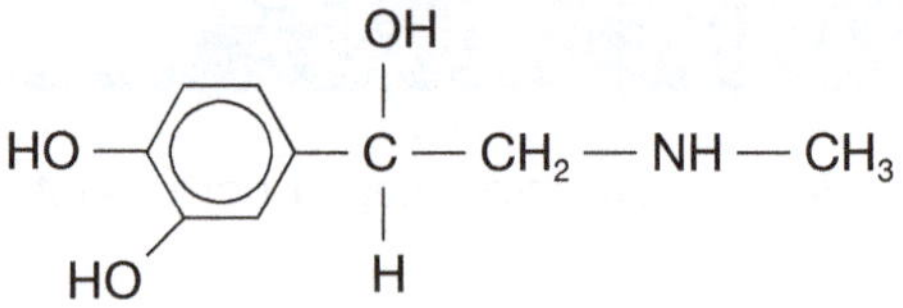

d) 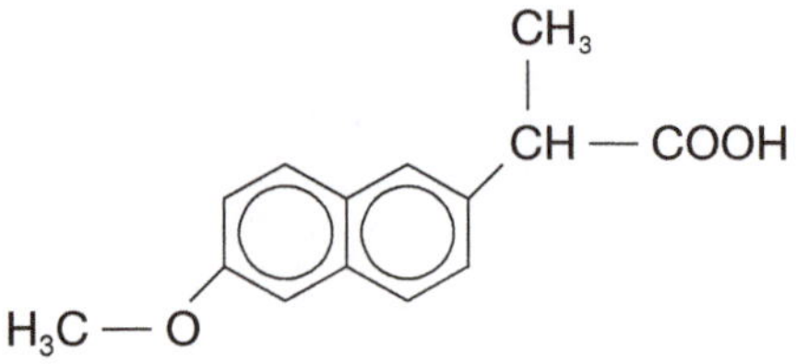

e) 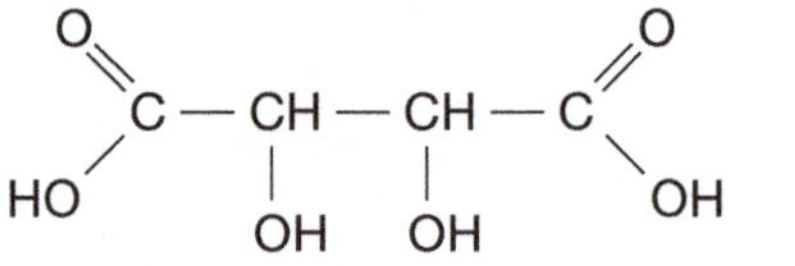

f) 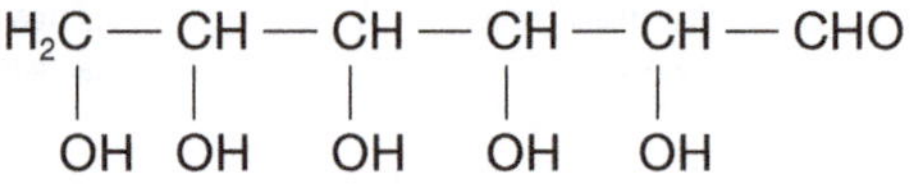

4. Marque com asterisco o(s) carbono(s) assimétrico(s) ou quiral(is) dos compostos a seguir.

a) 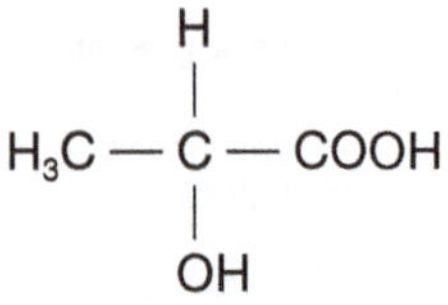

b) 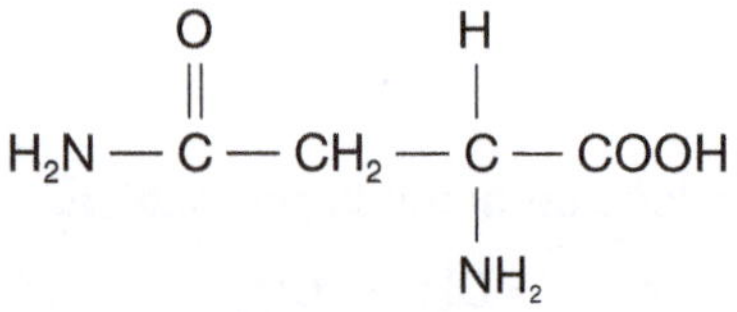

SÉRIE PRATA

1. (PUC) A seguir são apresentados alguns pares de estruturas:

I. $H_3C - CH_2 - OH$ $HO - CH_2 - CH_3$

II. $H_3C - CH_2 - OH$ $H_3C - O - CH_3$

III. $H_3C - CH_2 - CH_3$ $H_2C = CH - CH_3$

IV. 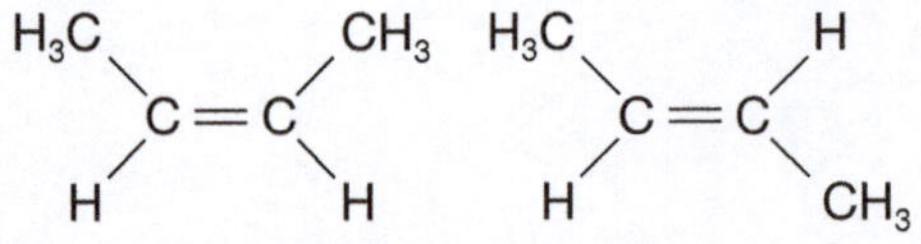

V. 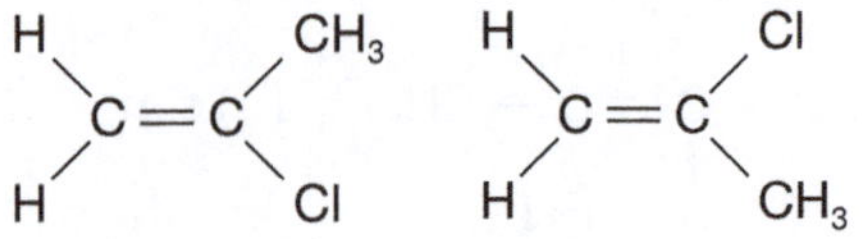

VI. 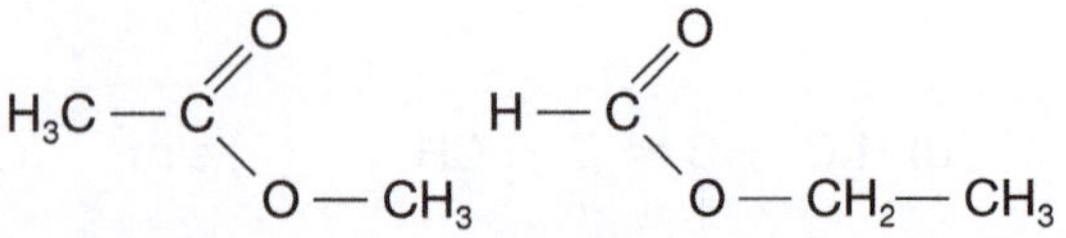

Os pares de estruturas que são isômeros entre si são:

a) II, IV e VI.

b) I, II e VI.

c) I, II e IV.

d) I, II, IV e V.

e) II, IV, V e VI.

2. (FGV – SP) A fórmula molecular C_4H_8 pode representar vários hidrocarbonetos. Dê a fórmula estrutural do:

a) isômero cis;
b) isômero trans;
c) cíclico não ramificado;
d) insaturado de cadeia ramificada.

3. (PUC – SP) Assinale a alternativa que contém apenas isômeros de pent-1-eno (C_5H_{10}).

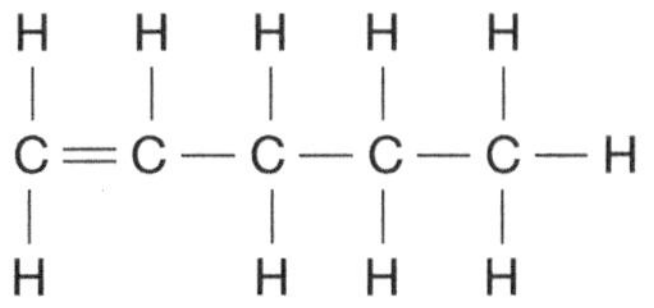

a) pentano, cis-2-pentano e ciclopenteno
b) trans-2-pentano, pentanol e cis-3-penteno
c) 2-metil-1-penteno, trans-2-penteno e ciclopentano
d) cis-pent-2-eno, ciclopentano e 2-metilbut-1-eno
e) 2-metil-1-buteno, ciclopentano e 2-metil-1-butanol

4. (FUVEST – SP) Quantos isômeros geométricos do aldeído cinâmico são previstos?

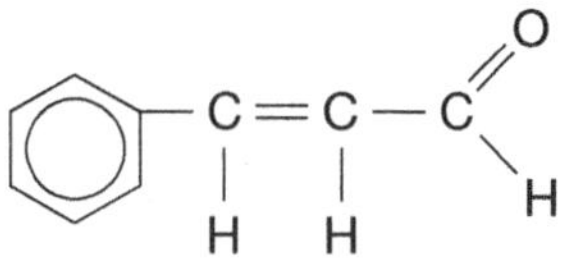

a) 1 b) 2 c) 3 d) 4 e) 5

5. (UERJ) O ácido linoleico, essencial à dieta humana, apresenta a seguinte estrutura espacial

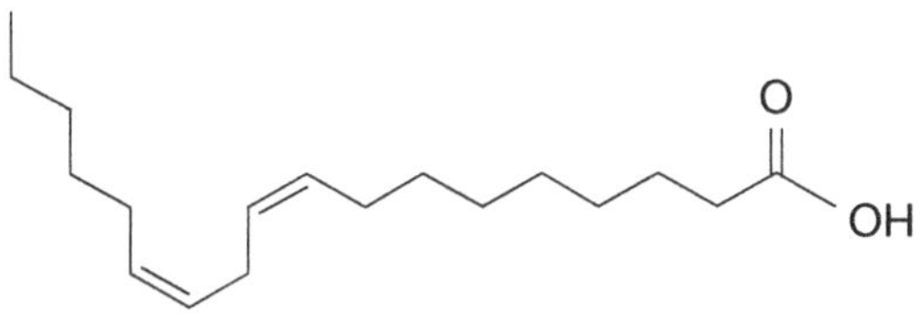

Como é possível observar, as ligações duplas presentes nos átomos de carbono 9 e 12 afetam o formato espacial da molécula.

As conformações espaciais nessas ligações duplas são denominadas, respectivamente:

a) cis e cis.
b) cis e trans.
c) trans e cis.
d) trans e trans.

6. (MACKENZIE – SP – adaptada) Durante o processo de transpiração, o ser humano elimina secreções ricas em proteínas, lipídios, por intermédio das glândulas sudoríparas. Bactérias presentes nas axilas utilizam tais secreções como "alimento" e produzem compostos malcheirosos como o ácido 3-metil-hex-2-enoico. Assim, é correto afirmar que o ácido 3-metil-hex-2-enoico é uma substância química:

a) de cadeia carbônica insaturada e que apresenta um carbono quiral.
b) de cadeia carbônica heterogênea e saturada.
c) que apresenta isomeria geométrica.
d) que possui 2 átomos de carbono híbridos sp^2 (carbonos trigonais).
e) que apresenta ligações covalentes polares e iônicas.

7. (FGV - SP) A indústria de alimentos utiliza vários tipos de agentes flavorizantes para dar sabor e aroma a balas e gomas de mascar. Entre os mais empregados, estão os sabores de canela e de anis.

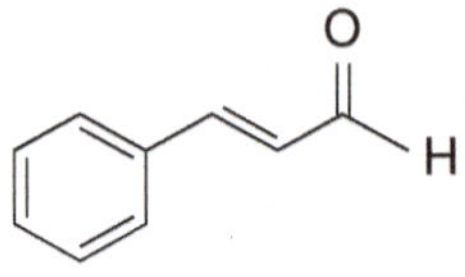

I - flavorizante de canela

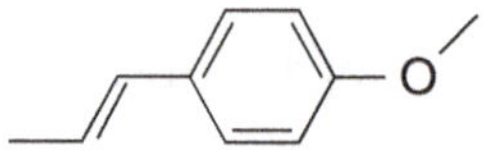

II - flavorizante de anis

Os grupos funcionais das moléculas representadas em I e II e o tipo de isomeria que a estrutura da molécula II apresenta são, respectivamente:

a) cetona, éster e cis-trans.
b) cetona, éter e cis-trans.
c) cetona, éster e óptica.
d) aldeído, éter e cis-trans.
e) aldeído, éter e óptica.

8. (ENEM) Várias características e propriedades de moléculas orgânicas podem ser inferidas analisando sua fórmula estrutural. Na natureza, alguns compostos apresentam a mesma fórmula molecular e diferentes fórmulas estruturais. São os chamados isômeros, como ilustrado nas estruturas.

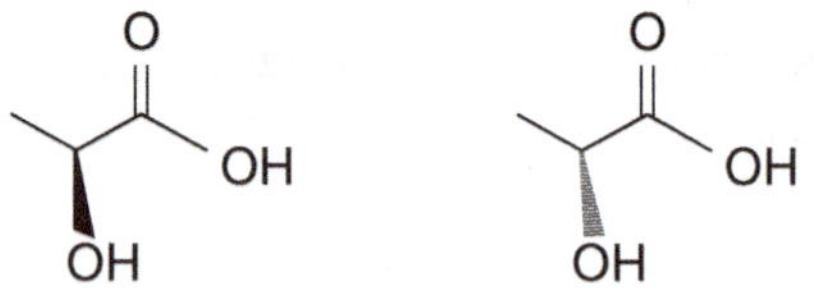

Entre as moléculas apresentadas, observa-se a ocorrência de isomeria

a) ótica.
b) de função.
c) de cadeia.
d) geométrica.
e) de compensação.

9. (UNESP) O adoçante artificial aspartame tem fórmula estrutural

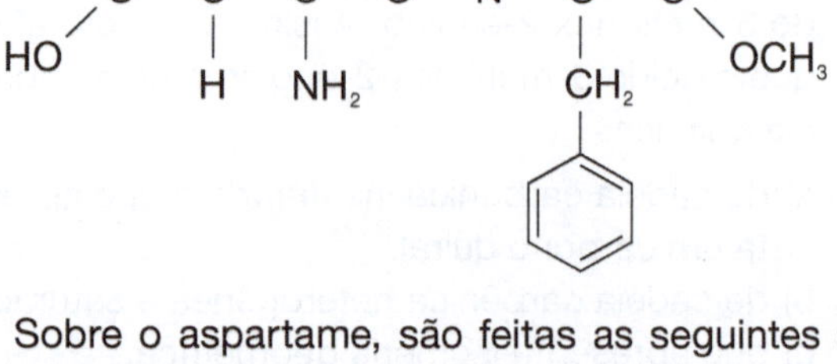

Sobre o aspartame, são feitas as seguintes afirmações:

I. apresenta as funções éster e amida;
II. não apresenta isomeria óptica;
III. sua fórmula molecular é $C_{14}H_{13}N_2O_5$.

Das afirmações apresentadas:

a) apenas I é verdadeira.
b) apenas I e II são verdadeiras.
c) apenas I e III são verdadeiras.
d) apenas II e III são verdadeiras.
e) I, II e III são verdadeiras.

10. (FUVEST - SP) A substância com a fórmula a seguir é:

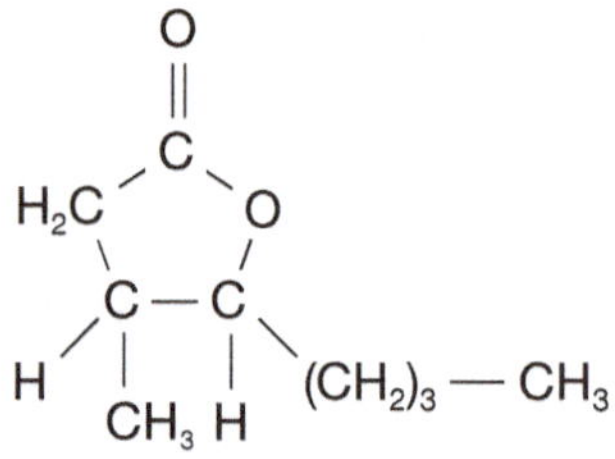

a) éter cíclico, cuja molécula tem dois carbonos assimétricos.
b) uma cetona cíclica, cuja molécula tem um carbono assimétrico.
c) uma cetona cíclica, cuja molécula tem dois carbonos assimétricos.
d) em éster cíclico, cuja molécula tem um carbono assimétrico.
e) um éster cíclico, cuja molécula tem dois carbonos assimétricos.

11. (VUNESP) O ácido lático, um produto do metabolismo humano, apresenta as seguintes características:

- fórmula molecular $C_3H_6O_3$;
- é opticamente ativo;
- é um composto que possui as funções álcool e ácido carboxílico.

Escreva a fórmula estrutural e o nome oficial do ácido lático.

12. (FUVEST – SP) Considere o álcool $C_nH_{2n+1}OH$, cuja molécula contenha o menor número de átomos de carbono, sendo um deles assimétrico.

a) Qual é a fórmula estrutural desse álcool?

b) Qual é o seu nome?

13. (UFRA) O composto 3-metilpent-1-eno apresenta quantos isômeros opticamente ativos?

a) 2 b) 4 c) 6 d) 0 e) 3

14. (VUNESP) Observe a tabela

COMPOSTO	TIPO DE ISOMERIA
butan-2-ol	geométrica
hex-3-eno	óptica

a) Associe cada composto ao respectivo tipo de isomeria.

b) Escreva as fórmulas estruturais e dê os nomes dos respectivos isômeros.

15. (UNESP) Apresenta isomeria geométrica e óptica:

a) but-2-eno.

b) 4-cloro-2-metilpent-1-eno.

c) 4-cloropent-2-eno.

d) butan-2-ol.

e) 2-clorobut-2-eno.

SÉRIE OURO

1. (ENEM) O citral, substância de odor fortemente cítrico, é obtido a partir de algumas plantas como o capim-limão, cujo óleo essencial possui aproximadamente 80%, em massa, da substância. Uma de suas aplicações é na fabricação de produtos que atraem abelhas, especialmente do gênero *Apis*, pois seu cheiro é semelhante a um dos feromônios liberados por elas. Sua fórmula molecular é $C_{10}H_{16}O$, com uma cadeia alifática de oito carbonos, duas insaturações, nos carbonos 2 e 6, e dois grupos substituintes metila, nos carbonos 3 e 7. O citral possui dois isômeros geométricos, sendo o *trans* o que mais contribui para o forte odor.

Para que se consiga atrair um maior número de abelhas para uma determinada região, a molécula que deve estar presente em alta concentração no produto a ser utilizado é:

a) 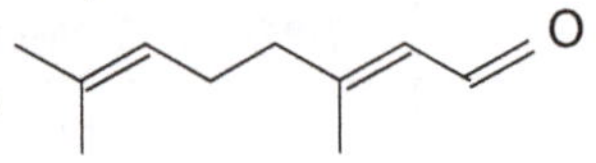
O

b) 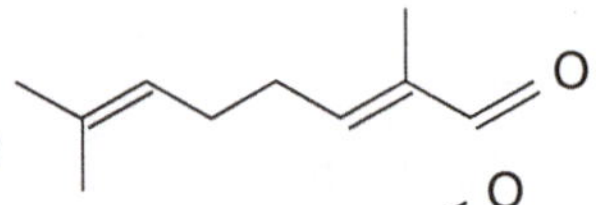
O

c) 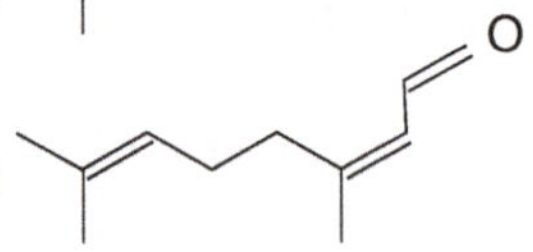
O

d) 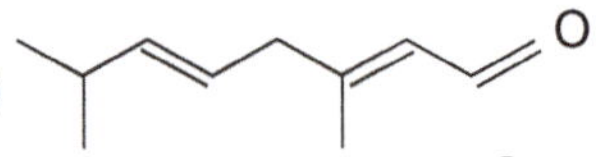
O

e) 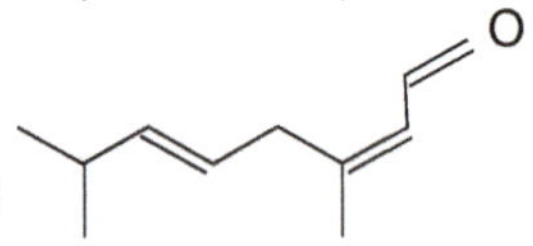
O

2. (ENEM) Os feromônios são substâncias utilizadas na comunicação entre indivíduos de uma espécie. O primeiro feromônio isolado de um inseto foi o bombicol, substância produzida pela mariposa do bicho-da-seda.

OH

bombicol

O uso de feromônios em ações de controle de insetos-praga está de acordo com o modelo preconizado para a agricultura do futuro. São agentes altamente específicos e seus compostos químicos podem ser empregados em determinados cultivos, conforme ilustrado no quadro.

SUBSTÂNCIA	INSETO	CULTIVO
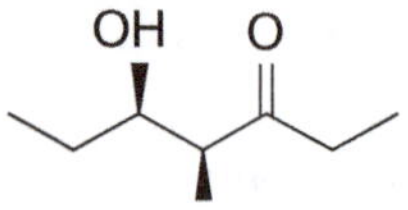 OH O	*Sitophilus sp*	milho
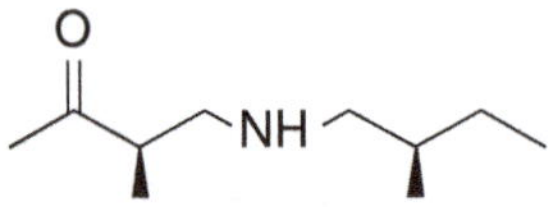 O NH	*Migdolus fryanus*	cana-de-açúcar
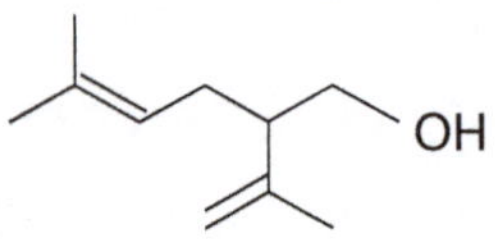 OH	*Anthonomus rubi*	morango
 OH	*Grapholita molesta*	frutas
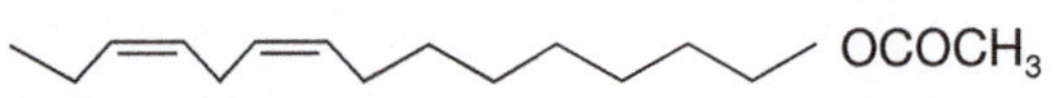 OCOCH3	*Scrobipalpuloides absoluta*	tomate

FERREIRA, J. T. B.; ZARBIN, P. H. G. Amor ao primeiro odor: a comunicação química entre os insetos. **Química Nova na Escola**, n. 7, maio 1998. Adaptado.

Considerando essas estruturas químicas, o tipo de estereoisomeria apresentada pelo bombicol é também apresentada pelo feromônio utilizado no controle do inseto

a) *Sitophilus* sp.
b) *Migdolus fryanus*.
c) *Anthonomus rubi*.
d) *Grapholita molesta*.
e) *Scrobipalpuloides absoluta*.

3. (ENEM) Em algumas regiões brasileiras, é comum se encontrar um animal com odor característico, o zorrilho. Esse odor serve para a proteção desse animal, afastando seus predadores. Um dos feromônios responsáveis por esse odor é uma substância que apresenta isomeria trans e um grupo tiol ligado à sua cadeia homogênea.

A estrutura desse feromônio, que ajuda na proteção do zorrilho, é

a) 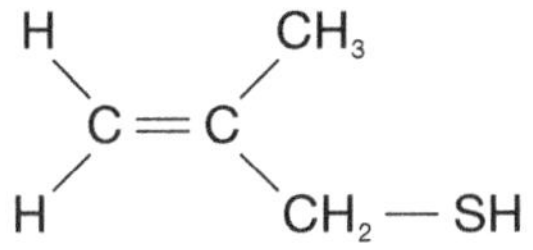

b) 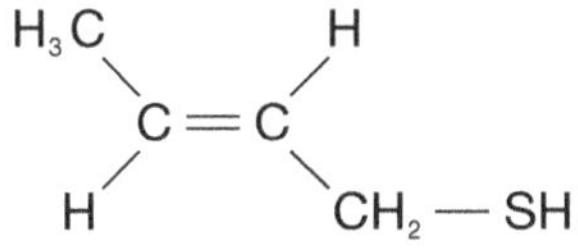

c) 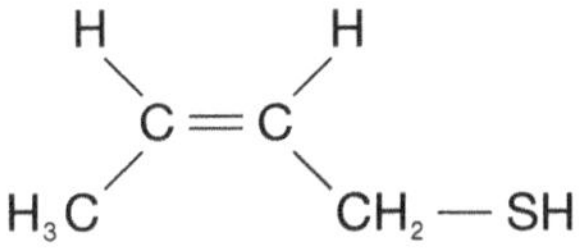

d) 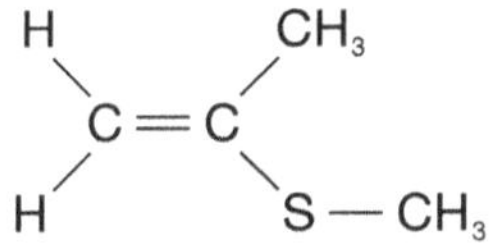

e) 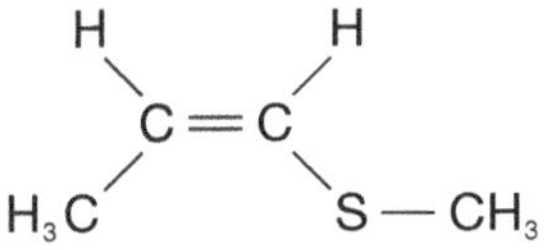

4. (UNESP) Moléculas que são isômeros estruturais são constituídas pelos mesmos átomos, mas esses são ligados diferentemente. Por exemplo, os isômeros geométricos têm arranjos diferentes no espaço em cada lado de uma ligação dupla e são distinguidos pelos prefixos cis e trans. O processo biológico de visão envolve a transformação mediada por enzimas, entre dois isômeros geométricos, o cis-retinal e o trans-retinal.

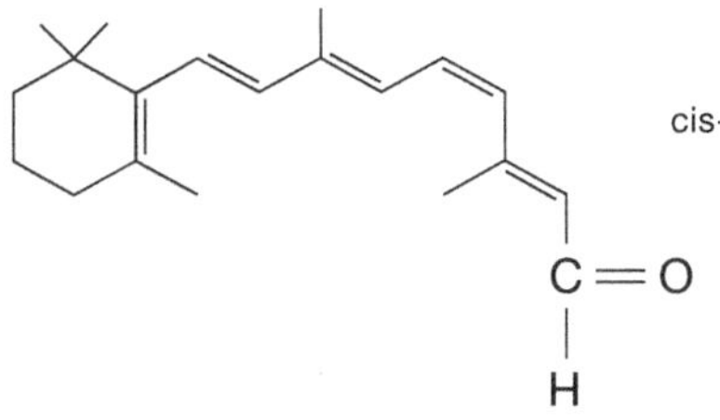

cis-retinal

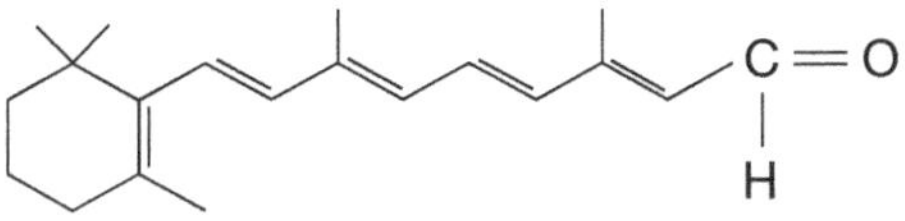

trans-retinal

a) Desenhe a molécula de retinal e numere os átomos de carbono que conferem isomeria geométrica a essa molécula.

b) Escreva os nomes dos grupos funcionais e das funções químicas presentes no cis- e no trans-retinal.

5. (MACKENZIE – SP) A gota é um tipo de artrite causada pela presença de níveis mais altos do que o normal de ácido úrico na corrente sanguínea. Isso pode ocorrer quando o corpo produz ácido úrico em excesso ou tem dificuldade de eliminá-lo pelos rins. Quando essa substância se acumula no líquido ao redor das articulações, são formados cristais de ácido úrico, que causam inchaço e inflamação nas articulações.

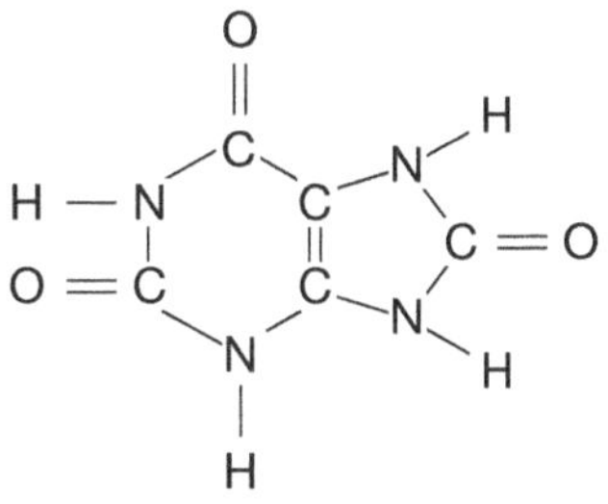

ácido úrico

De acordo com a fórmula estrutural do ácido úrico, são feitas as seguintes afirmações:

I. possui somente átomos de carbono com geometria trigonal plana;
II. possui os grupos funcionais cetona e amina;
III. apresenta isomeria geométrica cis/trans;
IV. possui 10 pares de elétrons não compartilhados;

Estão corretas as afirmações

a) I e II. b) I e III. c) II e III. d) I e IV. e) III e IV.

DADOS: números atômicos: H (1); C (6); N (7); O (8).

6. (PUC – SP) O eugenol e o anetol são substâncias aromáticas presentes em óleos essenciais, com aplicações nas indústrias de cosméticos e farmacêutica. O eugenol está presente principalmente nos óleos de cravo, canela e sassafrás, já o anetol é encontrado nos óleos essenciais de anis e anis estrelado.

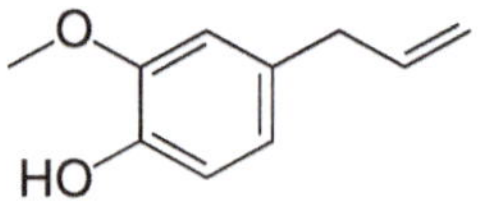
eugenol

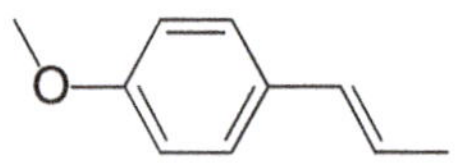
anetol

Sobre esses compostos foram feitas as seguintes afirmações:

I. Ambos apresentam isomeria geométrica.
II. O eugenol apresenta funções fenol e éter, enquanto que o anetol apresenta função éter.
III. A fórmula molecular do eugenol é $C_{10}H_{12}O_2$, enquanto que o anetol apresenta fórmula molecular $C_{10}H_{12}O$.
IV. O anetol apresenta temperatura de ebulição maior que o eugenol.

Estão **corretas** apenas as afirmações:

a) I e II. b) I e IV. c) II e III. d) III e IV. e) II e IV.

7. (SANTA CASA – SP) O fluxograma representa a obtenção de dois compostos orgânicos por meio de cloração do acetileno (C_2H_2), em condições experimentais adequadas. Os produtos dessa reação são usados como intermediários químicos na síntese de compostos e solventes clorados.

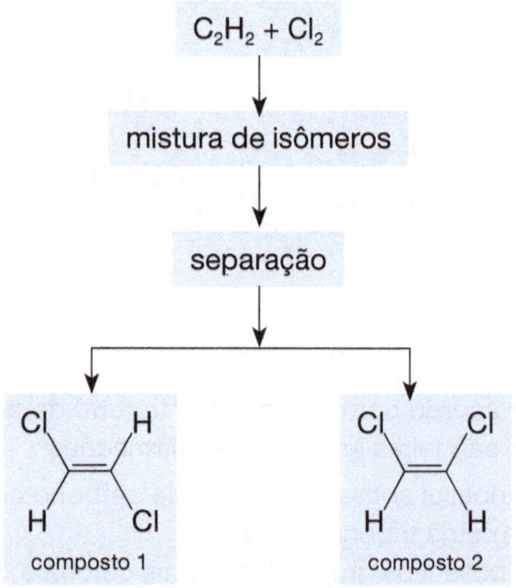
$C_2H_2 + Cl_2$
mistura de isômeros
separação
composto 1
composto 2

Os compostos 1 e 2 são isômeros ________. Dentre esses dois compostos, aquele que apresenta maior temperatura de ebulição é o __________ e aquele que apresenta menor solubilidade em água é o _________.

Assinale a alternativa cujos termos devem preencher, respectivamente, as lacunas do texto.

a) ópticos - composto 2 - composto 2.
b) geométricos - composto 2 - composto 1.
c) geométricos - composto 1 - composto 1.
d) ópticos - composto 2 - composto 1.
e) geométricos - composto 1 - composto 2.

8. (UNIFESP) A diferença nas estruturas químicas dos ácidos fumárico e maleico está no arranjo espacial. Essas substâncias apresentam propriedades químicas e biológicas distintas.

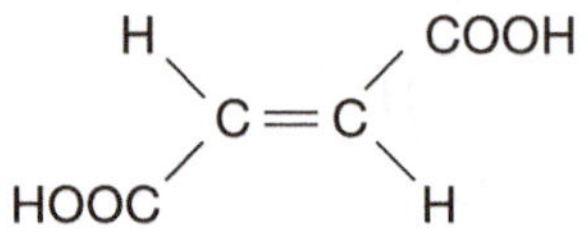
ácido fumárico
$\Delta_f H° = -5.545$ kJ/mol

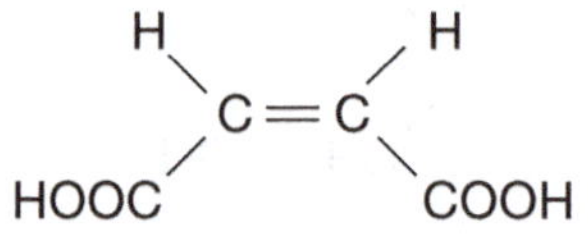
ácido maleico
$\Delta_f H° = -5.525$ kJ/mol

Analise as seguintes afirmações:

I. Os ácidos fumárico e maleico são isômeros geométricos.
II. O ácido maleico apresenta maior solubilidade em água.
III. A conversão do ácido maleico em ácido fumárico é uma reação exotérmica.

As afirmativas corretas são:

a) I, II e III.
b) I e II, apenas.
c) I e III, apenas.
d) II e III, apenas.
e) III, apenas

9. (FUVEST – SP) Quantos isômeros estruturais (planos) e geométricos, considerando também os cíclicos, são previstos com a fórmula molecular C_3H_5Cl?

a) 2 b) 3 c) 4 d) 5 e) 7

10. (A. EINSTEIN – SP) Examine a estrutura do glutamato monossódico, composto utilizado para realçar o sabor dos alimentos.

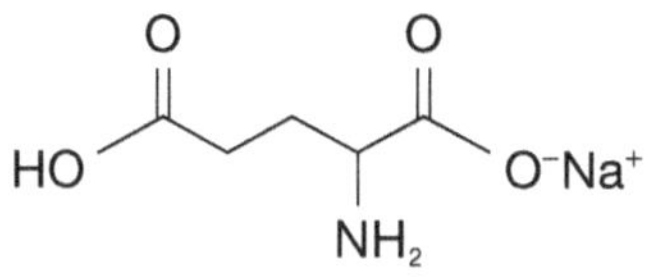
O
O
HO
O⁻Na⁺
NH₂
glutamato monossódico

O número de átomos de carbono quiral presente na estrutura do glutamato monossódico é:

a) 3. b) 2. c) 4. d) 5. e) 1.

11. (FUVEST – SP) A molécula da vitamina C (ácido L-ascórbico) tem a fórmula estrutural plana abaixo.

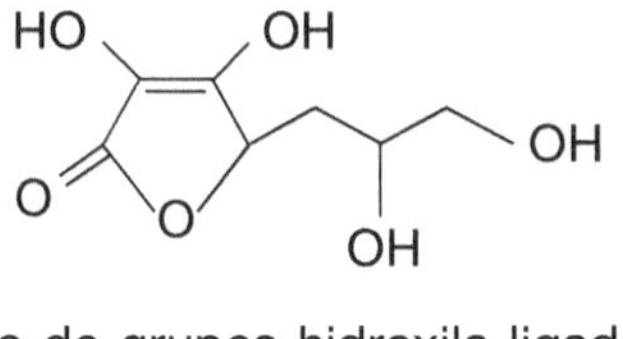
HO
OH
OH
O
O
OH

O número de grupos hidroxila ligados a carbono assimétrico é

a) 0. b) 1. c) 2. d) 3. e) 4.

12. (FATEC – SP) A metanfetamina, N-metil-1-fenilpropano-2-amina, fórmula $C_{10}H_{15}N$, apresenta os isômeros representados pelas fórmulas estruturais:

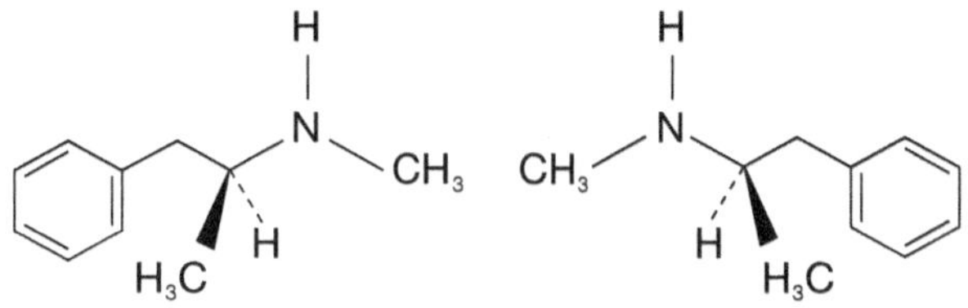
H
N
CH₃
H
H₃C
H
N
CH₃
H
H₃C

A análise das estruturas nos permite concluir, corretamente, que os compostos são isômeros

a) de cadeia.
b) de posição.
c) de função.
d) geométricos.
e) ópticos.

13. (PUC) A melanina é o pigmento responsável pela pigmentação da pele e do cabelo. Em nosso organismo, a melanina é produzida a partir da polimerização da tirosina, cuja estrutura está representada a seguir.

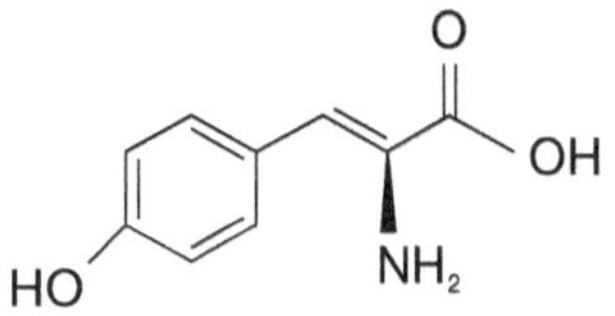
O
OH
HO
NH₂

Sobre a tirosina foram feitas algumas afirmações:

I. A sua fórmula molecular é $C_9H_{11}NO_3$.
II. A tirosina contém apenas um carbono quiral (assimétrico) em sua estrutura.
III. A tirosina apresenta as funções cetona, álcool e amina.

Está(ão) correta(s) apenas a(s) afirmação(ões)

a) I e II.
b) I e III.
c) II e III.
d) I.
e) III.

14. (VUNESP) São dadas as fórmulas estruturais dos medicamentos:

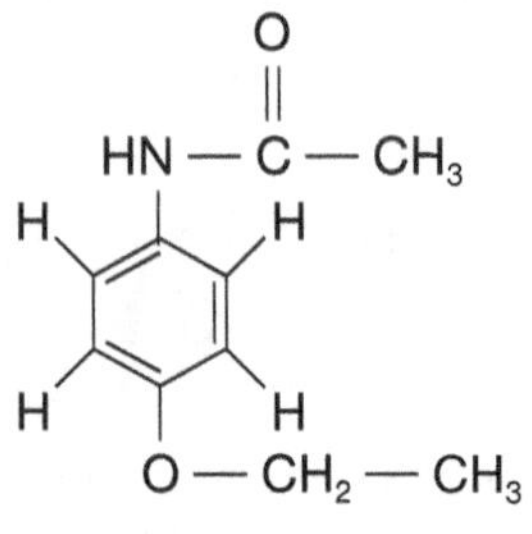

fenacetina (X)

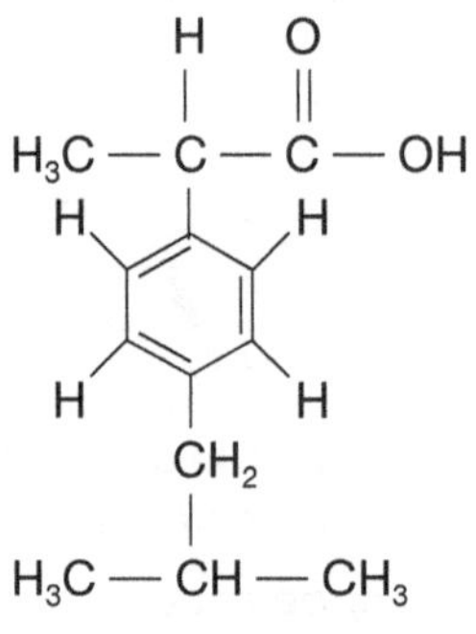

ibuprofen (Y)

Sobre estes dois medicamentos, foram feitas as afirmações seguintes.

I. X possui as funções éter e amida.
II. Y é um ácido carboxílico.
III. Os dois compostos possuem substituintes no benzeno na posição para.
IV. X e Y apresentam isomeria óptica.

São verdadeiras as afirmações:

a) I, II e III, apenas.
b) III e IV, apenas.
c) II e IV, apenas.
d) I e II, apenas.
e) I, II, III e IV.

15. (FGV) A figura apresenta a estrutura química de dois conhecidos estimulantes.

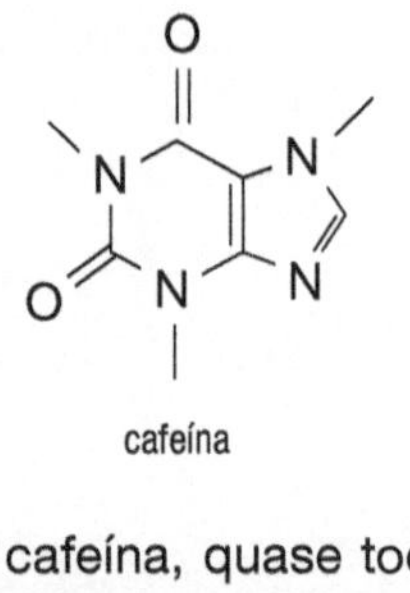

cafeína

anfetamina

A cafeína, quase todas as pessoas a consomem diariamente ao tomarem um cafezinho. A anfetamina é considerada uma droga ilícita e algumas pessoas fazem uso desta droga, como caminhoneiros, para provocar insônia e jovens, obsessivos por sua forma física, para provocar perda de apetite e redução de peso. A perda de apetite gerada pelo uso constante pode transformar-se em anorexia, um estado no qual a pessoa passa a sentir dificuldade para comer, resultando em sérias perdas de peso, desnutrição e até morte.

A substância que apresenta carbono assimétrico e os grupos funcionais encontrados nas estruturas destes estimulantes são, respectivamente,

a) anfetamina, amida e cetona.
b) anfetamina, amida e amina.
c) anfetamina, amina e cetona.
d) cafeína, amina e amida.
e) cafeína, amina e cetona.

16. (UNIFESP) Não é somente a ingestão de bebida alcóolica que está associada aos acidentes nas estradas, mas também a ingestão de drogas psicoestimulantes por alguns motoristas que têm longas jornadas de trabalho. Estudos indicam que o Brasil é o maior importador de dietilpropiona e fenproporex, estruturas químicas representadas na figura.

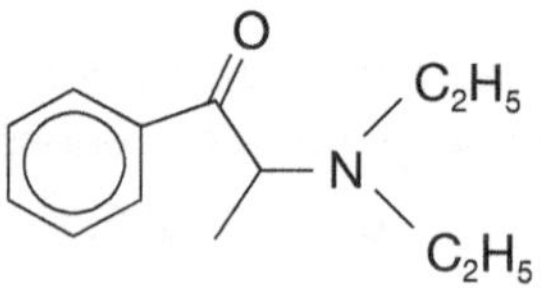

dietilpropiona

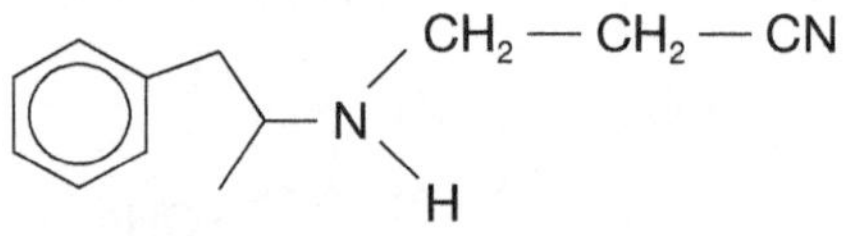

fenproporex

Para as drogas psicoestimulantes, uma das funções orgânicas apresentadas na estrutura da dietilpropiona e o número de carbonos assimétricos na molécula da fenproporex são, respectivamente,

a) amida e 1.
b) amina e 2.
c) amina e 3.
d) cetona e 1.
e) cetona e 2.

17. (VUNESP) Dentre os inúmeros preparados farmacêuticos para o combate à dor, alguns contêm em suas formulações a "aspirina" – um analgésico e antitérmico, muito utilizado no combate à dor de cabeça –, outros são misturas de vitamina C e aspirina, tendo como finalidade combater os sintomas da gripe. As fórmulas estruturais para esses compostos são apresentadas a seguir.

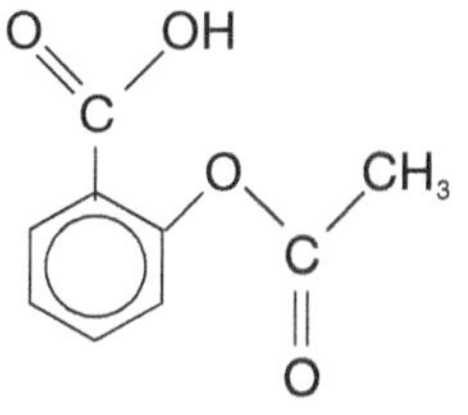

aspirina

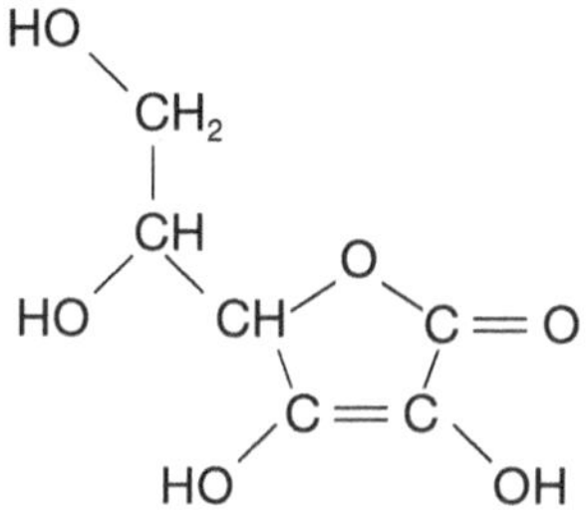

vitamina C

Com relação a esses produtos, é correto afirmar que há quiralidade:

a) apenas na aspirina, pois na sua molécula há seis átomos de carbonos de anel benzênico.
b) apenas na aspirina, pois na sua molécula há dois átomos de carbono ligados, simultaneamente, a dois átomos de oxigênio.
c) apenas na vitamina C, pois na sua molécula há dois átomos de carbono unidos por dupla e que constituem o heterociclo.
d) apenas na vitamina C, pois na sua molécula há dois átomos de carbono ligados, cada um deles, a quatro grupos distintos.
e) nos dois casos, pois as moléculas de ambos apresentam átomos de carbono unidos por ligações duplas constituindo um ciclo.

18. (MACKENZIE – SP – adaptada) A epidemia de dengue no Brasil, transmitida pelo mosquito *Aedes aegypti*, e mais recentemente os casos de microcefalia, causados pela disseminação do *Zika vírus*, vem preocupando a população brasileira e principalmente as gestantes. Na tentativa de evitar o contato com o mosquito, os repelentes desapareceram das prateleiras das farmácias, mas a eficácia não está no uso de um repelente qualquer. Os médicos alertam que o repelente eficaz contra o *Aedes aegypti* deve conter um princípio ativo chamado icaridina. A Organização Mundial de Saúde (OMS) acrescenta também outros princípios ativos eficazes, o DEET e IR3535.

Assim, de acordo com as fórmulas estruturais do **DEET** e da **icaridina**, abaixo representadas, são feitas as seguintes afirmações:

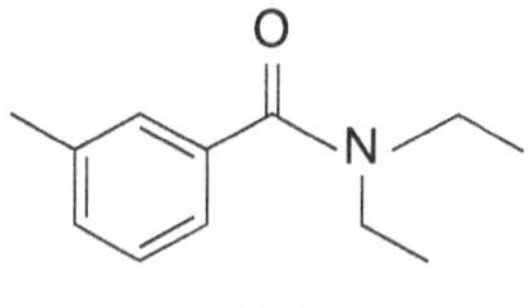

DEET

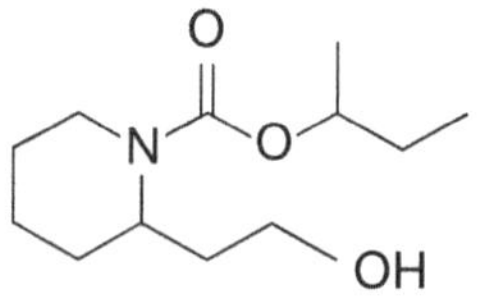

icaridina

I. O DEET possui três carbonos terciários e um grupo funcional amida.
II. A fórmula molecular da icaridina é $C_{12}H_{22}NO_3$.
III. A molécula de icaridina possui enantiômeros.

E correto dizer que apenas a(s) afirmação(ões)

a) II e III são verdadeiras.
b) I e II são verdadeiras.
c) I, II e III são verdadeiras.
d) II é verdadeira.
e) III é verdadeira.

19. (MACKENZIE – SP) Determinado composto orgânico apresenta as seguintes características:

I. Cadeia carbônica alifática, saturada, ramificada e homogênea.
II. Possui carbono carboxílico.
III. Possui enantiômeros.
IV. É capaz de formar ligações de hidrogênio.

O composto orgânico que apresenta todas as características citadas acima está representado em

a) 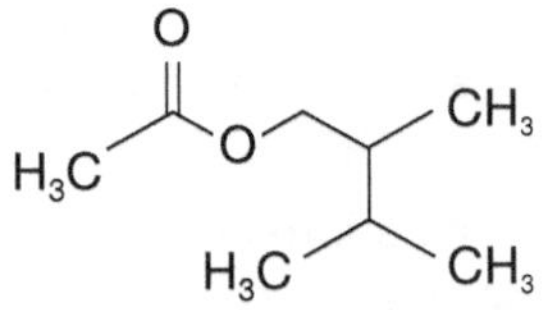

b) 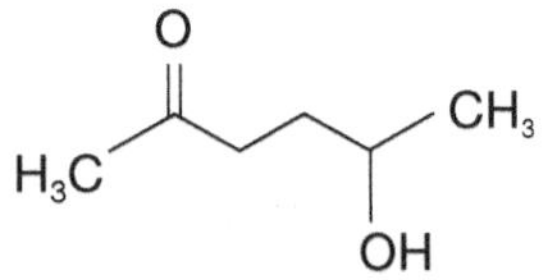

c) 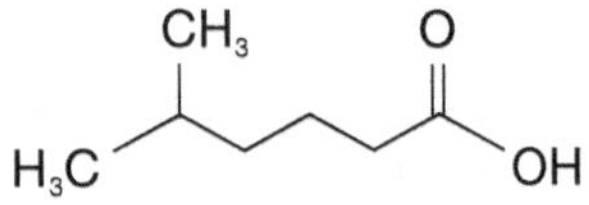

d) 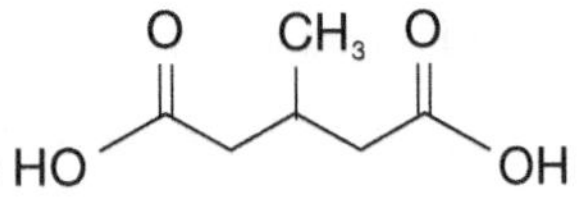

e) 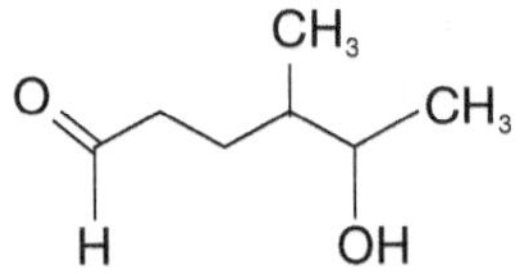

20. (MACKENZIE – SP) O fenômeno da isomeria óptica ocorre em moléculas assimétricas, que possuem no mínimo um átomo de carbono quiral. Os enantiômeros possuem as mesmas propriedades físico-químicas, exceto a capacidade de desviar o plano de uma luz polarizada; por isso, esses isômeros são denominados isômeros ópticos.

De acordo com essas informações, o composto orgânico abaixo que apresenta isomeria óptica está representado em

a) 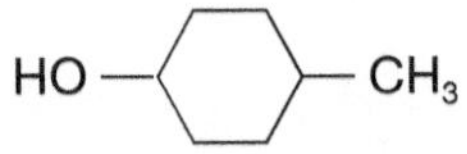

b) 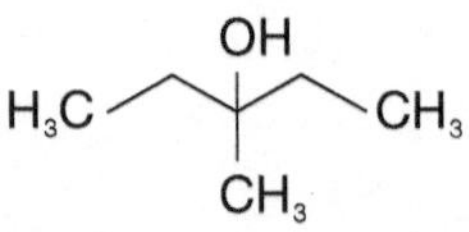

c) 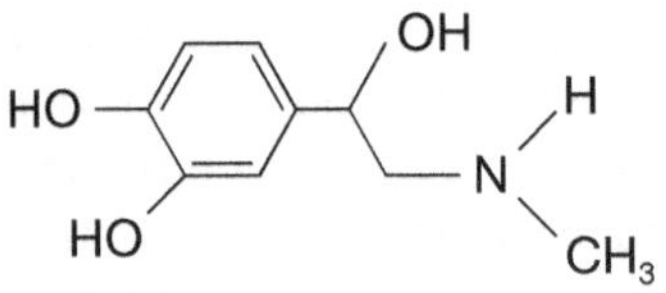

d) 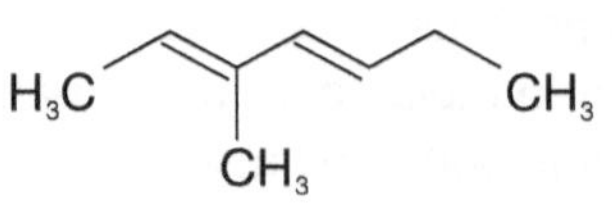

e) 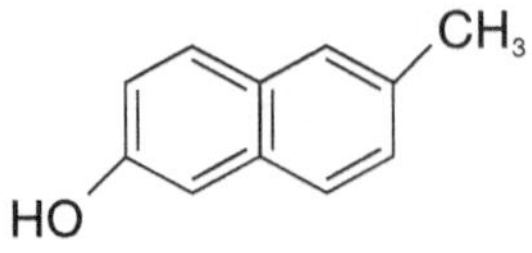

21. (ENEM) O estudo de compostos orgânicos permite aos analistas definir propriedades físicas e químicas responsáveis pelas características de cada substância descoberta. Um laboratório investiga moléculas quirais cuja cadeia carbônica seja insaturada, heterogênea e ramificada.

A fórmula que se enquadra nas características da molécula investigada é

a) $CH_3 — (CH)_2 — CH(OH) — CO — NH — CH_3$
b) $CH_3 — (CH)_2 — CH(CH_3) — CO — NH — CH_3$
c) $CH_3 — (CH)_2 — CH(CH_3) — CO — NH_2$
d) $CH_3 — CH_2 — CH(CH_3) — CO — NH — CH_3$
e) $C_6H_5 — CH_2 — CO — NH — CH_3$

22. (UNESP) A sacarose e a lactose são dois dissacarídeos encontrados na cana-de-açúcar e no leite humano, respectivamente. As estruturas simplificadas, na forma linear, dos monossacarídeos que os formam, são fornecidas a seguir.

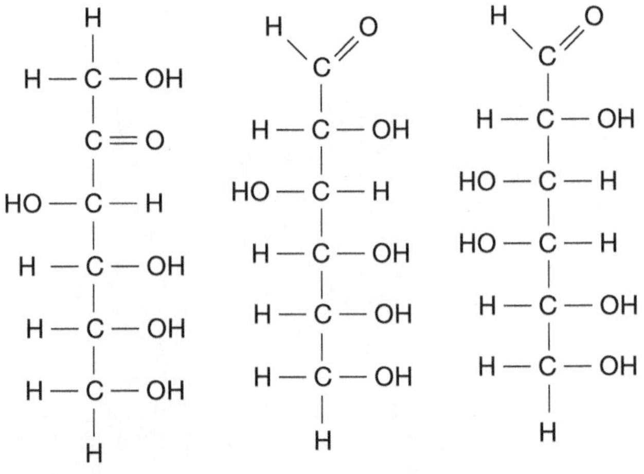

frutose glicose galactose

Os tipos de isomerias encontrados entre a molécula de glicose e as dos monossacarídeos frutose e galactose são, quando representadas na forma linear, respectivamente,

a) de posição e de função.
b) óptica e de função.
c) de função e de função.
d) óptica e de posição.
e) de função e óptica.

23. (UNICAMP – SP) A dor pode resultar do rompimento de tecidos onde se formam várias substâncias, como as prostaglandinas, que a potencializam. Fundamentalmente, essas moléculas apresentam um anel saturado de cinco átomos de carbono, contendo duas cadeias laterais vizinhas, sendo que cada uma possui uma dupla-ligação. Uma das cadeias laterais contém sete átomos de carbono, incluindo o carbono de um grupo ácido carboxílico terminal e a dupla-ligação entre os carbonos 2 e 3 a partir do anel. A outra cadeia contém oito átomos de carbono, com um grupo funcional hidroxila no terceiro carbono a partir do anel e a dupla-ligação entre os carbonos 1 e 2 a partir do anel.

a) Desenhe a fórmula estrutural da molécula descrita no texto.
b) Identifique com um círculo, na fórmula do item "a", um carbono assimétrico.
c) Calcule a massa molar da prostaglandina.

DADOS: massas molares em g/mol: C = 12, H = 1; O = 16.

24. (UNICAMP – SP) As plantas necessitam se comunicar com insetos e mesmo com animais superiores na polinização, frutificação e maturação. Para isso, sintetizam substâncias voláteis que os atraem. Exemplo desse tipo de substâncias é o pent-3-en--2-ol, encontrado em algumas variedades de manga, moranga, pêssego, maçã, alho, feno e até mesmo em alguns tipos de queijo como, por exemplo, o parmesão. Alguns dos seu isômeros atuam também como feromônios de agregação de certos insetos.

a) Sabendo que o pent-3-en-2-ol apresenta isomeria cis-trans, desenhe a fórmula estrutural da forma trans.
b) O pent-3-en-2-ol apresenta também outro tipo de isomeria. Diga qual é, e justifique a sua resposta utilizando a fórmula estrutural.

25. (ENEM) A talidomida é um sedativo leve e foi muito utilizado no tratamento de náuseas, comuns no início da gravidez.

Quando foi lançada, era considerada segura para o uso de grávidas, sendo administrada como uma mistura racêmica composta pelos seus dois enantiômeros (R e S). Entretanto, não se sabia, na época, que o enantiômero S leva à malformação congênita, afetando principalmente o desenvolvimento normal dos braços e pernas do bebê.

COELHO, F. A. S. Fármacos e quiralidade. **Cadernos Temáticos de Química Nova na Escola**, São Paulo. n. 3, maio 2001. Aadaptado.

Essa malformação congênita ocorre porque esses enantiômeros

a) reagem entre si.
b) não podem ser separados.
c) não estão presentes em partes iguais.
d) interagem de maneira distinta com o organismo.
e) são estruturas com diferentes grupos funcionais.

SÉRIE PLATINA

1. (UFSCar – SP) O resveratrol é uma substância orgânica encontrada em casca de uva vermelha e é associada à redução de incidência de doenças cardiovasculares entre os habitantes de países nos quais ocorre consumo moderado de vinho tinto. Mais recentemente, foi encontrada outra substância com propriedades semelhantes, denominada pterostilbeno na fruta *blueberry* (conhecida no Brasil como mirtilo). As fórmulas estruturais do resveratrol e do pterostilbeno são fornecidas a seguir:

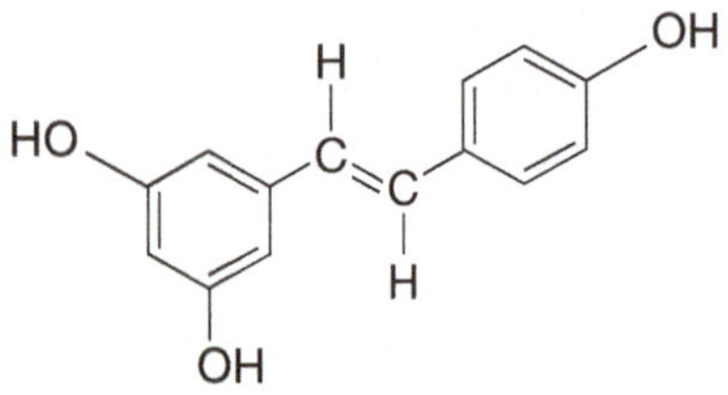

resveratrol

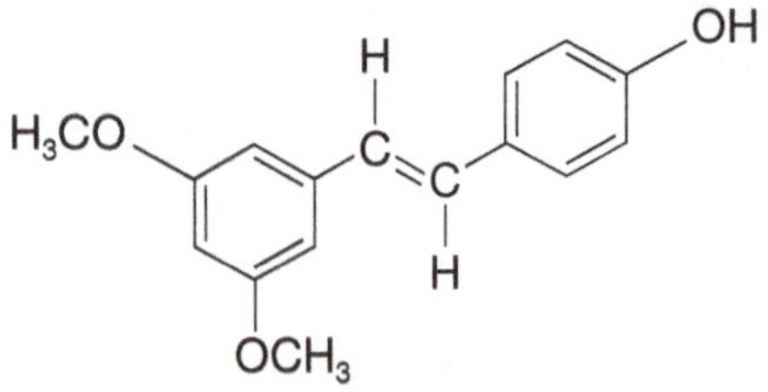

pterostilbeno

a) Escreva o nome de todas as funções químicas oxigenadas presentes no resveratrol e no pterostilbeno.

b) Identifique o tipo de isomeria e escreva as fórmulas estruturais dos isômeros que o pterostilbeno pode formar, considerando que as posições dos substituintes em seus anéis aromáticos não se alteram e que esses anéis não estão ligados a um mesmo átomo de carbono.

2. (VUNESP – adaptada) O jambu é uma planta originária da América do Sul e típica da região do Norte do Brasil. É utilizada popularmente como diurético e no tratamento do cálculo renal. As flores, quando mastigadas, aliviam a dor de dente e tratam feridas na boca. Estudos revelam que o principal responsável pelo potencial anestésico da planta é o espilantol, encontrado nas folhas e também nas flores, onde sua concentração é maior.

Disponível em: <www.aoq.org.br/entequi/2010>. Adaptado.

Flor de jambu (*Acmella ciliata*).

A fórmula estrutural do espilantol está apresentada a seguir.

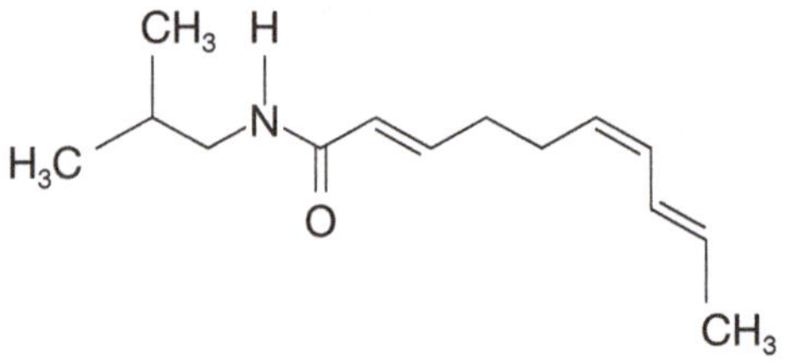

a) Circule e dê nome à função orgânica característica do espilantol.

b) Utilizando a fórmula estrutural do espilantol, identique, nas partes da molécula onde estão localizadas as duplas ligações, as configurações cis e trans presentes.

c) O composto espilantol apresenta isomeria ótica? Justifique.

3. (UEG – GO) **Polícia Civil apreende novo tipo de droga em São Paulo**

A Polícia Civil de São Paulo fez, na quarta-feira (11), a primeira apreensão das chamadas "cápsulas do medo", apontadas como uma das drogas sintéticas mais potentes usadas por jovens em danceterias e festas *raves*. Segundo o diretor do Denarc (Departamento de Investigações sobre Narcóticos), Ivaney Cayres de Souza, a nova droga é trazida da Europa. "Cada cápsula provoca 80 horas de alucinação", afirmou. Além das cápsulas, os investigadores também apreenderam o chamado *ice*, uma droga em forma de cristal. (...)

No total, foram apreendidos 34 comprimidos de *ecstasy*, 74 cápsulas de *ice*, 77 micropontos de LSD, 31 "cápsulas do medo" e 1,2 quilo de haxixe. Segundo as investigações, as drogas eram vendidas para universitários, para frequentadores de danceterias e de festas *raves*.

Disponível em: <http://www1.folha.uol.com.br/folha/cotidiano/ult95u108947.shtml>. Adaptado.

DADOS: nomes e sinônimos:

- Cápsula do medo = DOB = 2,5-dimetoxi-4-bromoanfetamina
- *Ecstasy* = MDMA = 3,4-metilenodioxi-N-metilanfetamina
- LSD = dietilamida do ácido D-lisérgico
- Haxixe = resina extraída de *Cannabis* = maconha = delta-9-tetraidrocanabiol
- *Ice* = N = metilanfetamina = N-alfadimetilbenzenoetanamina

- Estruturas químicas:

I

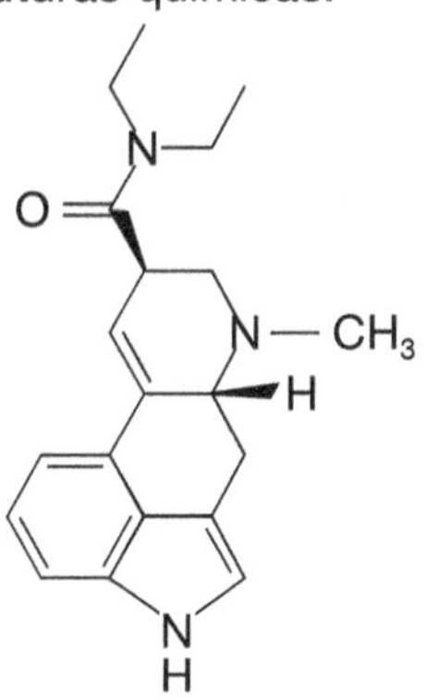

LSD

II

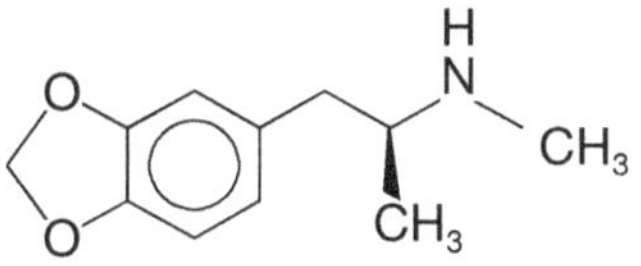

ecstasy

III

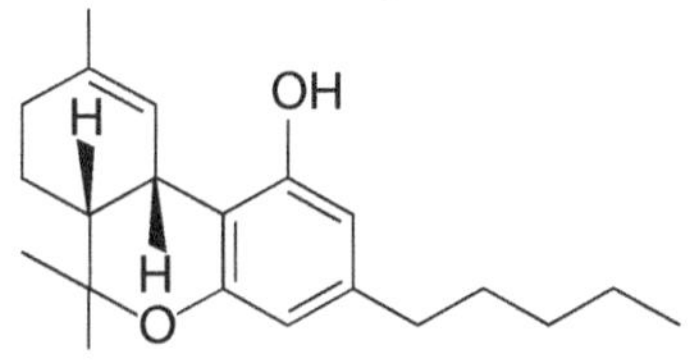

haxixe

IV

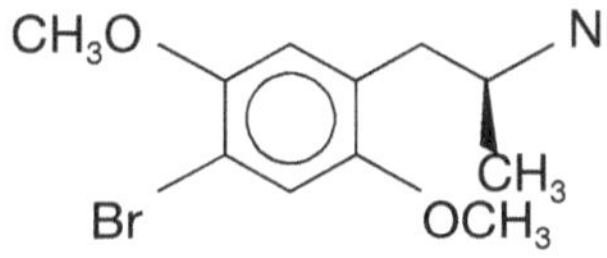

cápsula do medo

V

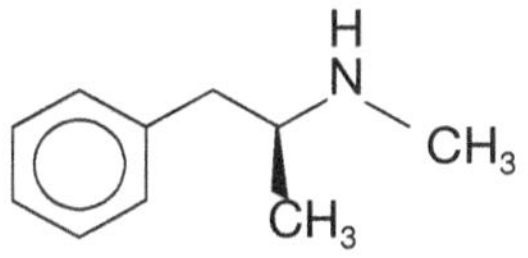

ice

Qual(is) dessas substâncias apresenta(m) isomeria óptica? Justifique sua resposta.

4. (UECE) A glicose é uma das principais fontes de energia para o ser humano, sendo também conhecida como "açúcar do sangue". Atente à estrutura da glicose.

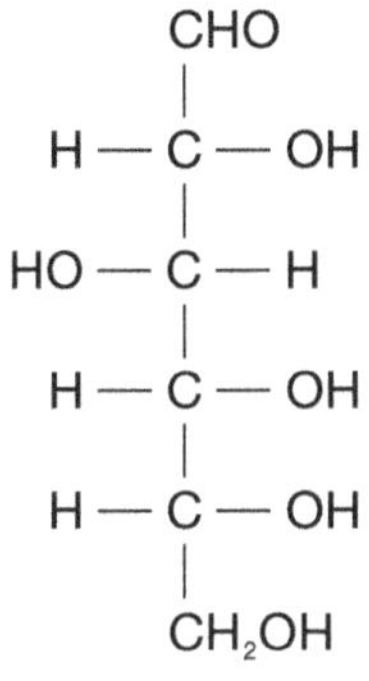

No que diz respeito à isomeria óptica que ocorre com a estrutura da glicose, assinale a afirmação verdadeira.

a) Na estrutura existem dois átomos de carbono assimétricos.
b) O total de isômeros ópticos ativos gerados por essa estrutura é 16.
c) Essa estrutura representa a glicose levógira.
d) Na estrutura existem três átomos de carbono simétricos.
e) O total de isômeros ópticos ativos gerados por essa estrutura é 8.

5. (UNESP - adaptada) Considere os quatro compostos representados por suas fórmulas estruturais a seguir.

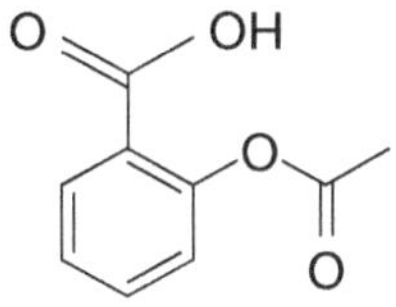

aspirina

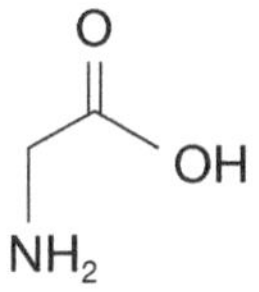

glicina

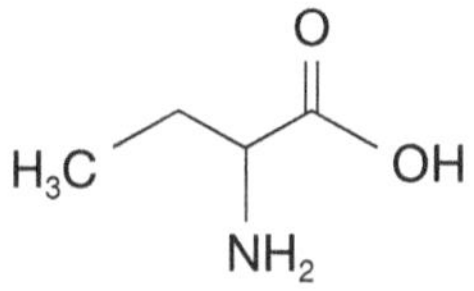

alanina

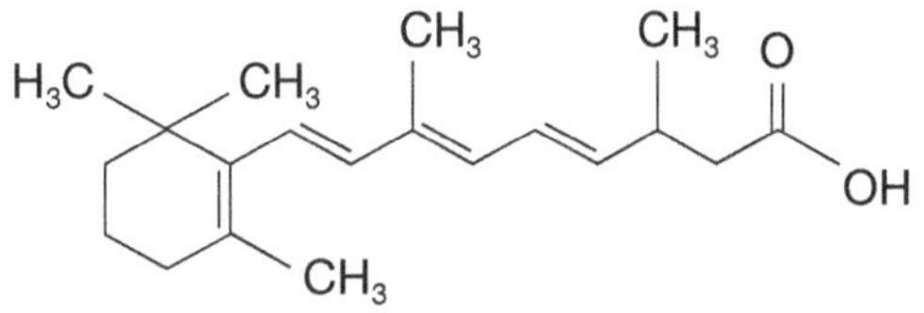

vitamina A

a) Identifique as funções presentes na aspirina e na glicina, circulando-as e nominando-as.
b) Indique qual dessas substâncias é classificada como aromática.
c) Indique a substância que apresenta carbono quiral e a que apresenta menor solubilidade em água.

6. (UNESP) analise as fórmulas que representam as estruturas do retinol (vitamina A), lipossolúvel, e do ácido pantotênico (vitamina B_5), hidrossolúvel.

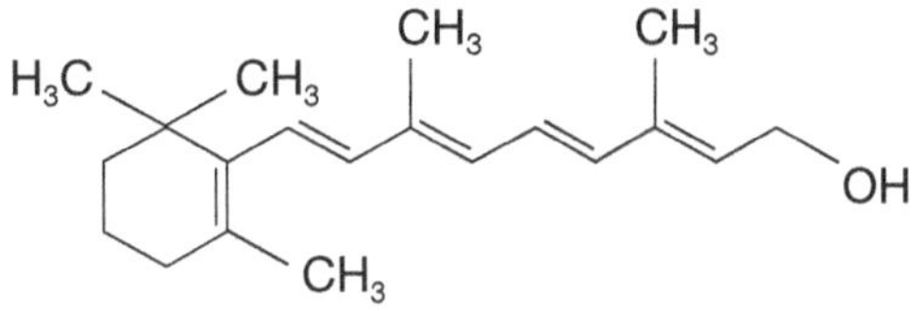

retinol

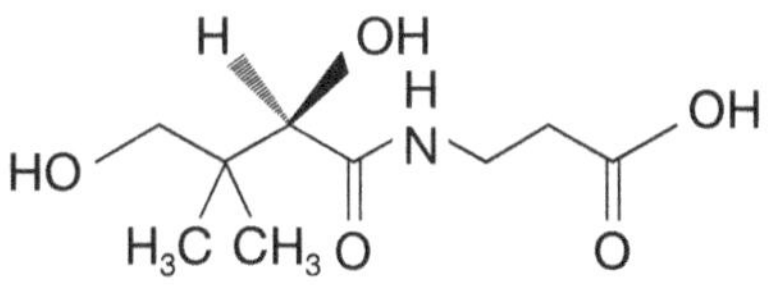

ácido pantotênico

Com base na análise das fórmulas, identifique as funções orgânicas presentes em cada vitamina e justifique por que a vitmaina B_5 é hidrossolúvel e a vitamina A é lipossolúvel. Qual dessas vitaminas apresenta isomeria óptica? Justifique sua resposta.

7. O composto conhecido como L-dopamina foi utilizado pelo neurologista Oliver Sacks para tratar casos de encefalia letárgica, uma forma de doença do sono, na primeira metade do século XX. Quando ingerida, a L-dopamina é metabolizada a dopamina, um neurotransmissor associado às sensações de prazer e bem-estar, além de atuar no controle do movimento e da memória.

Hoje, sabemos que esse composto corresponde a um caso de isomeria espacial e possui um isômero óptico, a D-dopamina, que não apresenta qualquer função biológica.

a) Indique, na estrutura representada abaixo para a L-dopamina, o átomo de carbono quiral responsável pelo fato de a L-dopamina apresentar um isômero ótico. Com base na estrutura da L-dopamina, desenhe a fórmula estrutural da D-dopamina.

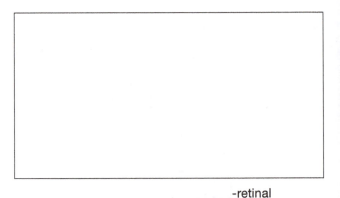

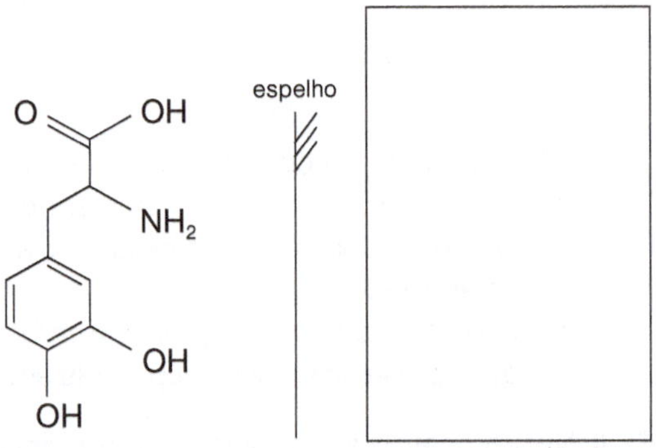
O
OH
NH2
OH
OH
espelho

L-dopamina D-dopamina

Outro caso de *isomeria espacial* no corpo humano está relacionado com a nossa visão. Na retina, existem células fotorreceptoras que contêm um isômero do retinal. A incidência de luz provoca a sua transformação no outro isômero geométrico do retinal, reação que gera um impulso elétrico que é enviado ao cérebro. Lá os impulsos são interpretados, compondo as imagens que vemos. O olho dispõe de mecanismos capazes de reconverter o isômero formado anteriormente, estando dessa maneira, pronto para receber mais luz.

b) O isômero do retinal presente na retina antes da incidência de luz está representado na figura a seguir. Indique qual dos isômeros (cis ou trans) é essa estrutura, sabendo que a conversão de um isômero no outro está relacionada com a ligação dupla destacada. Com base nessa estrutura, desenhe a fórmula estrutural do outro isômero geométrico.

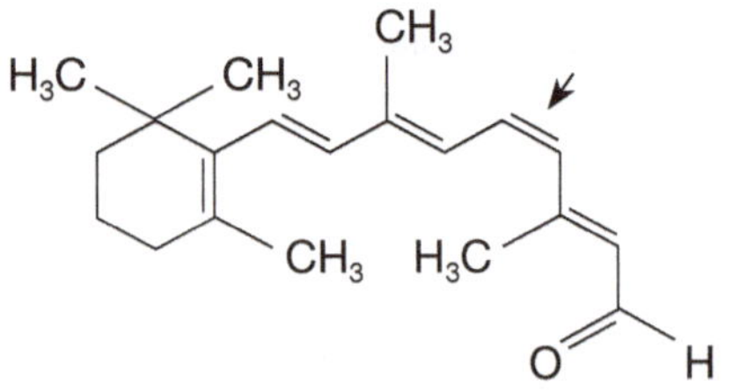
CH_3
H_3C
CH_3
CH_3
H_3C
O
H

____________________-retinal

____________________-retinal

8. (UFRGS – RS – adaptada) O gráfico abaixo mostra a relação entre a massa molar e o ponto de ebulição dos compostos orgânicos A, B, C e D.

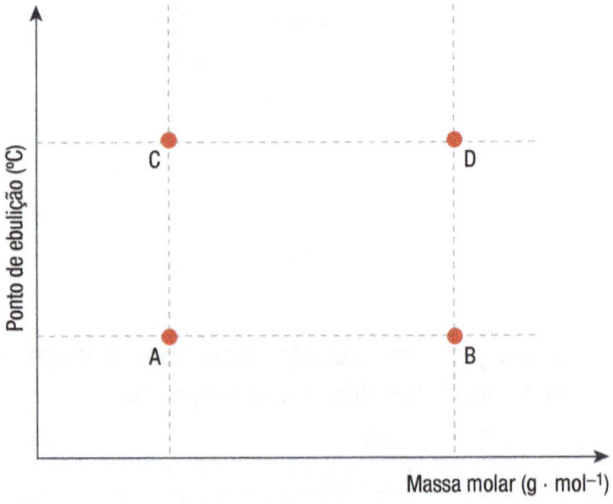
Ponto de ebulição (ºC)
C
D
A
B
Massa molar (g · mol⁻¹)

Considere as afirmações abaixo, a respeito dos compostos A, B, C e D.

I. Se A e C forem hidrocarbonetos isômeros de cadeia, então o composto A apresenta cadeia ramificada e o composto C, cadeia normal.

II. Se B e D forem isômeros de função, um sendo um álcool e o outro um éter, então D é o álcool e B é o éter.

III. Se C e D forem isômeros geométricos, então D é o isômero trans.

Quais estão corretas?

a) Apenas I.
b) Apenas II.
c) Apenas III.
d) Apenas I e II.
e) I, II e III.

Principais Reações Orgânicas

10 CAPÍTULO

Transformar substâncias em outras por meio de reações que envolvem substâncias orgânicas é frequente no nosso dia a dia, tanto em processos realizados em laboratórios farmacêuticos de última geração, quanto na cozinha de nossas casas. Lembre-se, por exemplo, da obtenção do iogurte a partir da lactose, açúcar presente no leite. Nesse caso, bactérias transformam o açúcar em ácido (ácido lático ou láctico), que coagula o leite. Essa transformação ocorre por meio de uma reação orgânica chamada fermentação.

Neste capítulo, vamos estudar alguns tipos de reações orgânicas, como as de **substituição**, **adição**, **esterificação**, **hidrólise**, **transesterificação** e **eliminação**.

MAMAMIA/ SHUTTERSTOCK

Na fermentação do leite em iogurte ocorrem várias transformações químicas. Fazem parte desse processo diferentes bactérias do gênero *Lactobacillus*, além de *Streptococcus thermophilus*. Sabores são adicionados artificialmente ou por meio de frutas.

10.1 Reação de Substituição em Alcanos

Como os alcanos têm apenas ligações σ fortes e as ligações C—H e C—C são apolares, os alcanos são substâncias orgânicas pouco reativas e, por isso, foram chamadas **parafinas** (*parum* = pouca; *afinis* = reatividade).

A reação de substituição em alcanos ocorre em altas temperaturas ou na presença de luz.

10.1.1 Halogenação de alcanos

Os alcanos reagem com halogênios, como cloro (Cl_2) ou bromo (Br_2), para formarem cloretos de alquila ou brometos de alquila.

$$\underset{\text{alcano}}{R-H} + \underset{Cl_2 \text{ ou } Br_2}{X_2} \longrightarrow \underset{\text{haleto de alquila}}{R-X} + HX$$

Haletos de alquila são moléculas orgânicas nas quais há a presença de halogênio (principalmente F, Cl, Br ou I) ligado a um carbono saturado.

MARIAKRAY/SHUTTERSTOCK

O gás de botijão é uma mistura principalmente de propano e butano, alcanos com três e quatro átomos de carbono, respectivamente, na cadeia.

Essas reações de halogenação ocorrem somente em altas temperaturas ou na presença de luz. Elas são as únicas reações que os alcanos sofrem – com exceção da combustão, uma reação com oxigênio que ocorre em altas temperaturas e converte alcanos em dióxido de carbono e água (no caso da combustão completa).

Nas reações de halogenação, um átomo de hidrogênio é substituído por um átomo de halogênio. Veja os exemplos a seguir.

$$CH_4 + Cl_2 \xrightarrow{\Delta \text{ ou luz}} \underset{\substack{\text{clorometano ou}\\ \text{cloreto de metila}}}{CH_3Cl} + HCl$$

$$CH_3CH_3 + Br_2 \xrightarrow{\Delta \text{ ou luz}} \underset{\substack{\text{bromoetano ou}\\ \text{brometo de etila}}}{CH_3CH_2Br} + HBr$$

Vamos analisar o caso de uma molécula de metano (CH_4) em presença de excesso de cloro. Com o auxílio de calor ou de luz ultravioleta, o metano poderá sofrer a substituição dos demais hidrogênios, de modo a obtermos, sucessivamente:

$$CH_4 \longrightarrow \underset{\text{clorometano}}{CH_3Cl} \longrightarrow \underset{\text{diclorometano}}{CH_2Cl_2} \longrightarrow \underset{\substack{\text{triclorometano}\\ \text{ou clorofórmio}}}{CHCl_3} \longrightarrow \underset{\substack{\text{tetraclorometano}\\ \text{ou tetracloreto}\\ \text{de carbono}}}{CCl_4}$$

10.1.2 Substituição em alcanos com três ou mais átomos de carbono

Na halogenação de um alcano que tenha mais de um tipo de carbono (primário, secundário ou terciário) teremos a formação de mais de um produto halogenado. Observe, por exemplo, o que acontece com o butano (um dos alcanos presentes no gás de botijão, como vimos) em reação com o cloro.

$$2\,\underset{\text{butano}}{CH_3CH_2CH_2CH_3} + 2\,Cl_2 \xrightarrow{\text{luz}} \underset{\text{1-clorobutano}}{CH_3CH_2CH_2CH_2Cl} + \underset{\text{2-clorobutano}}{CH_3CH_2\overset{\overset{\displaystyle Cl}{|}}{C}HCH_3} + 2\,HCl$$

Dois haletos de alquila diferentes são obtidos da monocloração do butano. A substituição de um hidrogênio ligado a um carbono primário produz o 1-clorobutano, enquanto a substituição de um hidrogênio ligado a um dos carbonos secundários forma o 2-clorobutano.

Ao analisar a estrutura do butano, observamos que temos 6 hidrogênios ligados a carbonos primários e 4 hidrogênios ligados a carbonos secundários, ou seja, temos 10 hidrogênios que poderiam ser substituídos para formar o 1-clorobutano ou o 2-clorobutano. Assim, seria esperado que a proporção entre esses produtos fosse, respectivamente, 60% e 40%.

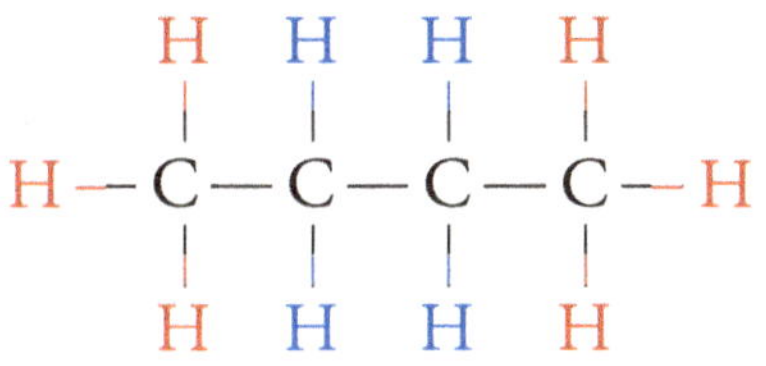

Entretanto, verifica-se experimentalmente que as porcentagens obtidas de 1-clorobutano e 2-clorobutano são iguais a 28% e 72%, respectivamente, o que pode ser explicado pela diferença de reatividade entre os carbonos primários e secundários. Como obtemos mais 2-clorobutano do que o previsto, é esperado que o carbono secundário seja mais reativo que o carbono primário, isto é, é mais fácil substituir um hidrogênio de um carbono secundário do que de um carbono primário.

Com base em valores experimentais como os indicados acima (dessa e de outras reações de cloração), os químicos concluíram que à temperatura ambiente é 5,0 vezes mais fácil a substituição ocorrer no carbono terciário do que em um carbono primário, e a substituição é 3,8 vezes mais fácil de ocorrer no carbono secundário do que em um carbono primário. A ordem de reatividade dos carbonos (para reação de cloração) obtida experimentalmente é:

terciário > secundário > primário
5,0 3,8 1,0

FIQUE POR DENTRO!

Reatividade de carbonos e previsão das porcentagens obtidas dos produtos

A ordem de reatividade indicada pode nos ajudar a prever quanto obteremos de cada produto em uma reação de substituição de um alcano. Vamos utilizar esses valores para prever justamente as porcentagens obtidas de 1-clorobutano e 2-clorobutano na monocloração do butano?

No total, temos 10 hidrogênios, sendo 6 deles ligados a carbonos primários e 4 deles ligados a carbonos secundários. Contudo, esses 4 hidrogênios são mais facilmente substituídos, portanto, são equivalentes a $4 \times 3{,}8 = 15{,}2$ hidrogênios. Logo, temos, no total, o equivalente a 21,2 hidrogênios. Com base nesses valores, podemos prever a porcentagem de cada produto obtido:

% 1-clorobutano

21,2 ——— 100%
6 ——— x ∴ x = 28,3%

% 2-clorobutano

21,2 ——— 100%
15,2 ——— y ∴ y = 71,7%

Por fim, ainda é importante destacar que essa ordem de reatividade

$$5{,}0\ (C\ 3^{\underline{ário}}) > 3{,}8\ (C\ 2^{\underline{ário}}) > 1{,}0\ (C\ 1^{\underline{ário}})$$

é específica para a cloração à temperatura ambiente. Por exemplo, na reação de bromação realizada a 125 °C, foi determinado experimentalmente que um carbono terciário é 1.600 vezes mais reativo do que um carbono primário e que um carbono secundário é 82 vezes mais reativo do que um carbono primário.

10.2 Reação de Substituição em Aromáticos

Devido à ressonância do anel benzênico, essa estrutura também é bastante estável, assim como os compostos saturados; portanto, a principal reação em aromáticos será a de substituição do átomo de hidrogênio do anel por outro átomo:

- **halogenação (Cl_2 ou Br_2)** – um cloro (Cl) ou um bromo (Br) substitui um dos hidrogênios do anel aromático:

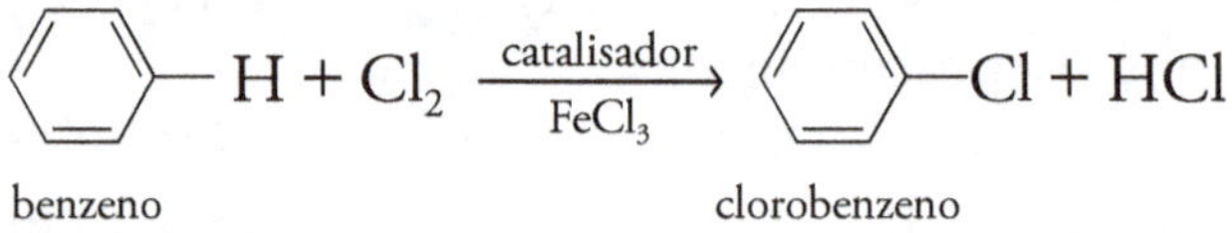
H + Cl₂
catalisador
FeCl₃
Cl + HCl
benzeno
clorobenzeno

- **nitração (HNO_3 = $HONO_2$)** – um grupo nitro (NO_2) substitui um dos hidrogênios ligados ao anel aromático:

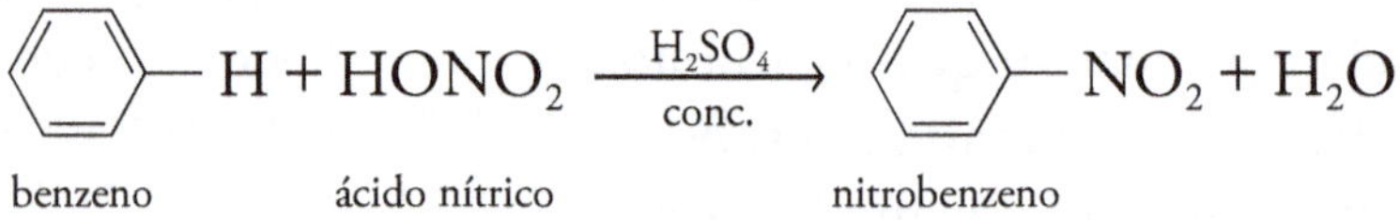
H + HONO₂
H₂SO₄
conc.
NO₂ + H₂O
benzeno
ácido nítrico
nitrobenzeno

- **sulfonação (H_2SO_4 = $HOSO_3H$)** – um grupo sulfônico (SO_3H) substitui um dos hidrogênios ligados ao anel aromático:

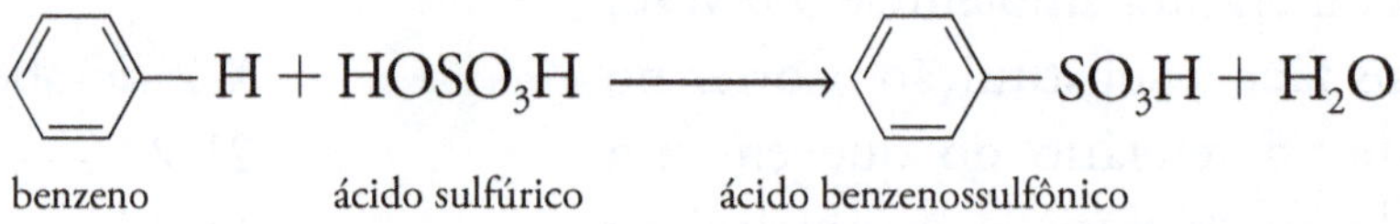
H + HOSO₃H
SO₃H + H₂O
benzeno
ácido sulfúrico
ácido benzenossulfônico

- **alquilação de Friedel-Crafts** – um grupo alquila (CH_3, CH_2CH_3) substitui um dos hidrogênios ligados ao anel aromático:

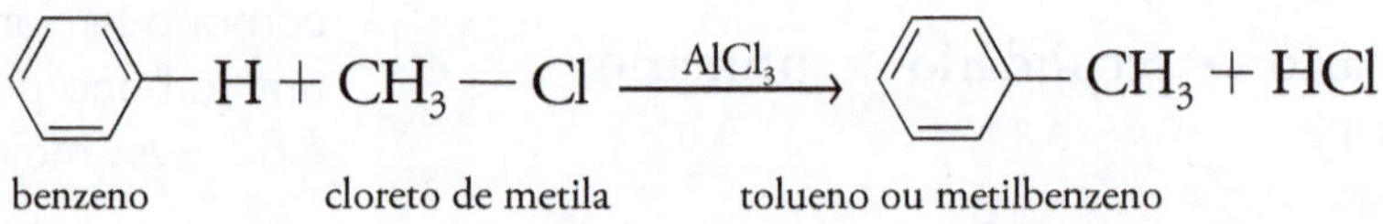
H + CH₃ — Cl
AlCl₃
CH₃ + HCl
benzeno
cloreto de metila
tolueno ou metilbenzeno

- **acilação de Friedel-Crafts** – na acilação de Friedel-Crafts, um grupo acila (R — C(=O) —) substitui um dos hidrogênios ligados ao anel aromático.

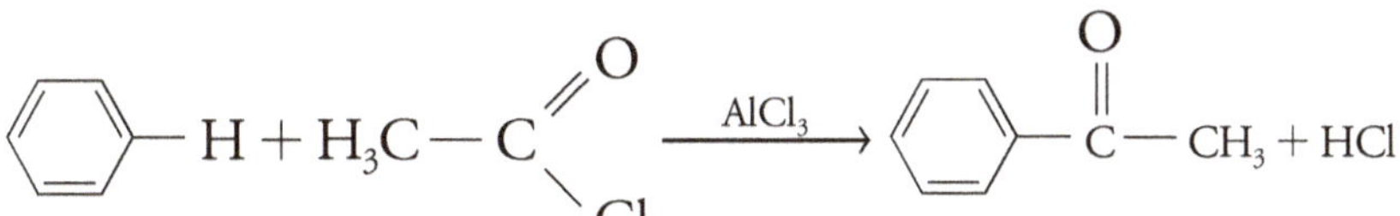

H + H_3C — C(=O)Cl
$AlCl_3$
C(=O) — CH_3 + HCl

benzeno — cloreto de etanoíla (cloreto de acetila) — fenilmetilcetona

> **ATENÇÃO!**
> Um grupo acila é proveniente de um ácido carboxílico com retirada do grupo OH.
>
> 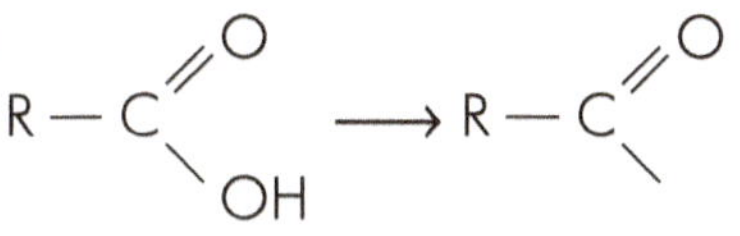
>
> R — C(=O)OH ⟶ R — C(=O) —
>
>
> ácido carboxílico — grupo acila

10.2.1 Cloreto de etanoíla (cloreto de acetila)

Quando um benzeno substituído sofre uma reação, o produto de reação será um isômero *orto*, um isômero *meta* ou um isômero *para*?

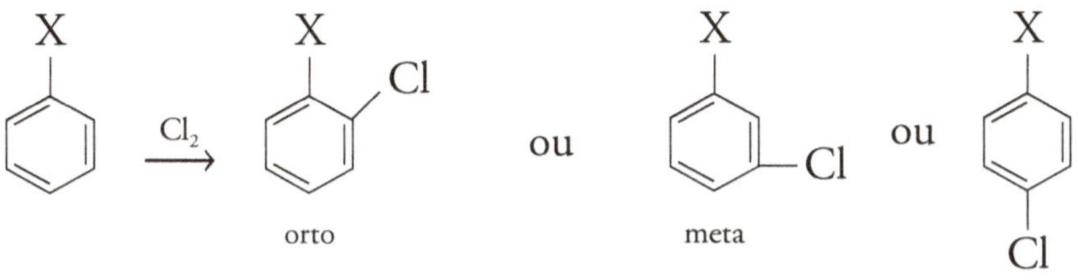

X
Cl_2
Cl
ou

orto — meta — para

O grupo X comanda a entrada do cloro. Há duas possibilidades: o grupo X orientará a entrada tanto nas posições *orto* e *para*, ou orientará a entrada do cloro na posição *meta*.

10.2.1.1 Grupos orto e para-dirigentes

São grupos pequenos e com ligações simples. O grupo substituinte entrará no anel benzênico tanto na posição *orto* como na *para*.

> grupos orto e para-dirigentes:
> — Cl, — Br, — NH_2, — OH, — CH_3

Por exemplo,

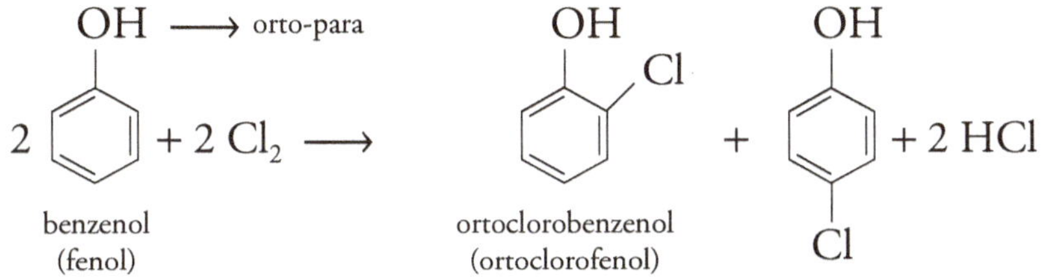

OH ⟶ orto-para
2 + 2 Cl_2 ⟶
OH
Cl
+
+ 2 HCl

benzenol (fenol) — ortoclorobenzenol (ortoclorofenol) — paraclorobenzenol (paraclorofenol)

Esses grupos orto e para-dirigentes tornam a reação mais rápida (exceto no caso de halogênios) em relação ao benzeno, por isso são chamados **grupos ativantes**.

10.2.1.2 Grupos meta-dirigentes

São grupos que possuem pelo menos uma ligação dupla ou tripla.

grupos meta-dirigentes:
— NO_2, — COOH, — SO_3H, — CHO, — CN

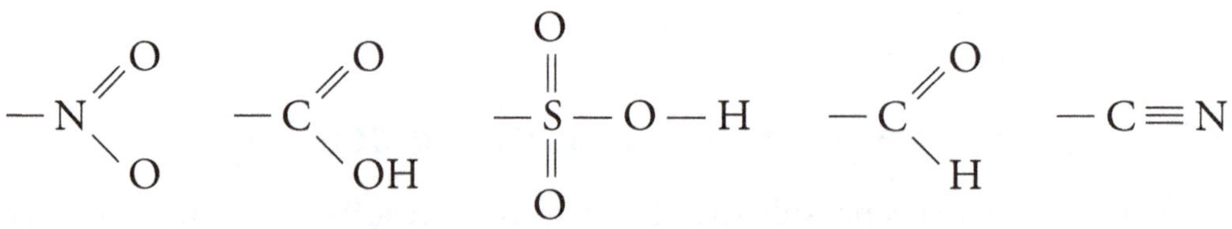

ATENÇÃO!

Grupos orto e para-dirigente *versus* grupos meta-dirigente

Os grupos orto e para-dirigentes (ativantes, em geral) prevalecem sobre os grupos meta-dirigentes (desativantes) nas reações de substituição do anel benzênico.

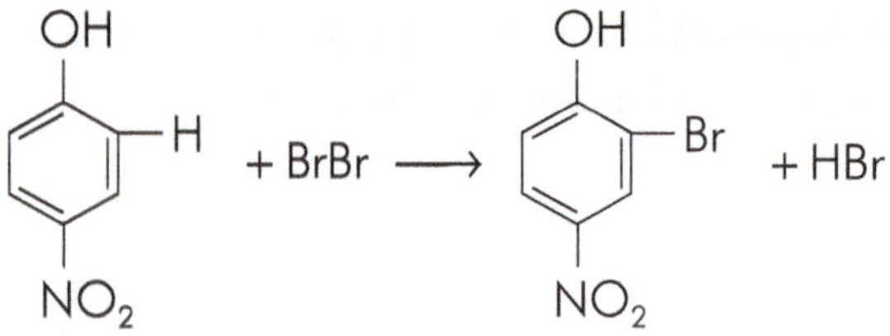

paranitrobenzenol   2-bromo-4-nitrobenzenol

Por exemplo,

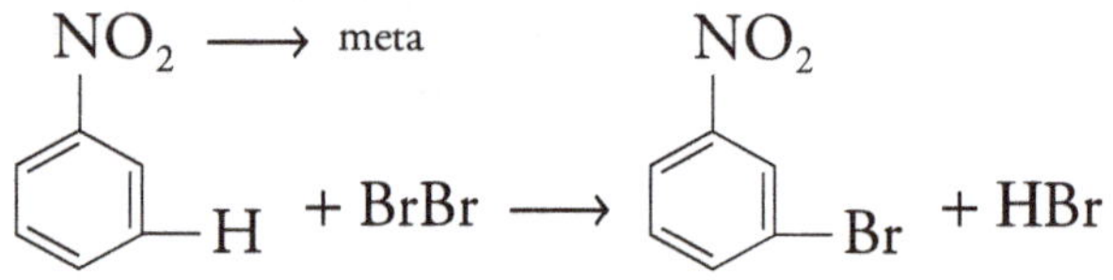

nitrobenzeno   metabromonitrobenzeno

Os grupos meta-dirigentes tornam a reação menos rápida em relação ao benzeno, por isso são chamados **grupos desativantes**.

FIQUE POR DENTRO!

TNT

O trinitrotolueno (2,4,6-trinitrotolueno), mais conhecido como TNT, é uma substância altamente explosiva. É formado a partir da reação do tolueno (ou metilbenzeno) com o ácido nítrico, em proporções adequadas (1 : 3) e na presença de H_2SO_4 como catalisador, o que faz com que três grupos (NO_2) substituam hidrogênios na molécula do tolueno:

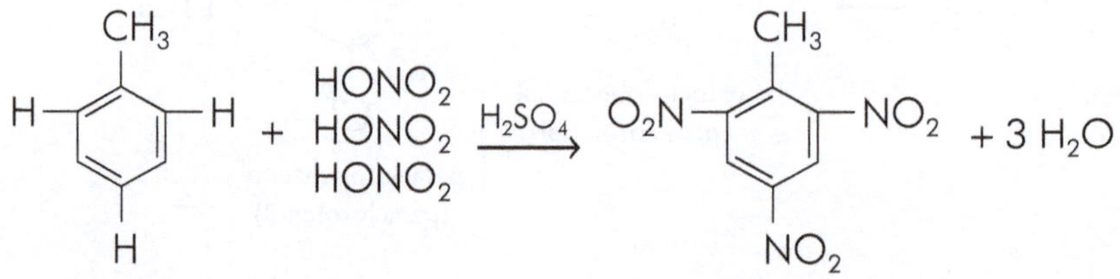

metilbenzeno   2,4,6-trinitrotolueno

O grupo CH_3 do metilbenzeno é um grupo orto-para-dirigente, que orienta as substituições dos grupos NO_2 para as posições orto (vizinhas do CH_3) e para (oposta ao CH_3) da molécula.

O TNT foi desenvolvido no século XIX, mas muito utilizado no período da Primeira Guerra Mundial (1914-1918) no preparo de bombas e granadas. Menos instável do que a dinamite (TNG ou nitroglicerina), descoberta em 1846 pelo químico italiano Ascanio Sobrero, o trinitrotolueno ainda hoje é usado para fins pacíficos como na construção de túneis em rochas, em pedreiras, em minas ou mesmo para a implosão de edifícios, por exemplo.

10.3 Reação de Adição em Alcenos e Alcinos

Quando um reagente é adicionado a uma ligação dupla ou tripla de uma substância orgânica, temos uma **reação de adição**. Veja o exemplo a seguir.

$$H_2C{=}CH_2 + Cl_2 \longrightarrow H_2\underset{}{\overset{Cl}{\overset{|}{C}}}-\overset{Cl}{\overset{|}{C}}H_2$$

Adição de cloro a uma molécula de eteno.

Essas reações ocorrem, principalmente, com **alcenos** e **alcinos**, sendo que os reagentes mais usados nas reações de adição são: halogênios (Cl_2 ou Br_2), haletos de hidrogênio (HCl ou HBr) e água.

10.3.1 Quebra da dupla e da tripla ligação

Nas reações de adição, a ligação dupla é quebrada originando ligações simples. Em relação à ligação dupla, é importante frisar que as duas ligações não são equivalentes entre si. De fato, comprova-se experimentalmente que:

- uma das ligações – chamada de ligação σ (sigma) – é mais forte, uma vez que exige 348 kJ/mol para ser quebrada (no caso do eteno);
- a outra ligação – chamada de ligação π (pi) – é mais fraca, pois exige apenas 267 kJ/mol para ser rompida (no caso do eteno). É exatamente essa ligação π que será quebrada nas reações de adição:

$$\rangle C \underset{\sigma}{\overset{\pi}{=}} C \langle$$

Assim, como acontece com as ligações duplas, é importante salientar que, nas ligações triplas, as três ligações também não são equivalentes entre si: há **uma ligação σ**, mais forte, e **duas ligações π**, mais fracas; estas últimas é que serão quebradas nas reações de adição.

$$-C\,\sigma\underset{\pi}{\overset{\pi}{\equiv}}C-$$

10.3.2 Regra de Markovnikov

Na reação de adição de Cl_2 ao eteno ($H_2C=CH_2$), temos a adição de dois átomos iguais (cloro) aos carbonos.

E quando estamos realizando uma reação de adição com HX (HCl, HBr ou HI) ou H_2O a um alceno (ou alcino) com três ou mais carbonos? Em qual carbono será adicionado o hidrogênio e em qual carbono será adicionado o outro grupo (Cl, Br, I ou OH)?

No século XIX, o químico russo Vladimir **Markovnikov** (1838-1904) verificou experimentalmente que há uma maior tendência de o hidrogênio se ligar ao carbono da ligação dupla (ou tripla) que está ligado a maior quantidade de hidrogênios. Essa observação experimental ficou conhecida como **regra de Markovnikov**:

> Quando uma substância hidrogenada (HCl, HBr, HI ou H_2O) é adicionada a uma ligação dupla ou tripla, o hidrogênio adiciona-se, preferencialmente, ao carbono da ligação dupla ou tripla mais hidrogenado.

Observe agora o exemplo da adição de HCl ao propeno:

$$H_3C-\overset{2}{C}H=\overset{1}{C}H_2 + HCl \longrightarrow H_3C-\underset{}{\overset{Cl}{\overset{|}{C}H}}-CH_3$$

propeno; mais hidrogenado (C1); 2-cloropropano (haleto orgânico) produto majoritário

O hidrogênio adiciona-se preferencialmente ao C1, porque o C1 está ligado a dois hidrogênios, enquanto o C2 está ligado a apenas um hidrogênio.

FIQUE POR DENTRO!

Regra de Kharasch

No caso específico da reação de adição de HBr a alcenos, se a reação ocorrer na presença de peróxidos orgânicos, o átomo de hidrogênio do HBr será adicionado preferencialmente ao carbono menos hidrogenado. Assim, a presença de um peróxido provoca uma adição anti-Markovnikov, também conhecida como **regra de Kharasch**.

Observe, a seguir, as possibilidades de adição de HBr ao but-1-eno:

$$CH_3CH_2CH=CH_2 + HBr \longrightarrow CH_3CH_2\overset{Br}{\overset{|}{C}H}-CH_3 \quad \text{(Markovnikov)}$$

but-1-eno; 2-bromobutano

$$CH_3CH_2CH=CH_2 + HBr \xrightarrow{\text{peróxido}} CH_3CH_2CH_2-\overset{Br}{\overset{|}{C}H_2} \quad \text{(anti-Markovnikov)}$$

1-bromobutano

10.4 Reações Envolvendo Ésteres

Um éster pode ser formado a partir de uma **reação de esterificação**, uma reação reversível que ocorre entre um ácido orgânico e um álcool, produzindo éster e água.

$$R-C(=O)OH + H-O-R_1 \underset{}{\overset{H^+}{\rightleftharpoons}} R-C(=O)O-R_1 + H_2O$$

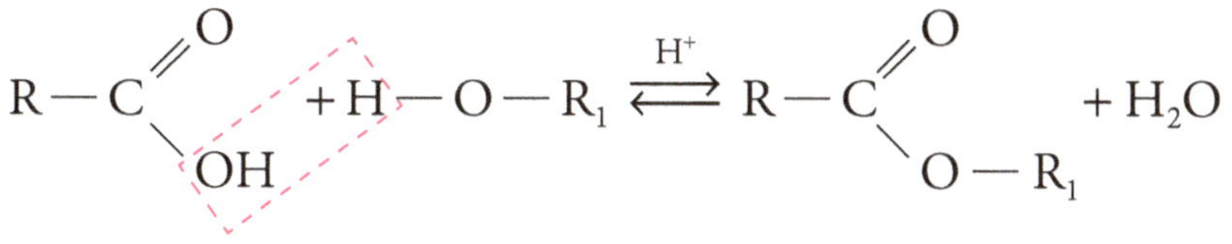

ácido orgânico — álcool — éster — água

Na maioria das esterificações, o grupo OH da carboxila se liga ao H do grupo hidroxila para formar água.

Como exemplo de reação de esterificação, observe a seguir a reação entre o ácido etanoico (ácido acético) e o metanol, resultando em um éster (etanoato de metila) mais água.

$$H_3C-C(=O)OH + HO-CH_3 \underset{}{\overset{H^+}{\rightleftharpoons}} H_3C-C(=O)O-CH_3 + H_2O$$

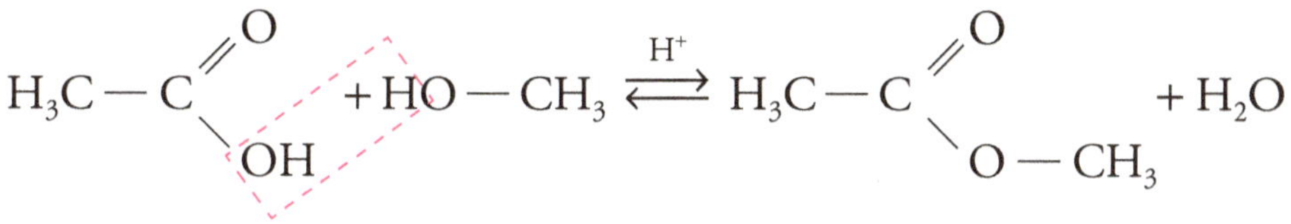

ácido etanoico (ácido acético) — metanol — etanoato de metila

A reação inversa da reação acima, que produz a partir do éster e da água um ácido carboxílico e um álcool, é chamada de **hidrólise ácida do éster**, sendo catalisada por um ácido forte.

$$\boxed{\text{éster + água} \rightleftharpoons \text{ácido + álcool}}$$

Por exemplo,

$$H_3C-C(=O)O-CH_3 + H_2O \underset{}{\overset{H^+}{\rightleftharpoons}} H_3C-C(=O)OH + CH_3-OH$$

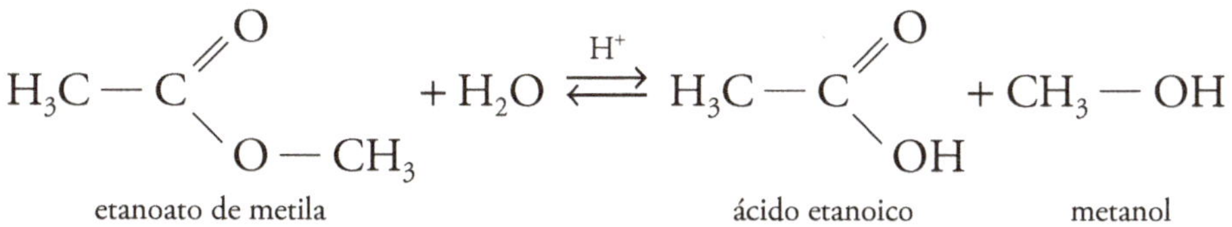

etanoato de metila — ácido etanoico (ácido acético) — metanol

Agora, se a reação de hidrólise for realizada em meio básico (NaOH ou KOH, por exemplo), o ácido formado reage com a base produzindo um sal de ácido carboxílico. Esse processo é conhecido como **hidrólise básica do éster** (ou **saponificação**), cuja equação global é representada por:

$$\boxed{\text{éster + base} \rightleftharpoons \text{sal + álcool}}$$

Acompanhe a seguir as etapas de uma hidrólise básica de éster:

$$R-C{\overset{O}{\underset{O-R_1}{\diagdown}}} + H_2O \rightleftarrows R-C{\overset{O}{\underset{OH}{\diagdown}}} + R_1OH$$

$$R-C{\overset{O}{\underset{OH}{\diagdown}}} + NaOH \rightleftarrows R-C{\overset{O}{\underset{O^-Na^+}{\diagdown}}} + H_2O$$

$$\overline{R-C{\overset{O}{\underset{O-R_1}{\diagdown}}} + NaOH \rightleftarrows R-C{\overset{O}{\underset{O^-Na^+}{\diagdown}}} + R_1OH}$$

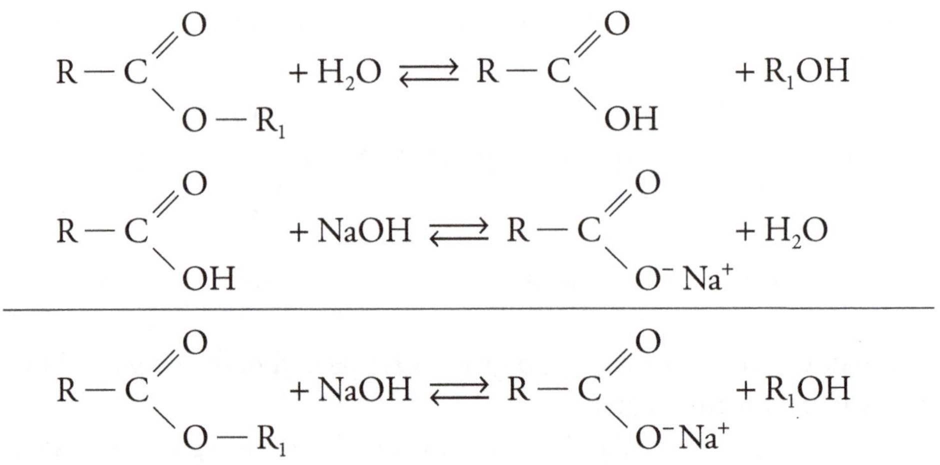

Observe agora a equação global da hidrólise básica do etanoato de metila a partir de NaOH:

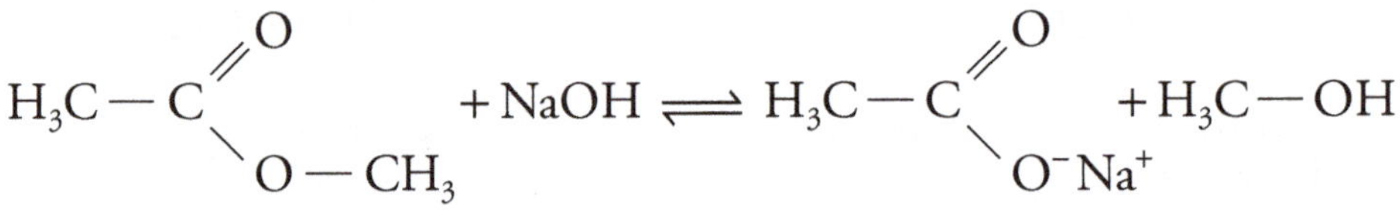

$$H_3C-C{\overset{O}{\underset{O-CH_3}{\diagdown}}} + NaOH \rightleftarrows H_3C-C{\overset{O}{\underset{O^-Na^+}{\diagdown}}} + H_3C-OH$$

etanoato de metila   hidróxido   etanoato de sódio   metanol
ou acetato de metila   de sódio   ou acetato de sódio

Os ésteres podem ainda, em presença de um catalisador adequado, reagir com um álcool, resultando em outro éster e um outro álcool. Esse processo é conhecido como **transesterificação**, sendo representado pela seguinte equação global:

$$\text{éster (1)} + \text{álcool (1)} \underset{}{\overset{cat.}{\rightleftarrows}} \text{éster (2)} + \text{álcool (2)}$$

Veja, por exemplo, a reação entre o etanoato de metila (um éster) e o etanol (um álcool), resultando em etanoato de etila (outro éster) e metanol (outro álcool):

$$H_3C-C{\overset{O}{\underset{O-CH_3}{\diagdown}}} + CH_3CH_2OH \overset{cat.}{\rightleftarrows} H_3C-C{\overset{O}{\underset{O-CH_2-CH_3}{\diagdown}}} + CH_3-OH$$

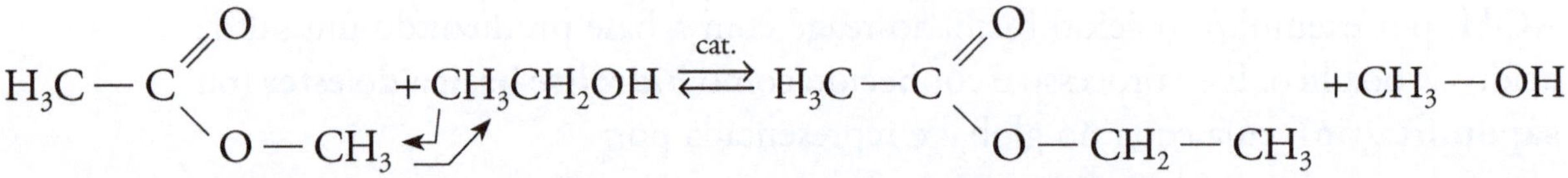

etanoato de metila   etanol   etanoato de etila   metanol

O grupo CH_3 do ácido carboxílico é trocado com o grupo CH_3CH_2 do álcool.

LIGANDO OS PONTOS!

Ácido acetilsalicílico (AAS): da Terra à Lua – a história do medicamento mais vendido do mundo!

Na Antiguidade, os egípcios já utilizavam casca de salgueiro (*Salix* sp) como remédio para dores. O grego Hipócrates (460-377 a.C.), considerado o "pai da medicina", também usava folhas e cascas de salgueiros para aliviar dores e febre.

Eles não sabiam, mas a substância responsável por esses efeitos terapêuticos era a **salicina**.

XEL BUECKERT/SHUTTERSTOCK

Salix sp, o conhecido salgueiro.

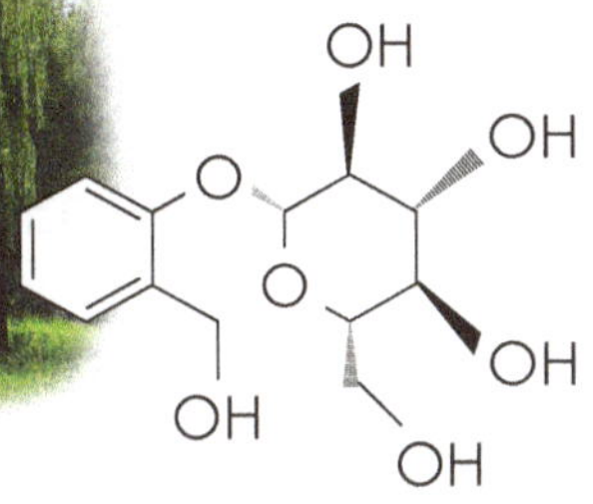

salicina

Entretanto, somente milhares de anos depois, por volta de 1760, é que se começou a isolar as substâncias que seriam utilizadas para produzir a aspirina. O reverendo inglês Edward Stone "redescobriu" a aspirina ao testar pó de casca de salgueiro para alívio de dores e febres de 50 pessoas. Em 1829, o farmacêutico francês Henri Leroux isolou o **ácido salicílico**, derivado da salicina, cujas propriedades anti-inflamatórias passaram a atrair a atenção de diversos pesquisadores ao longo do século XIX.

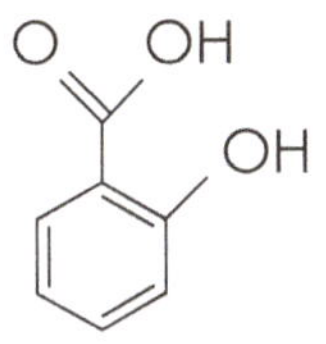

ácido salicílico

Contudo, a ingestão de grandes quantidades de ácido salicílico provocava irritações estomacais, causando náuseas e vômitos e até mesmo levando alguns pacientes a entrarem em coma. Esses problemas foram resolvidos pelo químico alemão Felix Hoffmann (1868-1946), que alterou a estrutura do ácido salicílico e produziu o ácido acetilsalicílico, que utilizou para aliviar o reumatismo de seu pai.

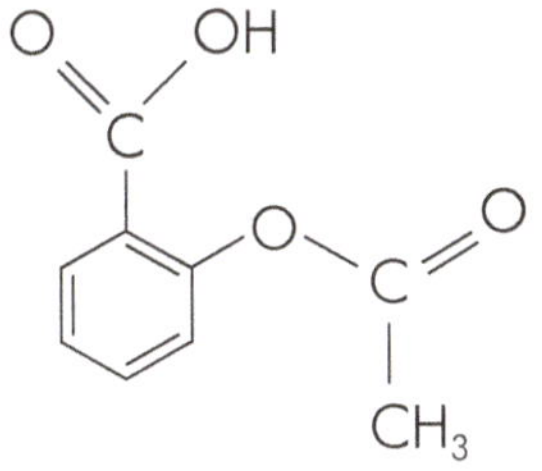

ácido acetilsalicílico

Uma possibilidade de se produzir o ácido acetilsalicílico é a partir da reação entre o ácido salicílico e e ácido acético (ácido etanoico).

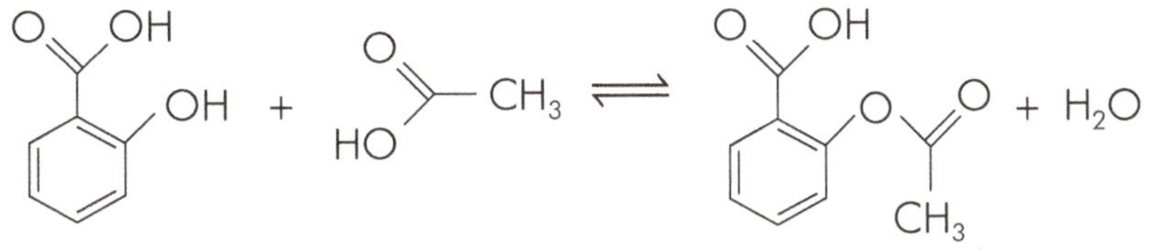

ácido salicílico　　ácido acético　　ácido acetilsalicílico　　água

Esse processo é um pouco distinto da reação de esterificação que estudamos, pois o éster é formado a partir da reação de um ácido e um fenol.

Na realidade, Hoffmann optou pela reação entre o ácido salicílico e anidrido acético (ao invés de ácido acético):

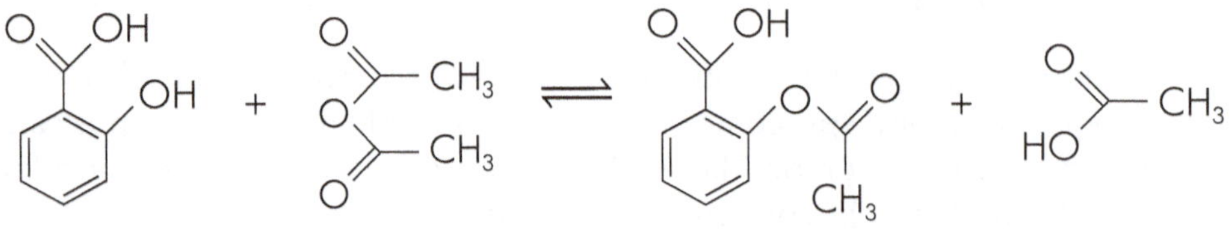

ácido salicílico | anidrido acético | ácido acetilsalicílico | ácido acético

A utilização do anidrido acético por Hoffmann aumentava o rendimento na obtenção de ácido acetilsalicílico.

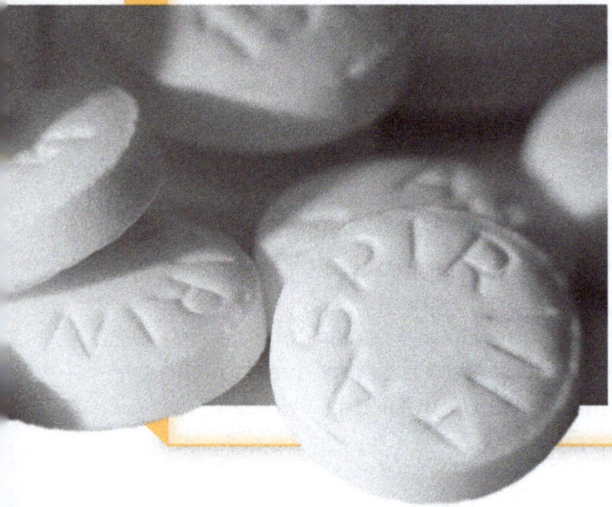
ASPIRIN
SHANE MARITCH /SHUTTERSTOCK

Em 1899, a farmacêutica alemã Bayer passou a comercializar o <u>á</u>cido <u>a</u>cetil<u>s</u>alicílico (AAS) sob o nome de Aspirina®, atualmente o medicamento mais comercializado no mundo e tendo sido inclusive enviado à Lua em 1969 a bordo da Apollo 11.

Posteriormente, descobriu-se que, além de eficaz contra inflamação, dor e febre, o medicamento também inibe a produção de hormônios chamados prostaglandinas, que são responsáveis pela formação de coágulos que levam a ataques cardíacos e derrames. O entendimento desse mecanismo de ação rendeu a Sune Bergström, Begnt Samuelsson e John Vane o Prêmio Nobel de Medicina de 1982.

10.5 Reação de Desidratação de Álcoois

Álcoois podem sofrer reações de **desidratação**, que consistem na perda de uma molécula de água, devido a aquecimento na presença de um agente desidratante (H_2SO_4 concentrado, por exemplo).

Quando a molécula de água é retirada de uma única molécula de álcool, temos uma **desidratação intramolecular**, na qual há a formação de um alceno.

álcool $\xrightarrow[\text{desidratante}]{\text{agente}}$ **alceno + água**

Observe o exemplo da desidratação intramolecular do etanol:

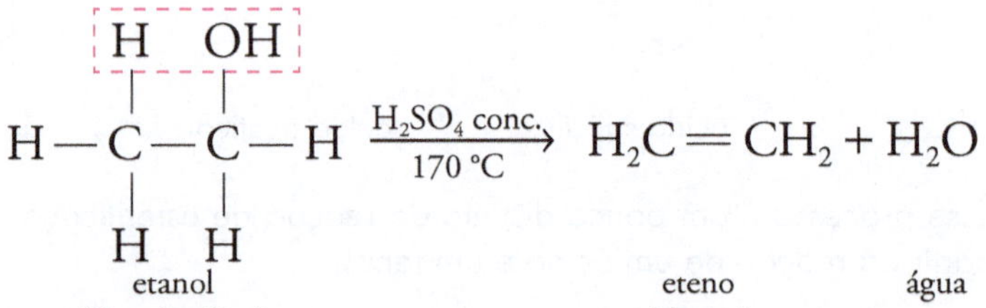

etanol (álcool etílico) | eteno (alceno) | água

Por outro lado, quando a molécula de água é retirada de duas moléculas de álcoois, temos uma **desidratação intermolecular**, em que há a formação de um éter.

$$\text{2 álcoois} \xrightarrow[\text{desidratante}]{\text{agente}} \text{éter + água}$$

Observe agora o exemplo da desidratação intermolecular do etanol:

$$H_3C-CH_2-OH + HO-CH_2-CH_3 \xrightarrow[140\ °C]{H_2SO_4\ conc.} H_3C-CH_2-O-CH_2-CH_3 + H_2O$$

etanol (álcool etílico) — etoxietano (éter dietílico)

SÉRIE BRONZE

1. Sobre as reações de substituição em hidrocarbonetos, complete o diagrama a seguir com as informações corretas.

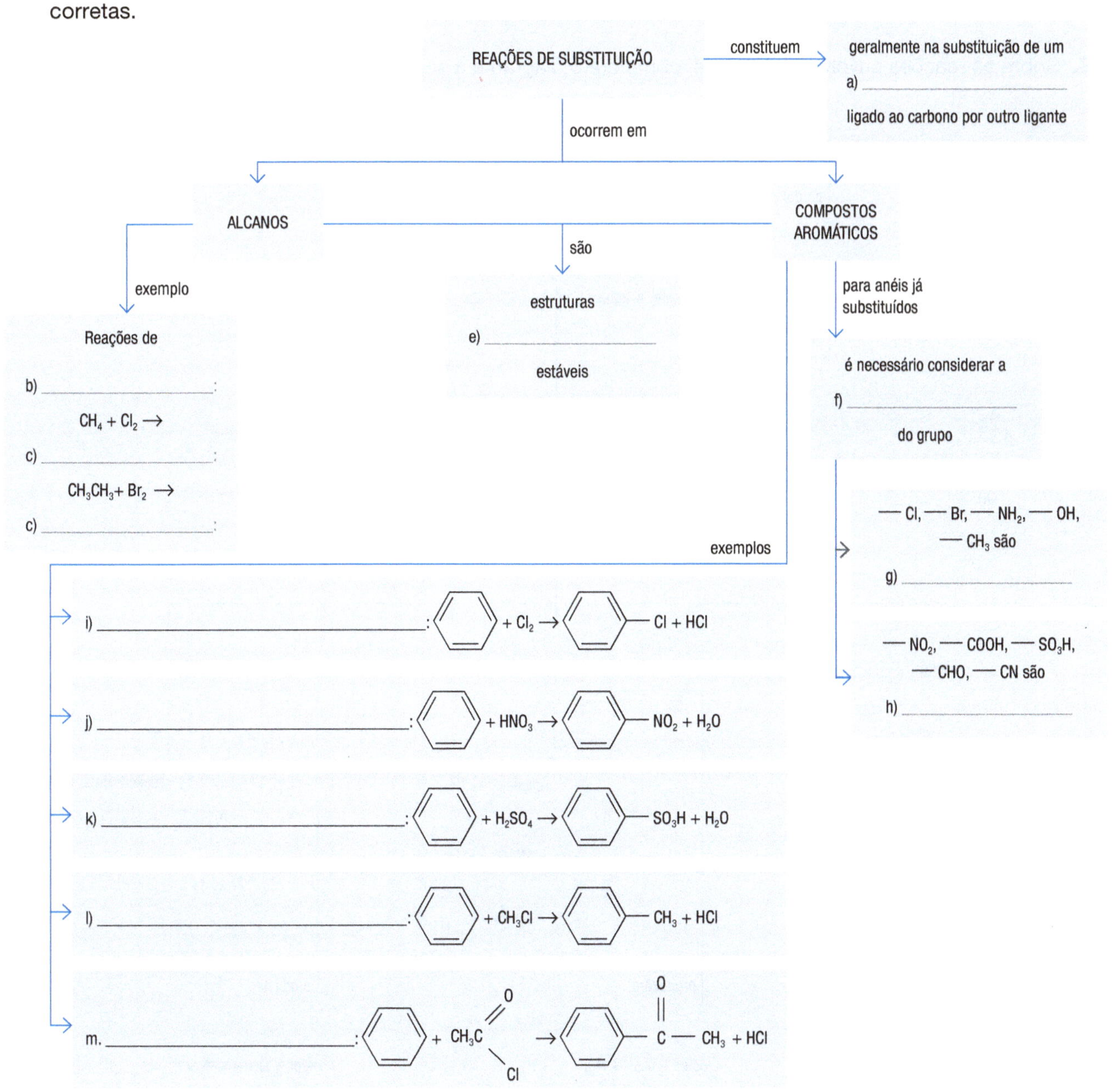

REAÇÕES DE SUBSTITUIÇÃO
constituem
geralmente na substituição de um
a) ____________
ligado ao carbono por outro ligante
ocorrem em
ALCANOS
COMPOSTOS AROMÁTICOS
são
estruturas
e) ____________
estáveis
exemplo
Reações de
b) ____________:
CH4 + Cl2 →
c) ____________:
CH3CH3+ Br2 →
c) ____________:
para anéis já substituídos
é necessário considerar a
f) ____________
do grupo
— Cl, — Br, — NH2, — OH,
— CH3 são
g) ____________
— NO2, — COOH, — SO3H,
— CHO, — CN são
h) ____________
exemplos
i) ____________: + Cl2 → Cl + HCl
j) ____________: + HNO3 → NO2 + H2O
k) ____________: + H2SO4 → SO3H + H2O
l) ____________: + CH3Cl → CH3 + HCl
m. ____________: + CH3C O Cl → C O — CH3 + HCl

2. Sobre as reações de adição em hidrocarbonetos insaturados, complete o diagrama a seguir com as informações corretas.

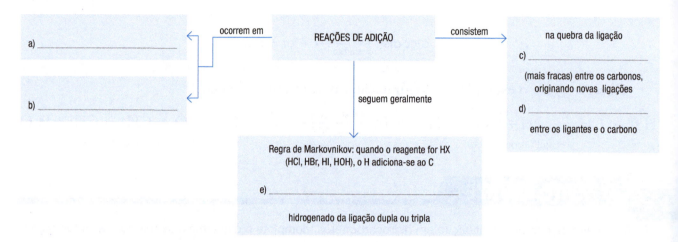

REAÇÕES DE ADIÇÃO

ocorrem em

a) ______________________________

b) ______________________________

consistem

na quebra da ligação

c) ______________________________

(mais fracas) entre os carbonos, originando novas ligações

d) ______________________________

entre os ligantes e o carbono

seguem geralmente

Regra de Markovnikov: quando o reagente for HX (HCl, HBr, HI, HOH), o H adiciona-se ao C

e) ______________________________

hidrogenado da ligação dupla ou tripla

3. Sobre as reações envolvendo ésteres, complete o diagrama a seguir com as informações corretas.

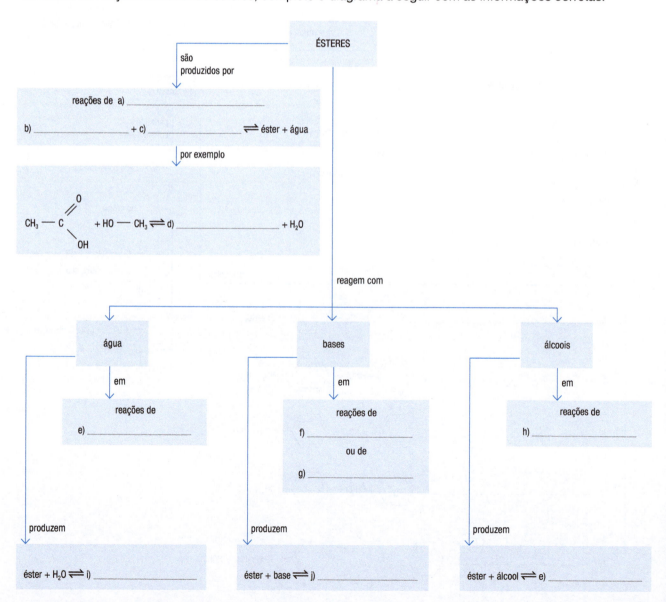

ÉSTERES

são produzidos por

reações de a) ______________________________

b) ____________________ + c) ____________________ $\rightleftharpoons$ éster + água

por exemplo

$CH_3-C(=O)-OH + HO-CH_3 \rightleftharpoons$ d) ____________________ $+ H_2O$

reagem com

água

em

reações de

e) ____________________

produzem

éster $+ H_2O \rightleftharpoons$ i) ____________________

bases

em

reações de

f) ____________________

ou de

g) ____________________

produzem

éster + base $\rightleftharpoons$ j) ____________________

álcoois

em

reações de

h) ____________________

produzem

éster + álcool $\rightleftharpoons$ e) ____________________

4. Sobre as reações de desidratação de álcoois, complete o texto a seguir com as informações corretas.

A desidratação consiste na perda de a) ____________ de um álcool, devido ao aquecimento na presença de um agente b) ___________________________ (H_2SO_4 concentrado, por exemplo). Essa desidratatação pode ocorrer de duas formas:

- na desidratação c) ___________________________, a d) ____________ é retirada de uma única molécula de álcool, ocorrendo a formação de um e) ______________________;
- na desidratação f) ___________________________, a g) ______________ é retirada de duas moléculas de álcoois, ocorrendo a formação de um h) ______________________.

SÉRIE PRATA

1. Complete as equações a seguir, que representam reações de substituição em alcanos.

a) $H_3C - CH_3 + Cl_2 \xrightarrow{\Delta}$

b) $H_3C - CH_3 + Br_2 \xrightarrow{\Delta}$

c) $H_3C - \underset{\underset{CH_3}{|}}{CH} - CH_3 + Cl_2 \xrightarrow{\Delta}$

d) $H_3C - CH_2 - CH_2 - CH_3 + Cl_2 \xrightarrow{\Delta}$

2. Complete as equações a seguir, que representam reações de substituição em compostos aromáticos.

a)  $+ Br_2 \longrightarrow$

b)  $+ HONO_2 \longrightarrow$

c)  $+ HOSO_3H \longrightarrow$

d)  $+ ClCH_2CH_3 \longrightarrow$

e)  $+ Br - \overset{\overset{O}{||}}{C} - CH_3 \longrightarrow$

f) 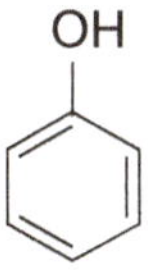
OH
$+ Cl_2 \longrightarrow$

g) 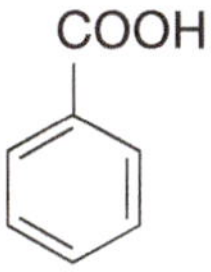
COOH
$+ Cl_2 \longrightarrow$

3. (FUVEST - SP) Fenol (C_6H_5OH) é encontrado na urina de pessoas expostas a ambientes poluídos por benzeno (C_6H_6).

Na transformação do benzeno em fenol ocorre:

a) substituição no anel aromático.
b) quebra na cadeia carbônica.
c) rearranjo no anel aromático.
d) formação de cicloalceno.
e) polimerização.

4. (MACKENZIE - SP) Em relação aos grupos — NO_2 e — Cl, quando ligados ao anel aromático, sabe-se que:

- o grupo cloro é *orto-para*-dirigente
- o grupo nitro é *meta*-dirigente

Assim, no composto 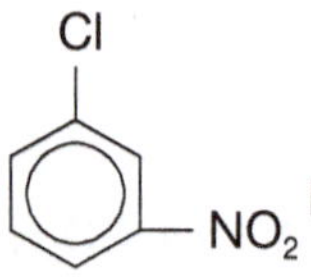 possivelmente ocorreu

a) nitração de clorobenzeno.
b) redução de 1-cloro-3-aminobenzeno.
c) cloração do nitrobenzeno.
d) halogenação do ortonitrobenzeno.
e) nitração do cloreto de benzina.

5. Complete as equações a seguir, que representam reações de adição em hidrocarbonetos insaturados.

a) propeno + $Cl_2 \xrightarrow{CCl_4}$

b) propeno + HCl $\longrightarrow$

c) propeno + $H_2O \xrightarrow{H^+}$

d) but-1-eno + HBr $\longrightarrow$

e) but-1-eno + HBr $\xrightarrow{\text{peróxido}}$

6. (PUC - SP) As reações de adição na ausência de peróxidos ocorrem seguindo a regra de Markovnikov, como mostra o exemplo.

$$H_3C-CH=CH_2 + HBr \longrightarrow H_3C-\overset{\overset{\displaystyle Br}{|}}{CH}-CH_3$$

Considere as seguintes reações:

$$H_3C-\overset{\overset{\displaystyle CH_3}{|}}{C}=CH-CH_3 + HCl \longrightarrow X$$

$$H_2C=CH-CH_3 + H_2O \xrightarrow{H^+} Y$$

Os produtos principais, **X** e **Y**, são, respectivamente,

a) 3-cloro-2-metilbutano e propan-1-ol.
b) 3-cloro-2-metilbutano e propan-2-ol.
c) 2-cloro-2-metilbutano e propan-1-ol.
d) 2-cloro-2-metilbutano e propan-2-ol.
e) 2-cloro-2-metilbutano e propanal.

7. (UECE) O cloro ficou muito conhecido devido a sua utilização em uma substânca indispensável a nossa sobrevivência: a água potável. A água encontrada em rios não é recomendável para o consumo sem antes passar por um tratamento prévio. Graças à adição de cloro, é possível eliminar todos os microrganismos patogênicos e tornar a água potável, ou seja, própria para o consumo. Em um laboratório de química, nas condições adequadas, fez-se a adição do gás cloro em um determinado hidrocarboneto, que produz o 2,3-diclorobutano. Assinale a opção que corresponde à fórmula estrutural desse hidrocarboneto.

a) $H_3C = CH — CH_2 — CH_3$
b) $H_3C — CH_2 — CH_2 — CH_3$
c) $H_3C — CH = CH — CH_3$
d) 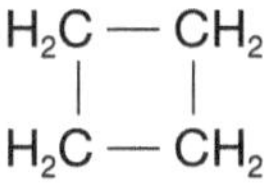
H2C — CH2
H2C — CH2
e) $H_2C = C(CH_3) — CH_3$

8. Equacione, utilizando fórmulas estruturais, a reação entre um ácido caboxílico e um álcool que permite obter:

a) etanoato de butila, flavorizante de framboesa.
b) metanoato de etila, flavorizante de rum.
c) etanoato de pentila, flavorizante de banana.
d) propanoato de metila.

9. (FUVEST – SP) O cheiro das frutas deve-se, principalmente, à presença de ésteres que podem ser sintetizados no laboratório, pela reação entre álcool e um ácido carboxílico, gerando essências artificiais utilizadas em sorvetes e bolos. A seguir estão as fórmulas estruturais de alguns ésteres e a indicação de suas respectivas fontes.

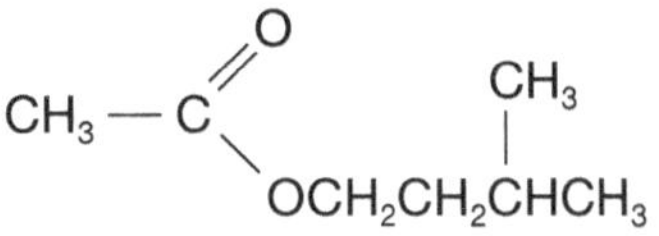
O
CH3 — C
CH3
OCH2CH2CHCH3

banana

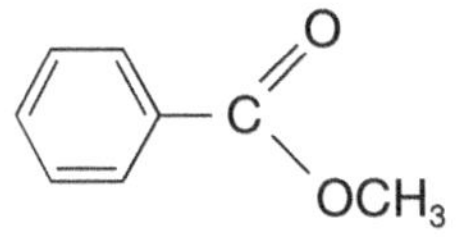
O
C
OCH3

kiwi

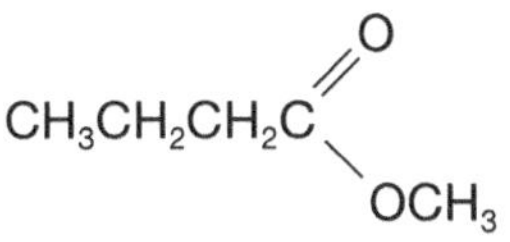
O
CH3CH2CH2C
OCH3

maçã

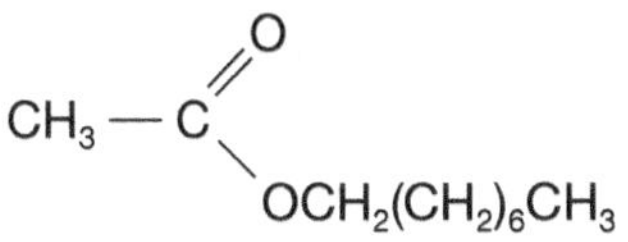
O
CH3 — C
OCH2(CH2)6CH3

laranja

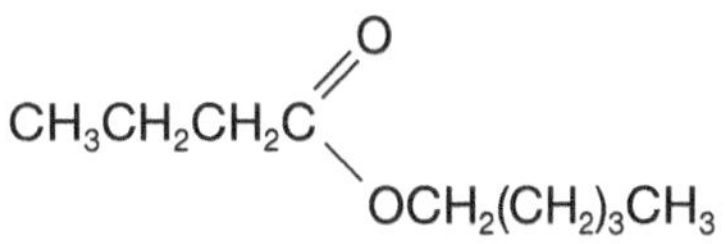
O
CH3CH2CH2C
OCH2(CH2)3CH3

morango

A essência, sintetizada a partir do ácido butanoico e do metanol, terá cheiro de

a) banana.
b) kiwi.
c) maçã.
d) laranja.
e) morango.

10. (FUVEST – SP) O sabor artificial de laranja é conseguido usando acetato de octila.

a) Equacione a reação de esterificação que permite obter esse composto.
b) Dê o nome dos reagentes empregados.

11. Equacione, utilizando fórmulas estruturais, a reação de hidrólise ácida do:

a) etanoato de butila; b) propanoato de metila.

12. Equacione, utilizando fórmulas estruturais, a reação de hidrólise básica do:

a) etanoato de butila, usando KOH;
b) propanoato de metila, usando NaOH.

13. (FUVEST – SP) Na reação da saponificação

$$CH_3COOCH_2CH_2CH_3 + NaOH \longrightarrow X + Y$$

os produtos X e Y são:

a) álcool etílico e propionato de sódio.
b) ácido acético e propóxido de sódio.
c) acetato de sódio e álcool propílico.
d) etóxido de sódio e ácido propanoico.
e) ácido acético e álcool propílico.

14. Complete a equação de transesterificação.

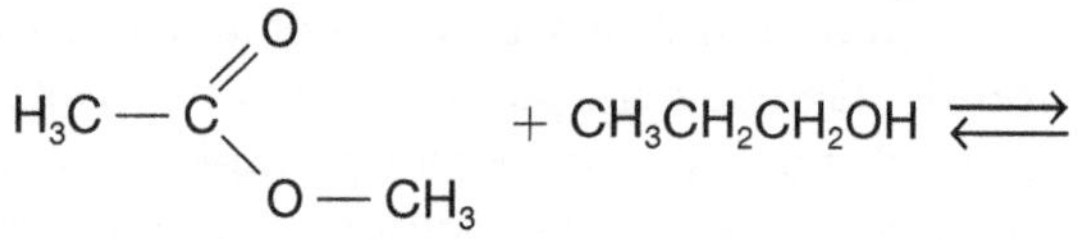

15. Complete as equações a seguir, que representam reações de eliminação de álcoois.

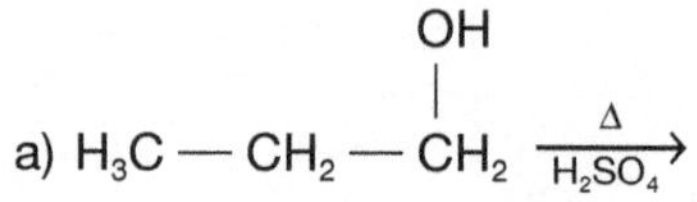

b) $H_3C — CH_2 — OH + HO — CH_2 — CH_3 \xrightarrow[H_2SO_4]{\Delta}$

SÉRIE OURO

1. (MACKENZIE – SP) A reação de halogenação de alcanos é uma reação radicalar, sendo utilizado aquecimento ou uma luz de frequência adequada para promover a formação de radicais livres, isto é, espécies que apresentam elétrons isolados e com alta reatividade, que estão presentes no mecanismo das reações de halogenação de alcanos. O exemplo abaixo ilustra uma reação de monocloração de um alcano, em presença de luz, formando compostos isoméricos.

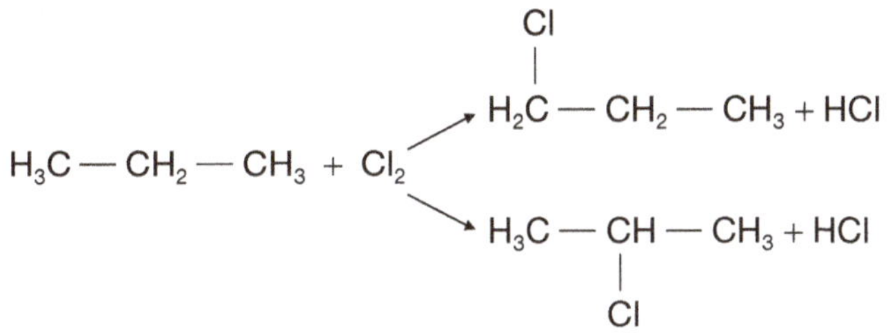

Assim, ao realizar a monocloração do 3,3-dimetil-hexano, em condições adequadas, é correto afirmar que o número de isômeros planos formados nessa reação é

a) 3.   b) 4.   c) 5.   d) 6.   e) 7.

2. (FUVEST – SP) A reação do propano com cloro gasoso, em presença de luz, produz dois compostos monoclorados.

$$2\ CH_3CH_2CH_3 + 2\ Cl_2 \xrightarrow{luz} CH_3CH_2CH_2-Cl + CH_3-\underset{\underset{H}{|}}{\overset{\overset{Cl}{|}}{C}}-CH_3 + 2\ HCl$$

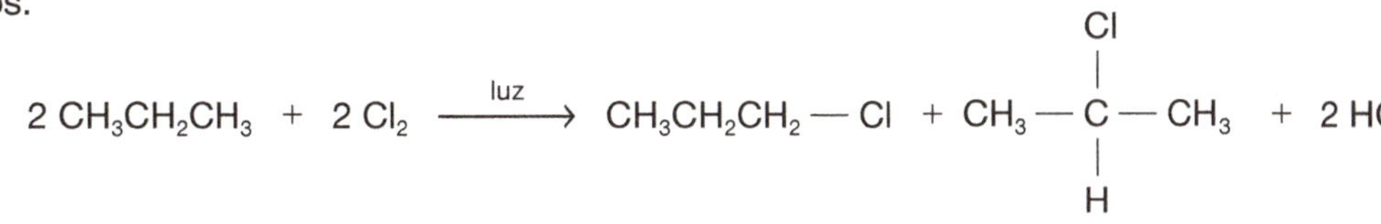

Na reação do cloro gasoso com 2,2-dimetilbutano, em presença de luz, o número de compostos monoclorados que podem ser formados e que não possuem, em sua molécula, carbono assimétrico é

a) 1.   b) 2.   c) 3.   d) 4.   e) 5.

3. (MACKENZIE – SP) Os alcanos, sob condições adequadas de reação, reagem com o gás cloro (halogenação) formando uma mistura de isômeros de posição monoclorados.

Assim, o número de isômeros de posição, com carbono quiral, obtidos a partir da monocloração do 2,5-dimetilhexano, em condições adequadas é

a) 1. b) 2. c) 3. d) 4. e) 5.

4. (FUVEST – SP) Quando se efetua a reação de nitração do bromobenzeno, são produzidos três compostos isoméricos mononitrados:

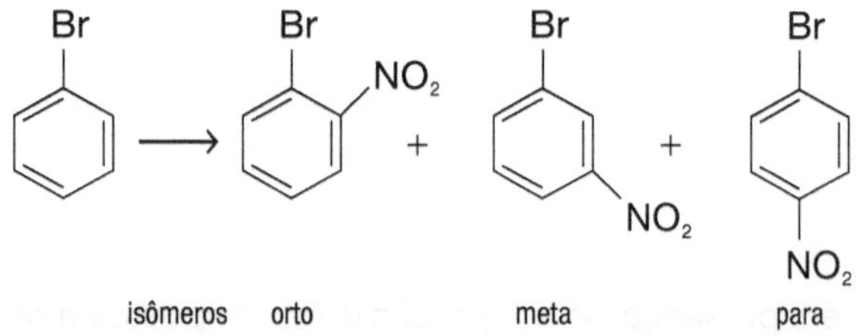

Br
Br
NO_2
+
Br
+
NO_2
Br
NO_2
isômeros orto
meta
para

Efetuando-se a nitração do para-dibromobenzeno, em reação análoga, o número de compostos **mononitrados** sintetizados é igual a

a) 1. b) 2. c) 3. d) 4. e) 5.

5. (UFJF – MG) A 4-isopropilacetofenona é amplamente utilizada na indústria como odorizante devido ao seu cheiro característico de violeta. Em pequena escala, a molécula em questão pode ser preparada por duas reações características de compostos aromáticos: a alquilação de Friedel-Crafts e a acilação.

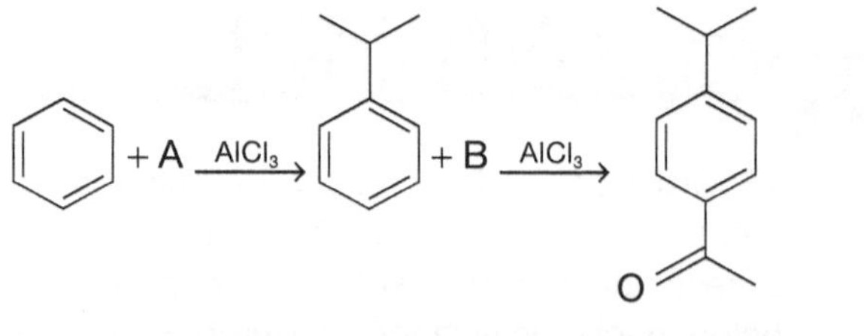

+ A
$AlCl_3$
+ B
$AlCl_3$
O

4-isopropilacetofenona

Marque a alternativa que descreve os reagentes A e B usados na produção de 4-isopropilacetofenona.

a) 1-cloropropano e cloreto de propanoila.
b) cloreto de propanoila e 1-cloroetano.
c) propano e propanona.
d) 2-cloropropano e cloreto de etanoila.
e) 2-cloropropano e propanona.

6. (ITA – SP) Considere o composto aromátido do tipo C_6H_5Y, em que Y representa um grupo funcional ligado ao anel.

Assinale a opção errada com relação ao(s) produto(s) preferencialmente formado(s) durante a reação de nitração deste tipo de composto nas condições experimentais apropriadas.

a) Se **Y** representar o grupo — CH_3, o produto formado será o m-nitrotolueno.
b) Se **Y** representar o grupo — COOH, o produto formado será o ácido m-nitrobenzenoico.
c) Se **Y** representar o grupo — NH_2, os produtos formados serão o-nitroanilina e p-nitroanilina.
d) Se **Y** representar o grupo — NO_2, o produto formado será o 1,3-dinitrobenzeno.
e) Se **Y** representar o grupo — OH, os produtos formados serão o-nitrofenol e p-nitrofenol.

7. (PUC – SP) Grupos ligados ao anel benzênico interferem na sua reatividade. Alguns grupos tornam as posições orto e para mais reativas para reações de substituição e são chamados *orto* e *para*-dirigentes, enquanto outros grupos tornam a posição meta mais reativa, sendo chamados de *meta*-dirigentes.

- Grupos *orto* e *para*-dirigentes: — Cl, — Br, — NH_2, — OH, — CH_3
- Grupos *meta*-dirigentes: — NO_2, — COOH, — SO_3H

As rotas sintéticas I, II e III foram realizadas com o objetivo de sintetizar as substâncias **X**, **Y** e **Z**, respectivamente.

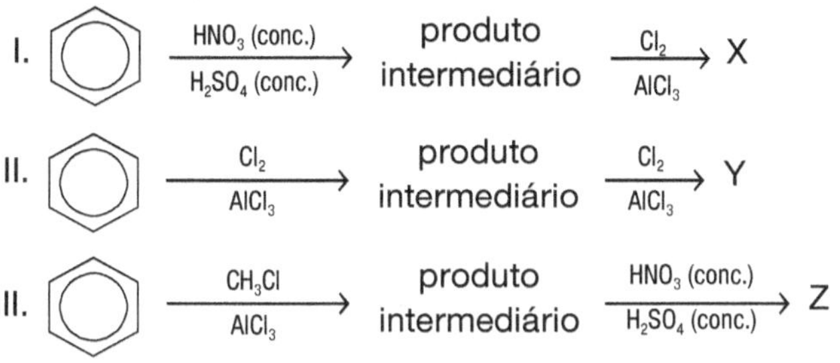
I.
HNO_3 (conc.)
H_2SO_4 (conc.)
produto intermediário
Cl_2
$AlCl_3$
X
II.
Cl_2
$AlCl_3$
produto intermediário
Cl_2
$AlCl_3$
Y
III.
CH_3Cl
$AlCl_3$
produto intermediário
HNO_3 (conc.)
H_2SO_4 (conc.)
Z

Após o isolamento adequado do meio reacional e de produtos secundários, os benzenos dissubstituídos **X**, **Y** e **Z** obtidos são, respectivamente,

a) orto-cloronitrobenzeno, meta-diclorobenzeno e para-nitrotolueno.
b) meta-cloronitrobenzeno, orto-diclorobenzeno e para-nitrotolueno.
c) meta-cloronitrobenzeno, meta-diclorobenzeno e meta-nitrotolueno.
d) para-cloronitrobenzeno, para-diclorobenzeno e orto-nitrotolueno.
e) orto-cloronitrobenzeno, orto-diclorobenzeno e para-cloronitrotolueno.

8. (MACKENZIE – SP) Os detergentes são substâncias orgânicas sintéticas que possuem como principal característica a capacidade de promover limpeza por meio de sua ação emulsificante, isto é, a capacidade de promover a dissolução de uma substância. Abaixo, estão representadas uma série de equações químicas, envolvidas nas diversas etapas de síntese de um detergente, a partir do benzeno, realizadas em condições ideais de reação.

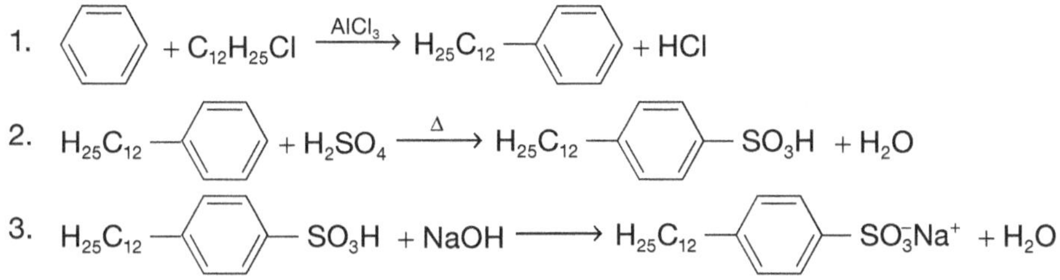
1.
$+ C_{12}H_{25}Cl$
$AlCl_3$
$H_{25}C_{12}$
$+ HCl$
2.
$H_{25}C_{12}$
$+ H_2SO_4$
Δ
$H_{25}C_{12}$
SO_3H
$+ H_2O$
3.
$H_{25}C_{12}$
SO_3H
$+ NaOH$
$H_{25}C_{12}$
$SO_3^-Na^+$
$+ H_2O$

A respeito das equações acima, são feitas as seguintes afirmações:

I. A equação 1 representa uma alquilação de Friedel-Crafts.
II. A equação 2 é uma reação de substituição, que produz um ácido meta substituído.
III. A equação 3 trata-se de uma reação de neutralização com a formação de uma substância orgânica de característica anfifílica.

Sendo assim,

a) apenas a afirmação I está correta.
b) apenas a afirmação II está correta.
c) apenas a afirmação III está correta.
d) apenas as afirmações I e III estão corretas.
e) todas a afirmações estão corretas.

9. (UNESP) Álcoois podem ser obtidos pela hidratação de alcenos, catalisada por ácido sulfúrico. A reação de adição segue a regra de Markovnikov, que prevê a adição do átomo de hidrogênio da água ao átomo de carbono mais hidrogenado do alceno.

Escreva:

a) a equação química balanceada da reação de hidratação catalisada do but-1-eno;

b) o nome oficial do produto formado na reação indicada no item "a".

10. (UNICAMP - SP) A reação que ocorre entre o propino, $HC \equiv C - CH_3$, e o bromo, Br_2, pode produzir dois isômeros cis-trans que contêm uma ligação dupla e dois átomos de bromo nas respectivas moléculas.

a) Escreva a equação dessa reação química entre propino e bromo.

b) Escreva a fórmula estrutural de cada um dos isômeros cis-trans.

11. (PUC – adaptada) A reação entre ácido etanoico e propan-2-ol, na presença de ácido sulfúrico, produz

a) propanoato de etila.
b) ácido etanoico de propila.
c) ácido pentanoico.
d) etanoato de isopropila.
e) metanoato de butila.

12. (FUVEST - SP) Deseja-se obter a partir do geraniol (estrutura A) o aromatizante que tem o odor de rosas (estrutura B).

$$H_3C-\underset{\displaystyle CH_3}{\underset{|}{C}}=CH-CH_2-CH_2-\underset{\displaystyle CH_3}{\underset{|}{C}}=CH-CH_2OH$$

A (geraniol)

$$H_3C-\underset{\displaystyle CH_3}{\underset{|}{C}}=CH-CH_2-CH_2-\underset{\displaystyle CH_3}{\underset{|}{C}}=CH-CH_2O-\underset{\displaystyle O}{\underset{\|}{C}}-H$$

B (aromatizante com odor de rosas)

Para isso, faz-se reagir o geraniol com:

a) álcool metílico (metanol).
b) aldeído fórmico (metanal).
c) ácido fórmico (ácido metanoico).
d) formiato de metila (metanoato de metila).
e) dióxido de carbono.

13. (UNESP) Um composto orgânico tem as seguintes características:

- fórmula mínima CH_2O;
- pode formar-se pela ação de bactérias no leite;
- apresenta isomeria óptica;
- reage com álcoois para formar ésteres.

Esse composto é:

a) glicose, $C_6H_{12}O_6$

b) sacarose, $C_{12}H_{22}O_{11}$

c) ácido acético, 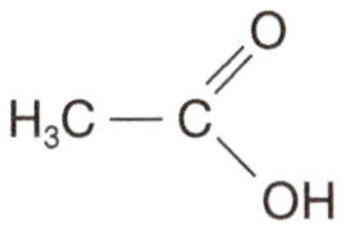

d) ácido láctico, 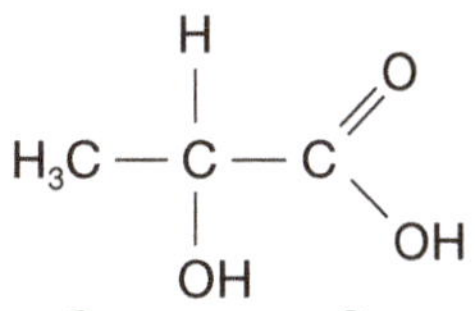

e) ácido oxálico, 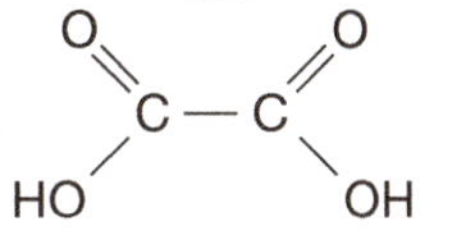

14. (FGV) Na sequência de reações químicas representadas pelas equações não balanceadas

$H_2C = CH_2 + HBr \longrightarrow X$

$X + NaOH \xrightarrow{\Delta} Y$

$Y \xrightarrow[H_2SO_4]{\Delta} Z$

$Y + CH_3COOH \xrightarrow{H^+} W$

X, Y, Z e W são compostos orgânicos; Z é um líquido de baixo ponto de ebulição e bastante inflamável; W é um líquido de odor agradável.

Os compostos orgânicos X, Y, Z e W são, respectivamente:

a) 1,2-dibromoetano; éter dimetílico; etanal; ácido etanoico.
b) 1,1-dibromoetano; etanodiol; propanona; propanoato de propila.
c) etano; 1-propanol; etilmetil éter; propanona.
d) bromoetano; etanol; eteno; propanoato de etila.
e) bromoetano; etanol; éter dietílico; etanoato de etila.

15. (FUVEST - SP) O ácido gama-hidroxibutírico é utilizado no tratamento do alcoolismo. Esse ácido pode ser obtido a partir da gamabutirolactona, conforme a representação a seguir:

BEMJAH-BMM27/ CREATIVE COMMONS

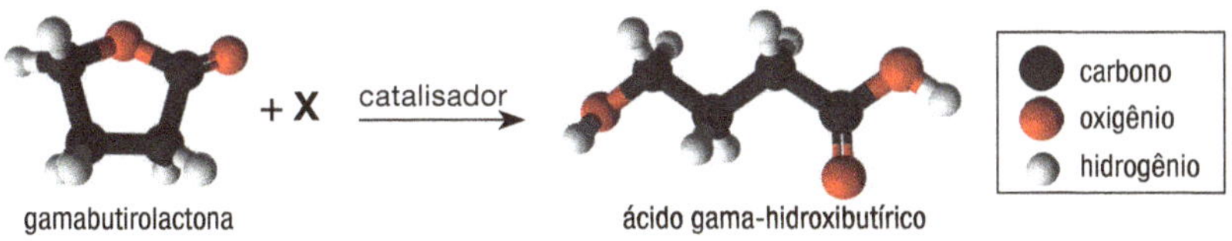
gamabutirolactona
+ X
catalisador
ácido gama-hidroxibutírico
carbono
oxigênio
hidrogênio

Assinale a alternativa que identifica corretamente **X** (de modo que a representação respeite a conservação da matéria) e o tipo de transformação que ocorre quando a gamabutirolactona é convertida no ácido gama-hidroxibutírico.

	X	TIPO DE TRANSFORMAÇÃO
a)	CH_3OH	esterificação
b)	H_2	hidrogenação
c)	H_2O	hidrólise
d)	luz	isomerização
e)	calor	decomposição

16. (A. EINSTEIN – SP) Os álcoois sofrem desidratação em meio de ácido sulfúrico concentrado. A desidratação pode ser intermolecular ou intramolecular dependendo da temperatura. As reações de desidratação do etanol na presença de ácido sulfúrico concentrado podem ser representadas pelas seguintes equações:

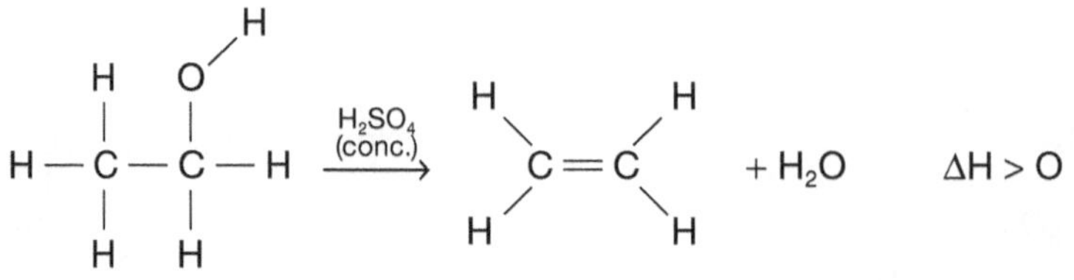

$$H_3C—CH_2—OH + HO—CH_2—CH_3 \xrightarrow[(conc.)]{H_2SO_4} H_3C—CH_2—O—CH_2—CH_3 + H_2O \qquad \Delta H < O$$

Sobre a desidratação em ácido sulfúrico concentrado do propan-1-ol foram feitas algumas afirmações.

I. A desidratação intramolecular forma o propeno.
II. Em ambas as desidratações, o ácido sulfúrico concentrado age como desidratante.
III. A formação do éter é favorecida em temperaturas mais altas, já o alceno é formado, preferencialmente, em temperaturas mais baixas.

Estão corretas apenas as afirmações:

a) I. b) I e II. c) I e III. d) II e III. e) I, II e III.

17. (FATEC – SP) As reações de eliminação são reações orgânicas em que alguns átomos ou grupos de átomos são retirados de compostos orgânicos produzindo moléculas com cadeias carbônicas insaturadas, que são muito usadas em diversos ramos da indústria.

A dehidrohalogenação é um exemplo de reação de eliminação que ocorre entre um composto orgânico e uma base forte. Nesse processo químico, retira-se um átomo de halogênio ligado a um dos átomos de carbono. O átomo de carbono adjacente ao átomo de carbono halogenado "perde" um átomo de hidrogênio, estabelecendo entre os dois átomos de carbono considerados uma ligação dupla.

A reação entre o hidróxido de sódio e o cloroetano ilustrada é um exemplo de dehidrohalogenação.

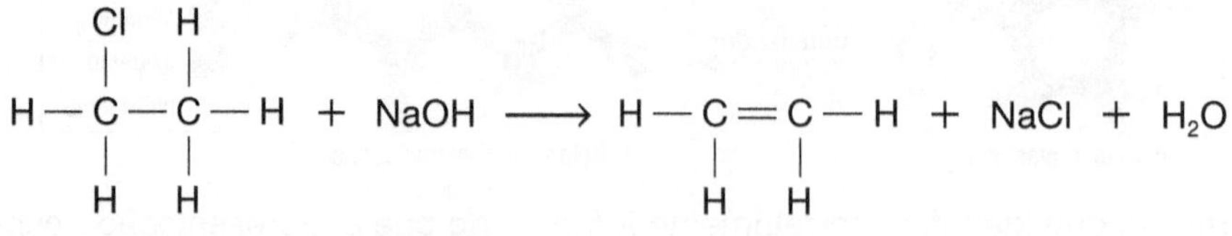

cloroetano hidróxido de sódio

Agora, considere a reação entre o 1-clorobutano e o hidróxido de potássio.

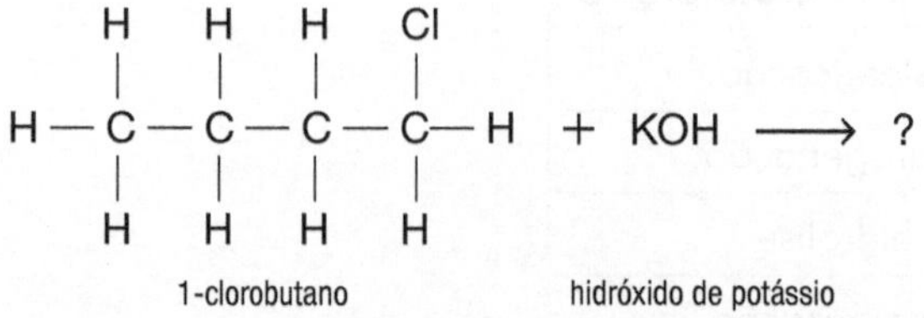

1-clorobutano hidróxido de potássio

Assinale a alternativa que apresenta a fórmula estrutural correta do composto orgânico obtido na reação entre o 1-clorobutano e o hidróxido de potássio, representada na figura.

a) 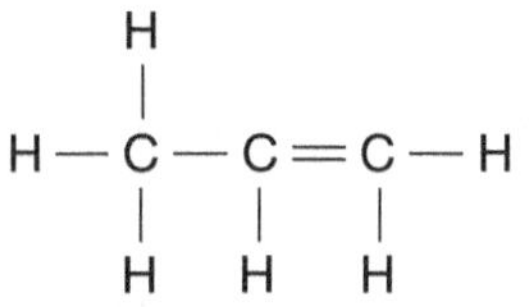

b) 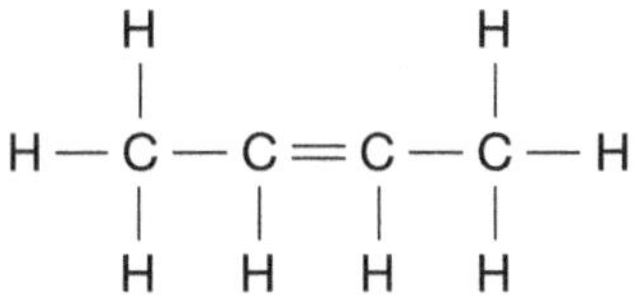

c) 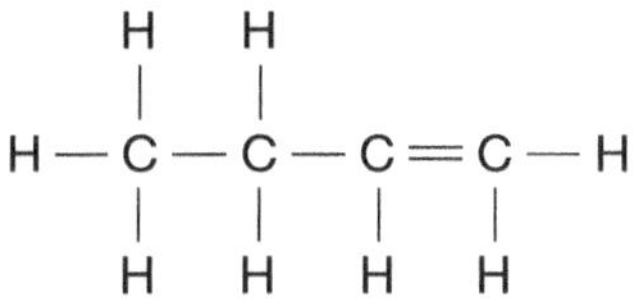

d) 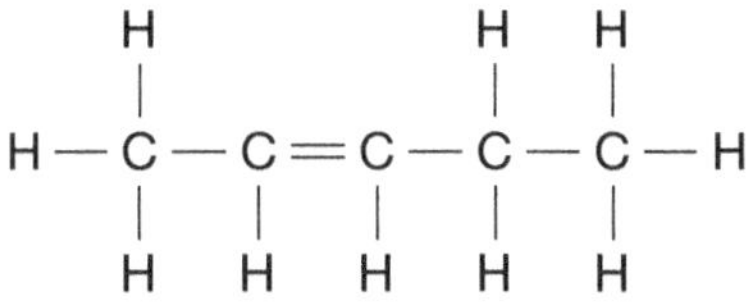

e) 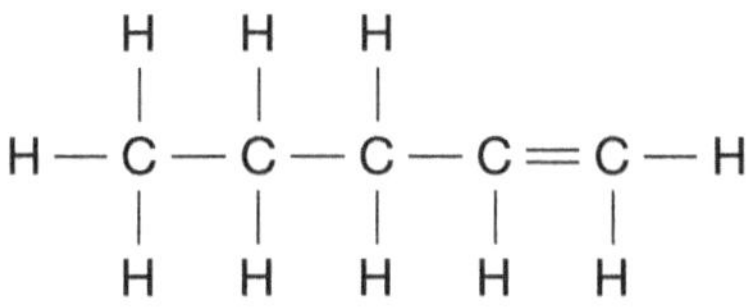

18. (UNIFESP) Um composto de fórmula molecular C_4H_9Br, que apresenta isomeria óptica, quando submetido a uma reação de eliminação (com KOH alcoólico a quente), forma como produto principal um composto que apresenta isomeria geométrica (cis e trans).

a) Escreva as fórmulas estruturais dos compostos orgânicos envolvidos na reação.

b) Que outros tipos de isomeria pode apresentar o composto de partida C_4H_9Br? Escreva as fórmulas estruturais de dois dos isômeros.

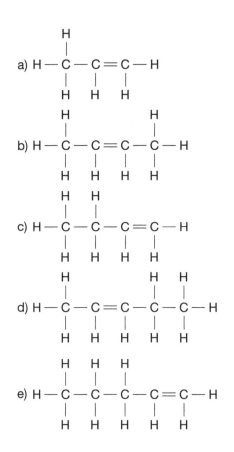

19. (FUVEST – SP) Um químico, pensando sobre quais produtos poderiam ser gerados pela desidratação do ácido 5-hidroxipentanoico.

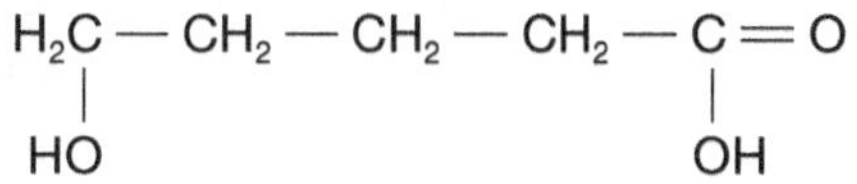

imaginou que

a) a desidratação **intermolecular** desse composto poderia gerar um éter ou um éster, ambos de cadeia aberta. Escreva as fórmulas estruturais desses dois compostos.

b) a desidratação **intramolecular** desse composto poderia gerar um éster cíclico ou um ácido com cadeia carbônica insaturada. Escreva as fórmulas estruturais desses dois compostos.

SÉRIE PLATINA

1. (ENEM) Nucleófilos (Nu^-) são bases de Lewis (estruturas com pares de elétrons não ligantes que podem estabelecer ligações covalentes, isto é, estruturas doadoras de pares de elétrons) que reagem com haletos de alquila, por meio de uma reação chamada substituição nucleófila (S_N) como mostrado no esquema:

$$R — X + Nu^- \longrightarrow R — Nu + X^- \quad \text{(R = grupo alquila e X = halogênio)}$$

A reação de S_N entre metóxido de sódio ($Nu^- = CH_3O^-$) e brometo de metila fornece um composto orgânico pertencente à função

a) éter. b) éster. c) álcool. d) haleto. e) hidrocarboneto.

2. (FUVEST – SP) Alcanos reagem com cloro, em condições apropriadas, produzindo alcanos monoclorados, por substituição de átomos de hidrogênio por átomos de cloro, como esquematizado:

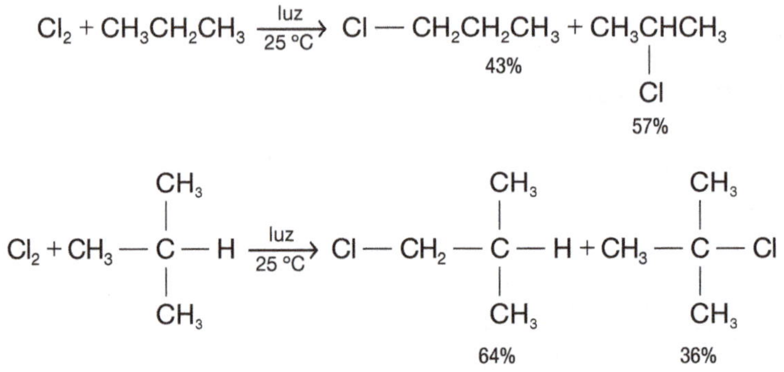

$Cl_2 + CH_3CH_2CH_3 \xrightarrow[25\ °C]{luz} Cl — CH_2CH_2CH_3 + CH_3CHCH_3$
43%
Cl
57%
CH3
Cl2 + CH3 — C — H
luz
25 °C
Cl — CH2 — C — H + CH3 — C — Cl
64%
36%

Considerando os rendimentos percentuais de cada produto e o número de átomos de hidrogênio de mesmo tipo (primário, secundário ou terciário), presentes nos alcanos acima, pode-se afirmar que, na reação de cloração, efetuada a 25 °C,

- um átomo de hidrogênio terciário é cinco vezes mais reativo do que um átomo de hidrogênio primário;
- um átomo de hidrogênio secundário é 3,8 vezes mais reativo do que um átomo de hidrogênio primário.

Observação: hidrogênios primário, secundário e terciário são os que se ligam, respectivamente, a carbonos primário, secundário e terciário.

A monocloração do 3-metilpentano, a 25 °C, na presença de luz, resulta em quatro produtos, um dos quais é o 3-cloro-3-metilpentano, obtido com 17% de rendimento.

a) Escreva a fórmula estrutural de cada um dos quatro produtos formados.
b) Com base na porcentagem de 3-cloro-3-metilpentano formado, calcule a porcentagem de cada um dos outros três produtos.

3. (A. EINSTEIN – SP) Os cicloalcanos reagem com bromo líquido (Br_2) em reações de substituição ou de adição. Anéis cíclicos com grande tensão angular entre os átomos de carbono tendem a sofrer reação de adição, com abertura de anel. Já compostos cíclicos com maior estabilidade, devido à baixa tensão nos ângulos, tendem a sofrer reações de substituição.

Considere as substâncias ciclobutano e cicloexano, representadas a seguir:

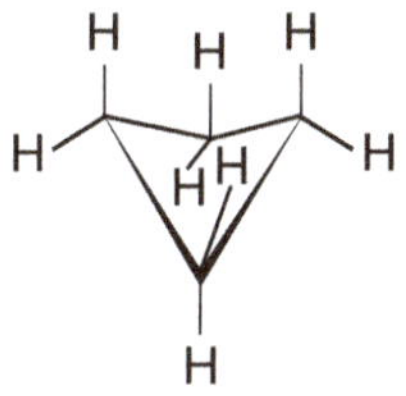

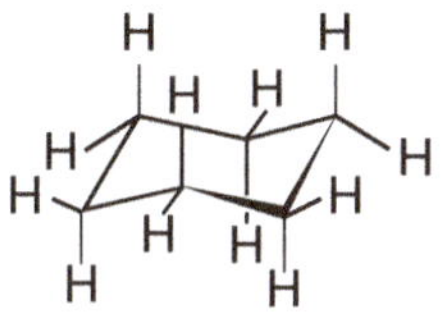

Em condições adequadas para a reação, pode-se afirmar que os produtos principais da reação do ciclobutano e do cicloexano com o bromo são, respectivamente,

a) bromociclobutano e bromocicloexano.
b) 1,4-dibromobutano e bromocicloexano.
c) bromociclobutano e 1,6-dibromoexano
d) 1,4-dibromobutano e 1,6-dibromoexano.
e) 1,2-dibromobutano e 1,2-dibromoexano.

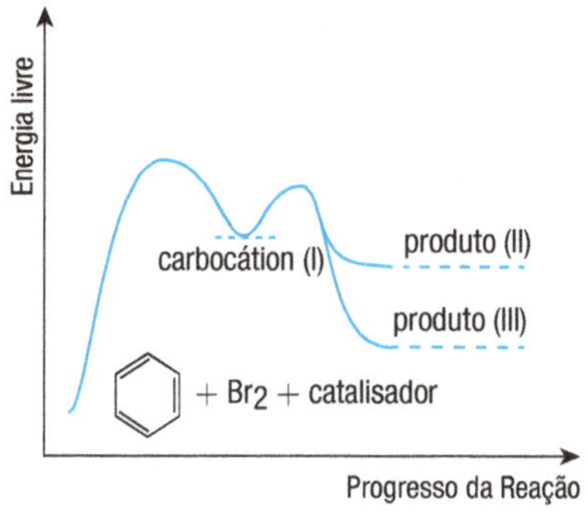
Energia livre
carbocátion (I)
produto (II)
produto (III)
+ Br2 + catalisador
Progresso da Reação

Disponível em: <http://www.qmc.ufsc.br>. *Acesso em:* 1º mar. 2012. Adaptado.

Com base no texto e no gráfico do progresso da reação apresentada, as estruturas químicas encontradas em I, II e III são, respectivamente:

a) 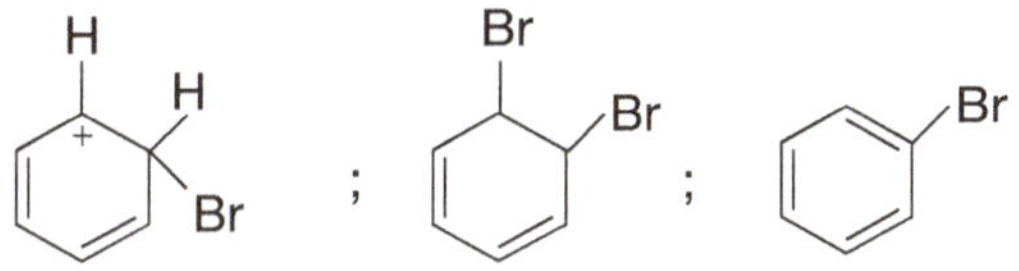

b) 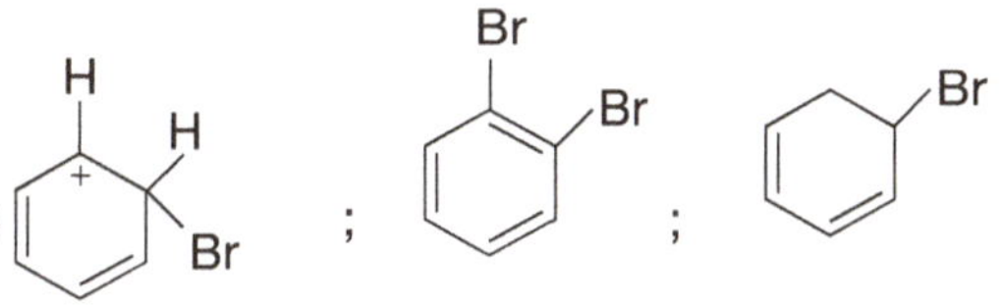

c) 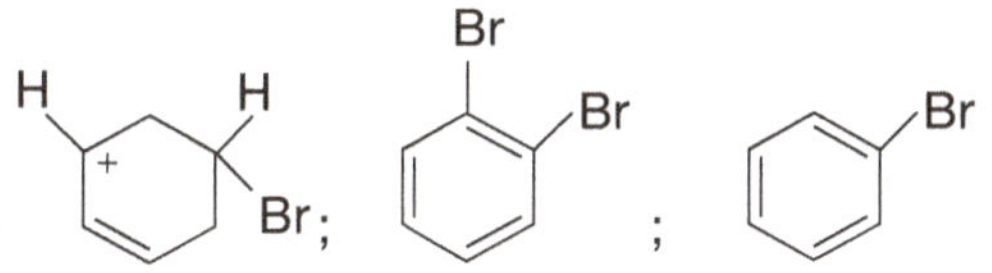

d) 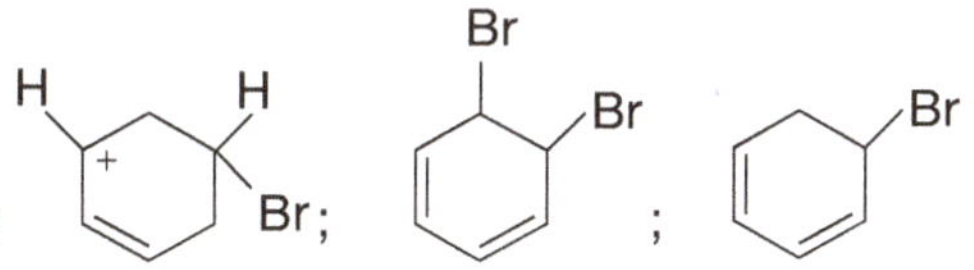

e) 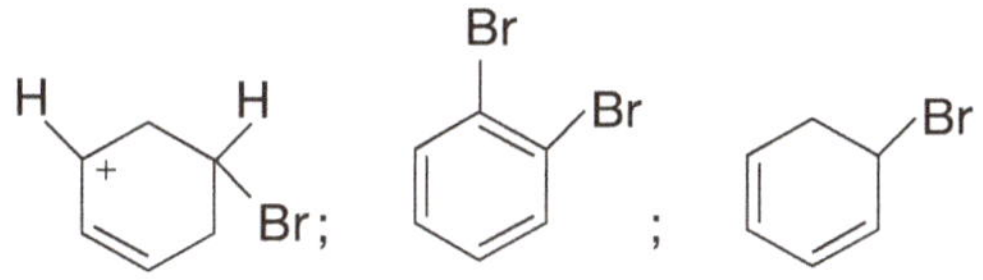

4. (ENEM) O benzeno é um hidrocarboneto aromático presente no petróleo, no carvão e em condensados de gás natural. Seus metabólitos são altamente tóxicos e se depositam na medula óssea e nos tecidos gordurosos. O limite de exposição pode causar anemia, câncer (leucemia) e distúrbios do comportamento. Em termos de reatividade química, quando um eletrófilo se liga ao benzeno, ocorre a formação de um intermediário, o carbocátion. Por fim, ocorre a adição ou substituição eletrofílica.

Disponível em: <http://www.sindipetro.org.br>. *Acesso em:* 1º mar. 2012. Adaptado.

5. (UNESP) O que ocorreu com a seringueira, no final do século XIX e início do XX, quando o látex era retirado das árvores nativas sem preocupação com o seu cultivo, ocorre hoje com o pau-rosa, árvore típica da Amazônia, de cuja casca se extrai um óleo rico em linalol, fixador de perfumes cobiçado pela indústria de cosméticos. Diferente da seringueira, que explorada racionalmente pode produzir látex por décadas, a árvore do pau-rosa precisa ser abatida para a extração do óleo da casca. Para se obter 180 litros de essência de pau-rosa, são necessárias de quinze a vinte toneladas dessa madeira, o que equivale a derrubar cerca de mil árvores. Além do linalol, outras substâncias constituem o óleo essencial do pau-rosa, entre elas:

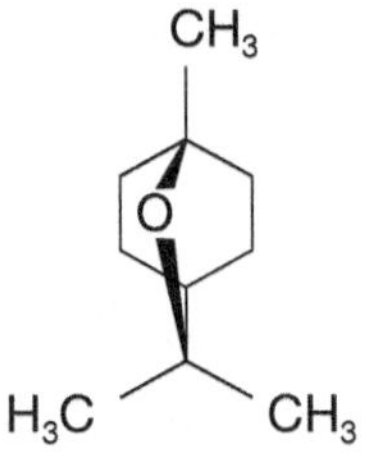

CH_3
O
H_3C
CH_3

1,8-cineol
I

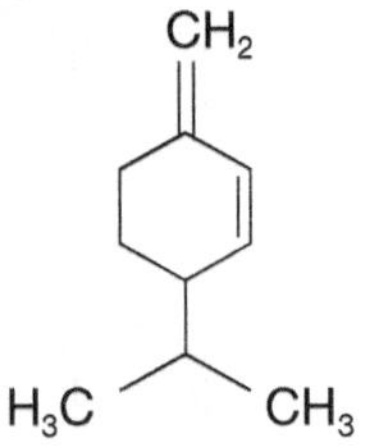

CH_2
H_3C
CH_3

linalol
II

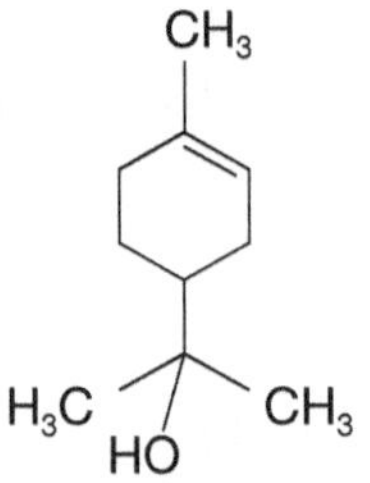

CH_3
H_3C
CH_3
HO

alfaterpineol
III

Considerando as fórmulas estruturais das substâncias I, II e III, classifique cada uma quanto à classe funcional a que pertencem. Represente a estrutura do produto da adição de 1 mol de água, em meio ácido, também conhecida como reação de hidratação, à substância alfaterpineol.

6. (UNIFESP) O lactato de mentila é um éster utilizado em cremes cosméticos para a pele, com finalidade de dar sensação de refrescância após a aplicação. Esse éster é obtido pela reação entre mentol e ácido láctico, cujas fórmulas estruturais estão representadas a seguir.

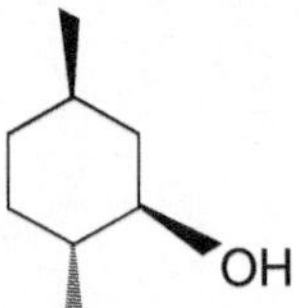

OH

mentol

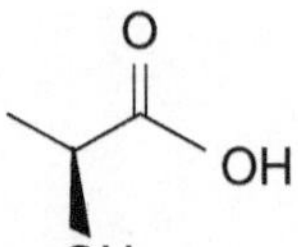

O
OH
OH

ácido
láctico

a) Cite o nome da função orgânica comum ao mentol e ao ácido láctico. Indique, na estrutura do ácido láctico reproduzida abaixo, o átomo de carbono assimétrico.

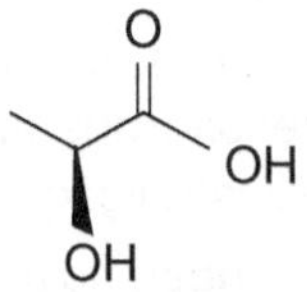

O
OH
OH

ácido
láctico

b) Utilizando fórmulas estruturais, escreva a equação química que representa a formação do lactato de mentila a partir do mentol e ácido láctico. Analisando a estrutura do lactato de mentila, justifique por que esse éster apresenta baixa solubilidade em água.

7. (FUVEST – SP – adaptada) Pequenas mudanças na estrutura molecular das substâncias podem produzir grandes mudanças em seu odor. São apresentadas as fórmulas estruturais de dois compostos utilizados para preparar aromatizantes empregados na indústria de alimentos.

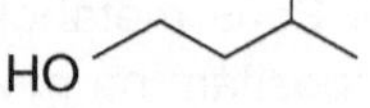

HO

álcool isoamílico

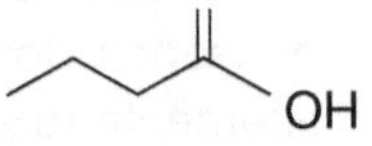

O
OH

ácido butírico

Esses compostos podem sofrer as seguintes transformações:

I. O álcool isoamílico pode ser transformado em um éster que apresenta odor de banana. Esse éster pode ser hidrolisado com uma solução aquosa de ácido sulfúrico, liberando odor de vinagre.

II. O ácido butírico tem odor de manteiga rançosa. Porém, ao reagir com etanol, transforma-se em um composto que apresenta odor de abacaxi.

a) Escreva a fórmula estrutural do composto que tem odor de banana.
b) Escreva a fórmula do composto com odor de abacaxi e dê o seu nome.
c) Escreva a equação química que representa a transformação em que houve liberação de odor de vinagre.

8. (UFJF – MG) O ácido acetilsalicílico (AAS) e o salicilato de metila são fármacos muito consumidos no mundo. O primeiro possui ação analgésica, antitérmica, anticoagulante, entre outras, enquanto o segundo possui ação analgésica. Estes dois princípios ativos podem ser preparados facilmente em laboratório através de uma reação conhecida como esterificação de Fisher.

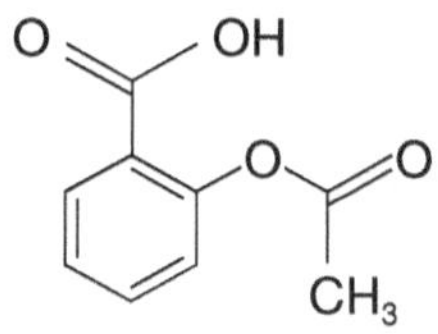
O
OH
O
O
CH_3
ácido acetilsalicílico

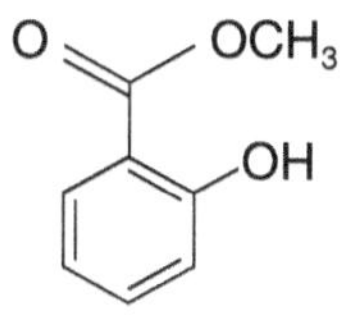
O
OCH_3
OH
salicilato de metila

a) Escreva a reação química de esterificação em meio ácido do ácido 2-hidroxibenzoico com metanol. Qual dos dois fármacos citados acima foi produzido nesta síntese?
b) Escreva a reação de hidrólise em meio ácido do AAS.

9. A benzocaína (para-aminobenzoato de etila) é geralmente utilizada como anestésico local para exames de endoscopia. Esse composto é obtido pela reação do ácido para-aminobenzoico (PABA) com o etanol, em meio ácido, segundo a reação:

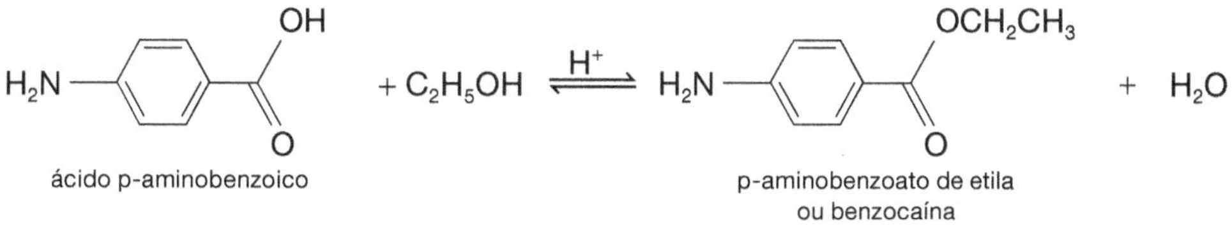
OH
H_2N
O
$+ C_2H_5OH$
H^+
H_2N
OCH_2CH_3
O
$+ H_2O$
ácido p-aminobenzoico
p-aminobenzoato de etila
ou benzocaína

a) O PABA ou ácido para-aminobenzoico é um composto essencial para o metabolismo de algumas bactérias e é utilizado na síntese de vitamina B_{10}. O ácido aromático pode ser obtido juntamente com outro produto orgânico, através de duas reações de substituição, como indicado na sequência a seguir:

Reação I:

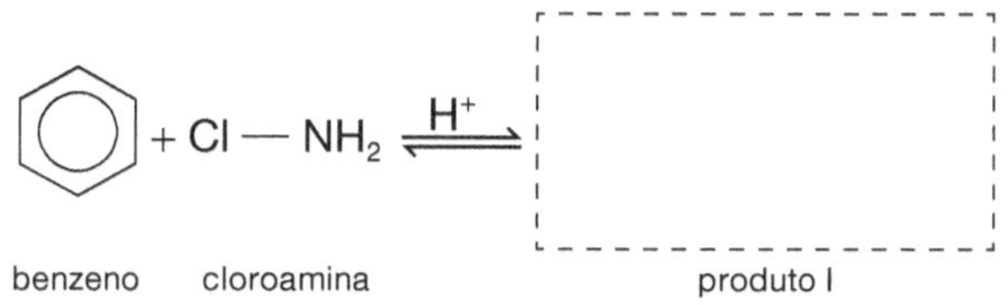
$+ Cl — NH_2$
H^+
benzeno
cloroamina
produto I

Reação II:

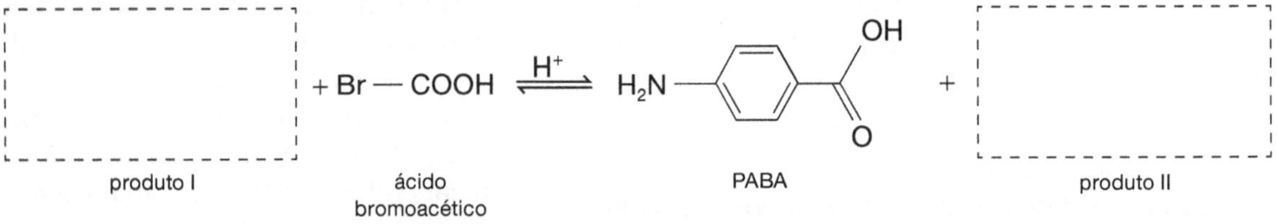
+ Br — COOH
H+
H2N
OH
O
+
produto I
ácido bromoacético
PABA
produto II

a) Dê as fórmulas estruturais e os nomes dos dois produtos formados (produto I e produto II).
b) Justifique porque, para a formação do PABA, é necessário seguir a ordem de, primeiramente reagir o anel benzênico com a cloroamina e, na sequência, com o ácido bromoacético.
c) O PABA e o produto II apresentam, entre si, qual tipo de isomeria plana?
d) Ao reagir com o etanol, o PABA forma a benzocaína e água, como descrito na primeira reação. Identifique, circulando nos reagentes, quais átomos são responsáveis pela formação de água nos produtos. Qual é o nome da reação ocorrida entre o PABA e o etanol?

10. (FUVEST – SP) Na produção de biodiesel, o glicerol é formado como subproduto. O aproveitamento do glicerol vem sendo estudado, visando à obtenção de outras substâncias. O 1,3-propanodiol, empregado na síntese de certos polímeros, é uma dessas substâncias que pode ser obtida a partir do glicerol. O esquema a seguir ilustra o processo de obtenção do 1,3-propanodiol.

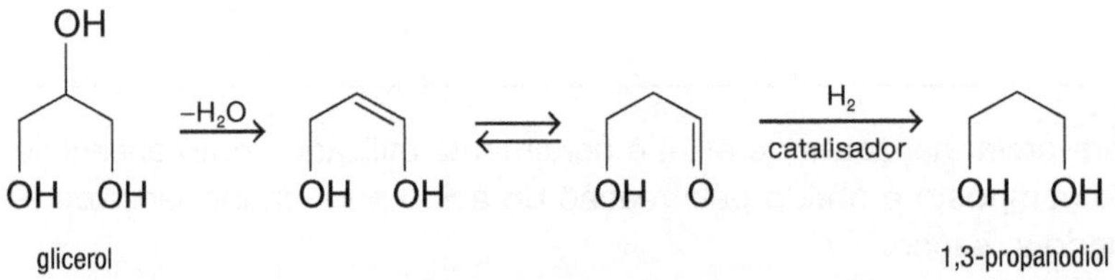
OH
–H2O
H2
catalisador
OH OH
OH OH
OH O
OH OH
glicerol
1,3-propanodiol

a) Na produção do 1,3-propanodiol a partir do glicerol também pode ocorrer a formação do 1,2-propanodiol. Complete o esquema que representa a formação do 1,2-propanodiol a partir do glicerol.

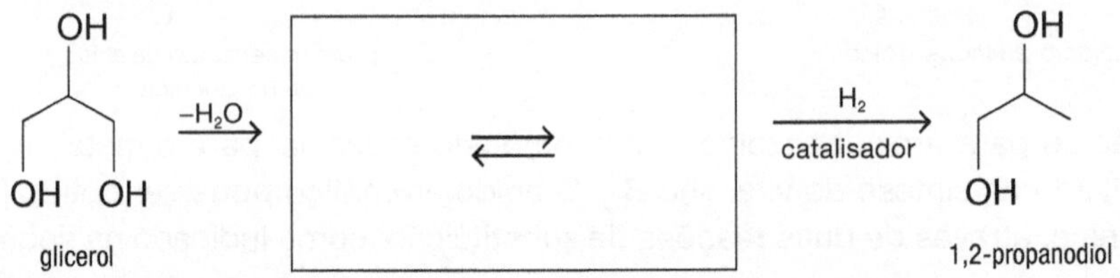
OH
–H2O
H2
catalisador
OH
OH OH
OH
glicerol
1,2-propanodiol

b) O glicerol é líquido à temperatura ambiente, apresentando ponto de ebulição de 290 °C a 1 atm. O ponto de ebulição do 1,3-propanodiol deve ser maior, menor ou igual ao do glicerol? Justifique.

Polímeros

11 CAPÍTULO

Você já sabe que as enzimas, que aceleram as reações metabólicas do nosso organismo, os nossos hormônios, os anticorpos que nos protegem contra microrganismos patogênicos, são proteínas, macromoléculas formadas por vários aminoácidos condensados. Agora, você sabia que as proteínas são polímeros? Isso mesmo! Os polímeros não são estruturas apenas sintéticas! Temos também os polímeros naturais, como as proteínas, a celulose e a borracha natural.

> **ATENÇÃO!**
> A celulose é um polímero natural de fórmula molecular $(C_6H_{10}O_5)_n$. Já o polímero borracha tem fórmula molecular $(C_5H_8)_n$.

Assim, em resumo, **polímeros** são compostos naturais ou sintéticos de alta massa molecular, isto é, são **macromoléculas**, cuja unidade que se repete é conhecida por **monômero**. O processo de união dos monômeros para formação dos polímeros é conhecido como **reação de polimerização** e será estudado neste capítulo, com foco principalmente nos polímeros sintéticos.

ERENA WILSON/SHUTTERSTOCK

Os tecidos de seda natural são fabricados a partir dos fios de proteína dos casulos (brancos ou amarelos) da mariposa *Bombyx mori*, muito frequente em locais onde haja amoreiras.

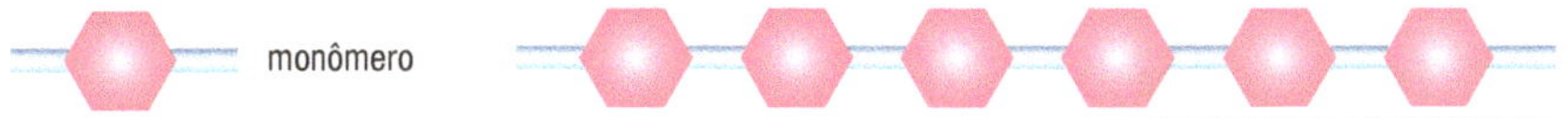

monômero
polímero

SANSANORTH/SHUTTERSTOCK

THAISIGN/SHUTTERSTOCK

ALEXANDER TOLSTYKH/SHUTTERSTOCK

METAMORWORKS/SHUTTERSTOCK

Pigmentos para tintas, fios plásticos e placas de acrílico utilizadas para proteção individual são alguns dos inúmeros polímeros sintéticos à disposição no mercado.

11.1 Reação de Polimerização

Os químicos começaram a fabricar os **polímeros sintéticos**, que atualmente são extensamente usados na forma de **plásticos** (folhas, chapas, brinquedos, tubos para encanamentos etc.), de **fibras para tecidos** (náilon, poliéster etc.) e de **borrachas sintéticas**, por meio de reações de polimerização.

Reação de polimerização é a reação em que se forma um polímero, sendo o reagente chamado de **monômero** e o produto final recebe o nome de **polímero**. Por exemplo,

$$n\,CH_2=CH_2 \xrightarrow[\text{catalisador}]{\text{P. T.}} -\!\!\left(CH_2-CH_2\right)\!\!-_n$$

etileno (monômero) — polietileno (polímero)

> **ATENÇÃO!**
>
> Para que a reação de polimerização ocorra, é necessária a presença de uma substância chamada **iniciador**.

Nas reações de polimerização, o valor de *n* vai depender das condições em que são feitas as reações, como o valor da temperatura e da pressão, o tipo de catalisador utilizado e até mesmo o tempo de reação.

Os polímeros podem ser formados por meio de reações de adição ou reações de condensação e são chamados, respectivamente, por **polímeros de adição** e **polímeros de condensação**.

11.2 Polímeros de Adição

Esse tipo de polímero é formado, como o próprio nome indica, pela adição de sucessivos monômeros. Nesse tipo de polímero, os monômeros apresentam ligação dupla ou tripla entre os carbonos. Durante a polimerização, ocorre ruptura da ligação π e formação de duas novas ligações σ entre os monômeros, conforme esquematizado a seguir:

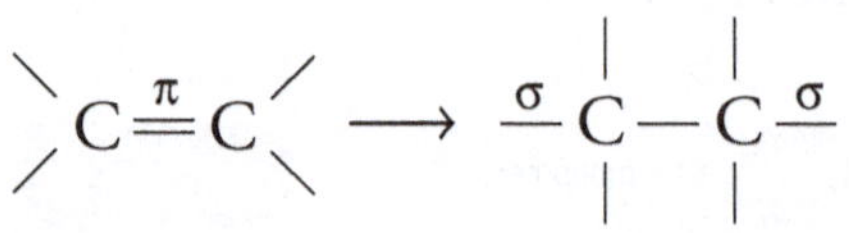

Na polimerização por adição, todos os átomos das moléculas do monômero estão presentes na macromolécula do polímero, de modo que a massa molecular do polímero é um múltiplo da massa molecular do monômero.

Quando o polímero é formado por um único tipo de monômero, temos os chamados **homopolímeros**; porém também podemos ter mais de um tipo de monômero, caso em que temos os chamados **copolímeros**.

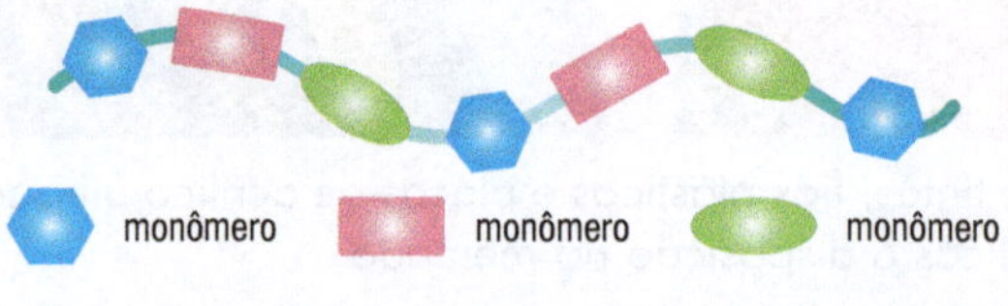
monômero
monômero
monômero

SANSANORTH/SHUTTERSTOCK

Principais polímeros de adição sintéticos e suas aplicações.

FÓRMULA DO MONÔMERO	NOME COMUM DO MONÔMERO	NOME DO POLÍMERO (NOME COMERCIAL)	USOS
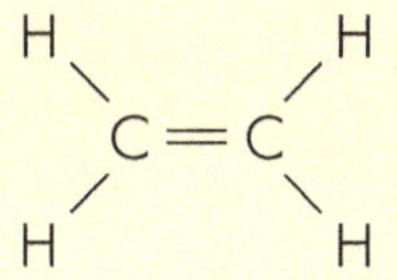	etileno	polietileno (politeno) (PE)	garrafas flexíveis, sacos, películas, brinquedos e objetos moldados, isolamento elétrico
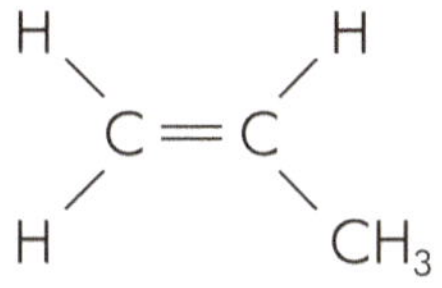	propileno	polipropileno (Vectra, Herculon) (PP)	garrafas, películas, tapetes internos e externos
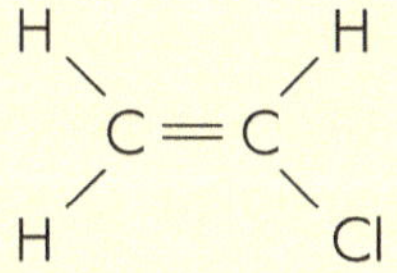	cloreto de vinila	poli(cloreto de vinila) (PVC)	pisos de assoalhos, capas de chuva, tubos hidráulicos
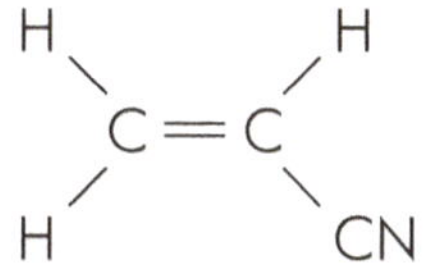	acrilonitrila	poli(acrilonitrila) (Orlon, Acrilan) (PAN)	tapetes, tecidos
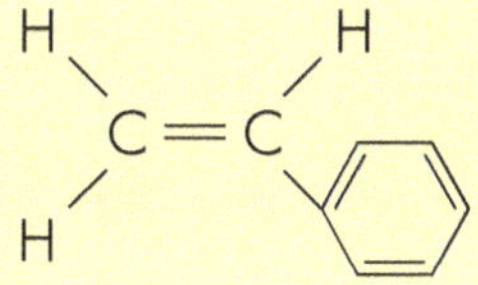	estireno	poliestireno (PS)	resfriadores de alimentos e bebidas, isolamento térmico de edificações
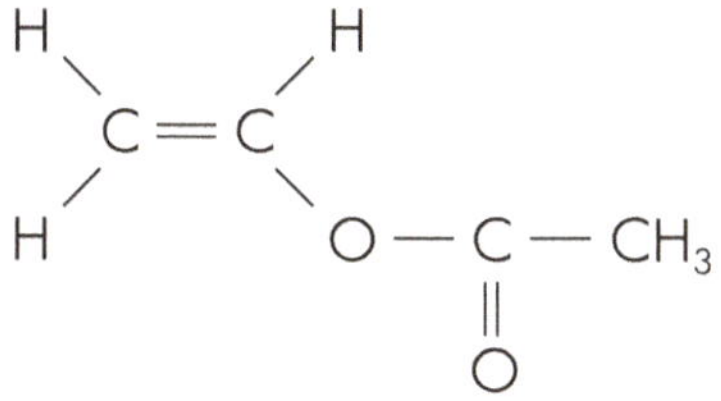	acetato de vinila	poli(acetato de vinila) (PVA)	tintas de látex, adesivos, revestimentos têxteis
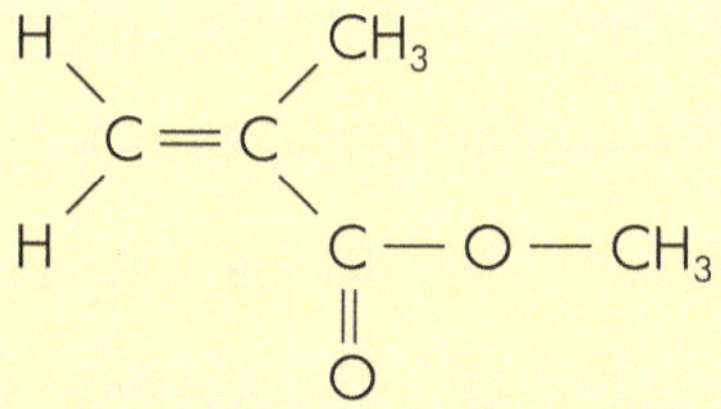	metacrilato de metila ou metila-crilato de metila	poli(metacrilato de metila) (Plexiglas, Lucite)	objetos de alta transparência, tintas látex, lentes de contato
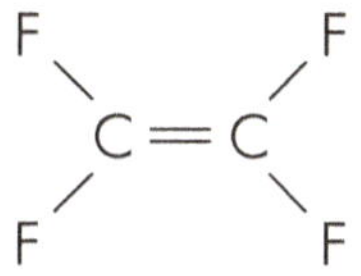	tetrafluoroetileno	politetrafluoroetileno (Teflon) (PTFE)	gaxetas, isolamento, mancais, revestimento de frigideiras

Veja, a seguir, algumas informações dos principais polímeros de adição utilizados no nosso cotidiano.

- **Polietileno (PE)** – esse polímero é obtido a partir de sucessivas adições de eteno ou etileno:

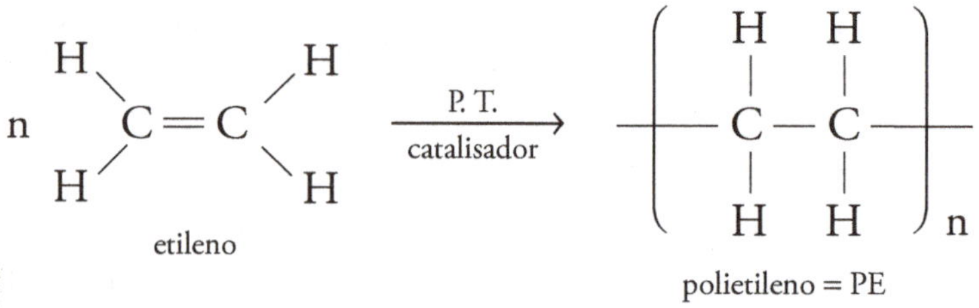
n
P. T.
catalisador
etileno
polietileno = PE

AFRICA STUDIO/SHUTTERSTOCK

e pode se apresentar como polietileno de alta densidade ou de baixa densidade.

- **Polietileno de alta densidade (PEAD)** – formado por cadeias normais que facilitam as interações intermoleculares, produzindo um plástico mais denso e mais rígido do que o polietileno de baixa densidade. Em virtude de suas características é usado na fabricação de copos, canecas, brinquedos etc.

$$-CH_2-CH_2-CH_2-CH_2-CH_2-CH_2-CH_2-$$

YAVDAT/SHUTTERSTOCK

- **Polietileno de baixa densidade (PEBD)** – formado por cadeias ramificadas que dificultam as interações intermoleculares, produzindo um plástico mais flexível que é usado na produção de sacolas, de filmes para embalagens etc.

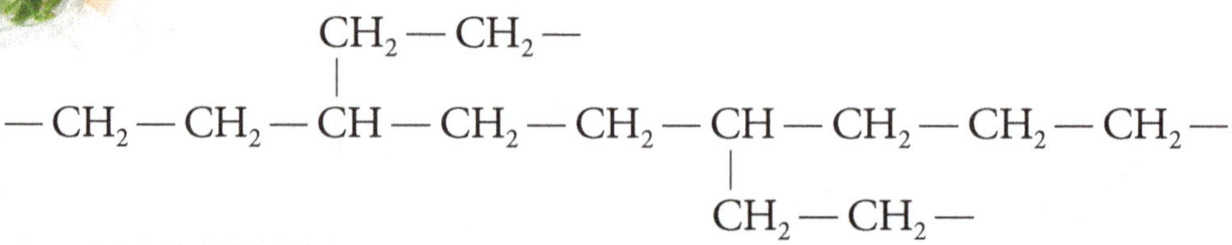

- **Polipropileno (PP)** – esse polímero é obtido a partir de sucessivas adições do propeno ou propileno:

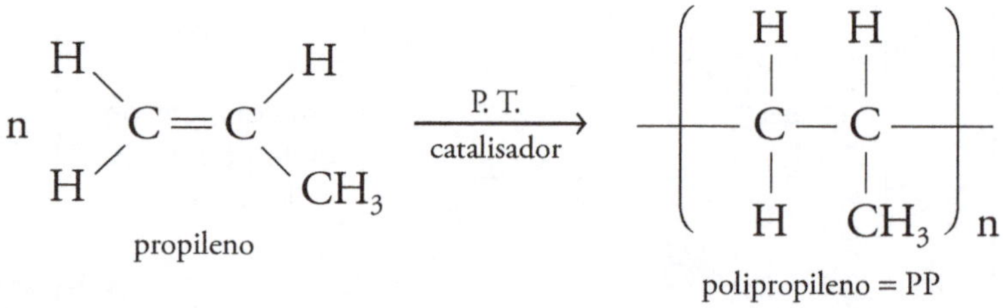
n
P. T.
catalisador
propileno
polipropileno = PP

GLOVERK/SHUTTERSTOCK

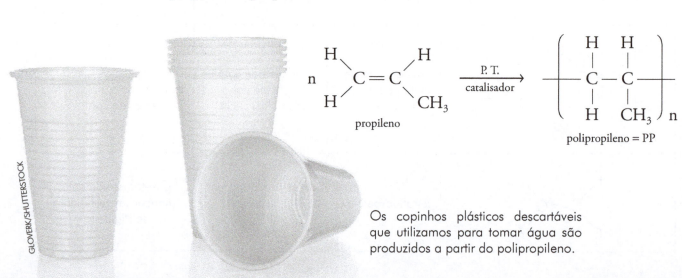

Os copinhos plásticos descartáveis que utilizamos para tomar água são produzidos a partir do polipropileno.

- **Poli(cloreto de vinila) (PVC)** – esse polímero é obtido a partir de sucessivas adições do cloroeteno ou cloreto de vinila:

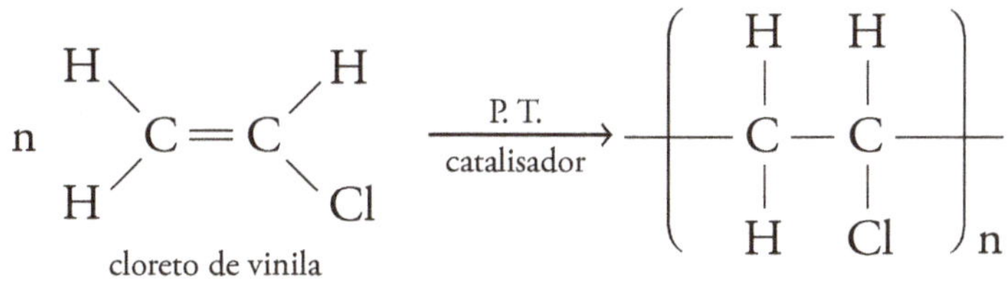

P. T.
catalisador

cloreto de vinila

poli(cloreto de vinila) = PVC

PALATINATE STOCK/SHUTTERSTOCK

KOOSEN/SHUTTERSTOCK

Pisos, tubulações, toalhas de mesa ou mesmo cortinas para banheiro podem ser fabricadas com PVC.

- **Teflon ou politetrafluoroetileno (PTFE)** – esse polímero é obtido a partir de sucessivas adições do tetrafluoroeteno ou tetrafluoroetileno:

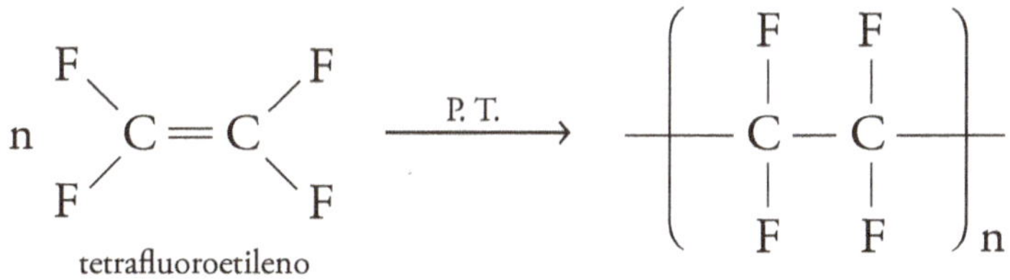

P. T.

tetrafluoroetileno

teflon = PTFE

IURII STEPANOV/SHUTTERSTOCK

ALEKSANDR TANNAGASHEV/SHUTTERSTOCK

Teflon é comumente utilizado como revestimento antiaderente de frigideiras e panelas e na fabricação de fitas de vedação.

- **Poliestireno (PS)** – esse polímero é obtido a partir de sucessivas adições do vinilbenzeno ou estireno:

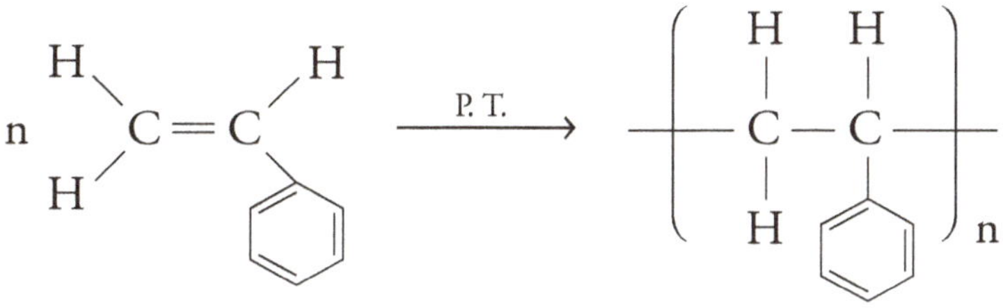

P. T.

estireno

poliestireno = PS

ARI N/SHUTTERSTOCK

A presença de grande quantidade de bolhas de ar no interior do isopor diminui a condutividade térmica e elétrica desse material, motivo pelo qual é utilizado tanto para produção de embalagens e copos, quanto como isolante térmico e elétrico.

Se a preparação do PS for feita juntamente com uma substância volátil, por exemplo, o pentano (PE = 36 °C), obtém-se uma espuma fofa devido à expansão do vapor de pentano que deixa muitas bolhas no interior do polímero. Obtém-se, assim, o poliestireno expandido, conhecido como **isopor**.

- **Poliacrilonitrila (PAN)** – esse polímero é obtido a partir de sucessivas adições do cianeto de vinila ou acrilonitrila:

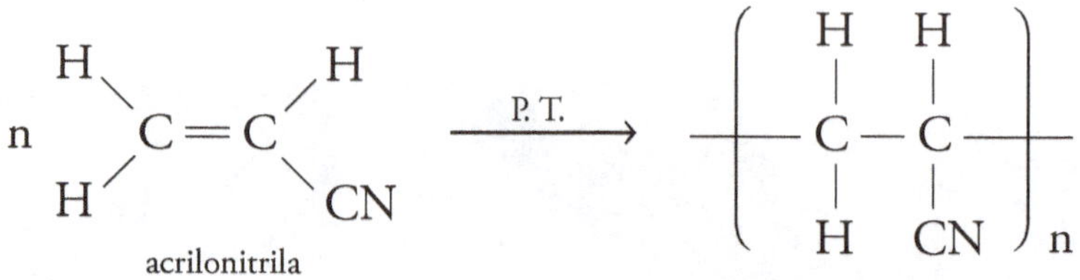
P. T.
acrilonitrila

poliacrilonitrila = PAN

NDANKO/SHUTTERSTOCK

HANIF66/SHUTTERSTOCK

Fibra acrílica têxtil de orlon, utilizada para trabalhos de tricô e fabricação de peças de lã sintética, também é utilizada como recheio de animais de pelúcia.

- **Poliacetileno** – esse polímero é obtido a partir de sucessivas adições do etino ou acetileno:

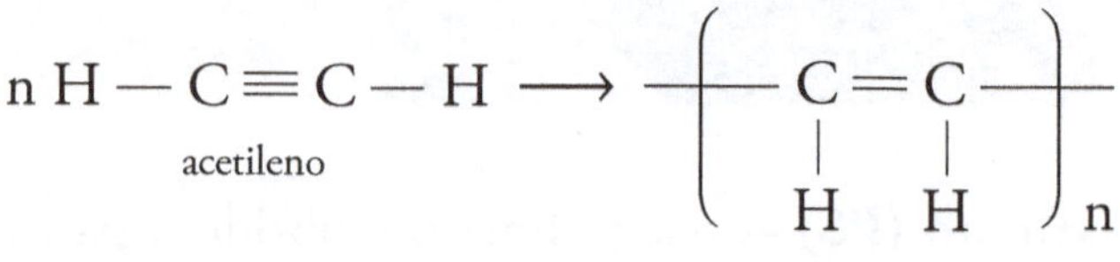
acetileno

poliacetileno

Em 1976, o poliacetileno foi o primeiro polímero produzido capaz de conduzir corrente elétrica. A condição para um polímero ser condutor de corrente elétrica é ter ligações duplas conjugadas, isto é, ligações duplas alternadas com ligações simples.

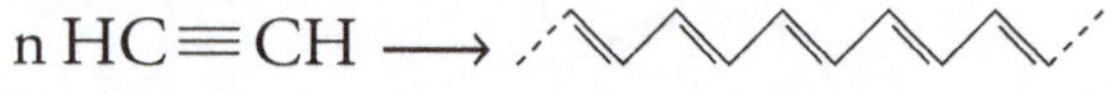
acetileno

poliacetileno

Essa conjugação permite com que seja criado um fluxo de elétrons, pois os elétrons das ligações π podem ser adicionados ou removidos para formar íons poliméricos, por meio da adição ao polímero de agentes de transferência de carga (doadores ou receptores de elétrons). Se, por exemplo, for adicionado um agente que remova um elétron da cadeia (como o iodo), haverá a formação de um cátion, que provocará a redistribuição dos elétrons π, polarizando a cadeia polimérica localmente, o que gera um campo elétrico que faz com que os elétrons das ligações duplas restantes se desloquem, o que explica a condutividade elétrica desse material.

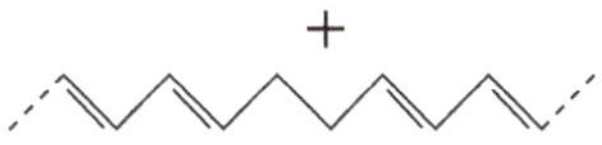
+

FIQUE POR DENTRO!

Borrachas natural e sintética

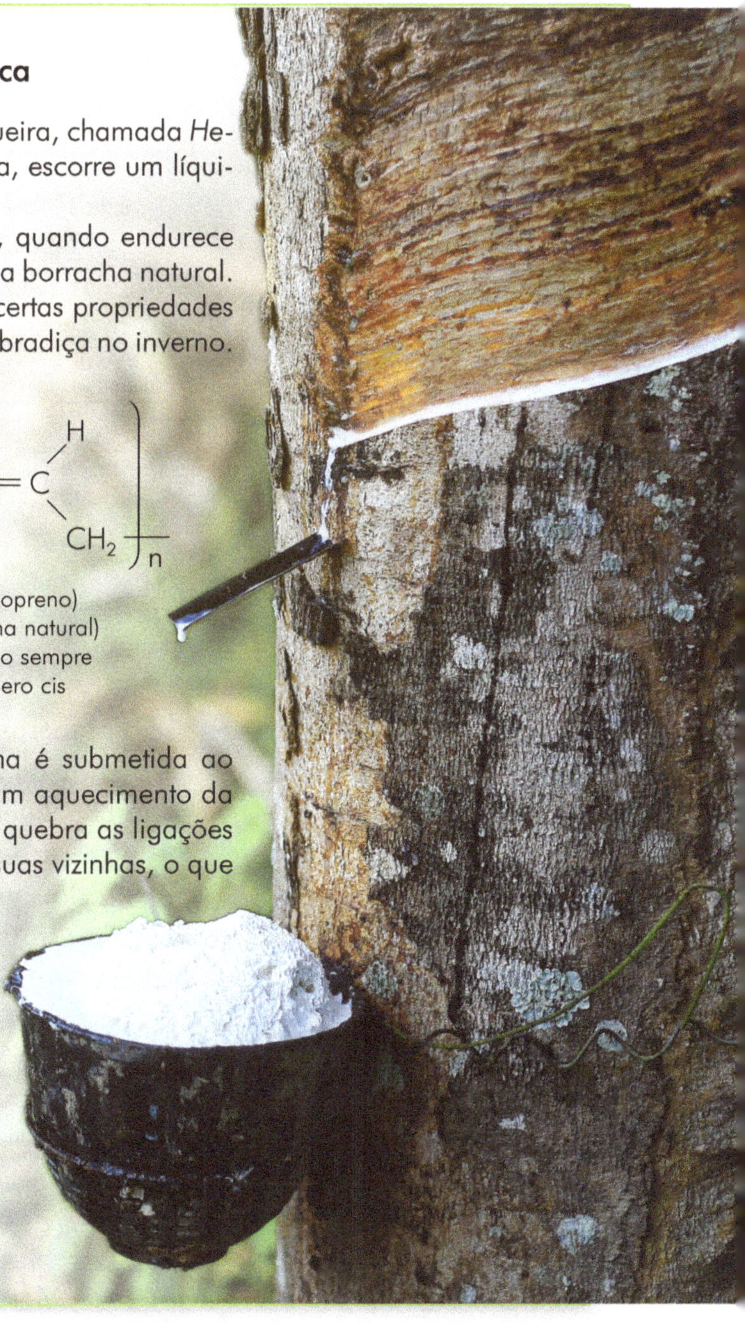

A borracha natural é proveniente da seringueira, chamada *Hevea brasiliensis*. Ao fazer o corte na seringueira, escorre um líquido branco, chamado látex.

O isopreno é o componente do látex que, quando endurece por ação do calor, é polimerizado, produzindo a borracha natural.

No entanto, a borracha natural apresenta certas propriedades indesejáveis: é pegajosa no verão e dura e quebradiça no inverno.

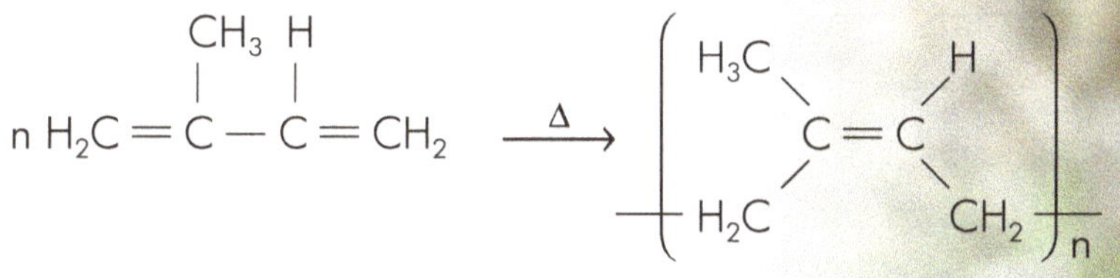
CH3 H
n H2C = C — C = CH2
Δ
H3C
H
C = C
H2C
CH2
n

2-metibuta-1,3-dieno
isopreno

poli(isopreno)
(borracha natural)
isopreno sempre
isômero cis

Para melhorar suas qualidades, a borracha é submetida ao processo de **vulcanização**, que consiste em um aquecimento da borracha com 5% a 8% de enxofre. O enxofre quebra as ligações duplas e liga a molécula do poli(isopreno) às suas vizinhas, o que torna o conjunto mais resistente.

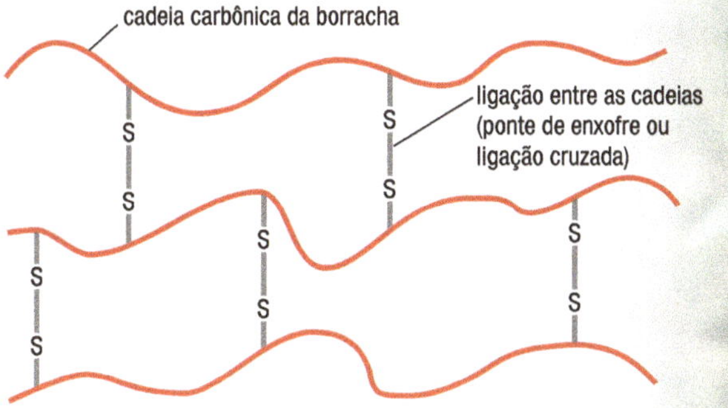
cadeia carbônica da borracha
ligação entre as cadeias
(ponte de enxofre ou
ligação cruzada)
S
S
S
S
S
S
S
S
S
S

ANA OLÍVIA JUSTO/acervo da editora

EVERYONEPHOTO STUDIO/SHUTTERSTOCK

Pneus são produzidos a partir de borracha vulcanizada, um polímero de alta resistência e elasticidade. A coloração preta é decorrente da adição de negro de fumo (carbono finamente pulverizado) para aumentar a resistência mecânica da borracha.

As cadeias de enxofre ajudam a alinhar as cadeias poliméricas e o material não sofre modificação permanente ao ser esticado, mas retorna elasticamente à forma e tamanho iniciais quando se remove a tensão. Polímeros que possuem alta elasticidade são conhecidos como **elastômeros**.

Atualmente, também são produzidas borrachas sintéticas, que consistem em **copolímeros de adição**, isto é, são formadas a partir da polimerização (por adição) de mais de um tipo de monômero.

Um exemplo é a buna-S, formada a partir de dois monômeros: o primeiro é buta-1,3-dieno, da onde vem o prefixo "bu" do nome. O segundo é estireno, que em inglês se chama *styrene*, da onde vem o "S" do final do nome. Já o "na" vem do fato de se utilizar sódio (Na) como catalisador nessa reação de polimerização, como representado a seguir:

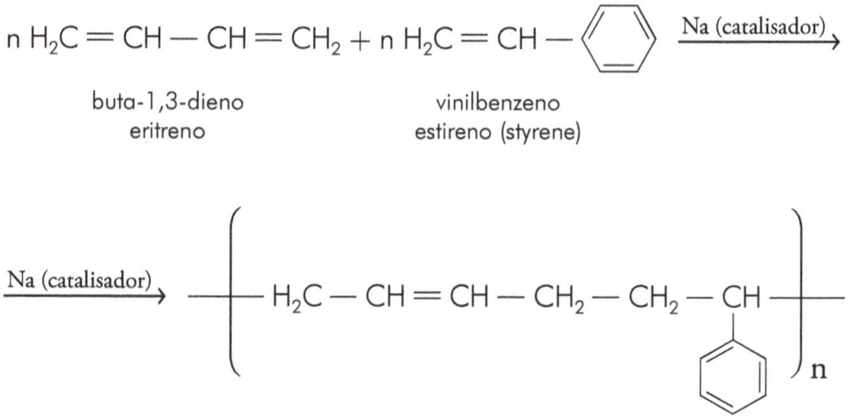
Na (catalisador)
buta-1,3-dieno
eritreno
vinilbenzeno
estireno (styrene)
Na (catalisador)
n

BUNA-S (borracha sintética)

THE WAY WE WERE PHOTOS/SHUTTERSTOCK

As borrachas sintéticas, quando comparadas às naturais, são mais resistentes às variações de temperatura e ao ataque de produtos químicos, sendo utilizadas para a produção de mangueiras, correias e artigos para vedação, por exemplo.

11.3 Polímeros de Condensação

Polímeros de condensação são obtidos quando ocorre a reação entre os grupos funcionais dos monômeros com liberação de uma pequena molécula, geralmente de água.

Para a polimerização prosseguir, cada monômero precisa possuir dois grupos funcionais, por exemplo, diálcool, diácido, diamina etc. Os principais polímeros de condensação são os **poliésteres** e as **poliamidas**.

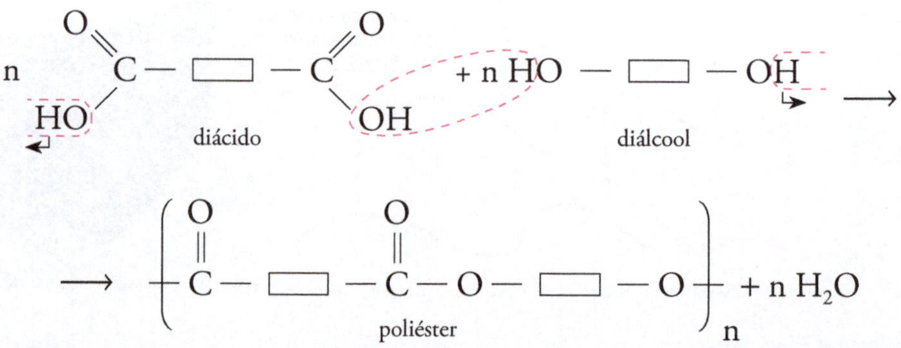
diácido
diálcool
poliéster
+ n H2O

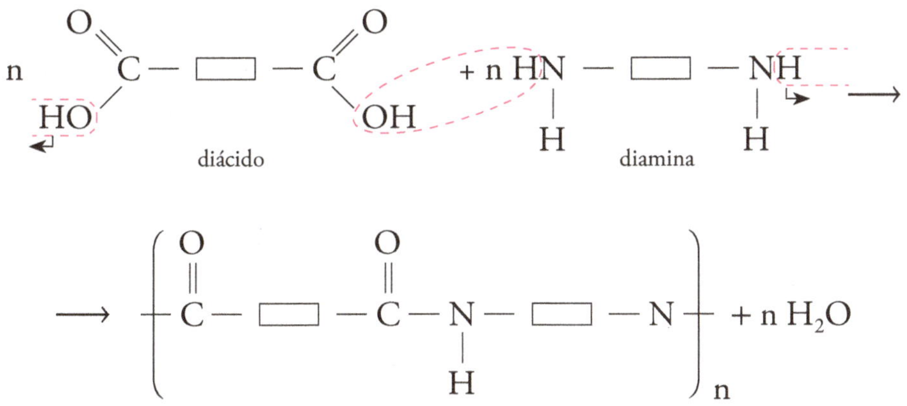

diácido diamina

poliamida

- **Poliésteres** – o poliéster mais utilizado é aquele obtido pela reação entre o ácido tereftálico (diácido) e o etilenoglicol (diálcool). Trata-se do poli(tereftalato de etila), conhecido como PET (derivado do seu nome em inglês: ***p****oly(****e****thylene****t****erephthalate)*).

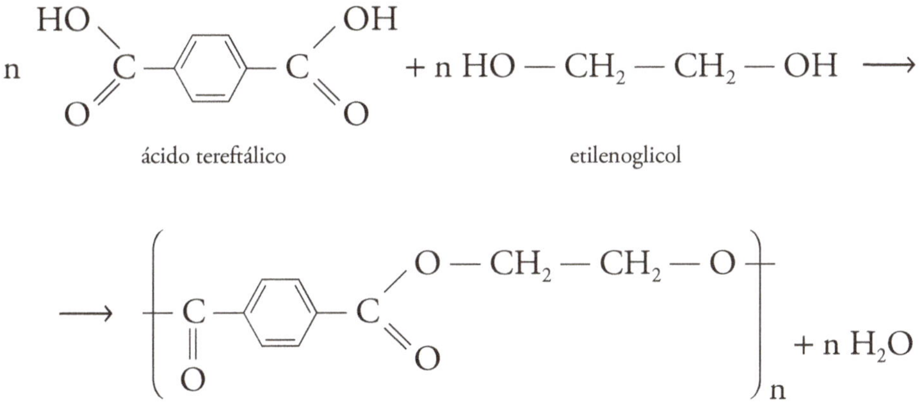

ácido tereftálico etilenoglicol

poli(tereftalato de etila)
poliéster

O PET tem uma ampla gama de aplicações, como garrafas para água e fibras para tecidos, por exemplo.

ROMAN RYBALEOV/SHUTTERSTOCK

- **Poliamidas** – a poliamida mais comum é o náilon-66, que é obtido da reação entre 1,6-diamino-hexano (diamina) e o ácido hexanodioico (diácido).

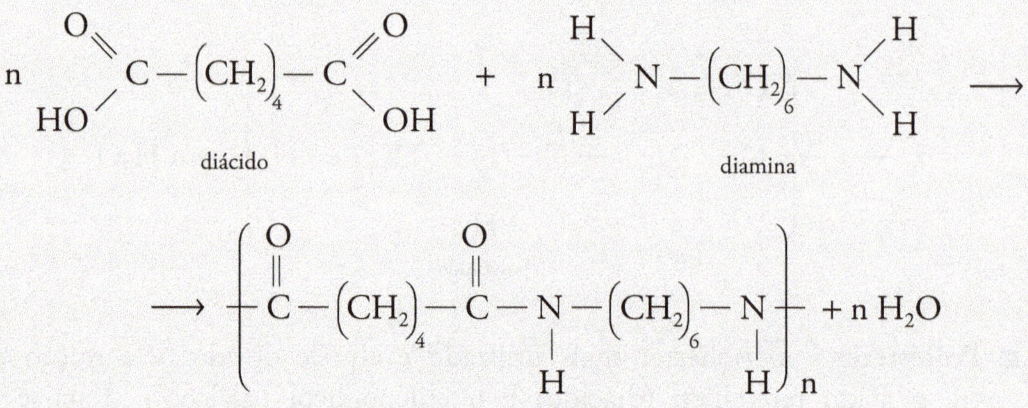
diácido
diamina

náilon-66 (poliamida)

Na nomenclatura do náilon-66, o primeiro 6 indica a quantidade de carbonos presente no diácido que deu origem a esse náilon e o segundo 6 indica a quantidade de carbonos presente na diamina.

O náilon é bastante resistente à tração, porque suas cadeias poliméricas interagem entre si por ligações de hidrogênio.

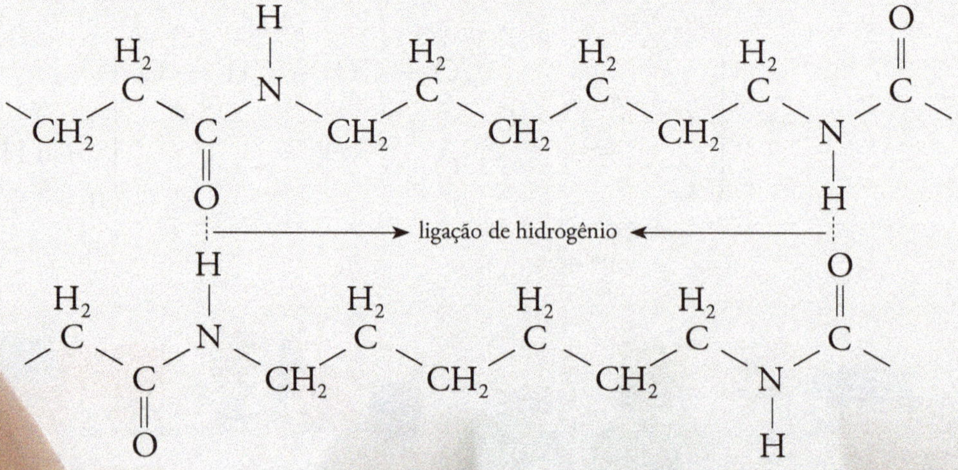
ligação de hidrogênio

O náilon foi a primeira fibra têxtil sintética produzida em 1935 pela DuPont e utilizada para confecção de meias-calças. Atualmente, ele é utilizado tanto para confecção de roupas quanto para produção de engrenagens, linhas de pescar, pulseiras de relógio, paraquedas e escovas de dentes.

NEW AFRICA/SHUTTERSTOCK

FIQUE POR DENTRO!

A segurança também utiliza poliamidas

Outro polímero de condensação importante é uma poliamida aromática, cuja reação de polimerização é representada por

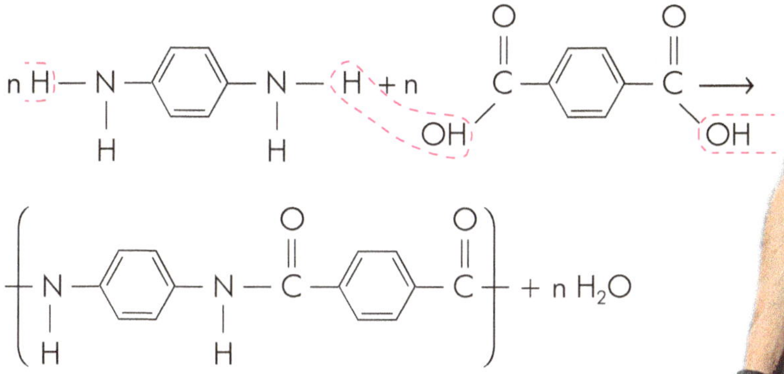

Kevlar®

As cadeias poliméricas do Kevlar® estão fortemente unidas por ligações de hidrogênio e interações dipolo instantâneo-dipolo induzido.

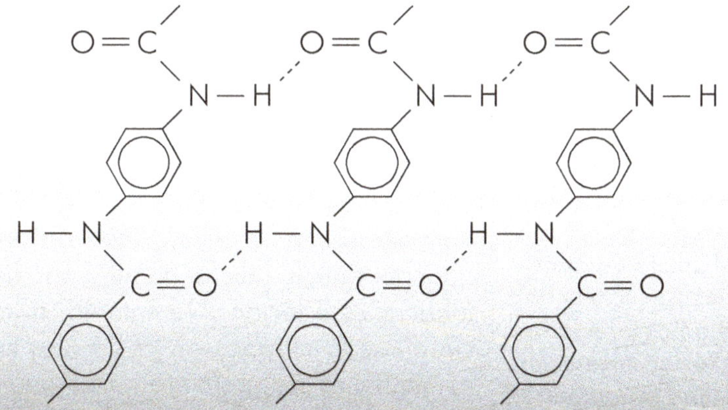

Kevlar® é um polímero que apresenta alta resistência mecânica e térmica, sendo por isso usado em coletes à prova de balas e em vestimentas de bombeiros.

JAN KRANENDONK/SHUTTERSTOCK

LIGANDO OS PONTOS!

A partir de um casulo

Estamos por volta do ano 2700 a.C. em Qianshanyang, na China, onde temos os primeiros vestígios de um tecido muito leve, delicado ao toque, que logo passou a ser muito procurado. Produzido a partir dos fios poliméricos de proteína dos casulos de uma mariposa comum, chamada *Bombyx mori*, esse tecido, conhecido como seda, passou a ser fabricado em larga escala apenas por volta de 2000 a.C., tendo se tornado um dos produtos chineses mais procurados.

Ciclo de vida
do bicho-da-seda
(Bombyx mori)
larva
(ou lagarta)
pupa
(ou crisálida)
animal adulto
ovos
PATRICIA CHUMILLAS/
SHUTTERSTOCK
RIC ISSELEE/SHUTTERSTOCK
NICOLA DAL ZOTTO/SHUTTERSTOCK
ERIC ISSELEE/
SHUTTERSTOCK
TETAT UTHAILERT/
SHUTTERSTOCK
PROTASOV AN/
SHUTTERSTOCK

Ciclo de vida da mariposa *Bombyx mori*, mais conhecida como bicho-da-seda. Do ovo desenvolve-se uma fase intermediária (de larva ou lagarta) que em nada se parece com o animal adulto. Após cerca de 25-27 dias, a lagarta começa a secretar fios de proteína (veja imagem lateral ao ciclo) e forma um verdadeiro casulo à sua volta (observe-o em corte). Nessa fase de pupa (que dura aproximadamente 14 dias), o animal sofre grandes transformações até emergir como uma mariposa adulta (2,5 cm de comprimento).

O trabalho de cuidar da alimentação das mariposas com folhas de amoreira era executado pelas mulheres, assim como cuidar da qualidade do tecido fabricado.

Símbolo de riqueza, a seda era considerada um presente valioso. Às vezes usada como moeda, com ela podiam ser pagos tributos aos imperadores chineses.

Esse tecido foi de tal forma procurado pelos mercadores, que as rotas que levavam a China ao que hoje chamamos Oriente Médio passaram a ser conhecidas como a Rota da Seda.

Mas a hegemonia da China no que respeita à arte de fabricação da seda durou até aproximadamente o ano 300 da era cristã, quando outros países dominaram a arte de fabricar esse tecido. No entanto, a importância da seda ultrapassou os simples limites da comercialização, pois promoveu que a China se relacionasse com outros impérios, como o Persa e o Romano, por exemplo.

ROTA DA SEDA

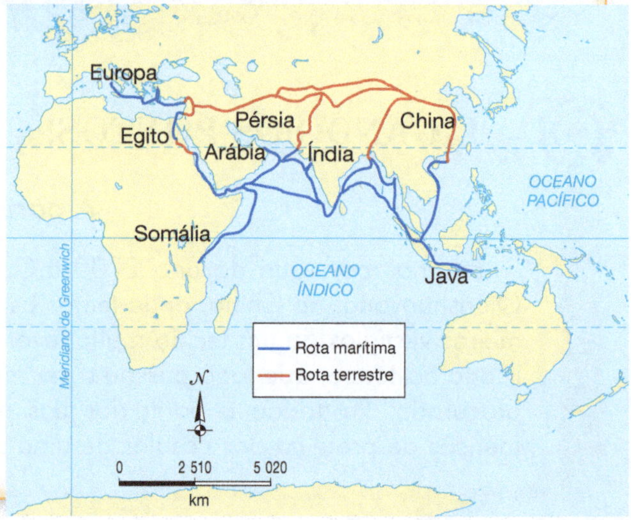
Europa
Pérsia
China
Egito
Arábia
Índia
OCEANO PACÍFICO
Somália
OCEANO ÍNDICO
Java
Meridiano de Greenwich
Rota marítima
Rota terrestre
N
0
2 510
5 020
km

- **Polifenóis** – a baquelite é um exemplo dessa classe de polímeros, pois resulta da condensação de moléculas de benzenol (fenol) e de metanal (formol), segundo a equação:

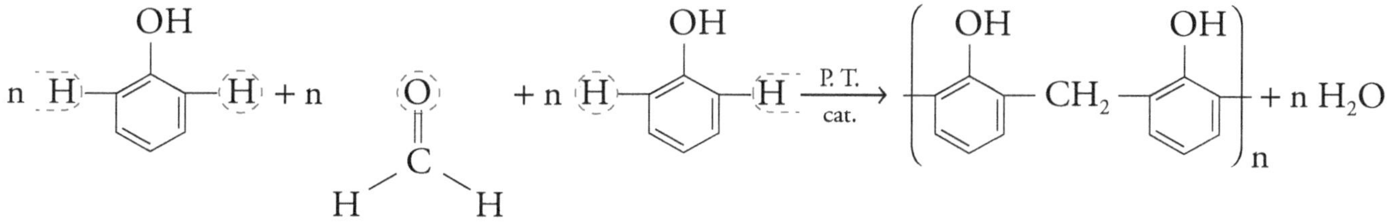
OH
n H
H + n
O
C
H
H
+ n H
OH
H
P. T.
cat.
OH
CH2
OH
n
+ n H2O

A baquelite é usada em materiais elétricos (tomadas e interruptores), cabos de panela, revestimentos de freios e fórmica.

O grupo OH é *orto-para*-dirigente, portanto a condensação também vai ocorrer na posição *para* e originar uma estrutura tridimensional.

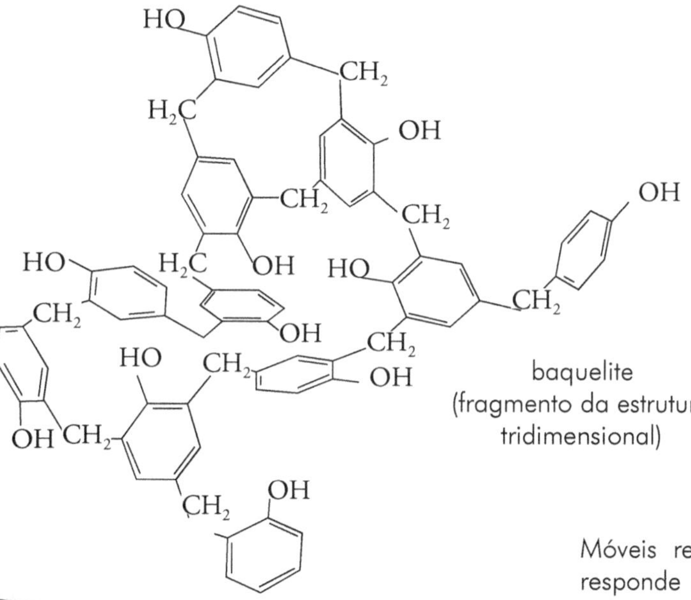
HO
CH2
H2C
OH
CH2
OH
CH2
HO
H2C
OH
HO
CH2
CH2
OH
CH2
HO
CH2
OH
OH
CH2
CH2
OH

baquelite
(fragmento da estrutura tridimensional)

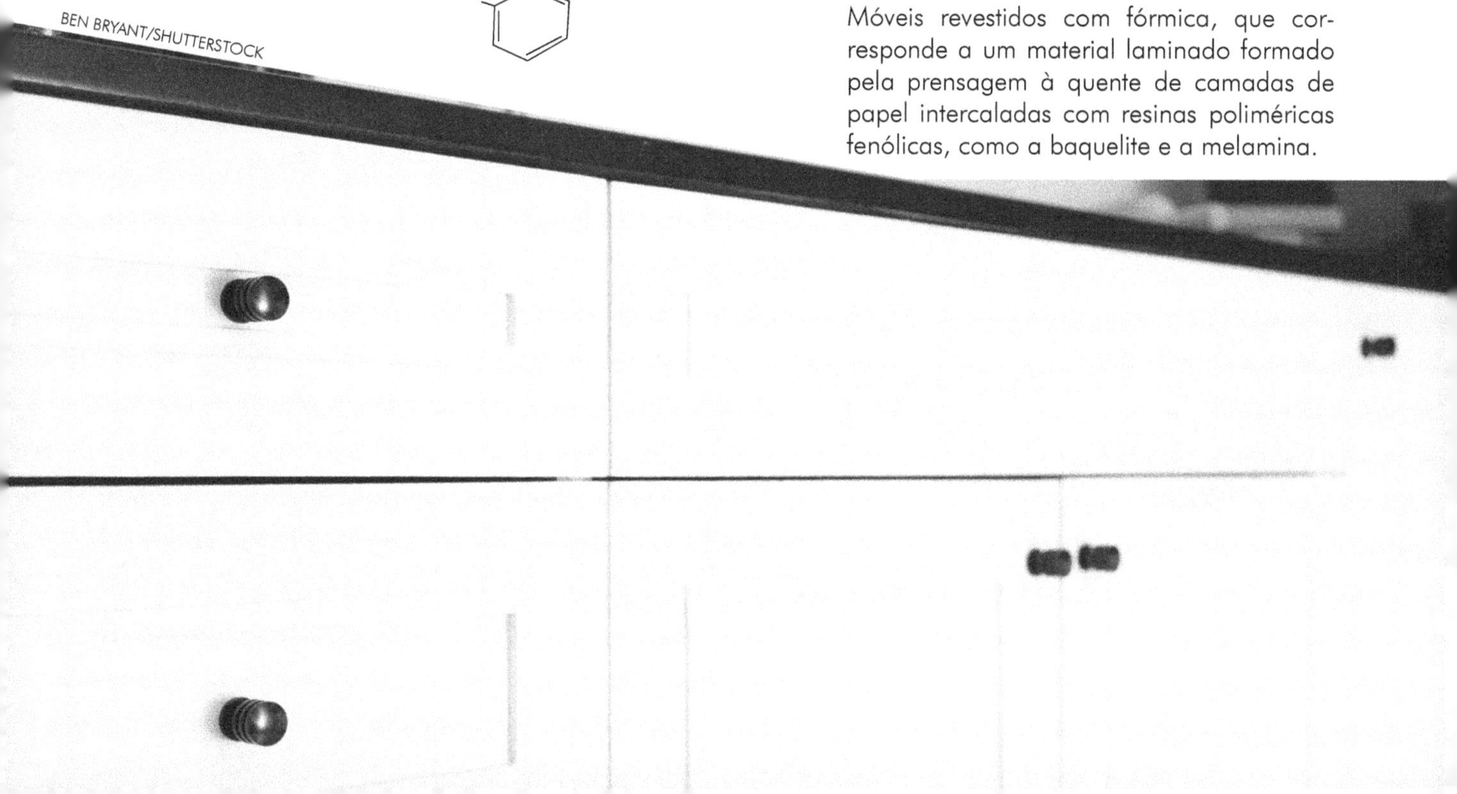
BEN BRYANT/SHUTTERSTOCK

Móveis revestidos com fórmica, que corresponde a um material laminado formado pela prensagem à quente de camadas de papel intercaladas com resinas poliméricas fenólicas, como a baquelite e a melamina.

FIQUE POR DENTRO!

Polímeros termoplásticos e termofixos

Não é apenas o tipo de reação de polimerização que interfere nas propriedades dos polímeros. O formato das cadeias poliméricas e tipo de interação que ocorre entre essas cadeias também altera, por exemplo, o efeito que o aquecimento tem sobre essas estruturas.

Nos **polímeros lineares**, as macromoléculas são formadas de cadeias abertas (normais ou ramificadas) de átomos. Nesse caso, o polímero forma **fios** (que lembram o formato de um macarrão espaguete) que se mantêm isolados uns dos outros. A interação entre essas cadeias isoladas se dá apenas por meio de forças intermoleculares, como dipolo instantâneo-dipolo induzido ou até mesmo ligações de hidrogênio.

Esses polímeros lineares são classificados como **termoplásticos**, isto é, uma vez aquecidos, antes de decomporem, eles amolecem, podendo ser remoldados. Se a temperatura alcançada for suficiente apenas para amolecer o polímero, esse material, ao ser resfriado, endurece novamente, sem perder suas propriedades, uma vez que, nesse aquecimento, temos o rompimento apenas das forças intermoleculares, porém as ligações covalentes que formam a cadeia polimérica não são afetadas. Um exemplo de polímero linear é o polietileno.

BORISOVSTUDIO/SHUTTERSTOCK

Polietileno para fabricação de sacolas plásticas.

CYNTHIA SHIRK/ SHUTTERSTOCK

Pulseiras de baquelite, um polímero tridimensional.

Já os **polímeros tridimensionais** são constituídos por macromoléculas que estabelecem ligações covalentes em todas as direções no espaço, formando uma estrutura tridimensional.

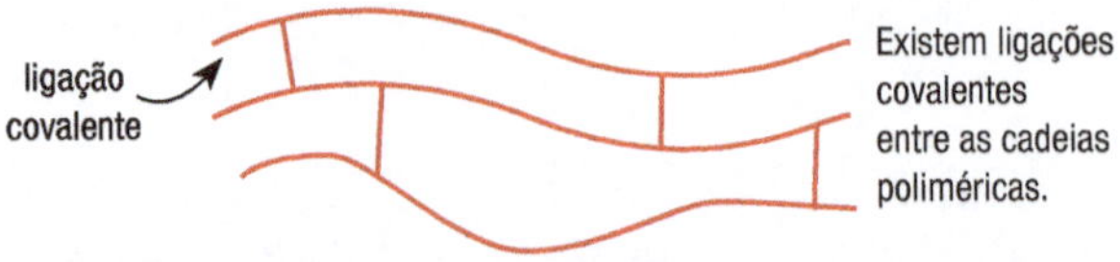
ligação covalente
Existem ligações covalentes entre as cadeias poliméricas.

Esses polímeros tridimensionais são classificados como **termofixos** (ou **termorrígidos**), isto é, uma vez preparados, eles não podem ser amolecidos pelo calor e remoldados. O aquecimento dos polímeros termofixos provocará a decomposição da estrutura (rompimento das ligações covalentes), sem haver o amolecimento prévio que ocorre nos polímeros termoplásticos.

SÉRIE BRONZE

1. Sobre os processos de polimerização, complete o diagrama a seguir com as informações corretas.

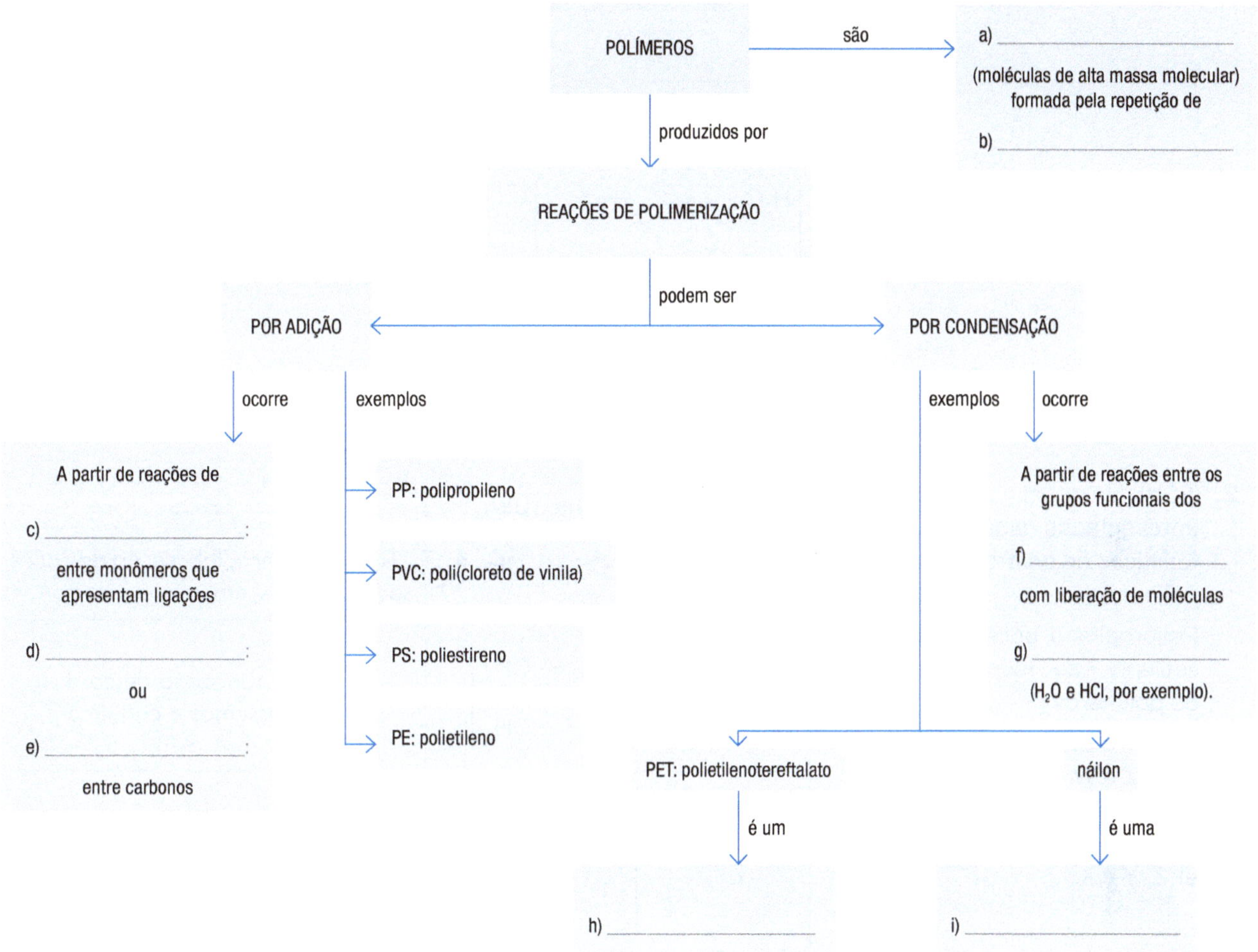
POLÍMEROS
são
a) ______
(moléculas de alta massa molecular) formada pela repetição de
b) ______
produzidos por
REAÇÕES DE POLIMERIZAÇÃO
podem ser
POR ADIÇÃO
POR CONDENSAÇÃO
ocorre
exemplos
A partir de reações de
c) ______:
entre monômeros que apresentam ligações
d) ______:
ou
e) ______:
entre carbonos
PP: polipropileno
PVC: poli(cloreto de vinila)
PS: poliestireno
PE: polietileno
exemplos
ocorre
A partir de reações entre os grupos funcionais dos
f) ______
com liberação de moléculas
g) ______
(H2O e HCl, por exemplo).
PET: polietilenotereftalato
é um
h) ______
náilon
é uma
i) ______

SÉRIE PRATA

1. Dê o nome do monômero e do polímero.

a) 
P. T.
catalisador

______ ______

c) 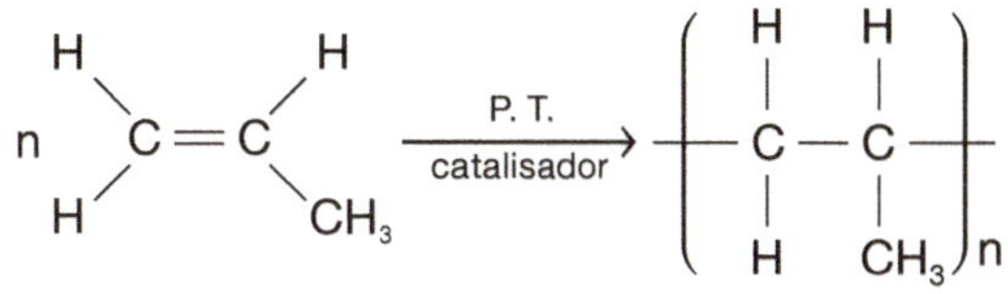
P. T.
catalisador

______ ______

b) 
P. T.
catalisador

______ ______

d) 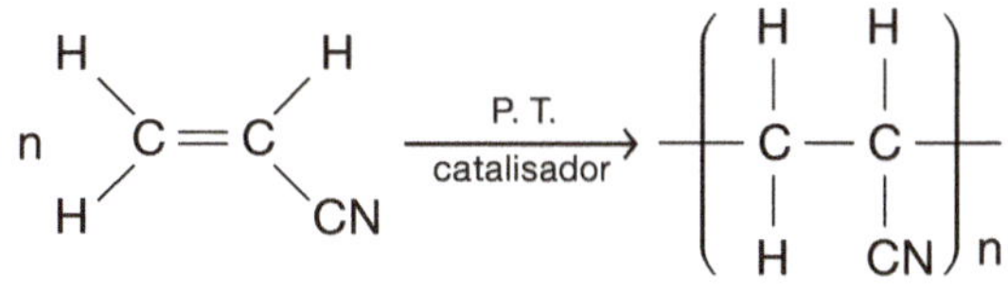
P. T.
catalisador

______ ______

e) 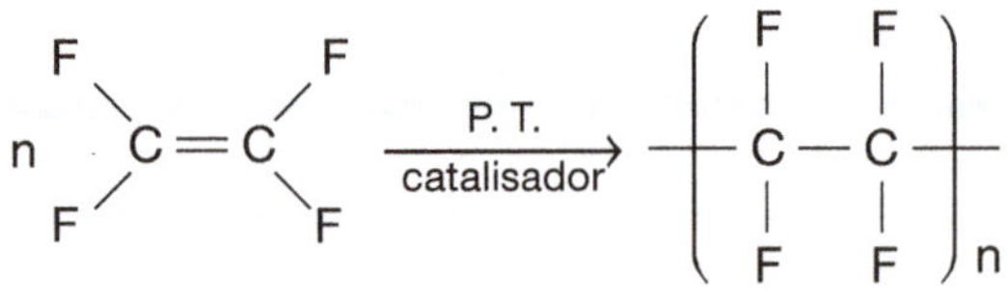

f) 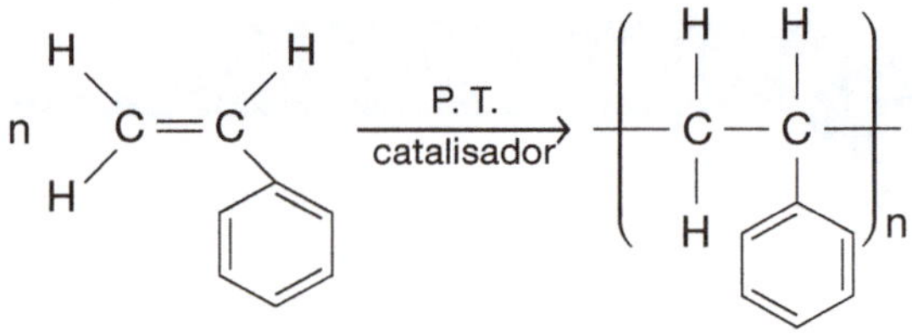

______________ ______________ ______________ ______________

g) 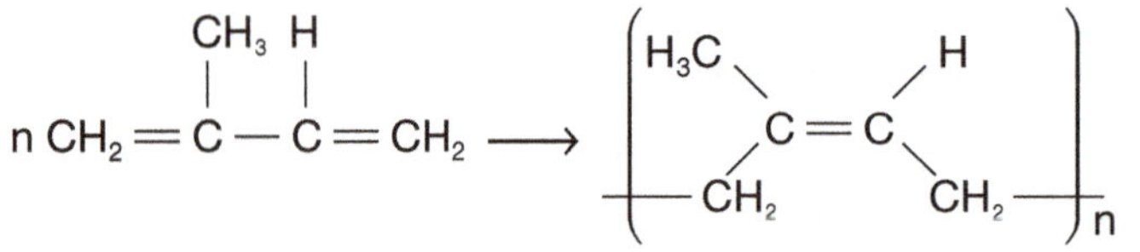

______________ ______________

2. (FGV) Na tabela ao lado, são apresentadas algumas características de quatro importantes polímeros.

Polipropileno, poliestireno e polietileno são respectivamente, os polímeros

a) X, Y e Z.
b) X, Z e W.
c) Y, W e Z.
d) Y, Z e X.
e) Z, Y e X.

POLÍMERO	ESTRUTURA	USOS
X	$-\!\!(CH_2-CH_2)\!\!-_n$	Isolante elétrico, fabricação de copos, sacos plásticos, embalagens de garrafas.
Y	$[-CH_2-CH(CH_3)-]_n$	Fibras, fabricação de cordas e de assentos e cadeiras.
Z	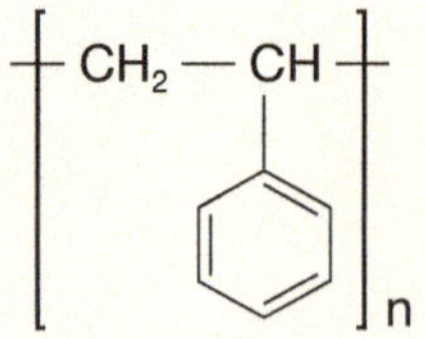	Embalagens descartáveis de alimentos, fabricação de pratos, matéria-prima para fabricação do isopor.
W	$[-CH_2-CH(Cl)-]_n$	Acessórios de tubulações, filmes para embalagens.

3. (FATEC - SP) Em 1859, surgiram experimentos para a construção de uma bateria para acumular energia elétrica, as baterias de chumbo, que, passando por melhorias ao longo dos tempos, se tornaram um grande sucesso comercial especialmente na indústria de automóveis.

Essas baterias são construídas com ácido sulfúrico e amálgamas de chumbo e de óxido de chumbo IV, em caixas confeccionadas com o polímero polipropileno.

Disponível em: <http://tinyurl.com/n6byxmf>.
Acesso em: 10 abr. 2015. Adaptado.

O monômero usado na produção desse polímero é o

a) etino.
b) eteno.
c) etano.
d) propeno.
e) propano.

4. (FGV) Um polímero empregado no revestimento de reatores na indústria de alimentos é o politetrafluoreteno. Sua fabricação é feita por um processo análogo ao da formação do poliestireno e PVC.

O politetrafluoreteno é formado por reação de_____ e a fórmula mínima de seu monômero é ____.

Assinale a alternativa que preenche, correta e respectivamente, as lacunas.

a) adição ... CF_2
b) adição ... CHF
c) condensação ... CF_2
d) condensação ... C_2HF
e) condensação ... CHF

5. (PUC – PR) A borracha natural é um polímero do:

a) eritreno.
b) isopreno.
c) cloropreno.
d) cloreto de vinila.
e) acetato de vinila.

6. (FUND. CARLOS CHAGAS) a vulcanização da borracha baseia-se na reação do látex natural com quantidades controladas de:

a) chumbo
b) enxofre
c) ozônio
d) magnésio
e) parafina

---

7. (UFPI) Se a humanidade já passou pela "idade da pedra", "idade do bronze" e "idade do ferro", a nossa era poderia ser classificada como "idade do plástico", isto em virtude do uso dos polímeros sintéticos como: PVC, náilon, PVA, lucite etc. Dadas abaixo as estruturas parciais do teflon (1), do terylene (2) e náilon-66 (3), pode-se afirmar que:

1. 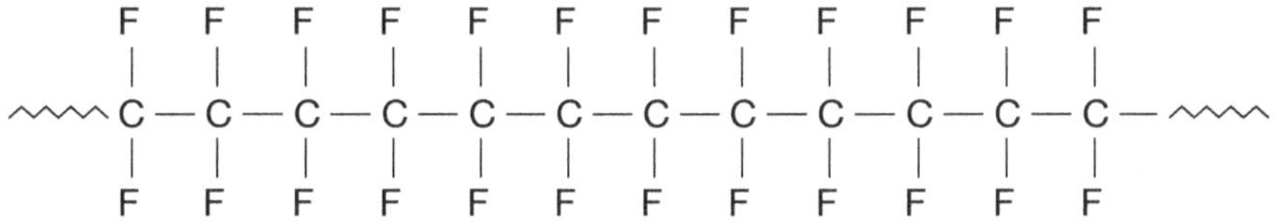 teflon

2. 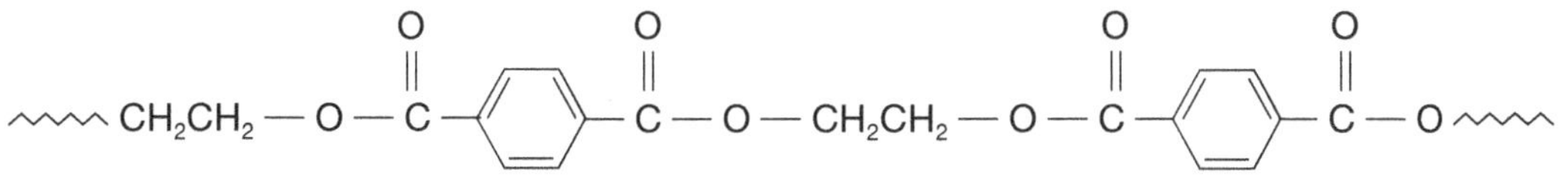 terylene

3. 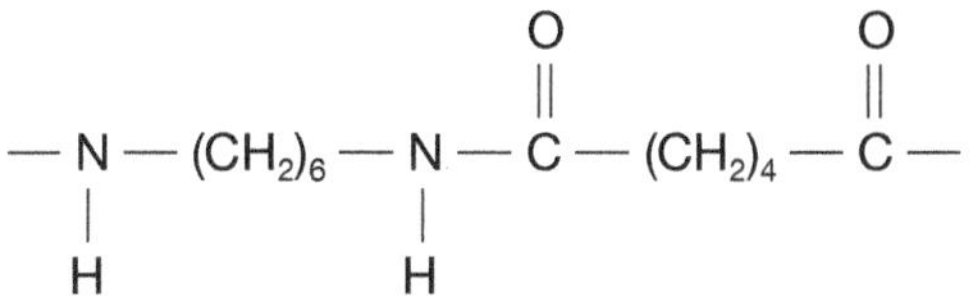 náilon-66

a) o teflon e o náilon-66 são polímeros de condensação, enquanto o terylene é um polímero de adição.
b) o náilon-66 e o terylene são polímeros de condensação, enquanto o teflon é um polímero de adição.
c) o terylene e o teflon são polímeros de condensação, enquanto o náilon-66 é um polímero de adição.
d) o teflon, o terylene e o náilon-66 são polímeros de condensação.
e) o teflon, o terylene e o náilon-66 são polímeros de adição.

8. (PUC – SP) Polímeros são macromoléculas formadas por repetição de unidades iguais, os monômeros. A grande evolução da manufatura dos polímeros, bem como a diversificação das suas aplicações, caracterizam o século XX como o século do plástico. A seguir estão representados alguns polímeros conhecidos:

I. $-\underset{\underset{}{\|}}{\overset{O}{C}}-\underset{H}{N}-(CH_2)_6-\underset{H}{N}-\left[\underset{}{\overset{O}{\|}}C-(CH_2)_4-\underset{}{\overset{O}{\|}}C-\underset{H}{N}-(CH_2)_6-\underset{H}{N}\right]-\overset{O}{\|}C-(CH_2)_4-$

II. $-CF_2-CF_2-[CF_2-CF_2]-CF_2-CF_2-$

III. $-CH_2-CH_2-[CH_2-CH_2]-CH_2-CH_2-$

IV. $-CH_2-\left[\underset{Cl}{CH}-CH_2\right]-\underset{Cl}{CH}-CH_2-\underset{Cl}{CH}-$

V. $-\left[CH_2CH_2-O-\overset{O}{\overset{\|}{C}}-\bigcirc-\overset{O}{\overset{\|}{C}}-O\right]-CH_2CH_2-O-\overset{O}{\overset{\|}{C}}-\bigcirc-\overset{O}{\overset{\|}{C}}-O-$

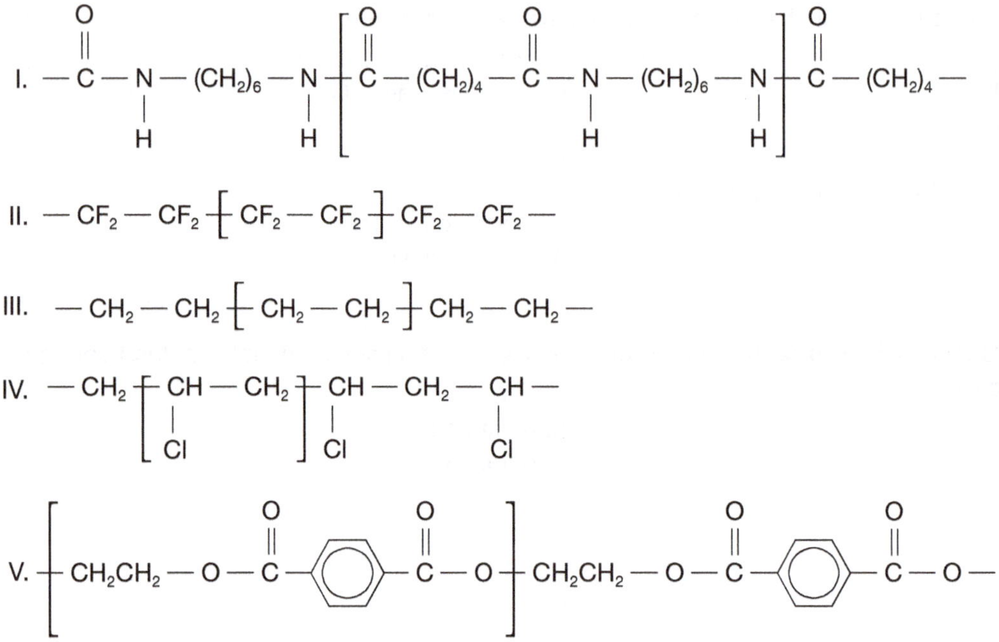

Assinale a alternativa que relaciona as estruturas e seus respectivos nomes.

	I	II	III	IV	V
a)	polietileno	poliéster	policloreto de vinila (PVC)	poliamida (náilon)	politetrafluoretileno (teflon)
b)	poliéster	polietileno	poliamida (náilon)	politetrafluoretileno (teflon)	policloreto de vinila (PVC)
c)	poliamida (náilon)	politetrafluoretileno (teflon)	polietileno	policloreto de vinila (PVC)	poliéster
d)	poliéster	politetrafluoretileno (teflon)	polietileno	policloreto de vinila (PVC)	poliamida (náilon)
e)	poliamida (náilon)	policloreto de vinila (PVC)	poliéster	polietileno	politetrafluoretileno (teflon)

9. (PUC – SP) Um polímero de grande importância, usado em fitas magnéticas para gravação e em balões meteorológicos, é obtido pela reação:

$$n \; HOOC-\bigcirc-COOH + n \; HO-CH_2-CH_2-OH \longrightarrow$$

$$\longrightarrow \left(-\underset{\underset{O}{\|}}{C}-\bigcirc-\underset{\underset{O}{\|}}{C}-O-CH_2-CH_2-O-\right)_n + 2n \; H_2O$$

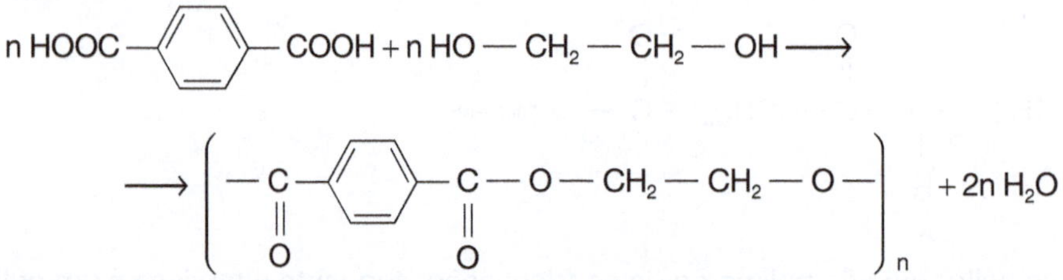

A proposição correta é:
a) Um dos monômeros é o ácido benzoico.
b) Um dos monômeros é um dialdeído.
c) O polímero é obtido por uma reação de polimerização por adição.
d) O polímero é um poliéster.
e) O polímero é um poliéter.

10. (PUC – SP) O polietilenotereftalato (PET) é um polímero de larga aplicação em tecidos e recipientes para bebidas gaseificadas. A seguir temos uma possível representação para a sua estrutura:

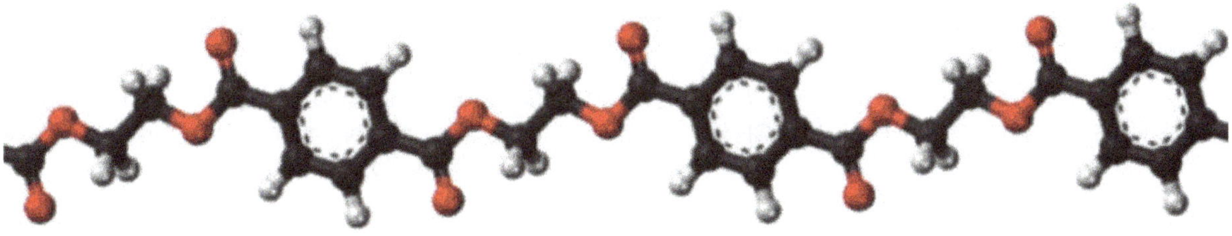

Assinale a alternativa que apresenta os dois monômeros que podem ser utilizados diretamente na síntese do polietilenotereftalato.

a) $HO — CH_2 — CH_2 — OH$ 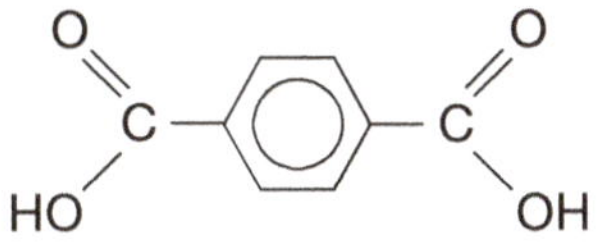

b) $HO — CH_2 — CH_2 — OH$ 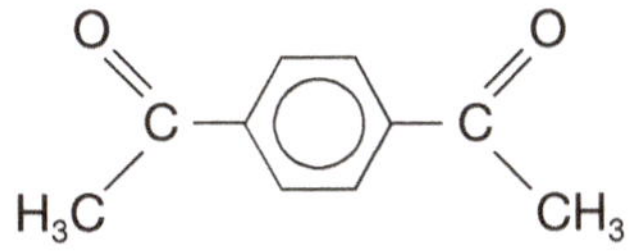

c) 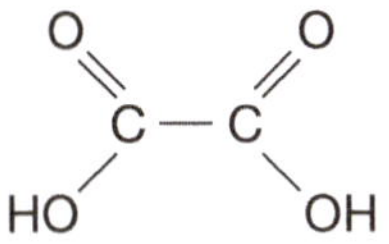 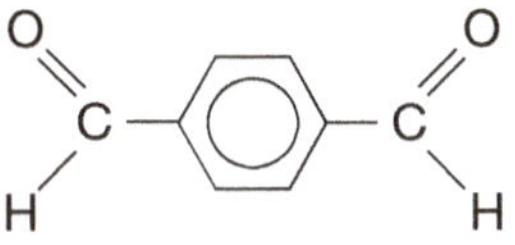

d) 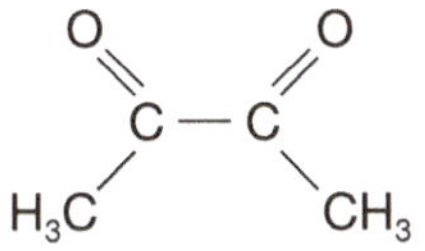 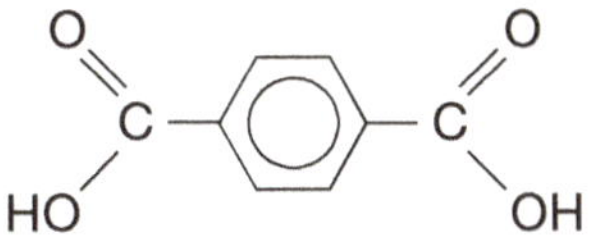

e) 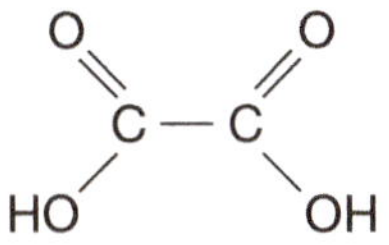 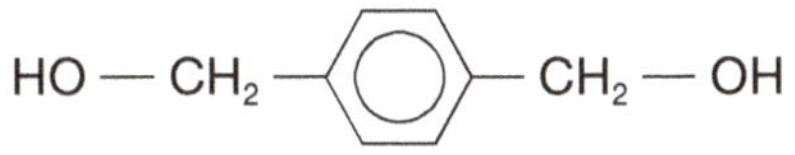

11. (UESPI) O náilon-6,6 é um polímero sintético formado pela união entre um ácido carboxílico e uma amina. Qual dos polímeros abaixo representa o náilon-6,6?

a) $(\cdots — CH_2 — CH_2 — CH_2 — \cdots)_n$

b) $(\cdots — CH_2 — CH = CH — CH_2 — \cdots)_n$

c) 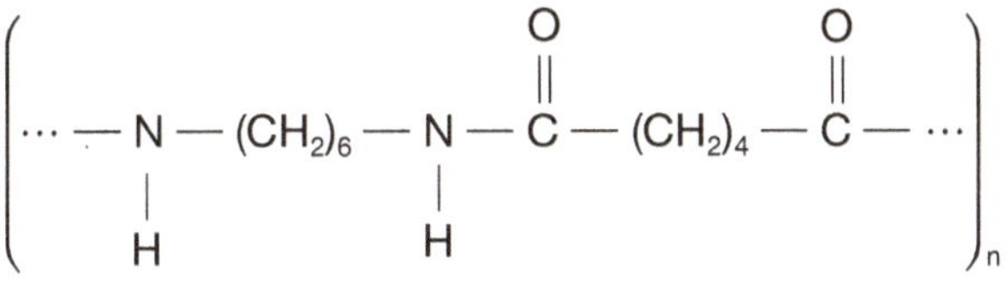

d) 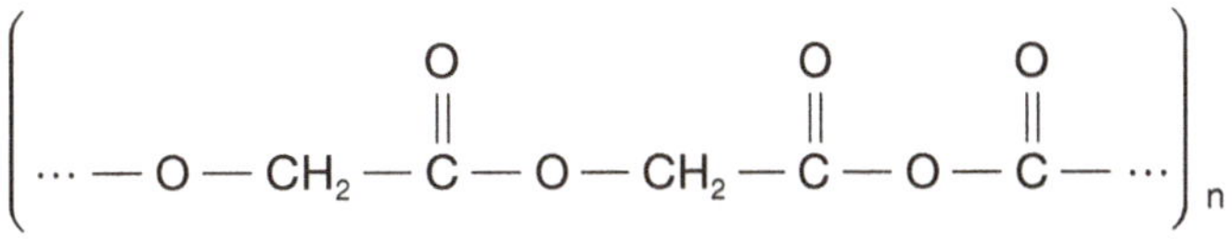

e) 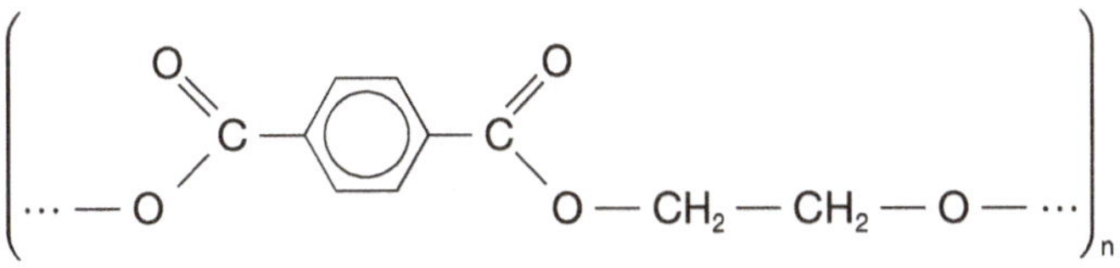

SÉRIE OURO

1. (UNESP) Acetileno pode sofrer reações de adição do tipo:

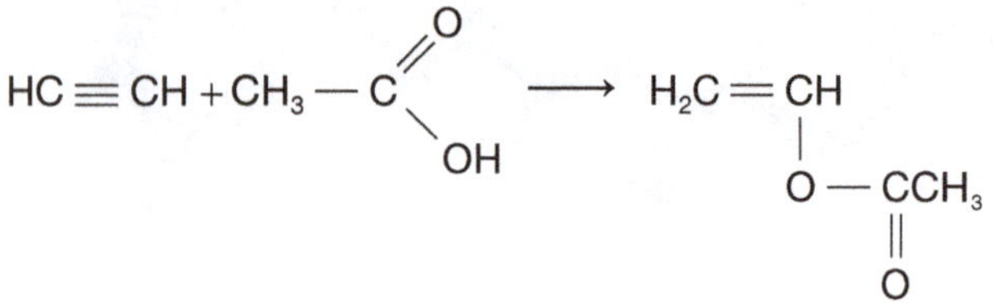

acetato de vinila

A polimerização do acetato de vinila forma o PVA, de fórmula estrutural:

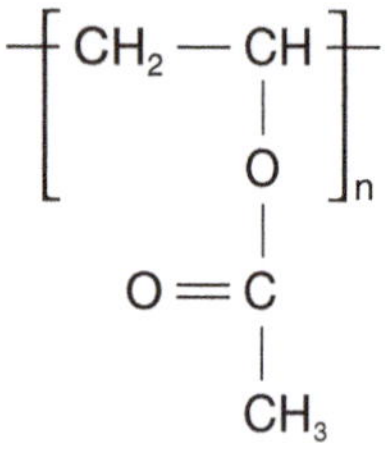

PVA

a) Escreva a fórmula estrutural do produto de adição do HCl ao acetileno.

b) Escreva a fórmula estrutural da unidade básica do polímero formado pelo cloreto de vinila (PVC).

2. (FUVEST – SP) O monômero utilizado na preparação do poliestireno é o estireno:

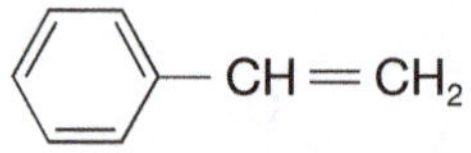

O poliestireno expandido, conhecido como isopor, é fabricado polimerizando-se o monômero misturado com pequena quantidade de um outro líquido. Formam-se pequenas esferas de poliestireno que aprisionam esse outro líquido. O posterior aquecimento das esferas a 90 °C, sob pressão ambiente, provoca o amolecimento do poliestireno e a vaporização total do líquido aprisionado, formando-se, então, uma espuma de poliestireno (isopor).

Considerando que o líquido de expansão não deve ser polimerizável e deve ter ponto de ebulição adequado, dentre as substâncias abaixo,

SUBSTÂNCIA	TEMPERATURA DE EBULIÇÃO (°C), À PRESSÃO AMBIENTE
I. $CH_3(CH_2)_3CH_3$	36
II. $NC-CH=CH_2$	77
III. 	138

é correto utilizar, como líquido de expansão, apenas

a) I. b) II. c) III. d) I ou II. e) I ou III.

3. (UNIFESP) Foram feitas as seguintes afirmações com relação à reação representada por:

$$C_{11}H_{24} \longrightarrow C_8H_{18} + C_3H_6$$

I. É uma reação que pode ser classificada como craqueamento.

II. Na reação forma-se um dos principais constituintes da gasolina.

III. Um dos produtos da reação pode ser utilizado na produção de um plástico.

Quais das afirmações são verdadeiras?

a) I, apenas.
b) I e II, apenas.
c) I e III, apenas.
d) II e III, apenas.
e) I, II e III.

4. (FUVEST - SP) Constituindo fraldas descartáveis, há um polímero capaz de absorver grande quantidade de água por um fenômeno de osmose, em que a membrana semipermeável é o próprio polímero. Dentre as estruturas

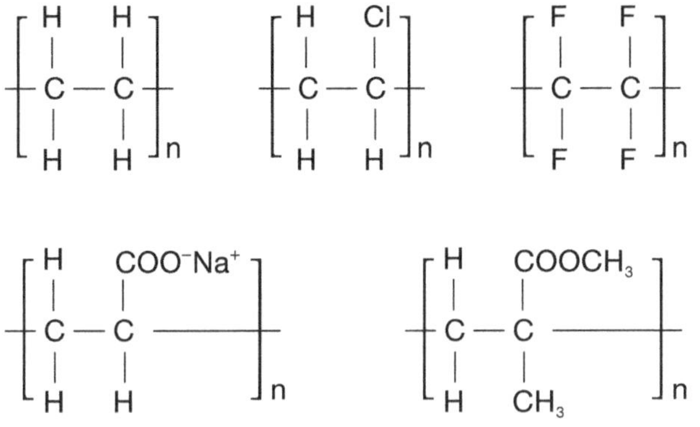

aquela que corresponde ao polímero adequado para essa finalidade é a do

a) polietileno.
b) poliacrilato de sódio.
c) polimetacrilato de metila.
d) policloreto de vinila.
e) politetrafluoroetileno.

5. (ENEM) Os polímeros são materiais amplamente utilizados na sociedade moderna, alguns deles na fabricação de embalagens e filmes plásticos, por exemplo. Na figura estão relacionadas as estruturas de alguns monômeros usados na produção de polímeros de adição comuns.

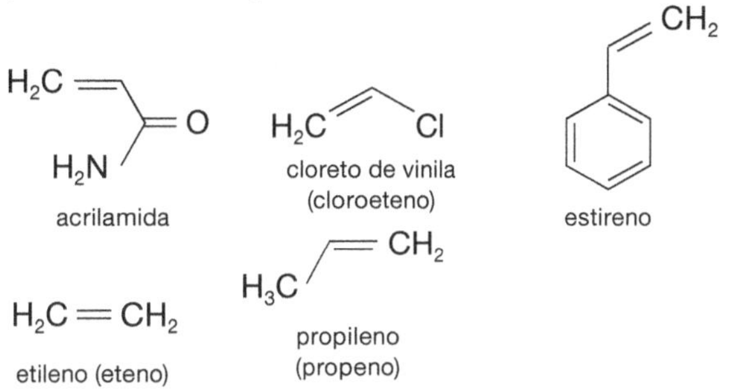
acrilamida
cloreto de vinila
(cloroeteno)
estireno
etileno (eteno)
propileno
(propeno)

Dentre os homopolímeros formados a partir dos monômeros da figura, aquele que apresenta maior solubilidade em água é

a) polietileno.
b) poliestireno.
c) polipropileno.
d) poliacrilamida.
e) policloreto de vinila.

6. (MACKENZIE - SP) Os polímeros condutores são geralmente chamados de "metais sintéticos" por possuírem propriedades elétricas, magnéticas e ópticas de metais e semicondutores. O mais adequado seria chamá-los de "polímeros conjugados", pois apresentam elétrons pi (π) conjugados.

Assinale a alternativa que contém a fórmula estrutural que representa um polímero condutor.

a) 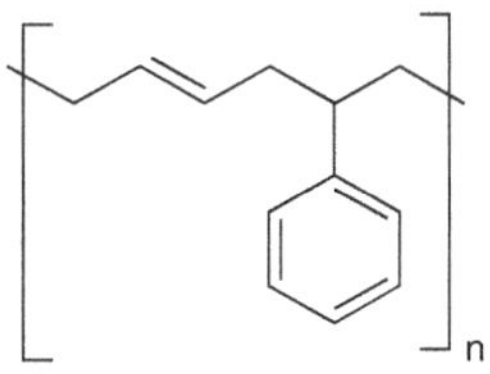

b) 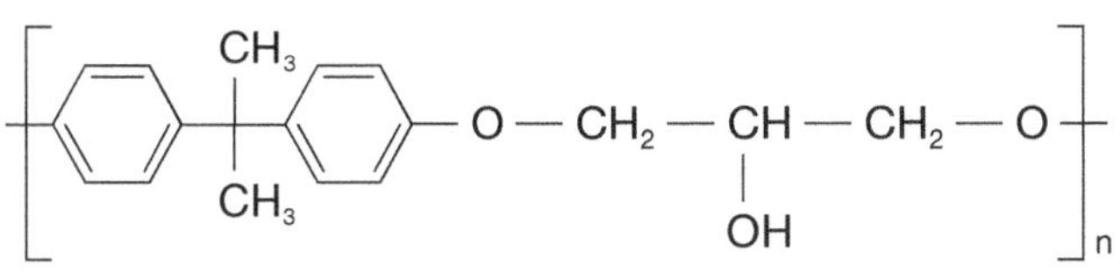

c) 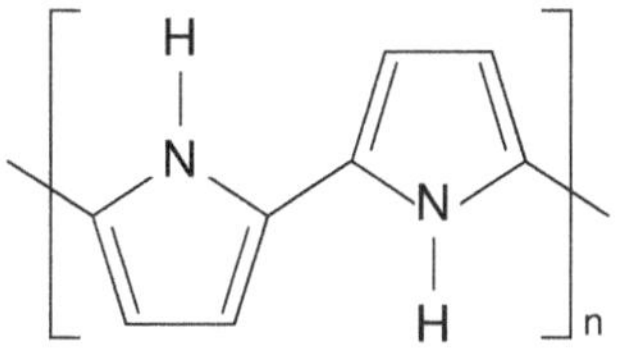

d) 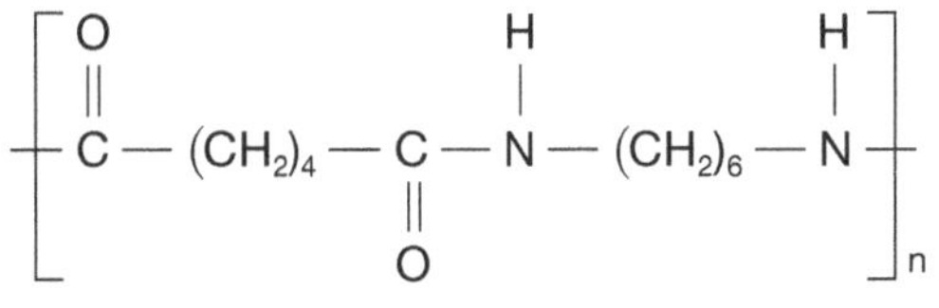

e) 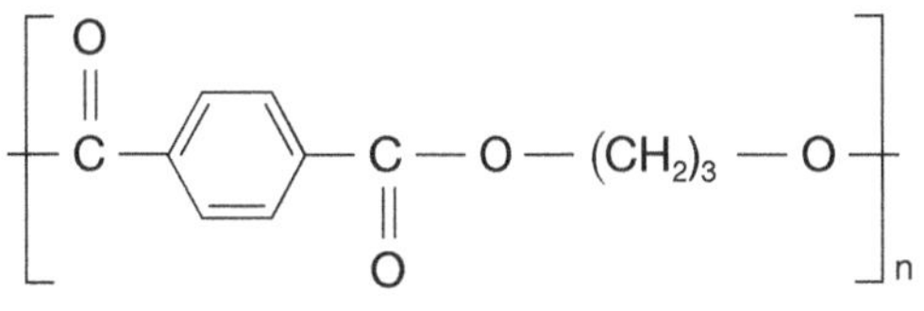

7. (UDESC) A história da borracha natural teve início no século XVI, quando os exploradores espanhóis observaram os índios sul-americanos brincando com bolas feitas de um material extraído de uma árvore local, popularmente conhecida como seringueira. Do ponto de vista estrutural, sabe-se que essa borracha, chamada látex, é um polímero de isopreno, conforme ilustrado na reação a seguir.

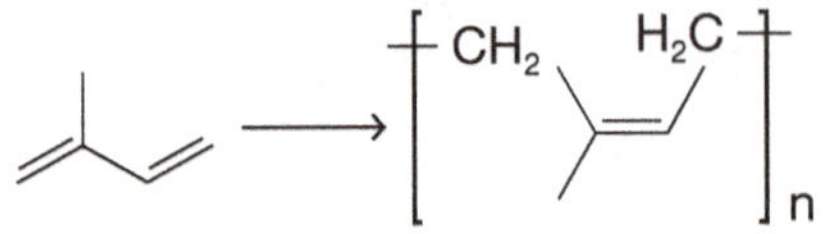
CH2
H2C
n

Com relação à estrutura do isopreno e à da borracha natural, analise as proposições.

I. A molécula de isopreno apresenta quatro carbonos com a configuração sp (linear).
II. As duplas ligações do polímero formado apresentam configurações z (disposição cis).
III. A borracha natural realiza ligações de hidrogênio entre suas cadeias.
IV. Segundo a nomenclatura oficial, a molécula de isopreno é denominada 3-metilbuta-1,3-dieno.

Assinale a correta.

a) Somente a afirmativa IV é verdadeira.
b) Somente a afirmativa III é verdadeira.
c) Somente a afirmativa I e II são verdadeiras.
d) Somente a afirmativa II e IV são verdadeiras.
e) Somente a afirmativa II é verdadeira.

8. (UNICAMP – SP) Mais de 2.000 plantas produzem látex, a partir do qual se produz a borracha natural. A *Hevea brasiliensis* (seringueira) é a mais importante fonte comercial desse látex. O látex da *Hevea brasiliensis* consiste em um polímero do cis-1,4-isopreno, fórmula C_5H_8, com uma massa molécular média de 1310 kDa (quilodaltons).

De acordo com essas informações, a seringueira produz um polímero que tem em média

DADOS: massas atômicas em Dalton: C = 12 e H = 1.

a) 19 monômeros por molécula.
b) 100 monômeros por molécula.
c) 1.310 monômeros por molécula.
d) 19.000 monômeros por molécula.
e) 200 monômeros por molécula.

9. (MACKENZIE – SP) A borracha natural, que é obtida a partir do látex extraído da seringueira, apresenta baixa elasticidade, tornando-se quebradiça ou mole conforme a temperatura. Entretanto, torna-se mais resistente e elástica quando é aquecida com compostos de enxofre.

Esse processo é chamado de

a) polimerização.
b) eliminação.
c) vulcanização.
d) oxidação.
e) esterificação.

10. (UNESP) Garrafas plásticas descartáveis são fabricadas com o polímero PET (polietilenotereftalato), obtido pela reação entre o ácido tereftálico e o etilenoglicol, de fórmulas estruturais:

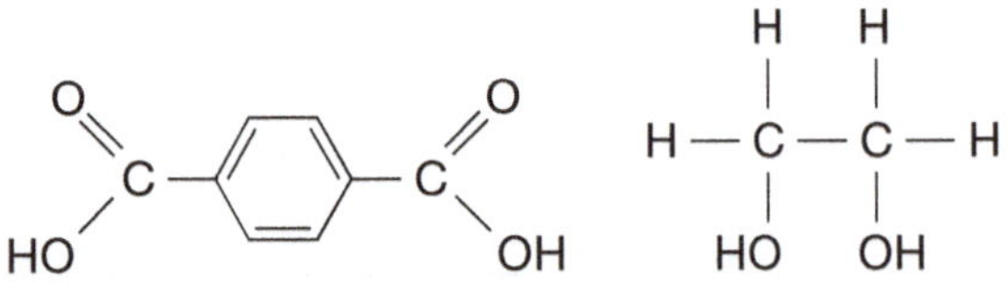
O
C
HO
O
C
OH
H H
H — C — C — H
HO OH

ácido tereftálico   etilenoglicol

a) Equacione a equação de esterificação entre uma molécula de ácido tereftálico e duas moléculas de etilenoglicol.
b) Identifique a função orgânica presente no composto formado.

11. (ENEM) O uso de embalagens plásticas descartáveis vem crescendo em todo o mundo, juntamente com o problema ambiental gerado por seu descarte inapropriado. O politereftalato de etileno (PET), cuja estrutura é mostrada, tem sido muito utilizado na indústria de refrigerantes e pode ser reciclado e reutilizado. Uma das opções possíveis envolve a produção de matérias-primas, como o etilenoglicol (1,2-etanodiol), a partir de objetos compostos de PET pós-consumo.

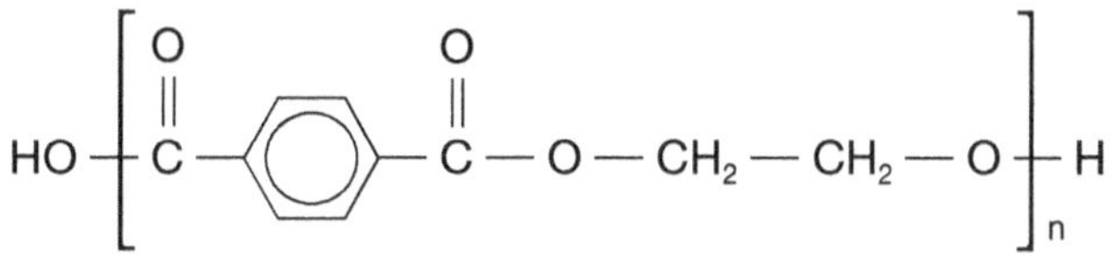

Disponível em: <www.abipet.org.br.> *Acesso em:* 27 fev. 2012. Adaptado.

Com base nas informações do texto, uma alternativa para a obtenção de etilenoglicol a partir do PET é a

a) solubilização dos objetos.
b) combustão dos objetos.
c) trituração dos objetos.
d) hidrólise dos objetos.
e) fusão dos objetos.

12. (ENEM) Uma das técnicas de reciclagem química do polímero PET [poli(tereftalato de etileno)] gera o tereftalato de metila e o etanodiol, conforme o esquema de reação, e ocorre por meio de uma reação de transesterificação.

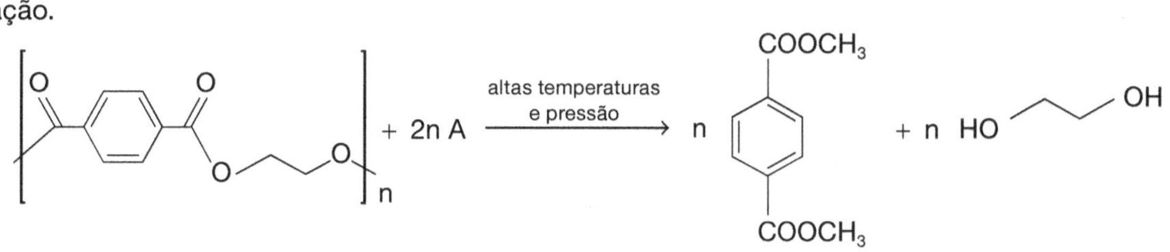

O composto A, representado no esquema de reação, é o

a) metano.
b) metanol.
c) éter metílico
d) ácido etanoico.
e) anidrido etanoico.

13. (VUNESP) Estão representados a seguir fragmentos dos polímeros náilon e dexon, ambos usados como fios de suturas cirúrgicas.

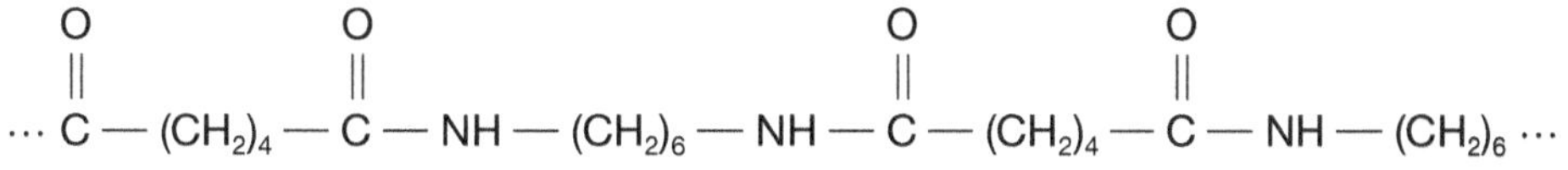

náilon

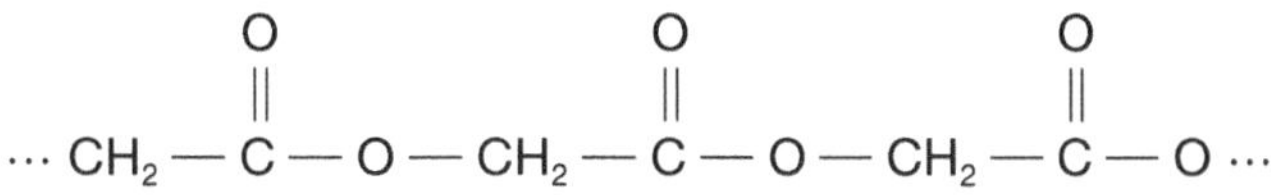

dexon

a) Identifique os grupos funcionais dos dois polímeros.
b) O dexon sofre hidrólise no corpo humano, sendo integralmente absorvido no período de algumas semanas. Nesse processo, a cadeia polimérica é rompida, gerando um único produto, que apresenta duas funções orgânicas. Represente a fórmula estrutural do produto e identifique estas funções.

14. (FUVEST – SP) Kevlar é um polímero de alta resistência mecânica e térmica, sendo por isso usado em coletes à prova de balas e em vestimentas de bombeiros.

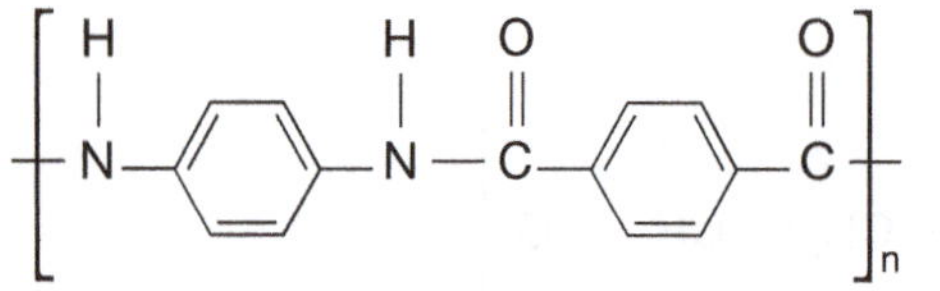
H
N
H
N
O
C
O
C
n

kevlar

a) Quais são as fórmulas estruturais dos dois monômeros que dão origem ao kevlar por reação de condensação? Escreva-as.
b) Qual é o monômero que, contendo dois grupos funcionais diferentes, origina o polímero kevlar com uma estrutura ligeiramente modificada? Represente as fórmulas estruturais desse monômero e do polímero por ele formado.
c) Como é conhecido o polímero sintético, não aromático, correspondente ao kevlar?

SÉRIE PLATINA

1. (FUVEST – SP – adaptada) Atendendo às recomendações da Resolução 55/AMLURB, de 2015, em vigor na cidade de São Paulo, as sacolas plásticas, fornecidas nos supermercados, passaram a ser feitas de "polietileno verde", assim chamado não em virtude da cor das sacolas, mas pelo fato de ser produzido a partir do etanol, obtido da cana-de açúcar.

Atualmente, é permitido aos supermercados paulistanos cobrar pelo fornecimento das "sacolas verdes".

O esquema a seguir apresenta o processo de produção do "polietileno verde":

$$\text{cana-de-açúcar} \rightarrow \text{etanol} \rightarrow \text{etileno} \rightarrow \text{polietileno}$$

a) Equacione os processos de obtenção do "polietileno verde" a partir do etanol, usando fórmulas estruturais.
b) Em uma fábrica de "polietileno verde", são produzidas 28 mil toneladas por ano desse polímero. Qual é o volume em m^3 de etanol consumido por ano nessa fábrica, considerando rendimentos de 100% na produção de etileno e na sua polimerização? (Em seus cálculos, despreze a diferença de massa entre os grupos terminais e os do interior da cadeia polimérica.)

NOTE E ANOTE:

- massas molares (g/mol): H = 1, C = 12, O = 16
- densidade do etanol nas condições da fábrica: 0,8 g/mL

2. (UNIFESP) Os cientistas que prepararam o terreno para o desenvolvimento dos polímeros orgânicos condutores foram laureados com o prêmio Nobel de Química do ano 2000. Alguns desses polímeros podem apresentar condutibilidade elétrica comparável à dos metais. O primeiro desses polímeros foi obtido oxidando-se um filme de trans-poliacetileno com vapores de iodo.

a) Desenhe abaixo um pedaço de estrutura do trans-poliacetileno. Assinale, com um círculo, no próprio desenho, a unidade de repetição do polímero.

b) É correto afirmar que a oxidação do trans-poliacetileno pelo lado provoca a inserção de elétrons no polímero, tornando-o condutor? Justifique sua resposta.

3. (FUVEST – SP – adaptada) Atualmente, é possível criar peças a partir do processo de impressão 3D. Esse processo consiste em depositar finos fios de polímeros, uns sobre os outros, formando objetos tridimensionais de formas variadas. Um dos polímeros que pode ser utilizado tem a estrutura mostrada a seguir:

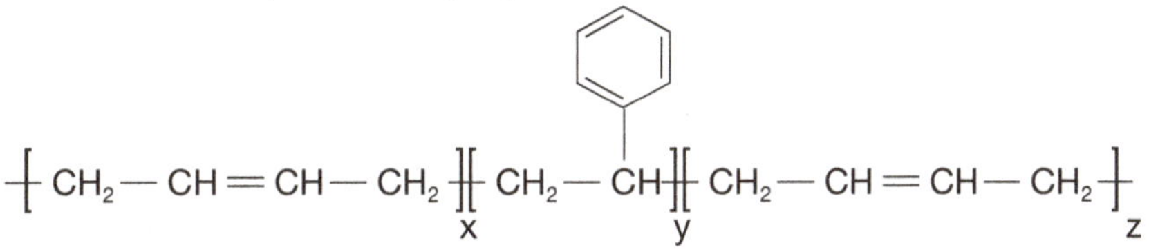
CH2 — CH = CH — CH2
x
CH2 — CH
y
CH2 — CH = CH — CH2
z

a) Escreva as fórmulas estruturais dos monômeros utilizados na produção do polímero acima.

Na impressão de esferas maciças idênticas de 12,6 g foram consumidos, para cada uma, 50 m desse polímero, na forma de fios cilindrícos de 0,4 mm de espessura.

Para uso em um rolamento, essas esferas foram tratadas com graxa. Após certo tempo, durante a inspeção do rolamento, as esferas foram extraídas e, para retirar a graxa, submetidas a procedimentos diferentes. Algumas dessas esferas foram colocadas em um frasco ao qual foi adicionada uma mistura de água e sabão (procedimento A), enquanto outras esferas foram colocadas em outro frasco, ao qual foi adicionado removedor, que é uma mistura de hidrocarbonetos líquidos (procedimento B).

b) Em cada um dos procedimentos, A e B, as esferas ficaram no fundo do frasco ou flutuaram? Explique sua resposta.

c) Em qual procedimento de limpeza, A ou B, pode ter ocorrido dano à superfície das esferas? Explique.

d) Outro polímero que pode ser utilizado em impressão 3D é o polipropileno, cujo monômero é o propeno. Escreva a equação de polimerização desse monômero.

NOTE E ANOTE:

- Considere que não existe qualquer espaço entre os fios do polímero, no interior ou na superfície das esferas.
- x, y, z = número de repetições do monômero
- densidades (g/mL): água e sabão = 1,2; removedor = 1,0
- 1 $m^3 = 10^6$ mL
- $\pi = 3$

4. (FAMERP - SP) Uma estratégia para a prática da agricultura em regiões de seca é a utilização de hidrogéis, que, adicionados ao solo, acumulam umidade e aumentam a disponibilidade de água para as plantas. Uma empresa francesa produz um hidrogel à base de um copolímero formado a partir de dois reagentes:

Reagente 1: $H_2C = CH — COO^-K^+$

Reagente 2: $H_2C = CH — CONH_2$

O copolímero é produzido por uma reação de adição, conforme o esquema

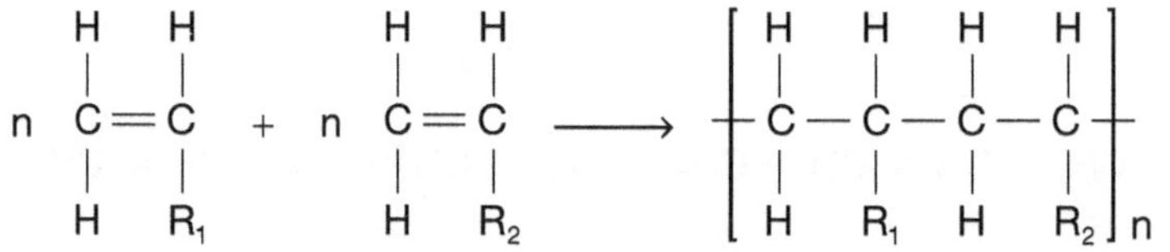

a) A qual função orgânica pertence o reagente 2? Qual é a fórmula estrutural da substância que, por reação com uma base apropriada, produz o reagente 1?

b) Escreva uma fórmula estutural do copolímero formado pela reação entre os reagentes 1 e 2. Explique por que esse copolímero tem grande capacidade de absorver água.

5. (FUVEST – SP) A bola de futebol que foi utilizada na Copa de 2018 foi chamada Telstar 18. Essa bola contém uma camada interna de borracha que pertence a uma classe de polímeros genericamente chamada de EPDM. A fórmula estrutural de um exemplo desses polímeros é

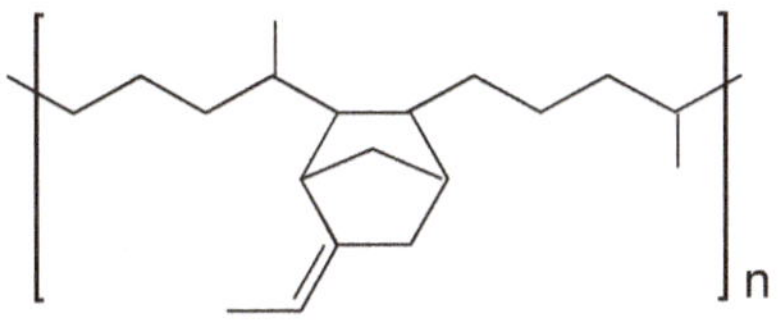

Polímeros podem ser produzidos pela polimerização de compostos insaturados (monômeros) como exemplificado para o polipropileno (um homopolímero):

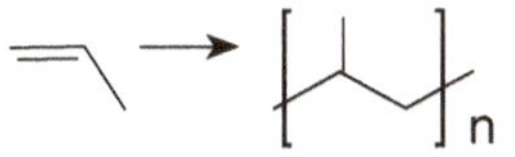

Os monômeros que podem ser utilizados para preparar o copolímero do tipo EPDM, cuja fórmula estrutural foi apresentada, são:

a) 

b) 

c) 

d) 

e) 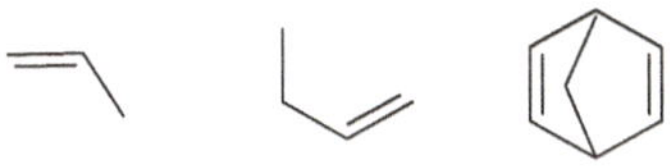

6. (FUVEST – SP – adaptada) Para aumentar a vida útil de alimentos que se deterioram em contato com o oxigênio do ar, foram criadas embalagens compostas de várias camadas de materiais poliméricos, um dos quais é pouco resistente à umidade, mas não permite a passagem de gases. Este material é um copolímero e apresenta a seguinte fórmula estrutural:

$$-\!\!\!\left(CH_2 - CH_2\right)_m - \left(CH_2 - \underset{\displaystyle OH}{\underset{|}{CH}}\right)\!\!\!-_n$$

Este copolímero é produzido por meio de um processo de quatro etapas, conforme esquematizado e descrito abaixo:

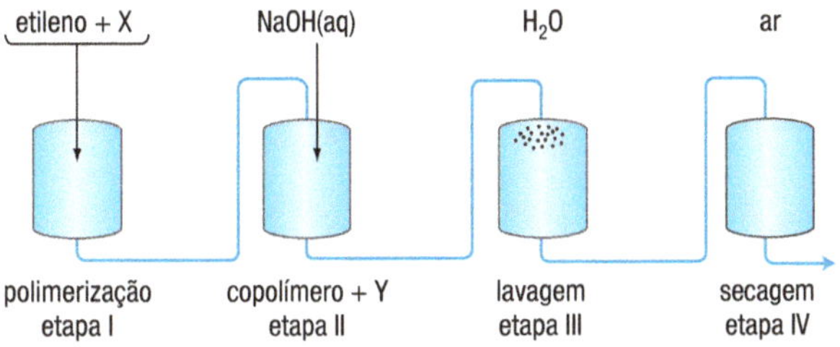
etileno + X
NaOH(aq)
H_2O
ar
polimerização
etapa I
copolímero + Y
etapa II
lavagem
etapa III
secagem
etapa IV

- Na etapa I, o etileno reage com o monômero X e forma, como produto desta reação, o polímero EVA, conforme representado abaixo:

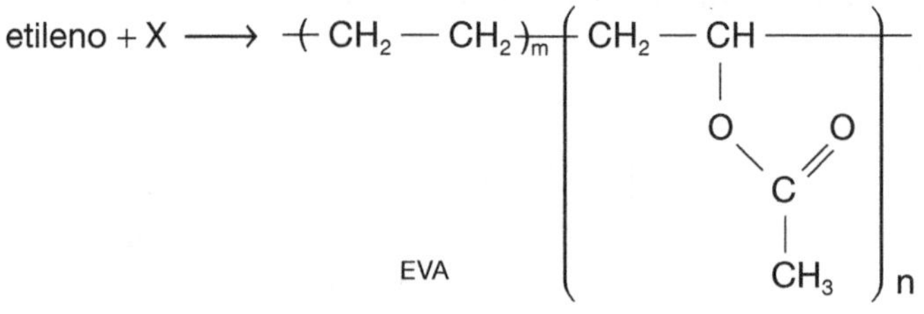
etileno + X
EVA

- Na etapa II, o polímero EVA reage com o hidróxido de sódio, NaOH, formando o copolímero desejado e um subproduto Y.

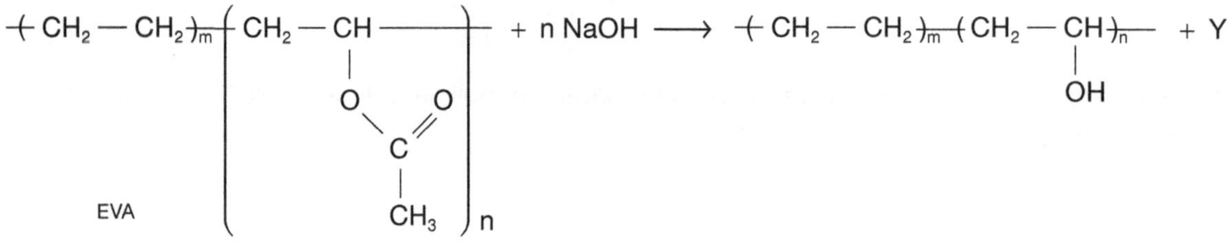
+ n NaOH
+ Y
EVA

- Na etapa III, é adicionado água para lavagem do subproduto Y.
- Na etapa IV, o copolímero passa por um processo de secagem.

Pede-se

a) Baseando-se na estrutura do copolímero utilizado nas embalagens, justifique a sua baixa resistência à umidade. Indique o tipo de interação intermolecular estabelecida entre este copolímero e a água.

b) Dentre os compostos abaixo:

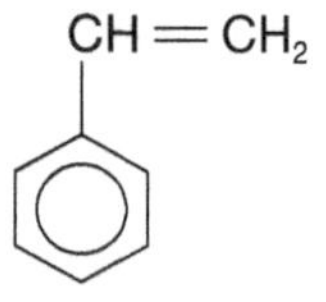

vinilbenzeno (estireno)

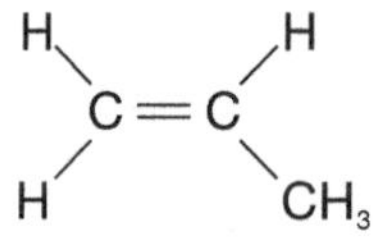

propeno

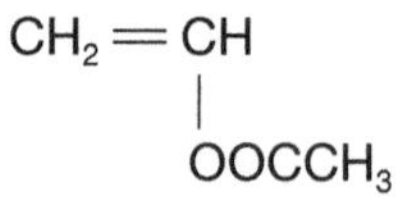

acetato de vinila

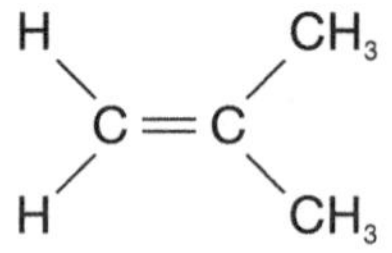

isobuteno

qual pode ser o monômero X?

c) Dê a fórmula estrutural e a nomenclatura do subproduto Y formado na etapa II.

d) O composto X pode reagir com H_2, na presença de um catalisador metálico, formando um composto que é usado como flavorizante de maçã. Equacione a reação descrita usando fórmulas estruturais, dando a nomenclatura oficial desse flavorizante.

7. (UNICAMP - SP - adaptada) Para se ter uma ideia do que significa a presença de polímeros sintéticos na nossa vida, não é preciso muito esforço: imagine o interior de um automóvel sem polímeros, olhe a sua roupa, para seus sapatos, para o armário do banheiro. A demanda por polímeros é tão alta que, em países mais desenvolvidos, o seu consumo chega a 150 kg por ano por habitante. Em alguns polímeros sintéticos, uma propriedade bastante desejável é a sua resistência à tração. Essa resistência ocorre, principalmente, quando átomos de cadeias poliméricas distintas se atraem fortemente. O náilon e o polietileno, representados a seguir, são exemplos de polímeros.

$$\left[NH - (CH_2)_6 - NH - CO - (CH_2)_4 - CO \right]_n \quad \text{náilon}$$

$$\left[CH_2 - CH_2 \right]_n \quad \text{polietileno}$$

a) Admitindo-se que as cadeias desses polímeros são lineares, qual dos dois é mais resistente à tração? Justifique desenhando os fragmentos de duas cadeias poliméricas do polímero que você escolheu, identificando o principal tipo de interação existente entre elas que implica a alta resistência à tração.

b) Quais são as fórmulas estruturais dos monômeros do náilon e do polietileno?

8. (FUVEST - SP) O glicerol pode ser polimerizado em uma reação de condensação catalisada por ácido sulfúrico, com eliminação de moléculas de água, conforme se representa a seguir:

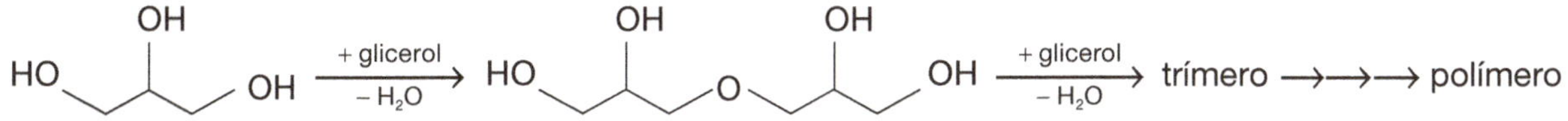
OH
HO
OH
+ glicerol
- H₂O
HO
OH
O
OH
OH
+ glicerol
- H₂O
trímero → → → polímero

a) Considerando a estrutura do monômero, pode-se prever que o polímero deverá ser formado por cadeias ramificadas. Desenhe a fórmula estrutural de um segmento do polímero, mostrando quatro moléculas do monômero ligadas e formando uma cadeia ramificada.

Para investigar a influência da concentração do catalisador sobre o grau de polimerização do glicerol (isto é, a porcentagem de moléculas de glicerol que reagiram), foram efetuados dois ensaios:

Ensaio 1: 25 g de glicerol + 0,5% (em mol) de H_2SO_4 $\xrightarrow[\text{durante 4 h}]{\text{agitação e aquecimento}}$ polímero 1

Ensaio 2: 25 g de glicerol + 3% (em mol) de H_2SO_4 $\xrightarrow[\text{durante 4 h}]{\text{agitação e aquecimento}}$ polímero 2

Ao final desses ensaios, os polímeros 1 e 2 foram analisados separadamente. Amostras de cada um deles foram misturadas com diferentes solventes, observando-se em que extensão ocorria a dissolução parcial de cada amostra. A tabela abaixo mostra os resultados dessas análises.

AMOSTRA	SOLUBILIDADE (% EM MASSA)	
	HEXANO (SOLVENTE APOLAR)	ETANOL (SOLVENTE POLAR)
polímero 1	3	13
polímero 2	2	3

b) Qual dos polímeros formados deve apresentar menor grau de polimerização? Explique sua resposta, fazendo referência à solubilidade das amostras em etanol.

9. (FUVEST - SP) Aqueles polímeros, cujas moléculas se ordenam paralelamente umas às outras, são cristalinos, fundindo em uma temperatura definida, sem decomposição. A temperatura de fusão de polímeros depende, dentre outros fatores, de interações moleculares, devidas a forças de dispersão, ligações de hidrogênio etc., geradas por dipolos induzidos ou dipolos permanentes.

A seguir são dadas as estruturas moleculares de alguns polímeros.

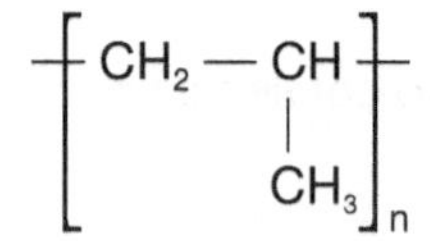

polipropileno

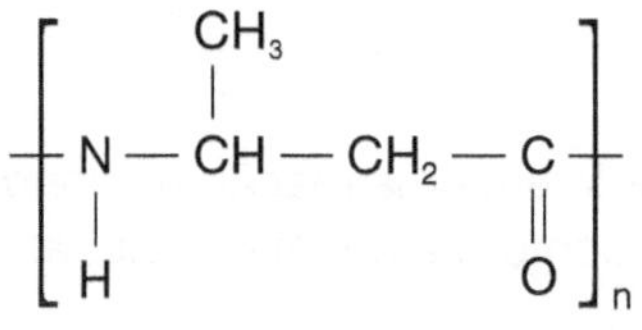

poliácido 3-aminobutanoico

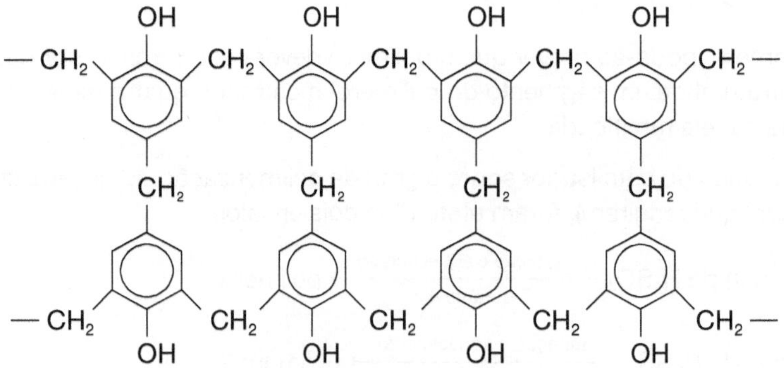

baquelite (fragmento da estrutura tridimensional)

Cada um desses polímeros foi submetido, separadamente, a aquecimento progressivo. Um deles fundiu-se a 160 °C, outro a 330 °C e o terceiro não se fundiu, mas se decompôs.

Considerando as interações moleculares, dentre os três polímeros citados,

a) qual deles se fundiu a 160 °C? Justifique.

b) qual deles se fundiu a 330 °C? Justifique.

c) qual deles não se fundiu? Justifique.

Bioquímica

12 CAPÍTULO

O que nós, seres humanos, temos em comum com os outros seres vivos, como samambaias, peixes, insetos, rosas, répteis, aves, estrelas-do-mar, por exemplo? O que mais de 8 milhões de espécies diferentes de seres vivos têm em comum?

São apenas 6 letras, determinando 6 elementos químicos presentes em todos os seres vivos da Terra atual: C, H, O, N, P e S. Combinados, alguns desses elementos formam moléculas importantíssimas, sem as quais não haveria vida como a conhecemos. É o caso dos compostos orgânicos carboidratos, proteínas e lipídios, que estudaremos neste capítulo.

IN GREEN/SHUTTERSTOCK

SHADEDESIGN/SHUTTERSTOCK

JANSON GEORGE/SHUTTERSTOCK

12.1 Carboidratos

Carboidratos, também chamados hidratos de carbono ou glicídeos (ou glicídios), são compostos orgânicos formados por carbono, hidrogênio e oxigênio. Essas substâncias são responsáveis, principalmente, por fornecer energia ao nosso organismo.

Os carboidratos mais simples são os açúcares, formados nos vegetais por meio da reação de fotossíntese, em que gás carbônico e água reagem na presença de luz, produzindo glicose e liberando oxigênio. Sinteticamente, a reação da fotossíntese pode ser escrita como

$$6\,CO_2 + 6\,H_2O \xrightarrow{\text{luz}} \underset{\text{glicose}}{C_6H_{12}O_6} + 6\,O_2$$

Sabe-se que o oxigênio produzido é proveniente da água. Assim, para se obter 6 mol de O_2 seriam necessários 12 mol de H_2O. Portanto, uma equação mais completa da fotossíntese é

$$6\,CO_2 + 12\,H_2O \xrightarrow{\text{luz}} \underset{\text{glicose}}{C_6H_{12}O_6} + 6\,O_2 + 6\,H_2O$$

A glicose, de fórmula molecular $C_6H_{12}O_6$, é uma aldose, isto é, um poliol-aldeído, ou seja, uma estrutura que apresenta várias hidroxilas ligadas a carbonos saturados (função álcool) e também uma aldoxila (função aldeído). Isômero de função da glicose, temos a frutose, um açúcar cerca de 100 vezes mais doce que a própria glicose, que apresenta as funções álcool e cetona, sendo classificado como uma cetose ou uma poliol-cetona. Com essa mesma fórmula molecular, temos ainda a galactose, isômero óptico da glicose e encontrada no leite.

ATENÇÃO!

*C indica um carbono quiral ou assimétrico.

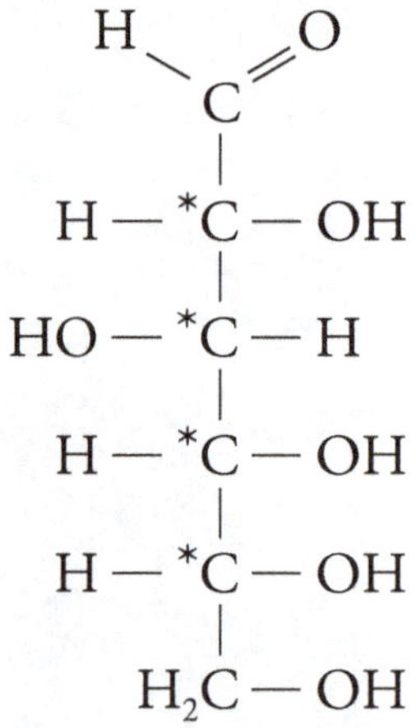

glicose

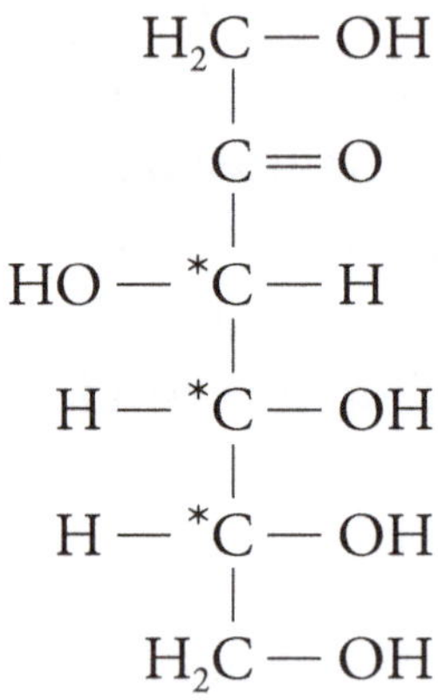

frutose

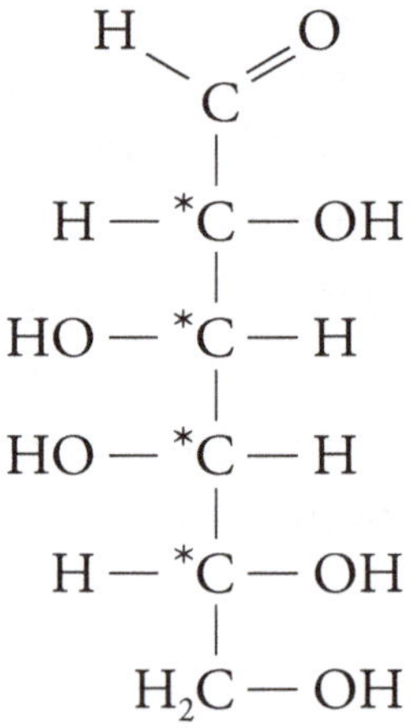

galactose

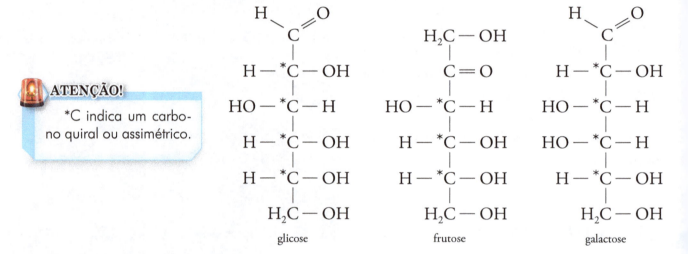

A presença de grupos OH nas estruturas dos açúcares acima possibilita o estabelecimento de ligações de hidrogênio com a água, o que justifica a alta solubilidade deles em água.

12.1.1 Classificação dos carboidratos

Os carboidratos podem ser classificados como **monossacarídeos**, **dissacarídeos** e **polissacarídeos**.

12.1.1.1 Monossacarídeos ou oses

São os carboidratos mais simples, em que o número de átomos de carbono pode variar de três a seis. No caso da glicose, da frutose e da galactose (isômeros de fórmula molecular igual a $C_6H_{12}O_6$), o número de carbonos é igual a seis.

Entre os monossacarídeos presentes no organismo humano, a glicose é a principal ose: é de sua queima que o organismo obtém energia para a manutenção do metabolismo. Em jejum, considera-se que a concentração normal de glicose no sangue humano deve estar abaixo de 100 mg/100 mL.

FIQUE POR DENTRO!

Estruturas da glicose ($C_6H_{12}O_6$)

Em solução aquosa (e, portanto, na natureza) predomina a cadeia fechada da glicose. A ciclização ocorre devido à migração do H da hidroxila geralmente do carbono 5 para a carbonila no carbono 1.

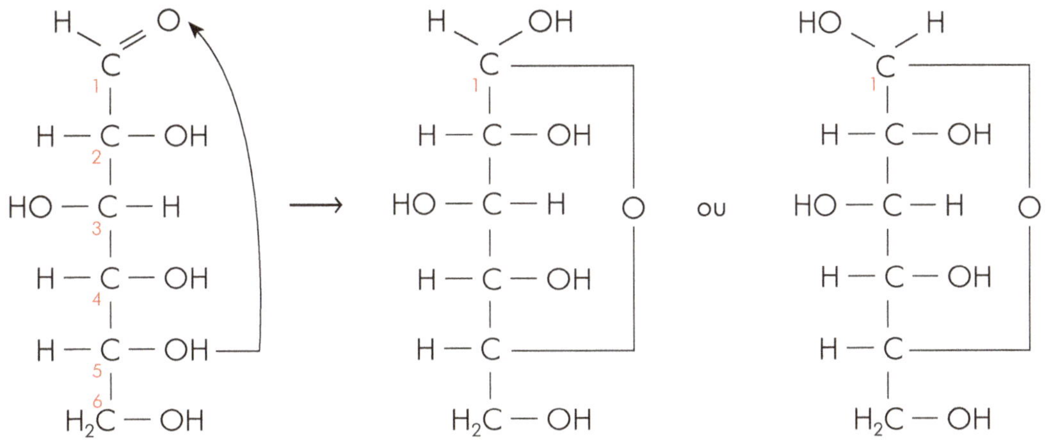

Um fato interessante é que, no instante da ciclização, a hidroxila do carbono 1 pode assumir duas posições, a saber:

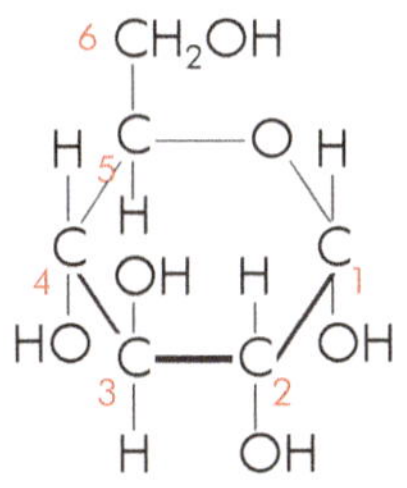

α-glicose
OH (C1) e OH (C2) na posição cis

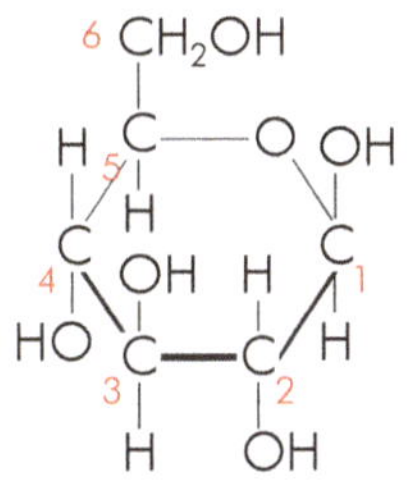

β-glicose
OH (C1) e OH (C2) na posição trans

Em uma solução aquosa de glicose, as três estruturas existem simultaneamente, mantendo-se em equilíbrio:

$$\alpha\text{-glicose} \rightleftarrows \text{glicose aberta} \rightleftarrows \beta\text{-glicose}$$

A frutose ou levulose é a segunda ose mais importante. Apresenta sabor doce ainda mais intenso do que a glicose. A frutose leva esse nome por ser muito comum nas frutas e também é encontrada no mel. De mesma fórmula molecular que a glicose ($C_6H_{12}O_6$), uma de suas fórmulas estruturais cíclicas é

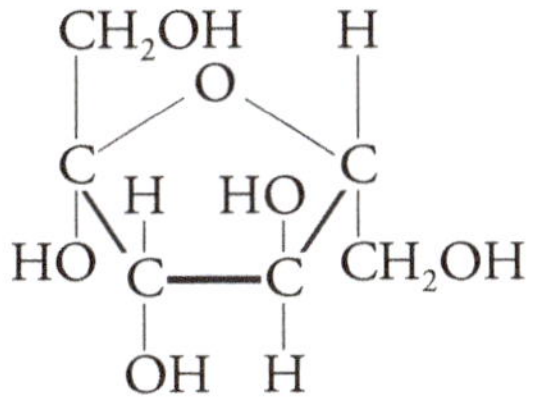

frutose

12.1.1.2 Dissacarídeos ($C_{12}H_{22}O_{11}$)

Dissacarídeos, como a sacarose, a lactose ou a maltose, são moléculas que, dissolvidas em água, produzem duas moléculas de monossacarídeos (ou oses).

$$\underset{\text{sacarose dissacarídeo}}{C_{12}H_{22}O_{11}} + H_2O \xrightarrow{H^+} \underset{\text{glicose monossacarídeo}}{C_6H_{12}O_6} + \underset{\text{frutose monossacarídeo}}{C_6H_{12}O_6}$$

ATENÇÃO!

Lembre-se que **condensação** é a união de duas moléculas com eliminação de uma molécula pequena, como a dede água.

Açúcar de cana, açúcar de mesa ou açúcar de beterraba são alguns nomes usados para designar a sacarose, que é o açúcar comum, que adquirimos em supermercados e o usamos em casa.

Estruturalmente, a sacarose resulta da condensação de uma molécula de glicose com uma de frutose:

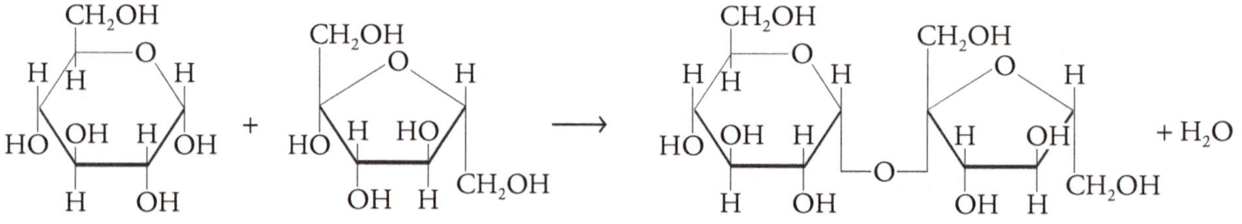

glicose — frutose — sacarose — água

FIQUE POR DENTRO!

Açúcar invertido!

A sacarose pode ser hidrolisada em meio ácido ou na presença da enzima invertase, obtendo-se uma mistura de glicose + frutose, que é mais doce do que a sacarose. Como nessa reação há mudança da atividade óptica da solução de (+) para (–), o processo é chamado inversão da sacarose e a mistura de glicose e frutose é denominada açúcar invertido.

12.1.1.3 Polissacarídeos ($(C_6H_{10}O_5)_n$)

Amido, celulose e glicogênio são exemplos de polissacarídeos, moléculas que, dissolvidas em água, produzem muitas moléculas de monossacarídeos:

$$\underset{\text{polissacarídeo}}{(C_6H_{10}O_5)_n} + n\,H_2O \xrightarrow{H^+} \underset{\text{monossacarídeo}}{n\,C_6H_{12}O_6}$$

ALF RIBEIRO/SHUTTERSTOCK

Colheita de algodão em fazenda de Correntina (fev. 2019), interior da Bahia, cidade que fica na divisão com o estado de Goiás e a 914 km da capital Salvador. A celulose é o único componente do algodão (visto em detalhe à direita) e o Brasil é um dos 10 maiores países produtores de celulose do mundo.

Um dos polissacarídeos de importância é a **celulose**, constituinte principal da membrana celulósica dos vegetais.

De fórmula molecular $(C_6H_{10}O_5)_n$, a celulose é um polímero insolúvel em água, não tem sabor e é formada pela condensação de milhares de moléculas β-glicose. Apresenta fortes ligações de hidrogênio entre suas cadeias poliméricas, o que faz com que suas fibras sejam bastante resistentes.

FIQUE POR DENTRO!

As enzimas do sistema digestório humano não conseguem quebrar as ligações presentes na celulose para produzir a glicose. Somente alguns animais herbívoros e cupins (que possuem em seu tubo digestório a enzima celulase ou microrganismos possuidores dessa enzima) conseguem digerir a celulose.

$$n\ \beta\text{-glicose} \longrightarrow \text{celulose} + H_2O$$

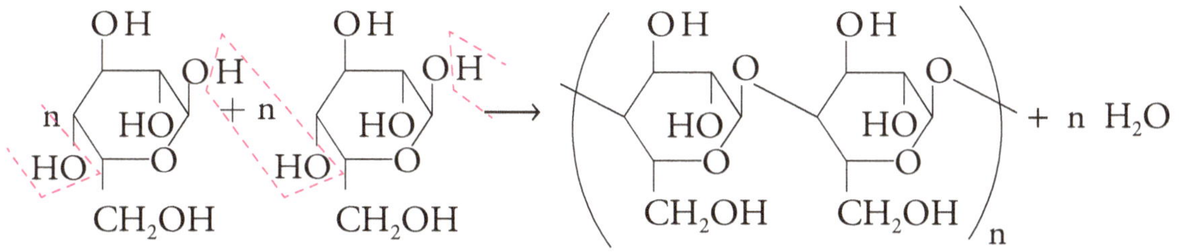

β-glicose β-glicose celulose

$$n\ C_6H_{12}O_6 \longrightarrow (C_6H_{10}O_5)_n + n\ H_2O$$

Submetida à hidrólise ácida, a celulose resulta em unidades de β-glicose:

$$\underset{\text{celulose}}{(C_6H_{10}O_5)_n} + n\ H_2O \xrightarrow{H^+} \underset{\beta\text{-glicose}}{n\ C_6H_{12}O_6}$$

LOURENCOLF/SHUTTERSTOCK

VAL_R/SHUTTERSTOCK

Na batata, a substância de reserva é o amido.

Outro polissacarídeo importante é o **amido**, cujos grânulos podem ser encontrados em sementes, órgãos de reserva e raízes. Nosso organismo é capaz de digerir o amido, que, depois de hidrolisado no intestino, fornece glicose. As moléculas de glicose passam para a corrente sanguínea e são distribuídas pelo corpo para serem usadas como fonte de energia.

O amido é um polímero de fórmula $(C_6H_{10}O_5)_n$, de massa molar alta, insolúvel em água fria e parcialmente solúvel em água quente. Estruturalmente, resulta da condensação de várias moléculas de α-glicose.

$$n\ \alpha\text{-glicose} \longrightarrow \text{amido} + H_2O$$

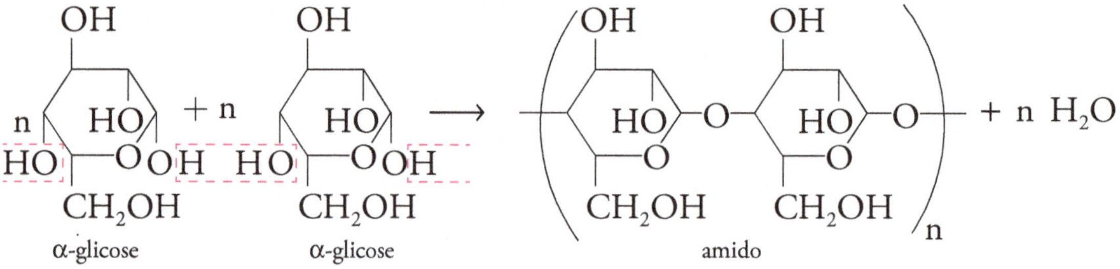
α-glicose
α-glicose
amido

Sendo assim, a reação de condensação do amido é:

$$n\ C_6H_{12}O_6 \longrightarrow (C_6H_{10}O_5)_n + n\ H_2O$$

FIQUE POR DENTRO!

Obtenção do etanol – fermentação alcoólica

Fermentação é a reação em que participam compostos orgânicos, catalisada por substâncias (enzimas ou fermentos), produzidas por microrganismos.

As substâncias empregadas como matéria-prima na fabricação de etanol pelo processo de fermentação são melaço de cana-de-açúcar, suco de beterraba, cereais e madeira.

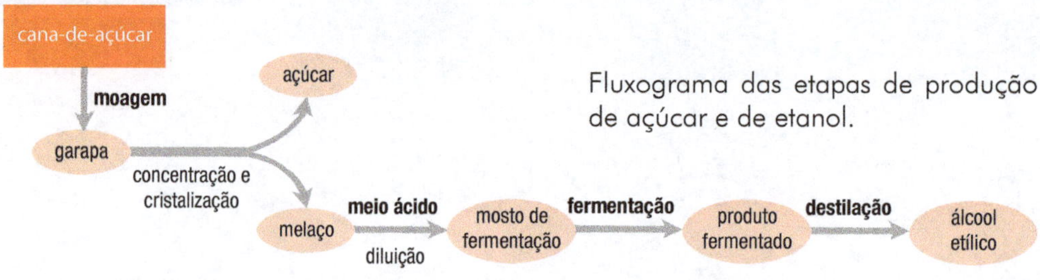
cana-de-açúcar
moagem
garapa
açúcar
concentração e cristalização
melaço
meio ácido
diluição
mosto de fermentação
fermentação
produto fermentado
destilação
álcool etílico

Fluxograma das etapas de produção de açúcar e de etanol.

Quando se extrai a sacarose (açúcar comum) do caldo de cana, obtém-se um líquido denominado **melaço**, que contém ainda 30% a 40% de açúcar. Coloca-se o melaço em presença do lêvedo *Saccharomyces cerevisiae*, que catalisa a hidrólise da sacarose devido à enzima invertase.

$$\underset{\text{sacarose}}{C_{12}H_{22}O_{11}} + H_2O \xrightarrow{\text{invertase}} \underset{\text{glicose}}{C_6H_{12}O_6} + \underset{\text{frutose}}{C_6H_{12}O_6}$$

A hidrólise da sacarose é chamada de *inversão da sacarose*. A sacarose, na presença de ácidos minerais, também sofre hidrólise.

O *Saccharomyces cerevisiae* produz outra enzima, chamada **zimase**, que catalisa a transformação dos dois isômeros em etanol (fermentação alcoólica).

$$\underset{\text{glicose ou frutose}}{C_6H_{12}O_6} \xrightarrow{\text{zimase}} 2\ \underset{\text{etanol (álcool etílico)}}{C_2H_5OH} + 2\ CO_2 \text{ (fervura fria)}$$

Após a fermentação, o álcool é destilado, mas esse não é um álcool puro, pois forma com a água uma mistura azeotrópica contendo 96% em volume de álcool e 4% em volume de água, que ebule a uma temperatura constante (PE = 78,1 °C) e inferior ao ponto de ebulição do álcool. É esse álcool destilado que está à venda no comércio para ser usado como **combustível**, **solvente** para tintas, em vernizes, perfumes etc., e na obtenção de vários compostos orgânicos (ácido acético, etanal, éter, entre outros).

Para obter o álcool anidro, ou seja, sem água, adiciona-se benzeno ao álcool 96% e se destila a mistura, obtendo-se, então, três frações:

1. a fração com PE = 65 °C é uma mistura azeotrópica contendo benzeno, álcool e água – que elimina toda a água;
2. a fração com PE = 68 °C é uma mistura azeotrópica contendo benzeno e álcool – que elimina o benzeno restante;
3. a fração com PE = 78,3 °C é a que corresponde ao etanol puro, chamado de álcool anidro.

12.2 Proteínas

O principal constituinte da pele, dos músculos, dos tendões, dos nervos, do sangue, das enzimas, dos anticorpos e de muitos hormônios são as **proteínas**, polímeros de ocorrência natural, formadas por até 4.000 aminoácidos.

Aminoácidos, os compostos formadores de proteínas, apresentam as funções amina (— NH_2) e ácido (— COOH). Sua fórmula geral possui um grupo amino (— NH_2) ligado ao carbono vizinho ao grupo carboxila, denominado carbono α, e um grupo substituinte (R) também ligado a esse carbono:

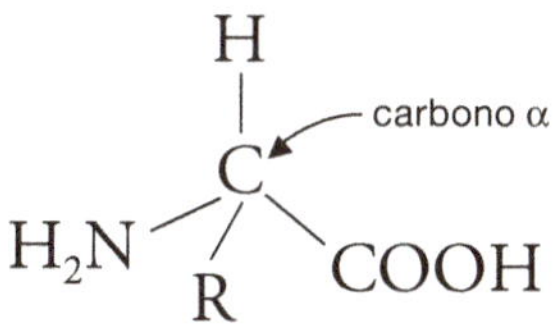
H
carbono α
C
H2N
R
COOH

Diferentes grupos substituintes formam diferentes aminoácidos. Analise as fórmulas estruturais a seguir e perceba a diferença dos grupos R.

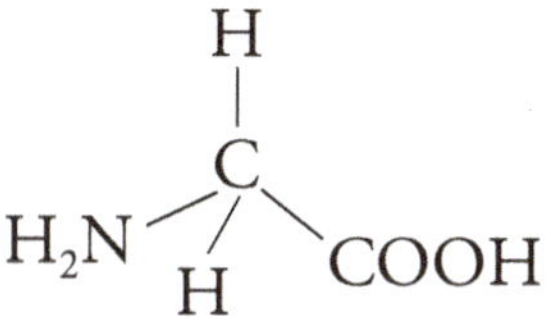
H
C
H2N
H
COOH

ácido α-aminoacético
aminoácido glicina (Gly)

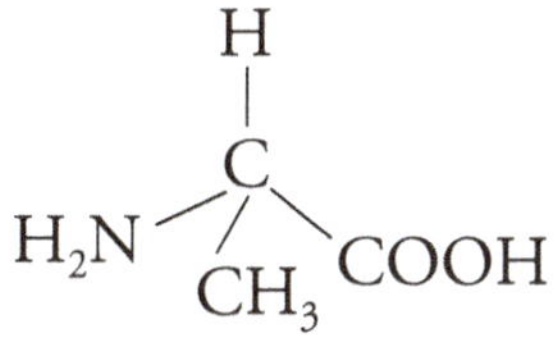
H
C
H2N
CH3
COOH

ácido α-aminopropanoico
aminoácido alanina (Ala)

FIQUE POR DENTRO!

Propriedades ácido-base de aminoácidos – caráter anfótero

Em solução aquosa neutra (pH = 7), os aminoácidos apresentam-se na forma de **íon dipolar** chamado **zwitterion** (híbrido), pois ocorre a transferência de um íon hidrogênio do grupo carboxila para o grupo amino (reação interna ácido-base):

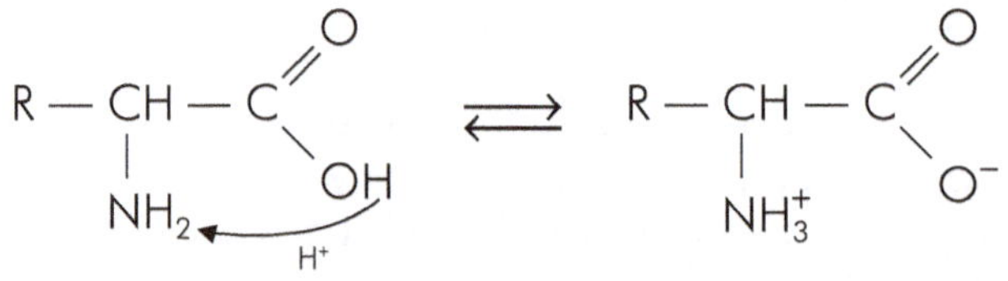

forma molecular — íon dipolar forma predominante

Em uma solução muito ácida (pH = 0), o íon dipolar comporta-se como base de Brönsted (recebe H^+) e transforma-se em **íon positivo**:

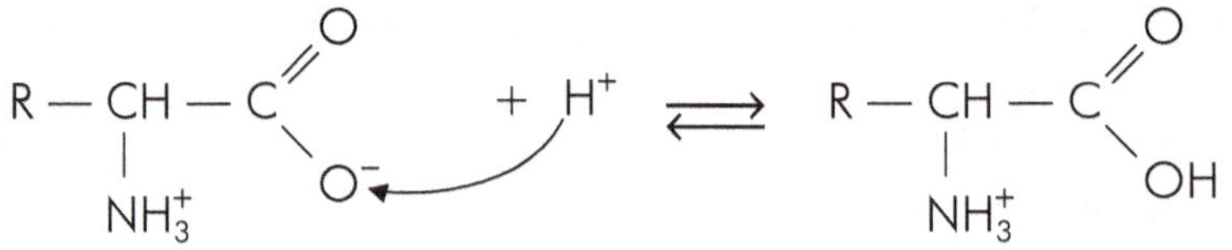

Em uma solução muito básica (pH = 11), o íon dipolar comporta-se como ácido de Brönsted (doa H^+) e transforma-se em **íon negativo**:

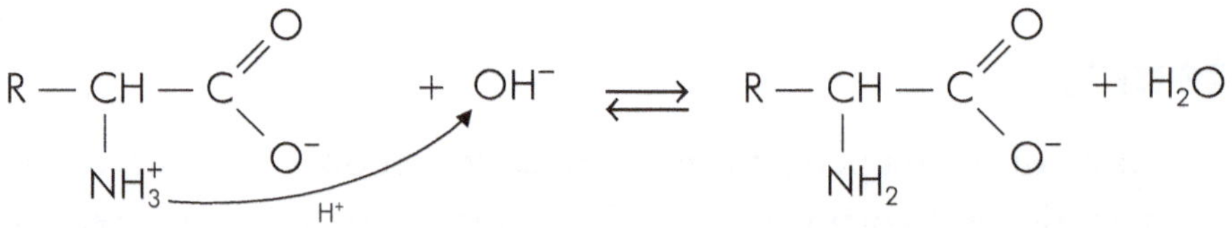

Perceba que variando a acidez ou a basicidade (isto é, o pH) da solução, podemos transformar um aminoácido de íon positivo em negativo, ou vice-versa. Isso significa que os aminoácidos apresentam tanto caráter ácido quanto básico, dependendo das características do meio, ou seja, apresentam caráter **anfótero**.

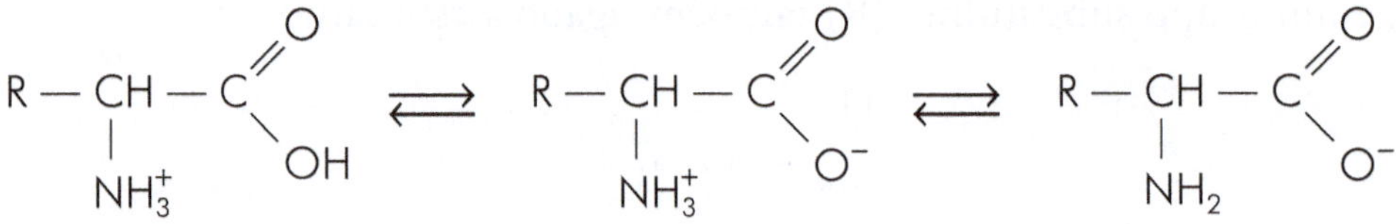

íon positivo pH = 0 — íon dipolar pH = 7 — íon negativo pH = 11

Como exemplo, observe a seguir o aminoácido alanina e a variação do íon em função do pH da solução em que se encontra.

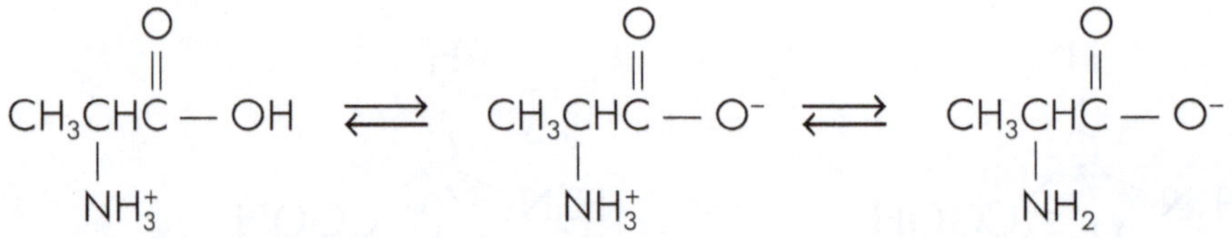

pH = 0 — pH = 7 — pH = 11

12.2.1 Estrutura das proteínas

As proteínas podem se apresentar segundo quatro tipos estruturais e essas formas estão relacionadas com a função que desempenham:

- **estrutura primária** – é uma longa **sequência de aminoácidos (polipeptídeo ou polipeptídio)** unidos por ligações peptídicas, em que o grupo amino de um aminoácido se liga a um grupo carboxila do outro:

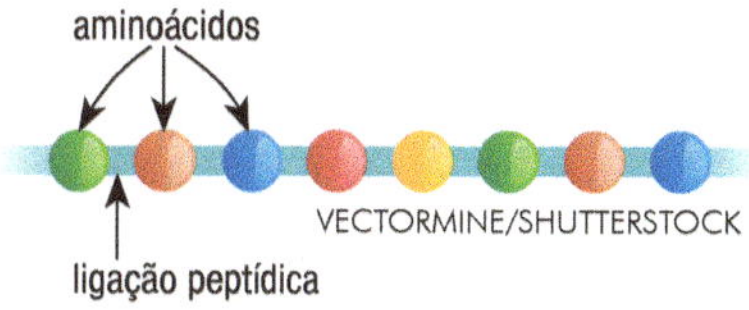
aminoácidos
ligação peptídica
VECTORMINE/SHUTTERSTOCK

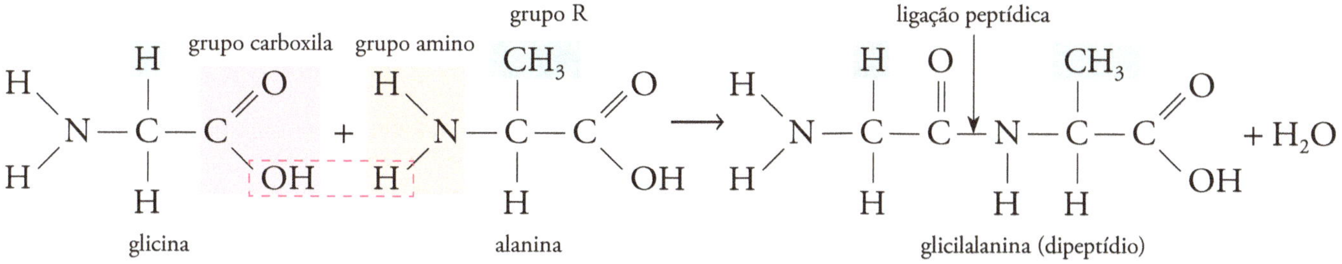
grupo carboxila
grupo amino
grupo R
ligação peptídica
glicina
alanina
glicilalanina (dipeptídio)

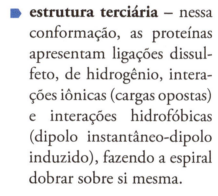

- **estrutura secundária** – a sequência de aminoácidos da estrutura primária estabelece ligações de hidrogênio (átomo de H de um grupo amida com o átomo de O da carbonila), que originam uma estrutura em espiral:

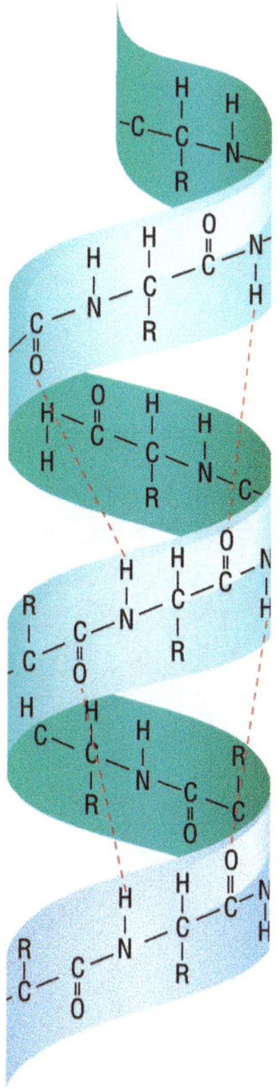
MÔNICA ROBERTA SUGUIYAMA/acervo da editora

- **estrutura terciária** – nessa conformação, as proteínas apresentam ligações dissulfeto, de hidrogênio, interações iônicas (cargas opostas) e interações hidrofóbicas (dipolo instantâneo-dipolo induzido), fazendo a espiral dobrar sobre si mesma.

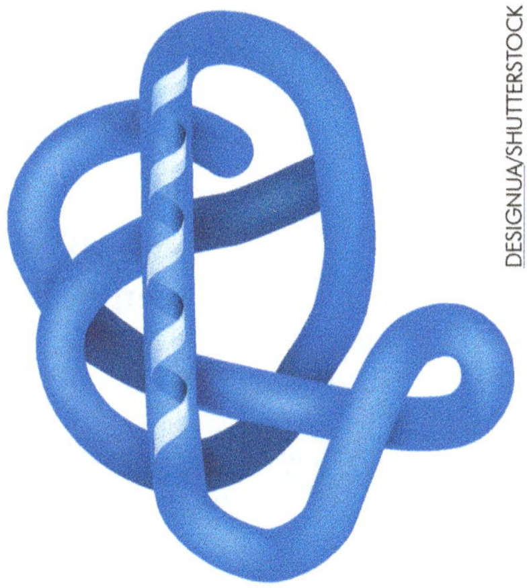
DESIGNUA/SHUTTERSTOCK

Observe as interações ocorrendo na estrutura terciária:

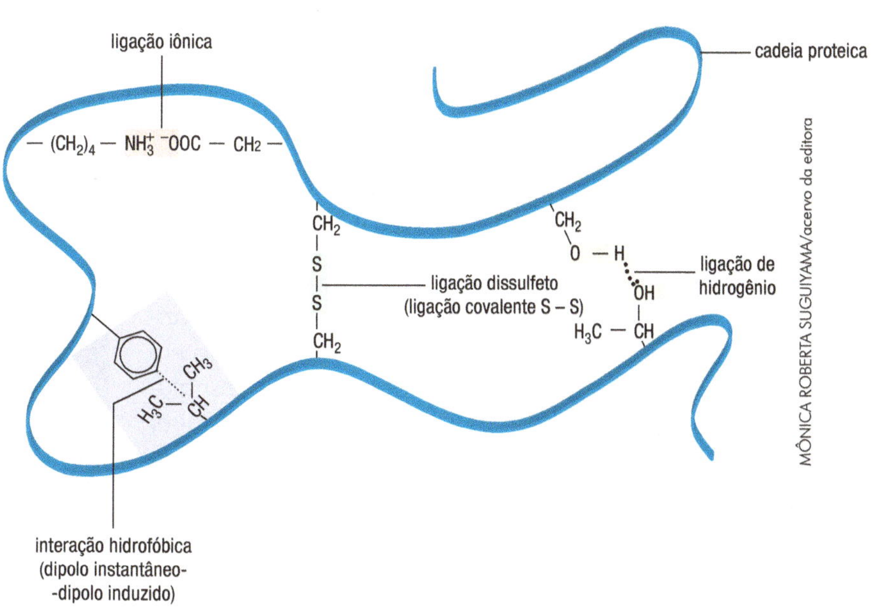
ligação iônica
cadeia proteica
ligação dissulfeto
(ligação covalente S – S)
ligação de hidrogênio
interação hidrofóbica
(dipolo instantâneo-
-dipolo induzido)
MÔNICA ROBERTA SUGUIYAMA/acervo da editora

- **estrutura quartenária** – ocorre a união de várias estruturas terciárias que, juntas, formam uma estrutura única com arranjo espacial definido.

DESIGNUA/SHUTTERSTOCK

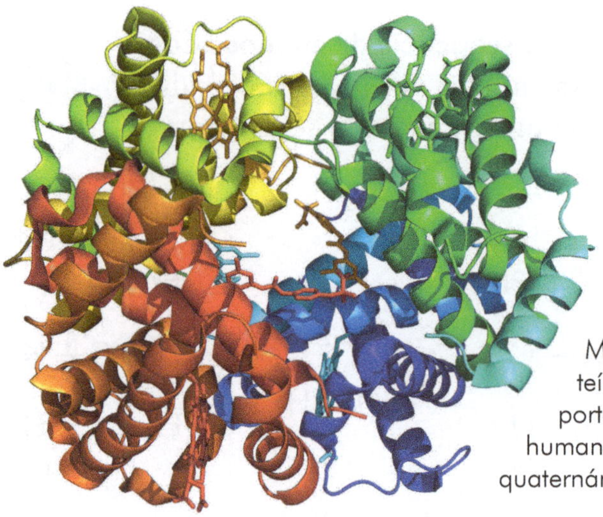

IBREAKSTOCK/SHUTTERSTOCK

Modelo da hemoglobina, proteína responsável por transportar oxigênio nos eritrócitos humanos. Observe sua estrutura quaternária.

12.2.2 Hidrólise de proteínas

Quando uma proteína é aquecida até a fervura em uma solução aquosa de ácido forte ou base forte, ocorre a hidrólise dessa proteína, ou seja, são quebradas as ligações peptídicas, resultando em aminoácidos livres. Observe no exemplo a seguir que na hidrólise desse polipeptídio são quebradas quatro ligações peptídicas.

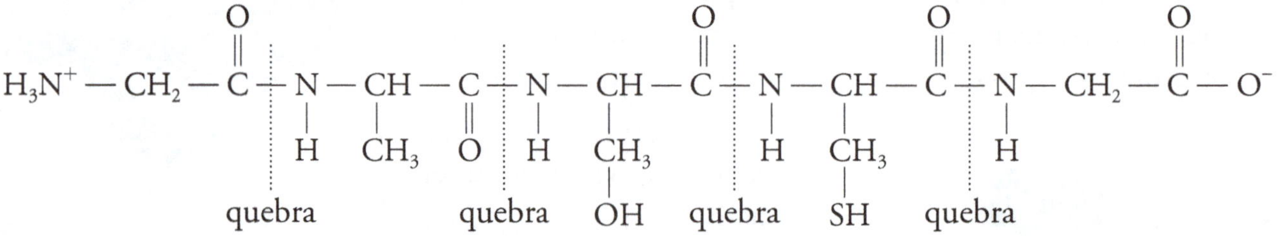
quebra
quebra
quebra
quebra

FIQUE POR DENTRO!

Desnaturação das proteínas

Não confunda hidrólise com desnaturação de proteínas. A desnaturação, ou seja, a perda da função da proteína, ocorre quando há uma mudança no meio em que ela atua, que tanto pode ser de pH como de temperatura. O cozimento apenas em água de um alimento rico em proteínas, como a carne, por exemplo, desnatura as proteínas, mas não as hidrolisa. Isso quer dizer, que a estutura das proteínas é modificada com o aumento de temperatura, mas sua estrutura primária permanece – as ligações peptídicas entre os aminoácidos não são quebradas.

FOTOKOSTIC/SHUTTERSTOCK

Um exemplo de desnaturação de proteínas ocorre quando fritamos um ovo: a temperatura altera a estrutura das proteínas, fazendo com que a clara, rica na proteína albumina, adquira coloração esbranquiçada e endureça.

12.3 Lipídios

Lipídios são substâncias orgânicas, sendo que óleos e gorduras são as mais conhecidas delas. Insolúveis em água, fazem parte da estrutura dessas moléculas os **ácidos graxos**. Estes ácidos têm como características apresentarem um grupo carboxila (— COOH), seguida por uma longa cadeia carbônica (com 12 ou mais átomos de carbono). Essa cadeia pode ser **saturada** (apenas ligações simples entre os átomos de C) ou **insaturada** (com ligações duplas ou triplas entre os átomos de C).

ATENÇÃO!

Ácidos graxos com mais de uma ligação dupla são chamados **ácidos graxos poli-insaturados**.

- Fórmula geral de ácido graxo saturado: $C_nH_{2n+1}COOH$. Por exemplo,

ácido palmítico: 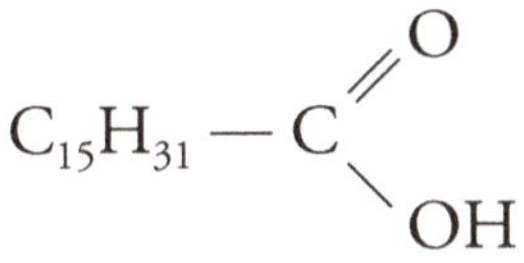

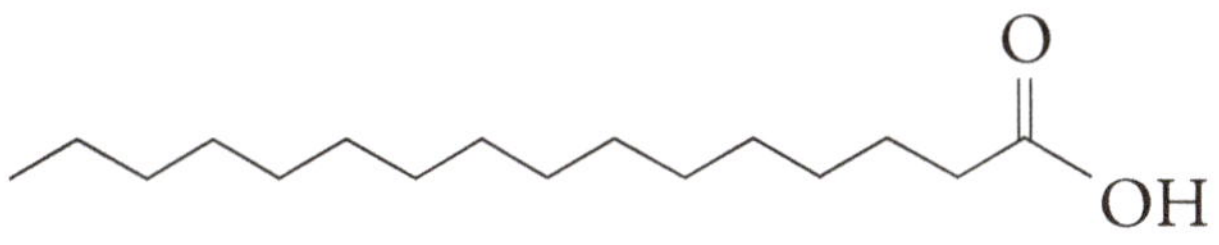

ácido esteárico: 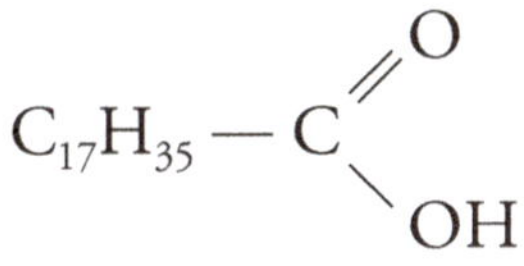

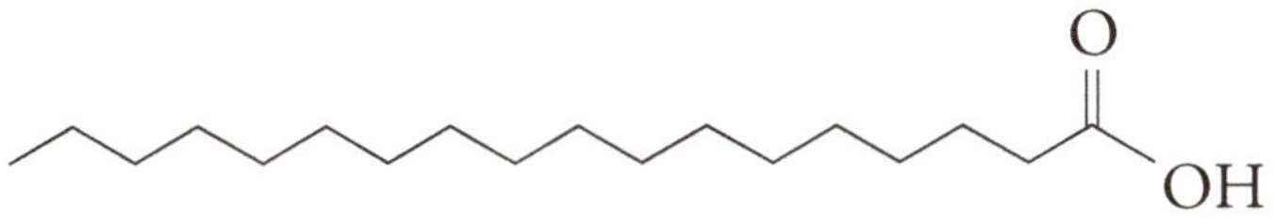

- Fórmulas gerais de ácidos graxos insaturados: $C_nH_{2n-1}COOH$ (para uma ligação dupla) e $C_nH_{2n-3}COOH$ (para duas ligações duplas). Por exemplo,

ácido oleico (uma ligação dupla): 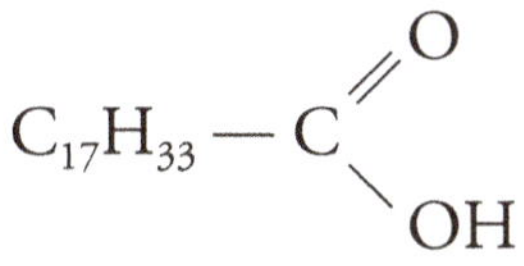

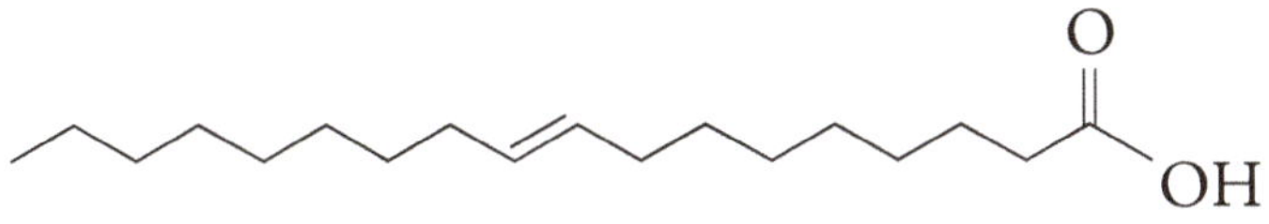

ácido linoleico (duas ligações duplas): 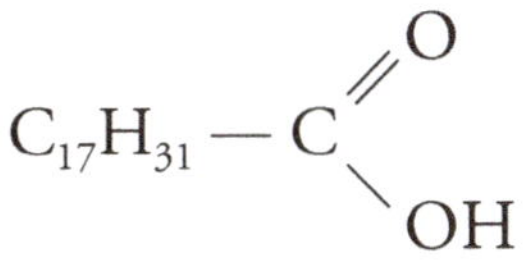

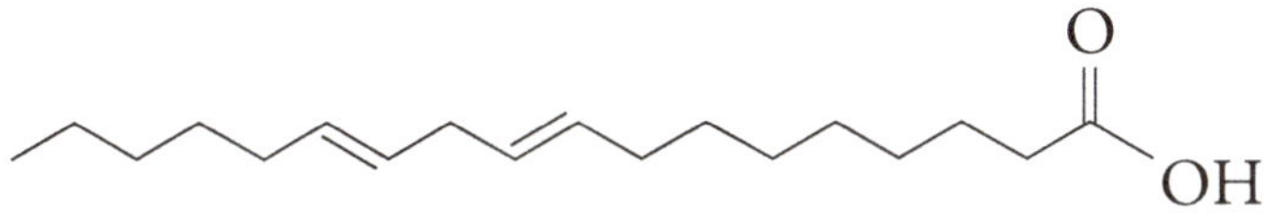

12.3.1 Propriedades físicas dos ácidos graxos

As propriedades físicas de um ácido graxo dependem do comprimento da cadeia hidrocarbônica e do grau de insaturação.

Os pontos de fusão dos ácidos graxos saturados aumentam de acordo com o aumento das respectivas massas moleculares devido à intensificação das forças de London (interações do tipo dipolo instantâneo-dipolo induzido) entre as moléculas.

Estrutura e ponto de fusão de alguns ácidos graxos de cadeia saturada.

Nº DE CARBONOS SATURADOS	NOME COMUM	NOME SISTEMÁTICO	ESTRUTURA	PONTO DE FUSÃO (°C)
12	ácido láurico	ácido dodecanoico	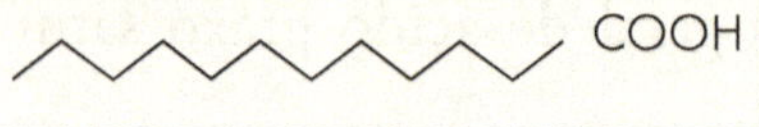	44
14	ácido mirístico	ácido tetradecanoico	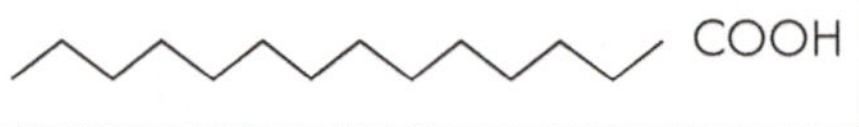	58
16	ácido palmítico	ácido hexadecanoico	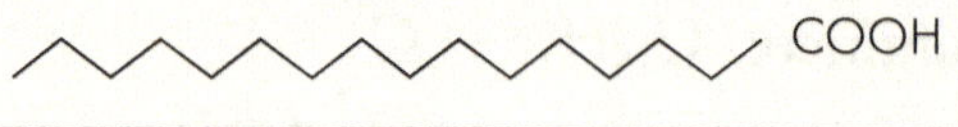	63
18	ácido esteárico	ácido octadecanoico	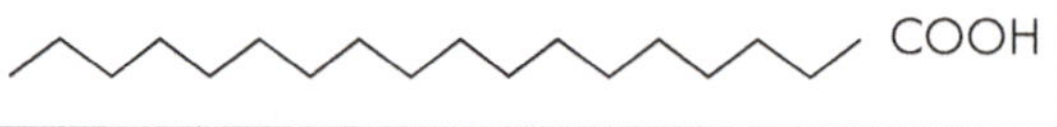	69
20	ácido araquídico	ácido eicosanoico	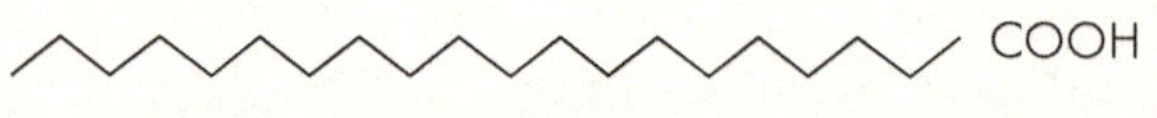	77

Agora, para entender o efeito das insaturações sobre o ponto de fusão dos ácidos graxos, precisamos analisar a estrutura espacial dessas moléculas.

As ligações duplas dos ácidos graxos em geral têm configuração cis, o que produz uma dobra nas moléculas, dificultando a aproximação e o empacotamento das moléculas de ácidos graxos insaturados. Portanto, os ácidos graxos insaturados estabelecem interações intermoleculares menos intensas e, em decorrência, apresentam menores pontos de fusão do que os ácidos graxos saturados de massas moleculares comparáveis.

Os pontos de fusão dos ácidos graxos insaturados diminuem de acordo com o aumento do número de ligações duplas, pois a dobra fica mais intensa, diminuindo a interação molecular.

Observe a diferença no ponto de fusão entre um ácido graxo saturado e outro ácido graxo insaturado, ambos com mesmo número de carbonos.

ácido esteárico
ácido graxo com 18 carbonos
sem ligação dupla
PF = 69 °C

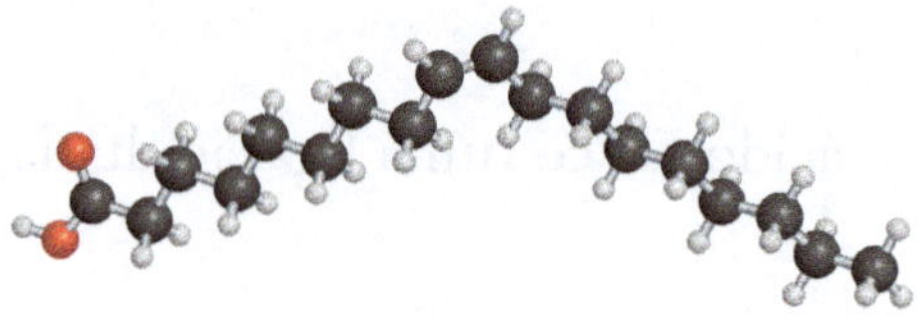

ácido oleico
ácido graxo com 18 carbonos
com ligação dupla
PF = 13 °C

MAGCOM/SHUTTERSTOCK

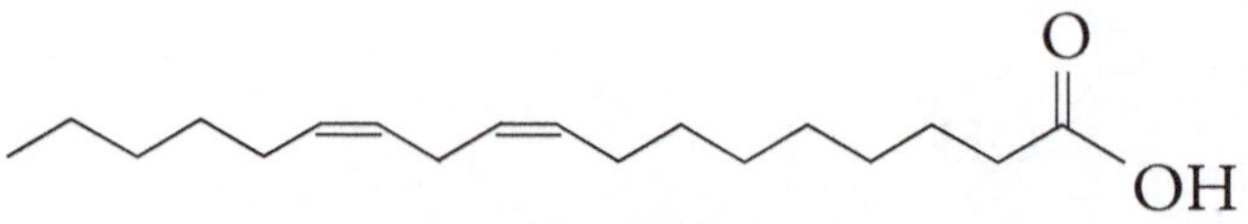

ácido linoleico
ácido graxo com 18 carbonos
com duas ligações duplas
PF = −6 °C

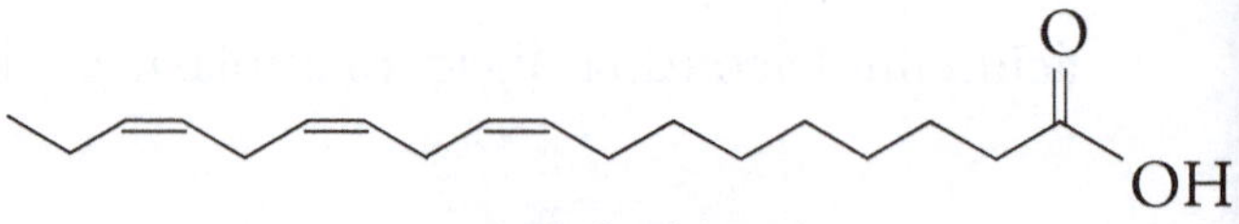

ácido linolênico
ácido graxo com 18 carbonos
com três ligações duplas
PF = −11 °C

Estrutura e ponto de fusão de alguns ácidos graxos de cadeia insaturada.

Nº DE CARBONOS INSATURADOS	NOME COMUM	ESTRUTURA	PONTO DE FUSÃO (°C)
16	ácido palmitoleico	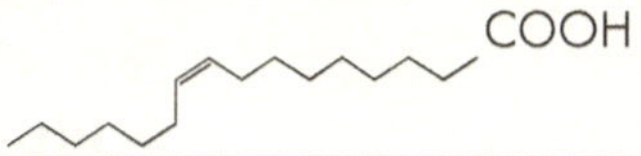	0
18	ácido oleico	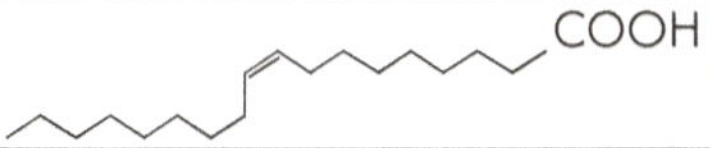	13
18	ácido linoleico	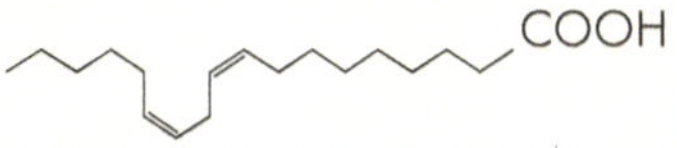	–6
18	ácido linolênico	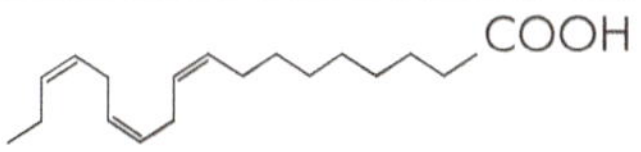	–11
20	ácido araquidônico	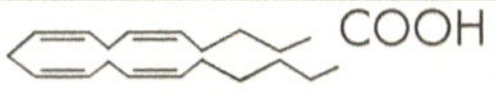	–50
20	EPA	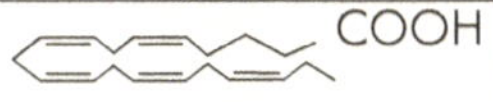	–54

12.3.2 Óleos e gorduras

Encontrados nos seres vivos, óleos e gorduras são lipídios em que os três grupos hidroxila do glicerol ou glicerina são esterificados com ácidos graxos, formando um **triéster do glicerol** ou **triacilglicerol** ou **triglicerídeo**. Como todos os lipídios, são insolúveis em água, porém solúveis em solventes orgânicos não polares, como o benzeno, por exemplo.

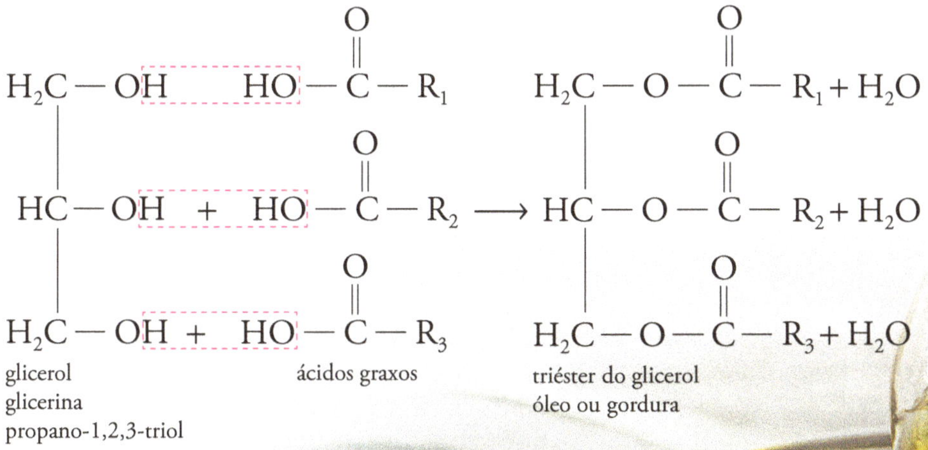
glicerol
glicerina
propano-1,2,3-triol
ácidos graxos
triéster do glicerol
óleo ou gordura

O azeite de oliva é considerado o óleo vegetal com sabor e aroma mais refinado. Acredita-se que ele diminui os níveis de colesterol no sangue, reduzindo os riscos de doenças cardíacas.

Alguns óleos e gorduras presentes nos seres vivos.

ORIGEM	GORDURAS	ÓLEOS
animal	• sebo (bovinos) • banha (suínos) • manteiga (leite)	• fígado de bacalhau • capivara
vegetal	• gordura de coco • manteiga de cacau	• caroço de algodão • amendoim • oliva • milho • soja

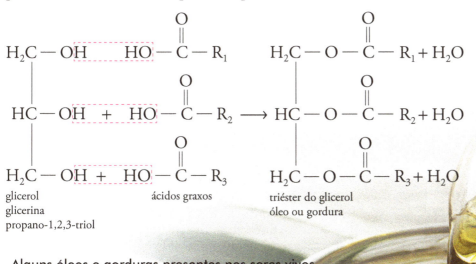

DUSAN ZIDAR/ SHUTTERSTOCK

Os triglicerídeos sólidos ou semissólidos à temperatura ambiente são chamados **gorduras**.

As gorduras são normalmente obtidas de animais e, em geral, são compostas de triglicerídeos com **ácidos graxos saturados** ou **ácidos graxos com apenas uma ligação dupla**. As cadeias saturadas dos ácidos graxos organizam-se, espacialmente, de forma mais compactada, o que favorece o estabelecimento de interações intermoleculares mais intensas entre os lipídios, o que os leva a se apresentarem sólidos à temperatura ambiente.

Já os triglicerídeos líquidos à temperatura ambiente são chamados **óleos**. De modo geral, os óleos são obtidos de produtos vegetais, como milho, feijão, soja, azeitonas e amendoins.

Os óleos são compostos predominantemente de triglicerídeos com **ácidos graxos insaturados** que, espacialmente, formam estruturas menos compactadas, o que dificulta o estabelecimento de interações intermoleculares entre os lípídios. Em decorrência, apresentam pontos de fusão relativamente baixos, que os levam a ser líquidos à temperatura ambiente.

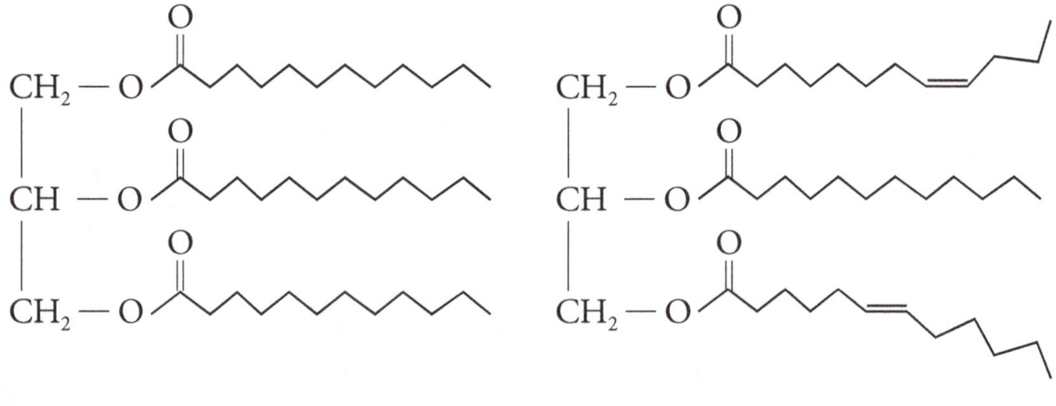
O
CH2 — O
CH — O
CH2 — O

ALILA MEDICAL MEDIA/SHUTTERSTOCK

Compare a estrutura de um triglicerídeo formado apenas com ácidos graxos saturados (à esquerda) com a de um formado predonominantemente por ácidos graxos insaturados (à direita). Entre essas estruturas, o composto da esquerda apresenta maior ponto de fusão, pois estabelece interações intermoleculares mais intensas que o outro.

JPC-PROD/SHUTTERSTOCK

As gorduras, como manteiga e gordura de coco, em que prevalecem as cadeias saturadas, são sólidas a 25 °C. Já nessa mesma temperatura, os óleos, em que predominam as cadeias insaturadas, são líquidos.

Por meio da hidrólise pode-se determinar a composição de ácidos graxos nos óleos e nas gorduras. No organismo humano, a gordura alimentar é hidrolisada no intestino, regenerando o glicerol e os ácidos graxos, que são absorvidos pelo corpo humano.

$$H_2C-O-\underset{\underset{O}{\parallel}}{C}-R_1$$
$$HC-O-\underset{\underset{O}{\parallel}}{C}-R_2 + 3\,H_2O \longrightarrow HC-OH + R_2-C\underset{OH}{\overset{O}{\diagup\!\!\!\diagdown}}$$
$$H_2C-O-\underset{\underset{O}{\parallel}}{C}-R_3 \qquad H_2C-OH \qquad R_3-C\underset{OH}{\overset{O}{\diagup\!\!\!\diagdown}}$$

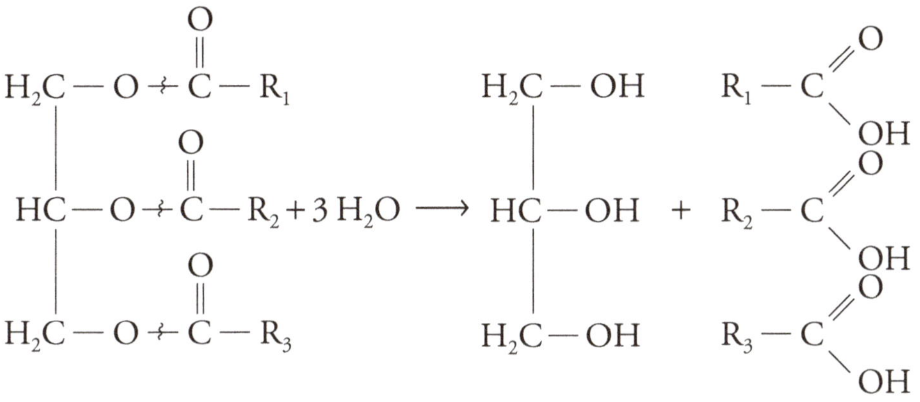

glicerol ácidos graxos

Composição percentual de ácidos graxos presentes em óleos e gorduras

lipídio	PF (°C)	% DE ÁCIDOS GRAXOS					
		SATURADOS				INSATURADOS	
		láurico	mirístico	palmítico	esteárico	oleico	linoleico
manteiga	32	2	11	29	9	27	4
azeite	-6	0	0	7	2	84	5

Compare a quantidade relativa de ácidos graxos saturados e insaturados presentes na manteiga (uma gordura) e no azeite (um óleo). A maior porcentagem de ácidos graxos insaturados no azeite explica o menor ponto de fusão desse alimento em comparação à manteiga.

O grau de insaturações presentes em um triglicerídeo pode ser determinado a partir do **índice de iodo**, que corresponde à massa de iodo (I_2) necessária para reagir completamente com 100 g de óleo ou gordura. Nessa reação, ocorre adição de I_2 à insaturação; portanto, quanto maior for a quantidade de insaturações, maior será o índice de iodo.

$$-\underset{|}{\overset{|}{C}}=\underset{|}{\overset{|}{C}}- + I_2 \longrightarrow -\underset{|}{\overset{I}{C}}-\underset{|}{\overset{I}{C}}-$$

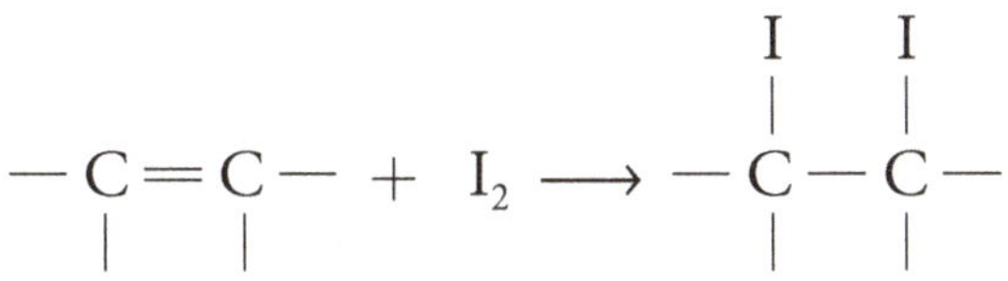

Por exemplo, a manteiga apresenta índice de iodo igual a 36, enquanto o azeite apresenta um valor próximo de 68. O maior valor desse índice para o azeite justifica-se pelo fato de ele apresentar maior percentual de ácidos graxos insaturados que a manteiga, como vimos na tabela acima.

FIQUE POR DENTRO!

Fabricação de margarinas

Os óleos, como de milho, soja, girassol e outros, possuem cadeias carbônicas insaturadas por ligações duplas, que podem sofrer hidrogenação catalítica, sendo assim transformados em gorduras.

$$\text{óleo (insaturado)} \xrightarrow[\text{catalisador}]{H_2O} \text{margarina (gordura)}$$

As margarinas são fabricadas atualmente, em sua grande maioria, a partir de óleos poli-insaturados, com hidrogenação de apenas parte das insaturações. Isso evita a presença de triglicerídeos saturados e, acredita-se, o produto resultante oferece menos riscos à saúde.

Além de óleos vegetais hidrogenados, as margarinas contêm outros componentes, como leite, vitamina A, aromatizantes e corantes.

Durante a hidrogenação catalítica, o ácido graxo insaturado cis pode ser transformado em ácido graxo insaturado trans, obtendo-se a chamada *gordura trans*.

Como os ácidos graxos trans são de difícil metabolização pelos seres humanos, eles se acumulam no organismo, podendo causar aumento nos níveis de colesterol LDL (considerado ruim), além de aumentar os riscos de deposição e formação de placas no interior de vasos e artérias.

Alguns alimentos industrializados são ricos em gorduras trans, tais como sorvetes, batatas fritas, salgadinhos de pacote, bolos, biscoitos e margarinas. Habitue-se a consultar a tabela nutricional das embalagens dos alimentos e evite consumir aqueles que apresentem gorduras trans.

CKP1001/SHUTTERSTOCK

12.3.3 Reação de saponificação

Sabões são uma mistura de sais de ácidos graxos. Aquecendo-se gordura ou óleo em presença de uma base, realizamos uma reação química, chamada de **hidrólise básica** ou **saponificação**, que produz sabão.

> óleo ou gordura + base ⟶ sabão + glicerol

$$\begin{array}{c}
H_2C - O - \overset{\overset{O}{\|}}{C} - R_1 \\
| \\
HC - O - \overset{\overset{O}{\|}}{C} - R_2 \\
| \\
H_2C - O - \overset{\overset{O}{\|}}{C} - R_2
\end{array} + 3\,NaOH \longrightarrow \begin{array}{c} R_1 - \overset{\overset{O}{\|}}{C} - O^-Na^+ \\ \\ R_2 - \overset{\overset{O}{\|}}{C} - O^-Na^+ \\ \\ R_3 - \overset{\overset{O}{\|}}{C} - O^-Na^+ \end{array} + \begin{array}{c} H_2C - OH \\ | \\ HC - OH \\ | \\ H_2C - OH \end{array}$$

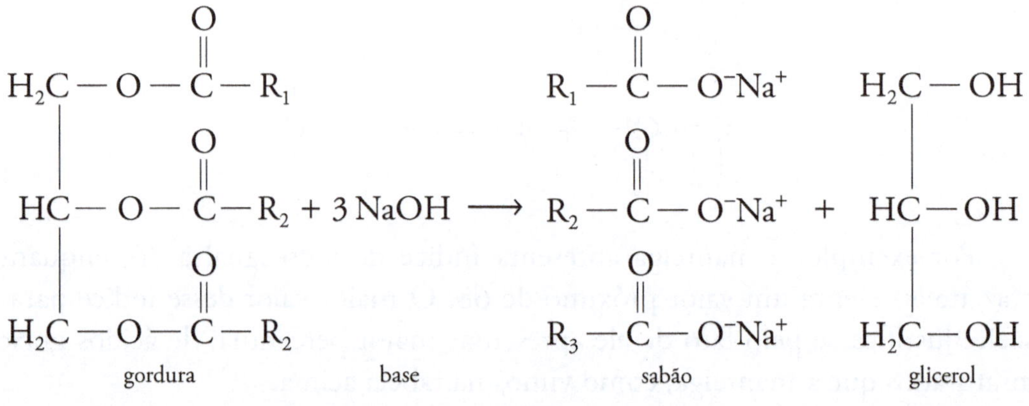

gordura   base   sabão   glicerol

A quantidade de base utilizada pode ser medida pelo **índice de saponificação**, que é a quantidade de KOH, em miligramas, necessária para saponificar completamente 1 g de óleo ou gordura. Quanto maior for esse índice, menor será a massa molar do óleo ou gordura.

O índice de saponificação da manteiga, por exemplo, varia de 210 a 235, enquanto o do óleo de algodão varia entre 190 a 200. Isso indica que 1 g de óleo de algodão gasta menos base para formar um sabão do que 1 g de manteiga.

Diferentemente dos sabões, **detergentes** são sais de ácidos sulfônicos de cadeia longa ou sais de aminas de cadeia longa. Por exemplo,

$SO_3^-Na^+$
detergente aniônico

$NH_3^+Cl^-$
detergente catiônico

Nos detergentes aniônicos, a cadeia carbônica está ligada diretamente à estrutura que assume carga negativa. Já nos detergentes catiônicos, a cadeia carbônica está ligada à estrutura que assume carga positiva.

Detergente de cadeia ramificada não é biodegradável, pois as enzimas não catalisam a decomposição de uma cadeia ramificada.

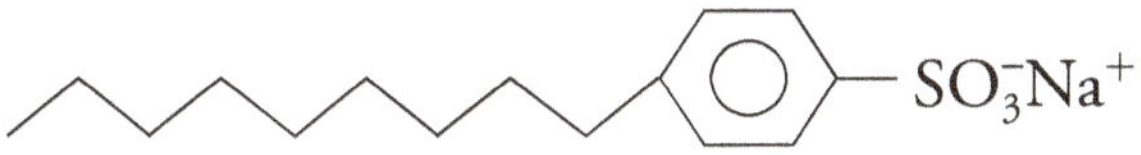
$SO_3^-Na^+$
detergente biodegradável

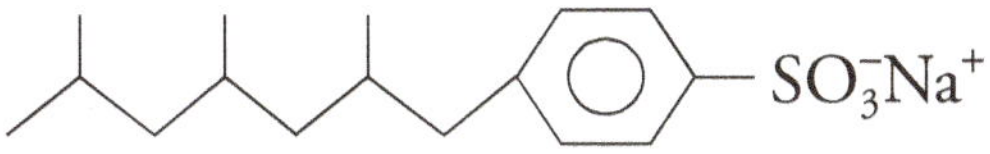
$SO_3^-Na^+$
detergente não biodegradável

CAVAN-IMAGES/SHUTTERSTOCK

Todos os sabões utilizados nos processos industriais ou domésticos são degradados (decompostos) por microrganismos existentes na água, não causando grandes alterações no meio ambiente. Esses microrganismos produzem enzimas que aceleram o processo de quebra das cadeias do sabão. Todo sabão é biodegradável.

FIQUE POR DENTRO!

Como atuam sabões e detergentes na limpeza

A estrutura de um sabão ou de um detergente pode ser representada por:

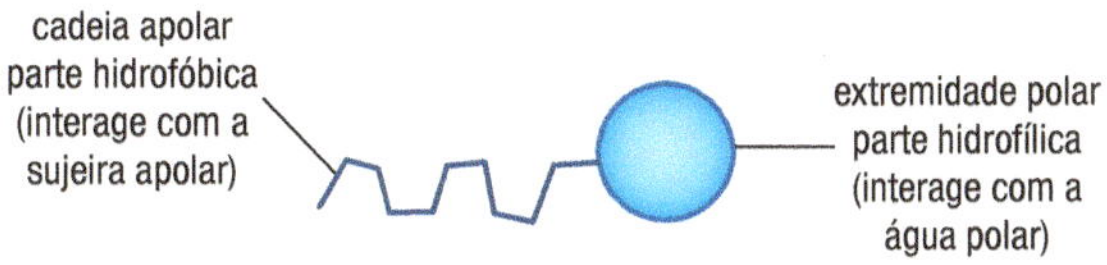
cadeia apolar
parte hidrofóbica
(interage com a
sujeira apolar)
extremidade polar
parte hidrofílica
(interage com a
água polar)
MÔNICA R. SUGUIYAMA/acervo da editora

Quando as estruturas do sabão ou detergente se aproximam da sujeira apolar, a cadeia apolar interage com ela, e a parte polar interage com a água.

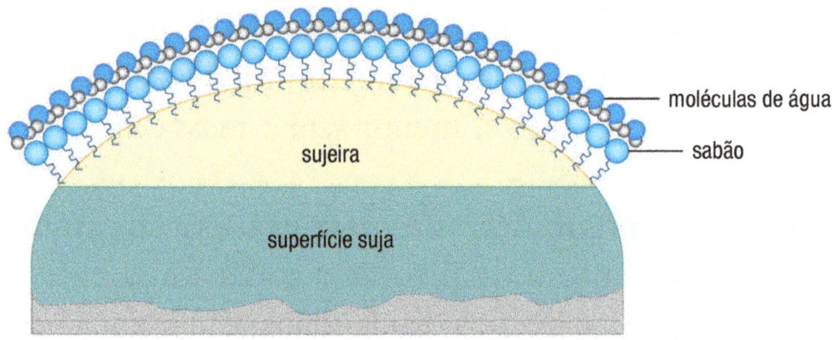
moléculas de água
sabão
sujeira
superfície suja

EMRE TERIM/SHUTTERSTOCK

Devido à agitação, formam-se as micelas (sujeira envolvida pelo sabão), que ficam dispersas na água. Dizemos que o sabão ou detergente atua como um **agente emulsificante**, pois tem a propriedade de dispersar as micelas na água.

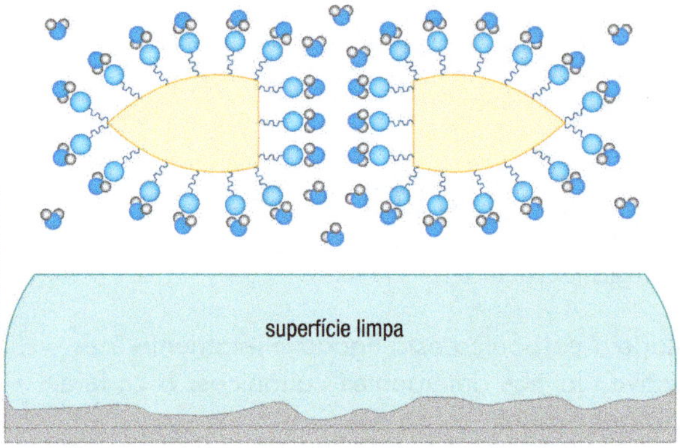
superfície limpa

EMRE TERIM/SHUTTERSTOCK

12.3.4 Reação de transesterificação

A necessidade de se encontrarem alternativas para o petróleo, uma fonte não renovável, como principal matéria-prima para obtenção de combustíveis tem estimulado as pesquisas sobre fontes renováveis, como, por exemplo, o **biodiesel**.

No Brasil, o biodiesel tem sido obtido a partir de óleos vegetais novos ou usados ou gorduras animais por meio de um processo químico conhecido como **transesterificação**, em que o álcool utilizado pode ser o etanol:

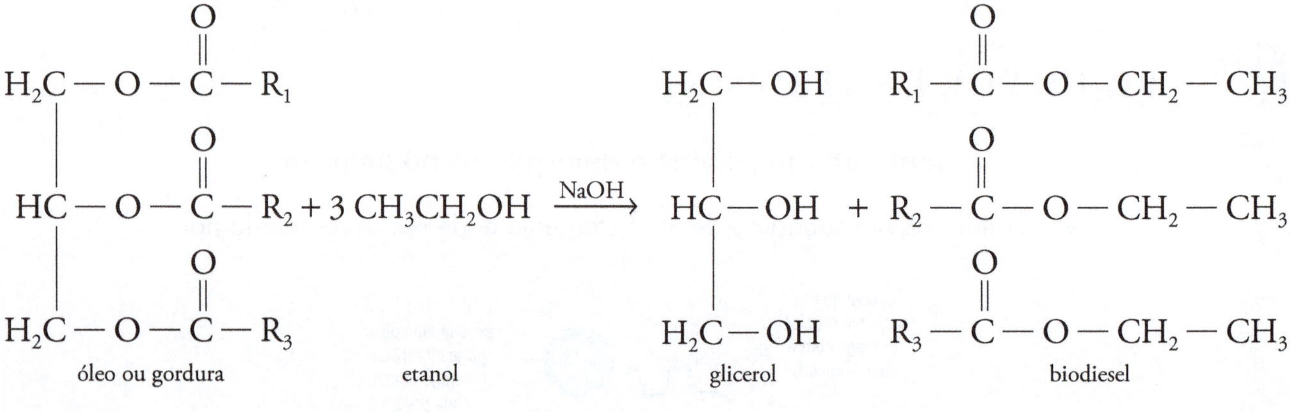
+ 3 CH_3CH_2OH
NaOH
+
óleo ou gordura
etanol
glicerol
biodiesel

em que R_1, R_2 e R_3 são cadeias carbônicas, de C_7 a C_{23}.

Observe que o produto final da transesterificação é constituído de duas fases líquidas *imiscíveis*. A fase mais densa é composta de glicerol, impregnada com excessos utilizados de álcool, água e impurezas, e a menos densa é uma mistura de ésteres etílicos (biodiesel).

O biodiesel não contém enxofre em sua composição; portanto, esse combustível puro ou misturado ao diesel reduz a emissão de gases poluentes. Para seu uso não é necessária nenhuma modificação nos motores.

LIGANDO OS PONTOS!

Nem só de combustíveis fósseis vivem os homens!

Conhecido desde a antiguidade, por seus afloramentos frequentes no Oriente Médio, o petróleo, um dos chamados combustíveis fósseis, já era utilizado no início da era cristã tanto para iluminação como para arma de guerra. Mas a indústria petrolífera como a conhecemos só surgiu a partir século XIX.

Combustíveis fósseis (gás natural, petróleo e carvão mineral) levam milhões de anos para serem formados a partir do acúmulo de material orgânico em solos sedimentares, submetido a alta pressão. Pela dificuldade de formação, os combustíveis fósseis são considerados recursos não renováveis. Sua queima libera dióxido de carbono, um dos chamados gases de estufa, cujo acúmulo acelera o aquecimento da temperatura do planeta.

Por meio de reações químicas, outros combustíveis alternativos foram desenvolvidos e colocados para uso nos veículos automotores. Dois deles (etanol e biodiesel) são de particular interesse, pois são produzidos a partir de reações orgânicas.

Pode parecer recente, mas a busca pelo etanol como combustível começou na década de 1920. Uma década depois, foi autorizada a mistura de álcool à gasolina, o que melhora o desempenho dos motores e diminui a emissão de CO_2 para a atmosfera quando da queima da gasolina. A criação do Programa Nacional do Álcool, em 1975, foi outro passo importante para o desenvolvimento do etanol como combustível no Brasil.

O biodiesel é outro combustível considerado como um recurso renovável. Misturado ao diesel, combustível derivado do petróleo, o biodiesel pode ser produzido por transesterificação de gorduras animais ou vegetais (girassol e babaçu, entre outras). No Brasil, a soja é a matéria-prima principal para a produção desse combustível.

ALF RIBEIRO/SHUTTERSTOCK

Detalhe de frutos de mamona (*Ricinus communis*), uma das culturas eleitas pelos programas federais brasileiros para fornecer matéria-prima para produção do biodiesel. Estudos mostram que o biodiesel obtido dessa planta apresenta rendimento energético superior ao do biodiesel produzido a partir da soja ou da colza, duas culturas tradicionalmente utilizadas nessa produção.

No Brasil, segundo maior produtor de etanol, ele é produzido a partir da fermentação por bactérias do melaço obtido da cana-de-açúcar, mas outros países o fabricam a partir do milho ou da beterraba. Na foto, plantação de cana-de-açúcar no estado de São Paulo.

ALF RIBEIRO/SHUTTERSTOCK

SÉRIE BRONZE

1. Sobre os carboidratos, complete o diagrama a seguir com as informações corretas.

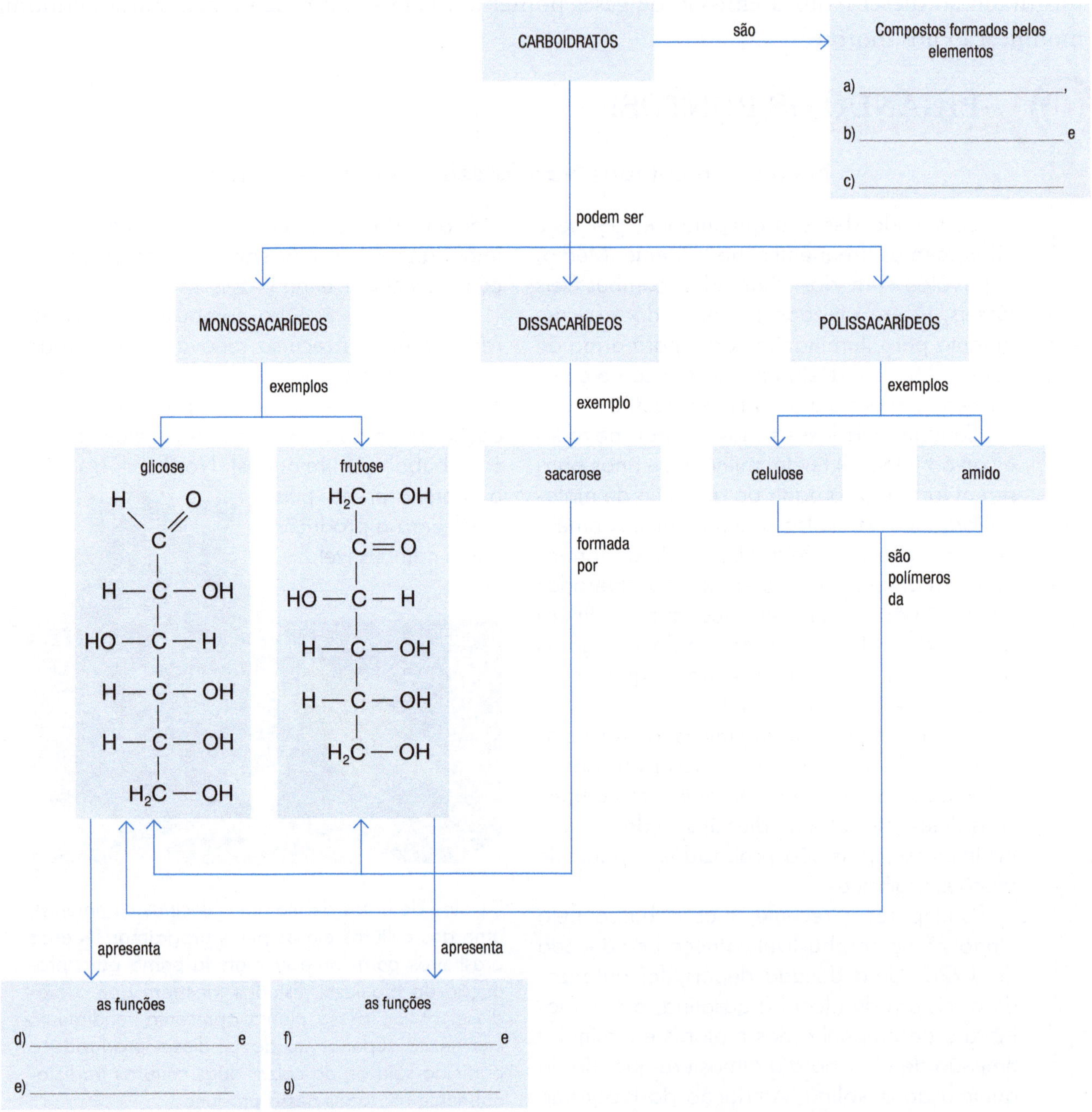

CARBOIDRATOS
são
Compostos formados pelos elementos
a) ______,
b) ______ e
c) ______
podem ser
MONOSSACARÍDEOS
DISSACARÍDEOS
POLISSACARÍDEOS
exemplos
exemplo
exemplos
glicose
frutose
sacarose
celulose
amido
formada por
são polímeros da
apresenta
apresenta
as funções
d) ______ e
e) ______
as funções
f) ______ e
g) ______

2. Sobre aminoácidos e proteínas, complete o diagrama a seguir com as informações corretas.

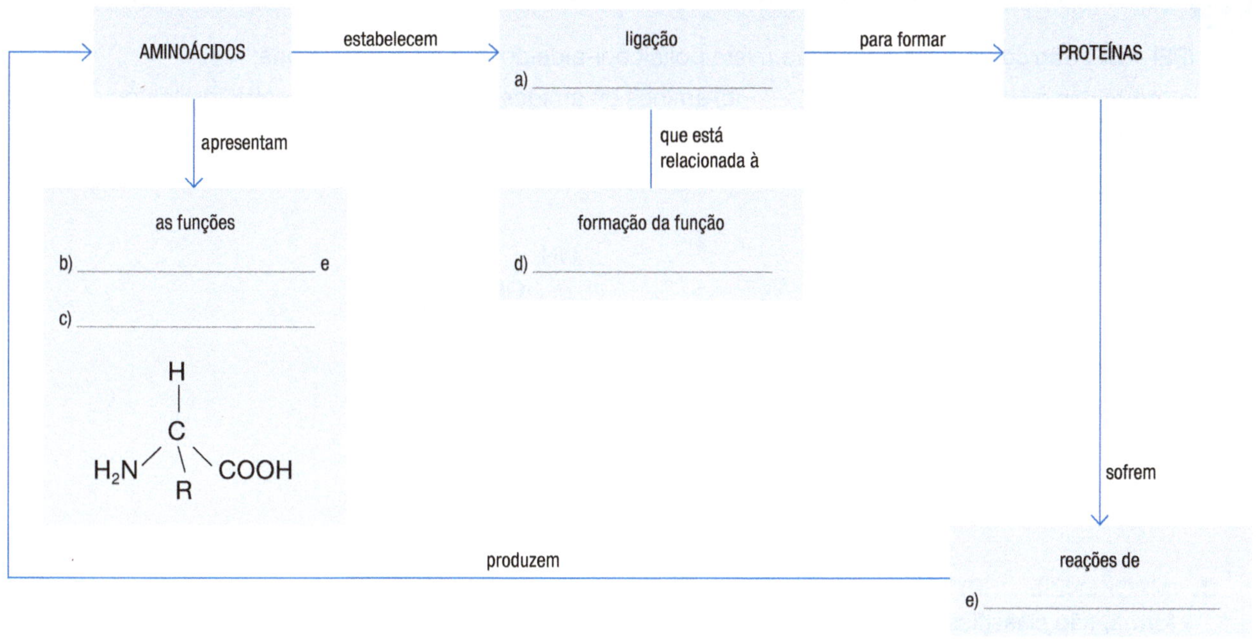
AMINOÁCIDOS
estabelecem
ligação
a) ______
para formar
PROTEÍNAS
apresentam
as funções
b) ______ e
c) ______
que está relacionada à
formação da função
d) ______
sofrem
reações de
e) ______
produzem

3. Sobre os lipídios, complete o diagrama a seguir com as informações corretas.

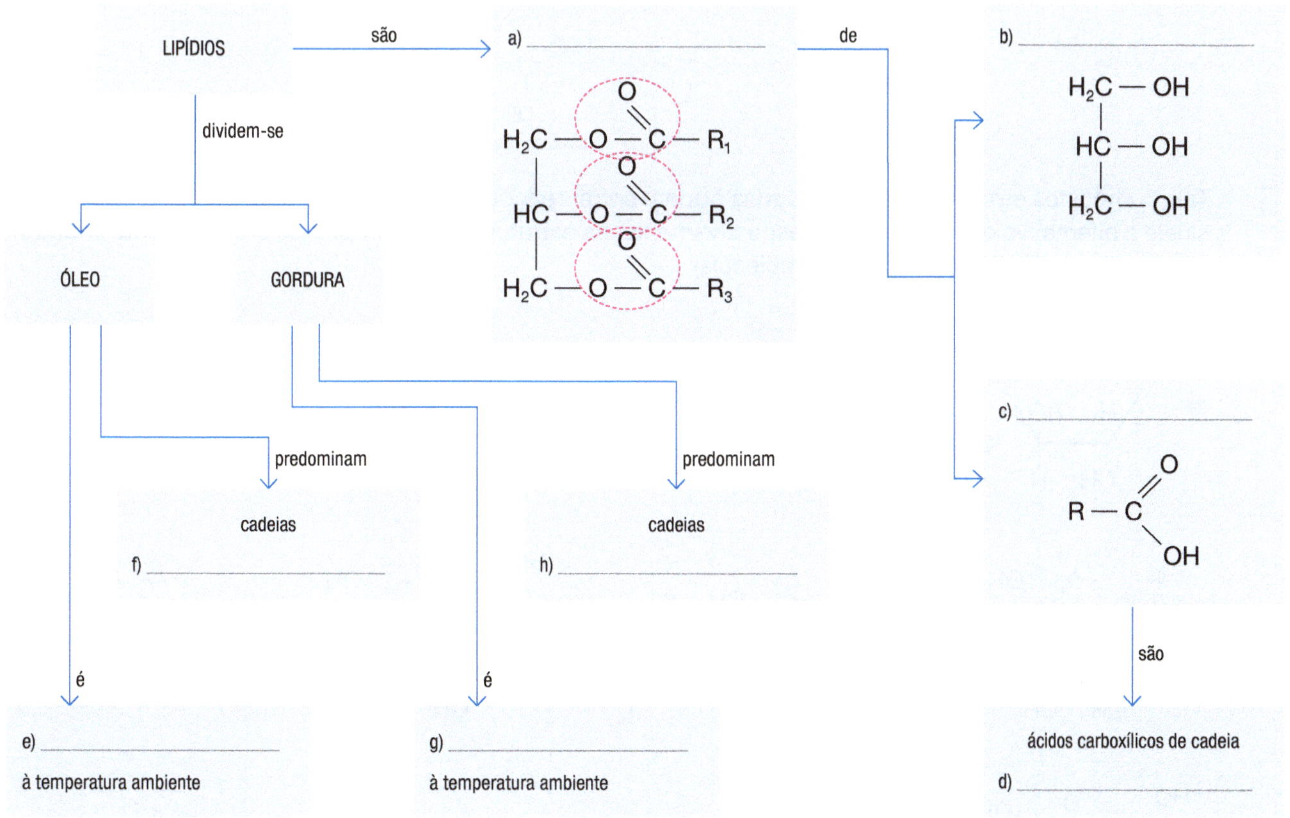
LIPÍDIOS
são
a) ______
de
b) ______
dividem-se
ÓLEO
GORDURA
c) ______
predominam
cadeias
f) ______
predominam
cadeias
h) ______
são
é
e) ______
à temperatura ambiente
é
g) ______
à temperatura ambiente
ácidos carboxílicos de cadeia
d) ______

SÉRIE PRATA

1. (FEI – SP) São compostos de função mista poliálcool-aldeído ou poliálcool-cetona:

a) proteínas ou enzimas.
b) glicídios ou carboidratos.
c) aminas ou amidas.
d) proteínas ou glicídios.
e) carboidratos ou animais.

2. Complete com α ou β.

a) 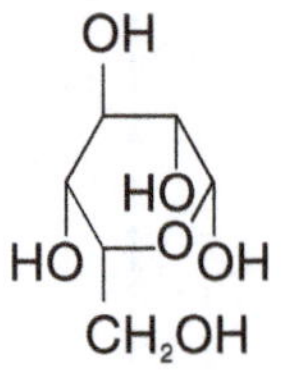

_____ glicose

b) 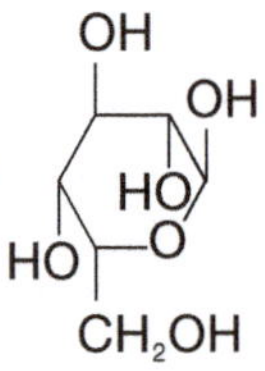

_____ glicose

3. (MACKENZIE – SP) Vários compostos orgânicos podem apresentar mais de um grupo funcional. Dessa forma, são classificados como compostos orgânicos de função mista. Os carboidratos e ácidos carboxílicos hidroxilados são exemplos desses compostos orgânicos, como ilustrado abaixo:

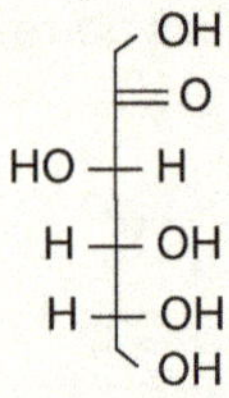

carboidrato

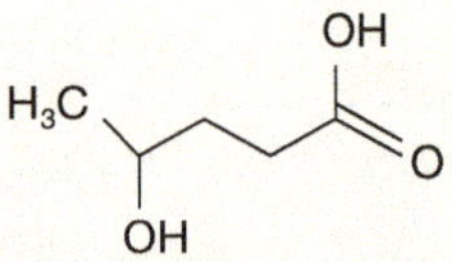

ácido carboxílico hidroxilado

Tais compostos em condições adequadas podem sofrer reações de ciclização intramolecular. Assim, assinale a alternativa que representa, respectivamente, as estruturas dos compostos anteriormente citados, após uma reação de ciclização intramolecular.

a) 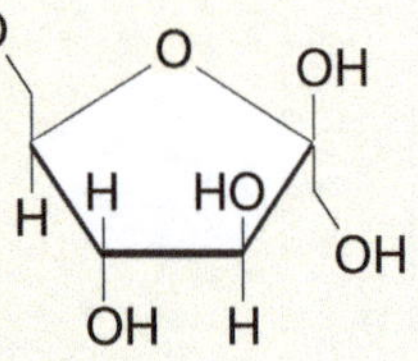 e 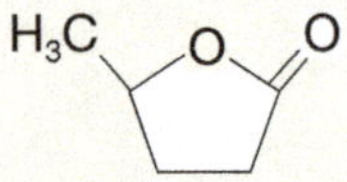

b) 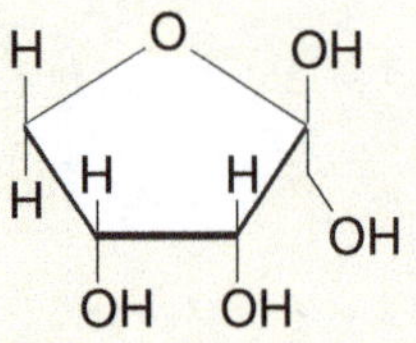 e 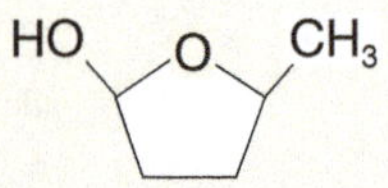

c) 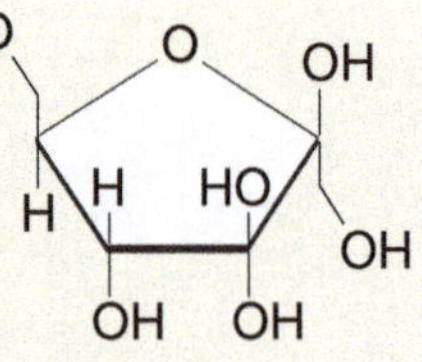 e 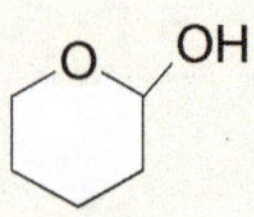

d) 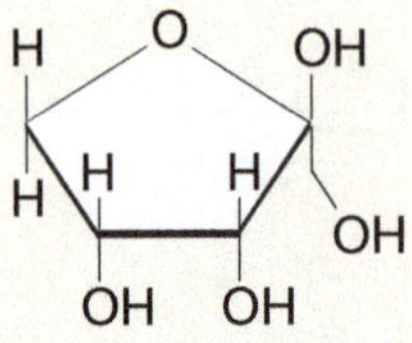 e 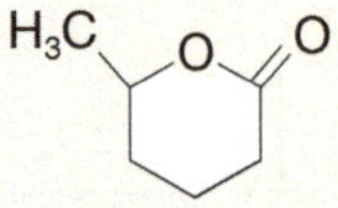

e) 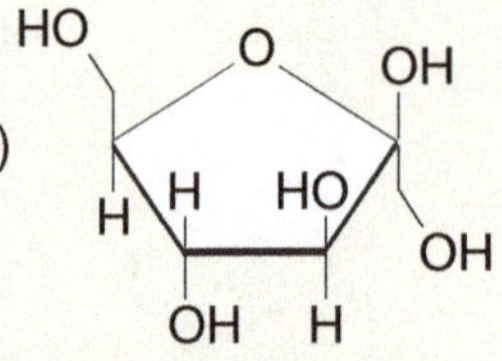 e 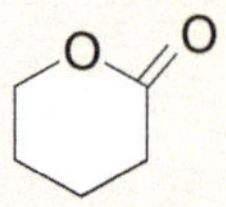

Resolução:

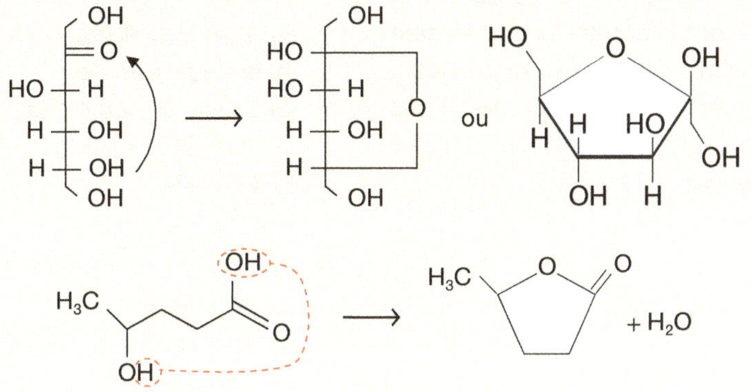

Resposta: alternativa a.

4. (UEM – PR) Com base na reação de formação da lactose, assinale o que for incorreto:

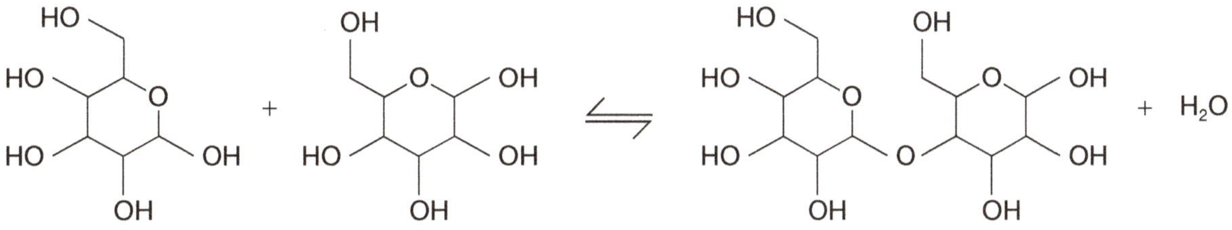

galactose glicose lactose

a) A lactose apresenta dez carbonos quirais ou assimétricos.
b) A lactose é um dissacarídeo formado por duas moléculas de hexoses.
c) Todos os álcoois presentes nas estruturas da galactose e da glicose são álcoois secundários.
d) A lactose é formada a partir de uma reação de desidratação intermolecular de álcoois.
e) A estrutura química da lactose pode ser classificada como cadeia heterogênea, saturada, mista e alicíclica.

5. (FAMERP – SP) A remoção da lactose de leite e derivados, necessária para que pessoas com intolerância a essa substância possam consumir esses produtos, é feita pela adição da enzima lactase no leite, que quebra a molécula de lactose, formando duas moléculas menores, conforme a equação:

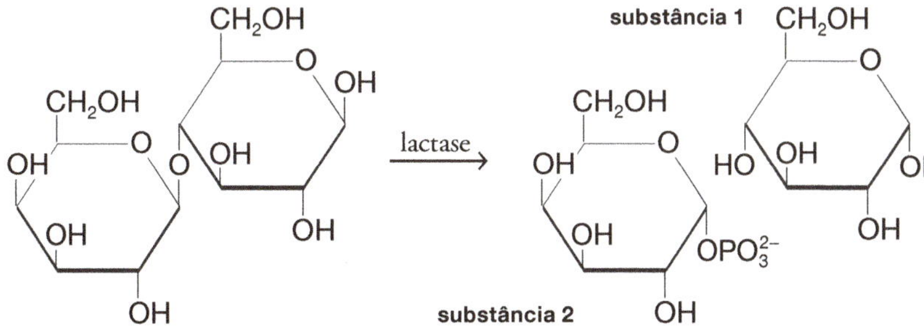
lactase
substância 1
substância 2

lactose

As substâncias 1 e 2 produzidas na quebra da lactose pertencem ao grupo de moléculas conhecidas como

a) glicerídeos.
b) lipídios.
c) polímeros.
d) aminoácidos.
e) glicídios.

6. (UFRGS – RS) A fenilalanina pode ser responsável pela fenilcetonúria, doença genética que causa o retardamento mental em algumas crianças que não apresentam a enzima fenilalanina-hidroxilase. A fenilalanina é utilizada em adoçantes dietéticos e refrigerantes do tipo "light". Sua fórmula estrutural é representada abaixo.

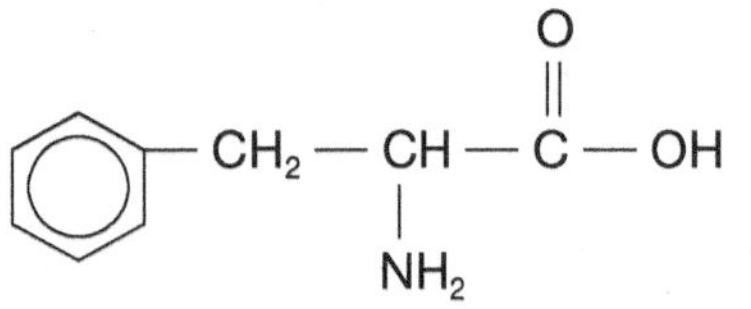

Pode-se concluir que a fenilalanina é um

a) glicídio.
b) ácido carboxílico.
c) aldeído.
d) lipídio.
e) aminoácido.

7. (FATEC – SP) São chamados "α-aminoácidos" aqueles compostos nos quais existe um grupo funcional amina (— NH_2) ligado ao carbono situado na posição α, conforme o exemplo a seguir:

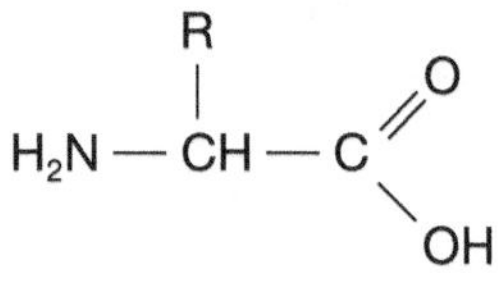

α-aminoácido

Analogamente, o composto chamado de ácido β-cianobutanoico deve ter a fórmula estrutural:

a) 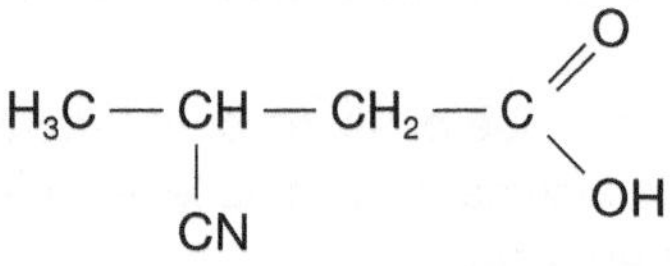

b) 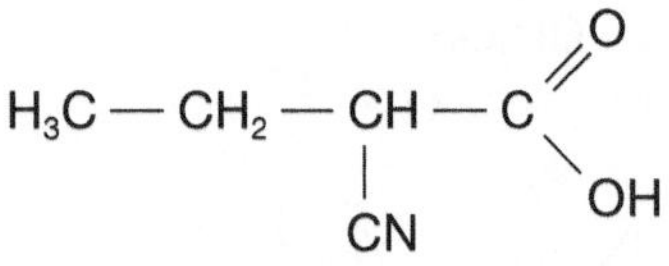

c) 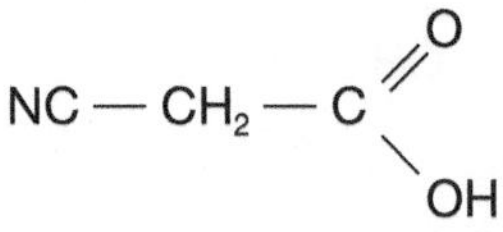

d) 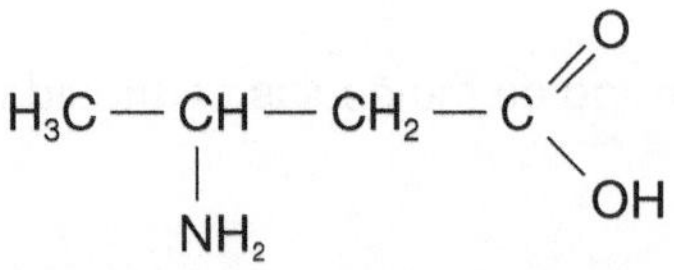

e) 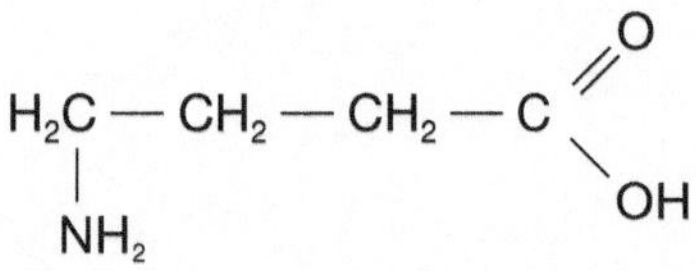

8. (UFRGS – RS) Uma proteína apresenta ligações peptídicas que unem restos de:

a) α-aminoácidos.
b) aminas + ácidos.
c) açúcares não hidrolisáveis (oses).
d) álcoois + ácidos.
e) enzimas.

9. (FUVEST – SP) Apresentam ligação peptídica:

a) proteínas.
b) aminas.
c) lipídios.
d) ácidos carboxílicos.
e) hidratos de carbono.

10. (FGV – SP) Um dipeptídeo é formado pela reação entre dois aminoácidos, como representado pela equação geral

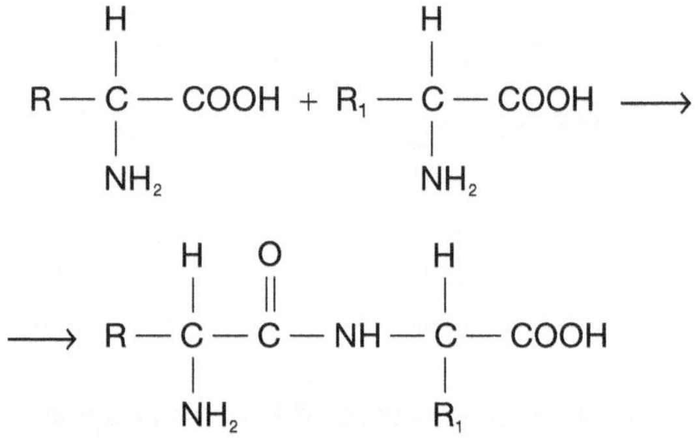

Nessa reação, pode-se afirmar que

a) a nova função orgânica formada na reação é uma cetona.
b) a nova função orgânica formada na reação é uma amida.
c) o dipeptídeo apresenta todos os átomos de carbono assimétricos.
d) o dipeptídeo só apresenta funções orgânicas com propriedades ácidas.
e) podem ser formados dois dipeptídeos diferentes, se $R = R_1$.

11. (UFPI) Os polímeros de aminoácidos naturais mais importantes para a manutenção e diferenciação das espécies são as proteínas (polipeptídeos). Dada a estrutura do tripeptídeo abaixo, escolha a opção que representa a estrutura correta dos três monômeros componentes.

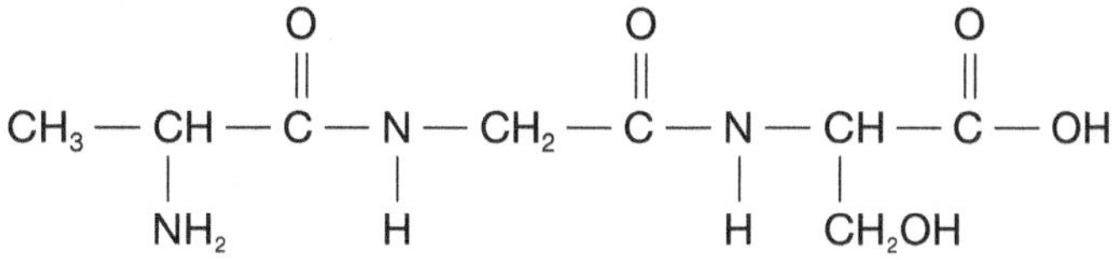

a) 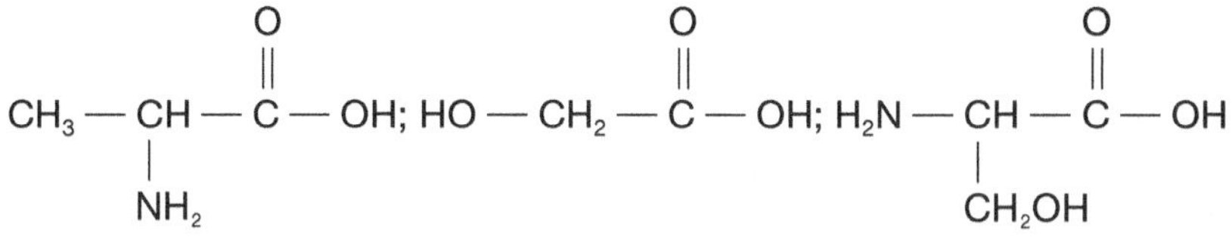

b) 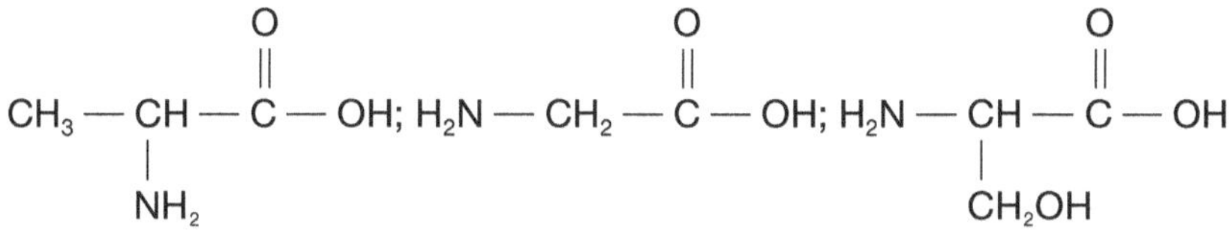

c) 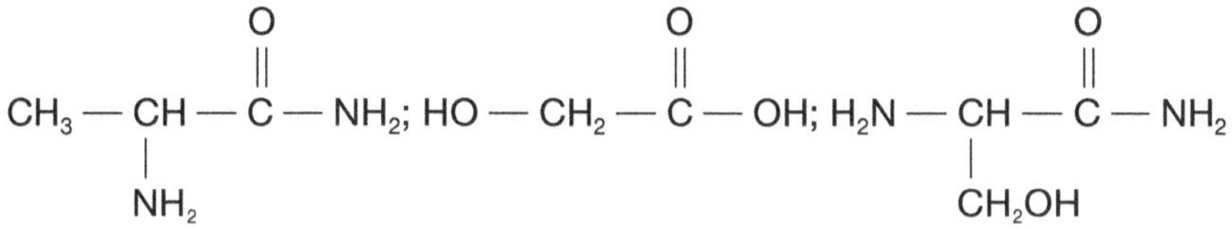

d) 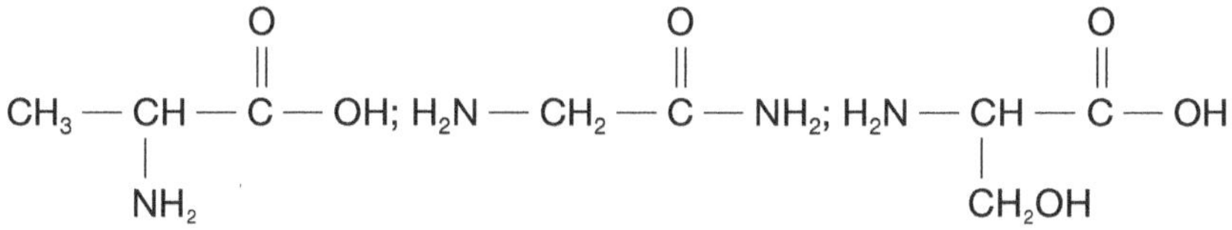

e) 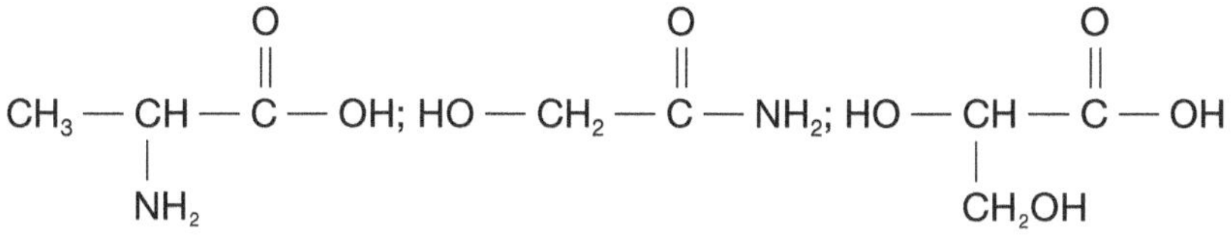

12. (ITA – SP) As gorduras e óleos de origem animal e vegetal mais comuns (banha, sebo, óleo de caroço de algodão, óleo de amendoim etc.) são constituídos, essencialmente, de:

a) ácidos carboxílicos alifáticos.
b) hidrocarbonetos não saturados.
c) misturas de parafina e glicerina.
d) ésteres de ácidos carboxílicos de número de carbonos variável e glicerina.
e) éteres derivados de álcoois com um número de carbonos variável.

13. (FUND. CARLOS CHAGAS) A fórmula estrutural:

$$\begin{array}{l} C_{17}H_{31}COO - CH_2 \\ \qquad\qquad\quad\;\; | \\ C_{17}H_{33}COO - CH \\ \qquad\qquad\quad\;\; | \\ C_{17}H_{35}COO - CH_2 \end{array}$$

refere-se a moléculas de:

a) óleo vegetal saturado.
b) óleo animal saturado.
c) óleo vegetal ou animal, insaturado.
d) sabão de ácidos graxos saturados.

14. (UFSM - RS) O triglicerídio presente na dieta humana é digerido no trato gastrintestinal pelas enzimas digestivas e produz:

a) aminoácidos.
b) glicose.
c) ácido graxo e glicerol.
d) sacarose.
e) glicerídio.

15. Complete a equação química.

$$\begin{array}{l} H_2C - OH \\ \quad\; | \\ \;\; HC - OH \quad + \quad 3\ C_{17}H_{33}COOH \longrightarrow \\ \quad\; | \\ H_2C - OH \end{array}$$

16. (ENEM) A capacidade de limpeza e a eficiência de um sabão dependem de sua propriedade de formar micelas estáveis, que arrastam com facilidade moléculas impregnadas no material a ser limpo. Tais micelas têm em sua estrutura partes capazes de interagir com substâncias polares, como a água, e partes que podem interagir com substâncias apolares, como as gorduras e os óleos.

SANTOS, W. L. P.; MOL, G. S. (Coords.). **Química e Sociedade**. São Paulo: Nova Geração, 2005. Adaptado.

A substância capaz de formar as estruturas mencionadas é

a) $C_{18}H_{36}$.
b) $C_{17}H_{33}COONa$.
c) CH_3CH_2COONa.
d) $CH_3CH_2CH_2COOH$.
e) $CH_3CH_2CH_2CH_2OCH_2CH_2CH_2CH_3$.

17. (ENEM) Quando colocados em água, os fosfolipídios tendem a formar lipossomos, estruturas formadas por uma bicamada lipídica, conforme mostrado na figura. Quando rompida, essa estrutura tende a se reorganizar em um novo lipossomo.

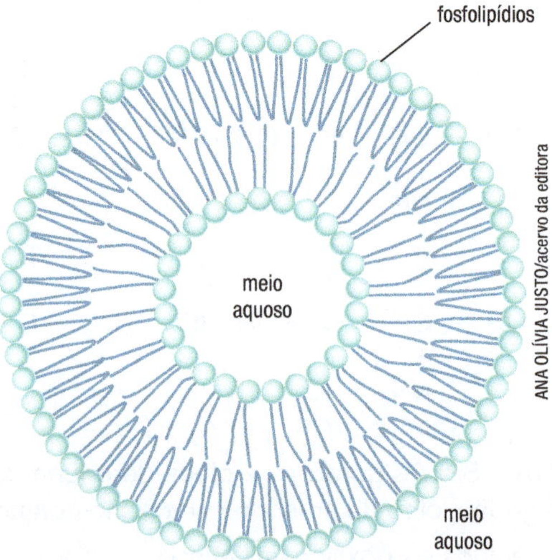
fosfolipídios
meio aquoso
meio aquoso

ANA OLÍVIA JUSTO/acervo da editora

<*Disponível em:* http://course1.winona. edu>. *Acesso em:* 1 mar. 2012. Adaptado.

Esse arranjo característico se deve ao fato de os fosfolipídios apresentarem uma natureza

a) polar, ou seja, serem inteiramente solúveis em água.
b) apolar, ou seja, não serem solúveis em solução aquosa.
c) anfotérica, ou seja, podem comportar-se como ácidos e bases.
d) insaturada, ou seja, possuírem duplas ligações em sua estrutura.
e) anfifílica, ou seja, possuírem uma parte hidrofílica e outra hidrofóbica.

18. Complete a equação química.

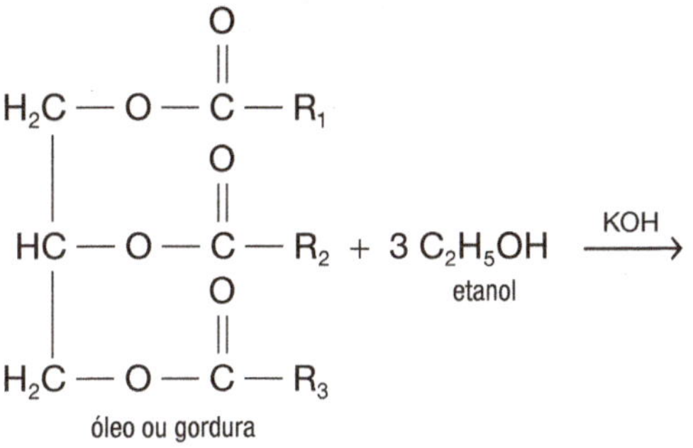

$$H_2C-O-\underset{\underset{O}{\|}}{C}-R_1$$
$$HC-O-\underset{\underset{O}{\|}}{C}-R_2 \ + \ 3\ C_2H_5OH \ \xrightarrow{KOH}$$
$$H_2C-O-\underset{}{\overset{\|}{C}}-R_3$$
óleo ou gordura

etanol

$$CH_2-O-\underset{\underset{O}{\|}}{C}-R_1$$
$$CH-O-\underset{\underset{O}{\|}}{C}-R_2 \ + \ 3\ CH_3OH \ \xrightarrow{catalisador}$$
$$CH_2-O-\overset{\|}{C}-R_3$$

$$\xrightarrow{catalisador} \quad CH_3-O-\overset{\|}{C}-R_1 \qquad CH_2-OH$$
$$CH_3-O-\overset{\|}{C}-R_2 \ + \ CH-OH$$
$$CH_3-O-\overset{\|}{C}-R_3 \qquad CH_2-OH$$

biodiesel   glicerol

19. (ENEM – adaptada) O biodiesel é um combustível obtido a partir de fontes renováveis, que surgiu como alternativa ao uso de diesel de petróleo para motores de combustão interna. Ele pode ser obtido pela reação entre triglicerídeos, presentes em óleos vegetais e gorduras animais, entre outros, e álcoois de baixa massa molar, como o metanol ou etanol, na presença de um catalisador, de acordo com a equação química:

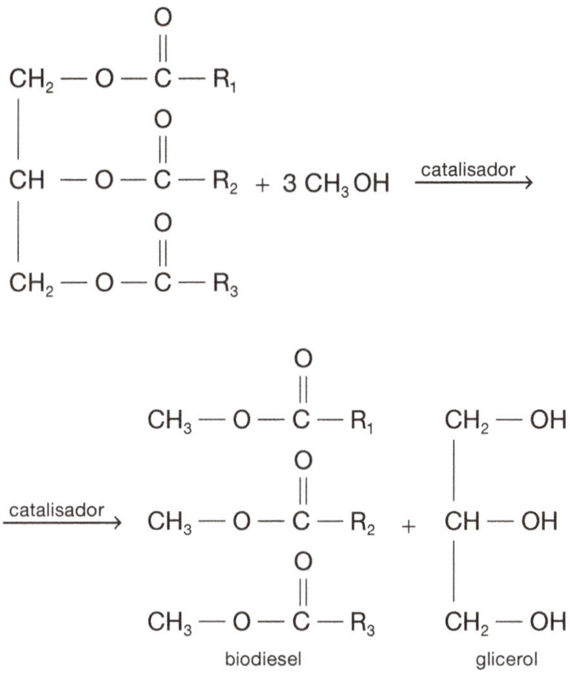

O nome da função química presente no produto que representa o biodiesel é

a) éter.
b) éster.
c) álcool.
d) cetona.
e) ácido carboxílico.

SÉRIE OURO

1. (FUVEST – SP) Aldeídos podem reagir com álcoois, conforme representado:

$$H_3C-\underset{\underset{H}{|}}{\overset{\overset{O}{\|}}{C}} \ + \ HOCH_2CH_3 \ \rightleftarrows \ H_3C-\underset{\underset{H}{|}}{\overset{\overset{OH}{|}}{C}}-OCH_2CH_3$$

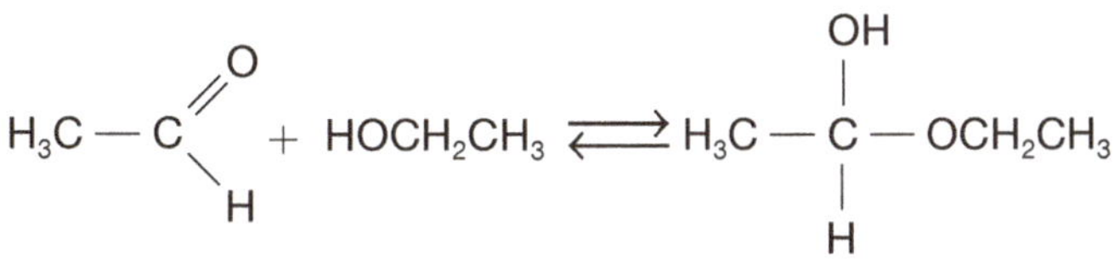

Este tipo de reação ocorre na formação da glicose cíclica, representada por

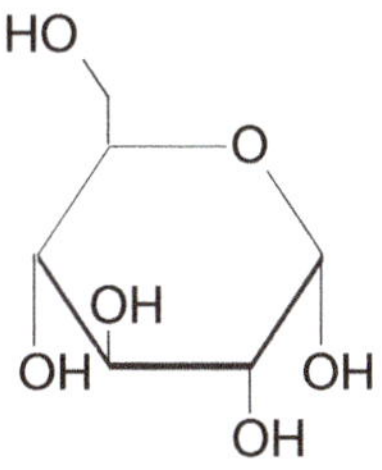

Dentre os seguintes compostos, aquele que, ao reagir como indicado, porém de forma intramolecular, conduz à forma cíclica da glicose é

a) 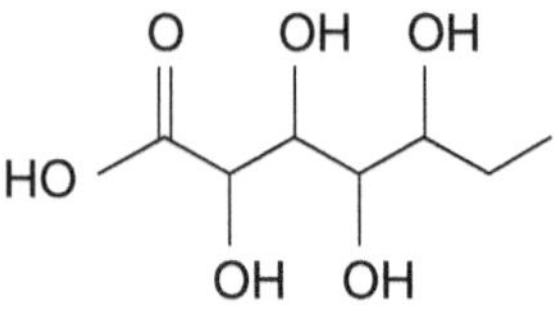

b) 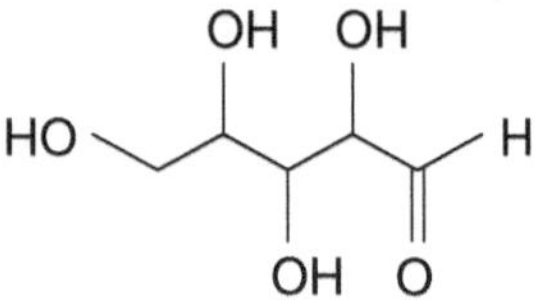

c) 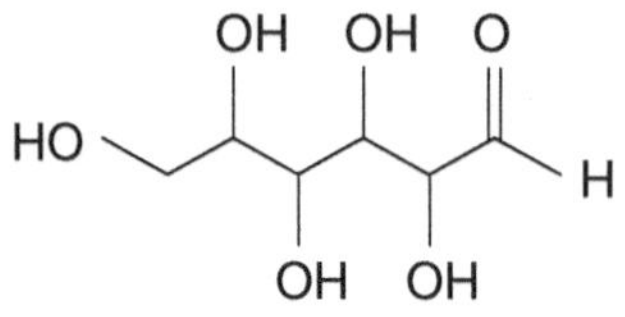

d) 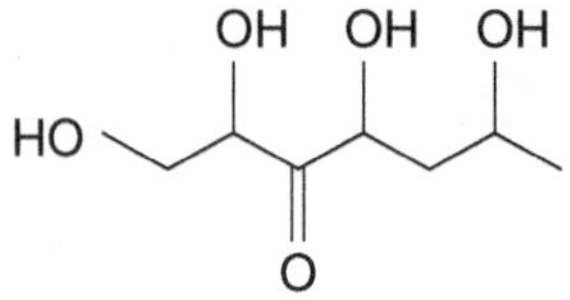

e) 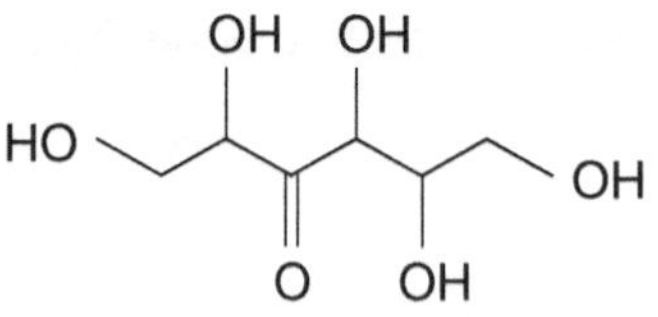

---

2. (UNICAMP – SP) Uma hexose, essencial para o organismo humano, pode ser obtida do amido, presente no arroz, na batata, no milho, no trigo, na mandioca, ou da sacarose proveniente da cana-de-açúcar. A sua fórmula estrutural pode ser representada como uma cadeia linear de carbonos, apresentando uma função aldeído no primeiro carbono. Os demais carbonos apresentam, todos, uma função álcool, sendo quatro representadas de um mesmo lado da cadeia e uma quinta, ligada ao terceiro carbono, do outro lado. Essa mesma molécula (hexose) também pode ser representada, na forma de um anel de seis membros, com átomos de carbono e um de oxigênio, já que o oxigênio do aldeído acaba se ligando ao quinto carbono.

a) Desenhe a fórmula estrutural linear de hexose de modo que a cadeia carbônica **fique na posição vertical** e a maioria das funções álcool fique no lado direito.

b) A partir das informações do texto, desenhe a estrutura cíclica dessa molécula de hexose.

3. (FUVEST – SP) Considere a estrutura cíclica da glicose, em que os átomos de carbono estão numerados:

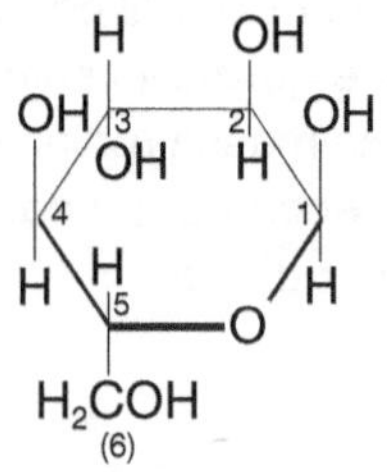

O amido é um polímero formado pela condensação de moléculas de glicose, que se ligam, sucessivamente, através do carbono 1 de uma delas com o carbono 4 de outra (ligação "1-4".)

a) Desenhe uma estrutura que possa representar uma parte do polímero, indicando a ligação "1-4" formada.

b) Cite uma outra macromolécula que seja polímero da glicose.

4. (UERN – adaptada) A intolerância à lactose é o nome que se dá à incapacidade parcial ou completa de digerir o açúcar existente no leite e seus derivados. Ela ocorre quando o organismo não produz, ou produz em quantidade insuficiente, uma enzima digestiva chamada lactase, cuja função é quebrar as moléculas de lactose e convertê-las em glucose e galactose. Como consequência, essa substância chega ao intestino grosso inalterada. Ali, ela se acumula e é fermentada por bactérias que fabricam ácido láctico e gases, promovem maior retenção de água e o aparecimento de diarreias e cólicas.

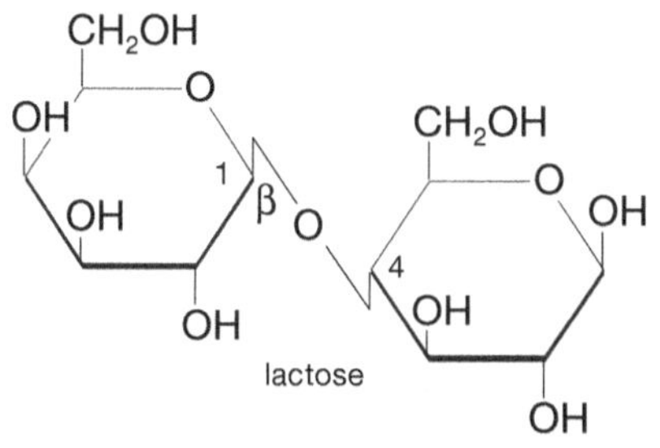
CH2OH
O
OH
1
β
O
OH
OH
CH2OH
O
OH
4
OH
OH
lactose

Disponível em: <http://acomidadavizinha.blogspot.com.br/2014/03/intolerancia-lactose.html>. Adaptado.

A partir das informações fornecidas no texto,

a) equacione a hidrólise da lactose em galactose e glucose;
b) indique os carbonos quirais (*) na estrutura da lactose.

5. (ENEM) Com o objetivo de substituir as sacolas de polietileno, alguns supermercados têm utilizado um novo tipo de plástico ecológico, que apresenta em sua composição amido de milho e uma resina polimérica termoplástica, obtida a partir de uma fonte petroquímica.

ERENO, D. Plásticos de vegtais. **Pesquisa FAPESP**. n. 179. Adaptado.

Nesses plásticos, a fragmentação da resina polimérica é facilitada porque os carboidratos presentes

a) dissolvem-se na água.
b) absorvem água com facilidade.
c) caramelizam por aquecimento e quebram.
d) são digeridos por organismos decompositores.
e) decompõem-se espontaneamente em contato com água e gás carbônico.

6. (UNICAMP – SP) O álcool (C_2H_5OH) é produzido nas usinas pela fermentação do melaço de cana-de-açúcar, que é uma solução aquosa de sacarose ($C_{12}H_{22}O_{11}$). Nos tanques de fermentação, observa-se uma intensa fervura aparente ao caldo em fermentação.

a) Explique por que ocorre essa “fervura fria”.
b) Escreva a equação da reação química envolvida.

7. (FUVEST – SP) O seguinte fragmento (adaptado) do livro *Estação Carandiru*, de Drauzio Varella, refere-se à produção clandestina de bebida no presídio:

“O líquido é transferido para uma lata grande com um furo na parte superior, no qual é introduzida uma mangueirinha conectada a uma serpentina de cobre. A lata vai para o fogareiro até levantar fervura. O vapor sobe pela mangueira e passa pela serpentina, que Ezequiel esfria constantemente com uma caneca de água fria. Na saída da serpentina, emborcada numa garrafa, gota a gota, pinga a maria-louca (aguardente). Cinco quilos de milho ou arroz e dez de açúcar permitem a obtenção de nove litros da bebida".

Na produção da maria-louca, o amido do milho ou do arroz é transformado em glicose. A sacarose do açúcar é transformada em glicose e frutose, que dão origem a dióxido de carbono e etanol.

Dentre as equações químicas,

I. $(C_6H_{10}O_5)_n + n\,H_2O \longrightarrow n\,C_6H_{12}O_6$

II. $(-CH_2CH_2O-)_n + n\,H_2O \longrightarrow n\,\underset{OH}{\underset{|}{CH_2}}-\underset{OH}{\underset{|}{CH_2}}$

III. $C_{12}H_{22}O_{11} + H_2O \longrightarrow 2\,C_6H_{12}O_6$

IV. $C_6H_{12}O_6 + H_2 \longrightarrow C_6H_{14}O_6$

V. $C_6H_{12}O_6 \longrightarrow 2\,CH_3CH_2OH + 2\,CO_2$

as que representam as transformações químicas citadas são

a) I, II e III.
b) II, III e IV.
c) I, III e V.
d) II, III e V.
e) III, IV e V.

DADOS: $C_6H_{12}O_6$ = glicose ou frutose.

8. (UFRJ) Os aminoácidos são moléculas orgânicas constituintes das proteínas. Eles podem ser divididos em dois grandes grupos: os essenciais, que não são sintetizados pelo organismo humano, e os não essenciais.

A seguir são apresentados dois aminoácidos, um de cada grupo:

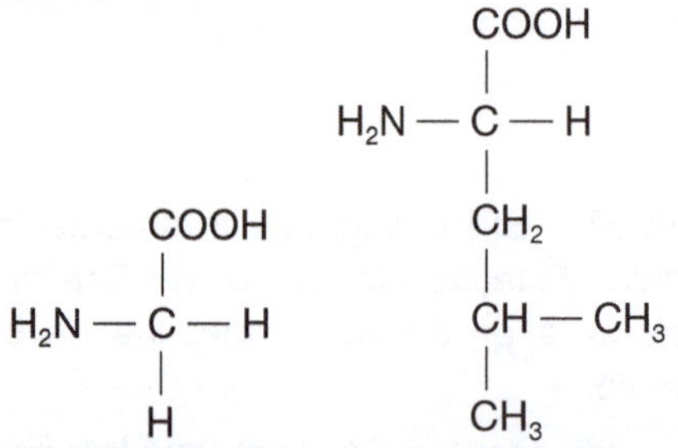
COOH
H₂N — C — H
H
COOH
H₂N — C — H
CH₂
CH — CH₃
CH₃
glicina (não essencial) leucina (essencial)

a) A glicina pode ser denominada, pela nomenclatura oficial, de ácido aminoetanoico. Por analogia, apresente o nome oficial da leucina.
b) Qual desses dois aminoácidos apresenta isomeria óptica? Justifique sua resposta.

9. (UNIFESP) Glicina, o α-aminoácido mais simples, se apresenta na forma de um sólido cristalino branco, bastante solúvel na água. A presença de um grupo carboxila e de um grupo amino em sua molécula faz com que seja possível a transferência de um íon hidrogênio do primeiro para o segundo grupo em uma espécie de reação interna ácido-base, originalmente um íon dipolar, chamado de "zwitterion".

a) Escreva a fórmula estrutural da glicina e do seu "zwitterion" correspondente.
b) Como o "zwitterion" se comporta frente à diminuição de pH da solução em que estiver dissolvido?

10. (FGV) O dipeptídeo representado pela fórmula

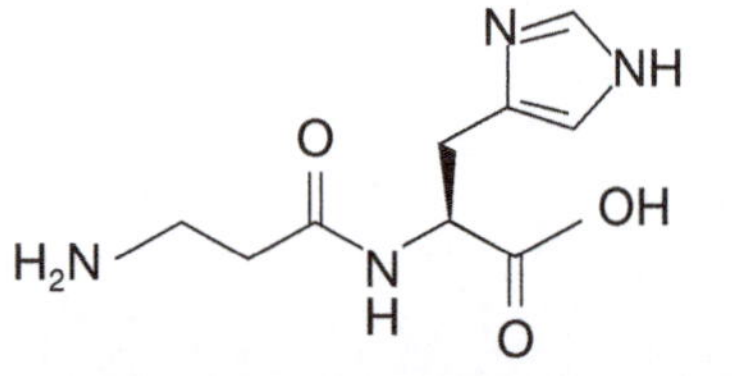
N
NH
O
OH
H₂N
N
H
O

é uma substância empregada como complemento alimentar por fisioculturistas. Ele é o resultado da formação da ligação peptídica entre os aminoácidos

a) 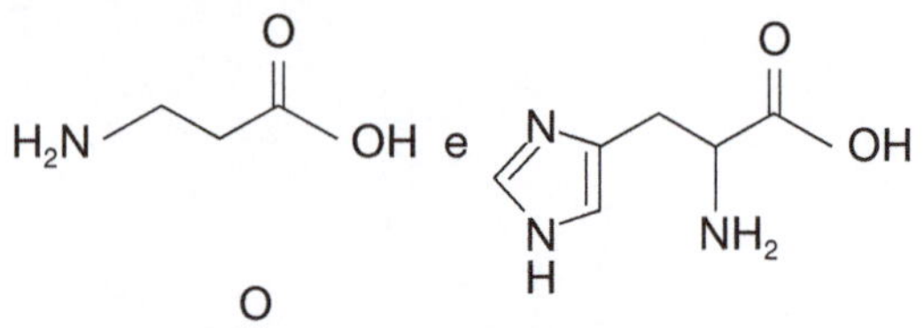
O
H₂N
OH
e
N
O
OH
N
H
NH₂

b) 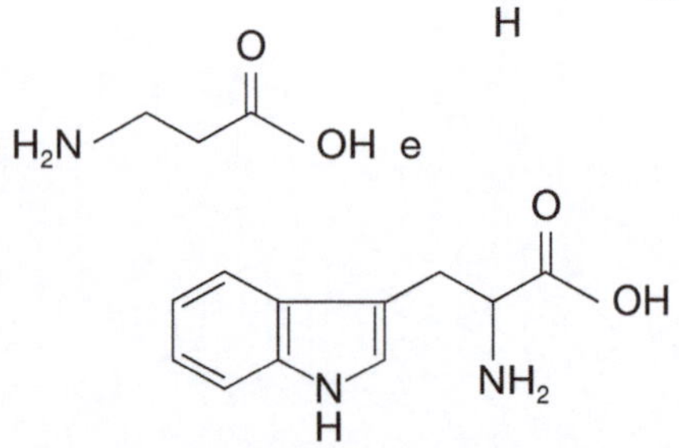
O
H₂N
OH
e
O
OH
N
H
NH₂

c) 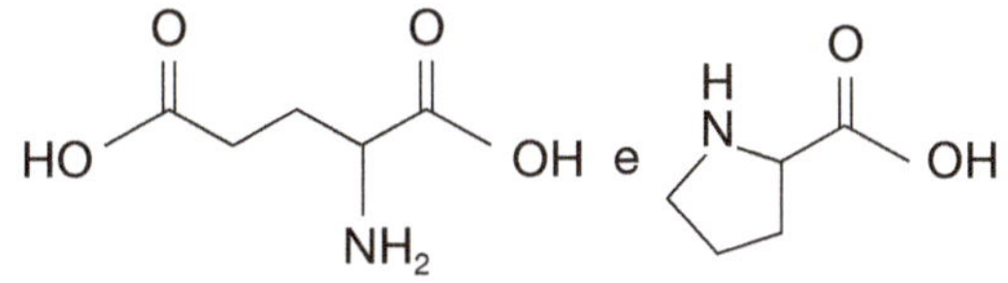

d) 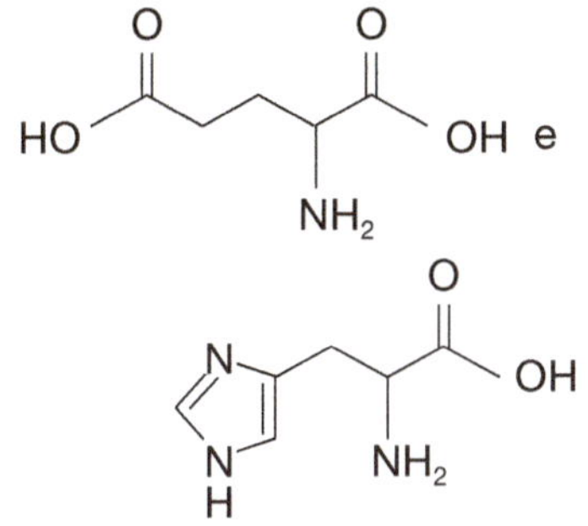

e) 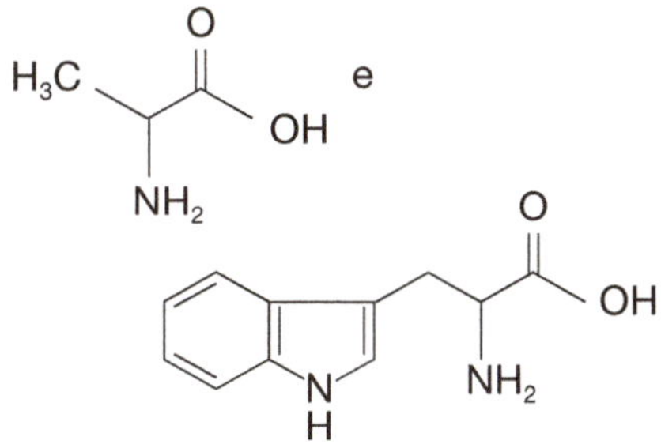

11. (FUVEST – SP) O grupo amino de uma molécula de aminoácido pode reagir com o grupo carboxila de outra molécula de aminoácido (igual ou diferente), formando um dipeptídeo com eliminação de água, como exemplificado para a glicina:

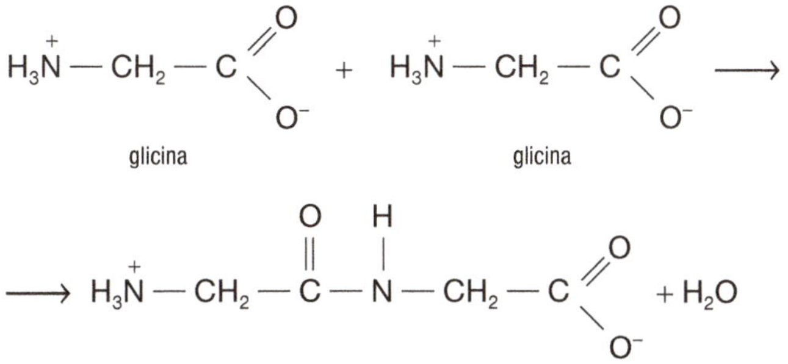
glicina
glicina

Analogamente, de uma mistura equimolar de glicina e L-alanina, poderão resultar dipeptídeos diferentes entre si, cujo número máximo será

a) 2 b) 3 c) 4 d) 5 e) 6

DADO: 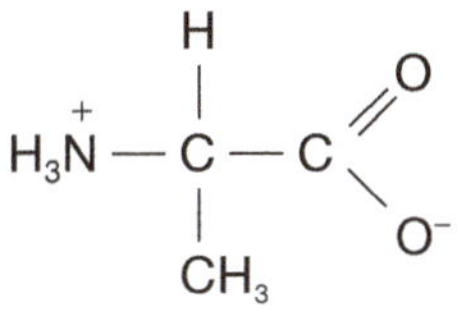
L-alanina (fórmula estrutural plana)

12. (SANTA CASA – SP) A reação entre o ácido 2-aminoetanoico (glicina – Gli) e o ácido 2-aminopropanoico (alanina-Ala) resulta no dipeptídio Gli-Ala. Outra reação, na qual o dipeptídio é aquecido em soluções aquosas de ácidos ou bases fortes, tem como produtos os aminoácidos de origem.

Assinale a alternativa que apresenta, correta e respectivamente, a estrutura do Gli-Ala e o nome da segunda reação descrita no texto.

a) 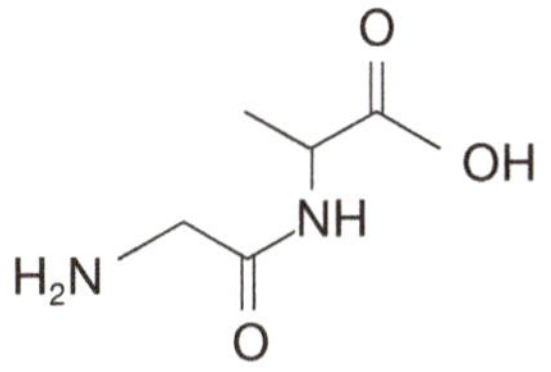 e hidrólise

b) 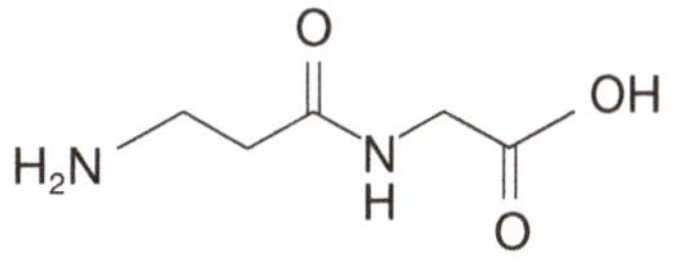 e desnaturação

c) 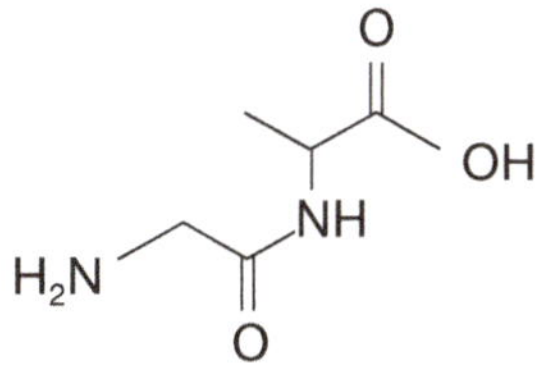 e desnaturação

d) 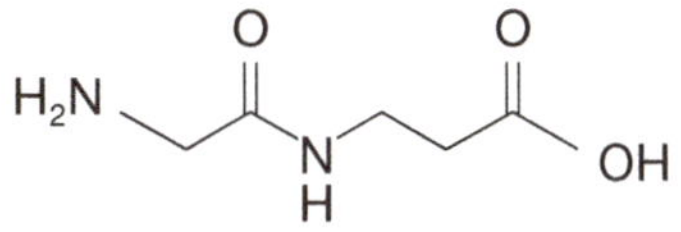 e desnaturação

e) 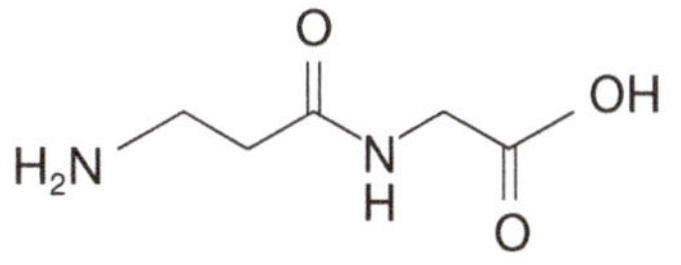 e hidrólise

13. (FUVEST - SP)

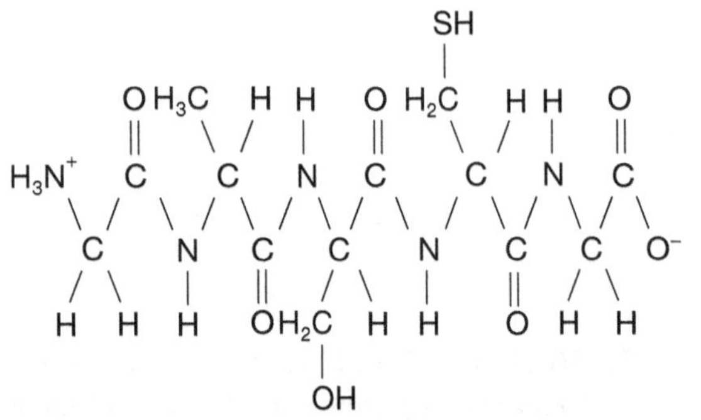

A hidrólise de um peptídio rompe a ligação peptídica, originando aminoácidos. Quantos aminoácidos diferentes se formam na hidrólise total do peptídio representado acima?

a) 2 b) 3 c) 4 d) 5 e) 6

---

14. (FUVEST - SP) As surfactinas são compostos com atividade antiviral. A estrutura de uma surfactina é

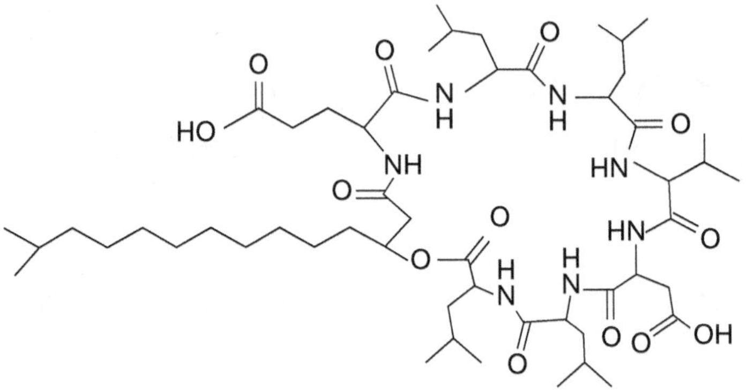

Os seguintes compostos participam da formação dessa substância:

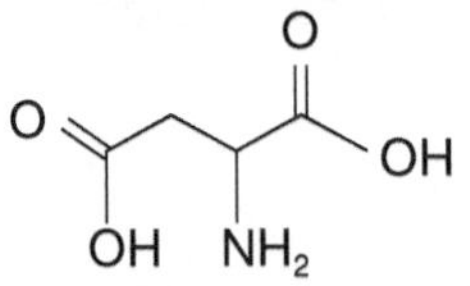

ácido aspártico

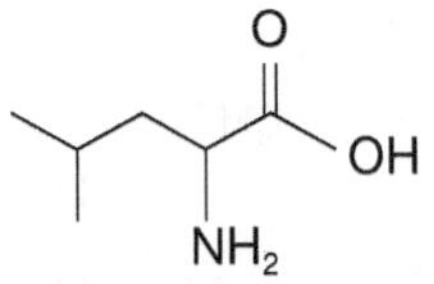

leucina

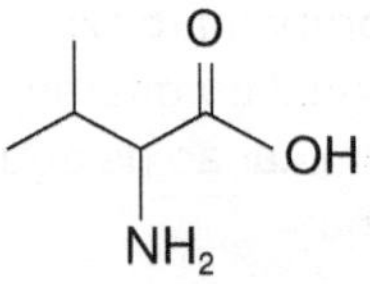

valina

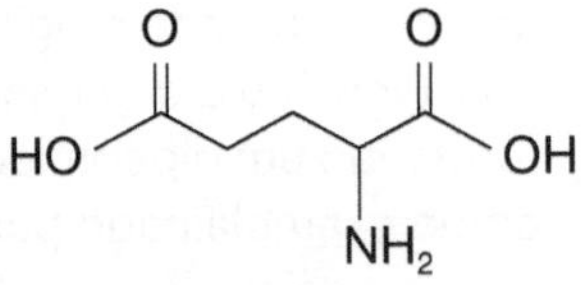

ácido glutâmico

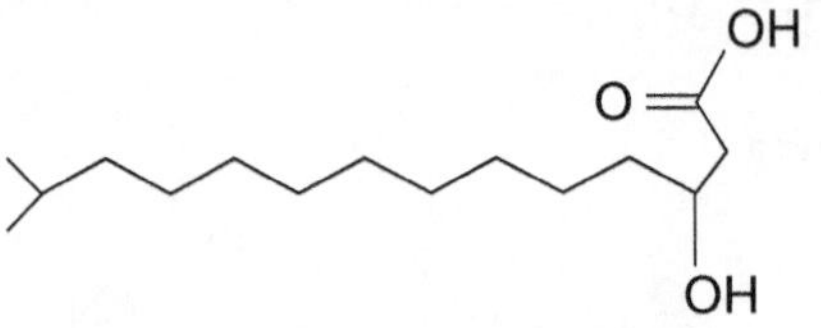

ácido 3-hidróxi-13-metil-tetradecanoico

Na estrutura dessa surfactina, reconhecem-se ligações peptídicas. Na construção dessa estrutura, o ácido aspártico, a leucina e a valina teriam participado na proporção, em mols, respectivamente, de

a) 1 : 2 : 3. b) 3 : 2 : 1. c) 2 : 2 : 2. d) 1 : 4 : 1. e) 1 : 1 : 4.

15. (ENEM) A qualidade de óleos de cozinha, compostos principalmente por moléculas de ácidos graxos, pode ser medida pelo índice de iodo. Quanto maior o grau de insaturação da molécula, maior o índice de iodo determinado e melhor a qualidade do óleo. Na figura, são apresentados alguns compostos que podem estar presentes em diferentes óleos de cozinha:

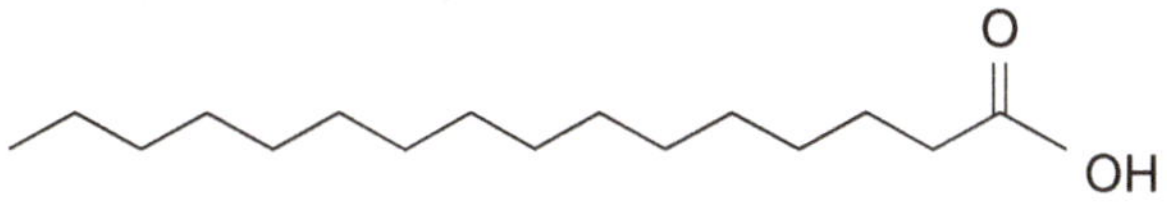
O
OH

ácido palmítico

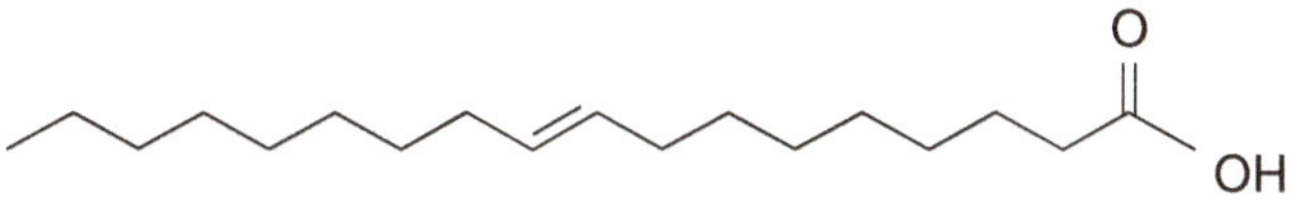
O
OH

ácido oleico

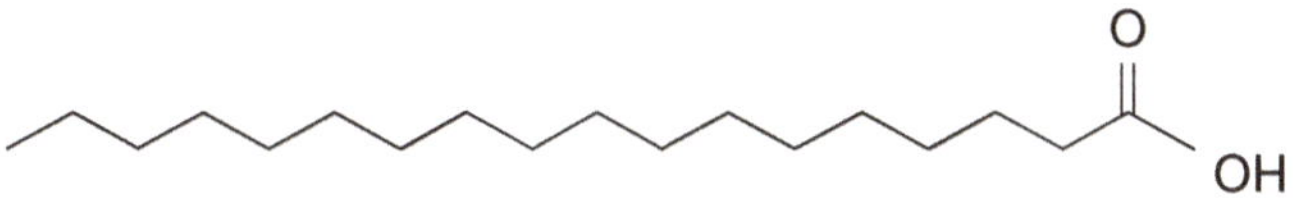
O
OH

ácido esteárico

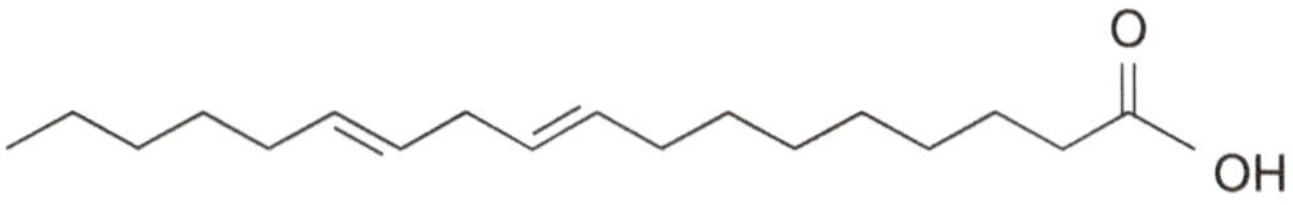
O
OH

ácido linoleico

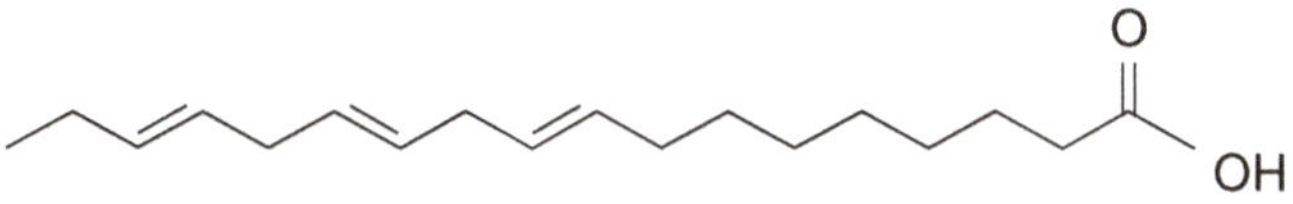
O
OH

ácido linolênico

Dentre os compostos apresentados, os dois que proporcionam melhor qualidade para os óleos de cozinha são os ácidos

a) esteárico e oleico.
b) linolênico e linoleico.
c) palmítico e esteárico.
d) palmítico e linolênico.
e) linolênico e esteárico.

16. (FUVEST – SP)

% em mol de ácidos graxos na porção ácida obtida da hidrólise de óleos vegetais.

	PALMÍTICO	ESTEÁRICO	OLEICO	LINOLEICO
	($C_{16}H_{32}O_2$)	($C_{18}H_{36}O_2$)	($C_{18}H_{34}O_2$)	($C_{18}H_{32}O_2$)
óleo de soja	11,0	3,0	28,6	57,4
óleo de milho	11,0	3,0	52,4	33,6

Comparando-se quantidades iguais (em mol) das porções ácidas desses dois óleos, verifica-se que a porção ácida do óleo de milho tem, em relação à do óleo de soja, quantidade (em mol) de:

	ÁCIDOS SATURADOS	LIGAÇÕES DUPLAS
a)	igual	maior
b)	menor	igual
c)	igual	menor
d)	menor	maior
e)	maior	menor

17. (UEL – PR) Os triglicerídeos são substâncias orgânicas presentes na composição de óleos e gorduras vegetais. O gráfico a seguir fornece algumas informações a respeito de alguns produtos usados no cotidiano, em nossa alimentação. Observe o gráfico e analise as afirmativas.

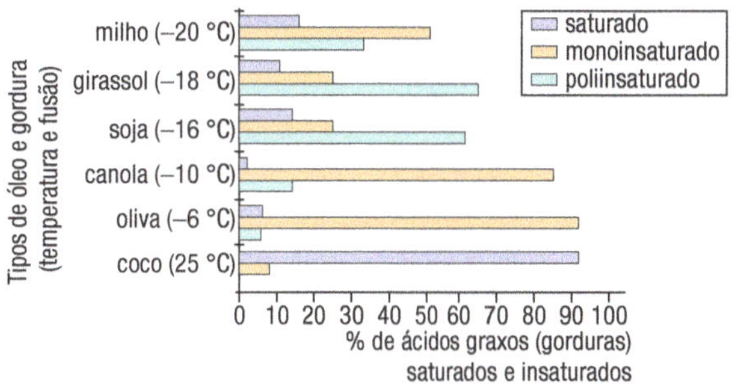
Tipos de óleo e gordura (temperatura e fusão)
milho (–20 °C)
girassol (–18 °C)
soja (–16 °C)
canola (–10 °C)
oliva (–6 °C)
coco (25 °C)
saturado
monoinsaturado
poliinsaturado
0 10 20 30 40 50 60 70 80 90 100
% de ácidos graxos (gorduras) saturados e insaturados

I. Todos os óleos (ou gorduras) vegetais citados no gráfico são substâncias puras.
II. Entre todos os produtos citados, o de coco está no estado sólido a 20 °C.
III. Entre todos os óleos citados, o de girassol é o que possui a maior porcentagem de ácidos graxos com duas ou mais duplas ligações.
IV. Entre todos os óleos citados, o de canola e o de oliva são líquidos a –12 °C.

Assinale a alternativa que contém todas as afirmativas corretas.

a) I e II.
b) II e III.
c) III e IV.
d) I, II e IV.
e) I, III e IV.

18. (FUVEST – SP) A composição de óleos comestíveis é, usualmente, dada pela porcentagem em massa dos ácidos graxos obtidos na hidrólise total dos triglicerídeos que constituem tais óleos. Segue-se esta composição para os óleos de oliva e milho.

	PORCENTAGEM EM MASSA DE ÁCIDOS GRAXOS		
tipo de óleo	palmítico $C_{15}H_{31}CO_2H$ M = 256	oleico $C_{17}H_{33}CO_2H$ M = 282	linoleico $C_{17}H_{31}CO_2H$ M = 280
oliva	10	85	05
milho	10	30	60

M = massa molar em g/mol

Um comerciante comprou óleo de oliva mas, ao receber a mercadoria, suspeitou tratar-se de óleo de milho.

Um químico lhe explicou que a suspeita poderá ser esclarecida, determinando-se o índice de iodo, que é a quantidade de iodo, em gramas, consumida por 100 g de óleo.

a) Os ácidos graxos insaturados da tabela têm cadeia aberta e consomem iodo. Quais são esses ácidos? Justifique.

b) Analisando-se apenas os dados da tabela, qual dos dois óleos apresentará maior índice de iodo? Justifique.

19. (PUCcamp – SP) A margarina é produzida a partir de óleo vegetal, por meio da hidrogenação. Esse processo é uma reação de _I_ na qual uma cadeia carbônica _II_ se transforma em outra _III_ saturada.

As lacunas I, II e III são correta e respectivamente substituídas por

a) adição - insaturada - menos
b) adição - saturada - mais
c) adição - insaturada - mais
d) substituição - saturada - menos
e) substituição - saturada - mais

20. (FUVEST – SP) "Durante muitos anos, a gordura saturada foi considerada a grande vilã das doenças cardiovasculares. Agora, o olhar vigilante de médicos e nutricionistas volta-se contra a prima dela, cujos efeitos são ainda piores: a gordura *trans*."

Veja, 2003

Uma das fontes mais comuns da margarina é o óleo de soja, que contém triglicerídeos, ésteres do glicerol com ácidos graxos. Alguns desses ácidos graxos são:

$CH_3(CH_2)_{16}COOH$

A

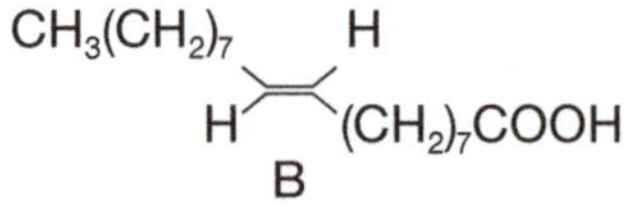
CH3(CH2)7
H
H
(CH2)7COOH

B

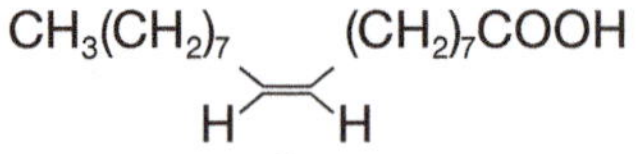
CH3(CH2)7
(CH2)7COOH
H
H

C

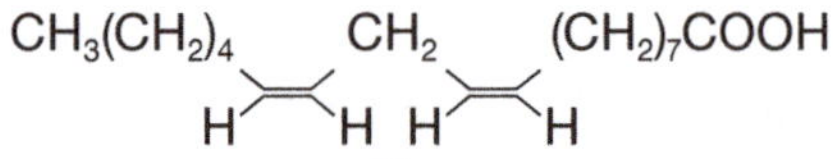
CH3(CH2)4
CH2
(CH2)7COOH
H
H
H
H

D

Durante a hidrogenação catalítica, que transforma o óleo de soja em margarina, ligações duplas tornam-se ligações simples. A porcentagem dos ácidos graxos A, B, C e D, que compõem os triglicerídeos, varia com o tempo de hidrogenação. O gráfico a seguir mostra este fato.

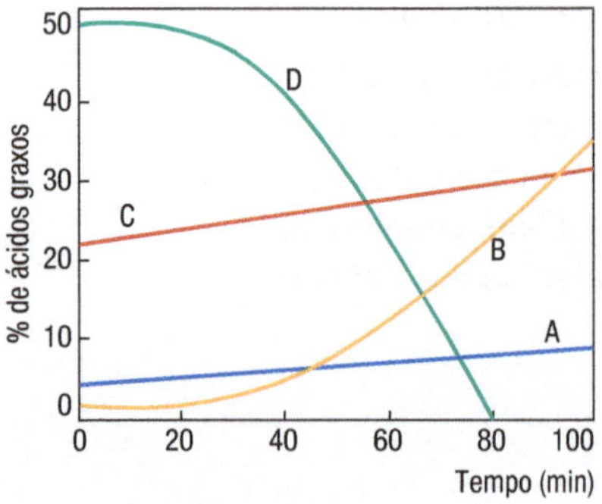
% de ácidos graxos
50
40
30
20
10
0
0
20
40
60
80
100
Tempo (min)
A
B
C
D

Considere as informações:

I. O óleo de soja original é mais rico em cadeias monoinsaturadas *trans* do que em *cis*.

II. A partir de cerca de 30 minutos de hidrogenação, cadeias monoinsaturadas *trans* são formadas mais rapidamente que cadeias totalmente saturadas.

III. Nesse processo de produção de margarina, aumenta a porcentagem de compostos que, atualmente, são considerados pelos nutricionistas como nocivos à saúde.

É correto apenas o que se afirma em

a) I. b) II. c) III. d) I e II. e) II e III.

21. (UNIFESP – adaptada) A figura ao lado mostra um diagrama com reações orgânicas X, Y e Z, produtos I, II e III e o ácido oleico como reagente de partida, sob condições experimentais adequadas.

A reação de esterificação, saponificação e o éster formado são, respectivamente:

a) X, Y e II.
b) Y, Z e I.
c) X, Y e III.
d) Y, Z e II.
e) X, Y e II.

DADO: estrutura do ácido oleico

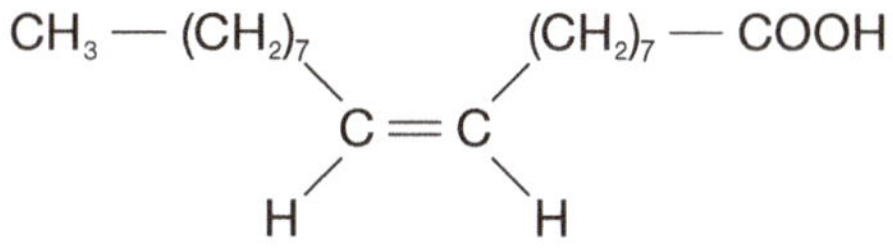
CH3 — (CH2)7
(CH2)7 — COOH
C = C
H
H

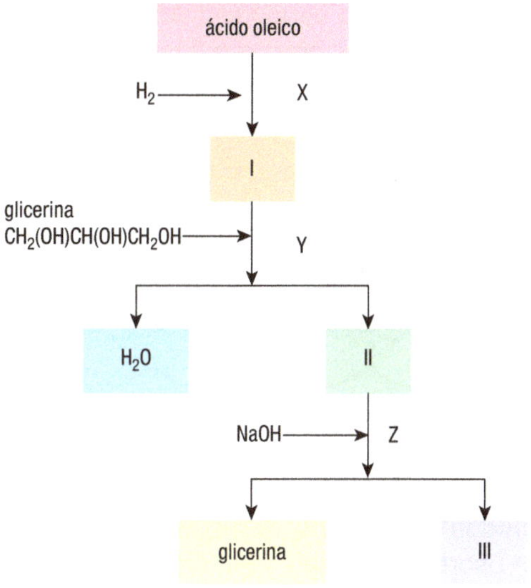
ácido oleico
H2
X
I
glicerina
CH2(OH)CH(OH)CH2OH
Y
H2O
II
NaOH
Z
glicerina
III

22. (ENEM) A descoberta dos organismos extremófilos foi uma surpresa para os pesquisadores. Alguns desses organismos, chamados de acidófilos, são capazes de sobreviver em ambientes extremamente ácidos. Uma característica desses organismos é a capacidade de produzir membranas celulares compostas de lipídios feitos de éteres em vez dos ésteres de glicerol, comuns nos outros seres vivos (mesófilos), o que preserva a membrana celular desses organismos mesmo em condições extremas de acidez.

A degradação das membranas celulares de organismos não extremófilos em meio ácido é classificada como

a) hidrólise.
b) termólise.
c) eterificação.
d) condensação.
e) saponificação.

23. (UFES) A reação esquematizada abaixo exemplifica a formação de um composto lipofílico utilizando um triglicerídeo e um composto básico:

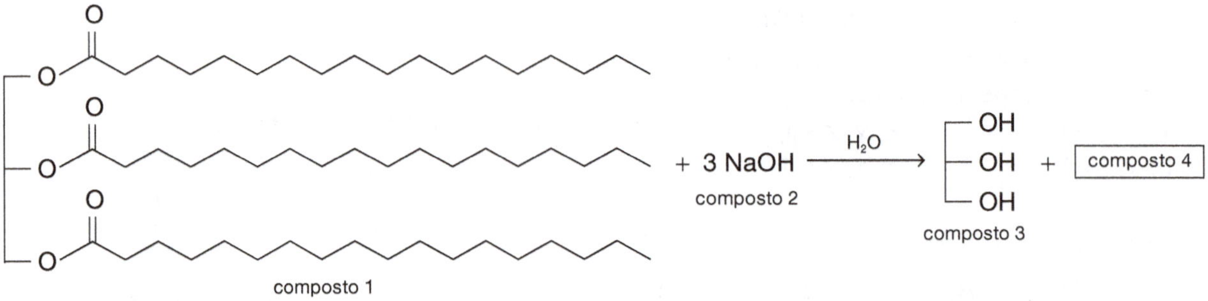
O
O
O
O
O
O
+ 3 NaOH
composto 2
H_2O
OH
OH
OH
composto 3
+
composto 4
composto 1

a) Escreva o nome dos compostos 2 e 3.
b) Identifique o tipo de reação química exemplificada acima.
c) Escreva a função química a que pertence o composto 1, indicando se é óleo ou gordura. Justifique sua resposta.
d) Escreva a fórmula estrutural em bastão do composto 4.

24. (PUC) Observe a figura abaixo que representa a ação de limpeza do detergente sob uma molécula de óleo e assinale a alternativa correta.

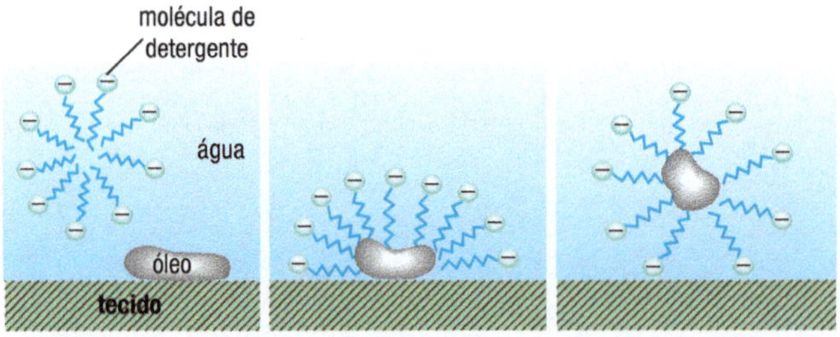
molécula de
detergente
água
óleo
tecido

a) As moléculas de detergente são totalmente apolares.
b) As moléculas polares do óleo interagem com a parte polar do detergente.
c) A parte polar do detergente interage com as moléculas de água.
d) A maior parte da molécula de detergente é polar.
e) A parte apolar do detergente interage com as moléculas de água.

25. (ENEM) Os tensoativos são compostos capazes de interagir com substâncias polares e apolares. A parte iônica dos tensoativos interage com substâncias polares, e a parte lipofílica interage com os apolares. A estrutura orgânica de um tensoativo pode ser representada por:

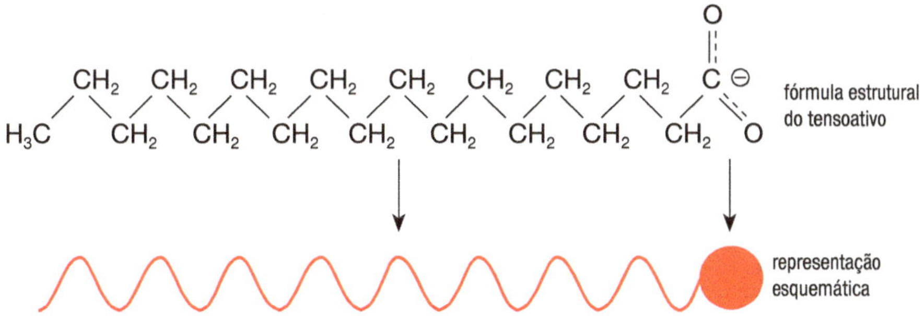
fórmula estrutural do tensoativo
representação esquemática

Ao adicionar um tensoativo sobre a água, suas moléculas formam um arranjo ordenado. Esse arranjo é representado esquematicamente por:

a) 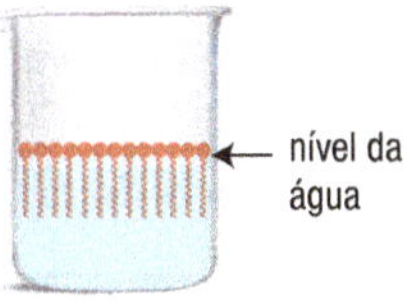
nível da água

b) 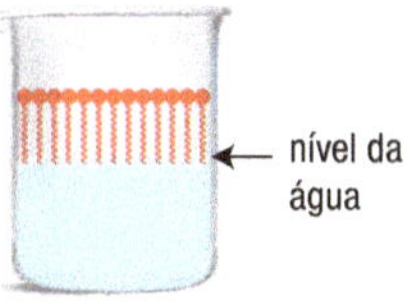
nível da água

c) 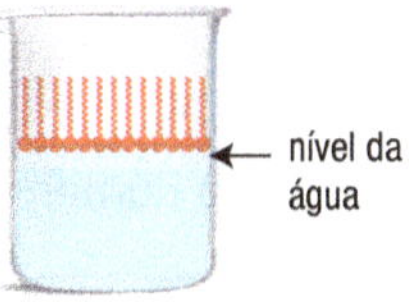
nível da água

d) 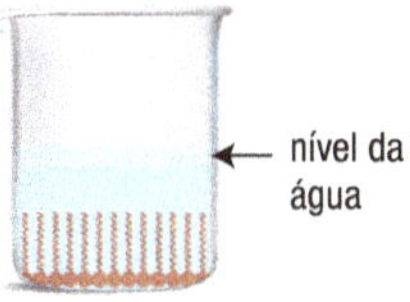
nível da água

e) 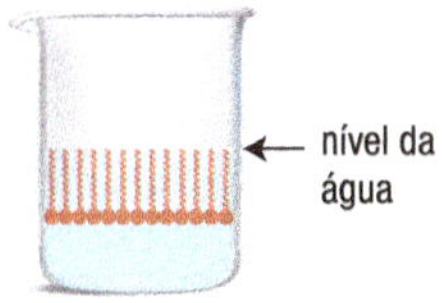
nível da água

26. (ENEM) Um dos métodos de produção de biodiesel envolve a transesterificação do óleo de soja utilizando metanol em meio básico (NaOH ou KOH), que precisa ser realizada na ausência de água. A figura mostra o esquema reacional da produção de biodiesel, em que R representa as diferentes cadeias hidrocarbônicas dos ésteres de ácidos graxos.

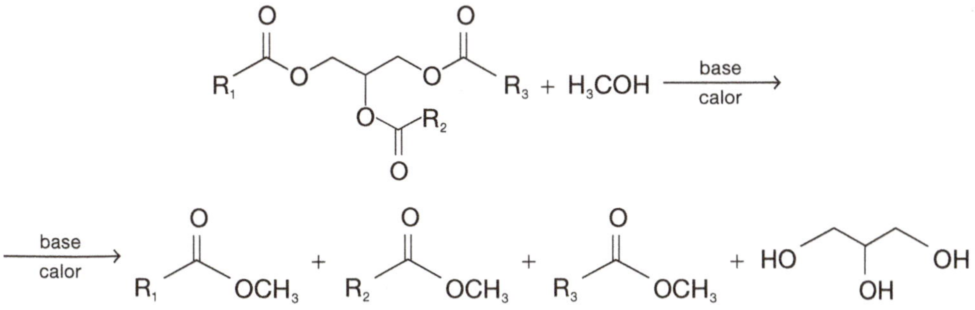

A ausência de água no meio reacional se faz necessária para

a) manter o meio reacional no estado sólido.
b) manter a elevada concentração do meio reacional.
c) manter constante o volume de óleo no meio reacional.
d) evitar a diminuição da temperatura da mistura reacioanal.
e) evitar a hidrólise dos ésteres no meio reacional e a formação de sabão.

27. (ENEM) O biodiesel não é classificado como uma substância pura, mas como uma mistura de ésteres derivados dos ácidos graxos presentes em sua matéria-prima. As propriedades do biodiesel variam com a composição do óleo vegetal ou gordura animal que lhe deu origem, por exemplo, o teor de ésteres saturados é responsável pela maior estabilidade do biodiesel frente à oxidação, o que resulta em aumento da vida útil do biocombustível. O quadro ilustra o teor médio de ácidos graxos de algumas fontes oleaginosas.

FONTE OLEAGINOSA	TEOR MÉDIO DO ÁCIDO GRAXO (% EM MASSA)					
	Mirístico (C14:0)	Palmítico (C16:0)	Esteárico (C18:0)	Oleico (C18:1)	Linoleico (C18:2)	Linolênico (C18:3)
milho	< 0,1	11,7	1,9	25,2	60,6	0,5
palma	1,0	42,8	4,5	40,5	10,1	0,2
canola	< 0,2	3,5	0,9	64,4	22,3	8,2
algodão	0,7	20,1	2,6	19,2	55,2	0,6
amendoim	< 0,6	11,4	2,4	48,3	32,0	0,9

MA, F.; HANNA, M. A. Biodiesel Production: a review. **Bioresource Technology**, Londres, v. 70, n. 1, Jan. 1999. Adaptado.

NOTA: Na tabela, entre parênteses, são dados o número de átomos de carbono e o número de ligações duplas.

Qual das fontes oleaginosas apresentadas produziria um biodiesel de maior resistência à oxidação?

a) milho b) palma c) canola d) algodão e) amendoim

SÉRIE PLATINA

1. (UNICAMP – SP – adaptada) A biotecnologia está presente em nosso dia a dia, contribuindo de forma significativa para a nossa qualidade de vida. Ao abastecer um automóvel com etanol, estamos fazendo uso de um produto da biotecnologia obtido com a fermentação de açúcares presentes no caldo extraído da cana-de-açúcar. Após a extração do caldo, uma quantidade significativa de carboidratos presentes na estrutura celular é perdida no bagaço da cana-de-açúcar. A produção de etanol de segunda geração a partir do bagaço seria uma forma de aumentar a energia renovável, promovendo uma matriz energética mais sustentável.

MAILSONPIGNATA/SHUTTERSTOCK

a) Cite um carboidrato presente na estrutura da parede celular da cana-de-açúcar que poderia ser hidrolisado para fornecer os açúcares para a obtenção de etanol.

b) Por que a biomassa é considerada uma fonte renovável de energia?

c) Equacione as reações de hidrólise do carboidrato e fermentação dos açúcares para a obtenção de etanol.

2. (FUVEST – SP) No processo tradicional, o etanol é produzido a partir do caldo da cana-de-açúcar por fermentação promovida por leveduras naturais, e o bagaço de cana é desprezado. Atualmente, leveduras geneticamente modificadas podem ser utilizadas em novos processos de fermentação para a produção de biocombustíveis. Por exemplo, no processo A, o bagaço de cana, após hidrólise da celulose e da hemicelulose, também pode ser transformado em etanol. No processo B, o caldo de cana, rico em sacarose, é transformado em farneseno que, após hidrogenação das ligações duplas, se transforma no "diesel de cana". Esses três processos de produção de biocombustíveis podem ser representados por:

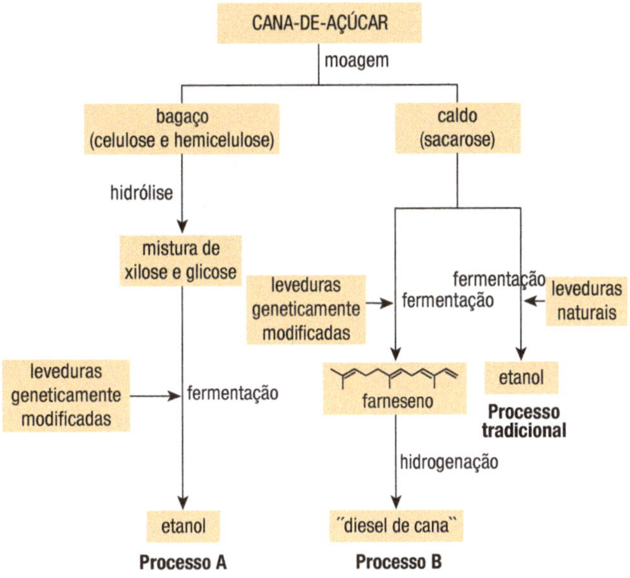
CANA-DE-AÇÚCAR
moagem
bagaço (celulose e hemicelulose)
caldo (sacarose)
hidrólise
mistura de xilose e glicose
leveduras geneticamente modificadas
fermentação
fermentação
leveduras naturais
leveduras geneticamente modificadas
fermentação
farneseno
etanol
Processo tradicional
hidrogenação
etanol
"diesel de cana"
Processo A
Processo B

Com base no descrito acima, é correto afirmar:

a) No processso A, a sacarose é transformada em celulose por microrganismos transgênicos.
b) O processo A, usado em conjunto com o processo tradicional, permite maior produção de etanol por hectare cultivado.
c) O produto da hidrogenação do farneseno não deveria ser chamado de "diesel", pois não é um hidrocarboneto.
d) A combustão do etanol produzido por microrganismos transgênicos não é poluente, pois não produz dióxido de carbono.
e) O processo B é vantajoso em relação ao processo A, pois a sacarose é matéria-prima com menor valor econômico do que o bagaço de cana.

3. (FUVEST – SP) A dieta de jogadores de futebol deve fornecer energia suficiente para um bom desempenho. Essa dieta deve conter principalmente carboidratos e pouca gordura. A glicose proveniente dos carboidratos é armazenada sob a forma do polímero glicogênio, que é uma reserva de energia para o atleta.

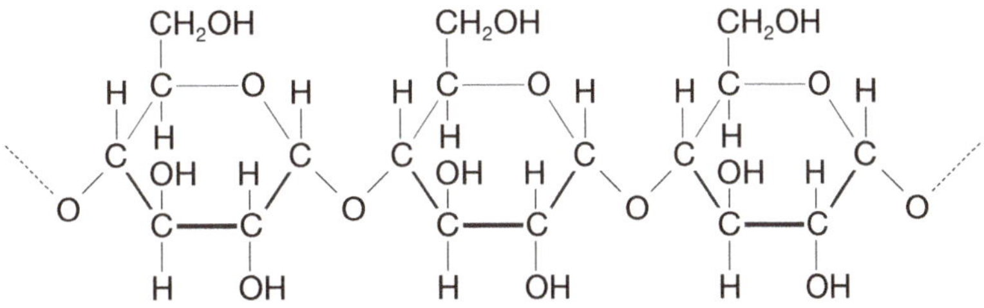

glicogênio

Certos lipídios, contidos nos alimentos, são derivados do glicerol e também fornecem energia.

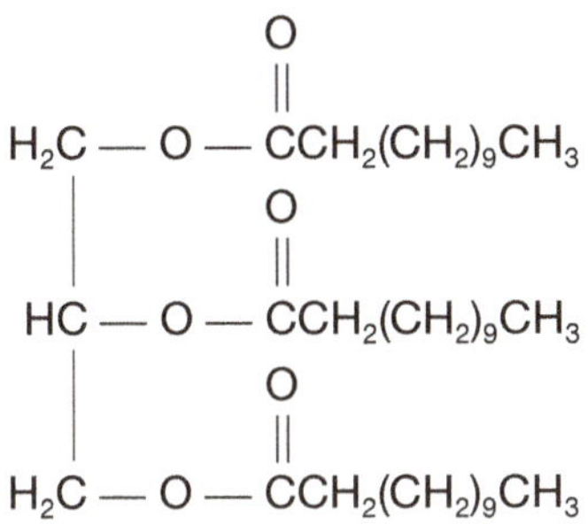

um lipídio derivado do glicerol

a) Durante a respiração celular, tanto a glicose quanto os ácidos graxos provenientes do lipídio derivado do glicerol são transformados em CO_2 e H_2O. Em qual destes casos deverá haver maior consumo de oxigênio: na transformação de 1 mol de glicose ou na transformação de 1 mol do ácido graxo proveniente do lipídio cuja fórmula estrutural é mostrada acima? Explique.

Durante o período de preparação para a Copa de 2014, um jogador de futebol recebeu, a cada dia, uma dieta contendo 600 g de carboidrato e 80 g de gordura. Durante esse período, o jogador participou de um treino por dia.

b) Calcule a energia consumida por km percorrido em um treino (kcal/km), considerando que a energia necessária para essa atividade corresponde a 2/3 da energia proveniente da dieta ingerida em um dia.

DADOS:

- energia por componente dos alimentos:

  carboidrato .... 4 kcal/g
  gordura .... 9 kcal/g

- distância média percorrida por um jogador: 5.000 m/treino

4. (FUVEST – SP) O valor biológico proteico dos alimentos é avaliado comparando-se a porcentagem dos aminoácidos, ditos "essenciais", presentes nas proteínas desses alimentos, com a porcentagem dos mesmos aminoácidos presentes na proteína do ovo, que é tomada como referência. Quando, em um determinado alimento, um desses aminoácidos estiver presente em teor inferior ao do ovo, limitará a quantidade de proteína humana que poderá ser sintetizada. Um outro alimento poderá compensar tal deficiência no referido aminoácido. Esses dois alimentos conterão "proteínas complementares" e, juntos, terão um valor nutritivo superior a cada um em separado.

Na tabela que se segue, estão as porcentagens de alguns aminoácidos "essenciais" em dois alimentos em relação às do ovo (100%).

ALGUNS AMINOÁCIDOS ESSENCIAIS	ARROZ	FEIJÃO
lisina	63	102
fenilalanina	110	107
metionina	82	37
leucina	115	101

a) Explique por que a combinação "arroz com feijão" é adequada em termos de "proteínas complementares".

A equação que representa a formação de um peptídio, a partir dos aminoácidos isoleucina e valina, é dada a seguir.

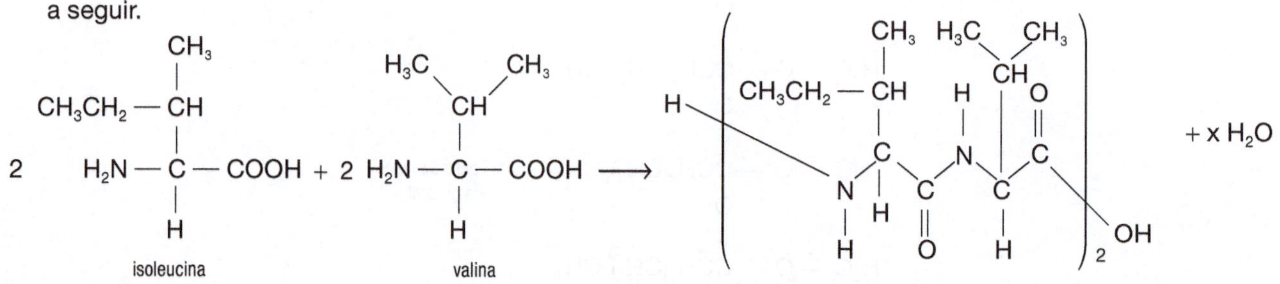

CH3
CH3CH2 — CH
2 H2N — C — COOH + 2 H2N — C — COOH
H
isoleucina
H3C CH3
CH
H
valina
CH3 H3C CH3
CH3CH2 — CH
H
CH
O
C
N
OH
2
+ x H2O

b) Mostre, com um círculo, na fórmula estrutural do peptídio, a parte que representa a ligação peptídica.

c) Determine o valor de x na equação química dada.

d) 100 g de proteína de ovo contêm 0,655 g de isoleucina e 0,810 g de valina. Dispondo-se dessas massas de aminoácidos, qual é a massa aproximada do peptídio, representado acima, que pode ser obtida, supondo reação total? Mostre os cálculos.

DADOS: massas molares (g/mol): valina = 117, isoleucina = 131, água = 18.

5. (FUVEST – SP) A gelatina é uma mistura de polipeptídeos que, em temperaturas não muito elevadas, apresenta a propriedade de reter moléculas de água, formando, assim, um gel. Esse processo é chamado de gelatinização. Porém, se os polipeptideos forem hidrolisados, a mistura resultante não mais apresentará a propriedade de gelatinizar. A hidrólise pode ser catalisada por enzimas, como a bromelina, presente no abacaxi.

Em uma série de experimentos, todos à mesma temperatura, amostras de gelatina foram misturadas com água ou com extratos aquosos de abacaxi. Na tabela ao lado, foram descritos os resultados dos diferentes experimentos.

EXPERIMENTO	SUBSTRATO	REAGENTE	RESULTADO OBSERVADO
1	gelatina	água	gelatinização
2	gelatina	extrato de abacaxi	não ocorre gelatinização
3	gelatina	extrato de abacaxi previamente fervido	gelatinização

a) Explique o que ocorreu no experimento 3 que permitiu a gelatinização, mesmo em presença do extrato de abacaxi.

Na hidrólise de peptídeos, ocorre a ruptura das ligações peptídicas. No caso de um dipeptídeo, sua hidrólise resulta em dois aminoácidos.

b) Complete o esquema abaixo, escrevendo as fórmulas estruturais planas dos dois produtos da hidrólise do peptídeo representado abaixo.

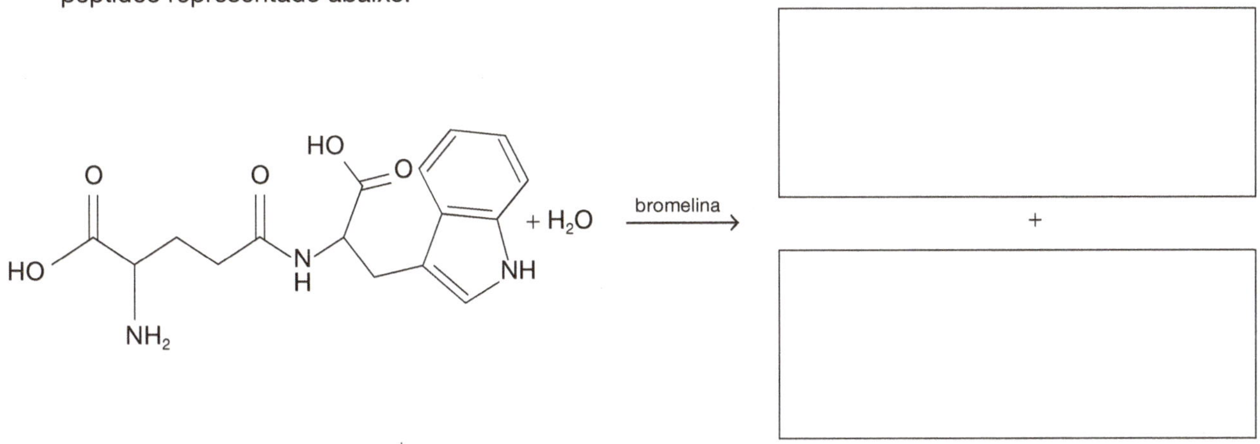

HO
O
O
HO
N
H
O
NH
NH2
+ H2O
bromelina
+

6. (FUVEST – SP) Peptídeos podem ser analisados pelo tratamento com duas enzimas. Uma delas, uma carboxipeptidase, quebra mais rapidamente a ligação peptídica entre o aminoácido que tem um grupo carboxílico livre e o seguinte. O tratamento com outra enzima, uma aminopeptidase, quebra, mais rapidamente, a ligação peptídica entre o aminoácido que tem um grupo amino livre e o anterior. Isso permite identificar a sequência dos aminoácidos no peptídeo.

Um tripeptídeo, formado pelos aminoácidos lisina, fenilalanina e glicina, não necessariamente nessa ordem, foi submetido a tratamento com carboxipeptidase, resultando em uma mistura de um dipeptídeo e fenilalanina. O tratamento do mesmo tripeptídeo com aminopeptidase resultou em uma mistura de um outro dipeptídeo e glicina.

O número de combinações possíveis para os três aminoácidos e a fórmula estrutural do peptídeo podem ser, respectivamente.

a) 3 combinações e 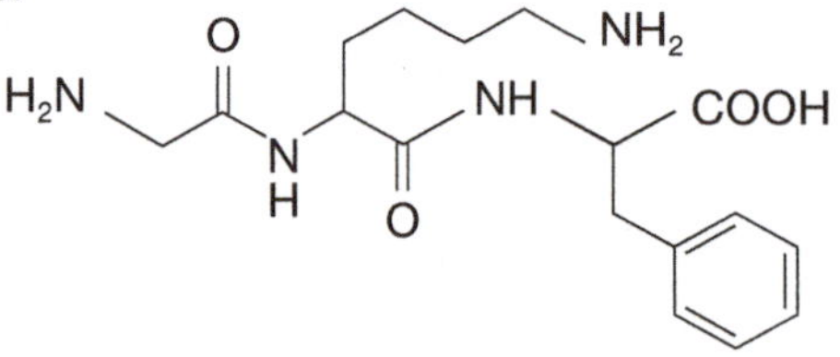

b) 3 combinações e 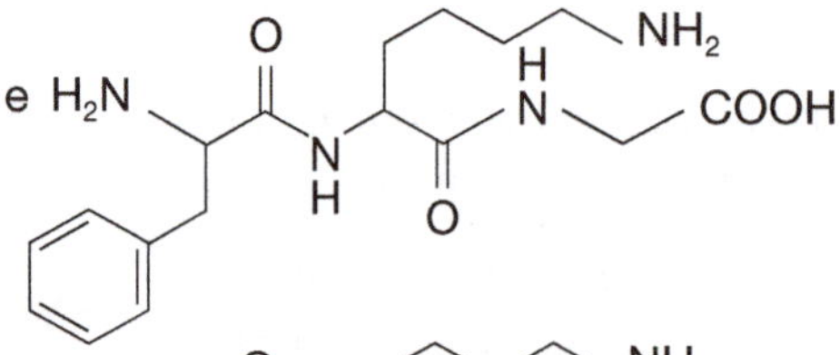

c) 6 combinações e 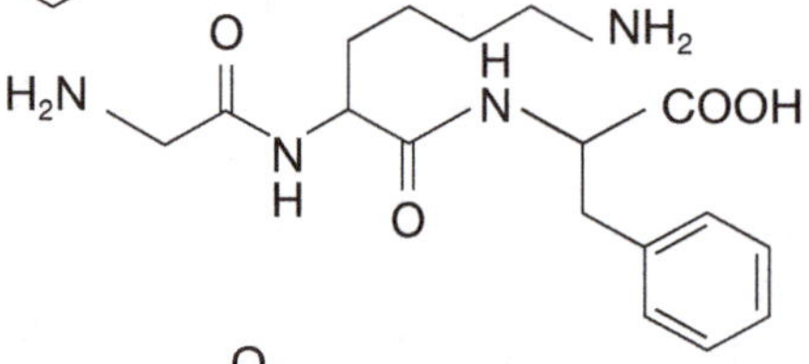

d) 6 combinações e 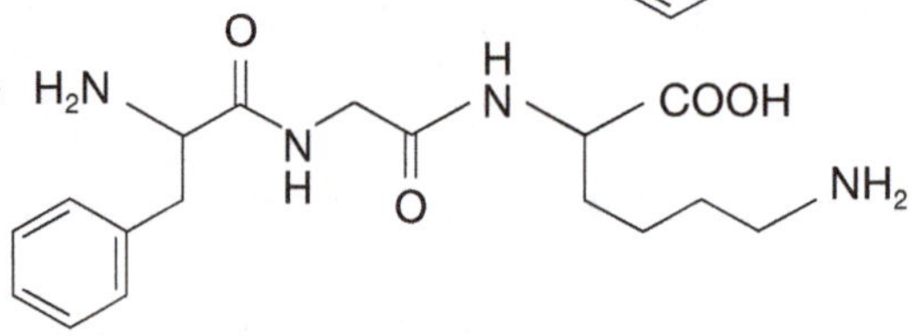

e) 6 combinações e 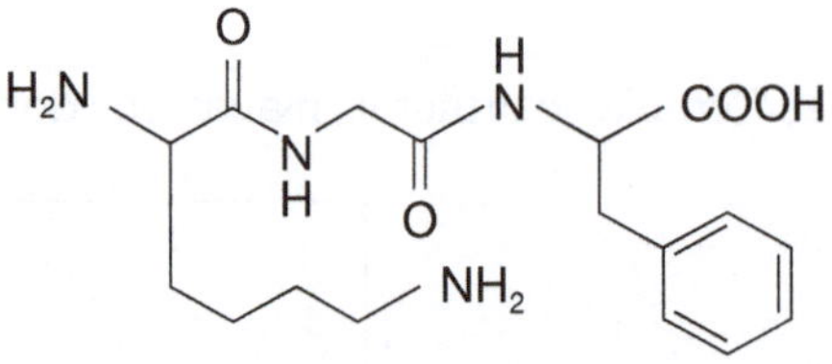

NOTE E ADOTE:

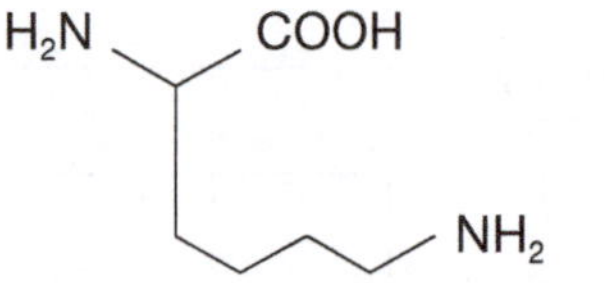

lisina

glicina

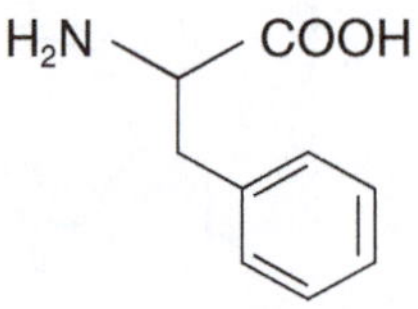

fenilalanina

7. (FUVEST – SP) A preparação de um biodiesel, em uma aula experimental, foi feita utilizando-se etanol, KOH e óleo de soja, que é constituído principalmente por triglicerídeos. A reação que ocorre nessa preparação de biodiesel é chamada transesterificação, em que um éster reage com um álcool, obtendo-se um outro éster. Na reação feita nessa aula, o KOH foi utilizado como catalisador. O procedimento foi o seguinte:

1.ª etapa: Adicionou-se 1,5 g de KOH a 35 mL de etanol, agitando-se continuamente a mistura.

2.ª etapa: Em um erlenmeyer, foram colocados 100 mL de óleo de soja, aquecendo-se em banho-maria, a uma temperatura de 45 °C. Adicionou-se a esse óleo de soja a solução de catalisador, agitando-se por mais 20 minutos.

3.ª etapa: Transferiu-se a mistura formada para um funil de separação, e esperou-se a separação das fases, conforme representado na figura ao lado.

a) Toda a quantidade de KOH, empregada no procedimento descrito, se dissolveu no volume de etanol empregado na primeira etapa? Explique, mostrando os cálculos.

b) Considere que a fórmula estrutural do triglicerídeo contido no óleo de soja é a mostrada abaixo.

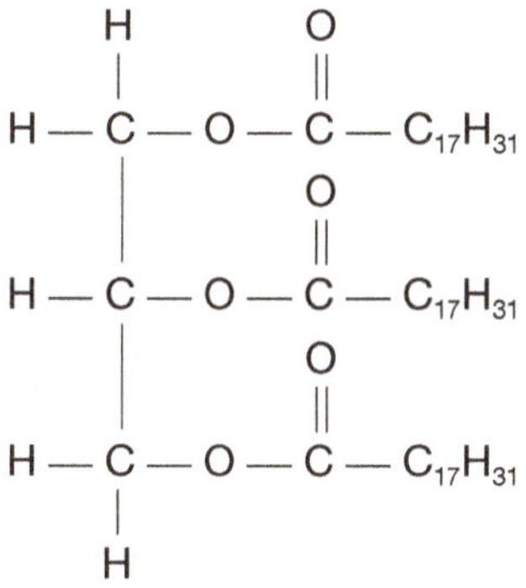

Escreva, no espaço abaixo, a fórmula estrutural do biodiesel formado.

c) Se, na primeira etapa desse procedimento, a solução de KOH em etanol fosse substituída por um excesso de solução de KOH em água, que produtos se formariam? Responda, completando o esquema a seguir, com as fórmulas estruturais dos dois compostos que se formariam e balanceando a equação química.

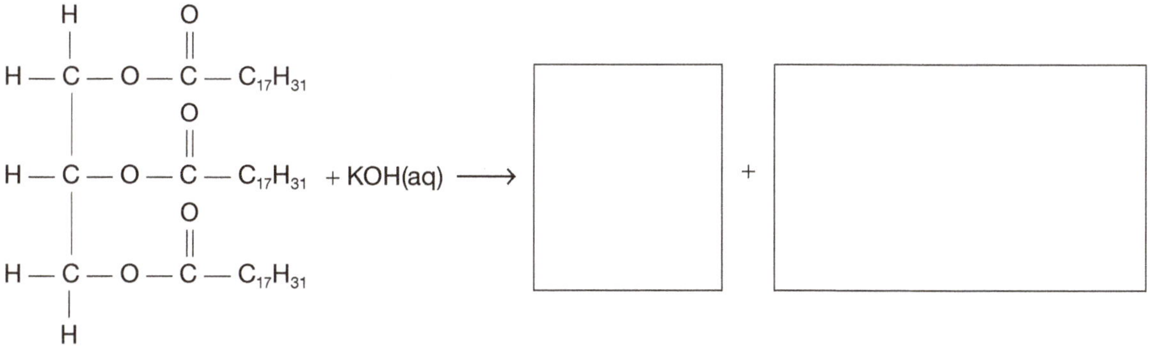

DADO: solubilidade do KOH em etanol a 25 °C = 40 g em 100 mL.

8. (FUVEST – SP) O glicerol é um subproduto do biodiesel, preparado pela transesterificação de óleos vegetais. Recentemente, foi desenvolvido um processo para aproveitar esse subproduto:

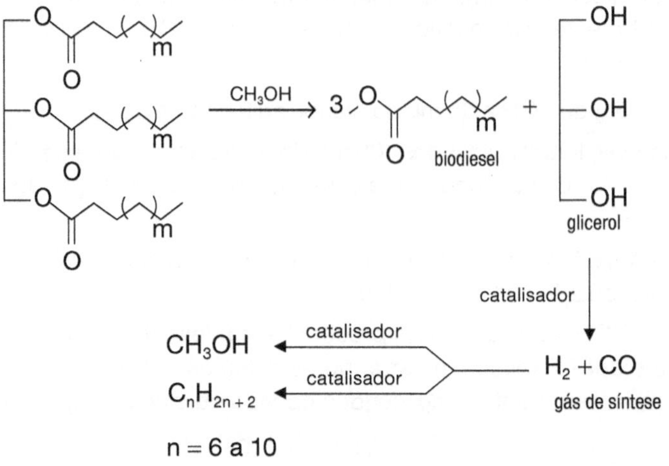

CH3OH
3
biodiesel
glicerol
catalisador
CH3OH
catalisador
catalisador
H2 + CO
gás de síntese
CnH2n + 2
n = 6 a 10

Tal processo pode ser considerado adequado ao desenvolvimento sustentável porque

I. permite gerar metanol, que pode ser reciclado na produção de biodiesel.
II. pode gerar gasolina a partir de uma fonte renovável, em substituição ao petróleo, não renovável.
III. tem impacto social, pois gera gás de síntese, não tóxico, que alimenta fogões domésticos.

É verdadeiro apenas o que se afirma em

a) I. b) II. c) III. d) I e II. e) I e III.

Estequiometria é a parte da Química que calcula as quantidades de reagentes e produtos de uma reação química, utilizando os coeficientes estequiométricos da equação química.

$$2\,H_2 + O_2 \longrightarrow 2\,H_2O$$

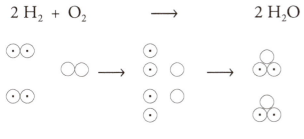

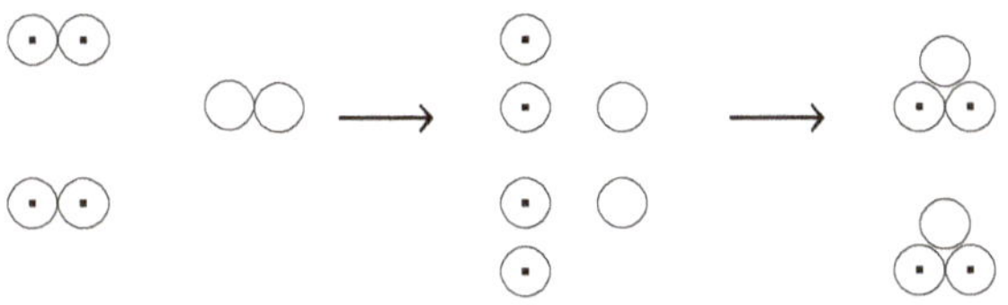

átomos: 6
moléculas: 3

átomos: 6
moléculas: 2

Em uma reação química ocorre um **rearranjo dos átomos** devido às colisões das partículas dos reagentes.

Podemos fazer o balanceamento das equações químicas de várias formas, dependendo das informações que temos, como massas molares, quantidade em mols e volume molar, por exemplo.

Foi-se o tempo em que a indústria não se preocupava com a questão socioambiental. Hoje, mais do que nunca, os agentes ligados à Química buscam otimizar os processos dentro da chamada "green chemistry", ou seja, uma Química em que haja mínima ou nenhuma agressão ao meio ambiente e responsabilidade no uso dos recursos do planeta. As indústrias químicas atualmente empregam o conceito de "economia atômica" na síntese de produtos: buscam aperfeiçoar os processos de modo a obter o máximo dos produtos desejados, empregando um mínimo de reagentes e gerando pouca ou nenhuma impureza ou refugo.

35%

SFIO CRACHO/SHUTTERSTOCK

A.1 Relação entre Quantidade em Mols e Massa em uma Equação Química

Sempre que representamos uma reação química por meio de uma equação química, buscamos escrevê-la de forma balanceada, de modo a respeitar a lei de conservação das massas (Lei de Lavoisier). Nessas equações, portanto, os coeficientes estequiométricos da equação representam a **proporção em mol** entre reagentes e produtos. Vamos analisar o caso de síntese da água:

$$\underset{2\ \text{mol}}{2\,H_2} + \underset{1\ \text{mol}}{O_2} \longrightarrow \underset{2\ \text{mol}}{2\,H_2O}$$

Se nos basearmos na lei das proporções constantes (Lei de Proust), podemos calcular a quantidade de qualquer reagente ou produto em uma reação química. Por exemplo, vamos determinar quantos mols de água são produzidos a partir de 4 mol de H_2:

$$\begin{array}{l} 2\,H_2 + O_2 \longrightarrow 2\,H_2O \\ 2\ \text{mol} \text{ ——— } 2\ \text{mol} \\ 4\ \text{mol} \text{ ——— } x \qquad\qquad \therefore\ x = 4\ \text{mol} \end{array}$$

Portanto, para resolver um exercício de estequiometria, precisamos nos basear na proporção entre reagentes e produtos no processo estudado, que é indicada na equação química balanceada.

Além da proporção em mol, é muito frequente nos exercícios de estequiometria nos basearmos na **proporção em massa**, que pode ser obtida a partir de dados de massas molares (fornecidos nos enunciados ou retirados da Tabela Periódica). No nosso exemplo da síntese de água, sabendo que as massas molares do H_2, O_2 e H_2O são respectivamente 2 g/mol, 32 g/mol e 18 g/mol, podemos determinar a proporção em massa entre reagentes e produtos:

$$\begin{array}{ccccc} 2\,H_2 & + & O_2 & \longrightarrow & 2\,H_2O \\ 2 \cdot 2\ \text{g} & & 1 \cdot 32\ \text{g} & & 2 \cdot 18\ \text{g} \end{array}$$

(observe a conservação da massa: $2 \cdot 2\ \text{g} + 1 \cdot 32\ \text{g} = 2 \cdot 18\ \text{g}$)

Com base na proporção em mol, vamos calcular a massa de O_2 necessária para reagir com 12 g de H_2:

$$\begin{array}{l} 2\,H_2 \quad + \quad O_2 \longrightarrow 2\,H_2O \\ 2 \cdot 2\ \text{g} \text{ ——— } 1 \cdot 32\ \text{g} \\ 12\ \text{g} \text{ ——— } x \qquad\qquad \therefore\ x = 96\ \text{g} \end{array}$$

Com base nos exemplos anteriores, verificamos que uma habilidade importante na resolução de exercícios de estequiometria consiste em *organizar* as informações obtidas da equação química (as proporções em mol e em massa) e as pedidas no enunciado do exercício. Uma sugestão de organização, que será utilizada neste capítulo, é:

- escrever a equação química balanceada do processo analisado;
- na 1ª linha, embaixo da equação química, escrever a proporção (em mol ou em massa, ou em volume, como veremos no item 15.2) baseada na equação;
- na 2ª linha, escrever as informações extraídas do enunciado.

Vamos aplicar essa forma de organização para o exemplo a seguir: calcule a massa de dióxido de carbono produzida na decomposição de 50 g de carbonato de cálcio.

DADOS: massas molares (g/mol): C = 12; O = 16; Ca = 40.

$$CaCO_3 \longrightarrow CaO + CO_2$$
$$100\ g \text{ ——————— } 44\ g$$
$$50\ g \text{ ——————— } x \qquad \therefore\ x = 22\ g$$

(1) Primeiro precisamos da equação química balanceada.
(2) Nesse exercício, utilizamos a proporção em massa.
(3) Uma vez montada a regra de três, basta resolvê-la para chegar na resposta de "22 g".

A.2 Proporção em Volume

Já vimos que a proporção dos coeficientes de uma equação química pode ser representada pela proporção em massa e pela proporção em mol. No entanto, quando temos participantes **gasosos** podemos também usar a **proporção em volume**.

Enquanto a relação entre massa e quantidade em mol é obtida de dados experimentais presentes na Tabela Periódica, a relação entre volume e quantidade em mol, para gases considerados *ideais*, pode ser obtida a partir da **equação dos gases ideais** ou **equação dos gases perfeitos**:

$$PV = nRT$$

que relaciona a pressão (P), o volume (V), a quantidade em mols (n) e a temperatura (T, em Kelvin) de uma amostra de gás. R é a constante universal dos gases, que assume diferentes valores dependendo das unidades das demais grandezas:

$$R = 0{,}082\ atm \cdot L \cdot mol^{-1} \cdot K^{-1} =$$
$$= 62{,}4\ mmHg \cdot L \cdot mol^{-1} \cdot K^{-1} = 8{,}31\ J \cdot mol^{-1} \cdot K^{-1}$$

FIQUE POR DENTRO!

Estudo dos gases

O estudo sistemático dos gases teve grandes desdobramentos entre os séculos XVII e XIX, quando foram determinadas quantitativamente como a temperatura, a pressão, a quantidade de partículas e o volume de um gás relacionam-se entre si. O engenheiro francês Benoit-Pierre-Émile **Clapeyron** (1799-1864) foi um dos primeiros a combinar todos esses parâmetros em uma equação bastante similar a PV = nRT.

Durante o século XIX, outros cientistas deram continuidade ao trabalho de Clapeyron até chegar à equação dos gases ideais. O termo ideal (ou perfeito) considera que as partículas do gás apresentam tamanho desprezível perto do volume do recipiente que o contém e que não há qualquer tipo de interação entre as partículas que compõem o gás, isto é, não são estabelecidos, por exemplo, quaisquer tipos de interações intermoleculares.

Nesse sentido, um gás ideal é um modelo para o comportamento de um gás real. Entretanto, é importante destacar que, nas condições que mais frequentemente aparecem nos exercícios de estequiometria (pressões próximas de 1 atm e temperaturas próximas de 0 °C = 273 K), o comportamento real é muito próximo do comportamento descrito como ideal.

Entre as condições de temperatura e pressão mais frequentes nos exercícios de estequiometria, destacam-se as CNTP (Condições Normais de Temperatura e Pressão), que correspondem à pressão de 1 atm e à temperatura de 273 K (0 °C). Nas CNTP, o volume molar, isto é, o volume de um mol de gás, é igual a:

$$PV = nRT$$

$$1\ \text{atm} \cdot V = (1\ \text{mol}) \cdot (0{,}082\ \text{L} \cdot \text{atm} \cdot \text{L}^{-1} \cdot \text{K}^{-1}) \cdot (273\ \text{K}) \quad \therefore \quad V \approx 22{,}4\ \text{L}$$

Como as CNTP são condições bastante frequentes nos exercícios, é comum encontrarmos o volume molar de 22,4 L/mol nos dados do enunciado, assim como as massas molares. Assim, para a reação de síntese de amônia a partir dos gases hidrogênio e nitrogênio, a proporção em volume fica:

N_2	+	$3\ H_2$	$\longrightarrow$	$2\ NH_3$	
2 mol		3 mol		2 mol	proporção em mol
28 g		$3 \cdot 2$ g		$2 \cdot 17$ g	proporção em massa
22,4 L		$3 \cdot 22{,}4$ L		$2 \cdot 22{,}4$ L	proporção em volume (CNTP)
25 L		$3 \cdot 25$ L		$2 \cdot 25$ L	proporção em volume (25 °C e 1 atm: V = 25 L/mol)

Já quando as condições são diferentes das CNTP, é necessário utilizar a equação dos gases ideais para realizar os cálculos com volume, como pode ser visto nos exercícios resolvidos a seguir.

Exercícios Resolvidos

1. Calcular o volume, em litros, de hidrogênio a 27 °C e 623 mmHg, obtido pela reação completa do ácido clorídrico com 1,2 g de Mg

$$Mg + 2\ HCl \longrightarrow MgCl_2 + H_2$$

DADOS: $R = 62{,}3\ \frac{mmHg \cdot L}{mol \cdot K}$; massa molar do Mg = 24 g/mol.

Resolução:

$Mg + 2\ HCl \longrightarrow MgCl_2 + H_2$

24 g ——— 1 mol

1,2 g ——— n ∴ n = 0,05 mol

$PV = nRT \Rightarrow 623 \cdot V = 0{,}05 \cdot 62{,}3 \cdot 300$

V = 1,5 L

2. Calcule a massa de NaN_3 necessária para gerar um volume de 50 L de N_2 à temperatura de 27 °C e pressão de 2 atm.

$$2\ NaN_3(s) \longrightarrow 2\ Na(s) + 3\ N_2(g)$$

DADOS: $R = 0{,}0823\ \frac{atm \cdot L}{mol \cdot K}$; massas molares em g/mol: Na = 23; N = 14.

Resolução:

$PV = nRT \Rightarrow 2 \cdot 50 = n \cdot 0{,}082 \cdot 300$

n = 4 mol

$2\ NaN_3$ — $3\ N_2$

2,65 g ——— 3 mol

m ——— 4 mol ∴ m = 173 g

A.3 Pureza de uma Amostra

Quando determinada indústria adquire calcário para produzir cal (CaO), por exemplo, a amostra total contém outras substâncias, além do $CaCO_3$, que são chamadas de **impurezas**. Portanto, é importante saber a real quantidade de $CaCO_3$ na amostra.

A indústria que vende o calcário fornece ao comprador a quantidade do $CaCO_3$ na amostra. Essa quantidade, usualmente expressa em porcentagem em massa, é chamada de **pureza**; por exemplo, a *pureza do calcário é 80%*:

$CaCO_3$ ——— 80%

Impurezas ——— 20%

Como as impurezas não participam da reação analisada, a pureza de uma amostra é importante, pois ela indica a **porcentagem (em massa)** da substância que efetivamente vai ser usada na estequiometria.

Vamos calcular, como exemplo, a massa, em gramas, de CaO produzido a partir de 200 g de uma amostra de calcário cuja pureza é 80%. As massas molares são: CaO = 56 g/mol, $CaCO_3$ = 100 g/mol.

100% de pureza ——— 200 g

80% de pureza ——— x ∴ x = 160 g (de $CaCO_3$ puro)

Proporção $CaCO_3 \longrightarrow CaO + CO_2$

Equação 100 g ——— 56 g

Exercício 160 g ——— y ∴ y = 89,6 g

A.4 Rendimento de uma Reação

Rendimento de uma reação é a quantidade do produto, expressa em porcentagem, obtida experimentalmente. O rendimento das reações não é 100% como se poderia esperar, e o principal motivo para isso é que as reações são **reversíveis**, isto é, reagentes originam produtos e produtos originam reagentes – portanto, produto também é consumido.

Vamos voltar ao exemplo da seção anterior, da obtenção da cal (CaO) por meio da pirólise do $CaCO_3$ e calcular a massa de CaO (56 g/mol) formada a partir de 50 t de $CaCO_3$ puro (100 g/mol):

Proporção $CaCO_3 \xrightarrow{\Delta} CaO + CO_2$

Equação 100 g ——— 56 g

Exercício 50 t ——— y ∴ y = 28 t

O valor de 28 t corresponde a uma situação *ideal*, isto é, com uma eficiência ou rendimento de 100%. Na prática, a massa de CaO obtida é menor: o valor encontrado experimentalmente é de 25,2 t de CaO.

Para calcular o rendimento dessa reação é só lembrar que o valor obtido pela proporção da equação é 100%:

28 t ——— 100%

25,2 t ——— R ∴ R = 90%

Sempre que um exercício fornecer ou pedir o rendimento, devemos calcular a quantidade do produto em relação ao rendimento de 100% utilizando a proporção da equação química balanceada e, posteriormente, fazer outra proporção usando o rendimento fornecido ou que será calculado. Observe os exercícios resolvidos a seguir.

Exercícios Resolvidos

1. Determine o rendimento da reação da síntese da água sabendo que 2 g de H_2 (2 g/mol) produzem 14,4 g de H_2O (18 g/mol).

Resolução:

proporção $2\ H_2 + O_2 \longrightarrow 2\ H_2O$

equação $2 \cdot 2$ g ——— $2 \cdot 18$ g

exercício 2 g ——— massa (x) R = 100%

x = 18 g

18 g ——— 100%

14,4 g ——— R ∴ R = 80%

2. Queimando-se 3 kg de carvão, com rendimento de 90%, quantos quilogramas de CO_2 são formados?

DADOS: C = 12 g/mol; O = 16 g/mol.

Resolução:

proporção $C + O_2 \longrightarrow CO_2$

equação 12 g ——— 44 g

exercício 3 kg ——— massa (x) R = 100%

x = 11 kg

100% ——— 11 kg

90% ——— y ∴ y = 9,9 kg

A.5 Excesso de Reagente em uma Reação

Não é incomum que reagentes utilizados na síntese de produtos não estejam nas proporções estequiométricas, isto é, a proporção indicada pela equação química balanceada. No caso de excesso de reagentes, aquele que não está em excesso é consumido totalmente – e por esse motivo determina o fim da reação! –, sendo chamado de **reagente limitante.**

FIQUE POR DENTRO!

Síntese de amônia

A amônia é de importância fundamental para a humanidade, pois a partir dela são produzidos os fertilizantes, que permitem que se aumente a produção de alimentos.

CHARLES BRUTLAG/SHUTTERSTOCK

Trator aplicando amônia (contida nos tanques) para fertilizar o solo.

Considere a síntese da amônia:

Proporção	N_2	+	$3\,H_2$	$\longrightarrow$	$2\,NH_3$
Equação	28 g		$3 \cdot 2$ g		$2 \cdot 17$ g

Por meio da equação, podemos afirmar que 28 t de N_2 reagem com 6 t de H_2. Entretanto, como o H_2 é um reagente caro e o N_2 é um reagente barato, a indústria coloca N_2 em excesso – isto é, uma massa maior do que 28 t – para garantir o consumo total de 6 t de H_2. O N_2 em excesso também aumenta a velocidade da reação, isto é, o NH_3 forma-se em um tempo menor.

Nesse caso, o H_2 (6 t) é o reagente limitante, ou seja, aquele que não está em excesso e que é consumido totalmente, motivo que determina o fim da reação.

A.5.1 Regra prática para descobrir o reagente em excesso

Sempre que um exercício fornecer a quantidade dos *dois reagentes*, devemos verificar se há excesso de um deles. A identificação da presença ou não de excesso pode ser feita multiplicando-se, em cruz, as informações presentes na linha da proporção baseada na equação e a linha das informações extraídas do enunciado.

Observe os exemplos a seguir:

- **1º caso:** 28 t de N_2 reagem com 6 t de H_2

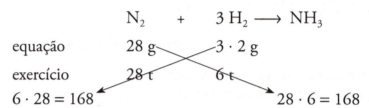

	N_2	+	$3\ H_2 \longrightarrow NH_3$
equação	28 g		$3 \cdot 2$ g
exercício	28 t		6 t
$6 \cdot 28 = 168$			$28 \cdot 6 = 168$

Como o produto das diagonais é igual, os reagentes estão em proporção estequiométrica e ambos serão consumidos na totalidade (caso o rendimento da reação seja de 100%).

- **2º caso:** 30 t de N_2 reagem com 6 t de H_2

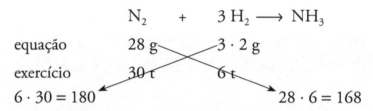

	N_2	+	$3\ H_2 \longrightarrow NH_3$
equação	28 g		$3 \cdot 2$ g
exercício	30 t		6 t
$6 \cdot 30 = 180$			$28 \cdot 6 = 168$

Como o produto da diagonal do lado esquerdo é maior ($180 > 168$), o reagente do lado esquerdo (nesse caso, o N_2) é o reagente em excesso; já o H_2 é o reagente limitante.

Analise agora o exercício resolvido a seguir.

Exercício Resolvido

Dada a equação química $N_2 + 3\ H_2 \longrightarrow 2\ NH_3$, ao empregar 16 g de N_2 (28 g/mol) e 3 g de H_2(2 g/mol):

a) haverá reagente em excesso? Se houver, calcule esse excesso;

b) calcule a massa de NH_3 (17 g/mol) formada.

Resolução:

a)

N_2		H_2
28 g	maior	6 g
16 g		3 g
excesso		limitante

proporção	N_2 +	$3\ H_2 \longrightarrow$	$2\ NH_3$
equação	28 g	6 g	34 g
exercício	massa (x)	3 g	

x = 14 g

16 g − 14 g = 2 g

b)

proporção	$N_2 + 3\ H_2 \longrightarrow$	$2\ NH_3$
equação	6 g	34 g
exercício	3 g	massa (x)

x = 17 g

A.6 Reações Consecutivas

Na produção industrial, há casos em que os produtos são obtidos a partir de uma sequência de reações, que ocorrem consecutivamente, isto é, os produtos de uma reação são, na sequência, utilizados como reagentes em outra, e assim sucessivamente. Nesses casos, é comum desejarmos relacionar a quantidade da matéria-prima inicial com a do produto final, o que pode ser obtido a partir da equação global, como veremos na seção 15.6.3.

Antes de discutirmos a estequiometria de reações consecutivas, vamos analisar as etapas de formação de dois ácidos muito importantes para diferentes indústrias: o ácido sulfúrico e o ácido nítrico.

A.6.1 Produção de ácido sulfúrico

O ácido sulfúrico, H_2SO_4 (98 g/mol), é o produto químico inorgânico de maior produção mundial. O relativo baixo custo desse ácido tornou comum seu uso na indústria, particularmente na produção de fertilizantes, tintas e detergentes. Aproximadamente dois terços de sua produção são usados na fabricação dos fertilizantes (fosfato de amônio e sulfato de amônio).

O ácido sulfúrico é um líquido oleoso, incolor e corrosivo, que ferve (e se decompõe) em 300 °C, aproximadamente. Apresenta três importantes propriedades químicas: é um ácido forte, um agente desidratante e um agente oxidante.

Atualmente, a produção de H_2SO_4 é feita por meio de três **reações consecutivas**, descritas a seguir.

1) Queima de enxofre elementar (proveniente da purificação de gás natural e do refino do petróleo):

$$S(s) + O_2(g) \xrightarrow{1.000\ °C} SO_2(g)$$

ATENÇÃO!

Outra fonte de SO_2

A ustulação (queima de sulfeto) da pirita: FeS_2.

$$2\ FeS_2 + \frac{11}{2}\ O_2 \longrightarrow Fe_2O_3 + 4\ SO_2$$

2) Reação catalítica entre SO_2 e O_2 para formar $SO_3(g)$.

$$SO_2(g) + \frac{1}{2}\ O_2(g) \xrightarrow{Pt\ ou\ V_2O_5,\ 430\text{–}530\ °C} SO_3(g)$$

Na segunda etapa, é necessário que o SO_2 entre em contato com o O_2, razão pela qual o processo descrito aqui para produção de H_2SO_4 é conhecido industrialmente como **processo de contato**.

3) Reação do produto $SO_3(g)$ com $H_2O(l)$:

$$SO_3(g) + H_2O(l) \xrightarrow{80\text{-}110\ °C} H_2SO_4(l)$$

Nessas etapas, o SO_2 e o SO_3 são classificados como **substâncias intermediárias**.

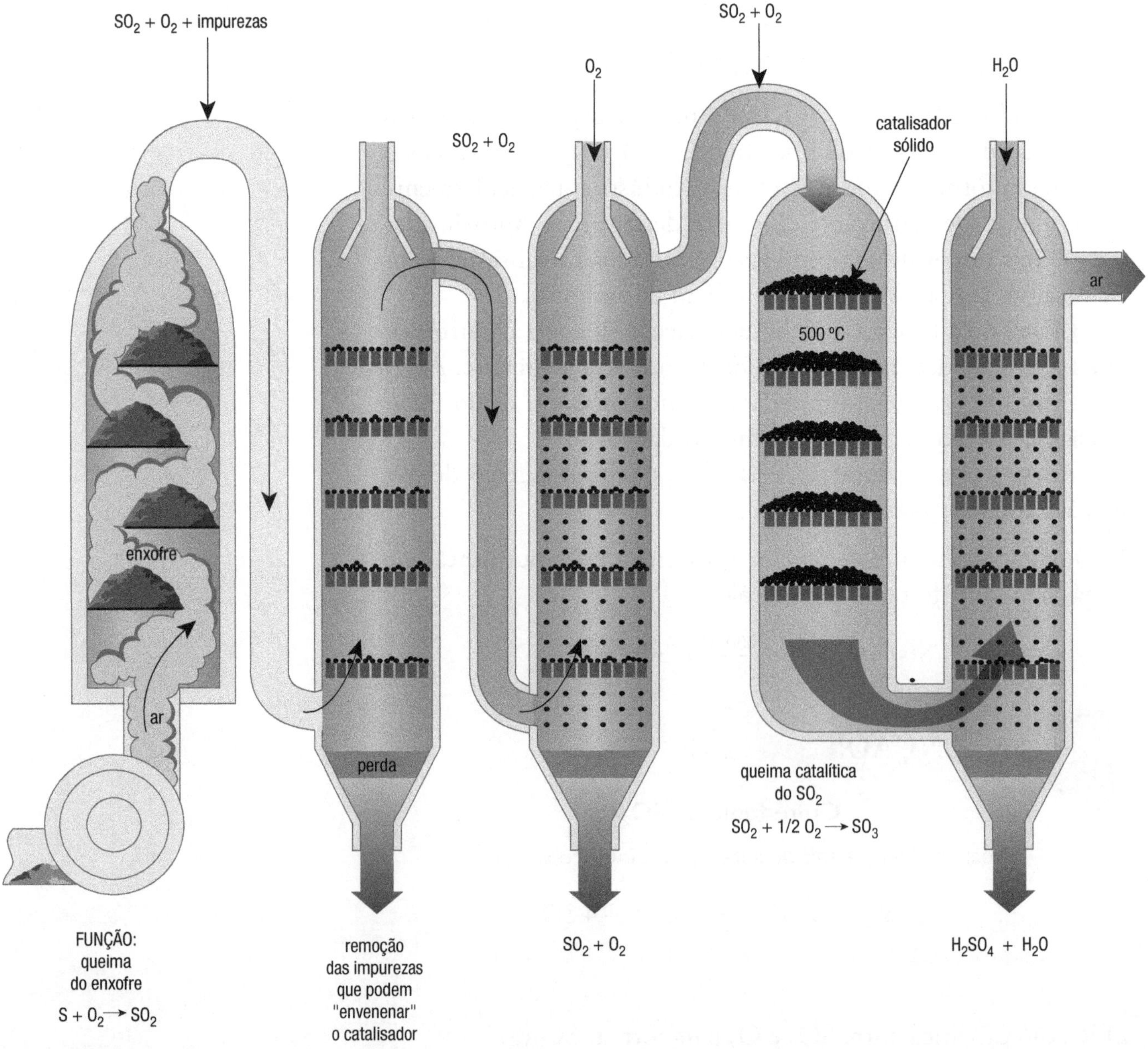
SO2 + O2 + impurezas
SO2 + O2
O2
SO2 + O2
H2O
catalisador sólido
ar
500 °C
enxofre
ar
perda
queima catalítica do SO2
SO2 + 1/2 O2 → SO3
FUNÇÃO: queima do enxofre
S + O2 → SO2
remoção das impurezas que podem "envenenar" o catalisador
SO2 + O2
H2SO4 + H2O

Esquema do processo de contato para a fabricação de ácido sulfúrico.

LIGANDO OS PONTOS!

O enxofre e a atmosfera terrestre

A presença de enxofre, assim como de ferro, na crosta terrestre primordial foi um dos fatores que impedia a formação de nossa atmosfera rica em oxigênio. É que esses elementos atraíam fortemente o oxigênio e com ele formavam compostos, não permitindo que esse gás se desprendesse.

Foram necessários cerca de 2 bilhões de anos para saturar o enxofre e o ferro, possibilitando que o oxigênio se concentrasse na atmosfera inicial.

Atualmente, a maioria do enxofre da Terra está presa no centro do planeta, o que inviabiliza a sua utilização. Contudo, em regiões vulcânicas, a atividade sísmica pode trazê-lo para a superfície, permitindo a sua extração.

FOTOS: R.M. NUNES/SHUTTERSTOCK

Apesar de haver a retirada do enxofre por processos industriais, ainda existe em muitas localidades a extração manual desse produto de dentro da cratera de vulcões. Observe na foto ao lado a retirada do enxofre de dentro da cratera de Kawah Ihen, vulcão em Java Oriental, Indonésia. Acima, carregadores levam em cestos o enxofre extraído para fora da cratera.

A.6.2 Produção de ácido nítrico

O ácido nítrico, HNO_3 (63 g/mol), é bastante utilizado na produção de fertilizantes e explosivos. Trata-se de um líquido incolor, oxidante, volátil à temperatura ambiente e ponto de ebulição de 83 °C. Ele é tanto um ácido forte quanto um forte agente oxidante, sendo miscível com a água em todas as proporções.

Atualmente, o ácido nítrico é fabricado em três etapas pelo **processo de Ostwald**, patenteado em 1902 pelo químico alemão Friedrich Wilhelm **Ostwald** (1853-1932). Acompanhe, a seguir, as reações consecutivas envolvidas nesse processo.

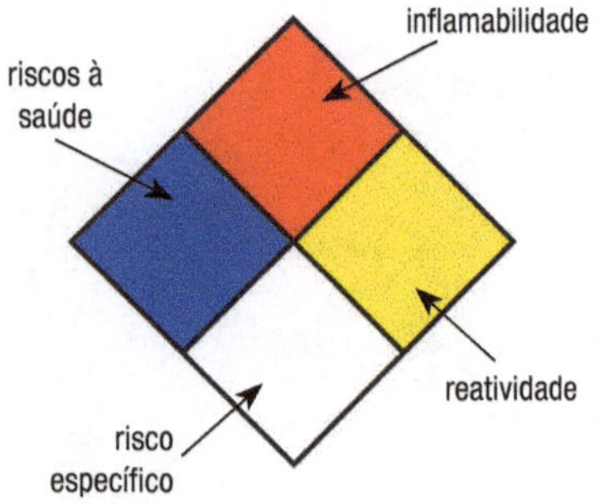
inflamabilidade
riscos à saúde
reatividade
risco específico

É importante você saber que a carga e o transporte de produtos que possam causar algum risco são identificados por meio de um código, chamado diagrama de Hommel ou diamante de Hommel, que por meio de cores, números e letras indica os tipos e níveis de risco.

0
4
0
OX

Diagrama de Hommel para o ácido nítrico: inflamabilidade = 0, isto é, "substância que não queima"; reatividade '= 0, ou seja, "normalmente estável"; riscos à saúde = 4, portanto, "exposição muita curta pode causar morte ou sérios danos residuais"; riscos específcos = OX, o que significa que é "oxidante".

1) Oxidação da amônia:

$$2\ NH_3(g) + \frac{5}{2}\ O_2(g) \xrightarrow{850\ °C,\ 5\ atm,\ Pt/Rh} 2\ NO(g) + 3\ H_2O(g)$$

2) Oxidação do óxido de nitrogênio (NO):

$$2\ NO(g) + O_2(g) \longrightarrow 2\ NO_2(g)$$

3) Hidratação do NO_2:

$$3\ NO_2(g) + H_2O(l) \xrightarrow{\Delta} 2\ HNO_3(aq) + NO(g)$$

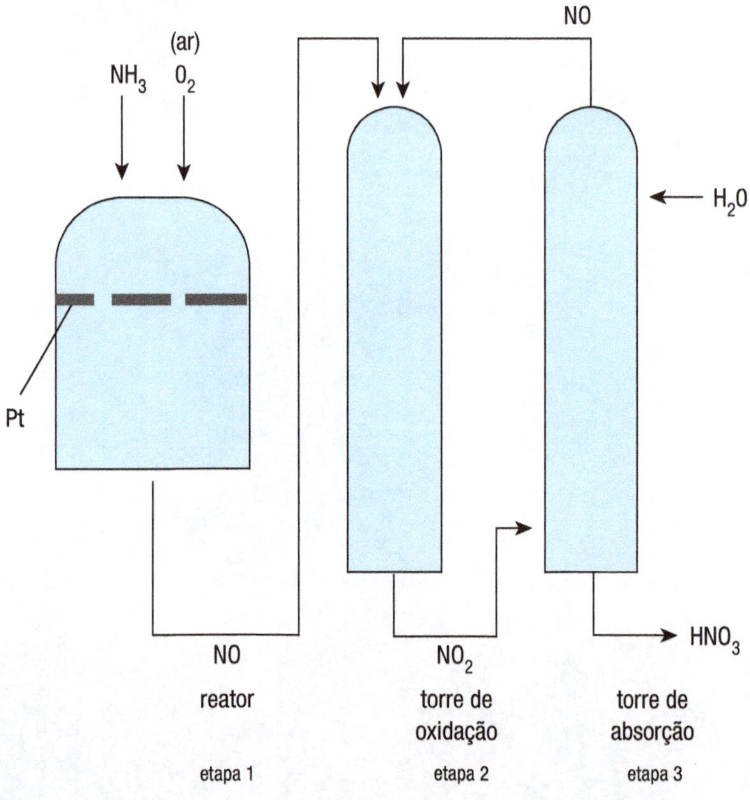
NO
(ar)
NH3
O2
H2O
Pt
HNO3
NO
NO2
reator
torre de oxidação
torre de absorção
etapa 1
etapa 2
etapa 3

Fluxograma do processo de Ostwald para fabricação de ácido nítrico. Note que o NO obtido na etapa 3 é reciclado para a etapa 2.

A.6.3 Estequiometria de reações consecutivas

Nos dois processos anteriores, os produtos finais (ácidos sulfúrico e nítrico) são obtidos a partir de reações em sequência ou consecutivas. Nesses casos, é interessante, por exemplo, calcular qual é a quantidade de matéria-prima (enxofre e amônia) necessária para produção de determinada quantidade de ácido.

Para evitar cálculos desnecessários, pode-se somar algebricamente as equações químicas de tal forma a eliminar as substâncias intermediárias. No caso do processo de obtenção de ácido sulfúrico, basta somar as equações das etapas apresentadas para se obter a **equação global** do processo:

$$S(s) + O_2(g) \longrightarrow SO_2(g)$$

$$SO_2(g) + \frac{1}{2} O_2(g) \longrightarrow SO_3(g)$$

$$SO_3(g) + H_2O(l) \longrightarrow H_2SO_4(aq)$$

$$S(s) + \frac{3}{2} O_2(g) + H_2O(l) \longrightarrow H_2SO_4(aq)$$

Já no caso do processo de Ostwald de obtenção do ácido nítrico, para eliminar as substâncias intermediárias, deve-se multiplicar a 1ª etapa e a 2ª etapa por 3 e a 3ª etapa por 2. Depois, basta somar as equações para obter a equação global:

VILHELMS OSTVALDS
1853-1932
AQUATARKUS/SHUTTERSTOCK

Escultura em homenagem ao cientista Friedrich Wilhelm Ostwald, ganhador do Prêmio Nobel de Química de 1909, na cidade de Riva, capital da Letônia.

$$6\ NH_3(g) + \frac{15}{2} O_2(g) \longrightarrow 6\ NO(g) + 9\ H_2O(g)$$

$$6\ NO(g) + 3\ O_2(g) \longrightarrow 6\ NO_2(g)$$

$$6\ NO_2(g) + 2\ H_2O(l) \longrightarrow 4\ HNO_3(aq) + 2\ NO(g)$$

$$6\ NH_3(g) + \frac{21}{2} O_2(g) \longrightarrow 4\ HNO_3(aq) + 2\ NO(g) + 7\ H_2O(g)$$

É importante destacar que a equação global não ocorre efetivamente no processo, mas pode auxiliar na resolução de exercícios de estequiometria, relacionando as quantidades envolvidas de reagentes e produtos no processo como um todo.

SÉRIE BRONZE

1. Calcular a quantidade em mols de amônia produzida na reação de 5 mol de gás nitrogênio.

$$N_2 + 3\,H_2 \longrightarrow 2\,NH_3$$

2. Dada a equação química:

$$2\,NaHCO_3 \longrightarrow Na_2CO_3 + CO_2 + H_2O$$

Determine quantos mols de bicarbonato de sódio devem ser decompostos para produzir 20 mol de CO_2.

3. Calcular a massa de amônia produzida na reação de 5 mol de N_2.

DADO: massa molar do NH_3 = 17 g/mol.

$$N_2 + 3\,H_2 \longrightarrow 2\,NH_3$$

4. Calcular a massa de amônia na reação de 140 g de N_2.

DADOS: massas molares: NH_3 = 17; N_2 = 28.

$$N_2 + 3\,H_2 \longrightarrow 2\,NH_3$$

5. A reação de sódio com água pode ser representada pela equação:

$$2\,Na + 2\,H_2O \longrightarrow 2\,NaOH + H_2$$

Calcule a massa de NaOH obtida se reagirmos 11,5 g de Na.

DADOS: massas molares em g/mol: Na = 23; NaOH = = 40.

6. O dióxido de nitrogênio é um dos principais poluentes atmosféricos, sendo ele um gás de cor castanha, que é formado pela reação entre os gases nitrogênio e oxigênio.

$$N_2(g) + 2\,O_2(g) \longrightarrow 2\,NO_2(g)$$

Determine o volume de NO_2 obtido a 25 °C e 1 atm quando reagirmos 4,0 mol de N_2.

DADO: volume molar de gás a 25 °C e 1 atm = = 25 L/mol.

7. Durante um churrasco, foram queimados 2,4 kg de carbono grafite, C(graf), constituinte principal do carvão. Essa queima ocorre de acordo com a seguinte equação química:

$$C(graf) + O_2(g) \longrightarrow CO_2(g)$$

Juntamente com o carbono, gás oxigênio é consumido e gás carbônico é produzido. Considere que os volumes desses gases fossem medidos a 25 °C e 1 atm, situação em que o volume molar dos gases é 24,5 L.

a) Determine o volume do oxigênio consumido.
b) Determine o volume de gás carbônico produzido.

DADO: massa molar do C = 12 g/mol.

a) 0,5.
b) 1,0.
c) 1,5.
d) 2,0.
e) 2,5.

DADOS: $R = 62{,}3 \text{ mmHg} \cdot \text{L} \cdot \text{mol}^{-1} \cdot \text{K}^{-1}$; massa molar do magnésio = $24 \text{ g} \cdot \text{mol}^{-1}$.

8. (UFPI) Pilotos levam tabletes de LiH para, no caso de acidente no mar, encher barcos ou coletes salva-vidas com gás hidrogênio obtido da reação desse composto com água:

$$LiH + H_2O \longrightarrow LiOH + H_2$$

Considerando $R = 0{,}082 \dfrac{\text{atm} \cdot \text{L}}{\text{mol} \cdot \text{K}}$, indique quantos gramas de LiH são necessários para inflar um barco salva-vidas, de volume igual a 8,20 L, pressão de 3,00 atm e temperatura de 27,0 °C.

a) 8,0 g
b) 11,1 g
c) 37,8 g
d) 44,4 g
e) 87,7 g

DADOS: massa molar do LiH = 8 g/mol.

9. (UFTM – MG) Hidrogênio gasoso (H_2) pode ser obtido em laboratório pela reação de magnésio com ácido clorídrico. Admitindo comportamento ideal, calcula-se que o volume, em litros, de hidrogênio a 27 °C e 623 mmHg, obtido pela reação completa de 1,2 g de magnésio é, aproximadamente,

10. Uma amostra de 120 g de magnésio com 80% de pureza reage com oxigênio, produzindo óxido de magnésio. Determine a massa de óxido de magnésio produzida.

DADOS: Mg = 24 g/mol; MgO = 40 g/mol.

Considere as informações a seguir e responda às questões **11** a **13**.

Massa total da amostra de $CaCO_3 = 200$ g

Pureza = 80%

DADOS: massas molares: CaO = 56 g/mol; $CaCO_3$ = = 100 g/mol.

11. Determine a massa de $CaCO_3$ na amostra.

12. Escreva a equação química da decomposição térmica do $CaCO_3$.

13. Determine a massa, em gramas, de CaO produzido.

$$CaCO_3 \longrightarrow CaO + CO_2$$

14. Determine a massa de uma amostra de $CaCO_3$ com 80% de pureza, que na decomposição térmica produziu 84 g de CaO, segundo a equação:

$$CaCO_3 \longrightarrow CaO + CO_2$$

DADOS: massas molares: $CaCO_3$ = 100 g/mol; CaO = 56 g/mol.

15. (PUC – RJ) Queimando-se um saco de carvão de 3 kg numa churrasqueira, com rendimento de 90%, quantos quilogramas de CO_2 são formados?

a) 2,7
b) 3,0
c) 4,4
d) 9,9
e) 11

DADOS: C = 12; O = 16.

16. (VUNESP) O inseticida DDT (massa molar = = 354,5 g/mol) é fabricado a partir de clorobenzeno (massa molar = 112,5 g/mol) e cloral, de acordo com a equação:

$$\underset{\text{clorobenzeno}}{2\,C_6H_5Cl} + \underset{\text{cloral}}{C_2HCl_3O} \longrightarrow \underset{\text{DDT}}{C_{14}H_9Cl_5} + H_2O$$

Partindo-se de 1 t de clorobenzeno e admitindo-se rendimento do 80%, a massa de DDT produzida é igual a:

a) 1,575 t
b) 1,260 t
c) 800,0 kg
d) 354,5 kg

b) Há algum reagente em excesso?

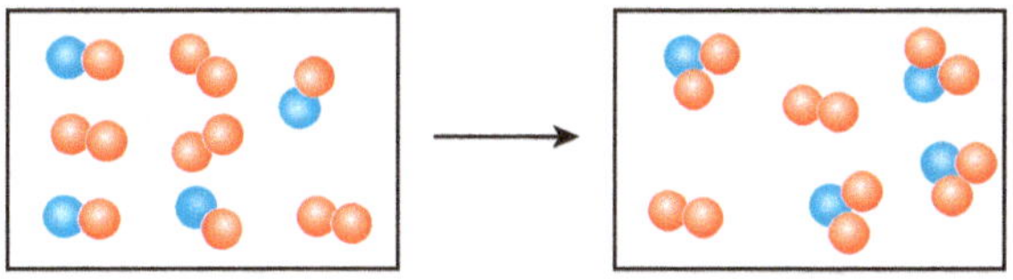

17. Por decomposição térmica de 50 g de $CaCO_3$ obtêm-se 25,2 g de CaO. Calcule o rendimento da reação.

DADOS: massas molares em g/mol: $CaCO_3 = 100$; $CaO = 56$.

18. (UFMG) 65 kg de zinco em pó foram atacados por ácido clorídrico, produzindo um sal e liberando gás hidrogênio.

$$Zn(s) + 2\ HCl(aq) \longrightarrow ZnCl_2(aq) + H_2(g)$$

Determine o rendimento desta reação, sabendo que a massa de hidrogênio obtida foi de 1,5 kg.

DADOS: massas atômicas: Zn = 65 u; H = 1 u.

19. As esferas vermelhas representam átomos de oxigênio e as azuis, átomos de nitrogênio.

a) Equacione a reação envolvida.

20. Numa das etapas da fabricação de ácido nítrico, a amônia reage com oxigênio de acordo com a seguinte equação:

$$4\ NH_3(g) + 5\ O_2(g) \longrightarrow 4\ NO(g) + 6\ H_2O(g)$$

Ao empregar 10 mol de amônia e 15 mol de gás oxigênio:

a) Haverá reagente em excesso? Explique.
b) Qual é a quantidade em mol de NO que se poderá obter?

21. Foram misturados 40 g de H_2 com 40 g de O_2, com a finalidade de produzir água. Determine:

a) o reagente limitante;
b) a massa do reagente em excesso;
c) a massa do produto formado.

DADOS: massas molares: $H_2 = 2$ g/mol; $O_2 = 32$ g/mol; $H_2O = 18$ g/mol.

22. (FEI – SP) Um químico fez reagir 40 g de água oxigenada com 50 g de ácido nitroso, segundo a equação

$$H_2O_2 + HNO_2 \longrightarrow HNO_3 + H_2O$$

Assinale a alternativa que indica a massa de HNO_3 produzida, em gramas, e o reagente que está em excesso.

a) 37 e H_2O_2
b) 67 e HNO_2
c) 74 e HNO_2
d) 74 e H_2O_2
e) 67 e H_2O_2

DADOS: massas atômicas: H = 1 u; N = 14 u; O = 16 u.

23. O gás natural sintético pode ser obtido pelo processo:

1ª etapa: $CO + 2\ H_2 \longrightarrow CH_3OH$
2ª etapa: $4\ CH_3OH \longrightarrow 3\ CH_4 + CO_2 + 2\ H_2O$

A quantidade em mols de H_2 consumido na obtenção de 600 g de CH_4 é:

a) 25. b) 50. c) 75. d) 100. e) 125.

DADOS: C = 12; H = 1.

24. (FUVEST – SP) Uma instalação petrolífera produz 12,8 kg de SO_2 por hora. A liberação desse gás poluente pode ser evitada usando-se calcário, o qual por decomposição fornece cal, que reage com o SO_2 formando $CaSO_3$, de acordo com as equações:

$$CaCO_3 \longrightarrow CaO + CO_2$$
$$CaO + SO_2 \longrightarrow CaSO_3$$

Qual é a massa mínima de calcário (em kg), por dia, necessária para eliminar todo o SO_2 formado?

a) 128
b) 240
c) 480
d) 720
e) 1.200

DADOS: massas molares em g/mol: $CaCO_3$ = 100; SO_2 = 64.

25. (UFPA) Dadas as equações químicas:

$$S + O_2 \longrightarrow SO_2$$
$$2\ SO_2 + O_2 \longrightarrow 2\ SO_3$$
$$SO_3 + H_2O \longrightarrow H_2SO_4$$

Considerando-se que em 100 L de gasolina encontram-se 3,2 mg de enxofre, a quantidade (em gramas) de ácido sulfúrico formada pela queima desse volume de combustível será de:

a) 98
b) $98 \cdot 10^{-1}$
c) $98 \cdot 10^{-2}$
d) $98 \cdot 10^{-3}$
e) $98 \cdot 10^{-4}$

DADOS: H = 1; S = 32; O = 16.

SÉRIE PRATA

1. (UNESP) A reação entre os gases hidrogênio e oxigênio libera energia que pode ser utilizada, por exemplo, em automóveis. A massa de água produzida por um automóvel movido a hidrogênio, após consumir 2.000 g deste gás, é

a) 2.000 g.
b) 16.000 g.
c) 18.000 g.
d) 32.000 g.
e) 36.000 g.

DADOS: massas molares em g/mol: $H_2 = 2$; $H_2O = 18$.

2. (FATEC – SP) Considere a reação química entre soluções aquosas de carbonato de sódio (Na_2CO_3) e cloreto de cálcio ($CaCl_2$), produzindo carbonato de cálcio sólido ($CaCO_3$) e cloreto de sódio (NaCl) em solução aquosa.

Supondo rendimento de 100%, a massa, em gramas, de cloreto de cálcio que deve reagir para produzir 10 g de carbonato de cálcio é, aproximadamente,

a) 5. b) 7. c) 11. d) 14. e) 22.

DADOS: massas molares (g/mol): C = 12,0; O = 16,0; Na = 23,0; Cl = 35,5 e Ca = 40,0.

3. (FUVEST – SP)

MASSAS MOLARES	
SO_2	64 g/mol
MgO	40 g/mol

Uma das maneiras de impedir que o SO_2, um dos responsáveis pela "chuva ácida", seja liberado para a atmosfera é tratá-lo previamente com óxido de magnésio, em presença de ar, como equacionado a seguir:

$$MgO(s) + SO_2(g) + \frac{1}{2} O_2(g) \longrightarrow MgSO_4(s)$$

Quantas toneladas de óxido de magnésio são consumidas no tratamento de $9{,}6 \cdot 10^3$ t de SO_2?

a) $1{,}5 \cdot 10^2$
b) $3{,}0 \cdot 10^2$
c) $1{,}0 \cdot 10^3$
d) $6{,}0 \cdot 10^3$
e) $2{,}5 \cdot 10^4$

4. (UFSCar – SP) Em uma aula de laboratório de Química, um aluno montou a seguinte aparelhagem:

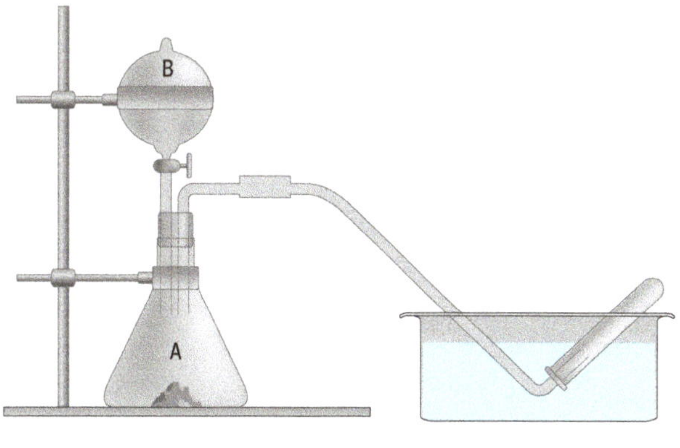
B
A

No frasco de Kitassato (A), foram colocados 32,5 g de zinco metálico e no funil de separação (B) foi adicionado solução de ácido clorídrico concentrado. Ao abrir cuidadosamente a válvula do funil, o ácido reagiu com o zinco, produzindo um gás, que foi coletado em um tubo de ensaio inicialmente cheio de água destilada, dentro da cuba cheia de água.

a) Considere que o zinco reage completamente com o ácido clorídrico em excesso e que não há perda na coleta do gás. Escreva a equação balanceada da reação química e calcule o volume, em litros, de gás a 300 K e 0,82 atm de pressão.

b) O gás produzido é praticamente insolúvel em água. Justifique essa propriedade.

DADOS: Zn = 65 g/mol; equação dos gases ideais: PV = nRT; R = 0,082 atm · L · mol^{-1} · K^{-1}.

5. (ITA – SP) 1,31 g de uma mistura de limalhas de cobre e zinco reagiram com excesso de solução de ácido clorídrico, numa aparelhagem adequada, produzindo gás hidrogênio. Esse gás, depois de seco, ocupou um volume de 269 mL sob pressão de 0,90 atm e 300 K. Calcule a massa de cobre presente na mistura.

DADOS: $R = 0{,}082 \frac{atm \cdot L}{mol \cdot K}$; massa molar do Zn = = 65 g/mol.

6. (ENEM) Atualmente, sistemas de purificação de emissões poluidoras estão sendo exigidos por lei em um número cada vez maior de países. O controle das emissões de dióxido de enxofre gasoso, provenientes da queima de carvão que contém enxofre, pode ser feito pela reação desse gás com uma suspensão de hidróxido de cálcio em água, sendo formado um produto não poluidor do ar.

A queima do enxofre e a reação do dióxido de enxofre com o hidróxido de cálcio, bem como as massas de algumas das substâncias envolvidas nessas reações, podem ser assim representadas:

enxofre (32 g) + oxigênio (32 g) ⟶
⟶ dióxido de enxofre (64 g)

dióxido de enxofre (64 g) + hidróxido de cálcio (74 g)
⟶ produto não poluidor

Dessa forma, para absorver todo o dióxido de enxofre produzido pela queima de uma tonelada de carvão (contendo 1% de enxofre), é suficiente a utilização de uma massa de hidróxido de cálcio de, aproximadamente,

a) 23 kg. b) 43 kg. c) 64 kg. d) 74 kg. e) 138 kg.

7. (FAMECA – SP) Para neutralizar completamente 7,3 g de ácido clorídrico (HCl), foi usado um total de 10 g de soda cáustica (NaOH impuro). Com base nessa afirmação, conclui-se que o grau de pureza dessa amostra de soda cáustica era de:

a) 40%.
b) 50%.
c) 60%.
d) 70%.
e) 80%.

DADOS: massas atômicas H = 1 u; O = 16 u; Na = = 23 u; Cl = 35,5 u.

8. (MACKENZIE – SP) Na queima de 10 kg de carvão de 80% de pureza, a quantidade de moléculas de gás carbônico produzida é:

a) $17{,}6 \cdot 10^{28}$
b) $6{,}25 \cdot 10^{27}$
c) $57{,}6 \cdot 10^{19}$
d) $4{,}8 \cdot 10^{26}$
e) $4{,}0 \cdot 10^{26}$

DADOS: massas molares (g/mol): C = 12; O = 16; $N = 6 \cdot 10^{23}$.

9. (UFJF – MG) O cromo é um metal empregado na produção do aço inox e no revestimento (cromação) de algumas peças metálicas. Esse metal é produzido por meio da reação abaixo:

$$Cr_2O_3(s) + 2\ Al(s) \longrightarrow 2\ Cr(s) + Al_2O_3(s)$$

Partindo-se de 15,2 gramas de Cr_2O_3 e admitindo-se que este processo tem um rendimento de 75%, a massa produzida de cromo é igual a:

a) 1,8 g.
b) 10,4 g.
c) 13,8 g.
d) 15,2 g.
e) 7,8 g.

DADOS: Cr = 52 e O = 16.

10. (UFU – MG) Encontrou-se uma amostra de mármore ($CaCO_3$), cuja pureza era de 60%. Decompondo-se 50 gramas dessa amostra, obteve-se cal virgem (CaO) e gás carbônico (CO_2). Admitindo-se um rendimento de 70% para essa reação, quantos mols de gás carbônico foram conseguidos?

DADOS: massas molares (g/mol): C = 12; O = 16; Ca = 40.

11. (UFG – GO – adaptada) A combustão da gasolina e do óleo diesel libera quantidades elevadas de poluentes para a atmosfera. Para minimizar esse problema, tem-se incentivado a utilização de biocombustíveis como o biodiesel e o etanol. O etanol pode ser obtido a partir da fermentação da sacarose, conforme a equação balanceada apresentada a seguir.

$$C_{12}H_{22}O_{11}(s) + H_2O(l) \longrightarrow 4\ C_2H_6O(l) + 4\ CO_2(g)$$

Considerando-se o exposto e o fato de que uma indústria alcooleira utilize 100 mols de sacarose e que o processo tenha rendimento de 85%, conclui-se que a quantidade máxima obtida do álcool será de:

a) 27,60 kg.
b) 23,46 kg.
c) 18,40 kg.
d) 15,64 kg.
e) 9,20 kg.

DADOS: C = 12; H = 1; O = 16.

12. (UFG - GO) As pérolas contêm, majoritariamente, entre diversas outras substâncias, carbonato de cálcio ($CaCO_3$). Para obtenção de uma pérola artificial composta exclusivamente de $CaCO_3$, um analista, inicialmente, misturou 22 g de CO_2 e 40 g de CaO. Nesse sentido, conclui-se que o reagente limitante e a massa em excesso presente nessa reação são, respectivamente,

a) CO_2 e 22 g.
b) CaO e 10 g.
c) CO_2 e 12 g.
d) CaO e 20 g.
e) CO_2 e 8 g.

DADOS: Ca = 40; C = 12; O = 16.

13. (UFF - RJ) O cloreto de alumínio é um reagente muito utilizado em processos industriais que pode ser obtido por meio da reação entre alumínio metálico e cloro gasoso. Se 2,70 g de alumínio são misturados a 4,0 g de cloro, a massa produzida, em gramas, de cloreto de alumínio é:

a) 5,01.
b) 5,52.
c) 9,80.
d) 13,35.
e) 15,04.

DADOS: Al = 27; Cl = 35,5.

14. (UEL - PR) O ácido acetilsalicílico (AAS), comumente chamado de aspirina, é obtido a partir da reação do ácido salicílico com anidrido acético. Essa reação é esquematizada do seguinte modo:

ácido salicílico	+	anidrido acético	→	ácido acetilsalicílico	+	ácido acético
$C_7H_6O_3(s)$		$C_4H_6O_3$		$C_9H_8O_4$		CH_3COOH

a) Qual é o reagente limitante da reação, partindo-se de 6,90 g de ácido salicílico e 10,20 g de anidrido acético? Justifique sua resposta apresentando os cálculos.
b) Foram obtidos 5,00 g de AAS. Calcule o rendimento da reação.

DADOS: C = 12; H = 1; O = 16.

15. (FATEC - SP) Amônia é matéria-prima fundamental na fabricação de produtos importantes, como fertilizantes, explosivos, antibióticos e muitos outros. Na indústria, em condições apropriadas, a síntese da amônia se realiza a partir de nitrogênio e hidrogênio gasosos, como mostra a equação:

$$N_2(g) + 3\ H_2(g) \longrightarrow 2\ NH_3(g)$$

Considerando que nitrogênio e hidrogênio foram colocados para reagir em quantidades tais como na figura a seguir, onde 1 representa H_2 e 2 representa N_2

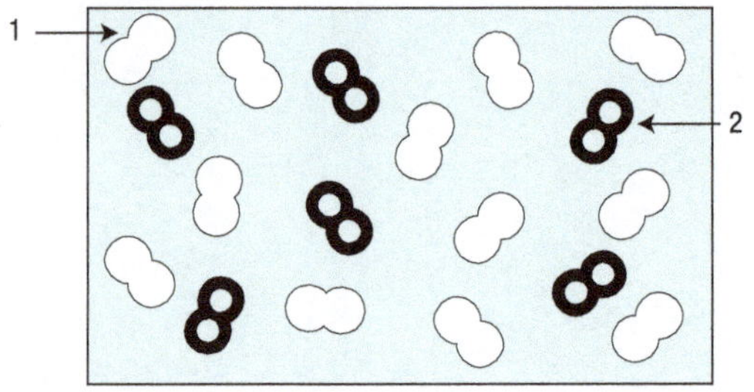
1
2

e supondo rendimento de 100%, pode-se afirmar que

a) nitrogênio e hidrogênio estão em proporções estequiométricas.
b) hidrogênio foi colocado em excesso.
c) nitrogênio é o reagente limitante.
d) hidrogênio é o reagente limitante.
e) ambos os reagentes estão em excesso.

16. (UnB – DF) Na sequência de reações:

$$Na_2O + H_2O \longrightarrow 2\ NaOH$$
$$H_3PO_4 + 3\ NaOH \longrightarrow Na_3PO_4 + 3\ H_2O$$

se partirmos de 10 mol de Na_2O, obteremos:

a) 10 mol de H_2O.

b) 20 mol de H_2O.

c) $\frac{40}{2}$ mol de Na_3PO_4.

d) 15 mol de Na_3PO_4.

e) 20 mol de Na_3PO_4.

17. Determine a massa, em toneladas, de ácido sulfúrico obtida a partir de 48 t de pirita (FeS_2). A primeira etapa deste processo consiste na reação de FeS_2 com O_2 para produção de Fe_2O_3 e SO_2.

DADOS: massas molares em g/mol – $FeS_2 = 120$; $H_2SO_4 = 98$.

SÉRIE OURO

1. (UNICAMP – SP) A obtenção de etanol a partir de sacarose (açúcar), por fermentação, pode ser representada pela seguinte equação:

$$\underset{\text{sacarose}}{C_{12}H_{22}O_{11}} + H_2O \longrightarrow 4\ \underset{\text{etanol}}{C_2H_5OH} + 4\ CO_2$$

Admitindo-se que o processo tenha rendimento de 100% e que o etanol seja anidro (puro), calcule a massa (em kg) de açúcar necessária para produzir um volume de 50 litros de etanol, suficiente para encher um tanque de um automóvel.

DADOS: densidade do etanol = 0,8 g/cm^3; massa molar da sacarose = 342 g/mol; massa molar do etanol = 46 g/mol.

$$d = \frac{m}{V}$$

2. (UFRJ) A acidez estomacal é causada pelo excesso de ácido clorídrico. Os medicamentos à base de hidróxido de alumínio vêm sendo cada vez mais utilizados com o objetivo de diminuir essa acidez. A posologia recomendada para um adulto é de 10 a 14 colheres de 5 mL, ao dia, contendo cada uma delas 0,3 g de hidróxido de alumínio.

a) Qual é a fórmula e o nome do sal formado no estômago pela ação do medicamento que contém o hidróxido de alumínio?

b) Quantos mol de ácido são neutralizados quando se tem um consumo diário de 13 colheres, de 5 mL, do medicamento?

DADOS: massas molares em g/mol: Al = 27; O = 16; H = 1.

3. (ENEM) Os exageros do final de semana podem levar o indivíduo a um quadro de azia. A azia pode ser descrita como uma sensação de queimação no esôfago, provocada pelo desbalanceamento do pH estomacal (excesso de ácido clorídrico). Um dos antiácidos comumente empregados no combate à azia é o leite de magnésia.

O leite de magnésia possui 64,8 g de hidróxido de magnésio $Mg(OH)_2$ por litro da solução. Qual é a quantidade de ácido neutralizado ao se ingerir 9 mL de leite de magnésia?

a) 20 mol
b) 0,58 mol
c) 0,2 mol
d) 0,02 mol
e) 0,01 mol

DADOS: massas molares (em g mol^{-1}): Mg = 24,3; Cl = 35,4; O = 16; H = 1.

4. (ENEM) No Japão, um movimento nacional para a promoção da luta contra o aquecimento global leva o *slogan*: **1 pessoa, 1 dia, 1 kg de CO_2 a menos!** A ideia é cada pessoa reduzir em 1 kg a quantidade de CO_2 emitida todo dia, por meio de pequenos gestos ecológicos, como diminuir a queima de gás de cozinha.

Um Hamburguer Ecológico? É pra já!
Disponível em: http://lqes.iqm.unicamp.br.
Acesso em: 24 fev. 2012. Adaptado.

Considerando um processo de combustão completa de um gás de cozinha composto exclusivamente por butano (C_4H_{10}), a mínima quantidade desse gás que um japonês deve deixar de queimar para atender à meta diária, apenas com esse gesto, é de

a) 0,25 kg.
b) 0,33 kg.
c) 1,0 kg.
d) 1,3 kg.
e) 3,0 kg.

DADOS: CO_2 (44 g/mol); C_4H_{10} (58 g/mol).

5. (MACKENZIE – SP – adaptada) As reações de combustão são responsáveis pela produção de energia, como, por exemplo, em transporte (carros, aviões, trens, navios etc.), usinas termoelétricas, processos industriais, geradores e outros. O processo de combustão completa, além de produzir energia, libera uma certa quantidade de dióxido de carbono e de vapor-d'água na atmosfera.

Assim, a relação entre os volumes de gás oxigênio, nas CNTP, necessária para consumir, em um processo de combustão completa, um mol de metanol, um mol de butano, e um mol de octano, é, respectivamente,

a) 2 : 4 : 6.
b) 1 : 8 : 16.
c) 3 : 13 : 25.
d) 1 : 2 : 4.
e) 4 : 13 : 25.

DADOS: volume de um mol de gás nas CNTP = 22,4 L; metanol: CH_3OH; butano: C_4H_{10}; octano: C_8H_{18}.

6. (UNIFESP – adaptada) O bicarbonato de sódio em solução injetável, indicado para tratamento de acidose metabólica ou de cetoacidose diabética, é comercializado em ampolas de 10 mL, cuja formulação indica que cada 100 mL de solução aquosa contém 8,4 g de $NaHCO_3$.

Uma análise mostrou que o conteúdo das ampolas era apenas água e bicarbonato de sódio; quando o conteúdo de uma ampola desse medicamento reagiu com excesso de HCl, verificou-se que foi produzido $8,0 \cdot 10^{-3}$ mol de gás carbônico, uma quantidade menor do que a esperada.

a) Utilizando R = 0,08 atm · L · K^{-1} · mol^{-1}, calcule a pressão exercida pelo gás liberado na análise do medicamento, quando confinado em um recipiente de 96 mL a 300 K.

b) Considerando a equação para reação entre o bicarbonato de sódio e o ácido clorídrico,

$$NaHCO_3(aq) + HCl(aq) \longrightarrow NaCl(aq) + CO_2(g) + H_2O(l)$$

determine a porcentagem em massa de bicarbonato de sódio presente na ampola analisada, em relação ao teor indicado em sua formulação. Apresente os cálculos efetuados.

DADOS: Na = 23; H = 1; C = 12; O = 16.

7. (FUVEST – SP) O $CaCO_3$ é um dos constituintes do calcário, importante matéria-prima utilizada na fabricação do cimento. Uma amostra de 7,50 g de carbonato de cálcio impuro foi colocada em um cadinho de porcelana de massa 38,40 g e calcinada a 900 °C, obtendo-se como resíduo sólido somente o óxido de cálcio.

$$CaCO_3(g) \longrightarrow CaO(s) + CO_2(g)$$

Sabendo-se que a massa do cadinho com o resíduo foi de 41,97 g, a amostra analisada apresenta um teor percentual de $CaCO_3$, igual a:

a) 70%.
b) 75%.
c) 80%.
d) 85%.
e) 90%.

DADOS: massas molares em g/mol: $CaCO_3$ = 100; CaO = 56.

$$CaCO_3 \longrightarrow CaO + CO_2$$

8. (FUVEST – SP) Uma moeda antiga de cobre estava recoberta com uma camada de óxido de cobre (II). Para restaurar seu brilho original, a moeda foi aquecida ao mesmo tempo em que se passou sobre ela gás hidrogênio. Nesse processo, formou-se vapor-d'água e ocorreu a redução completa do cátion metálico.

As massas da moeda, antes e depois do processo descrito, eram, respectivamente, 0,795 g e 0,779 g. Assim sendo, a porcentagem em massa do óxido de cobre (II) presente na moeda, antes do processo de restauração, era:

a) 2%. b) 4%. c) 8%. d) 10%. e) 16%.

DADOS: massas molares (g/mol): H = 1,00; O = 16,0; Cu = 63,5.

9. (MACKENZIE – SP) A calcita é um mineral encontrado na forma de cristais e em uma grande variedade de formas, como também nas estalactites e estalagmites. É o principal constituinte dos calcários e mármores, ocorrendo também em conchas e rochas sedimentares. Pelo fato de ser composta por $CaCO_3$, a calcita reage facilmente com HCl, formando cloreto de cálcio, gás carbônico e água.

Considerando que uma amostra de 10 g de calcita, extraída de uma caverna, ao reagir com quantidade suficiente de HCl, produziu 1,792 L de gás carbônico, medido nas CNTP, é **correto** afirmar que essa amostra apresentava um teor de $CaCO_3$ da ordem de

a) 75%.
b) 80%.
c) 85%.
d) 90%.
e) 95%.

DADO: massa molar (g/mol) $CaCO_3$ = 100.

(ENEM) Texto para as questões **10** e **11**.

Na investigação forense, utiliza-se luminol, uma substância que reage com o ferro presente na hemoglobina do sangue produzindo luz, que permite visualizar locais contaminados com pequenas quantidades de sangue, mesmo em superfícies lavadas.

É proposto que, na reação do luminol (I) em meio alcalino, na presença de peróxido de hidrogênio (II) e de um metal de transição (M^{n+}), forma-se o composto 3-aminoftalato (III), que sofre uma relaxação, dando origem ao produto final da reação (IV), com liberação de energia (hv) e de gás nitrogênio (N_2).

Química Nova, 25, n. 6, pp. 1003-10. Adaptado.

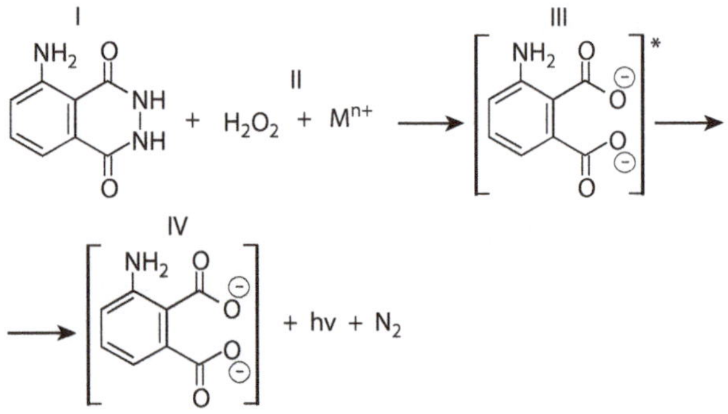
I
II
III
IV
NH2
NH
H2O2
Mn+
hv
N2

DADOS: massas molares em g/mol: luminol = 177; 3-aminoftalato = 179.

10. Na reação do luminol, está ocorrendo o fenômeno de

a) fluorescência, quando espécies excitadas por absorção de uma radiação eletromagnética relaxam liberando luz.
b) incandescência, um processo físico de emissão de luz que transforma energia elétrica em energia luminosa.
c) quimioluminescência, uma reação química que ocorre com liberação de energia eletromagnética na forma de luz.
d) fosforescência, em que átomos excitados pela radiação visível sofrem decaimento, emitindo fótons.
e) fusão nuclear a frio, por reação química de hidrólise com liberação de energia.

11. Na análise de uma amostra biológica para análise forense, utilizou-se de 54 g de luminol e peróxido de hidrogênio em excesso, obtendo-se um rendimento final de 70%. Sendo assim, a quantidade do produto final (IV) formada na reação foi de

a) 123,9 g.
b) 114,8 g.
c) 86,0 g.
d) 38,2 g.
e) 16,2 g.

12. (PUC – PR) A pirita é uma liga de ferro e enxofre e possui características muito parecidas com as do ouro: cor e mesmo brilho, por isso foi apelidada de "ouro dos tolos". Mas facilmente é possível perceber as diferenças existentes entre o ouro e a pirita, testes simples como da condutividade elétrica já mostram as propriedades distintas dessas substâncias. A composição da pirita é principalmente ferro, mas existem pequenas quantidades de níquel, cobalto, ouro e cobre. Na reação com o gás oxigênio, produz dióxido de enxofre e óxido de ferro III, segundo a equação:

$$FeS_2 + O_2 \longrightarrow SO_2 + Fe_2O_3$$

(equação não balanceada)

Considerando um grau de pureza da pirita de 92% e uma reação com rendimento de 80%, qual massa aproximada de Fe_2O_3 se forma quando reagem 8,8 toneladas de pirita?

a) 5,39 t
b) 8,09 t
c) 4,70 t
d) 4,32 t
e) 6,42 t

13. (PUC – SP) Ao adicionar uma solução aquosa de nitrato de prata ($AgNO_3$) a uma solução aquosa de fosfato de sódio (Na_3PO_4), forma-se um sal branco e insolúvel, o fosfato de prata (Ag_3PO_4). Essa reação foi realizada utilizando-se quantidades variadas dos reagentes, segundo a tabela abaixo:

TUBO NÚMERO	1	2	3	4	5
$AgNO_3$ quantidade de matéria adicionada (10^{-3} mol)	4	6	8	12	14
Na_3PO_4 quantidade de matéria adicionada (10^{-3} mol)	12	10	8	4	2

Com base nessa tabela, é possível prever que o tubo em que se formará a maior quantidade de Ag_3PO_4 é o:

a) tubo 1.
b) tubo 2.
c) tubo 3
d) tubo 4.
e) tubo 5.

14. (UFSCar – SP) O estanho é usado na composição de ligas metálicas, como bronze (Sn-Cu) e solda metálica (Sn-Pb). O estanho metálico pode ser obtido pela reação do minério cassiterita (SnO_2) com carbono, produzindo também monóxido de carbono. Supondo que o minério seja puro e o rendimento da reação seja 100%, a massa, em quilogramas, de estanho produzida a partir de 453 kg de cassiterita com 96 kg de carbono é

a) 549.
b) 476.
c) 357.
d) 265.
e) 119.

DADOS: C = 12 u; O = 16 u; Sn = 119 u.

15. (FUVEST – SP) Para estudar a variação de temperatura associada à reação entre Zn(s) e Cu^{2+}(aq), foram realizados alguns experimentos independentes, nos quais diferentes quantidades de Zn(s) foram adicionadas a 100 mL de diferentes soluções aquosas de $CuSO_4$. A temperatura máxima (T_f) de cada mistura, obtida após a reação entre as substâncias, foi registrada conforme a tabela:

EXPERIMENTO	QUANTIDADE DE MATÉRIA DE Zn(s) (mol)	QUANTIDADE DE MATÉRIA DE Cu^{2+}(aq) (mol)	QUANTIDADE DE MATÉRIA TOTAL* (mol)	T_f (°C)
1	0	1,0	1,0	25,0
2	0,2	0,8	1,0	26,9
3	0,7	0,3	1,0	27,9
4	X	Y	1,0	T_4

*Quantidade de matéria total = soma das quantidades de matéria inicial de Zn(s) e Cu^{2+}(aq).

a) Escreva a equação química balanceada que representa a transformação investigada.
b) Qual é o reagente limitante no experimento 3? Explique.
c) No experimento 4, quais deveriam ser os valores de X e Y para que a temperatura T_4 seja a maior possível? Justifique sua resposta.

16. (UNIFESP) O gráfico apresenta a curva da decomposição térmica do oxalato de magnésio, MgC_2O_4. Nessa reação, os produtos da decomposição são CO, CO_2 e MgO (massa molar 40 g/mol). Neste gráfico, são apresentados os valores da massa da amostra em função da temperatura.
DADOS: massas molares (g/mol): Mg = 24; C = 12; O = 16.

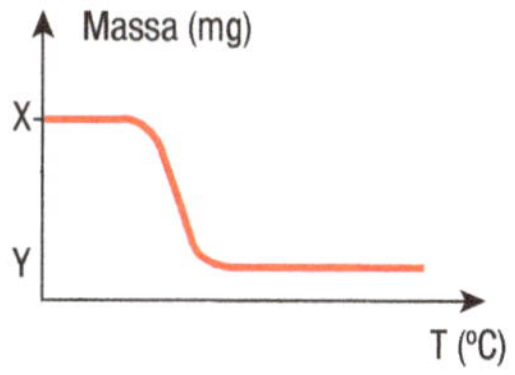
Massa (mg)
X
Y
T (°C)

Se a diferença entre as massas X e Y no gráfico for 576 mg, o valor de Y e a porcentagem de perda da massa da reação de decomposição térmica do oxalato de magnésio são, respectivamente,

a) 320 e 35,7%.
b) 320 e 64,3%.
c) 352 e 39,2%.
d) 576 e 35,7%.
e) 576 e 64,3%.

17. (FGV – SP) A dolomita, $CaMg(CO_3)$, é um minério utilizado como fonte de magnésio e para fabricação de materiais refratários. A figura apresenta a curva da decomposição térmica de uma mistura de carbonatos de cálcio e magnésio e é o resultado de medidas de variação da massa da amostra em função do aumento da temperatura. A decomposição desses carbonatos resulta na liberação de CO_2 e na formação do respectivo óxido. Cada carbonato decompõe-se totalmente em diferentes temperaturas, sendo que o carbonato de cálcio apresenta maior estabilidade térmica.

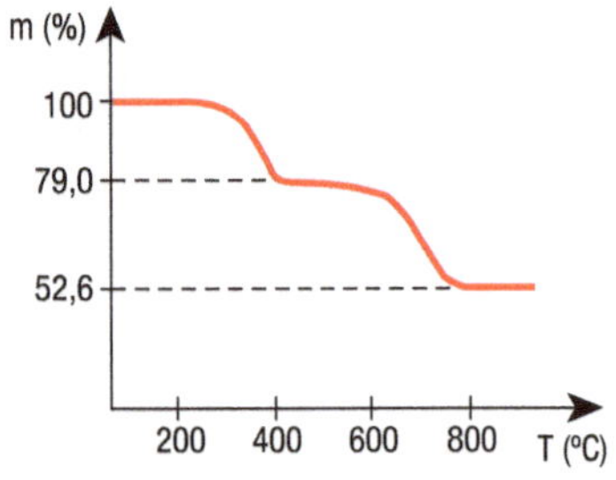
m (%)
100
79,0
52,6
200
400
600
800
T (°C)

Pode-se concluir que a mistura de carbonatos analisada contém a composição em massa de carbonato de cálcio igual a

a) 40%.
b) 45%.
c) 50%.
d) 55%.
e) 60%.

DADOS: massas molares em g/mol: CO_2 = 44; $MgCO_3$ = 84; $CaCO_3$ = 100.

18. (MACKENZIE – SP) A produção industrial do ácido sulfúrico é realizada a partir do enxofre, extraído de jazidas localizadas normalmente em zonas vulcânicas. O enxofre extraído é queimado ao ar atmosférico produzindo o anidrido sulfuroso (etapa I). Após essa reação, o anidrido sulfuroso é oxidado a anidrido sulfúrico, em alta temperatura e presença de um catalisador adequado (etapa II). Em seguida, o anidrido sulfúrico é borbulhado em água, formando o ácido sulfúrico (etapa III). As reações referentes a cada uma das etapas do processo encontram-se abaixo equacionadas:

Etapa I. $S(s) + O_2(g) \longrightarrow SO_2(g)$

Etapa II. $2\ SO_2(g) + O_2(g) \longrightarrow 2\ SO_3(g)$

Etapa III. $SO_3(g) + H_2O(l) \longrightarrow H_2SO_4(l)$

Desse modo, ao serem extraídos 200,0 kg de enxofre com 80% de pureza de uma jazida, considerando-se que o rendimento global do processo seja de 90%, a massa máxima de ácido sulfúrico que pode ser produzida será de

a) 612,5 kg.
b) 551,2 kg.
c) 490,0 kg.
d) 441,0 kg.
e) 200,0 kg.

DADOS: massas molares (g/mol): H = 1; O = 16 e S = 32.

19. (UNESP – SP) A hidrazina, substância com fórmula molecular N_2H_4, é um líquido bastante reativo na forma pura.

Na forma de seu monoidrato, $N_2H_4.H_2O$, a hidrazina é bem menos reativa que na forma pura e, por isso, de manipulação mais fácil. Devido às suas propriedades físicas e químicas, além de sua utilização em vários processos industriais, a hidrazina também é utilizada como combustível de foguetes e naves espaciais, e em células de combustível.

A atuação da hidrazina como propelente de foguetes envolve a seguinte sequência de reações, iniciada com o emprego de um catalisador adequado, que rapidamente eleva a temperatura do sistema acima de 800 °C:

$$3\ N_2H_4(l) \longrightarrow 4\ NH_3(g) + N_2(g)$$

$$N_2H_4(l) + 4\ NH_3(g) \longrightarrow 3\ N_2(g) + 8\ H_2(g)$$

Calcule a massa de H_2 e o volume total dos gases formados, medido nas CNTP, gerados pela decomposição estequiométrica de 1,0 g de $N_2H_4(l)$.

DADOS: massas molares, em g · mol^{-1}: N = 14,0; H = 1,0; volume molar, medido nas Condições Normais de Temperatura e Pressão (CNTP) = 22,4 L.

SÉRIE PLATINA

1. (FUVEST – SP) Volumes iguais de uma solução de I_2 (em solvente orgânico apropriado) foram colocados em cinco diferentes frascos. Em seguida, a cada um dos frascos foi adicionada uma massa diferente de estanho (Sn), variando entre 0,2 e 1,0 g. Em cada frasco, formou-se uma certa quantidade de SnI_4, que foi, então, purificado e pesado. No gráfico abaixo, são apresentados os resultados desse experimento.

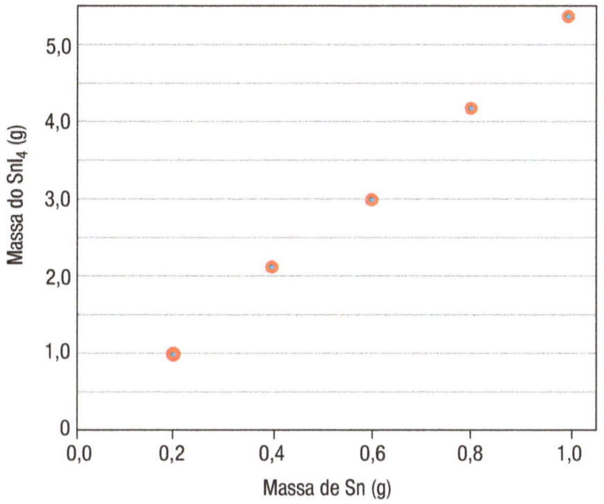

5,0
4,0
3,0
2,0
1,0
0
Massa do SnI4 (g)
0,0
0,2
0,4
0,6
0,8
1,0
Massa de Sn (g)

Com base nesses resultados experimentais, é possível afirmar que o valor da relação

$$\frac{\text{massa molar de } I_2}{\text{massa molar do Sn}}$$

é, aproximadamente,

a) 1 : 8.
b) 1 : 4.
c) 1 : 2.
d) 2 : 1.
e) 4 : 1.

2. (UNESP) A imagem mostra o primeiro avião do mundo movido a etanol (C_2H_5OH), o avião agrícola Ipanema, de fabricação brasileira.

PP-XHQ

Disponível em: <defesanet.com.br/Embraer>.

Considere que a velocidade de cruzeiro dessa aeronave seja 220 km/h, que o consumo de combustível nessa velocidade seja 100 L/h, que cada litro de combustível contenha 0,8 kg de C_2H_5OH e que a combustão seja completa.

Em um percurso de 110 km, à velocidade de cruzeiro constante, a massa de dióxido de carbono lançada ao ar devido à combustão, em kg, é próxima de

a) 55. b) 22. c) 77. d) 33. e) 88.

DADOS: massas molares em g/mol: C = 12; O = 16; H = 1.

3. (SANTA CASA – SP) Em um experimento de laboratório, um grupo de alunos recebeu uma amostra de certo metal M para determinar o valor de sua massa, sem o uso de balança, a partir de dados fornecidos pelo professor e de um dado obtido pelo próprio grupo, no laboratório.

- DADO 1 – 13,95 g de outra amostra do mesmo metal M reagem com excesso de solução de ácido forte, produzindo 0,25 mol de gás hidrogênio, de acordo com a seguinte reação:

$$M(s) + 2\ H^+(aq) \longrightarrow M^{2+}(aq) + H_2(g)$$

- DADO 2 – O metal M corresponde a um dos cinco metais a seguir (com suas respectivas densidades): alumínio (2,7 g/cm^3); chumbo (11,3 g/cm^3); cobre (8,9 g/cm^3); ferro (7,9 g/cm^3); e zinco (7,1 g/cm^3).

- DADO 3 – Determinação do volume da amostra recebida pelo grupo por meio da inserção da amostra em uma proveta com água, conforme representam as figuras.

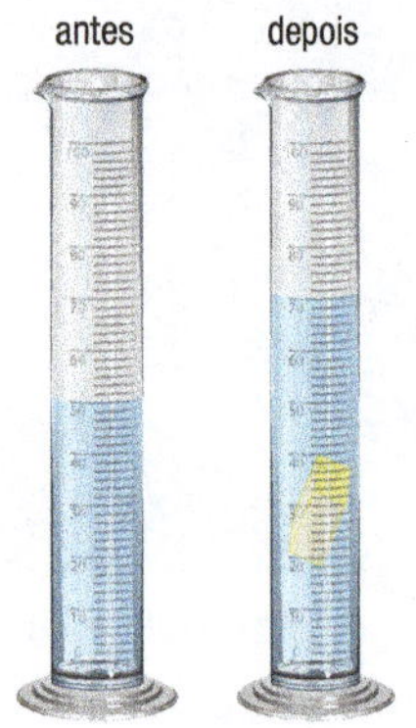
antes
depois

A amostra recebida pelo grupo tinha massa igual a

a) 54 g.
b) 142 g.
c) 178 g.
d) 158 g.
e) 226 g.

DADOS: massas molares em g/mol: Fe = 56; Al = 27; Cu = 63,5; Pb = 207; Zn = 66,5.

4. (UNIFESP – adaptada) O nióbio é um metal utilizado na fabricação de ligas metálicas especiais e em aplicações de alta tecnologia. O processo básico de obtenção do nióbio metálico envolve a reação do óxido de nióbio (Nb_2O_5) com alumínio metálico (Al), conforme a equação química representada abaixo:

$$3\ Nb_2O_5 + 10\ Al \longrightarrow 6\ Nb + 5\ Al_2O_3$$

a) Determinada amostra de óxido de nióbio apresenta 27 g. Determine a quantidade aproximada, em gramas, de alumínio necessário para reagir com essa quantidade de Nb_2O_5. Mostre os cálculos.

DADOS: massas (g/mol): O = 16; Al = 27; Nb = 93.

CREATIVE COMMONS

b) Ao final do experimento, obteve-se um sólido com coloração cinza brilhante, característica do nióbio metálico. Para verificar se o sólido obtido era realmente nióbio metálico, o material foi colocado numa proveta com água sobre uma balança, alterando o nível da água e a indicação da proveta, como mostra a figura abaixo.

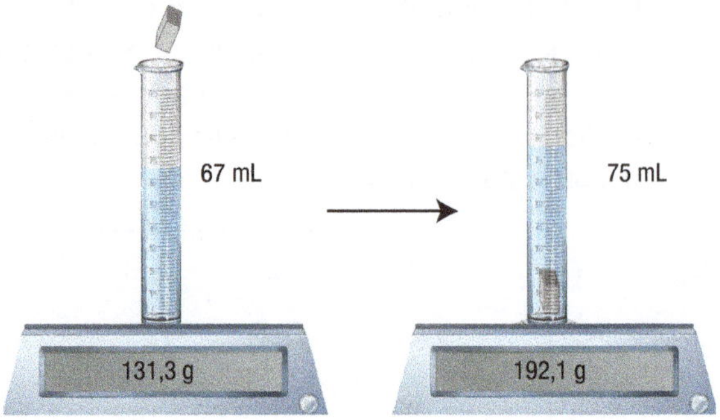
67 mL
131,3 g
75 mL
192,1 g

Determine a densidade do material obtido, em g/mL, de acordo com o experimento realizado. Apresente os cálculos efetuados.

c) Sabe-se que a densidade do nióbio puro é de aproximadamente 8,6 g/mL. O que se pode afirmar sobre a pureza do material obtido (em relação ao teor de nióbio), cuja densidade foi determinada no item (b)? Foi obtido nióbio puro ou não? Justifique.

5. (MACKENZIE – SP) O GLP (gás liquefeito do petróleo), popularmente conhecido por gás de cozinha e largamente empregado nas cozinhas residenciais, apresenta composição variável, por tratar-se de uma mistura de diversos compostos. A partir de uma amostra de 1 kg de GLP, cuja composição percentual em massa é de 21%, 22%, 28% e 29%, respectivamente, para cada um dos hidrocarbonetos, propeno, propano, buteno e butano, é **correto** afirmar que o volume obtido de gás carbônico nas CNTP, considerando-se somente a combustão completa desses compostos e um rendimento global de 90% para os processos, é de

DADOS: massas molares em g . mol^{-1}: $C_3H_6 = 42$; $C_3H_8 = 44$; $C_4H_8 = 56$; $C_4H_{10} = 58$.

a) 1.176,0 L.
b) 1.254,4 L.
c) 1.411,2 L.
d) 1.489,6 L.
e) 1.568,0 L.

6. (PUC – SP) **DADOS:** volume de 1 mol de gás nas CNTP é 22,4 L/mol; massa molar em g/mol do $H_2O_2 = 34$.

A água oxigenada é o nome dado à solução comercial de peróxido de hidrogênio (H_2O_2) em água. Em lojas de produtos químicos é possível adquirir frascos contendo água oxigenada 200 volumes. Essa concentração indica que a decomposição total do peróxido de hidrogênio contido em 1,0 L de solução produz 200 L de gás oxigênio medidos nas CNTP.

A reação de decomposição da água oxigenada é representada pela equação química a seguir:

$$2\,H_2O_2(aq) \longrightarrow 2\,H_2O(l) + O_2(g)$$

Desse modo, 50 mL dessa solução contêm, aproximadamente,

a) 10 g de H_2O_2.
b) 20 g de H_2O_2.
c) 30 g de H_2O_2.
d) 40 g de H_2O_2.

7. (FUVEST – SP – adaptada) Em uma aula experimental, dois grupos de alunos (G_1 e G_2) utilizaram dois procedimentos diferentes para estudar a velocidade da reação de carbonato de cálcio com excesso de ácido clorídrico. As condições de temperatura e pressão eram as mesmas nos dois procedimentos e, em cada um deles, os estudantes empregaram a mesma massa inicial de carbonato de cálcio e o mesmo volume de solução de ácido clorídrico de mesma concentração.

O grupo G_1 acompanhou a transformação ao longo do tempo, realizada em um sistema aberto, determinando a variação de massa desse sistema (Figura 1 e Tabela).

Figura 1

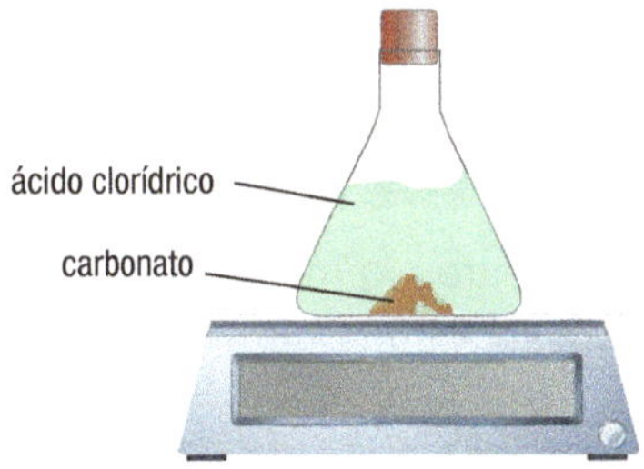
ácido clorídrico
carbonato

Tabela: dados obtidos pelo grupo G_1.

TEMPO DECORRIDO (segundos)	0	60	180	240
MASSA DO SISTEMA (g)	110,00	109,38	109,12	108,90

O grupo G_2 acompanhou essa reação ao longo do tempo, porém determinando o volume de gás recolhido (Figura 2).

Figura 2

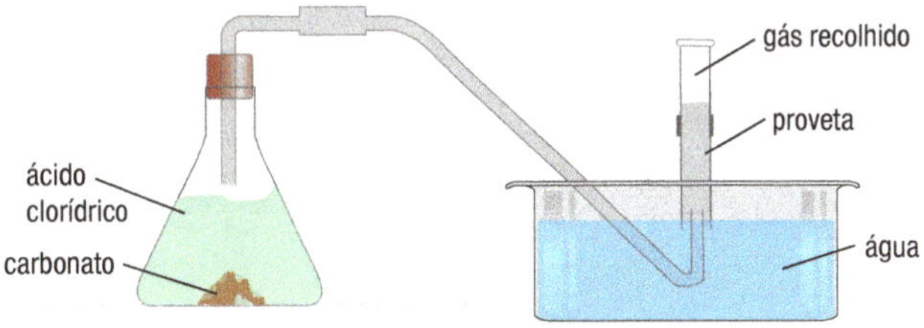
gás recolhido
proveta
ácido clorídrico
carbonato
água

a) Escreva a equação química balanceada que representa a reação estudada pelos grupos de alunos, evidenciando a formação de gás.

b) A partir da análise dos dados obtidos pelo G_1, calcule a massa de gás produzido, em gramas, decorridos 240 segundos do experimento.

c) Comparando os dois experimentos, calcule o volume aproximado de CO_2, em litros, recolhido pelo grupo 2 após 240 segundos. Mostre os cálculos.

DADOS:

- massas molares (g/mol): H = 1; C = 12; O = 16; Cl = 35,5; Ca = 40;
- volume molar nas condições do experimento: 24 L/mol;
- desconsidere a solubilidade do CO_2 em água.

8. Dentre as diversas reações de combustão estudadas por Lavoisier, destaca-se a reação entre hidrogênio e oxigênio, na qual há obtenção de vapor-d'água. Para estudar essa reação, Lavoisier utilizava o recipiente abaixo. Após retirar o ar presente no interior do recipiente com uma bomba a vácuo, Lavoisier adicionava gás oxigênio (O_2) pela direita e gás hidrogênio (H_2) pela esquerda.

Num determinado experimento, Lavoisier adicionou 0,4 g de gás hidrogênio e 3,2 g de gás oxigênio num recipiente de 4 L, inicialmente a 27 °C.

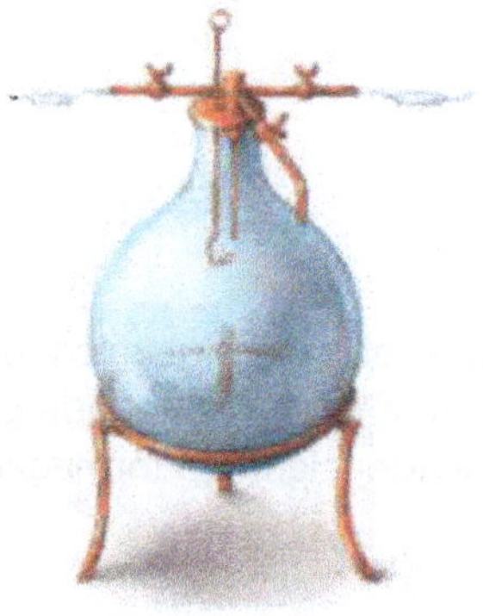

a) Calcule o número de mols dos gases adicionados ao recipiente, antes da reação.
DADOS: massas molares (g/mol): H = 1; O = 16.

b) Calcule a pressão total no interior do recipiente, em atm, antes da ocorrência de qualquer reação.

DADO: constante universal dos gases:
R = 0,08 L . atm . mol^{-1} . K^{-1}

c) Utilizando uma fagulha elétrica, Lavoisier dava início à reação de combustão entre os gases inseridos no recipiente. Escreva a equação química balanceada que representa a reação ocorrida no recipiente.

d) Considerando que a reação de combustão foi completa, determine o número de mols de vapor-d'água formado.

e) Calcule a pressão total no interior do recipiente, em atm, após o término da reação, sabendo que a temperatura se estabiliza em 127 °C.

DADO: constante universal dos gases:
R = 0,08 L . atm . mol^{-1} . K^{-1}

9. (FUVEST – SP) A um recipiente, contendo solução aquosa de ácido sulfúrico, foi adicionada uma massa *m* de carbonato de sódio. Imediatamente após a adição desse sal, foi adaptado, à boca do recipiente, um cilindro de raio *r*, no interior do qual um êmbolo, de massa desprezível, pode se deslocar sem atrito. Após algum tempo, o carbonato de sódio foi totalmente consumido, e o gás liberado moveu o êmbolo para cima.

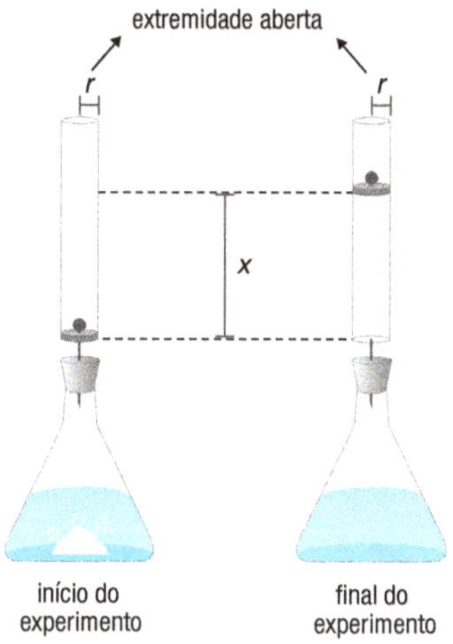
extremidade aberta
r
r
x
início do experimento
final do experimento

Nessa transformação, o ácido sulfúrico era o reagente em excesso.

a) Escreva a equação química balanceada que representa a transformação que ocorreu dentro do recipiente.
b) O experimento descrito foi repetido utilizando-se carbonato de potássio em lugar de carbonato de sódio. A massa de carbonato de potássio utilizada nesse segundo experimento também foi *m*. A altura atingida pelo êmbolo foi a mesma nos dois experimentos? Explique. (Considere desprezível a variação de temperatura no sistema.)
c) Escreva a expressão matemática que relaciona a altura x, atingida pelo êmbolo, com a massa m de carbonato de sódio.
   Para isso, considere que
   - a solubilidade do gás, na solução, é desprezível, e não há perda de gás para a atmosfera;
   - nas condições do experimento, o gás formado se comporta como um gás ideal, cujo volume é dado por $V = nRT/P$, em que:
     P = pressão do gás
     n = quantidade de matéria do gás (em mol)
     R = constante universal dos gases
     T = temperatura do gás (em K)

Observação: Use a abreviatura MM para representar a massa molar do carbonato de sódio.

10. (MACKENZIE – SP) 11,2 g de sucata, contendo ferro, reagiram com quantidade suficiente de ácido clorídrico em solução produzindo solução de cloreto de ferro II e gás hidrogênio. O gás formado foi aprisionado em um balão com 1 L de volume, exercendo uma pressão de 2,46 atm, sob temperatura de 27 °C. Considerando-se que somente o ferro que reagiu seja capaz de produzir o gás hidrogênio, é possível afirmar que o teor de ferro, na sucata, é de

DADOS: constante universal dos gases ideais: R = $=0{,}082\,atm.L.mol^{-1}.K^{-1}$; massa molar $(g.mol^{-1})$ Fe=56.

a) 90%.
b) 80%.
c) 70%.
d) 60%.
e) 50%.

11. (A. EINSTEIN – SP) Um resíduo industrial é constituído por uma mistura de carbonato de cálcio ($CaCO_3$) e sulfato de cálcio ($CaSO_4$).

O carbonato de cálcio sofre decomposição térmica se aquecido entre 825 e 900 °C, já o sulfato de cálcio é termicamente estável. A termólise de $CaCO_3$ resulta em óxido de cálcio e gás carbônico.

$$CaCO_3(s) \longrightarrow CaO(s) + CO_2(g)$$

Uma amostra de 10,00 g desse resíduo foi aquecida a 900 °C até não se observar mais alteração em sua massa. Após o resfriamento da amostra, o sólido resultante apresentava 6,70 g.

O teor de carbonato de cálcio na amostra é de, aproximadamente,

a) 33%. b) 50%. c) 67%. d) 75%.

DADOS: massas molares em g/mol: C = 12; 0 = 16; Ca = 40.

12. (UNICAMP – SP – adaptada) Na manhã de 11 de setembro de 2013, a Receita Federal apreendeu mais de 350 toneladas de vidro contaminado por chumbo no Porto de Navegantes (Santa Catarina). O importador informou que os contêineres estavam carregados com cacos, fragmentos e resíduos de vidro, o que é permitido pela legislação. Nos contêineres, o exportador declarou a carga corretamente – tubos de raios catódicos. O laudo técnico confirmou que a porcentagem em massa de chumbo era de 11,5%. A importação de material (sucata) que contém chumbo é proibida no Brasil.

a) O chumbo presente na carga apreendida estava na forma de óxido de chumbo II. Esse chumbo é recuperado como metal a partir do aquecimento do vidro a aproximadamente 800 °C na presença de monóxido de carbono, com produção também de dióxido de carbono.
Considerando as informações fornecidas, escreva a equação química do processo de obtenção do chumbo metálico. Identifique o agente oxidante e o redutor no processo, indicando os Noxs que se alteraram.

b) Considerando que o destino do chumbo presente no vidro poderia ser o meio ambiente aqui no Brasil, qual seria, em mols, a quantidade de chumbo a ser recuperada para que isso não ocorresse?

13. (FUVEST – SP) A hortênsia (*Hydrangea macrophylla*) produz flores azuis quando cultivada em solo de pH < 5. Quando o pH do solo é maior do que 5, as flores tornam-se rosadas.

Um jardineiro recebeu uma encomenda de hortênsias rosadas. Ele dispõe de um jardim plano, com as formas e dimensões descritas na figura abaixo, e cujo solo apresenta pH = 4. Para obter um solo adequado à produção de flores rosadas, o jardineiro deverá adicionar uniformemente 300 g de calcário dolomítico por m^2 de terreno.

Dimensões do jardim
2 m
3 m
1 m
4 m
CALCÁRIO DOLOMÍTICO LIMEIRA
CaO......28%
MgO......20%
Massas molares (g/mol)
CaO..........56
MgO.........40
MgCO3......84

a) Calcule a massa, em quilogramas, de calcário dolomítico necessária para a correção do pH do solo do jardim.

O calcário dolomítico é uma mistura de carbonato de cálcio e carbonato de magnésio. Ao adquirir um pacote desse produto, o jardineiro observou que, no rótulo, sua composição estava expressa na forma das porcentagens, em massa, dos óxidos de cálcio e de magnésio que poderiam ser obtidos a partir dos correspondentes carbonatos contidos no calcário dolomítico.

b) Calcule a porcentagem, em massa, de carbonato de magnésio presente no calcário dolomítico adquirido pelo jardineiro.

14. (ENEM) O ácido acetilsalicílico, AAS (massa molar igual a 180 g/mol), é sintetizado a partir da reação do ácido salicílico (massa molar igual a 138 g/mol) com anidrido acético, usando-se ácido sulfúrico como catalisador conforme a equação química:

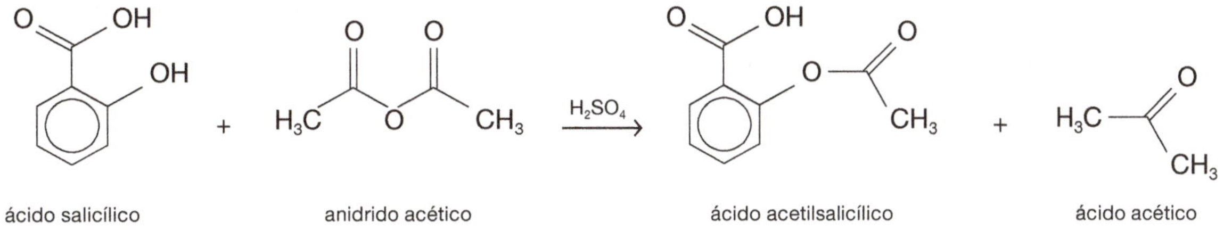

O
OH
OH
+
H_3C
O
O
O
CH_3
H_2SO_4
O
OH
O
O
CH_3
+
H_3C
O
CH_3
ácido salicílico
anidrido acético
ácido acetilsalicílico
ácido acético

Após a síntese, o AAS é purificado e o rendimento final é de aproximadamente 50%. Devido às suas propriedades farmacológicas (antitérmico, analgésico, anti-inflamatório, antitrombótico), o AAS é utilizado como medicamento na forma de comprimidos, nos quais se emprega tipicamente uma massa de 500 mg dessa substância.

Uma indústria farmacêutica pretende fabricar um lote de 900 mil comprimidos, de acordo com as especificações do texto. Qual é a massa de ácido salicílico, em kg, que deve ser empregada para esse fim?

a) 293 b) 345 c) 414 d) 690 e) 828

15. (FUVEST – SP) O cinamaldeído é um dos principais compostos que dão o sabor e o aroma da canela. Quando exposto ao ar, oxida-se conforme a equação balanceada:

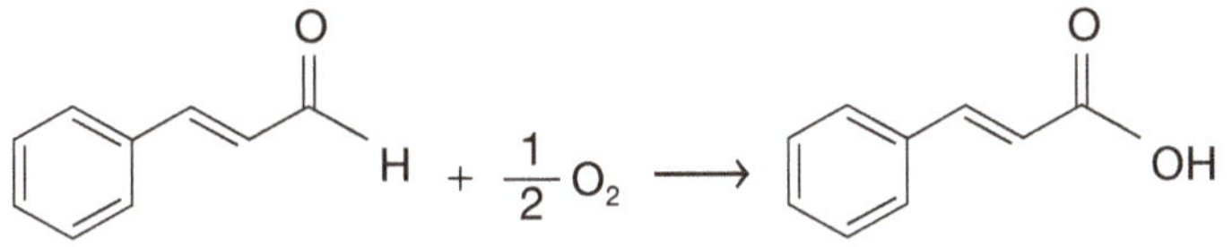

O
H
+
$\frac{1}{2}O_2$
O
OH

Uma amostra de 19,80 g desse composto puro foi exposta ao ar por 74 dias e depois pesada novamente, sendo que a massa final aumentou em 1,20 g. A porcentagem desse composto que foi oxidada no período foi de

a) 10%. b) 25%. c) 50%. d) 75%. e) 90%.

DADOS: massas molares (g/mol): cinamaldeído = 132; O_2 = 32; considere que não houve perda de cinamaldeído ou do produto de oxidação por evaporação.

16. (ENEM) A composição média de uma bateria automotiva esgotada é de aproximadamente 32% Pb, 3% PbO, 17% PbO_2 e 36% $PbSO_4$. A média de massa da pasta residual de uma bateria usada é de 6 kg, sendo que 19% é PbO_2, 60% $PbSO_4$ e 21% Pb. Entre todos os compostos de chumbo presentes na pasta, o que mais preocupa é o sulfato de chumbo (II), pois nos processos pirometalúrgicos, em que os compostos de chumbo (placas das baterias) são fundidos, há a conversão de sulfato em dióxido de enxofre, gás muito poluente.

Para reduzir o problema das emissões de $SO_2(g)$, a indústria pode utilizar uma planta mista, ou seja, utilizar o processo hidrometalúrgico, para a dessulfuração antes da fusão do composto de chumbo. Nesse caso, a redução de sulfato presente no $PbSO_4$ é feita via lixiviação com solução de carbonato de sódio (Na_2CO_3) 1 mol/L a 45 °C, em que se obtém o carbonato de chumbo (II) com rendimento de 91%. Após esse processo, o material segue para a fundição para obter o chumbo metálico.

$$PbSO_4 + Na_2CO_3 \longrightarrow PbCO_3 + Na_2SO_4$$

ARAÚJO, R. V. V.; TINDADE, R. B. E.; SOARES, P. S. M. **Reciclagem de Chumbo de Bateria Automotiva:** estudo de caso. *Disponível em:* <http://www.iqsc.usp.br>. Adaptado.

DADOS: massas molares em g/mol: Pb = 207; S = 32; Na = 23; O = 16; C = 12.

Segundo as condições do processo apresentado para a obtenção de carbonato de chumbo (II) por meio da lixiviação por carbonato de sódio e considerando uma massa de pasta residual de uma bateria de 6 kg, qual quantidade aproximada, em quilogramas, de $PbCO_3$ é obtida?

a) 1,7 kg b) 1,9 kg c) 2,9 kg d) 3,3 kg e) 3,6 kg

17. (ENEM – adaptada) Para proteger estruturas de aço da corrosão, a indústria utiliza uma técnica chamada galvanização. Um metal bastante utilizado nesse processo é o zinco, que pode ser obtido a partir de um minério denominado esfalerita (ZnS), de pureza 75%.

Considere que a conversão do minério em zinco metálico pode ser representada pela equação química balanceada:

$$2\ ZnS + 3\ O_2 + 2\ CO \longrightarrow 2\ Zn + 2\ SO_2 + 2\ CO_2$$

Considere as massas molares (g/mol): ZnS = 97; O_2 = 32; ZnO = 81; SO_2 = 64; CO = 28; CO_2 = 44 e Zn = 65.

a) Determine a massa, em quilogramas, de ZnS presente em 100 kg de esfalerita.

b) Determine a massa, em quilogramas, de zinco metálico que será produzido a partir dos 100 kg de esfalerita, considerando que o processo apresenta rendimento de 100%.

c) Na conversão do minério em zinco metálico, o processo apresenta, na realidade, rendimento de 80%. Determine, para esse caso, a massa, em quilogramas, de zinco metálico que será produzida a partir dos 100 kg de esfalerita.

18. (UNICAMP – SP) A calda bordalesa é uma das formulações mais antigas e mais eficazes que se conhece. Ela foi descoberta na França no final do século XIX, quase por acaso, por um agricultor que aplicava água de cal nos cachos de uva para evitar que fossem roubados; a cal promovia uma mudança na aparência e no sabor das uvas. O agricultor logo percebeu que as plantas assim tratadas estavam livres de antracnose.

Estudando-se o caso, descobriu-se que o efeito estava associado ao fato de a água de cal ter sido preparada em tachos de cobre. Atualmente, para preparar a calda bordalesa, coloca-se o sulfato de cobre em um pano de algodão que é mergulhado em um vasilhame plástico com água morna.

Paralelamente, coloca-se cal em um balde e adiciona-se água aos poucos. Após quatro horas, adiciona-se aos poucos, e mexendo sempre, a solução de sulfato de cobre à água de cal.

Adaptado de: PAULUS, G.; MULLER, A.; BARCELLOS, L. **Agroecologia Aplicada:** práticas e métodos para uma agricultura de base ecológica. Porto Alegre: EMATER-RS, 2000. p. 86.

Na preparação da calda bordalesa, são usados 100 g de sulfato de cobre(II) pentaidratado e 100 g de hidróxido de cálcio (cal extinta). Para uma reação estequiométrica entre os íons cobre e hidroxila, há um excesso de aproximadamente

a) 1,9 mol de hidroxila.
b) 2,3 mol de hidroxila.
c) 2,5 mol de cobre.
d) 3,4 mol de cobre.

DADOS: massas molares em g . mol^{-1}: sulfato de cobre (II) pentaidratado = 250; hidróxido de cálcio = 74.

19. Em uma etapa no tratamento da água, a floculação ocorre devido à adição de cal (CaO) e sulfato de alumínio [$Al_2(SO_4)_3$] à água, com formação de uma substância gelatinosa, o hidróxido de alumínio [$Al(OH)_3$]. Dessa forma, as partículas de sujeira sofrem uma aglutinação e "grudam" no hidróxido de alumínio, formando flocos sólidos de tamanho maior.

Esse processo da floculação pode ser representado pelas equações:

$$CaO + H_2O \longrightarrow Ca(OH)_2$$

$$3\ Ca(OH)_2 + Al_2(SO_4)_3 \longrightarrow 2\ Al(OH)_3 + 3\ CaSO_4$$

Suponha que, para o tratamento de certa quantidade de água, foram adicionadas 14 t de cal (massa molar 56 g/mol). A massa, em toneladas, do composto gelatinoso (massa molar 78 g/mol) que será formada é:

a) 13. b) 26. c) 39. d) 52 e) 65.

20. (FUVEST – SP – adaptada) O sólido $MgCl_2.6\ NH_3$ pode decompor-se, reversivelmente, em cloreto de magnésio e amônia. A equação química que representa esse processo é:

$$MgCl_2.6\ NH_3(s) \underset{}{\overset{\text{aquecimento}}{\rightleftarrows}} MgCl_2(s) + 6\ NH_3(g)$$

Ao ser submetido a um aquecimento lento, e sob uma corrente de nitrogênio gasoso, o sólido $MgCl_2.6\ NH_3$ perde massa, gradativamente, como representado no gráfico:

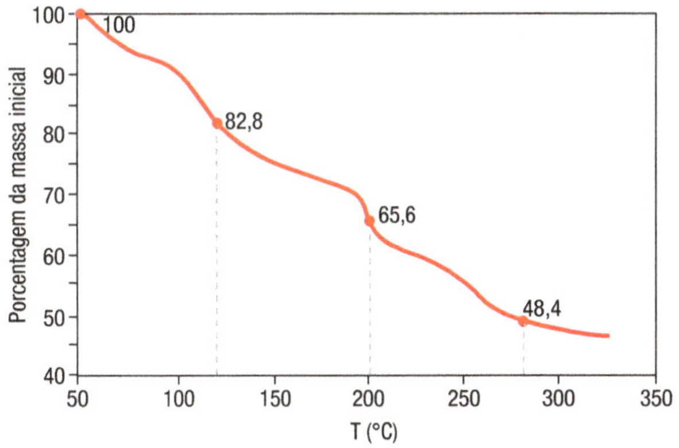
Porcentagem da massa inicial
100
90
80
70
60
50
40
100
82,8
65,6
48,4
50
100
150
200
250
300
350
T (°C)

As linhas verticais, mostradas no gráfico, delimitam as três etapas em que o processo de decomposição pode ser dividido.

a) Calcule a perda de massa, por mol de $MgCl_2.6\ NH_3$, em cada uma das três etapas.

b) Com base nos resultados do item anterior, escreva uma equação *química para cada etapa de aquecimento*. Cada uma dessas equações deverá representar a transformação que ocorre na etapa escolhida.

ETAPA 1	
ETAPA 2	
ETAPA 3	

DADOS: massas molares (g/mol): $MgCl_2.6\ NH_3$ = = 197; NH_3 = 17,0.

21. (FUVEST – SP) O Brasil produziu, em 2014, 14 milhões de toneladas de minério de níquel. Apenas uma parte desse minério é processada para a obtenção de níquel puro.

Uma das etapas do processo de obtenção do níquel puro consiste no aquecimento, em presença de ar, do sulfeto de níquel (Ni_2S_3), contido no minério, formando óxido de níquel (NiO) e dióxido de enxofre (SO_2). O óxido de níquel é, então, aquecido com carvão, em um forno, obtendo-se o níquel metálico. Nessa última etapa, forma-se, também, dióxido de carbono (CO_2).

DADOS: massas molares (g/mol): Ni = 58,8; C =12,0; O = 16,0.

a) Considere que apenas 30% de todo o minério produzido em 2014 foi destinado ao processo de obtenção de níquel puro e que, nesse processo, a massa de níquel puro obtida correspondeu a 1,4% da massa de minério utilizada. Calcule a massa mínima de carvão, em quilogramas, que foi necessária para a obtenção dessa quantidade de níquel puro.

b) Cada um dos gases produzidos nessas etapas de obtenção do níquel puro causa um tipo de dano ambiental. Explique esse fato para cada um desses gases.